V&R

Forschungen zur Religion und Literatur des Alten und Neuen Testaments

Herausgegeben von
Jan Christian Gertz, Dietrich-Alex Koch,
Matthias Köckert, Hermut Löhr,
Joachim Schaper und Christopher Tuckett

Band 249

Vandenhoeck & Ruprecht

Otto Kaiser

Der eine Gott Israels und die Mächte der Welt

Der Weg Gottes im Alten Testament
vom Herrn seines Volkes zum Herrn
der ganzen Welt

Vandenhoeck & Ruprecht

Magistris, collegis, discipulis amicisque
vivis et mortuis
gratitudine manente

Bibliografische Information der Deutschen Nationalbibliothek
Die Deutsche Nationalbibliothek verzeichnet diese Publikation in der
Deutschen Nationalbibliografie; detaillierte bibliografische Daten sind
im Internet über http://dnb.dnb.de abrufbar.

ISBN 978-3-525-53602-5
ISBN 978-3-647-53602-6 (E-Book)

Satz: Konrad Triltsch Print und digitale Medien GmbH, Ochsenfurt
Druck und Bindung: Hubert & Co, Göttingen
Gedruckt auf alterungsbeständigem Papier.

Vorwort

Bei dem vorliegenden Band handelt es sich um eine gründliche Neubearbeitung und wesentliche Erweiterung des 2003 erschienenen 3. Bandes der Theologie des Alten Testaments, der mit dem Untertitel „Jahwes Gerechtigkeit" bei Vandenhoeck & Ruprecht erschienen ist. Schon ein Blick auf das Inhaltsverzeichnis zeigt, dass ich nicht nur den Titel geändert habe, sondern der in ihm ausgedrückte Leitgedanke durchgehend den Gang seiner Darstellung bestimmt.

Denn während der Vorgänger die alttestamentliche Bundestheologie bereits im Kapitel behandelte, ist jetzt erst im 5. unter der Überschrift „Die vorpriesterliche Sinaiperikope, das Deuteronomium und die alttestamentliche Bundestheologie" von ihr die Rede. Das Buch wird jetzt durch ein Kapitel eröffnet, in dem unter der Überschrift „Der eine Gott Israels und die fremden Götter in vorexilischer Zeit" die Eigenart Jahwes herausgearbeitet wird, der von seinem Ursprung her als einziger Gott nomadisierender Völkerschaften im Südosten Palästinas zum Gott des im Lande Kanaan wohnenden Volkes Israel geworden ist. Es hat im 7. Jh. v. Chr. in der Auseinandersetzung mit dem Anspruch des assyrischen Reichsgottes seine Eigenart als einziger Gott Israels und damit als Herr von Natur und Geschichte bewahrt und entfaltet. Das ebenfalls neu konzipierte Kapitel 2 führt anhand der Völkersprüche des Amos den Nachweis, dass er diesen Herrschaftsbereich schon in der Mitte des 8. Jh. v. Chr. für sich beanspruchte, indem er das Wächteramt über Menschlichkeit und Gerechtigkeit in der Völkerwelt ausübte. Das folgende Kapitel 3 stellt (wie das einstige Kapitel 4) am Beispiel des Jesajabuches das Programm vor, das dem Aufbau der Prophetenbücher zugrunde liegt. Nach ihm führt der Weg Jahwes über das Gericht an seinem Volk und dem an den Völkern zum Heil. Kapitel 4 stellt dann auf dem Hintergrund der einschlägigen Prophetien des Jeremiabuches und der Fremdvölkersprüche in Jes 13–23 die sich wandelnde Bedeutung des babylonischen Königs vom Gerichtswerkzeug und Feind Jahwes zum Symbol der im Weltgericht ihr Ende findenden Weltmacht dar.

Auf dem in den ersten vier Paragraphen gewonnenen Hintergrund zeichnet das neue Kapitel 5 die Entwicklung und Bedeutung der alttestamentlichen Bundestheologie nach. Dabei werden ihre drei grundlegenden Texte in Gestalt des Dekalogs, des Bundesbuches und des Deuteronomiums unter besonderer Berücksichtigung seiner Bedeutung für die Entstehung des Judentums als einer Buchreligion gewürdigt. Anschließend werden die priesterliche Bundestheologie und als Spätform und Vermittlung zwischen priesterlichem Gnaden- und dtr Entscheidungsbund die des Heiligkeitsgesetzes und abschließend die Prophezeiungen des Neuen Bundes vorgestellt. Erst dann folgt

im 6. als der aktualisierten Form des einstigen Kapitel 2 eine Einführung in
das Recht Israels, die im Anschluss an grundsätzliche Überlegungen zum
altorientalischen und israelitischen Recht ausführlich den Dekalog Ex 20 par
Dtn 5 behandelt.

Die folgenden Kapitel 7–10 wenden sich in vier Schritten der alttestamentlichen Königstheologie zu: Entsprechend setzt Kapitel 7 als erweiterte
Neufassung des bisherigen Kapitel 6 mit der Begründung des Königtums
Jahwes durch seinen Sieg über das Meer und (in der historisierten Version der
Mythe) über den Völkersturm gegen Jerusalem ein, während Kapitel 8 als eine
erweiterte Version des bisherigen Kapitel 7 von der Vollendung des Königtums Gottes in Gestalt seines Herrschaftsantritts über die Völker handelt. Das
gründlich bearbeitete Kapitel 9 (einst 8) stellt die wichtigsten messianischen
Texte vor, während das neu eingestellte Kapitel 10 dem Problem des leidenden
Messias an den Beispielen von Ps 22, Jes 52,13–53,12 und Sach 12,11–13,13
nachgeht. Die der Gerechtigkeit Gottes gewidmeten Kapitel 11–15 aktualisieren die bisherigen Kapitel 9–12, wobei der Befund bei Kohelet und Ben Sira
jetzt in je einem eigenen Kapitel vorgestellt wird. Es folgt ein neues Kapitel 16,
das von des Menschen Verantwortung, Sünde und Tod sowie Gottes Macht zu
vergeben handelt und auf diese Weise eine systematische Lücke schließt. In
Kapitel 17, der Neufassung des bisherigen Kapitel 13 über das Jüngste Gericht
und ewige Leben, sind die Ausführungen über die Theologie der Unsterblichkeit in der Weisheit Salomos wesentlich erweitert und die berichtigte
Behandlung des Problems durch Philo als Exkurs ausgegliedert worden. Völlig
neu ist auch das vorletzte Kapitel 14 und jetzige Kapitel 18 über den einen Gott
und die Götter der Welt gestaltet worden. In ihm konnte auf die bereits in
Kapitel 1 erfolgte Vorstellung des kanaanäischen Pantheons verzichtet werden. Stattdessen werden Aufkommen, Eigenart und Abwandlungen des alt-
testamentlichen Monotheismus bis hin zum Aufkommen der Lehre von den
Engeln und Dämonen nachgezeichnet und abschließend mit der Botschaft von
Ps 19 konfrontiert, in dessen beiden Teilen sich die Offenbarung Gottes in der
Natur und der Tora ergänzen. An Stelle des bisherigen Kapitels 15 „Das Alte
Testament als Existenzauslegung" tritt jetzt das mit „Rückblick und Ausblick"
überschriebene Kapitel 19. Es beantwortet die systematischen Fragen nach
Sinn und Notwendigkeit der Rede von Gott als dem Grund der Existenz und
Geheimnis von Zeit und Welt, nach der Bedeutung der alttestamentlichen
Heilsgeschichte als Mythos der Erwählung und Verantwortung Israels, nach
der Sinngebung des Lebens im Augenblick der Entscheidung sowie der Bedeutung des Glaubens an Gott als Garanten der Sittlichkeit und des Glaubens
an die Selbsthingabe Jesu Christi als Bedingung der Freiheit von der Sünde
und der Angst vor dem Tod. Ich schließe mit einem knappen Ausblick auf das
Verhältnis des Christen zu anderen Religionen und zumal zum Judentum.

Ein ausführliches Literaturverzeichnis und ein Register der Bibelstellen
runden das Buch ab, in dem ich das Ergebnis meiner mehr als ein halbes
Jahrhundert umspannenden Lebensarbeit am Alten Testament zusammen-

fasse. Sie stand bei mir stets unter dem Vorzeichen, dass exaktes Lesen der biblischen Texte als Zeugnisse einstigen Glaubens das beste Mittel ist, ihre Bedeutung für den gegenwärtigen Glauben zu erschließen. Als ordinierter Geistlicher der Ev. Kirche in Württemberg betrachte ich bis heute Predigt und Seelsorge als Ziel alles theologischen Forschens und Lehrens. Daher hoffe ich, dass sich auch das vorliegende Buch Pfarrern und Lehrern wie Rat suchenden Bibellesern als hilfreich erweist.

Um die Drucklegung haben sich Silke Hartmann und ihre Kolleginnen und Kollegen im Verlag sowie Herr Bernd Herold von Triltsch Media besonders verdient gemacht. Dafür sei ihnen auch an dieser Stelle herzlich gedankt.

Marburg, im Mai 2013 Otto Kaiser

Inhalt

1. Der eine Gott Israels und
die fremden Götter in vorexilischer Zeit

1.1 Der deuteronomistische Rückblick auf die Geschichte Israels
von der frühen bis zur späten Königszeit

Die deuteronomistische Geschichtsschreibung geht davon aus, dass Jahwe von jeher der einzige Gott Israels gewesen ist und kann dafür seine Stellung als Reichsgott in den beiden Königtümern von Israel und Juda in Anspruch nehmen. Sucht man dieses Bild religionsgeschichtlich zu bestätigen, so stößt man auf gewisse Schwierigkeiten, die sich teils aus der Quellenlage und teils der partikularen Schriftkultur der vorexilischen und selbst noch der nachexilischen Epoche bis hinein in die mittlere Perserzeit ergeben. Wenn im Folgenden versucht wird, den Aufstieg Jahwes zum Reichsgott der beiden Königtümer im Norden und im Süden zu rekonstruieren, so geht es dabei nicht allein um eine historische Spurensuche, sondern zugleich um den Versuch, das unterschiedliche Deutungspotential der beiden Religionsformen des Polytheismus und des Heno- bzw. Monotheismus in das Blickfeld zu rücken. Daher wird als Beispiel für den Polytheismus die kanaanäische Götterwelt skizziert, die seit den späten 20er Jahren des 20. Jahrhunderts durch die aus der zweiten Hälfte des 13. Jh. v. Chr. entstammenden Textfunde auf dem Boden des einstigen Kleinkönigtums Ugarit auf dem Tell Ras Schamra an der nordsyrischen Küste konkrete Gestalt gewonnen hat. Denn im Alten Testament begegnen die kanaanäischen Götter in der Regel als Namen oder wie im Fall der Aschera in eigentümlich gebrochener Unterordnung unter Jahwe.

Dass man Jahwe, den Gott der Kleinstaaten Israel und Juda, im Laufe des 7. Jh. v. Chr. ausdrücklich als den wahren Weltherrscher proklamierte, war das Ergebnis der inneren Auflehnung von judäischen Hofbeamten gegen den entsprechenden Anspruch der assyrischen Oberherren, die ihr Reich von der Mitte des 8. Jh. bis zum Anfang des letzten Drittel des 7. bis an die Westküste des Mittelmeers ausgebreitet hatten und ihren Gott und entsprechend sich selbst als Herren der Welt betrachteten. Daher setzten die Vertreter der sog. Jahwe-Allein-Bewegung[1] dem Anspruch Assurs den ihres Gottes Jahwes gegenüber,[2] der bereits in den Tagen des Amos als Herr über Israel und die Nachbarvölker

---

1 Die Bezeichnung geht auf Bernhard Lang (1981) zurück, der damit an Morton Smith, Politics, 29 – 42 anknüpfte.
2 Vgl. dazu unten, 101 – 103.

gegolten hatte.[3] Die Möglichkeit dafür lag in der Eigenart Jahwes, der von Hause der einzige Gott seiner Verehrer gewesen zu sein scheint und daher für alles zuständig war, was sie schicksalhaft bewegte. Daher konnte er ebenso als „Wettergott" für Regen und Fruchtbarkeit wie für Recht und Gerechtigkeit in Israel, seinen Nachbarvölkern und weiterhin auch der Weltmächte zuständig sein und schließlich seinen Herrschaftsbereich soweit ausdehnen, dass nicht nur die Lebenden sondern auch die Toten seiner Gerichtsbarkeit unterworfen waren. Angesichts des unendlichen qualitativen Abstands zwischen Gott und Welt und der dem Menschen als endlichen Wesen eigenen Unvollkommenheit sollte es sich zeigen, dass der Glaube an ihn auch dem Problem der Gerechtigkeit Gottes angesichts unschuldigen Leidens stand zu halten vermöchte, ohne dabei die Unbedingtheit der ethischen Forderung anzutasten. Aufgrund dieser umfassenden Zuständigkeit ihres Gottes konnten die Nachkommen einstiger Tempelsänger ausgerechnet während des Exils und mithin nach dem Ende der beiden Reiche von Israel und Juda Jahwe als den einzigen wahren Gott proklamieren. Diese Entwicklung und ihre Weiterungen sollen allerdings erst am Ende unserer Darstellung stehen, wenn wir einen Überblick über wesentliche Ausgestaltungen des Verhältnisses zwischen Jahwe, den fremden Göttern, seinem Volk Israel und den Fremdvölkern gewonnen haben.

1.2 Kanaanäische Götter im Alten Testament und in den aramäischen Texten aus der jüdischen Militärkolonie Web (Elephantine)

Wenn wir uns mit dem ugaritischen Pantheon beschäftigen, bekommen wir es mit Göttern zu tun, von denen bis zu der Entdeckung der einschlägigen Texte kaum mehr als ihre in der Bibel begegnenden Namen El,[4] Baal und Aschera,[5]

---

3 Vgl. dazu unten, 46–47.

4 Zu den Bezeugungen der El-Verehrung in Israel vgl. Wolfgang Herrmann (DDD), 528–533, zum El-Olam in Gen 21, 33 und dem El-Roi in Gen 16,13 vgl. Albert de Pury (DDD), 549–557; zum El Rophe in Num 13,19 Bob Becking (DDD), 558–560.

5 Jdc 2,13–14 ist formelhaft von Baal und den Astarten die Rede, denen Israel gedient und dadurch den Zorn Jahwes erregt hätte. Nach Jdc 6,25–30 hätte Gideon den Altar Baals und die neben ihm stehende Aschere zerstört; zu den Spannungen in der Erzählung und dem sekundären Charakter der Notizen über die Aschere vgl. Uwe Becker, Richterzeit, 151–160. Auch hier lohnt es sich nicht, das Lexikon auszuschreiben. Es seien daher nur einige typische Stellen wie Ri 2,13; 6,25–32 und I Kön 18,19–40 erwähnt, wo beide zusammen genannt werden, oder Texte wie II Kön 10,18–27, wo von der Ermordung der Propheten und Priester Baals die Rede ist; vgl. dazu Würthwein (ATD 11/2), 340–34 Nach dem spätdtr Zusatz II Reg 11,18a wurden nach der Absetzung der Omridin Athalja ein Tempel Baals in Jerusalem zerstört und die Baalpriester an ihren Altären erwürgt. Man sieht, wie hier die Deuteronomisten die Geschichte im Sinne von Dtn 6,4 fortgeschrieben haben; vgl. dazu Christoph Levin, Sturz, passim.

Astarte,[6] Rescheph,[7] Jam[8] samt seinem Begleiter Leviatan[9] und dem König der Schrecken, der Unterweltsgott Mot[10] bekannt waren.[11] Der Name der Göttin Anat dürfte sich immerhin hinter dem Namen des Geburtsortes des Propheten Jeremia Anatot[12] wie hinter dem Ortsnamen Bêt- Anat verbergen.[13]

Als Gegenstand abgöttischer Verehrung wird auch das „Heer des Himmels" genannt. Dabei wird der Kult der Gestirne als unvereinbar mit der Verehrung Jahwes beurteilt (vgl. II Kön 17,16; 21,3 – 5; 23,4; Dtn 17,2 – 5). Es ist jedoch daran zu erinnern, dass der Jerusalemer Kultname Jahwe als den „König Jahwe Zebaoth, der über dem Cherubim thront" bezeichnete (vgl. I Sam 4,4; und weiterhin Jes 6,5; Ps 24,9 – 5). Sein Name Jahwe Zebaoth als solcher erklärte ihn zum Herrn der Himmlischen Heerscharen.[14] In der jüngsten Einfügung in die Erzählung vom Propheten Micha Ben Jimla und König Ahab in I Kön 22,2b–27* wurde zuletzt die Episode V. 19 – 22(23) eingefügt, in der Micha berichtet, dass er in einer Vision Jahwe auf seinem Thron sitzend und zu seiner Rechten und Linken vom Heer des Himmels umgeben gesehen habe[15] Hier sind die himmlischen Heerscharen zu seinem Thronrat geworden.[16] Es ist also davon auszugehen, dass Jahwe in der Königszeit seinem Beinamen gemäß unangefochten als Herr der Himmlischen Heerscharen und mithin selbst als Himmelsgott galt. Die dtr Polemik wendet sich gegen die Anbetung, aber nicht die Existenz des himmlischen Heeres, deren Verehrung in dem spätdtr Beleg

---

6 Dtn wird I Kön 11,5 als von Salomo im Interesse seines Harems eingeführte Astarte der Sidonier erwähnt (vgl. z. B. KAI Nr. 13.2 und 14.15 – 18) wobei die negative Beurteilung in V. 5 und 33 eine dtr Ausgestaltung der in V. 3a und 7 enthaltenen älteren neutralen Nachricht darstellt; Würthwein (ATD 11/1), 131 – 132. In II Kön 23,13 – 14 wird berichtet, dass die Kultstätten der in I Reg 11,5 – 33 aufgezählten Gottheiten (der in der Pluralform erwähnten Astarte von Sidon, des moabitischen Gottes Kamosch und des ammonitischen Milkom von König Josia zerstört worden seien, wobei man sich mit Würthwein (ATD 11/2), 460 fragen kann, ob diese angeblich von Salomo gestifteten Heiligtümer überhaupt noch bestanden. Als kollektive Bezeichnung für heidnische Göttinnen ist von den Astarten neben Baal in Ri 2,13; 10,6; I Sam 7,4 und 12,10 in durchgehend dtr Kontexten die Rede.

7 Dtn 32,24; Ps 78,48 und Hab 3,5 bezeichnet Reschef, der Name des Pestgottes die Pest, in Hi 5,7 den Feuerfunken und in HL 8,6 die feurige Glut.

8 Vgl. Jes 51,10; Ps 74,13.

9 Vgl. Jes 27,1; Ps 74,14, ferner Ps 104,26 und Hi 3,8 dazu Christoph Uehlinger (DDD), 965 – 964.

10 HL 18,16, vgl. zu ihm J.F. Healey (DDD), 1122 – 1132.

11 Zum vermutlichen volkstümlichen Synkretismus im vorexilischen Israel und Juda und seinem Nachleben vgl. Morton Smith, Politics, 82 – 98.

12 Vgl. Jer 1,1; 11,23 und weiterhin z. B. Jos 21,18; I Kön 2,26; Esr 2,23 par Neh 7,27 und 13,2. Wie und ob der Männername Anat Ri 3,31; 5,6 mit dem der Göttin zusammenhängt, ist dunkel, vgl. Noth. Personennamen, Nr. 1099, dazu 122.

13 In Westgaliläa, Ortslage unbekannt, Jos 19,38; Ri 1,33.

14 Vgl. Tryggve N.D. Mettinger, Dethronnement, 24 – 37; Kaiser, GAT II, 117. und Matthias Albani, Gott, 208 – 211.

15 Vgl. dazu Ernst Würthwein (ATD 11/2), 260; anders Matthias Albani, Gott, 214.

16 Zur vorexilischen Vorstellung von dem astralen Himmelsheer vgl. Matthias Albani, Eine Gott, 184 – 195. In exilisch-nachexilischer Zeit ist seine Existenz ein Beweis der Schöpfermacht Jahwes, vgl. Jes 40,12 – 26, Neh 9,6 und dazu Albani, 253 – 256.

Dtn 4,19–20 Israel verboten, aber den Völkern zugewiesen wird. Gleichzeitig
lässt sich beobachten, dass die Verwendung des Epitheton Zebaoth in der
exilisch–nachexilischen Zeit rückläufig war[17]

Erst in der Spendenliste Cowley Nr. 22[18] für den zerstörten Jahwetempel der
jüdischen Militärkolonie in Web (Elephantine)[19] aus dem Jahr 400 v. Chr. und
in dem undatierten Eid Nr. 44.3[20] begegnen die Göttinnen Anatbêtel und
Anatjahu. In Nr. 122.124 wird ein אשמביתאל (Aschambethel) erwähnt (dessen
theophores Element mit dem phönizischen Heilgott Eschmun identisch sein
dürfte),[21] der eine geringere Spende erhielt.[22] Es ist jedenfalls beachtenswert,
dass Anat als die Gefährtin Baals in den biblischen Büchern nicht erwähnt
wird.[23] Der synkretistische Befund in Elephantine ist nach Bezalel Porton
darauf zurückzuführen, dass bereits nach 740 nach Oberägypten geflohene
Aramäer ihre Götter mitgebracht und bei ihrem Zusammenwachsen mit der
vermutlich nach 587 gegründeten jüdischen Militärkolonie in die so erweiterte
Gemeinschaft eingebracht haben.[24] Daher ist größte Vorsicht bei der religionsgeschichtlichen Auswertung der Urkunden im Blick auf die vorexilische
Religion Israels angebracht.[25]

---

17 Zu den Versuchen, das Verbot religionsgeschichtlich zu begründen, vgl. Albani, 211–229.

18 Cowley, Aramaic Papyri, 70 mit der Übersetzung 72.

19 Vgl. zu ihr Bezalel Porten, Jews in Egypt, 372–400, bes.375–385.

20 Cowley, Aramaic Papyri, 44–45.

21 Vgl. Martin Noth, Personennamen, 124–125 und zu dem Gott Niehr, Religionen, 120 und 123,
dazu 129–132.

22 Aber immer noch eine größere als die zahlreichen Spenden für Jahu.

23 Der einzig bekannte Fall für Anat als Personenamen könnte allenfalls der Vatersname des
Samgar Jdc 3,31 und 3,5 sein; Noth, Personennamen, 122. Auch wenn man unterstellen darf,
dass die Hauptquelle für unsere Kenntnis der außerbiblischen Namensgebung Stempelsiegel
sind, als deren Besitzer man Mitglieder der Oberschicht zu betrachten haben dürfte, ist es
auffallend, wie gering der Anteil von Eigennamen ist, die mittels eines fremden Gottesnamens
gebildet worden sind. Ihr Anteil beträgt ausweislich der Statistik von Jeffrey Tigay, Other Gods,
13 nur 6, 75 %.

24 Porten, Jews in Egypt, 386–392. Dass wir den jüdischen Textfunden in Elefantine den aramäischen Text der Achikar-Sprüche (vgl. Ingo Kottsieper, Achikarsprüche) und der Behistun-In-
schrift Dareios I,. (Cowley, AP 248–271, Übersetzung nebst der Abweichungen in der elamiti-
schen Fassung bei Rykle Borger/Walther Hinz (TUAT I/4), 419–450), verdanken, sei angemerkt.

25 Auf der anderen Seite gilt es die von Morton Smith, Politics, 82–98 zusammengestellten Hinweise
auf synkretistische jüdische Kulte in der Zeit zwischen 587 und dem Ende des Jt. in Rechnung zu
stellen. Bei ihnen muss man sich daran erinnern, dass die Zugänglichkeit der Heiligen Schriften
zunächst auf eine Minderheit von Priestern und Schreibern begrenzt war, eine flächendeckende
Verbreitung der Tora erst um die Wende vom 5. zum 4. eingesetzt und kaum vor dem 3. alle
jüdischen Synagogen und Lehrhäuser des „weltweiten Judentums" erreicht haben dürfte, womit
die Ausnahmestellung des Jerusalemer Tempels und seines Hohenpriesters als der letzten religiösen Instanz des Judentums gesichert war. Dürfen wir den Kern der Berichte über die Einführung der Tora in Jerusalem durch Esra Esr 7*, 10* und Neh 9* , 9,1–3 und Neh 13 ernst
nehmen, so war der Pentateuch bis zur Mitte des 5. wenn nicht bis zum Beginn des 4. Jh. v. Chr.
in Jerusalem unbekannt (vgl. dazu Juha Pakkala, Ezra, 291–299; zur Verfassung des DtrG in Babylonien Rainer Albertz, Deuteronomisten, 295–300; zur Datierung Esras H.H. Rowley, Chronological Order, 137–168: 397 v. Chr.; zur Diskussion. z. B. H.G.M. Williamson (WBC 16),

1.3 Die kanaanäische Götterwelt nach den Texten aus Ras Scharma/Ugarit

Reduziert sich die Rede von den kanaanäischen Göttern in den biblischen Texten auf ihre Namen, so gewinnen sie in den seit 1929 gemachten und seit entzifferten Textfunden aus Ras Schamra/Ugarit und dem benachbarten Rās Ibn Hāni konkrete Gestalt. Die Texte sind in einer nordwestsemitischen Sprache verfasst und einer alphabetischen Keilschrift aufgezeichnet worden.[26] Das sich in ihnen spiegelnde Pantheon[27] ist den Verhältnissen eines Kleinstaates entsprechend übersichtlicher als das mesopotamische, an dessen Ausformungen die sich ablösenden Großreiche mitgewirkt haben.[28] Das zwischen dem 15. und dem 13. Jh. v. Chr. blühende an der nordsyrischen Küste gelegene Stadtkönigtum stand politisch im Spannungsfeld zwischen Kleinasien, Mesopotamien und Ägypten.[29] Trotzdem erweist sich das System seiner Götterwelt im Wesentlichen als in sich geschlossen. Wir sind über sie außer durch Götter-, Opferlisten und Ritualtexte zumal durch die Epen über die Schicksale des Gottes Baal (KTU I. 1. 1 – 6)[30], des Königs Keret (KTU I. 1. 14 – 16) sowie des Aqhat und Danil (KTU I. 1. 17 – 19) unterrichtet. Sie wurden von Ilimalku, dem Sekretär König Nikmaddus II. von Ugarit, im 14. Jh. v. Chr. entweder abgeschrieben oder überhaupt erst schriftlich aufgezeichnet.[31] In dem von ihnen bezeugte Polytheismus werden die widerstrebenden Kräfte des Kosmos und der menschlichen Brust auf verschiedene Götter verteilt, deren Streben durch den höchsten Gott zu einer Einheit im Widerspruch zusammengehalten wird.. Dadurch besitzt der Polytheismus von Hause aus ein breiteres Deutungspotential als der Heno- und der Monotheismus, weil für die unterschiedlichen Bereiche der Naturvorgänge und des menschlichen individuellen wie kollektiven Lebens unterschiedliche Götter und Göttinnen zuständig sind.[32]

An der Spitze des ugaritischen Pantheons stand El, der Gott schlechthin (vgl. z. B. KTU I. 1. 47.3). Er galt als der Schöpfer der Geschöpfe (KTU I. 6.III.5.11),[33] der Vater der Götter (KTU I. 16.I.3) und Menschen (KTU I. 14.I.37). Dank seiner Eigenschaft als „Gott der Götter" (KTU I. 65.1) hatte er den Vorsitz in der Götterversammlung inne (KTU I. 2.I.14; 4.III.14).[34] Wie das Epos vom König Keret zeigt, war El auch der Schutzgott des Reiches, während der König als sein „Sohn" galt (vgl. KTU I. 14.I.36 – 39 mit IV.6 – 7). Nur scheinbar handelt es sich bei El um einen *deus otiosus*, einen gleichsam als Herr der Erde in den Ruhestand versetzten Gott. Denn wie *Oswald Loretz* treffend bemerkt hat, agiert er in Wirklichkeit „wie ein alter Stammesfürst, meist im Hintergrund, doch immer präsent."[35] An seiner Seite steht die Göttin Athirat/Aschera, die Herrin der See, die Mutter und Schöpferin der Götter (*qnyt ilm*).[36]

Im Vordergrund der Texte stehen ihre beiden königlichen Kinder, der dem syrischen Wettergott Hadad[37] gleichgesetzte Aliyanu Baʿlu, der übermächtige oder siegreiche Baal (KTU I. 4.II.23),[38] und seine geschwisterliche Gefährtin, die gewalttätige Jungfrau Anat (KTU I. 3.V.19 – 28), die Göttin der Liebe und

---

30 KTU I. mit Zählung nach Manfried Dietrich/Oswald Loretz/Joaquin Sanmartin, Cuneiform Alphabetic Texts2.

31 Vgl. KTU I. 4.VIII.49; 6.VI.54 – 56; 16.VI.59 und 17.

32 Zu den einzelnen Gottheiten vgl. durchgehend auch die einschlägigen Beiträge in WM I und DDD.

33 Vgl. dazu auch GAT II, 234 – 235.

34 Vgl. zu ihm Marvin H. Pope, El, 25 – 54; Hartmut Gese, Religionen Altsyriens, 94 – 181; Oswald Loretz, Ugarit und die Bibel, 66 – 73; Mark S. Smith, Origins.41 – 53 und Niehr, Religionen, 27 – 28, zu seinem Tempel 45 – 46 und zu seinen drei Wohnsitzen Smith, Baal Cycle, 225 – 234 und Niehr, Religionen, 73.

35 Oswald Loretz, Gottes Einzigkeit, 1997, 59.

36 Vgl. zu ihr Gese, Religionen, 149 – 155; Loretz, Ugarit und die Bibel, 83 – 85, Niehr, Religionen, 28 – 29.

37 Vgl. z. B. KTU I. 2.I.46.

38 Vgl. zu ihm Arvid S. Kapelrud, Baal, 93 – 145 und weiterhin Gese, Religionen, 119 – 134; Loretz, Ugarit und die Bibel, 73 – 78 bzw. Niehr, 31 – 32.

des Krieges (KTU I. 3.II.1 – 16; 6.II.12).[39] Baal ist der der im Gewitter her-
aufziehende „Wolkenfahrer" (KTU I. 3.III.6 – 7).[40] Er wird bald als Sohn Els
(KTU I. 4.III.47 – 48) und bald als Sohn Dagans (KTU I. 5.VI.23 – 24)[41] bezeichnet.[42] Er ist nicht nur der Gott, der seine Blitze gegen den Meeresgott
Jammu/Jam, den Richter Strom,[43] als seinen Erzfeind schleudert (KTU I.
2.IV.7 – 27),[44] sondern von ihm stammen auch Tau und Regen (KTU I. 3.II.38 –
41). Sein Wirken besaß ein doppeltes Gesicht; denn einerseits war er der
Garant von Fruchtbarkeit und Leben (KTU I. 6.III.2 – 21), andererseits aber als
der Blitze schießende Gott der Vorkämpfer und Verteidiger von Ugarit (KTU I.
119.28 – 34) sowie der Sieger über die feindlichen Städte (KTU I. 4.VII.5 – 12).
Dank seines Sieges über den Meeresgott, der ihn mit Zustimmung Els vom
Thron seines Königtums vertreiben wollte (vgl. KTU I. 21..17 – 25), gewann er
sein ewiges Königtum zurück (vgl. KTU I. 2.IV.10 mit VI.32 – 34).[45] Er regierte
in dem aus silbernen Platten und goldenen Ziegeln erbauten Wolken-Palast[46]
auf dem Berge Ṣapānu, dem biblischen Zaphon (dem Dschebel ʿAqra) (KTU I.
16.I.6 – 7),[47] wobei er sich seiner beiden Boten Gapnu und Ugaru im Verkehr
mit den anderen Göttern bediente (vgl. z. B. KTU I. 3.III.36; 5.I.12).[48] Doch
seine Herrschaft über die lichte Welt endet jeweils, wenn ihn der König der
Unterwelt und der Sommerhitze Mot,[49] der Tod, im Frühsommer auffordert, in
sein düsteres Reich hinab zu steigen. Dann verschwinden seine sieben Burschen, die Plejaden, vom Himmel, um ihn auf der Reise in die Unterwelt zu
begleiten (KTU I. 5.I.9 – 31 mit II.2 – 13 und V.).[50] Der hier als der für die
sommerliche Hitze und damit die Reifung des Getreides verantwortlich ge-
machte Tod besitzt mithin zwei Seiten, eine dem Leben schlechthin gefährliche
und eine für das Leben der Menschen trotzdem notwendige. Gefährlich ist er

---

39 Vgl. zu ihr ausführlich Arvid S. Kapelrud, Violent Goddess, 27 – 39 und 48 – 113 bes. 114 – 117;
   Ders. Baal, 66 – 75; Gese, Religionen, 156 – 160; Loretz, Ugarit und die Bibel, 79 – 82; Niehr,
   Religionen, 32 – 33 und zu ihrem Wohnsitz Niehr, 75
40 Vgl. Ps 68,5.
41 Vgl. Kapelrud, Baal, 64 – 66; Gese, Religionen,107 – 112.
42 Das ursprüngliche Wesen des in der semitischen Welt weit verbreiteten Gottes Dagan/Dagon ist
   einigermaßen dunkel. In den ugaritischen Götterlisten nimmt er den dritten Platz unmittelbar
   hinter El ein; Niehr, Religionen, 52. Möglicherweise ist er im selben Tempel wie El verehrt
   worden, Niehr, 47 – 49.
43 Vgl. Gese, 134 – 135.
44 Vgl. auch KTU I. 4.V. 6 – 9.
45 Vgl. die Rekonstruktion des Textes bei Mark S. Smith, Baal Cycle, 324 mit dem Kommentar 358 –
   361.
46 Vgl. KTU I. 4.VI.16 – 38.
47 Vgl. Herbert Niehr (DDD), 1746 – 1750.– Wer das Glück hatte vor einem abendlichen Anflug auf
   Beirut vom Nordwesten her im Südosten den hoch in den Himmel ragenden, vom Wetter-
   leuchten durchglühten Wolkentürmen gekrönten Djebel ʿAkra zu sehen, kann die Mythe un-
   schwer nachempfinden.
48 Vgl. Niehr, Religionen, 38.
49 Vgl. Gese, Religionen, 135 – 136.
50 Vgl. dazu auch Mark S. Smith, Origins, 120 – 130.

als der, der das Leben des Menschen beendet, notwendig ist er, weil er durch die Reife des Getreides menschliches Leben erhält. Oder anders ausgedrückt: Leben bleibt durch Sterben wach. – Anat aber trug den toten Bruder mit Hilfe der Sonnengöttin Schapasch auf den Ṣapānu hinauf, um ihn dort zu begraben (KTU I. 6.I.2 – 18). Dort wird er, wenn sich der Himmel wieder mit Wolken bezieht und die Herbstregen einsetzen, auferstehen, so dass die Himmel Honig regnen, die Bäche Honig führen und die verdorrten Felder der Pflug durchzieht (vgl. KTU I. 6.III.10 – 21 mit IV.1 – 3). Schon diese überaus knappe Skizze lässt erkennen, dass im Hintergrund des Baal-Mythos der alljährliche Zyklus der Vegetation und entsprechende kultischen Begehungen stehen.[51]

Neben diesen großen Göttern und Göttinnen dürfen die astralen Gottheiten wie die Sonnengöttin Schapschu/Schapasch,[52] der Mondgott Jarich und die Mondgöttin Nikkal,[53] der Gestirngott Athtar/Astar[54] und seine Gemahlin Athar/Astarte, die westsemitische Form der Göttin Ischtar nicht vergessen werden. Die besondere Verbindung zwischen Anat und Baal signalisiert ihre Bezeichnung als „Astarte, Name Baals" (KTU I. 16.VI.56).[55] Dazu kommt das Götterpaar Schachar und Schalim, das vermutlich den Morgen- und den Abendstern bzw. die Morgen- und Abendröte repräsentiert.[56] Von den untergeordneten, aber nicht unwichtigen Göttern seien noch der Gott Horon, der Herr der Magie und der Dämonen, genannt,[57] der in der Beschwörung gegen Schlangenbiss (KTU I. 100) nach der Anrufung verschiedener Götter, darunter auch des Gottes der Pest und der Unterwelt Raschpu/Rephesch (Z. 30 – 34),[58] über einen wirksamen Zauber zu seiner Heilung verfügt (Z. 57 – 75).[59] Schließlich sei auch der ugaritische Hephaistos, der in Kreta beheimatete Gott Koschar wa Chasis („Geschickt und Schlau") nicht vergessen, der Baal seinen Palast erbaut und die Blitzkeulen für seine Besiegung des Meeresgottes hergestellt hat (KTU I. III.2 – 29 vgl.3.VI.12 – 24 bzw. 2.IV.7 – 23).[60]

So begegnet uns in den ugaritischen Mythen ein Pantheon, dessen genealogische Spannungen und Funktionsüberschneidungen anzeigen, dass es eine

---

51 Vgl. dazu z. B. Johannes C. de Moor, Seasonal Pattern, und zur Diskussion über die geschichtlichen und vor allem jahreszeitlich-rituellen Hintergründe der Baal-Jam-Mot-Mythe die Forschungsberichte von Mark S. Smith, Baal Cycle, 58 – 114 und Manfried Dietrich und Oswald Loretz (TUAT III/6), 1094 – 1100.

52 Vgl. zu ihr Gese, 166 – 167 bzw. Niehr, Religionen, 34.

53 Vgl. Gese, 167 – 168 und Niehr, Religionen, 34 und 82.

54 Vgl. zu ihm ausführlich Mark S. Smith, Baal Cycle, 240 – 250.

55 Vgl. Gese, 161 – 164; Loretz, Ugarit und die Bibel, 86 – 88; Mark S. Smith, Baal Cycle, 278 – 280.

56 Zu den Gestirngöttern vgl. Gese, Religionen, 166 – 168 oder Niehr, Religionen, 34 – 35.

57 Vgl. Gese, Religionen,145 – 146 bzw. die einschlägigen Artikel im WM I und DDD und ausführlich Manfried Dietrich/Oswald Loretz, Mantik in Ugarit.

58 Vgl. Gese, 141 – 144.

59 Vgl. die Übersetzung von Manfried Dietrich und Oswald Loretz (TUAT II/2) 345 – 350 bzw. dies. Horōn, 119 – 140 bzw. Ingo Kottsieper, KTU I. 100, 97 – 110 und zu dem Gott Niehr Religionen, 36 – 37.

60 Vgl. Gese, Religionen, 147 – 148.

geschichtlich gewachsene Größe ist. In ihm verfolgt jede Gottheit ihre spezifischen Zwecke, die durchaus nicht immer mit den Zielen der anderen in Übereinstimmung stehen müssen. Trotzdem wird dieses spannungsreiche Ganze durch den „Vater der Jahre" (KTU I. 4.IV.24),[61] den uralten Gott El, zusammengehalten,[62] dem in der Götterversammlung dank seiner Weisheit das letzte Wort gebührt.[63] Er ist mithin als der „Gott der Götter" der höchste und damit einzigartige, aber keinesfalls der einzige Gott.[64] So bietet das hier zugleich als Beispiel für den Polytheismus stehende ugaritische Pantheon seinen Verehrern ein breites Angebot und Potential für die Deutung grundlegender Phänomne ihrer Welt. Man muss sich aber daran erinnern, dass es Nöte gab, in denen man nicht wusste, welcher Gott sie verursacht hatte, wie es z.B. der leidende Gerechte in der babylonischen Theodizeedichtung „Preisen will ich den Herrn der Weisheit" zum Ausdruck bringt. Er klagt, dass er nicht wisse, ob das, was ihm gut erschiene, für den Gott ein Frevel sei, und was ihm schlecht erschiene, dem Gott gefiele: „Wer kann den Willen der Götter im Himmel erfahren? Wer begreift den Ratschluss der Ananzunzu (der Tiefe, und d.h. des Gottes der Weisheit Ea)."[65] Menschliches Schicksal bleibt wohl zu allen Zeiten eine Fügung, in der sich Tun und Ergehen nicht einfach gegeneinander aufrechnen lassen.

1.4 El und Jahwe oder das Problem der Herkunft Jahwes

Es ist eine oft beobachtete Tatsache, dass der Name des Volkes Israel nicht den Namen Jahwes sondern den Els als theophores Element enthält: „El (Gott) möge herrschen/sich als Herrscher erweisen."[66] Die älteste Bezeugung des Namens Israel[67] liegt in der danach benannten Stele des ägyptischen Pharaos Mer-en-Ptah (Merneptah) aus dem Jahr 1228 v.Chr. vor. In dem ihre Inschrift beschließenden Gedicht in den Z. 26–28 werden die Siege des Königs über seine auswärtigen Feinde gefeiert. Hier wird Israel offenbar als eine nördlich von Askalon und Gezer sowie südlich vom See Genezareth lebende Bevölkerungsgruppe betrachtet, so dass man es im Samarischen Gebirgsland und

---

61 Vgl. Dan 7,9.
62 Vgl. dazu Gese, Religionen, 96–98.
63 Vgl. z.B. KTU I. 3.V. 30–3 Übers. von Manfried Dietrich und Oswald Loretz,(TUAT III/6), 1148: „Dein Wort, El, ist weise, deine Weisheit (gilt) in Ewigkeit, Bekundung des Schicksals ist dein Wort."
64 Zur Rede von Baals funktionaler Einzigartigkeit vgl. Oswald Loretz, Gottes Einzigkeit, 49–60.
65 Der Leidende Gerechte (Ludlul bēl nēmeqi/Preisen will ich den Herrn der Weisheit") II.34–37. Übersetzung Wolfram von Soden, TUAT III/1, 1990, 122.
66 Vgl. dazu Martin Noth, Personennamen, 207–209.
67 Die älteste außerbiblische Bezeugung des Reichsgottes Jahwe liegt in der Stele des Königs Mescha von Moab vor, vgl. Manfred Weippert, Textbuch, 242–248, dazu auch Matthias Köckert, YHWH in the Northern and Southern Kingdom, 464–465.

damit dem Kernland des späteren Königreiches Israel zu suchen hat (Merneptah-Stele Z. 27–28):[68]

Askalon ist herbeigeführt. Gezer ist gepackt.
Inuam[69] ist zunichte gemacht.
Israel[70] ist verwüstet; es hat kein Saatgut.
Charu ist zu Charet,[71] 28 des Geliebten Lands geworden.[72]

Da es seltsam wäre, wenn sich im selben Landschaftsraum kurz hintereinander zwei Völker mit demselben Namen bezeichneten, darf man) davon ausgehen, dass die hier genannten Israeliten zu den Vorfahren des biblischen Volkes Israel gehören; dabei ist 2.) festzustellen, dass sie damals einen Gott El verehrten. Wäre ihr Gott Jahwe gewesen, so hätten sie sich eigentlich den Namen Israjah geben sollen; „Jahwe möge sich als Herrscher erweisen." Mithin gilt es zu erklären, warum Jahwe bereits in frühköniglicher Zeit Jahwe als der Gott Israels erscheint. Mit diesem Problem ist 3.) das andere der Herkunft Jahwes verbunden und d.h. konkret mit dem, ob ihn eine im Volk Israel aufgegangene Gruppe aus Südenosten in das Kulturland gebracht haben oder er von Norden gekommen ist. Von den für die Herkunft Jahwes aus dem Süden in Anspruch genommenen Texten sind Dtn 33,2; Hab 3,3 und Ps 68,8 jedenfalls jung. Ob man das für Ri 5 durchgehend behaupten kann, ist dagegen umstritten: Denn die Aussage in Ri 5,4, dass Jahwe den Seinen vom Sinai her zu Hilfe kommt, ist nicht deckungsgleich mit der jüngeren, dass die Israeliten zu ihm an den Sinai ziehen.[73] Aber da es nicht sicher ist, dass Jahwes Wohnsitz schon immer auf einem Berge gesucht wurde,[74] empfiehlt es sich, Ri 5,4 besser nicht die Beweislast für seine Herkunft aus dem Südosten aufzuerlegen. Dagegen verweisen die Erwähnungen eines Gottes *jhw'* in den Šasu-Listen aus den ägyptischen Tempeln in Soleb und Amara-West aus dem 14. und 13. Jh., welche die Existenz von Šasu yhw' in den südlichen Bereich; denn als ihr Siedlungsbereich wird in diesen Inschriften das Territorium der späteren

---

68 Übersetzung Ursula Kaplony-Heckel (TUAT I/6), 1991, 544–552, bes. 551–552 bzw. Manfred Weippert, Historische Texte, Text 066; 168–171 und zur Frage ob Merneptah tatsächlich einen Palästinafeldzug durchgeführt hat, 161–165. Da das Determinativ hinter dem Namen Israel auf eine Bevölkerungsgruppe hinweist, ist die These von Anthony J. Frendo, Back to Basics, 51–53, dass sich der Namen statt auf ein Volk auf ein Land bezieht, kaum plausibel.

69 Identisch mit dem Januamma der Amarnabriefe, dem heutigen Tell el-Nacam südlich des Sees Genezareth.

70 Geschrieben Jj-s-j-r-'- r mit dem Determinativ für Menschen.

71 Ein Spiel mit den Worten Charu (Land der Huriter) und Charet, Witwen.

72 D.h.: Ägypten; vgl. Weippert 171.

73 Martin Leuenberger, Herkunft, 13–16, der darauf hinweist, dass es in den anderen Texten im Wesentlichen auf Jahwes hilfreiche Ankunft ankommt und die Breite der Namen für den Herkunftsbereich Edom, Seir, Teman und Paran auf einen gemeinsamen traditionsgeschichtlichen Hintergrund zielen, der nach Leuenbergers Ansicht in die vorstaatliche Zeit zu gehören scheint. Vgl. auch Lars Eric Axelsson, Lord, 48–55.

74 Vgl. dazu Herbert Niehr, Höchster Gott, 102–115.

Edomiter und die Araba genannt.[75] Wäre Jahwe aus dem Norden gekommen, hätte er vermutlich wegen seiner alsbald zu behandelnden Nähe zu Baal auch dessen Namen getragen.[76] Daher ist die klassische These, dass Jahwe aus dem Süden kommt, der von Matthias Köckert eingeführten und von Henrick Pfeiffer ausgestalteten vorzuziehen[77] Für die weitere Geschichte ist es entscheidend, dass Jahwe von Anfang an als ein einzelner Gott auf der Bühne erscheint, der in kein Pantheon eingebunden ist und daher für seine Verehrer eine universelle Zuständigkeit besessen haben muss.[78] Sie konnte im Laufe der Geschichte den politischen, sozialen und individuellen Erfahrungen gemäß um weitere Kompetenzen erweitert werden.

Seine Herkunft aus dem Süden schließt nicht aus, dass die im Kulturland mit ihm verbundene Vorstellung, dass er sein Königtum als Sieger über das Meer errungen hat, einen breiten nordwestsemitischen Hintergrund besitzt[79] und die ältesten einschlägigen Psalmen keinen Hinweis auf die fremde Herkunft Jahwes enthalten.[80] Nachdem die Israeliten El mit Jahwe identifiziert hatten, blieb er der einzige Gott Israels, auf den man daher auch nördliche Vorstellungen übertragen konnte. Als solcher ist er grundsätzlich für alle Lebensbereiche seiner Verehrer zuständig. So konnte auch die Mythe vom Sieg Baals über das Meer als Begründung für sein Königtum auf ihn übertragen werden.[81] Die in der frühen Königszeit empfundene Nähe zwischen Jahwe und Baal wird darin erkennbar, dass König Saul seinen ältesten Sohn Jonathan („Jahwe hat gegeben") und seinen jüngsten Ischbaal („Mann Baals") nannte (vgl. I Chr 8,33 mit I Sam 14,49 und 31,2).[82] Fragt man wie es gekommen ist, dass in Israel seit der frühgeschichtlichen Zeit Jahwe und nicht El als der einzige Gott verehrt worden ist, so wird man es mit Julius Wellhausen bei der Antwort belassen müssen, dass man Jahwe mit dem streitenden El identifizierte: „Israel bedeutet El streitet, und Jahve war der streitende El, nach dem sich die Nation benannte."[83] Welche Eigenschaften dem El Israels in der Mernephtah-Stele zugeschrieben wurden, ist unbekannt. Daher kann man ihn auch nicht einfach mit friedfertigen Gott El, dem Vater der Götter und Menschen identifiziert werden. Denn das Wort „El"

---

75 Vgl. dazu Manfred Weippert, Historisches Textbuch, 179–194 mit den Texten 073–083 und dazu , Leuenberger, Gott, 14–22 und ders., Herkunft, 4–11.

76 Die Möglichkeit, dass der aus dem Südosten in das Kulturland gekommene Jahwe bereits eine Spielart des primär nordsrischen Wettergottes darstellt, lässt sich bei der gegenwärtigen Quellenlage allenfalls vermuten, aber nicht belegen.

77 Vgl. Köckert, Psalm 18, 226 und Pfeifer, Kommen, 39–70, vgl. 258 mit Leuenberger, Gott, 24–29; Ders., Herkunft, 13–15, der sich im Blick auf die Zugehörigkeit der V. 4–5 zur Grundfassung auf Ernst-Axel Knauf, Deborah's Language. Judges Ch. 5 in its Hebrew and Semitic Context (AOAT 317), 2005, 167–182 beruft.

78 Leuenberger, Gott, 31–32.

79 Reinhard Müller, Jahwe, 59–63 und 242.

80 Müller, 243.

81 Vgl. dazu unten, 137–141.

82 Vgl. dazu Thomas Willi (BKAT XII/1), 274–276.

83 Julius Wellhausen, Geschichte, 23–24.

bedeutet Gott. Und ein Gott kann sehr unterschiedliche Aufgaben wahrnehmen.
Das junge, im Werden begriffene Volk Israel brauchte und besaß in dem
streitbaren Jahwe einen starken und kriegerischen Gott, den es möglicherweise
bereits von seiner Herkunft her ein als einen aus dem Wolkendunkel seine Blitze
schleudernde Gott verehrt hat, wie er dem Leser später in Ps 18,8 – 16 (vgl. Ps
29,3) begegnet.[84]

Schließlich verdient es mit Christoph Levin Beachtung, dass noch der Name
des dritten Königs des Nordreiches Israel Baᶜschä (eines aus Südostgaliläa
stammenden Mannes) mittels einer Kurzform des Namens Baᶜal gebildet war (I
Kön 15,27).[85]Erst Ahab (875 – 854) nannte seine beiden Söhne Ahasja („Jahwe
möge ihn leiten“) (I Kön 22,51) und Jehoram („Jahwe ist erhaben“) (II Kön
1,17). Ob man daraus ableiten darf, dass Jahwe sich erst im 9. Jh. als Reichsgott
der beiden Königtümer durchgesetzt hat, bleibt) deshalb fraglich, weil König
Saul seinen ältesten Sohn Jonathan („Jahwe hat gegeben“) und seinen jüngsten
Ischbaal (Mann Baals) genannt hat (vgl. I Chr 8,33 mit I Sam 14,49 und 31,2).
Das spricht auch dann für den Vorrang Jahwes gegenüber Baals spricht,[86] wenn
man beide nebeneinander verehrt und nicht identifiziert haben sollte. 2.) darf
man nicht übersehen, dass der Vater König Baschas Achija hieß. Doch unbeschadet davon bleibt festzuhalten, dass der erste König von Juda, dessen Namen
mit Jahwe als theophorem Element gebildet war Josafat („Jahwe herrscht“) von
874 – 850 und damit fast zeitgleich mit Ahab regiert hat.

Im exilischen Königsbuch erscheint Jahwe von Anfang an als der Reichsgott
des Nordreiches Israel und des Südreiches Juda.[87] In ihm wird der Jahwekult in
den Reichs- und Grenzheiligtümern Israels in Dan und Bethel als Götzendienst denunziert, weil in beiden ein goldenes Kalb mit Jahwe identifiziert
worden sei (I Kön 12,28 – 29). In Ex 32,1 – 8 wird diese Sünde bereits Aaron
zugewiesen, vermutlich um die in Betel den Priesterdienst versehenden
Aaroniden als für das von den Zadokiden angestrebte Amt des Hohen Priesters untauglich erscheinen zu lassen. Es ist in der Tat umstritten, ob der Stier
Jahwe repräsentieren oder vergleichbar den Keruben im Jerusalemer Tempel
seinen Thron darstellen sollte. Vermutlich galten die Stierbilder in Betel und
Dan als Repräsentanten der Gegenwart Gottes.[88]

---

84 Vgl. dazu Jörg Jeremias, Theophanie, 33 – 38 und Klaus-Peter Adam, Königliche Held, 63 – 66.
85 Vgl. Noth, Personennamen, 119 und 121 und Christoph Levin, Gottesvolk, 7 – 34, bes.12 – 14.
86 Vgl. auch Noth, Personennamen, 12.
87 Zur Jahweverehrung im Nordreich Israel und im Südreich Juda vgl. Matthias Köckert, YHWH in
    the Northern and Southern Kingdom, 357 – 394.
88 Ob der Stier als Thron für den unsichtbar über ihm sitzenden Jahwe oder als Repräsentation
    Jahwes zu verstehen ist, ist umstritten. Vgl. z.B. Otto Eissfeldt, Lade und Stierbild, 282 – 305,
    bes.301, der an eine mit einem Stier gekrönte Standarte dachte. Nach Christoph Dohmen,
    Bilderverbot, 145 – 153.wäre bei der Übernahme des vorisraelitischen Heiligtums Bethel der
    dort in Stiergestalt verehrte El mit Jahwe identifiziert worden; so vorsichtig auch Helmer
    Ringgren (ThWAT V) 1986, 1060; vgl. auch die Bezeichnung Els als Stier im ugaritischen Baal-
    Epos, z .B. KTU I. I. III.25 – 26; IV. 22; I.2. I115.36; III.175; Pope, El, 35 – 42. Man darf aber nicht
    vergessen, dass die Götter in Syrien nachweisbar seit der Mitte des 2. Jt. v. Chr. in Menschen-

Die Behauptung in I Kön 16,31 – 33, dass Ahab in der Sünde Jerobeams wandelte und aufgrund seiner Heirat mit Isebel, der Tochter des Königs von Tyros Ittobaal, einen Baaltempel in Samaria gebaut und eine Aschere hergestellt hätte, dürfte nach dem gerade Ausgeführten allenfalls teilweise zutreffend sein.[89] Dagegen dürfte die eindrucksvolle Erzählung vom Gottesurteil auf dem Karmel in I Kön 18,17 – 40 mit ihrem monotheistischen Bekenntnis des Volkes „Jahwe, er ist Gott! Jahwe, er ist Gott!" in V. 39 ganz in den Bereich der (spät)dtr Geschichtsschreibung gehören (vgl. I Kön 18,22 – 40).[90] Die Deuteronomisten ließen kein gutes Haar an den Königen und den religiösen Zuständen des Nordreiches und lobten den Mörder Jehu, der das Nordreich politisch ruiniert hat (II Kön 10).[91] Mit Wohlgefallen fügten Spätere die Erzählung hinzu, dass Jehu alle Priester, Propheten und Diener Baals getötet, seine Massebe niedergerissen und die Aschere aus dem Baal-Tempel gezerrt hätten, um ihn dann nieder zu brennen und seine Ruinen als Toiletten zu benutzen (II Kön 10,18 – 27).[92] In der dtr Schlussabrechnung mit dem Nordreich in II Kön 17,7 – 23 wird den Israeliten außer der Verehrung der beiden Kälber in Bethel und Dan auch noch die eines Ascherabildes sowie die Verehrung des Heeres des Himmels und Baalsdienst vorgeworfen, dazu die Übertretung aller Gebote Jahwes, die damals noch gar nicht aufgezeichnet waren.[93] Kein Zweifel: Diese Deuteronomisten waren die geistigen Väter des intoleranten Monotheismus,[94] den in der Folge viel Unglück über die Menschheit gebracht hat. Ihre retrospektiven Urteile bedürfen durchgehend der tendenzkritischen Überprüfung.

Eine historisch zuverlässige Information über religiöse Vorstellungen im Nordreich und im Süden des Südreiches enthalten die Inschriften aus der im Negev liegenden Handelsstation Kuntillet Ajrud, die von Ende des 9. bis zum Anfang des 8. Jh. v. Chr. bestand. In ihnen erscheint in Segenswünschen auf dem Pithos 1 ein Jahwe von Samaria und dem Pithos 2 ein Jahwe von Teman, denen jeweils „seine Aschera"[95] an die Seite gestellt wird.[96] In ähnlicher Weise berichtet

---

gestalt verehrt worden sind. Dazu kommt, dass Jahwe (trotz mancher neuerer Bestreitung) von Anfang an anikonisch und d. h. < ohne Bilder verehrt worden ist; vgl. Tryggve N.D. Mettinger, Graven Image, 195 und Kaiser, GAT II, 169 – 175. Daher dürfte auch das Stierbild in den beiden Reichsheiligtümern des Nordreiches als Repräsentanz des unsichtbaren Gottes verstanden sein, so dass eine mystische, aber keine reale Identität zwischen Gott und Stier bestand, vgl. Manfred Weippert, Gott und Stier, 52 – 56.

89 Vgl. dazu schon Martin Noth (BK.AT IX/1), 354 – 355, der daran erinnert, dass Ahabs Söhne sämtlich „jahwehaltige Namen" besaßen, aber mit der Existenz eines dem tyrischen Melkart gewidmeten Heiligtum rechnet, das für Isebel und ihr Gefolge bestimmt war, aber auch Würthwein (ATD 11/1), 202 – 203.

90 Vgl. zu ihr ausführlich unten, 415 – 416.

91 Zu der von den Dtr überarbeiteten Grunderzählung vgl. Ernst Würthwein (ATD 11/2), 334 – 335.

92 Vgl. dazu Würthwein (ATD 11/2), 395 – 396.

93 Zur Schichtung vgl. Würthwein, 396 – 397.

94 Vgl. dazu Juha Pakkala, Intolerant Monolatry, 239.

95 Da ein Eigenname nicht mit einem Suffixpronomen versehen werden kann, ist nicht von der

in der Grabinschrift 3 von Khirbet el-Qom aus der Mitte des 8. Jh. (einem 14 km westlich von Hebron und 10 km südöstlich von Lachisch gelegen Ort) ein gewisser Urijahu der Reiche, dass er von Jahwe gesegnet war und er ihn durch seine Aschere errettet hätte.[97] Religionsgeschichtlich ist es bedeutend, dass die vermutlich aus dem Nordreich kommenden Reisenden zwischen zwei Erscheinungsformen Jahwes unterschieden haben, einer nördlichen in Samaria und einer südlichen in Teman, die wohl von nomadischen Gruppen wie den Kenitern im Grenzbereich von Edom verehrt wurde. Die Inschriften legen weiterhin die Annahme nahe, dass ihre Verfasser davon überzeugt waren, dass Jahwe in seinen unterschiedlichen lokalen Formen dank seiner durch die Aschere vermittelten Segenskraft Reisende und andere in Not befindliche Menschen beschützen konnte. Diese Umwandlung der Aschere von einem Symbol der Göttin zu einem solchen der rettenden Kraft des Gottes lässt sich als für den inklusiven Monotheismus in der Religionsgeschichte Israels anführen. Sie bezeugt sogar einen doppelten, weil Aschera ursprünglich die Gemahlin Els war und über die Gleichsetzung von El mit Jahwe erst zu seiner Gemahlin und dann zum Symbol seiner Segenskraft werden konnte. Da offenbar die Gefahr bestand, dass der Pfahl weiterhin als Symbol für die Anwesenheit der Göttin im Tempel verstanden wurde, sollten die Israeliten nach der Abgrenzungsparänese in Dtn 7,5 die Altäre der Völker zerstören, ihre Stelen zerbrechen, ihre Ascheren fällen und ihre Götzenbilder verbrennen. Das dtr Richter- und Königsbuch bieten dafür die einschlägigen Beispiele.[98]

Doch ehe das damit angeschlagene Thema der Einzigartigkeit Jahwes in der Götterwelt weiter verfolgt wird, gilt es, einen Blick auf die Nachrichten über den Dienst an der Himmelskönigin in Israel werfen.[99] In Jer 7,16–20 erklärt Jeremia, dass ihm von Gott die Fürbitte für sein Volk untersagt worden sei, weil sie der Himmelskönigin Kuchen backten und fremden Göttern Trankopfer darbrächten. Nach dieser Beschreibung handelt es sich um einen Familienkult und keinen offiziell gebilligten.[100] Nach Jer 44,15–19 haben die nach Ägypten geflohenen Judäer dem nach dort verschleppten Propheten vorgehalten, dass

Göttin Aschera die Rede; vgl. dazu J.A. Emerton, New Light, 9–10 und zu Teman Axel Knauf (NEB III), 2001,799.

96 Johannes Renz, Handbuch I: Althebräischen Inschriften, 61 und 62; zur Datierung im frühen 8. Jh. vgl. Diethelm Conrad (TUAT II/6), 1991, 562 mit den Inschriften auf 563 und 564 bzw. Angelika Berlejung (TUAT.NF 6), 314–315 mit den Inschriften 316–319 und dazu Keel/ Uehlinger, Göttinnen, 259–263; B.A. Mastin, Yahweh's Aschera, 326–349, bes. 348–349 sowie ders., Buildings, 69–85, bes.84.

97 Übersetzung Johannes Renz, Handbuch I, 207–210.

98 Vgl. dazu die Übersicht bei Pakkala, Intolerant Monolatry, 140–180.

99 Vgl. dazu Klaus Koch, Aschera als Himmelskönigin, 42–71 bzw. Cornelis Houtman (DDD), 1278–1283.

100 Winfried Thiel, Redaktion I, 120–121 hält den Abschnitt für eine dtr Bearbeitung eines in V18aba enthaltenen jer. Spruchs oder Spruchfragments; vgl. aber McKane, Jeremiah I, 171–172, der den Abschnitt ganz auf die dtn Überlegung zurückführt, warum keine machtvolle Fürbitte des Propheten die Katastrophe verhindert hat.

es ihnen gut gegangen sei, solange sie die Himmelskönigin verehrt hätten. In Jer 44 handelt es sich vermutlich um einen polemischen Text, der die Ablehnung der ägyptischen Diaspora im Geist der nach Judäa zurückgekehrten Exulanten spiegelt.[101] Mit der Himmelskönigin dürfte die Göttin Astarte bzw. Ischtar gemeint sein, für deren volkstümliche Verehrung in der späten Königszeit Abbildungen auf Stempelsiegeln und vermutlich auch einige Pfeilerfigurinen zeugen.[102] Folgt man Thiels Vermutung, dass in Jer 7,18* eine ältere Quelle zu Worte kommt, bleibt die geschichtliche Brücke zwischen Realität und späteren Vorwürfen gewahrt.[103]

1.5 Einflüsse der assyrischen Religion im Alten Testament und ihre Abwehr aus dem Glauben an Jahwes Einzigartigkeit

Es wäre seltsam, wenn die dreieinhalb Jahrhunderte assyrisch-babylonischer Vorherrschaft über Palästina und die Nachbarschaft Ägyptens keinerlei Einfluss auf die religiösen Vorstellungen und Riten im Königreich Juda ausgeübt hätte. Sehen wir von den polemischen Hinweisen auf die babylonischen Götter und Mantiker in Jes 46–47 ab, deren Machtlosigkeit sich in den Augen des jüdischen Sängers in der Einnahme Babylons durch den Perserkönig Kyros 539 erwiesen hatte,[104] so muss sich unsere Aufmerksamkeit zumal auf die Nachrichten in II Kön 16,10–16* über den Altarbau von König Ahas im Hof des Jerusalemer Tempels und in 23,11–12 über die Beseitigung der Sonnenpferde und die Verbrennung der Sonnenwagen nebst der Altäre auf dem Flachdach richten. Dagegen kann man die gegen Manasse in II Kön 21,1–9 erhobenen Vorwürfe des Götzendienstes als historisch wertlos übergehen.[105] Der Abschnitt II Kön 21,10–14 sollte vorlaufend die Zerstörung Jerusalems

---

101 Vgl. Karl-Friedrich Pohlmann, Studien zum Jeremiabuch, 166–182, bes. 181–182 und 189–19
102 Vgl. Keel/Uehlinger, Göttinnen, Kapitel 240 sowie die Abb.287–288 und 326–329.
103 Vgl. Winfried Thiel, WMANT 41, 120.
104 Genannt werden in Jes 46,1–2 die Bilder der Götter Bel (Marduk) und Nebo (Nabû), die von den Siegern verladen werden, vgl. dazu Hans-Jürgen Hermisson (BK.AT XI/2), 102–109 mit den religionsgeschichtlichen Nachweisen 103–104 und Ulrich Berges, Jesaja 40–48, 452–453 mit den Abb.9 und 10 des Abtransports der Götter der eroberter Städte durch assyrische Könige. In 47,12–15 wird die in 47,1 angeredete Jungfrau Tochter Babel ironisch aufgefordert, sich durch ihre Magier helfen und ihre Astrologen die Zukunft weissagen zu lassen; vgl. Hermisson, 186–187, der den Abschnitt für einen Nachtrag hält, mit Berges, 502 über die feste Einbindung des Gedichts betont und 504 knapp die Bedeutung des Tryptichon Jes 46–48 skizziert.
105 Vgl. dazu Herman Spieckermann, Juda unter Assur, 375, der seine pragmatische Politik mit Recht als solche würdigt und die Nachrichten über seine Terrorherrschaft und über seine Unterdrückung der Jahwereligion II Kön 21 „ins dtr Gruselkabinett" verweist, und weiterhin Pakkala, Intolerant Monolatry, 168–169.

und das Ende des Reiches Juda im Jahr 587 v. Chr. begründen, um so die in II Kön 24–25 verbliebene Lücke auszufüllen.[106]

In II Kön 16,10–16* wird berichtet, dass König Ahas (734–719) nach seiner Begegnung mit dem assyrischen Großkönig Tiglat-Pileser III. in Damaskus, einen dort gesehenen großen Altar in Jerusalem kopieren, vor der Front des Tempels aufstellen und den bisherigen an dessen Nordseite versetzen ließ. Auf dem großen Altar sollten die täglichen Opfer für Jahwe dargebracht werden, während er selbst den versetzten Altar für die Opferschau benutzen würde. Der Sache nach sicherte der König dadurch den ungestörten Opferdienst für Jahwe, während er am Seitenaltar seine „religionspolitischen Vasallenpflichten" erfüllte.[107] Zu ihnen gehörte die Opferschau zur Einholung von Orakeln, für die es weitere, in ihrer Bedeutung umstrittene Belege im Alten Testament, aber keine archäologischen Zeugnisse aus der Königszeit gibt (vgl. II Kön 16,15 mit Ez 21,16).[108] Möglicherweise ließ Ahas den Altar zur Bekundung seiner Vasallentreue mit assyrischen Götteremblemen versehen.[109] Da der Sonnengott Schamasch der Schutzgott des Orakelwesens war, dürfte gegebenenfalls an entsprechende Symbole zu denken sein.[110]

Hinweise auf den unter assyrischem Einfluss im Jerusalemer Tempel eröffneten Sonnenkult bieten die in II Kön 23,11–12* enthaltenen Nachrichten; die jedenfalls zum Kern des Berichts über die Josianische Kultreform aus dem Jahre 621 gehören.[111] Nach ihnen ließ König Josia die für die Sonne am Eingang des Hauses Jahwes „bei der Zelle des Hofbeamten Netan-Melech" befindlichen Pferde entfernen, den Sonnenwagen verbrennen und auf dem Flachdach die von seinen Vorgängern aufgestellten Altäre abreißen. Dabei bleibt es unsicher, ob es sich bei den Pferden um Statuen oder (wohl eher) zum Zug des Sonnenwagens bestimmte „richtige" Pferde handelt, die für die

---

106 Vgl. dazu Ernst Würthwein (ATD 11/2), 439–443.
107 Spieckermann, 375 und die Erläuterung der Maßnahmen des Königs 366–368.
108 Spieckermann, 367 hat sich die Spekulation über die Bedeutung des entsprechenden Verbs als eines Hapaxlegomenon verboten. Er bietet aber 236–243 relevante akkadische Omentexte. Montgomery/Gehman, Book of the Kings, 461; John Gray, I and II Kings, 637 und Würthwein (ATD 11/2), 390–391 entschieden; vgl. dazu ausführlich Oswald Loretz, Leberschau, 13–28, wobei er außer II Kön 16,15 auch noch Ps 27,4 (vgl. auch Seybold, Psalmen, 114 Anm.4a) und Lev 19,20 als Zeugen für die Bekanntheit der Opferschau im vorexilischen Israel in Anspruch nimmt. Vgl. auch seine Diskussion der Belegstellen für den Leberlappen in Gesetzestexten 24–26.
109 Spieckermann, 368.
110 Zur mesopotamischen Orakelpraxis vgl. Ivan Starr, Rituals of the Diviner, zur Prophetie Sima Parpola, Assyrian Prophecies, XIII–LII; und Martti Nissinen, References to Prophecy, 163–172; zum griechischen Orakelwesen umfassend Veit Rosenberger, Griechische Orakel, dazu paradigmatisch Otto Kaiser, Xenophons Frömmigkeit, 105–133, bes. 108–130, und zum Niedergang des delphischen Orakels seit der hellenistischen Epoche Rosenberger, 182–183.
111 Vgl. dazu Hermann Spieckermann, 154–155; Würthwein, 459 und Christoph Uehlinger, Kultreform, 57–89, bes.74–83 und zur Diskussion der Frage, ob die hier benannten Kultgegenstände erst durch die Assyrer oktroyiert waren oder auf eine die Solarisierung Jahwes zurückgingen, Martin Leuenberger, Gott, 59–60.

Prozession des Sonnenwagens unentbehrlich waren.[112] *Hermann Spiecker-mann* hat einen als Formular dienenden akkadischen Text vorgestellt (KAR 218), der die an Schamasch gerichtete Anfrage nebst der positiven Antwort enthält, ob ein Esel, dessen Locke der Anfragende in Händen hält, zur Be-spannung des Wagens Marduks angenehm sei.[113] Mithin ist damit zu rechnen, dass auch in Jerusalem entsprechende Prozessionen erfolgt sind. Was aber die Altäre auf dem Dach betrifft, so könnten sie astronomischen Beobachtungen mit nachfolgenden astrologischen Berechnungen gedient haben,[114] über die gegebenenfalls an den Großkönig zu berichten war.[115] So dürfte deutlich ge-worden sein, dass die von König Josia getroffenen Maßnahmen der Entfer-nung der Installationen und Tiere dienten, die in seinen Augen sichtbare Zeugen des assyrischen Vasallenstatus seines Reiches waren.[116]

1.6 Das deuteronomische Bekenntnis zu Jahwe als dem einen Gott Israels oder das Schĕmaᶜ Jisrael

Stellt man die Frage nach dem positiven Glauben, der hinter der Reinigung des Jerusalemer Tempelkultes durch König Josia wie hinter der ganzen Polemik der Deuteronomisten gegen die Überfremdung des Jahwedienstes durch die kultische Verehrung der alten Götter des Landes und der von den fremden Herren oktroyierten Installationen steht, so findet man die Antwort im *Schĕmaᶜ Jisrael*, dem „Höre, Israel" in Dtn 6,4 – 5. Es lautet (Dtn 6,4):[117]

---

112 James A. Montgomery/Henry Snyder Gehman, Book of Kings, 533 – 534 haben seiner Zeit auf die inschriftliche Bezeugung des Wagenlenker des Gottes (Rakib-El) (vgl. zu ihm Klaas van der Toorn (DDD), 1296 – 1270), eines Heiligen Stalls und der Heiligen Pozession verwiesen.
113 Spiekermann, 246 – 249 und die Belege 257 – 273.
114 Vgl. auch dazu die Belege bei Spiekermann, 257 – 273.
115 Vgl. den Beispieltext bei Spiekermann, 268 – 269.
116 Für die Einfügung solarer Züge in die Vorstellungen vom Wesen Jahwes sind keine direkten Texte erhalten. Sie lassen sich für die frühe Königszeit nur indirekt erschließen, Martin Leu-enberger, Gott, 55 – 60. Sie treten jedoch in den exilisch-nachexilischen Texten in metapho-rischer Rede als solche hervor, Leuenberger, 60 – 66. Hervorgehoben seien Ps 84,12 (zu Ei-genart und Alter des Psalms vgl. Erich Zenger, Psalmen 51 – 100, 515 – 516) und Zeph 3,5 als Metaphern fort. In Ps 84,12 ist sie zum Ausdruck von Jahwes das Leben behütenden Kraft und Herrlichkeit geworden (Ps 84,12): Ja, Sonne und Schild ist Jahwe,/Gott gibt Gnade und Herr-lichkeit. Auch der redaktionell in den dtr Text von Zeph 3,1 – 13 eingefügte V. 5abα gibt lediglich der Überzeugung Ausdruck, dass Jahwe jeden Morgen neu sein Recht ans Licht bringt. Der Sonnengott, der einst in Jahwes Wesen aufgenommen worden war, ist inzwischen ganz hinter ihm als dem Gott verschwunden, der täglich neu in Jerusalem als Wächter über Recht und Gerechtigkeit tätig ist (Zeph 3,5): „Jahwe ist gerecht in ihrer Mitte,/er tut kein Unrecht.//Morgen um Morgen bringt er sein Recht ans Licht,//nie bleibt er aus. Vgl. dazu Jakob Wöhrle, Sammlungen, 208 – 213 und zum Vergleich mit dem täglich neu zum Gericht aufge-henden Sonnengott Schamasch Lothar Perlitt (ATD 25/1), 135 – 136.
117 Zur Übersetzung vgl. Christoph Levin, Verheißung.98; Timo Veijola, Bekenntnis, 76 – 93,

4 Höre, Israel:
Jahwe ist unser Gott,
Jahwe/ist einer/ein einziger/allein.

Die Frage, wie dieser Vers richtig zu übersetzen ist, ist viel diskutiert worden, weil die zweite Vershälfte keine Verben enthält, sondern aus einem oder zwei Nominalsätzen besteht. Hält man das „unser Gott" lediglich für eine Apposition, so wäre zu übersetzen „Jahwe, unser Gott, (ist) ein (einziger) Jahwe." Geht man davon aus, dass die Aussage in V.4bα die in 4bβ definiert, wird die Abgrenzung deutlich: Denn in V.4bα isoliert gelesen handelt es sich um eine Selbstverständlichkeit; denn dass Jahwe der einzige Gott Israels ist, war allgemein anerkannt. Das Ziel der Aussage liegt daher in der Feststellung in V.4bβ, dass Jahwe für Israel einer ist. Damit könnte die Identität des in Israel und Juda verehrten Gottes festgestellt und damit der Versuch König Josias legitimiert werden, das Gebiet des ehemaligen Nordreiches in sein Reich einzufügen.[118] Es könnte wird jedoch auch dafür plädiert, dass die Formel die Einzigkeit Jahwes meine.[119] In diesem Fall wäre V.4bβ mit „Jahwe allein" zu übersetzen.[120] Es ist nicht auszuschließen, dass die Formel erst in dem einen und später in dem anderen Sinn verstanden worden ist, die sachlich dem Gebot des Dekalogs in Ex 20,2 – 3 par Dtn 5,6 – 7 entspricht: Denn wenn Jahwe der einzige Gott Israels ist, so ergibt sich daraus unmittelbar, dass es keinen anderen Göttern dienen und d. h. sie anrufen oder ihnen Opfer darbringen darf.[121] In diesem Sinne konnte die Formel als Sicherung der Alleinverehrung Jahwes verstanden werden.

Zur Absicherung des seit jeher bestehenden besonderen Verhältnisses zwischen Jahwe und Israel unter Ausschluss der anderen Götter erhob der Deuteronomiker die Forderung, ihm ausschließlich an dem einen von ihm erwählten Ort zu opfern und sich mit seinem ganzen Hause vor Jahwe, seinem Gott zu freuen (Dtn 12,13 – 19).[122] Damit sollten etwaige Einbeziehungen weiterer Götter an den als Höhen bezeichneten lokalen Heiligtümern[123] un-

---

bes. 82 – 85; Ders. (ATD 8/1), 177 – 178; Loretz, Gottes Einzigkeit, 66 – 67; Eckart Otto, (BZAW 284) 360 – 361; Juha Pakkala, Intolerant Monolatry, 76, zu den unterschiedlichen Übersetzungen Loretz, 61 – 68 und zur Sache Kaiser, Der eine Gott, 137 – 152, bes. 136 – 139.

118 Vgl. Levin, Gottesvolk, 16 – 17, der die Formel mit Erick Aurelius, Ursprung, 6 – 7 in diesem Sinne auslegt. Ein Echo auf seinen Feldzug gegen den Pharao könnte nach Anseln Hagedorn, Zephaniah, 453 – 473, bes. 465 – 467 das Wort gegen die Philister Zeph.2,4 – 6, die einzigen Verse, die nach Lothar Perlitt (ATD 25/1), aus dem 7.Jh. stammen könnten.

119 Vgl. dazu Werner H. Schmidt, Zehn Gebote, 46.

120 Veijola, Bekenntnis, 84 – 85. Vgl. auch Jürgen van Oorschot, „Höre Israel", 113 – 135, bes. 127: „Die Verwendung der Einzigkeitsaussage in Dtn 6 enthält nun keine Aufgabenbestimmung, auf die sie bezogen wäre. Der Wirkungsbereich Jahwes wird weder funktional noch geographisch eingegrenzt. Vielmehr wird seine Einzigkeit als Bindung an dieses eine Volk Israel ausgesagt. Als „unser Gott" ist er der „Einzige".

121 Vgl. I Kön 18, 21 – 40.

122 Vgl. dazu GAT II, 198 – 199.

123 Vgl. dazu Matthias Gleis, Bamah, 111 – 112.

terbunden werden (vgl. II Kön 23,8 – 10). Darüber hinaus könnte es sich bei
der abschließenden Forderung nach einer fröhlichen Mahlgemeinschaft um
eine Naturalisierung der von den neuassyrischen Königen abgehaltenen sa-
kralen Mahlzeiten handeln[124] So hat das beginnende Judentum einen doppelten Sicherungszaun um seine Eigenart gelegt, eine durch sein Bekenntnis
zu Jahwe als seinem einen und einzigen Gott und einen durch die Erklärung
Jerusalems zum alleinigen Ort, an dem Jahwe Opfer dargebracht werden
dürfen.

---

124 Vgl. dazu Peter Altmann, Festive Meals, 72 – 132, bes. 128 – 132 und zum Kultzentralisations-
gebot als solchem Kaiser, GAT II, 198 – 200.

2. Jahwe, der Reichsgott Israels als Wächter der Menschlichkeit und Gerechtigkeit: Die Völkersprüche des Propheten Amos (Amos 1,3 – 2,16)

2.1 Die Allmacht Jahwes über die Völker der Erde und die Natur nach den Sprüchen des Amos gegen fremde Völker und gegen Israel in Amos 1,3 – 2,16

Wendet man sich den Fremdvölkersprüchen des Amos in Am 1,3 – 2,16 zu, so erkennt man, dass der im ersten Drittel des 8. Jh. v. Chr. wirkende Prophet es als selbstverständlich betrachtete, dass Jahwe als der Reichsgott des Nordreiches Israel und damit eines in den politischen Dimensionen der damaligen Welt kleinen Staates Recht und Macht beanspruchen konnte, unmenschliches Verhalten der Nachbarvölker Israels mit der Zerstörung ihrer Hauptstädte und solches im eigenen Land durch ein gewaltiges Erbeben zu beantworten. Da die Zerstörung der östlichen Hauptstädte der östlichen Nachbarn in der damaligen politischen Situation nur durch die Assyrer erfolgen konnte, nimmt Jahwe auch die Herrschaft über die damaligen Großmächte in Anspruch. Indem er die Heimsuchung Israels durch ein Erdbeben nicht nur ankündigt, sondern auch ausführt, erweist er sich gleichzeitig als der Herr der Natur und damit des ganzen Kosmos.

2.2 Der Umfang und geographische Horizont der Komposition

Setzen wir mit der Analyse der Komposition der Fremdvölkersprüche in Am 1,3 – 2,5 ein,[1] so können wir die Frage offen lassen, ob sie von Anfang an oder erst redaktionell mit dem Spruch gegen Israel in 2,6 – 16* verbunden waren, weil ihre Beantwortung für das hier verhandelte Problem der Macht Jahwes irrelevant ist.[2] Im vorliegenden Zusammenhang reicht die Feststellung aus,

---

1 Zu V. 2 als eröffnendes Gegenstück zu dem Buchschluss in 9,5 – 6 vgl. Jakob Wöhrle, Frühe Sammlungen, 92 – 93.

2 Es war Artur Weiser, der vor 90 Jahren auf die rhetorische Zusammengehörigkeit der Israelstrophe in 2,6 – 16* mit den Völkersprüchen hingewiesen hat: Mochten die gegen die Völker gerichteten Sprüche die Hörer am Reichsheiligtum in Bethel in Sicherheit wiegen, (vgl. Am 7,10 – 13), so musste sie das gegen ihr eigenes Land gerichtete Wort umso mehr schockieren. Artur

dass der Reichsgott Jahwe bereits in den ersten Jahrzehnten des 8. Jh. v. Chr. als weltweiter Wächter über Recht und Gerechtigkeit galt. Man muss sich das gegenwärtig halten, um zu erkennen, dass die ihm später zugesprochene Rolle als dem Gesetzgeber Israels in dieser Funktion ihren Vorläufer besessen hat. Entscheidend ist die Feststellung, dass der Gott, der die Völker nach ihrem sittlichen Verhalten richtet, mit Israel noch strenger umgeht, indem er ihm anders als den Völkern nicht nur drei oder vier sondern drei und vier, nämlich sieben konkrete Sünden vorwirft.

Der geographische Horizont geht in Am 1,3 - 2,5 nicht über den syrisch-palästinischen Raum hinaus: Er erstreckt sich von Damaskus und seine Teilstaaten, (1,3 - 5), über die Philisterstädte Gaza, Askalon, Asdod und Ekron (1,6 - 8); das phönizische Tyros (1,9 - 10), und die ostjordanischen Reiche Edom (1,11 - 12), Ammon (1,13 - 15); Moab (2,1 - 3) bis zu Juda (2,4 - 5). Schon der unterschiedliche Umfang, die Reduktion der Strafansage auf die Androhung des Feuers in den Palästen und das Fehlen der Schlussformel „sprach Jahwe" geben zu erkennen, dass die Worte gegen Tyros, Edom und Juda sekundär eingefügt worden sind.[3] Nicht über alle Zweifel erhaben ist auch der Spruch gegen Gaza in 1,6 - 8; er sei aber dem Stand der Diskussion entsprechend in die ursprüngliche Komposition einbezogen.[4] Die vier verbleibenden Strophen gegen Damaskus, die Philisterstädte, Ammon und Moab verdienen es wegen ihres Gleichbaus und ihrer sprachlichen Prägnanz in vollem Wortlaut vorgestellt zu werden. (Am 1,3 - 5.6 - 8.13 - 15 und 2,1 - 3):

Weiser, Prophetie des Amos, 100 - 110. Ernst Würthwein hat gegen diese Deutung Einspruch erhoben und die Fremdvölkersprüche und die Gerichtsankündigung gegen Israel zeitlich voneinander abgesetzt und verschiedenen Epochen im Leben des Amos als Kultprophet und als Unheilsverkünder zugewiesen. Ernst Würthwein hat gegen diese Deutung Einspruch erhoben und die Fremdvölkersprüche und die Gerichtsankündigung gegen Israel zeitlich voneinander abgesetzt und verschiedenen Epochen im Leben des Amos als Kultprophet und als Unheilsverkünder zugewiesen. Ernst Würthwein, Amos-Studien, 68 - 110, bes. 93 - 99. Auch Theodore H. Robinson (HAT I/14), 76 hat sich dafür ausgesprochen, dass es sich bei den Sprüchen in 1,3 - 2,16 um eine Reihe ursprünglich selbständiger und zum Teil schon im Zustand ihrer Selbständigkeit beschädigter Worten handele, womit die gegen die Zugehörigkeit der Tyrus-, Edom und Judastrophen vorgebrachten Gründe entfielen und die Verfasserschaft des Propheten nur bei der zuletzt genannten aus historischen Gründen ausschiede. Schließlich hat sich Gunther Fleischer, Menschenverkäufer, 18 - 41 für die primäre Selbständigkeit der Fremdvölkersprüche in 1,3 - 2,5 und der Israelstrophe 2,6 - 16 eingesetzt.

3 Vgl. dazu z. B. Weiser, Prophetie des Amos, 87 - 88; Jeremias (ATD 24/1), 9 - 11; Aaron Schart, Entstehung, 56 - 57 und Wöhrle, Sammlungen, 93 - 94.

4 Zur Diskussion vgl. ausführlich die Verteidigung der Ursprünglichkeit durch Dirk Rottzoll, Studien, 41 - 45.

2.3 Die Botschaft der Sprüche gegen Damaskus, Gaza, Ammon und Moab

1,3 So spricht Jahwe:
„Wegen drei Freveltaten von Damaskus
und wegen vier will ich's nicht wenden:
Weil sie Gilead droschen mit eisernen Schlitten,

4 werfe ich Feuer in Hasaels Haus,
das soll die Paläste Ben Hadads fressen![5]

5 Ich zerbreche den Riegel von Damaskus
und rotte aus den Herrscher[6] von Biqᶜat Awen[7]
und den Szepterträger von Bet Eden[8].
Dann zieht das Volk von Aram verbannt nach Kir!"[9]
sprach Jahwe.

6 So spricht Jahwe:
„Wegen drei Freveltaten Gazas
und wegen vier, will ich's nicht wenden:
Weil sie ganze Orte verschleppten,
um sie an Edom zu verkaufen,

7 werfe ich Feuer in Gazas Mauern,
das soll seine Paläste fressen.

8 Ausrotten werde ich die Einwohner Asdods
und den Szepterträger von Askalon
und meine Hand gegen Ekron kehren,
dass der Rest der Philister zugrunde geht."
sprach Jahwe.

13 So spricht Jahwe:
„Wegen drei Freveltaten der Ammoniter
und wegen vier will ich's nicht wenden:

---

5 Feuer in belagerte oder eroberte Städte bzw. in die Paläste ihrer Könige zu werfen und sie nieder
   zu brennen, gehörte zur damaligen Kriegsführung. Vgl. z.B. die Monolithinschrift Salmanassar
   III. Col.II.89; seine Stierinschrift Z. 90–91; sein Annalenfragment Z. 16–19; seiner Marmorplatte
   col.2–6, alle bei Rykle Borger (TUAT I/4), 1984, 360–367.
6 Zur Übersetzung vgl. Hans Walter Wolf (BK AT XIV/2), 161 und Jörg Jeremias (ATD 24/1), 6.
7 „Sündental" (Jeremias).
8 „Lusthaus" (Jeremias).
9 Vgl. II Reg 16,9. Da die Erwähnung von Kir als Herkunft der Aramäer in Am 9,7 dtr ist, liegt der
   Verdacht nahe, dass der vermutlich in Südbabylonien liegende Ort auch in 1,5 von der dtr
   Redaktion eingetragen ist, vgl. Dieter Viehweger, Herkunft der Völkerworte, 103–119, bes. 116–
   117 und Rottzoll, Studien, 39.

Weil sie die Schwangeren Gileads aufschlitzten,
um ihr Gebiet zu erweitern,

14 werfe ich Feuer in Rabbats Mauer,
das soll seine Paläste fressen,
unter Kriegsgeschrei, am Tage der Schlacht,
unter Tosen am Tage des Stürmens.

15 Dann zieht ihr König in die Verbannung,
er selbst samt seinen Beamten."
sprach Jahwe.

2,1 So spricht Jahwe:
„Wegen drei Freveltaten Moabs
und wegen vier will ich's nicht wenden:
Weil es die Gebeine des Königs von Edom
zu Kalk verbrannte,

2 werfe ich Feuer in Moabs' Stadt'[10],
das soll seine Paläste[11] fressen.
Dann stirbt Moab im Lärmen des Kampfs,
bei Kriegsgeschrei und[12] Hörnerschall.

3 Dann rotte ich den Herrscher in seiner Mitte aus
und erschlage ich all seine Beamten mit ihm!"
sprach Jahwe.

Das Gleichmaß des Aufbaus dieser Sprüche mit ihren stereotypen Wiederholungen der Spruch-Jahwe Formel am Anfang und Ende, ihren durch einen
aufsteigenden Zahlenspruch eingel.en Begründungen, ihrer Bestrafung durch
Feuer und deren vernichtenden Folgen verleiht ihnen eine sprachliche Kraft,
die auf die Entschlossenheit und Macht Jahwes verweist, der auch jenseits der
Grenzen seines Volkes über der Einhaltung von Recht und Gerechtigkeit
wacht. Sachlich werfen sämtliche Anklagen den Völkern ein brutales und
menschenverachtendes Verhalten vor. Geographisch setzt die Reihe im
Nordosten bei den Aramäern ein, springt anschließend zu den Philistern im
Südwesten,[13] um dann bei den Ammoniter im Osten und den Moabiter im
Südosten zu enden.

---

10 Siehe BHS.
11 Siehe BHS.
12 Siehe BHS.
13 Gegen die von Karl Marti (KHC XIII), 160–161 als erstem vorgenommene späte Einordnung des
Philisterspruchs vgl. ausführlich Rottzoll, Studien, 41–45. Ich beuge mich dem Urteil, melde
aber Bedenken an, denen ich hier nicht nachgehen kann. Erinnert sei an den Philisterspruch in
Zeph 2,4–7, der ohne jede Beziehung zum Vorhergehenden ist. Perlitt (ATD 25/1), 123 hält es
trotzdem für möglich, dass er aus dem 7. Jh. stanmmt, dafür hat jetzt auch Anselm Hagdorn,

2.4 Der historische Hintergrund der Fremdvölkerstrophen

Die Beziehungen zwischen dem Nordreich Israel und den aramäischen Königen von Damaskus waren seit den Tagen König Jehus (841–814/13?) gespannt:[14] Solange der seit 842 in Damaskus regierende König Hasael durch die Angriffe des assyrischen Königs Salmanassar III. (858–824) zwischen 841 und 838 in Anspruch genommen war, gab es eine Ruhepause für Israel. Doch der Assyrer rühmt sich, dass es ihm in seinem 18. Jahr gelungen sei, Damaskus einzuschließen, wo ihm Hasael in seinem Palast gehuldigt und gewaltige Schätze ausgeliefert habe. Anschließend habe sich ihm auch König Jehu von Omriland und d. h. Israel unterworfen.[15] Nach den vorübergehenden Erfolgen Adadnirari III. (809–782), der in seinem 5. Jahr Syrien und Palästina noch einmal unter seine Kontrolle brachte,[16] gab es eine Atempause für diese Länder, so dass Hasael seine Macht auf Kosten Israels ausdehnen und erst das Ostjordanland (II Kön 10,32) und weiterhin seinen Norden und schließlich selbst die Küste bis nach Gath besetzen können (II Kön 12,18).[17] Doch unter der Regierung Jerobeam II. (787–747) blühte das Nordreich wieder auf. Er konnte jedenfalls den Norden des Landes zurückgewinnen (II Kön 14,25).[18]

Fragt man sich, in welchen geschichtlichen Zusammenhang die in Am 1,3 gegen die Arameer und 1,13 gegen die Ammoniter erhobenen Anklagen schwerster Misshandlungen der Gileaditer einzuordnen sind, so liegt es nahe, sie mit einer Besetzung des Ostjordanlandes durch die Damaszener zu verbinden, an der sich auch die Ammoniter beteiligt haben könnten.[19] Bei dem Vorwurf gegen die Aramäer, dass sie sich dabei an der israelitischen Bevölkerung mit eisernen Messern versehener Dreschschlitten bedient hätten,[20] ist entweder als Verallgemeinerung eines Einzelfalls oder als Metapher zur Bezeichnung der rücksichtslosen Grausamkeit der Eroberer zu verstehen (vgl. II Kön 13,7). Ähnlich dürfte es sich bei der Anklage gegen die Ammoniter verhalten, dass sie den Leib schwangerer Frauen aufgeschlitzt hätten. Auch bei ihr handelt es sich eher um einen besonders grausamen Einzelfall als ein systematisches Vorgehen.[21] Jedenfalls haben beide Völker durch ihre Un-

---

Zephaniah, 453–475, bes. 465–468 ausführlich plädiert; vgl. aber auch Jakob Wöhrle, Sammlungen, 215–217 und 220.

14 Vgl. II Reg 8,29; 10,15.

15 Vgl. Alfred Jepsen. Israel und Damaskus (AfO 14), 1940/41, 153–172; Eduard Lipinski, Aramäer und Israel (TRE III), 1978, 590–599, Herbert Donner, Geschichte II, 325–327; Klaas R. Veenhof, Geschichte des Alten Orients, 242–249; Dietz Otto Edzard, Geschichte Mesopotamiens, Christian Frevel, Grundriss, 276–277 und zuletzt Shuichi Hasegawa, Aram, 130–14

16 Vgl. seine einschlägigen Inschriften bei Borger, 367–369.

17 Vgl. II Kön 9,14–15.

18 Vgl. dazu Christian Frevel, Grundriss, 652–653.

19 Zur Abhängigkeit von Jer 49,3b von Am 1,13–15 vgl. Rottzoll, Studien, 46–48.

20 Vgl. dazu Helga Weippert (RLA2), 63–64 mit Abb. 18.

21 Zum geschichtlichen Hintergrund der gegen die Ammoniter erhobenen Vorwürfe vgl. Ulrich

menschlichkeit Jahwe als den Beschützer der Seinen herausgefordert, so dass er diese Verbrechen rächen wird. Von den beiden in 1,5 ironisch als Biqᶜat Awen („Freveltal") und Bet Eden („Lusthaus") bezeichneten aramäischen Teilreichen dürfte das erste in dem noch heute als Biqᶜâ bezeichneten Hochtal zwischen dem Libanon und Antilibanon gelegen haben (vgl. Jos 11,12), während das zweite vermutlich den Bereich von Baalbek bezeichnet, sofern man es nicht doch mit dem am mittleren Euphrat gelegenen Teilstaat Bit Adini zu identifizieren hat.[22] Jedenfalls fehlte der Gerichtsankündigung des Propheten gegen das Reich von Damaskus und die Ammoniter nicht der geschichtliche Anlass für die Ankündigung, dass Jahwe den Riegel von Damaskus zerbrechen und Feuer in die Wohnburgen seiner Könige wie in die Mauern der Hauptstadt der Ammoniter Rabbat[23] werfen und damit beider Macht ein Ende bereiten werde. Wenn es einem Angreifer gelang, das Stadttor aufzubrechen, so konnte er in die Stadt eindringen, sich plündernd ihrer Paläste bemächtigen, um sie dann niederzubrennen. Dass Jahwe sich bei seinem Gerichtshandeln menschlicher Mächte bedienen würde, verstand sich für die Zeitgenossen des Propheten von selbst.[24]

Im zweiten Völkerspruch Am 1,6–8 wird die südlichste Philisterstadt Gaza in 1,6b beschuldigt, Sklavenjagden betrieben und ihre Beute an die Edomiter verkauft zu haben. Deshalb soll auch die niedergebrannt werden. Die Volkszugehörigkeit der Opfer bleiben im Dunkeln: Es kann sich um Judäer, aber ebenso um Angehörige von im Negev lebenden Sippenverbänden wie z.B. Amalekiter handeln. Auffallend ist, dass anschließend ohne jede Begründung auch die Ausrottung der Einwohner der Philisterstädte Asdod, Askalon und Ekron und des „Rests" der Philister angedroht wird.

Durchsichtiger ist die 6. gegen, die Moabiter gerichtete Strophe in 2,1–3: Ihnen wird in V. 1b vorgeworfen, den Leichnam des Königs von Edom zu Kalk verbrannt zu haben. Damit hätten sie wohl nicht nur die Grabesruhe des Königs gestört, sondern auch seine Totenseele vernichtet. Denn nach der damals herrschenden Vorstellung scheint das schattenhafte Nachleben in der Unterwelt an eine ordnungsgemäße Bestattung und die Erhaltung der Gebeine des Toten gebunden gewesen zu sein.[25] Die in V. 3 angekündigte Strafe übertrifft die in 1,15 angekündigte über den König von Ammon und seine Be-

---

Hübner, Ammoniter, 184–185, aber auch 298–300. Demnach dürfte es ihnen in der Mitte des 9. Jh. gelungen sein, Angriffe auf das israelitische Gilead zu unternehmen.

22 Zur Diskussion vgl. Hasegawa, Aram, 131–131.

23 Vgl. I Sam 11,1; 12,27.29; Jos 13,25; Jer 49,3, Ez 21,25 bzw. zur vollen Namensform Dtn 3,11; II Sam 12,26, 17,27 und Jer 49,2, das hellenistische Philadelphia und heutige Ammān.

24 732 wurden das Reich von Damaskus ebenso wie der Norden Israels durch Tiglatpileser III. (745–727) als Provinzen in das assyrische Reich eingegliedert; vgl. die kleine Inschrift Tiglatpileser III Nr. 1, Z. 6–7 und die Inschrift ND 4301 Rs.3–10, Borger (TUAT I/4), 373 und 377 und dazu Dietz Otto Edzard, Geschichte Mesopotamiens, 202–207.

25 Vgl. dazu Aubrey R. Johnson, Vitality, 88; Ludwig Wächter, Tod im Alten Testament, 173–174 und Kaiser, Tod und Leben. 41–46.

amten: Während sie lediglich (durch einen assyrischen Herrscher?) deportiert werden sollen, soll die aus dem König und seinen Beamten bestehende herrschende Schicht der Moabiter hingerichtet werden, was in der Regel nur bei Vasallen üblich war, die den Treueid verletzt hatten und nicht bereit waren, sich zu ergeben.[26]

Von den Anklagen, die in den vier in der Regel auf den Propheten Amos zurückgeführten Strophen erhoben werden, betreffen nur zwei mit Sicherheit die grausame Ermordung von Israeliten. Bei den Opfern des Menschenraubes und Menschenhandels in 1,6, die unter den ursprünglichen Sinn des Verbots in Ex 20,15 fallen, kann es, muss es sich aber nicht um Israeliten handeln. Im Fall der Verbrennung der Leiche des Königs von Edom geht es zwar um den Angehörigen eines „Brudervolkes (vgl. 1,11), aber trotzdem um keinen Israeliten: So belegt der Philisterspruch möglicherweise und der Moabspruch sicher, dass Jahwe nach der Überzeugung des Propheten auch die Freveltaten an fremden Völkern begangenen Freveltaten heimsucht. Die Gerichtsankündigung gegen die Aramäerstaaten in 1,3–5 erinnert an die latente assyrische Gefahr und wirft so einen Schatten auf die anderen Völkersprüche und zumal auf den gegen die Ammoniter in 1,13–15. Denn als Amos vermutlich um 780 wirkte,[27] war Ägypten durch die Expansionsgelüste der 2 Äthiopischen Dynastie mit sich selbst beschäftigt, die 750 die Thebaïs besetzte.[28] In ähnlicher Weise holte das Neuassyrische Reich Atem, ehe Tiglatpilesar III. 745 den Thron bestieg und alsbald seine Eroberungspolitik gen Westen richtete. Er aber sollte den ganzen Westen unterwerfen.[29]

2.5 Die Gerichtsankündigung gegen Israel

Sollten die Fremdvölker- und der Israelspruch gleichzeitig von dem Propheten im Reichsheiligtum Betel (vgl. Am 7,10–17) vorgetragen worden sein, so kann man sich vorstellen, wie gern sie erstere hörten und um wie viel größer muss der Schock gewesen sein muss, als der Prophet anschließend ihnen vorhielt, in welchem Maße die Solidarität mit den sozial Schwachen in der Oberschicht ihres Reiches durch ein grenzenloses Streben nach Gewinn und Befriedigung

26 Vgl. z. B. den Bericht Sanheribs über seinen dritten Feldzug Co.II.7–13, Borger (TUAT I/4), 389, und die Prisma A-Inschrift Asarhaddons col.II.65–78 , Borger, 395–396 und z. B. den Vasallenvertrag Asarhaddons mit König Baal von Tyros mit den Verfluchungen für den Fall des Vertragsbruchs in Col.IV. 1–19 Rykle Borger (TUAR I/2,), 1983, 158–159 oder die umfangreicheren im Vasallenvertrag Asarhaddons mit medischen Fürsten §Kapitel 37–105 bei Rykle Borger (TUAR I/2), 1983,169–106; vgl. dazu auch Christoph Koch, Vertrag, 78–97.

27 Vgl. dazu die Diskussion bei Dirk U. Rottzoll, Studien, 16–18, der im Anschluss an Alfred Jepsen, Israel und Damaskus, 170 für die Frühdatierung votiert.

28 Vgl. dazu Veenhof, Geschichte des Alten Orients, 249–250.

29 Vgl. dazu Dietz Otto Edzard, Geschichte Mesopotamiens, 195–207, bes. 202–203.

sinnlicher Gelüste unterhöhlt war. Dieses Verhalten war nicht weniger Menschen verachtend als das der angeklagten Nachbarn. Denn nach ihr scheint es zum guten Ton gehört zu haben, ohne Rücksicht auf die sozial Schwächeren die eigenen Interessen durchzusetzen und auf ihre Kosten (wie die Worte in Am 3,1 – 4,3 illustrieren) ein Luxusleben zu führen. Jahwes Geduld ist erschöpft: Der Gott, der das Unrecht der Völker heimsucht, wird auch an den Freveltaten in seinem Volk nicht stillschweigend vorübergehen, sondern es mit einem Erdbeben heimsuchen, dem niemand entrinnen kann (Am 2,6—8.13 – 16):[30]

6 So spricht Jahwe:
„Wegen drei Freveltaten von Israel
und wegen vier will ich's nicht wenden:
Weil sie den Gerechten um Silber verkaufen
und den Armen um ein Paar Sandalen;

7 die den Geringen nachstellen[31]
und den Weg des Rechts[32] der Bedürftigen beugen;
ein Mann und sein Vater zu der gleichen Frau gehen,
um meinen heiligen Namen zu schänden;[33]

8 sie sich auf gepfändeten Kleidern strecken
neben jedem Altar
und Wein von Bußgeldern trinken
im Haus ihres Gottes.

9 Ich aber habe den Amoriter vor ihnen her[34] ausgerottet,
dessen Größe wie die von Zedern war
und dessen Stärke die von Eichen.[35]

10 Ich aber habe euch aus dem Lande Ägypten heraufgeführt
und euch 40 Jahre durch die Wüste geleitet,
um das Land der Amoriter in Besitz zu nehmen.

11 Ich ließ unter euren Söhnen Propheten erstehen
und unter euren Jungmännern Nasiräer.[36]

---

30 Zum dtr Charakter der Einfügung der V. 9 – 12 vgl. zwischen V. 9 und 10 – 12 differenzierend Rottzoll, Studien, 52 – 61 und jetzt Wöhrle, Sammlungen, 98 – 100.
31 Zu den Schwierigkeiten des Textes und der hier vorgenommenen Streichung vgl. Rottzoll, Studien, 62 – 63.
32 Vgl. dazu Rottzoll, 64.
33 Hier und in V. 8aβ und bβ liegen priesterlich-dtr. Nachinterpretationen vor, die zusammen mit der heilsgeschichtlich begründeten Anklage in den V. 10 – 12 eingefügt worden sind; vgl. dazu z. B. Rottzoll, Studien, 54 und 119.
34 Vgl. aber auch BHS.
35 Zum post-dtr Charakter der Verses vgl. Rottzoll, Studien, 52 – 55.
36 Vgl. Num 6,2 – 5; 30,3 und z. B. Ri 13,2 – 5; Apg 21,18 – 26 und dazu Friedrich Nötscher, Altertumskunde, 343 bzw. Roland de Vaux, Institutions II, 361 – 362.

So war es doch, ihr Israeliten?"
Spruch Jahwes.

12 „Aber ihr gabt den Nazireern Wein zu trinken
und befahlt den Propheten:
Prophezeit nicht![37]

3 Gebt Acht: Ich spalte die Erde unter euch,
wie sie ein Erntewagen spaltet,
der voll mit Garben beladen ist.

14 Da hilft dem Schnellen keine Flucht
noch nützt dem Starken die Kraft,
noch rettet der Held sein Leben.

15 Der Bogenschütze hält nicht stand,
noch rettet sich, wer leicht zu Fuß,
noch rettet der Wagenlenker sein Leben.

16 Und wer tapferen Herzens unter den Helden –
nackt wird er fliehen an jenem Tag."

Die gegen Israel erhobenen Anklagen betreffen durchgehend soziales Fehlverhalten:[38] Dabei geht es in V. 6b um rücksichtslose Einforderung von relativ
bescheidenen Schulden: Wer sie nicht bezahlen kann, muss damit rechnen,
dass er in die Schuldsklaverei verkauft. Wird. Dabei interessiert es die Geldgeber weder, ob sie dadurch einen aufrechten Mann (und seine Familie) ruinieren, noch ob es sich um eine geringe Schuld handelt („ein Paar Sandalen")
(vgl. Ex 22,24).[39] Dabei übersehen die Schuldner, dass Jahwe das Recht der
Kleinen Leute schützt und ihre Vergewaltigung ahndet (vgl. Ex 21,2 – 11 und
die Novellierungen Dtn 19,4 – 13 und Lev 25,35 – 55). Diese Gesinnung manifestiert sich zumal in der Durchsetzung des eigenen Vorteils vor Gericht, bei
dem man nicht vor der Bestechung der Richter zurückschrecken (vgl. Ex
20,16; 23,8; Dtn 16,19; vgl. auch 10,17).[40] Die Beugung des Rechts zeigte sich
auch darin, dass es Väter gab, die keine Bedenken trugen, mit der Frau ihres
Sohnes zu schlafen. Dadurch brach er (mit Einwilligung des Sohnes?) das
grundsätzliche Tabu, dass den Geschlechtsverkehr des Vaters mit der
Schwiegertochter mit der Todesstrafe belegte (Lev 18,15; 20,12).[41] Als besonders gewissenlos galt es, wenn man das Gebot missachtete, einen ge

---

37 Den Nachweis, dass die V. 1 – 12 einer dtr Redaktion zu verdanken sind, hat Werner H. Schmidt,
    Deuteronomistische Redaktion, 178 – 182 erbracht und damit breite Zustimmung gefunden;
    vgl. z. B. die Nachweise bei Schart, Entstehung, 61 Anm. 47.
38 Vgl. dazu Fleischer, Menschenverkäufer, 284 – 345 und zum sozialgeschichtlichen Hintergrund
    346 – 390.
39 Vgl. dazu Jörg Jeremias, Prophet Amos, 21 – 22.
40 Vgl. Jes 1,23; 5,23; 33,15; Mich 3,11; Ps 26,9 – 10; Hiob 15,34 – 35; vgl. Dtn 10.17,
41 Vgl. dazu Rottzoll, Studien, 65.

pfändeten Mantel seinem Besitzer vor Sonnenuntergang zurückzugeben (Ex 22,25 – 26; Dtn 24,12 – 13), weil der Mantel seine Decke gegen die nächtliche Kälte war. Nach Dtn 24.17 durfte das Gewand einer Witwe überhaupt nicht gepfändet werden. Wer sich abends auf einem gepfändeten Mantel räkelt (vgl. V. 8aα mit Am 6,4), fordert mithin Gottes Strafe heraus (V. 8a). Für angerichtete Schäden Bußgelder zu verlangen, war rechtens (vgl. z. B. Ex 21,22; Dtn 22,13 – 29*). Wenn man sie jedoch mitleidslos von einem Armen einforderte und dann vertrank (V. 8bα), wurde deutlich, wessen Geistes Kind man war. Dass hinter einem derartigen Verhalten der in Samaria lebenden Oberschicht Israels auch ihre vom Propheten zornig als „Basanskühe" angeredeten wohlgenährten Frauen steckten, die von ihren Männern die Mittel für ihren aufwendigen Lebensstil erwarteten, zeigen die beiden Gerichtsankündigungen in Am 4,1 – 3*[42] und 6,1 – 7*:[43] Der Prophet wusste sich angesichts dieser sozialen Krise[44] dazu bevollmächtigt, Israel die Heimsuchung durch ein schreckliches Erdbeben anzukündigen, bei dem selbst dem Tapfersten der Mut sinken würde, weil er ihm nicht entfliehen könnte (2,13 – 16). In 3,12.15 hat Amos in Jahwes Namen die durch es bewirkten universalen Zerstörungen und katastrophalen Menschenopfer vorausgesagt (Am 3.12 – 15):[45]

12 So spricht Jahwe:
„Wie ein Hirte aus dem Rachen eines Löwen
(nur) zwei Wadenbeine oder ein Ohrläppchen rettet,
so werden die Israeliten gerettet,
die in Samaria sitzen
an der Lehne des Diwans
oder am Kopf[46] ihres Bettes.

15 Ich zerschlage das Sommerhaus
samt dem Winterhaus,
dass ‚Elfenbeinhäuser'[47] zerstört werden
und die vielen Häuser verschwinden."

---

42 Dass in 4,3 ursprünglich nicht von der Deportation der Frauen, sondern vom Herausschaffen ihrer Leichen aus den Trümmern die Rede war, hat Rottzoll, Studien, 152 richtig dargelegt. Man zieht Leichen mit Haken aus den Ruinen, führt aber Frauen nicht mit Haken in die Gefangenschaft.

43 Zur Diskussion über die Anrede der Sorglosen in Zion in 6,1aα vgl. Jörg Jeremias (ATD 24/2), 83 Anm.1 und zum ursprünglichen Anschluss von 6,1aβ* an V3a.4.5a6aα.7 vgl. Rottzoll, Studien, 153 – 164, bes. 164.

44 Vgl. dazu Rainer Kessler, Sozialgeschichte, 116 – 119 und Walter Houston, Social Crisis, 130 – 149, bes. 145 – 147.

45 Zum sekundären Anschluss von V. 15 an V. 13 vgl. Rottzoll, Studien, 136 und 141 – 142.

46 Lies statt „Damaskus" ein ברש.

47 Lies השן בתי ; vgl. Marti (KHC XIII),178 z. St.

Durch schwere Erdbeben bewirkte Zerstörungen lassen sich archäologisch nachweisen; welche davon zur Zeit des Amos geschah, ließ sich bis jetzt noch nicht ermitteln.

2.6 Die sekundären Strophen

Die Anklagen in den sekundären Strophen beziehen sich auf Vorkommnisse in der späten Königszeit bzw. der Exilszeit: Die Tyrosstrophe in 1,9 – 10 ist offensichtlich ein Plagiat der Philisterstrophe von 1,6 – 8.[48] Die Edomstrophe 1,11 – 12 bezieht sich auf das Verhalten der Edomiter bei und nach der Zerstörung Jerusalems (Ob 10 – 14) und die Besetzung des südöstlichen Teils von Juda und lehnt sich ihrerseits an die Tyrosstrophe an. Sie ist vermutlich gleichzeitig mit ihr nachgetragen worden.[49] Die Nennung der Landschaft Teman und der Stadt Bosra statt des älteren Sela (Ri 1,36; II Kön 14,7) belegt ihre frühestens exilische Abfassung.[50] Die Judastrophe in 2,4 – 5 mit ihrem Vorwurf, dass Juda die Tora Jahwes verworfen habe (vgl. Jes 5,24b; II Kön 17,15) und es Lügen (und d.h: Götzen) nachgelaufen sei wie seine Väter (vgl. Jer 2,5;14,20; 17,23 und 32,32–.33), wird durch seine dtr Terminologie und seine Parallelen als spät ausgewiesen:[51] Sie ist kaum von derselben Hand wie die Tyros- und die Edomstrophe eingefügt worden.[52] Möglicher Weise entsprang sie dem Wunsch, die Völkersprüche auf die Siebenzahl zu bringen.[53] Nach Jörg Jeremias besteht die Funktion dieser Strophe darin, die in den Völkerworten erhobenen Vorwürfe sämtlich theologisch zu deuten.[54]

2.7 Jahwe als Wächter über die Menschlichkeit und Sittlichkeit Israels und seiner Nachbarn

Blicken wir zurück, so gilt es festzuhalten, dass der Reichsgott Jahwe bereits im frühen 8. Jh. v. Chr. nicht anders als die Reichsgötter des Vorderen Orients als Wächter über Recht und Gerechtigkeit galt und sich dabei auch seine Recht-

---

48 Vgl. dazu Rottzoll, Studien, 30 – 3
49 Weiser, Prophetie des Amos, 88 und Rottzoll, 32 – 35.
50 Artur Weiser, Prophetie, 87 spricht von mechanischer Nachahmung der Philisterstrophe durch einen Späteren.
51 Wellhausen, 71 – 72, Marti (KHC XIII), 165 – 166 und zuletzt ausführlich Rottzoll, Studien, 23 – 27.
52 Wöhrle, 97.
53 Weiser, 89.
54 ATD 24/2, 29.

lichkeit in der Wahrnehmung des Schutzes sozial Schwachen erwies.[55] Es ist auffällig, dass der Prophet in seinen Gerichtsankündigungen nicht auf die entsprechende Pflicht des Königs hingewiesen hat und er in keinem seiner überlieferten Worte den König in seine Kritik der bestehenden Verhältnisse in Israel eingeschlossen hat. Besondere Hervorhebung verdient dagegen die Tatsache, dass Jahwe in seine Aufgabe als Rechtswahrer seines Volkes das Verhalten der Nachbarvölker einbezogen hat. Dabei zeigt die Moabstrophe, dass er diese Aufgabe auch dann wahrnahm, wenn sich das Verbrechen gegen den toten König eines Nachbarvolkes richtete. Der Wettergott, der dem Meere die Erde abgerungen hatte (Ps 29),[56] war nicht nur der Reichsgott Israels, sondern potentiell der Herrscher über die ganze Völkerwelt.

---

55 Zur Fortsetzung der Sozialkritik als Begründung des kommenden Gerichts Jahwes bei den Propheten des letzten Drittels des 8. Jh. vgl. z.B. Jes 5,8–24 und Mi 1,10–3,12.

56 Vgl. dazu unten, 137–141.

3. Jahwes Weg mit Israel durch das Gericht zum Heil

3.1 Das heilsgeschichtliche Programm der Prophetenbücher

Wenden wir uns den Prophetenbüchern zu, so begegnet in den drei großen, die der Autorität der Propheten Jesaja, Jeremia und Hesekiel oder Ezechiel zu, die zwischen dem letzten Drittel des 8. und 6. Jh. gewirkt haben, so spiegelt schon ihr Aufbau ein theologisches Programm.[1] Denn mit ihrer Abfolge von Worten gegen das eigene Volk und gegen Fremdvölker sowie Heilsworten für Israel enthalten sie die Botschaft, dass Jahwe sein Volk durch das Gericht an ihm und dann durch das an den Völkern zum Heil zu führen gedenke. Dabei bildet die Gewissheit, dass Jahwes Herrschaft auch die Völker einschließt, die selbstverständliche Denkvoraussetzung. Man spricht daher bei diesen drei Büchern im Anschluss an Georg Fohrer von einem dreigliedrigen eschatologischen Schema. Daneben und darunter gibt es ein kleinräumiges zweites, nach dem auf eine Reihe von Unheilsworten ein Heilswort folgt. Es prägt den Lesern oder Hörern gleichsam in einer Kurzform die *summa* ein, dass Gott sein Volk durch das Gericht zum Heil führen will.[2] Dabei ist es offensichtlich, dass die für es verantwortlichen Schreiber die Überzeugung des Propheten Amos teilten, dass der eine Gott Israels der Herr der ganzen Welt ist, der über alle Völker und alle Kräfte der Natur verfügt.

Man erkennt dieses Schema am deutlichsten im Ezechielbuch; denn in ihm folgen auf die ausführliche Berufungserzählung in den c.1–3 zunächst in den c.4–24 die Gerichtsworte gegen Israel und zumal Jerusalem. An sie schließen sich in den c.25–32 die Fremdvölkersprüche an.[3] Kap. 33 verbindet beide Blöcke wie ein Scharnier mit den Heilsworten in den c.34–39+ 40–48. Mit seinem Rückgriff auf das Motiv des Wächteramtes des Propheten in c.3 entsteht so eine große, die c.4–32 umfassende *inclusio*. Die Heilsworte werden nur in c.35 durch ein gegen Edom gerichtetes Drohwort unterbrochen. Dann folgt in den c.40–48 die Vision vom neuen Tempel und heiligen Land, die ihrerseits mit der Tempelvision der c.8–11 korrespondiert.[4] Das dreigliedrige Schema liegt auch der Protojesajanischen Sammlung Jes 1–39 und insgesamt auch dem Großjesajabuch mit seinen 66 Kapiteln zugrunde, auch wenn zumal in den c.1–12 und 28–35 häufiger das Zweierschema begegnet.

---

1 Vgl. dazu auch GAT I, 232–236.
2 Vgl. dazu Georg Fohrer, Einleitung, 396.
3 Zu ihrem Inhalt und Aufbau vgl. Karl-Friedrich Pohlmann, Stand, 99.
4 Vgl. dazu Pohlmann, Stand, 130–148 und zur Gerichts- und Heilsbotschaft des Buches Peter Ackroyd, Exile, 103–117.

Nach der Griechischen Bibel war auch das Jeremiabuch ursprünglich nach dem Dreierschema aufgebaut. In der Hebräischen Bibel wurde es dadurch gestört, dass die Fremdvölkersprüche, die ursprünglich zwischen 25,1–13 und 25,14–38 standen als c.46–51 an das Ende gestellt wurden, damit die Heilsworte der c.30–31 den Mittelpunkt des Buches bilden.[5]

Schon diese Kompositionsschemata geben zu erkennen, dass der eigentliche Adressat der Prophetenbücher das exilisch-nachexilische Israel ist. Es sollte durch den in den Gerichtsreden geführten Schuldaufweis davon überzeugt werden, dass der Untergang des Nordreiches Israel im Jahr 722 v. Chr. und zumal der des Südreiches Juda im Jahr 587 v. Chr. nicht die Folge der Macht- oder Interesselosigkeit Jahwes an dem Geschick seines Volkes sondern die der Sünden der Väter gewesen ist. Gleichzeitig mahnte er an, anders als die Väter Jahwe unbedingte Treue zu halten und seinem auf Recht und Gerechtigkeit bestehendem Willen zu gehorchen, wenn kein weiteres Zornesgericht über sie oder ihre Kinder hereinbrechen sollte.[6] Die erfüllten Unheilsworte gegen das eigene Volk und gegen die Fremdvölker hielten ihm die Macht ihres Gottes vor Augen, mit dem nicht zu spaßen ist und dessen Heilsworte vertrauenswürdig sind..

Selbstverständlich finden sich die drei dem Schema entsprechenden Themen in unterschiedlicher Weise auch im Zwölfprophetenbuch.[7] In seinen älteren Teilen steht der Schuldaufweis im Vordergrund, ohne dass es an Heilsworten und teilweise auch Fremdvölkersprüchen mangelt. Die Bücher Hosea und Amos führen ihn zumal für das Nordreich und die Bücher Micha, Zephanja und weiterhin auch Sacharja für das Südreich.[8] Dabei verdient es hervorgehoben zu werden, dass die Vorstellung von dem „Tag Jahwes" als einem Tag, an dem Jahwe Gericht über sein Volk Israel halten wird, zum ersten Mal in Am 5,18–20 begegnet.[9] Sie hat im Zwöfprophetenbuch eine breite Spur hinterlassen und konnte schließlich in Joel 4,1–17* „in frühapokalyptischer

---

5 Vgl. dazu Kaiser, Grundriss II, 67–68 und die Übersicht über die unterschiedliche Textfolge des hebräischen und des griechischen Jeremiabuches bei Siegfried Herrmann (TRE XVI), 1987, 581 und zur Sache auch Peter Ackroyd, Exile, 50–6

6 Vgl. dazu auch Jörg Jeremias, Zorn Gottes, bes. 185–196.

7 Zu ihren komplizierten redaktionellen Verhältnissen vgl. Jakob Wöhrle, Abschluss, ders., Frühe Sammlungen, und zu den Büchern Haggai- und Sacharja jetzt auch Martin Hallaschka, Haggai und Sacharja 1–8.

8 Zur Möglichkeit, dass dem Schuldaufweis für den als Tyrannen bezeichneten Weltherrscher in Hab 2,6–14* eine Reihe von Anklagen gegen Missstände in Juda zugrunde liegt, vgl. Jörg Jeremias, Kultprophetie, 57–89; Eckart Otto, Stellung der Wehe-Worte, 73–107; vgl. ders., Habakuk/Habakukbuch (TRE XIV), 1985, 300–306, bes. 301–302; Klaus Seybold, (ZBK.AT 24/2), 69–70; Lothar Perlitt (ATD 25/1), 69–70 und Wöhrle, Abschluss, 309–31 Ob auch in Nah 1,11–14 ein ursprünglich gegen Juda gerichtete Drohworte vorliegt, ist umstritten, vgl. bejahend. Seybold, 23–24; verneinend Perlitt, 13–14 und zuletzt wieder bejahend Wöhrle, Abschluss, 39–44.

9 Vgl. dazu Jörg Jeremias (ATD 24/2), 75–76 und Martin Beck, Tag YHWHs, 49–61, bes. 59 und 68 sowie zur Frage der Nachwirkung im Amos-, Hosea- und Michabuch 64–68.

Manier" ein universales Völkergericht einschließen.[10] Man braucht sich jedoch nur an die Völkersprüche des Amosbuches (1,2 – 2,16),[11] die gegen Ninive gerichteten Worte des Nahumbuches (Nah 3,1 – 19)[12] oder an die Edomorakel des Obadja- und des Maleachibuches zu erinnern (Ob 1 – 18;[13] Mal 1,2 – 5),[14] um zu erkennen, dass auch dem Zwölfprophetenbuch die gegen fremde Völker gerichtete Orakel nicht fehlen. Darin erweist es sich, dass Jahwe nicht nur von den vor- und frühnachexilischen Propheten, sondern auch ihren Bearbeitern und ihren bis zum Ende der Perserzeit wirkenden Fortschreibern, als der eine Gott betrachtet wurde, der die Macht besitzt, die Geschicke Israels .zu lenken und ihm dabei die Kräfte der Natur gehorchen: Er hat Israel wegen seiner mangelnden Solidarität mit den schwächsten seiner Glieder bzw. seinen Abfall von ihm in die Hand der Völker gegeben, deren Hochmut und Macht er zu seiner Zeit brechen und dadurch Israel aus ihrer Knechtschaft befreien würde. Daran sollten die Völker ihn als den einzigen wahren Gott erkennen.

3.2 Die Botschaft vom Tag Jahwes

Doch weil auch das nachexilische, in der Heimat und der Fremde lebende Israel die Gerechtigkeit vermissen ließ, die er gerade von ihm als seinem eigenen Volk erwartete, sollte es am Tag Jahwes samt den Völkern einem letzten Gericht unterworfen werden. Von diesem Tag des Eingreifen Jahwes in den Geschichtsverlauf erwartete man Anfang des 8. Jh. Heil für Israel. Dagegen hatte Amos protestiert und ihn als einen Tag der Finsternis und des unentrinnbaren Unheils verkündet und damit die das Nordreich treffenden Schläge in Gestalt von Erdbeben, der Deportationen und Verwüstungen zusammengefasst (Am 5,18 – 20).[15] Diese Botschaft klang erneut bei dem spätvorexilischen Propheten Zephanja (Zeph 1,7 – 16*) und bei dem frühnachexilischen Propheten Joel auf, der in einer Dürreplage das Vorzeichen des kommenden Gerichtstages Jahwes über die Peiniger seines Volkes erkannte (Joel 1,4 – 7*;

---

10 Beck, 200.
11 Vgl. zu ihnen oben, 38 – 39.
12 Vgl. dazu Hermann Schulz, Buch Nahum, 41 – 72, bes. 72, der sie nachexilisch ansetzt, mit Lothar Perlitt (ATD 25/1), 30 – 40, der zwischen dem auf Nahum zurückgehenden Kern in 3,1 – 7 und 15b–17 und den in 3,8 – 11 und V12 – 15a vorliegenden Ergänzungen unterscheidet, und Wöhrle, Abschluss, 60 – 66, der die in 1,1b–14*; 2,1-3-11 – 14 und 3,4 – 6. 8 – 15* vorliegende Grundschicht spätvorexilisch datiert. Zur Redaktionsgeschichte des Buches vgl. Wöhrle, Frühe Sammlungen, 221 – 228.
13 Zur Redaktionsgeschichte des Buches Obadja vgl. Wöhrle, Abschluss, 209 – 218.
14 Vgl. dazu Karl Wilhelm Weyde, Prophecy, 70 – 111, bes. 107 – 111 und Wöhrle, Abschluss, 255 – 263.
15 Vgl. dazu Martin Beck, Tag YHWHs, 46 – 59 und

2,2 – 27*[16] und 4,1 – 3.9 – 17.[17] Dann aber wurden auch die Fremdvölker in das Gericht dieses Tages einbezogen, der dadurch zum Tag des universalen Weltgerichts wurde: An ihm sollten die Frevler im Feuer seines Zornes verbrennen, während über denen, die seinen Namen fürchten, die Sonne der Gerechtigkeit aufgehen und das heißt: ihnen die Gnade Gottes zuteilwerden sollte (Mal 3.19 – 20). Doch weil der eine Gott Israels der Gott aller Völker sein will (Jes 45,18 – 25), wird auch dieses Gericht nicht das vollständige Ende der Völker sein, weil in ihm alle, die seinen Namen anrufen gerettet und anschließend zum Zion pilgern werden , um sich seinem Gesetz zu unterwerfen (Jes 2,2 – 4; Mi 4,1 – 4; Joel 3,5; Sach 2,15; 8,20 – 23; 14,16 – 19). In diesem Gemälde der Heilszeit durften auch die Nachkommen der Stämme des Nordreichs nicht fehlen, und so war in redaktionelle Texten wie Hos 11,1 – 11 und 14,2 – 20[18] von dem Liebeswerben Jahwes um die Söhne Ephraims die Rede, während Am 9,11 – 15 den Wiederaufbau der zerbrochenen Hütte Davids und d. h: die Wiederherstellung seines Israel und Juda umspannenden Großreiches verhieß, wie es die Überlieferung verherrlicht hatte[19] Schließlich sei daran erinnert, dass das Büchlein Haggai[20] ausschließlich und die protosacharjanische Komposition Sach 1 – 8 überwiegend aus Heilsworten bestehen.[21] Der wohl erst während der Regierung des Perserkönigs Dareios I. erfolgte Wiederaufbau des Jerusalemer Tempel belebte die Hoffnungen auf das Kommen der Heilszeit, in der die beiden Gesalbten Jahwes, der König und der Hohepriester einträchtig miteinander regieren würden. Der Wiederaufbau des Tempels durch den Davididen Serubbabel und die Einsetzung des Josua Sohn des Jozadak (Hag 1 – 2; Sach 1 – 6*) zum Hohenpriester[22] belebten die Hoffnung auf das Nahen der Heilszeit und führten angesichts ihres Ausbleibens in Sach 5 und 7 – 8 zu der Beantwortung der Frage nach den Gründen für die Verzögerung des Kommens der Heilszeit,[23] die in den Umkehrtexten der Tritojesjanischen Sammlung Jes 56 – 59* dahingehend beantwortet wird, dass die Hand Jahwes nicht zu kurz ist, um zu helfen, sondern die Vergehen und Sünden des Gottesvolkes verhindern ihr Kommen (Jes 58,9b–10):

16 Zu Zeph 1,2 – 2,4 vgl. auch Christoph Levin, Zephaniah, 117 – 139.
17 Vgl. dazu wie zum Folgenden die Analysen der Schichtungen der angeführten Texte bei Wöhrle, Sammlungen; Ders., Abschluss, und Beck, Tag YHWHs.
18 Zur Redaktionsgeschichte des Hoseabuches vgl. Roman Vielhauer, Werden, 225 – 229 und Susanne Rudnig-Zelt, Genese, 351 – 387; zur Schwierigkeit, in Hos 4 – 14 eine überzeugende redaktionsgeschichtliche Schichtung vorzulegen, Wöhrle, Frühe Sammlungen, 54 – 58.
19 Vgl. dazu Wöhrle, Abschluss, 184 – 185 und 276 – 277.
20 Vgl. Wöhrle, Frühe Sammlungen, 288 – 322 mit der Schichtentabelle in 322.
21 Zu den literarischen Verhältnissen vgl. Kaiser, Grundriss der Einleitung II, 150 – 152.
22 Vgl. dazu unten, 206 – 215.
23 Vgl. dazu Martin Hallaschka, Haggai und Sacharja 1 – 8, 238 – 242.

9b Wenn du der Rechtsbeugung[24] in deiner Mitte ein Ende machst
und dem Ausstrecken[25] des Fingers und Reden von Unheil,

10 und du dem Hungrigen dein Brot[26] reichst
und den Darbenden sättigst,
dann wird dein Licht im Dunkeln aufgehen
und deine Finsternis hell wie der Mittag.

3.3 Das Jesajabuch als Kompendium der jüdischen Eschatologie

Als Beispiel für die Komposition der großen Prophetenbücher sei das Jesajabuch ausgewählt. Dabei werfen wir zunächst einen Blick auf das ganze
Buch, um dann die Kapitel 1 – 12 genauer zu analysieren. Diese Beschränkung
besitzt deshalb ihre Berechtigung, weil im vorliegenden Zusammenhang nicht
alle Prophetenbücher behandelt werden können, und es andererseits als das
Buch von der schuldhaften Vergangenheit und der heilvollen Zukunft Zions
im Mittelpunkt des Interesses der Gemeinde des Zweiten Tempels stand.
Ausweislich der in den Höhlen von Qumran gefundenen Handschriften ist es
in der Spätzeit des Zweiten Tempels in Juda wie kein anderes Prophetenbuch
gelesen worden. Diese Sonderstellung spiegelt sich auch in seinem exzeptio-
nellen Umfang von 66 Kapiteln. Sie sind der Tatsache zu verdanken, dass die
Verzögerung des Anbruchs des geweissagten Heils einerseits nach immer
neuen Erklärungen verlangte und andererseits zu weiteren Ausgestaltungen
der Heilsbotschaft führte. Beide antworteten auf die sich wandelnde innere
und äußere Situation des auf den Zion als die irdische Gottesstadt und den
Tempel als den kultischen Mittelpunkt zentrierten Judentums. Dadurch ist das
Jesajabuch gleichsam zu einem Handbuch der jüdischen Eschatologie geworden, so dass es weithin ausreicht, die einschlägigen Zeugnisse der anderen
Prophetenbücher ergänzend zu berücksichtigen.

3.3.1 Der Aufbau des Großjesajabuches[27]

Es gehört für die Theologen zum anerkannten Grundwissen, dass sich das
Jesajabuch in die drei großen Traditionsblöcke der Proto- (Jes 1 – 39), der
Deutero- (Jes 40 – 55) und der Tritojesajanischen Sammlung (56 – 66) gliedert.
Dabei lässt sich auch für die Protojesajanische Sammlung zumal aus gehöriger

---

24 Siehe BHS z. St. und dazu B.M: Zapff; Jesaja 56 – 66, 371 z.St.
25 Vgl. BHS z. St.
26 Vgl. BHS z. St.
27 Als unentbehrlicher Führer durch die Kompositionsgeschichte von Jes 1 – 66 erweist sich Ulrich
    Berges, Das Buch Jesjaja. Komposition und Endgestalt.

Distanz das dreigliedrige eschatologische Schema als übergreifendes Kompositionsprinzip erkennen.[28] Es verdankt diesen Aufbau jedoch in viel stärkerem Maße sekundären redaktionellen Eingriffen als das dtr Jeremia- und das Ezechielbuch. Der in den c.1–12 zu beobachtende Wechsel zwischen Unheils- und Heilsworten[29] kehrt auch deutlich in den c.28–32 und 33–35 wieder,[30] während er in den c.13–23 fast ganz in den Hintergrund tritt. Stattdessen erreichen die von c.13 her auf das Weltgericht bezogenen Fremdvölkerworte ihr Ziel in der sogenannten Jesajaapokalypse Jes 24–27. Nach ihrer Botschaft ist das Weltgericht zugleich ein Scheidungsgericht, in dessen Verlauf die Frommen gerettet werden und an dessen Ende das universale Heil Gottes steht.[31]

3.3.2 Die Deuterojesajanische Sammlung

In der Deuterojesajanischen Sammlung (Jes 40–55) dominieren dagegen vom ersten bis zum letzten Kapitel die Heilsworte.[32] In den c.41–46 (49) stehen die Befreiung der Gola und der Wiederaufbau Jerusalems und der Städte Judas durch den von Jahwe in 45,1 als seinen Gesalbten bezeichneten Perserkönig Kyros II. im Mittelpunkt.[33] 40,9–11 und 52,7–10 bilden mit ihrer Botschaft von dem Einzug Jahwes als König in Zion an der Spitze der Heimkehrer aus der Zerstreuung eine *inclusio*. Sachlich wird die ganze Heilsbotschaft von der Gewissheit getragen, dass Jahwe, der Gott Israels, der einzige Gott ist (44,6–8).[34] Andererseits wird in den c.49–54 die Auseinandersetzung mit skeptischen Stimmen expliziter als in den Anfangskapiteln geführt.[35] In ihnen findet auch das in 42,1–4 stehende erste Lied vom Knecht Jahwes, das in 49,1–6; 50,4–9 und 52,13–53,12 seine Fortsetzungen findet. Der Knecht selbst nimmt in den Liedern unterschiedliche Züge an. Während im ersten die königlichen dominieren und das zweite (sekundär?) messianische Züge trägt,

---

28 Vgl. dazu oben, 49.
29 Vgl. dazu Berges, Buch, 50–138, bes. 136–138.
30 Vgl. dazu Berges, Buch, 199–265, bes. 263–265.
31 Vgl. dazu Berges, 139–198, bes. 197–198 und zu c.24–27 Reinhard Scholl, Gottes Thronrat, 285–288.
32 Zur Komposition vgl. Berges, Buch, 322–413, bes. 411–413 und zu den redaktionsgeschichtlichen Problemen des Buches und seiner Theologie Kurt Kiesow, Exodustexte, Hans-Jürgen Hermisson, Studien, 117–174; Reinhard G. Kratz, Kyros 148–229; Jürgen van Oorschot, Babel,319–324; Jürgen Werlitz, Komposition und Redaktion, 283–293 und weiterhin Klaus Berges, , 338–413, Jesaja 40–48 (HThKAT), 34–43., die in Aufnahme des Ansatzes von Karl Elliger (BK.AT XI/1) a die dtjes Sammlung als eine literarisch mehrschichtige Größe betrachten.
33 Vgl. zu ihm Klaas R. Veenhof, Geschichte des Alten Orients, 288–291.
34 Vgl. dazu unten, 151–154.
35 Vgl. z. B. 48,1–116–19.22 und den abschließenden Aufruf in 55,6–16, Jahwe zu suchen, solange er zu finden ist. Der hier vorliegende Verweis auf die Wirkmächtigkeit des Jahwewortes besitzt in 40,6–9 eine Parallele. Beide wenden sich gegen die Skepsis angesichts des Ausbleibens der großen, in der Sammlung verkündeten Heilswende.

stellt das dritte in 50,4 – 9(11) den Knecht als einen um seiner Sendung willen Leidenden vor, der in 52,13 – 53,12 seine Rehabilitierung erfährt, weil er stellvertretend für die Sünden der Vielen litt. Ob der Knecht in allen Liedern im Sinne einer Idealbiographie derselbe ist und unter ihm Israel oder gar Mose zu verstehen ist, oder ob im ersten von Kyros, im zweiten von Israel und dem Messias und im dritten und vierten von einem anonymen Propheten oder wiederum von Israel die Rede ist, gehört zu den Fragen, in denen sich auch nach einer anderthalb Jahrhunderte währenden Diskussion keine einstimmige Meinung gebildet hat.[36] Schließlich rahmen 40,1 – 11 und 55,1 – 13 als Prolog und Epilog die ganze Sammlung. Sie versichern, dass Jerusalems Schuld bezahlt ist, Jahwes Rückkehr zum Zion nahe bevorsteht und es keinen Grund gibt, an der Verlässlichkeit seines Wortes zu zweifeln (vgl. 40,6 – 8 mit 55,10 – 11). Dem auf seine Erlösung wartenden Israel kündigt Jahwe in 55,1 – 6 seinen ewigen Gnadenbund als Erneuerung des Bundes mit David an (vgl. II Sam 7,12 – 15 und Ps 89,27 – 35), an dessen Stelle es ferne Völker auffordern wird, zum Zion zu kommen (vgl. 55,5 mit 2,2 – 4).[37]

3.3.3 Die Tritojesajanische Sammlung

Der Aufbau der Tritojesajanischen Sammlung (Jes 56 – 66) ist durchsichtig:[38] Um die tritojesajanische Kernbotschaft in den c.60 – 62 lagert sich ein Ring von Gerichtsworten in c.56 – 59 und (angelehnt an ein Volksklagelied in c.63,7 – 64,11) weiterer Gottesworten, die das endgültige Scheidungsgericht zwischen den Gottlosen und den Gerechten ankündigen (c.65 – 66). Zwischen der zentralen Heilsbotschaft und dem Klagelied steht in 63,1 – 6 ein Orakel, in dem der aus Edom kommende Gott bekannt gibt, dass er sein Gericht an den Völkern vollzogen hat. Die Rahmenkapitel illustrieren gleichsam das Motto in 57,21 (vgl. 48,22), dass es für die Gottlosen keinen Anteil am Heil gibt, wohl

---

36 Vgl. dazu den Forschungsbericht von Herbert Haag, Der Gottesknecht bei Deuterojesaja und weiterhin z. B. Hermisson, Studien, 175 – 266; van Oorschot, Babel.178 – 196; Kratz, Kyros, 128 – 147; Kaiser, Grundriss II, 57 – 59; H.G.M. Williamson, Variations,112 – 166, Klaus Baltzer (KAT X/2), 1999, 44 – 47 und speziell zum vierten Lied Bernd Janowski/Peter Stuhlmacher (Hg.), Der leidende Gottesknecht (FAT 14), Tübingen 1996; vgl. zu diesem Lied unten, Kapitel 7, Abs. 10, 234 – 347.

37 Zur Heilsbotschaft der dtjes Sammlung vgl. unbeschadet ihrer Ableitung von einem einzigen Propheten Peter Ackroyd, Exile, 128 – 137.

38 Zu den Problemen des Buches und seiner Theologie Klaus Berges, Buch, 414 – 534´und weiterhin Jacques Vermeylen, Prophète Isaïe II, 450 – 517; Odil Hannes Steck, Studien zu Tritojesaja,; Klaus Koenen, Ethik und Eschatologie, ., Heil den Gerechten, 79 – 88, Kaiser, Grundriss der Einleitung II, 60 – 66; Wolfgang Lau, Schriftgelehrte Prophetie in Jes 56 – 66, bes. 316 – 325, die Analysen von Leszek Ruszkowski, Volk und Gemeinde, passim; Claus Westermann (ATD 19) Göttingen 1981, 236 – 340 und Burkard M. Zapff, Jesaja 56 – 66(NEB.AT. Lfg.37), 344 – 352 und zur konzentrischen Struktur der tritojesajanischen Prophetien John Goldingay, Third Isaiah, 375 – 389, bes. 383 – 385.

aber für die frommen Proselyten und Eunuchen (56,3–8) sowie natürlich für alle, die im Lande nach Gerechtigkeit streben. Selbst aus der Mitte der „Entronnenen", der Heiden, die dem Völkergericht entkommen und zu Boten der Herrlichkeit Jahwes bei den Völkern geworden sind, will er sich Priester und Leviten erwählen (66,21).[39]

Die der deuterojesajanischen Zionsbotschaft in Sprache und Gedankenwelt nahestehende tritojesajanische Heilsbotschaft der c.60–62* entwirft ein glanzvolles Bild von der Zukunft der Gottesstadt als dem Mittelpunkt der Völkerwelt: Zu ihr sollen ihre Könige strömen, um Tag und Nacht ihre Schätze als Gaben darzubringen, die es erlauben, den Tempel herrlicher denn je zuvor auszuschmücken. Gott selbst würde ihr ewiges Licht und Heil und seines priesterlichen Volkes ewiges Teil sein. Fremde würden die Mauern der Stadt bauen, die nur noch dekorativen Zwecken dienten,[40] weil es keine Bosheit mehr im Lande gäbe, weil das sich gewaltig vermehrende Israel nur noch aus Gerechten bestünde. Zudem wäre es den Völkern nicht mehr möglich, sich gegen den Zion zusammenzurotten. Fremde würden aber auch ihr Vieh weiden und Ausländer ihre Äcker und Gärten bestellen. Und schon lässt Jahwe seinen Ruf in alle Lande ergehen, dass er mit den Befreiten zum Zion zurückkehren würde und sich die entsprechenden Verheißungen erfüllen würden (62,10–12).[41] Kapitel 65 nimmt diese Botschaft auf und fügt ihr weitere Züge hinzu: Während die Götzendiener dem Schwert Jahwes verfallen sollen (V. 1–12), wären seine Knechte dazu erkoren, unter einem neuen Himmel und auf einer neuen Erde in ungetrübter Gottesgemeinschaft und uneingeschränktem Heil zu leben. Jung werde auf ihr sterben, wer mit hundert Jahren stürbe (65,17–24).Wer vor die Tore der Stadt ginge, brauche sich nicht mehr zu ängstigen, dort von reißenden Tieren angefallen zu werden, weil dann der urzeitliche Friede in diese Welt zurückgekehrt sein würde (65,25, vgl. 11,6–9). Die Leichen der Frevler aber und aller, die sich durch die Teilnahme an fremden Kulten versündigt hätten, sollten nach dem Scheidungsgericht den Lebenden zum Schauspiel ewig von Würmern zerfressen und im Feuer verbrannt werden (66,24; vgl. I. Hen 27). Vermutlich ist die ganze Sammlung eine Kette von Fortschreibungen zu Jes 40–55, die frühestens im späten 6., wenn nicht erst im 5. Jh. einsetzte und erst im 3. Jh. v. Chr. endete.[42]

---

39 Zu den Problemen des Verses vgl. Koenen, Ethik, 208–209.
40 Vgl. auch Sach 2,9.
41 Vgl. Jes 40,7–11; 52,7–10 sowie 35,10 mit 51,1.
42 Vgl. dazu Burkard M. Zapff, Jesaja 56–66, 345–347.

3.4 Die Ausgestaltung der jesajanischen Prophetie
in der Manassezeit

Wenden wir uns Jes 1 – 12 zu, so erweist sich die sogenannte Denkschrift des
Propheten Jesaja aus der Zeit des Syrisch-Efraimitischen Krieges (734 – 732) in
6,1 – 8,18* als ihr Mitte- und Ausgangspunkt. Ursprünglich bildete sie den
Grundtext des Jesajabuches. Ihr liegt die Botschaft des geschichtlichen Jesaja
in Gestalt seines Berufungsberichts in c.6* und der Ankündigung kommenden
Unheils in c.8* vermutlich in der Form vor, die ihr die Generation seiner
„Schüler" in der Zeit des judäischen Königs Manasse (696 – 642) gegeben hat.[43]
Diese Bearbeiter haben die Verwüstung Judas durch das Heer des assyrischen
Königs Sanherib und die im letzten Augenblick erfolgte Kapitulation Hiskias
im Jahre 701 v.Chr., die Jerusalem vor der Zerstörung bewahrte, als das betrachtet, was sie historisch gewesen ist, nämlich als eine Niederlage. Den
Grund für sie suchten sie in der Missachtung des Gottes, in dessen Dienst
Jesaja seine Unheilsbotschaft ausgerichtet hatte. Sie waren mithin davon
überzeugt, dass Jahwe nicht sein Volk, sondern „dieses Volk" (vgl. 6,9 mit 8,6)
seinen Gott verlassen hatte. Unter dem Einfluss der Inschriften des assyrischen Königs Asarhaddon (681 – 669) schilderten sie das von Jesaja angekündigte und inzwischen eingetroffene Unheil in 8,5 – 8 als eine Überflutung
des Landes.[44] Wie sich den Orakeln in den c.28 – 31* entnehmen lässt, hatte
sich König Hiskia im Vertrauen auf ägyptische Hilfe zur Aufkündigung seines
Vasallenverhältnisses gegenüber Sanherib entschlossen. Als sich die auf die
Ägypter gesetzte Hoffnung als trügerisch erwiesen hatte, musste er 701 ka-
pitulieren. Über die Tributzahlungen, die er Sanherib zu entrichten hatte,
machen II Kön 18,13 – 16 und der Bericht des assyrischen Königs unterschiedliche, doch einander ergänzende Angaben.[45] Jahwe selbst (so lautet nun
die auf diese Ereignisse zurückblickende Auskunft in Jes 6*) habe seinen
schützenden *Kabôd*, seinen machtvollen Glanz, von seiner Stadt zurückge-
zogen und das Land dem Schreckensglanz Assurs ausgeliefert, der das Land
überflutete (8,6 – 8.).[46] Der Prophet aber hätte seine Botschaft versiegelt und
sich und seinen Sohn (der dank seines Namens Schear-Jaschub „Nur ein Rest

---

43 Dazu gehören in c.6 jedenfalls nicht die V. 10 und 12 – 13. Die Ausgestaltung der Berufungser-
    zählung zu einer Beauftragung zur Verstockung in V. 10 und ebenso die V. 12 – 13 werden von
    Jörg Barthel, Prophetenwort, 76 – 78 mit guten Gründen als sekundäre Ausdeutungen beurteilt.
    Geht man davon aus, dass V. 9 der retrospektiven Bearbeitung der Manassezeit angehört, lässt
    sich diese Sicht vertreten. Relative Einigkeit dürfte heute darüber bestehen, dass die V. 12 – 13
    eine mehrstufige Fortschreibung darstellen; vgl. dazu Barthel, 76 – 78.
44 Vgl. dazu unten, 57 – 58.
45 Vgl. dazu seine Bearbeitung durch Rykle Borger (TUAT I/4), 1984, 388 – 390 und zu weiteren
    einschlägigen Inschriften des Königs 390 – 39
46 Vgl. dazu auch Friedhelm Hartenstein, Unzugänglichkeit Gottes, 109 – 223 und ders., Schre-
    ckensglanz, 16 – 25.

kehrt zurück" ein lebendiges Vorzeichen des Kommenden darstellte)[47] der Bewahrung durch den Gott unterstellt, der auf dem Zion wohnt (8,18).

Ob und in welchem Umfang die mit Schuldaufweisen begründeten Unheilsorakel in 28,14 – 18* und in 30,8 – 17* auf den Propheten oder ganz oder teilweise auf jüngere Bearbeitungen zurückgehen, ist umstritten.[48] Wegen der in 28,14 – 18* vorliegenden Flutmetaphorik, die in 8,6 – 8 wiederkehrt und der Ausgestaltung der Denkschrift in der Manassezeit angehören dürfte, lässt sich auch für den Grundbestand dieses Orakels dieselbe Entstehungszeit annehmen. Es knüpft an das Wort gegen die Spötter in 28,7b – 11(13) an, das in seiner spiegelbildlichen Gerichtsankündigung in V. 11 sicher auf den künftigen Einfall des assyrischen Heeres in Juda anspielt. Das Orakel lautet (Jes 28,14 – 18*):[49]

14 Hört das Wort Jahwes,
ihr Spötter,
ihr Sprüchemacher dieses Volkes
in Jerusalem:

15 Ja, ihr sagt: Wir schlossen
einen Bund mit dem Tod,
und mit der Unterwelt
machten wir einen Pakt.
Wenn die strömende Geißel[50] kommt,
wird sie uns nicht erreichen,
[Denn wir haben Lüge zu unserer Zuflucht gemacht
und uns hinter Trug versteckt.]

16 Darum spricht so
der Herr Jahwe:
Siehe ich bin es, der auf Zion einen Grundstein gelegt,[51]
einen Bochan-Stein,[52]

47 Vgl. 8,3 „Man eilt zur Beute, raubt bald"; der Plural in 8,18 berücksichtigt nachträglich den in dem sekundären c.7 in V. 3 erwähnten Sohn Schear-Jaschub.

48 Vgl. dazu z. B. Uwe Becker, Jesaja, 230 – 233 und 250 – 257, der beide als sekundär beurteilt, und Barthel, der nach 312 – 317 in 28,14 – 18 und nach 406 – 411 in 30,12 – 14 und 15 – 17 zwei vorgegebene Jesajaworte vermutet, für welche die V. 9 – 11 als nachträglicher Vorspann komponiert worden seien.

49 Sekundäre Erweiterungen sind in eckige Klammern gesetzt; vgl. dazu Friedhelm Hartenstein, Tempelgründung, 31 – 61, bes. 39 – 41.

50 Zur Bedeutung von šûṭ vgl. Hartmut Gese, Strömende Geißel, 127 – 134. Die Geißel ist primär die Peitsche, durch deren Knallen der Wettergott seine Blitze erzeugte. Die strömende Geißel ist mithin ein durch ein schweres Gewitter ausgelöster Sturzregen, der eine reißende Flut erzeugt.

51 Lies mit G das Partizip.

52 HAL 115a s.v. identifiziert ihn mit einem feinkörnigen Schiefergneis.

einen kostbaren Gründungseckstein,
einen Stein, der bleibt und nicht wankt.[53]

17 [Und ich werde Recht zum Lot
und Gerechtigkeit zur Wage machen.
Doch Hagel wird die Lügenzuflucht zerschlagen
und Wasser das Versteck wegreißen.[54]]

18 Hinfällig wird euer Bund mit dem Tod,
euer Pakt mit der Unterwelt hat keinen Bestand.
Wenn die strömende Geißel kommt,
werdet ihr von ihr erdrückt.

Fragt man sich, was unter dem Bund mit dem Tode und unter der Flut zu verstehen ist, so lässt sich die zweite Frage schneller beantworten als die erste. Denn gemäß 8,5 – 8 dürfte mit ihr auch hier der Einfall des assyrischen Heeres gemeint sein.[55] Der Vorwurf des Bundes mit dem Tod dürfte sich kaum auf eine rituelle Feiung gegen ihn beziehen. Es dürfte sich bei ihm vielmehr um eine metaphorische, das Ergebnis im Auge habende Bezeichnung für den mit Ägypten geschlossenen Vertrag handeln, dessen Folgen sich für die Judäer und Jerusalemer als tödlich erwiesen hatten (Jes 30,1 – 5). Anklage und Urteil dürften mithin aus der Retrospektive der Manassezeit heraus formuliert sein, in der Juda einerseits pünktlich seinen Vasallenpflichten nachkam und andererseits ungestört im Frieden seines Glaubens leben konnte. Die eingeklagte Alternative hätte also darin bestanden, sich auf den Gott zu verlassen, der dank seiner Gegenwart auf dem Zion für sein Volk eine sicherere Zuflucht in den Stürmen der Zeit als die kraftlose Hilfe der Ägypter gewesen wäre.

3.5 Das Glaubenswort in Jesaja 7,9 und seine Nachgeschichte

Dieses Verständnis der prophetischen Botschaft spiegelt sich noch in der vermutlich erst im Laufe des 6.Jh. zwischen die c.6* und 8* eingeschalteten Erzählung von der Begegnung Jesajas mit König Ahas (736 – 729 oder 726) in Jes 7,1 – 17*.[56] Begleitet von seinem Sohn Schear Jaschub („Nur ein Rest kehrt zurück!"), dessen Name auf den schicksalhaften Charakter der Begegnung zwischen Jesaja und Ahas verweist,[57] sucht der Prophet den König auf, der angesichts der erwarteten Belagerung durch die miteinander verbündeten

---

53 Zum altorientalischen Hintergrund vgl. Friedhelm Hartenstein, Tempelgründung, 41 – 5.
54 Zum assyrischen Hintergrund der Flutmetaphorik vgl. Hartenstein, Tempelgründung, 39 – 41.
55 Vgl. die Inschrift Asarhaddons auf dem Ninive-Prisma A II.68 – 69 bei Borger (TUAT I/4), 1984, 395: „Sidon, welches inmitten des Meeres liegt, wälzte ich wie eine Sintflut nieder.".
56 Zu den Problemen der Erzählung vgl. umfassend Jürgen Werlitz, Studien.
57 Vgl. dazu auch Jutta Hausmann, Israels Rest, 145 – 147.

Könige Rezin (Razun) von Damaskus und Pekach von Israel, dem Sohn des Remalja, die Wasserversorgung Jerusalems inspiziert. Der König verschließt sich der ihm übermittelten Aufforderung Jahwes, furchtlos und gelassen das Ende der beiden Gegner abzuwarten (Jes 7,4):

Hüte dich und verhalte dich still. Fürchte dich nicht: und dein Herz soll nicht verzagen vor diesen beiden rauchenden Brandstummeln, vor der Zornesglut Rezins und Arams und dem Sohn des Remalja.

Der Erzähler lässt Jesaja seine an den König und das davidische Haus gerichtete Botschaft in V. 9 mit der bedingten Unheilsankündigung bekräftigen (Jes 7,9):

Glaubet ihr nicht, so bleibet ihr nicht!

Die Begegnung zwischen dem Propheten und seinem König war die Stunde, in der die Entscheidung über das Reich Davids fiel: Mit ihrer Verweigerung des von ihnen verlangten Gottvertrauens und der sich daraus ergebenden Bündnispolitik haben die Davididen das Ende ihres Reiches selbst verschuldet. Das alles ist aus der Retrospektive auf die Ereignisse des Syrisch-Aramäischen Krieges als eines Teils der antiassyrischen Aufstandspolitik der Jahre 735 – 732 und zugleich auf die der Jahre 588 und 587 gesagt:[58] Denn in der Tat verwandelte Tiglatpilesar das Reich von Damaskus in eine assyrische Provinz und überließ dem Mörder des Königs Pekach Hosea, dem Sohn Elas, dem letzten König von Israel, ein auf das Samarische Gebirge begrenztes Reich.[59]

Als Jesaja 7 geschrieben wurde, erschien die Kapitulation Hiskias im Licht der Katastrophe des Jahres 587 bereits als eine Rettungstat Jahwes: König Hiskia hatte anders als sein Vater und anders als seine letzten Nachfolger auf Jahwe und die Worte seines Propheten vertraut. Deshalb hatte Jahwe Jerusalem auf wunderbare Weise durch seinen Engel errettet, der das gewaltige assyrische Heer in einer einzigen Nacht hinweg raffte (II Kön 19,35 par Jes 37,36).[60] In diesem Licht wurde Ahas nicht nur zum Antitypos seines Sohnes und Nachfolgers Hiskia, sondern auch zum Prototyp der letzten Könige von Juda, die sich wiederum statt auf Jahwe auf ägyptische Hilfe verlassen und dadurch Thron und Reich und im Fall des letzten Königs Zedekia auch das Leben verspielt hatten (vgl. II Kön 24 – 25 und Jer 52). Im Licht der Zerstörung

---

58 Vgl. dagegen aber Christopher R. Seitz, Final Destiny, 124. – Konrad Schmid (ZBK.AT 19/1), 95 – 96 weist auf die spiegelbildliche Entsprechung zwischen Jes 7 und Jes 36 – 39 hin: „Die Gestaltung der Erzählung von Jes 7 als Erzählung über Jesaja ist also ein Vorverweis auf die Gegenerzählung Jes 36 – 39 zu erklären."

59 Vgl. dazu Tiglatpilesars kleinere Inschrift Nr. 1,4 – 7.15 – 18; Borger (TUAT I/4) 1984, .373 – 774 und ND 4301 usw. Rs. 3 – 4.9 – 10, ebd., 377.

60 Zu allen Problemen, die mit II Kön 18 – 19 par Jes 36 – 37 und der späteren Ausdeutung in II Chr 32,1 – 23 zusammenhängen, vgl. Francolino J. Gonçalves, Expédition de Sennachérib, weiterhin Christof Hardmeier, Prophetie im Streit, 87 – 173 und Eberhard Ruprecht, Ursprüngliche Komposition, 33 – 66.

Jerusalems erschien den Nachgeborenen die Verschonung der Stadt als göttliche Rettung. Im Lichte der bedingten, an das Haus Davids gerichteten Unheilsansage „Glaubet ihr nicht, so bleibet ihr nicht!" in Jes 7,9 verklagte sie noch einmal die Glaubenslosigkeit der letzten Könige aus Davids Geschlecht und forderte zugleich die nach 587 lebenden Zeitgenossen auf, das Heil künftig statt von Revolten und dem Beistand fremder Mächte von der Hilfe ihres Gottes zu erwarten; denn dann würden sie die Wahrheit der Verheißung erfahren und „bleiben".

Der Vorwurf, dass die Überschätzung der eigenen Kräfte Juda ins Verderben gerissen habe, kehrt in Jes 30,15–16 im Zusammenhang mit den Worten gegen die auf ägyptische Hilfe vertrauende Politik Judas in den Jahren 703–701 wieder. In ihm fanden auch die Überlebenden des Untergangs des Reiches im Sommer 587 die Antwort auf die Frage nach dem Warum der großen Katastrophe (Jes 30,15–16):[61]

15 Denn so hatte unser Herr Jahwe,
der Heilige Israels gesagt:
„In Rückkehr zur Ruhe
liegt euer Heil,
Im Stillhalten und Vertrauen
eure Stärke!"
Aber ihr habt anders entschieden

16 und sagtet: „Nein!
Denn wir wollen auf Rossen fliehen!"
Daher sollt ihr fliehen!
„Und wollen auf Schnellen reiten!"
Daher werden eure Verfolger schnell sein!

Hätte sich das kleine, auf den judäischen Bergen liegende Königreich geduldig und mit Gottvertrauen in sein Los als Vasall erst des assyrischen und dann des babylonischen Königs geschickt, so hätte es eines Tages unversehrt dank seines Gottes Beistand seine Freiheit zurückgewonnen. Oder um es im Anschluss an Jes 7,9 zu sagen: Hätte es geglaubt, so wäre es geblieben. Den Überlebenden aber gilt erneut das „Glaubet ihr nicht, so bleibet ihr nicht!"[62]

Der Chronist hat Jes 7,9 aufgenommen und in seiner Erzählung König Josafat in seinem Bittgottesdienst vor dem Ausrücken zur Schlacht gegen die Ammoniter und Moabiter in den Mund gelegt (II Chr 20,20):

Glaubt an Jahwe, euren Gott, so werdet ihr bleiben, und glaubt an die Worte seiner Propheten, so werdet ihr gerettet!

---

61 Zur literarischen Einordnung vgl. Uwe Becker, Jesaja, 255–256 und zum retrospektiven Charakter auch Jörg Barthel, Prophetenwort, 422–427.
62 Vgl. weiterhin Hans-Christoph Schmitt, Redaktion des Pentateuchs, 220–237.

So machte der Chronist aus der bedingten Unheilsankündigung ein bedingtes Heilswort. Da seine Darstellung der Regierung Josafats sein großes Paradigma dafür ist, dass Jahwe den Königen aus Davids Haus stets hilft, wenn sie auf ihn vertrauen, und sie stets bestraft, wenn sie ihm die Treue brechen, liegt in diesem Leitvers zugleich das Prinzip seiner Deutung der ganzen Geschichte Israels.[63]

3.6 Weissagung und Erfüllung in der protojesajanischen Sammlung

Die Botschaft von II Chr 20,20 findet in der Redaktionsschicht ihre sachliche Entsprechung, die jetzt die drei Teile der protojesajanischen Sammlung zusammenschließt. Sie verbindet die Jesajaworte in 14,28–32*(?); 17,1–3*; 18,1–2 (vgl. c.20) und 28–31,*[64] die durch die Einfügung der Fremdvölkerorakel der c.13–23* auseinandergerissen sind, mit einer Kette von Drohworten gegen Assur. Sie setzen in 10,5–12* und finden in 36–37(38) ihr Ziel. Diese Textfolge wird durch einen Weheruf gegen den König von Assur in 10,5–12(19)* eröffnet, der ihm die Vernichtung voraussagt. Weil er sich selbst überhoben und dabei verkannt hat, dass er bei seinem Zug gegen Juda lediglich ein Werkzeug in der Hand Jahwes zur Züchtigung seines Volkes ist, werde Gott ihn heimsuchen, wenn er seine Aufgabe getan hätte. Dieses Wehewort wird in 14,24–25a(27) als seiner ursprünglichen Fortsetzung aufgenommen[65] und dann über 30,27–31 und 31,4–9 seinem Ziel in Gestalt des Berichts von der Vernichtung des assyrischen Heeres in Jes 36–37 entgegengeführt. In ihrem Kontext unterstreichen diese Orakel jedoch nicht nur die Vertrauenswürdigkeit der gegen Juda gerichteten Unheilsworte, sondern zugleich die der Heilsworte des Buches.[66] Denn in Jes 36–37 finden ja nicht nur die Assurworte, sondern auch die Voraussagen in 17,12–14 und 29,1–8 ihre Erfüllung,[67] dass Jerusalem zwar in größte Not geraten, aber dennoch plötzlich errettet würde. Anderseits rückt aber auch die Weissagung von Jes 6,11 von der Verwüstung des Landes durch c.39 mit seiner Weissagung des Propheten, dass die Schätze Jerusalems nach Babel gebracht und die königlichen Prinzen

---

63 Zur chronistischen Deutung König Josaphats vgl. H.G.M. Williamson, 1 and 2 Chronicles (NCBC), 278–280 und zum atl. Glaubensverständnis Kaiser, Glaube II: Altes Testament (RGG III4), 2000, 944–947.

64 Zur Frage, ob diese Texte ganz, teilweise oder gar nicht auf den Propheten Jesaja zurückgehen, vgl. Barthel, Prophetenwort, 245–454, der sie für die Grundtexte im Bereich der c.28–31 bejaht; ähnlich Kaiser, Grundriss II,39–42.

65 Zur Rede vom Plan Jahwes in V. 26 und zur Datierung der ganzen Einheit vgl. Wolfgang Werner, Studien 33–36 und zum vermutlich sekundären Charakter der V. 25b–27 Uwe Becker, Jesaja, 210–211.

66 Vgl. dazu Becker, 200–222, und Barthel, 263–270 bei unterschiedlichen zeitlichen Einordnungen in den Redaktionsprozess.

67 Vgl. dazu Kaiser, GAT III, 120.

dort Hofdienste würden leisten müssen, in ein neues Licht, weil sie sich nun auf die Verwüstung des judäischen Reiches in den Jahren 588 und 587 bezieht. Der sich so für den Leser ergebende doppelte Zusammenhang zwischen Weissagung und Erfüllung verleiht jedoch auch den Heilsworten ihre Glaubwürdigkeit, die den Juden die Wiederherstellung der davidischen Monarchie und ewigen Frieden verheißen.[68] Die zeitlich begrenzte Botschaft, dass Judas Weg im letzten Drittel des 8. Jh. durch Gericht zum Heil führte, wird nun aufgenommen und auf das Schicksal Judas nach 587 bezogen: Ist das vorausgesagte Unheil eingetroffen, werden sich auch die Heilsworte erfüllen.

Im Schatten dieser erfüllten Weissagungen steht auch Jes 35 als Brücke zwischen der Proto- und der Deuterojesajanische Sammlung. Das Kapitel nimmt mit seiner Botschaft von dem baldigen Kommen Jahwes als Rächer in V. 4 die Botschaft von c.34 auf und verweist in V. 10 mit seinem Zitat von Jes 51,11 auf die deuterojesajanische Sammlung voraus, welche die Heimkehr Jahwes zum Zion an der Spitze seines befreiten Volkes zum Ziel hat (Jes 40,9 – 11; 52,7 – 10).[69]

Später haben auch die Fremdvölkersprüche der c.13 – 23* in der sogenannten „Jesaja-Apokalypse" der c.24 – 27 ein neues Ziel bekommen. Das Weltgericht über die Völker, das nach Jes 13 mit einem Gericht an Babel einsetzt und Jerusalem nach 22,1 – 14 nicht verschont, bewirkt zugleich die Erlösung der Frommen und den Anbruch der Königsherrschaft Jahwes über alle kosmischen und irdischen Gewalten. Dann wird Jahwe alle Völker zu seinem Krönungsmahle in einem neuen Jerusalem einladen, Tod und Leid wird es nicht mehr geben (Jes 24,21 – 23 und 25,6 – 8), und die Toten werden auferstehen (Jes 26,19). So führt auch das Weltgericht als der große Erweis der Macht des Gottes Israels vor allen Völkern und Gewalten Israel und alle Menschen, die dem Gericht entkommen sind, zum Heil.[70]

3.7 Von der Klage über die Katastrophe zur Anerkennung der eigenen Schuld

Nach dem Ausblick auf den der ganzen Weltgeschichte Sinn und Ziel gebenden Höhepunkt der Botschaft des Jesajabuches dürfte es einigermaßen ernüchternd wirken, wenn wir erst noch einmal auf die Leiden zu sprechen kommen, welche die Bevölkerung in Jerusalem während und nach der Belagerung durch Nebukadnezar II. 588/87 zu erdulden hatte, um uns dann dem Schuldaufweis in Jes 1 – 5 zuwenden.

---

68 Vgl. z.B. Jes 9,1 – 6; 11,1 – 5.6 – 9; 16,1 – 5 und 32,1 – 5.
69 Vgl. dazu einerseits Odil Hannes Steck, Bereitete Heimkehr, 101 – 103, und andererseits Christopher R. Seitz, Final Destiny, 196 – 202.
70 Vgl. dazu unten, 168 – 171.

Über das, was sich 587 in Jerusalem während der Belagerung und nach der Eroberung abgespielt hat, besitzen wie keine authentischen Zeugnisse. Wir können es nur aus den dtr überformten Erzählungen des Jeremiabuches, den Berichten in II Kön 25 und Jer 52 und den sich in das Geschehen zurückversetzenden Rollendichtungen der Klagelieder rekonstruieren. Es sind die Klagelieder, die uns ahnen lassen, dass der Weg von der Fassungslosigkeit angesichts der übergroßen Leiden über die Annahme ihrer Deutung, dass Jerusalem den Zorn seines Gottes durch seine eigene Schuld herausgefordert hatte, zu der sich daraus ergebenden Bitte um Vergebung seine Zeit brauchte. Das ist im Leben der Völker nicht anders als im Leben des Einzelnen. Die ersten Reaktionen auf die grauenvollen und erniedrigenden Erfahrungen während der Belagerung wie während und nach der Eroberung Jerusalems dürften zunächst fassungsloser Schmerz und eine abgrundtiefe Ratlosigkeit gewesen sein, dass Jahwe seinem dem Volk zum Schutz gegebenen Gesalbten (Klgl 4,20) weder beigestanden noch seine Stadt errettet hatte, wie es die Propheten in seinem Namen verheißen hatten (vgl. Klgl 2,14; Jer 7,4; 28,2 – 4 und 29,15.21 – 31). Stattdessen hatte er den in seinem Namen regierenden König, sein Volk und seine Stadt in ein Elend sondergleichen gestoßen. Schon als in Jerusalem Nachricht auf Nachricht vom unaufhaltsamen Vormarsch des babylonischen Heeres gegen das judäische Bergland eintraf, dürfte sich in Jerusalem die ängstliche Frage erhoben haben, wie das Ganze enden würde. Ein Echo dieses Erschreckens meint man noch in Prophetenworten wie Jer 4,19 – 21 und 6,1 zu vernehmen.[71] Aber offensichtlich setzte man die Hoffnung auch weiterhin auf den Gott, der auf dem Zion wohnt, so dass nach der Katastrophe die Fassungslosigkeit über das unnennbare Leid, das Jerusalem und Juda getroffen hatte, umso größer war. Panik und Entsetzen kommen zuerst. Anschießend stellt sich die vorwurfsvolle Frage ein, warum Gott solche Greuel zugelassen hat.. Um die Gegenfrage zu hören, ob die Betroffenen ihr schweres Schicksal selbst verschuldet haben, bedarf es der stilleren Stunde, wenn sich der erste Schmerz gelegt hat und die Bereitschaft zu einer gelasseneren Betrachtung zurückgekehrt ist.

Die sogenannten Klagelieder Jeremias zeichnen im Rückblick den Weg nach, den die Überlebenden von dem Entsetzen über den Fall der Stadt und seinen Folgen zur Anerkenntnis der eigenen Schuld und der verhaltenen Bitte an Jahwe, sich des Elends seiner Stadt zu erinnern. Die Farben entnehmen sie aus ihrer Kenntnis der Leiden, die sich üblicher Weise während einer längeren Belagerung und nach der Eroberung einer Stadt einzustellen pflegen:[72] Verhungernde Kinder, die ihre Mütter um Brot und Wein anflehen (Klgl 2,12); Mütter, die in letzter Verzweiflung die eigenen Kinder schlachten und essen

---

71 Vgl. dazu auch Karl-Friedrich Pohlmann, Ferne Gottes,143 – 192 und zum vermutlich ältesten Text des Ezechielbuches in Gestalt der Allegorie von dem Zedernwipfel und dem undankbaren Weinstock ders., (ATD 21/1), 235 – 250.
72 Vgl. dazu ausführlich Kaiser (ATD 16/2), 2. Auf. 1992, 91 – 198, bes. 97 – 111.

(2,20; 4,10), Leichen von Verhungerten und Erschlagene jeden Alters und Geschlechts auf den Gassen (2,21); ein geschändeter und geplünderter Tempel (2,7); der König und seine Berater gefangen (2,9; 4,20); die Propheten verstummt (2,9); die Priester und Ältesten verhungert (1,19); ihre Überlebenden so verachtet, dass sie das von den Siegern besetzte Tor meiden, die Stätte, an der sie einst zu Gericht saßen (5,12b.14). Frauen und Jungfrauen wurden geschändet (5,11), königliche Beamte aufgeknüpft (5,12a), junge Burschen zur Zwangsarbeit verpflichtet (5,13), die unzerstörten Häuser von Fremden in Besitz genommen (5,2b). Das Bestellen der Felder und Einbringen der Ernte war wegen marodierender, aus der Steppe kommender Banden mit Lebensgefahr verbunden (5,9). Und selbst für Wasser und Feuerholz musste man eine Abgabe entrichten (5,4). Wer weiß, wie oft sich das bis in unsere eigene Zeit hinein wiederholt hat und noch wiederholt? Und doch hat die Klage über solches Leid und Elend in den fünf Liedern ihre kunstvolle Form und damit eine Würde gewonnen, die dazu beiträgt, dass sich besiegte Völker bis in unsere Zeit hinein in ihren Klagen wiederfinden konnten (Klgl 1,1 – 2):

1 Ach, wie sitzt verlassen
die Stadt, die volkreich war.
Sie ward gleich einer Witwe,
die über Völker gebot.
Die über Gaue herrschte,
verfiel der Fron.

2 Sie weint und weint des Nachts,
hat Tränen auf den Wangen.
Sie hat keinen Tröster
bei all ihren Freunden.
All ihre Freunde wurden
treulos zu ihren Feinden.

Die Einsicht, dass Jahwe ihr dieses Leid in seinem Zorn selbst angetan hat,[73] eröffnet das 2. Lied (Klgl 2,1):

Ach, wie entehrte[74] in seinem Zorn
der Herr die Tochter Zion.
Er warf vom Himmel zur Erde
Israels Zier
und gedachte nicht seiner Füße Schemel
am Tag seines Zornes.

---

73 Zum Zorn Jahwes vgl. Karl-Friedrich Pohlmann, Beobachtungen, 1015 – 1035 und umfassend Jörg Jeremias, Zorn Gottes, zum Verhältnis zwischen Zorn und Liebe Gottes Christian Stettler, Gericht, 44 – 45.
74 Zum Text vgl. Kaiser (ATD 16/2), 130 Anm.

Der Gedanke, dass ein Gott seine eigene Stadt in seinem Zorn zerstört, war nicht ohne Beispiel in der Geschichte. Nach dem „Fluch über Akkad" soll Inanna, die Schutzgöttin der Stadt, selbst gegen ihre Stadt ausgezogen sein, nachdem ihr König Naramsin Ekur, den Tempel Enlils in Nippur, zerstört und dadurch dessen Zorn provoziert hatte.[75] Bedeutsamer ist die Erklärung, die der assyrische König Asarhaddon in seinem Bericht über den Wiederaufbau des Esagila, des Marduk-Tempels in Babel, gibt, den sein Vater Sanherib niedergerissen hatte. Nun aber erklärt der Sohn, Marduk selbst habe in seinem Zorn die Stadt zerstört, indem er sie mit den Wassern des Arahtu-Kanals wie mit der Sintflut überschwemmt und dadurch zu einem einzigen Ruinenfeld gemacht habe.[76] Es war demnach zwar ein großer, aber keineswegs ein unerhörter Schritt von der Voraussage und Deutung eines partiellen Unheils als Folge des Zornes Jahwes zu der Einsicht, ihm auch die totale Zerstörung seiner Stadt und seines Landes zuzuschreiben, wie wir es uns am Beispiel von Klgl 2 paradigmatisch vergegenwärtigt haben und es für die dtr und nachdtr Geschichts- und Prophetentheologie charakteristisch ist.[77] Es dürften ehemalige judäische Hofbeamte gewesen sein, in deren Kreisen sich die Kenntnis der assyrischen Reichstheologie und der damit zusammenhängenden Kriegsideologie über den Untergang des assyrischen und des eigenen Reiches hinaus erhalten hatte, so dass sie in der Lage waren, die Stellung Jahwes gegenüber seinem Volk und den Fremdvölkern neu zu formulieren und damit den wesentlichen Grundstein für die Bewältigung der durch den Untergang des davidischen Reiches ausgelösten Glaubenskrise zu legen.[78]

Der Weg von der verständnislosen Frage nach dem Warum der Katastrophe und der Belehrung über die Gründe des göttlichen Zorns zu dem Bekenntnis der eigenen Schuld ist freilich ein längerer. Das spiegeln auch die Klagelieder wider, in denen erst in dem jüngsten, jetzt in der Mitte der ganzen Sammlung stehenden 3. Lied ein Weiser beispielhaft zeigt, wie ein Mensch in schwerem Leiden vor Gott treten sollte, um dann seine Gemeinschaft zum Bußgebet zu Jahwe aufzurufen (Klgl 3,39 – 42):

39 Was beklagt sich ein Mensch, der lebt,
ein Mann über die Folgen seiner Sünden?

40 Lasst uns unsere Wege ergründen und erforschen
und uns zu Jahwe wenden!

75 Vgl. Bertil Albrektson, History, 24 – 27.
76 Gebrochenes Prisma Asarhaddons Col 1 (ARAB II) .245 Kapitel 649.
77 Vgl. dazu auch GAT I, 186 – 202.
78 Vgl. dazu z. B. Moshe Weinfeld, Deuteronomy, 158 – 171 und zur Abhängigkeit des biblischen Konzeptes des Heiligen Krieges von der Kriegsideologie der zeitgenössischen Großreiche und zumal der Assyrer Manfred Weippert, „Heiliger Krieg" in Israel und Assyrien, 71 – 97 und Sa-Moon Kang, Divine War.

41 Lasst uns die Herzen samt den Händen
zu Gott im Himmel heben;

42 Wir haben gesündigt und getrotzt,
so konntest du nicht vergeben!

Dann aber erinnert der Beter Gott an das, was er den Seinen im übergroßen
Zorn angetan hat (V. 43 – 54), um ihn dann mit leidenschaftlichen Worten zur
Rechtshilfe und zur Vernichtung seiner frevelhaften Gegner aufzufordern (V.
55 – 66). Hier könnte das Leiden der Jerusalemer in den 80er Jahren des 6. Jh.
bereits zum Paradigma für die Unbill der Frommen im fortgeschrittenen 4. Jh.
v. Chr. geworden zu sein, denen ihre frevelhaften Gegner nachstellten.

Doch das vierte und fünfte Lied versetzen uns erneut in das Jerusalem bald
nach der Eroberung. Dabei wiederholt das vierte in hyperbolischen Wendungen die Klagen über die Leiden Jerusalems aus dem ersten und zweiten
Lied. In dem fünften aber meint man unter dem Gewand der hohen Form und
theologischen Reflexion noch die authentischen Worte derer zu vernehmen,
die ihre Väter im oder nach dem Kriege verloren hatten, Zeugen der Vergewaltigung ihrer Mütter und Schwestern geworden waren und selbst die Er-
niedrigungen erlitten hatten, welche die Rachsucht der Sieger den Besiegten
nicht nur im Altertum aufzuerlegen pflegte. Das Lied bleibt jedoch in seiner
jetzigen Gestalt nicht bei der Klage stehen, sondern mündet in ein Gebet, das
die von den unheilvollen Erfahrungen ausgehenden Anfechtungen so weit
überwunden hat, dass es den ewigen Gott in aller Demut darum zu bitten
vermag, sich über die Schuld der Väter hinwegzusetzen (V. 7) und die Seinen
nicht in übermäßigem Zorn zu vergessen, sondern die heilvolle Gemeinschaft
mit ihnen wiederherzustellen (Klgl 5,19 – 22):

19 Du aber, Jahwe, bleibst in Ewigkeit,
dein Thron Geschlecht um Geschlecht.

20 Warum willst du uns für immer vergessen,
uns verlassen für alle Zeit?

21 Bringe uns, Jahwe, zu dir zurück,
erneuere wie vormals unsere Tage!

22 Es sei denn, du hast uns ganz verworfen,
zürnst uns zu sehr.

3.8 Der Schuldaufweis in Jesaja 1 – 5

Wird einem Volk seine politische Schuld vorgehalten, so konnte es im Altertum darauf verweisen, dass es auf das Handeln seiner Könige kaum einen
Einfluss hatte. Heute wird die öffentliche Meinung in einem solchen Umfang

manipuliert, dass sich die Mehrzahl kaum ein begründetes Urteil über das Handeln seiner Politiker bilden kann, weil ihm dafür teils die Informationen und teils die Kompetenzen fehlen, welche die Lösung komplizierter Situationen erfordert. Das Volk ist daher auf die Zuverlässigkeit seiner Journalisten und die Vertrauenswürdigkeit seiner Politiker angewiesen. Anders verhält es sich mit der sittlichen Verantwortung im Alltag: Diese kann ihm niemand abnehmen und ihrem Anspruch kann sich keiner entziehen. Das dtr Jeremiabuch hatte den Propheten in ihm in den Mund gelegten Reden darauf hinweisen lassen, dass es in schwierigen Situationen darum geht, nicht auf leere Verheißungen zu vertrauen, sondern sein eigenes Leben zu bessern. Als klassisches Beispiel dafür seien wenigstens einige Sätze aus der Tempelrede Jer 7,1 – 15 angeführt (Jer 7,3 – 11):[79]

3 So hat Jahwe Zebaoth, der Gott Israels, gesagt: Bessert euren Wandel und eure Taten, dann will ich bei euch[80] an dieser Stätte wohnen. 4 Vertraut nicht bei euch selbst auf die Lügenworte, die besagen: „Dies ist der Tempel Jahwes! Der Tempel Jahwes ist dies!" 5 Denn (nur) wenn ihr wirklich euren Wandel und eure Taten bessert, wenn ihr wirklich dem Recht gemäß aneinander handelt, 6 Fremdling, Waise und Witwe nicht bedrückt und kein unschuldiges Blut an dieser Stätte vergießt und hinter anderen Göttern nicht hergeht euch zum Schaden, 7 dann will ich bei euch[81] an dieser Stätte wohnen in dem Lande, das ich euren Vätern gegeben habe, von Ewigkeit zu Ewigkeit. 8 Doch euer Vertrauen auf Lügenworte ist zwecklos. 9 (Herrschen bei euch nicht) Diebstahl, Mord und Ehebruch, Meineid und dem Räuchern für Baal und Götter, die ihr nicht kennt? – 10 Und (dann) kommt ihr und stellt euch vor mich in diesem Haus, das nach meinem Namen genannt ist, und sagt: „Wir sind gerettet!" um weiterhin all diese Greuel zu tun.[82] 11 Ist denn dieses Haus, über dem mein Name genannt ist, in euren Augen zu einer Räuberhöhle geworden? Auch ich bin nicht blind[83]!

Hier wird jede religiöse Zuversicht, die sich nicht auf den Gehorsam gegen das Erste und das Fünfte bis Siebte Gebot des Dekalogs gründet, ein für alle Mal als Selbstbetrug entlarvt. Sofern der Schuldaufweis im nachexilischen Jesajabuch sich nicht lediglich mit der religiösen Schuld der Väter beschäftigte, sondern auch die Zeitgenossen treffen wollte, durfte auch in ihm der Hinweis auf

---

79 Zur Diskussion vgl. William McKane, Jeremiah I (ICC), 1986,158 – 169 und zur Auslegung Werner H. Schmidt (ATD 20), 174 – 18 Auf die Umwandlung Jeremias aus einem Umkehrprediger zu einem Mahner zum Gehorsam gegen die Tora hat Christel Maier, Jeremia als Lehrer, 48 – 136, bes. 130 – 136 hingewiesen. Als Beispiel für derartige Schuldaufweise im Ezechielbuch vgl. den die ganze Geschichte Israels von der Herausführung aus Ägypten bis zu seiner Zerstreuung unter die Völker reichenden Nachweis in Ez 20 und dazu Karl-Friedrich Pohlmann (ATD 22/2), 299 – 313.
80 Siehe BHS.
81 Siehe BHS.
82 Siehe BHS.
83 So trefflich Wilhelm Rudolph (HAT I/12), 50.

sittliche Verfehlungen nicht fehlen. Daher sind die Anklagen in den Fort-schreibungen in Jes 1 – 5 statt auf das religiös-politische, vor allem auf das sittliche Versagen des Volkes ausgerichtet. Eben damit aber haben sie ihre überzeitliche Aktualität für jedermann gewonnen. Der Absicht, ihren Adres-saten einen Spiegel vorzuhalten, in dem sie ihr eigenes Versagen gegenüber Gott und den Menschen erkennen konnten, ist es zu verdanken, dass der primäre Buchanfang in c.6 in drei Neuausgaben nach vorn verlegt worden ist. Dabei haben die beiden ersten gleichzeitig als zwei Schuldaufweise die Denkschrift gerahmt, ein sittlicher in c.5 und ein geschichtlicher in 9,7 – 20 (10,1 – 4).[84] Vor den sittlichen wurden in 5,17 das Weinberglied in 5,1 – 7 als Einleitung zu den gleichzeitig aufgenommenen Weherufen in 5,8 – 24* ein-gefügt[85] und hinter sie das Gedicht von der ausgestreckten Hand Jahwes in 9,7 – 20 gestellt, das in 10,1 – 4 ebenfalls durch einen Weheruf abgeschlossen wird. Beide Rahmentexte hatten sich dem Kontext und gemäß den in die Weherufe eingefügten Ergänzungen in den Schlägen des Jahres 701 erfüllt. Sie waren aber so offen formuliert, dass sich nicht nur die Zeitgenossen, sondern auch die Späteren angeredet fühlen konnten. Die Weherufe in 5,8 – 24a lauten ohne ihre sekundären Begründungen so (Jes 5,8 – 24a):[86]

8 Weh denen, die Haus an Haus reihen,
die Feld mit Feld verkoppeln,
Bis der Platz verbraucht ist
und ihr allein im Lande siedelt![87]

11 Weh denen, die früh am Morgen
dem Trunk nachjagen,
die spät beim Abendwind
der Wein erhitzt![88]

18 Weh denen, welche die Schuld mit Rinderseilen herziehen
und mit Wagenseilen die Versündigung![89]

---

84 Vgl. dazu Becker, Jesaja 124 – 199.
85 Vgl. dazu Willem A. M. Beuken, Jesaja 1 – 18, 268 – 269.
86 Zur Diskussion vgl. Uwe Becker, 127 – 145; Willem A.M. Beuken, Jesaja 1 – 12, 154 – 157 und Joseph Blenkinsopp, Isaiah 1 – 39, 213 – 215. Ich ändere meine ATD 175 vertretene Position insofern, als ich 10,1 – 4 als selbständige Fortschreibung beurteile. Blenkinsopp ordnet sie da-gegen vor 5,8 als ursprünglichen Anfang der Reihe ein. 5,24b wird heute wohl allgemein als ein Zusatz angesehen. Er setzt die Infolge die offizielle Anerkennung der Tora als jüdischer Rechts- und Lebensordnung voraus und dürfte, je nach der Ansetzung dieses Vorgangs, frühestens in die zweite Hälfte des 5., wahrscheinlicher aber erst in das 4. Jh. gehören. Die den einzelnen Weherufen folgenden Begründungen dürften teils als historisierende, teils als eschatologisie-rende Nachinterpretationen zu beurteilen sein.
87 Oder heute gesagt: Wehe den Grundstücksspekulanten.
88 Oder heute gesagt: Wehe den Reichen, die ein Luxusleben auf Kosten der Armen führen.
89 Oder heute gesagt: Wehe denen, die sich keinen Deut darum kümmern, ob ihre Geschäfte sozialverträglich sind oder nicht.

20 Weh denen, die das Schlechte gut
und gut das Schlechte nennen,
die aus Dunkel Licht
und Licht aus Dunkel machen,
die aus Bitterem Süßes
und aus Süßem Bitteres machen![90]

21 Weh denen, die in ihren eignen Augen weise sind
und vor sich selbst verständig![91]

22 Wehe den Helden im Weintrinken
und den Männern, die stark sind, den Trunk zu mischen![92]

23 Weh denen, die den Schuldigen für ein Geschenk gerecht
erklären
und dabei den Gerechten ihr Recht entziehen![93]

24 Deshalb: wie eine Flamme Stroh verzehrt,
und das Heu in der Lohe zusammensackt,
soll ihre Wurzel wie Moder sein
und ihre Blüte wie Staub auffliegen.

Im letzten Vers des den Wehrufen vorgeschalteten Weinbergliedes Jes 5,1–7 lässt der prophetischer Dichter das sozialschädliche Verhalten der judäischen Oberschicht durch Jahwe selbst in V. 7b auf die Formel bringen (Jes 5,7b):

Ich wartete auf Rechtsspruch,
doch siehe das ist Rechtsbruch,
auf Gerechtigkeit, doch siehe da ist Wehgeschrei.

Die nächste Buchausgabe setzte mit dem Gedicht vom Tage Jahwes in Jes 2,6–22* und der Ankündigung der Kinderherrschaft als Folge des totalen Zusammenbruches der Reichsverwaltung in 3,1–7 ein. Sie wurde in 3,8–4,1 durch eine ganze Kette von Fortschreibungen weitergeführt, die das vorausgesagte politische Chaos mit den rechtlosen Zuständen in Jerusalem und der Putzsucht der Luxusweibchen der Oberschicht begründen. Man darf bei der Deutung dieser Weissagung nicht übersehen, dass sie auf die Ankündigung vom Tage Jahwes folgt. Dadurch erhielt ihre zeitliche Einordnung eine gewisse Ambivalenz. Denn einerseits ließ sie sich rückwärts auf die Katastrophen von 701 und 587 beziehen, andererseits aber konnte sie vorwärts als Weissagung dessen verstanden werden, was sich nach dem kommenden Tage Jahwes in

---

90 Oder heute gesagt: Wehe denen, die das Bestehen jeder sittlichen Verpflichtung leugnen, um ihren Gewinn zu vergrößern.
91 Oder heute gesagt: Wehe den Eingebildeten, die sich über alle anderen Menschen erhaben dünken und mit Gott nicht mehr rechnen.
92 Oder heute gesagt: Wehe den selbstgerechten Stammtischbrüdern.
93 Oder heute gesagt: Wehe denen, die Richter, Beamte und Politiker bestechen.

Jerusalem abspielen würde. Diese Auslegungsmöglichkeit wurde nachträglich durch die Einfügung des Heilswortes in 4,2[94] samt seinen Zusätzen in den V. 3–6 unterstrichen. Denn aus V. 3 und 4 geht hervor, dass die Jerusalemer Restgemeinde mit denen identisch ist, die das Läuterungsgericht Jahwes überlebt haben. Dann erst folgt in den V. 5–6 eine knappe Schilderung des göttlichen Schutzes, dessen sich Jerusalem in der Heilszeit für immer erfreuen wird. Auch für die Endzeit gilt, dass der Weg durch Gericht zum Heil führt.

Der vierten und letzten Neuausgabe der jesajanischen Prophetien verdanken wir die vorliegende Einleitung in Jes 1,(1)2–20.[95] Sie fordert das geschlagene, in und um Jerusalem zusammengedrängte Volk zu der Einsicht auf, dass sein Überleben Gnade ist, und erinnert es daran, dass ihm trotzdem die von ihm erwartete Gerechtigkeit fehlt und es statt dessen vergeblich versucht, Gott mit seinen Opfern zu bestechen. So wird der Rest des Volkes vor die Alternative gestellt, zu gehorchen und im Land zu bleiben oder ungehorsam zu sein und dem Schwert zu verfallen.[96] Das konnte der Leser auf die Situation nach der Kapitulation Jerusalems 701 beziehen, näher freilich lag es, bei der Scheltrede an die Lage zu denken, in der sich Jerusalem in den Jahrzehnten zwischen 587 und 539 befand, als der Tempel und die Mauern Jerusalems noch im Trümmern lagen. Darin liegt die Kunst des für dieses Vorwort verantwortlichen Herausgebers, dass es ebenso gut in die Zeit Jesajas wie in seine eigene passte (Jes 1,7–9):[97]

7 Euer Land – eine Wüste!
Eure Städte – mit Feuer verbrannt!
Euren Acker – vor euren Augen
zehren Fremde ihn auf!

8 So ist die Tochter Zion übrig
wie ein Laubdach im Weinfeld,
Wie eine Nachhütte im Gurkenfeld,
wie eine Zuflucht im Pferch![98]

9 Hätte uns Jahwe Zebaot
nicht einen Rest gelassen,

---

94 Jes 4,2 kündet die Fruchtbarkeit der Heilszeit an, die der „Errettung Israels" zu stolzem Schmuck dienen wird. An ihr soll mithin nicht nur Juda, sondern ganz Israel teilhaben; vgl. dazu auch Jutta Hausmann, Israels Rest, 142–144.
95 Zu den Beziehungen zwischen Jes 1,2–2,5 zu Jes 66, die beide eine inclusio bilden, und zur Komposition von Jes 1,1,–4,6 vgl. Berges, Buch Jesaja, 53 und 56–8, zur thematischen Bedeutung von Jes 1,2–2,5 als programmatischer Vorschau auf das im Buch verhandelte Verhältnis Jahwes zum Zion vgl. Willem A.K. Beuken, Literary Emergence, 457–470 und zum Problem auf den Propheten zurückgehender Kerne Willem A.M. Beuken, Jesaja 1–12, 68–84 und Joseph Blenkinsopp, Isaiah 1–39, 184.
96 Vgl. dazu Hausmann,140–141
97 Vgl. dazu auch Willem A.M. Beuken, Emergence, 462–463.
98 Zur Rekonstruktion vgl. Kaiser (ATD 175), 33 Anm.9.

Wären wir fast wie Sodom geworden,
Gomorra wären wir gleich!

So gilt es, sich jetzt für Jahwe zu entscheiden oder vollends unterzugehen (Jes 1,18 – 20):

18 „Kommt doch und lasst uns miteinander rechten!"
spricht Jahwe.
„Wenn eure Sünden bunten Stoffen gleichen,
können sie zugleich weiß sein wie Schnee?
Wenn sie rot wie Purpurstoff sind,
können sie zugleich weiß wie Wolle sein?

19 Wenn ihr euch entschließt und gehorcht,
sollt ihr das Beste des Landes essen.

20 Doch wenn ihr euch weigert und widerstrebt,
werdet ihr vom Schwert[99] gefressen!"
Wahrlich, der Mund Jahwes hat es gesagt.

Doch schon in 1,21 – 26 ertönt die Botschaft von dem der Reinigung des Zion dienenden Gericht,[100] die in den anschließenden V. 27 und 28 unter den Grundsatz „Heil den Gerechten, Tod und Verderben den Gottlosen!" gestellt ist,[101] eine Botschaft, die sich in der späten Perserzeit vorbereitet und im 3. Jahrhundert die Herzen der Frommen erfüllt hat.

Wir übergehen die im Geist der späten tritojesajanischen Texte gehaltenen Unheilsworte in Jes 1,27 – 31, die an die vorausgehenden V. 21 – 26 angeschlossen sind und damit den Leser noch einmal an das Halten des Ersten Gebots erinnern, ohne das es weder für Israel als Ganzes noch für den Einzelnen Heil gibt.[102] Dieses aber wird nach der Weissagung von der Völkerwallfahrt zum Zion in 2,(1)2 – 5 darin bestehen,[103] dass der Zion zum weithin sichtbaren Weltberg wird,[104] zu dem die Völker pilgern, um Jahwes Weisung einzuholen und dann nach dem Umschmieden ihrer Schwerter in Pflüge und Winzermesser in weltweitem Frieden zu leben.[105] So lautet die abschließende Botschaft der c.1 – 5, dass auch das kommende Gericht nur ein Vorspiel des Heils ist, an dem freilich nur die teilhaben werden, die vorher gemäß Gottes Willen fromm und rechtschaffen gewesen sind.

Blicken wir zurück, so vertreten alle hier vorgestellten Textbereiche die

---

99 Zum Text vgl. Kaiser, ebd., 50 Anm. 5.
100 Vgl. zu ihr auch Klaus Koenen, Heil den Gerechten, 89 – 93.
101 Vgl. dazu Willem A.M. Beuken, Emergence, 463 – 467.
102 Zur inhaltlichen Nähe der Perikope zum apokalyptischen Denken vgl. Joseph Blenkinsopp, Isaiah 139. 184.
103 Zu ihrem Vorrang gegenüber der Fassung in Mich 4,1 – 4 vgl. Wöhrle, Abschluss, 346 – 358.
104 Vgl. dazu auch Richard J. Clifford, Cosmic Mountain,131 – 160 und Bernd Janowski, Himmel auf Erden, 229 – 260.
105 Vgl. dazu Beuken, Emergence, 467 – 470.

Überzeugung, dass Jahwe sein Volk durch Gericht zum Heil führt. Gleichzeitig zeichnen sich in ihnen die drei großen Themen ab, denen wir uns im Folgenden zuwenden müssen:) Jahwes Gericht an den Völkern; 2.) Jahwes Rettung des Zion vor dem Völkersturm und 3.) Jahwes Heil für den Zion.

4. Der König von Babylon als Vollzieher des Gerichts und als Feind Jahwes

4.1 Israel und die Völker von 587 – 332. v. Chr.

Im vorausgehenden Paragraphen wurde gezeigt, dass das dreigliedrige eschatologische Kompositionprinzip der drei großen Prophetenbücher im Sinne der Botschaft zu deuten ist, dass der Weg Israels nach dem an ihm von Jahwe vollzogenen Gericht über sein Gericht an den Völkern zum Heil führt. Das Gericht an den Völkern wäre demgemäß das Mittel zur Befreiung Israels von dem Druck seiner Nachbarn und zumal von der Gewalt der es knechtenden Großmächte. Dieser Aufbau entspricht zumal der Situation der Judäer in der Exilszeit, in der sie auf die Befreiung von der babylonischen Knechtschaft warteten. Denn seit der von 539 bis 332 v. Chr. währenden Perserzeit hatte sich ihre Lage insofern verändert, als die neuen Oberherren die Restitution des Judentums aktiv beförderten, indem sie den Wiederaufbau des Tempels in Jerusalem durch die Entsendung Serubabels ermöglichten[1] und die Einführung der Tora in der Provinz Jehud durch Esra begünstigten.[2] Auch den Wiederaufbau der Mauern Jerusalems durch Nehemia hat man in diesem Zusammenhang zu berücksichtigen, wobei mit der Möglichkeit zu rechnen ist, dass ihn Artaxerxes I. (465 – 424) im Interesse der Sicherheit seines südlichen Vorlandes gegen das aufbegehrende Phönizien und das abgefallene Ägypten genehmigt oder gar angeordnet hat.[3] Wenn die Prophetenbücher keine gegen die Perser gerichteten Prophezeiungen enthalten, dürfte das eine Folge der toleranten persischen Religionspolitik sein.[4]

4.2 Nebukadnezar – der für 70 Jahre von Jahwe eingesetzte Herr der Erde

Wenden wir uns den Fremdvölkersprüchen der drei Großen Prophetenbücher Jesaja, Jeremia und Ezechiel zu, bekommen wir es mit dramatischen Dichtungen zu tun. In ihnen können sich im Fall der Protojesajanischen Sammlung (Jes 1 –

---

1 Vgl. dazu unten, 206 – 215.
2 Vgl. dazu Juha Pakkala, Ezra, 278 – 299.
3 Vgl. dazu unten, 216 – 219.
4 Vgl. dazu Christian Frevel, Grundriss, 805.

39) drei Zeitebenen überschneiden, die vom späten 8. über das 6. bis zum späten 3. bzw. frühen 2. Jh. v. Chr. reichen. Daher halten wir uns zunächst an die Botschaft des Jeremiabuches, nach dem Jahwe dem babylonischen König die Weltherrschaft für siebzig Jahre übergeben hat. Dabei werden sich ganz von selbst Seitenblicke auf die Fremdvölkersprüche des Ezechielbuches ergeben. Der Schlüssel für die in Jer 46 – 49(51) (M) enthaltenen Prophezeiungen gegen fremde Völker liegt in den c.25; 27 – 28 und 29. Ihr innerer Zusammenhang erschließt sich leichter, wenn man der ursprünglichen Anordnung der Texte folgt, die im griechischen Jeremiabuch erhalten ist. In ihm dienen 25,1 – 13(14) und 32,15 – 38 (G) par 25,15 – 38 (M) organisch als Ein- und Ausleitung der Fremdvölkersprüche dienen. Ist die in diesen Kapiteln vertretene Völkertheologie erkannt, erschließt sich auch das Konzept der Parallelsammlung in Ez 25 – 32 (+35) und schließlich die die aufgrund ihrer Vielschichtigkeit anspruchsvollere Komposition und Intention von Jes 13 – 23 (24 – 27).

Die Erzählungen von den Zeichenhandlungen Jeremias in c.27 – 28, dem Jeremiabrief in c.29 und die ursprüngliche Einleitungsrede zu den Völkersprüchen in 25,1 – 13(14) werden durch die These zusammengehalten, dass Jahwe dem babylonischen König Nebukadnezar II. (604 – 562) und seinen Nachkommen für siebzig Jahre die Herrschaft über die Völker der Erde verliehen hat, so dass jede Auflehnung gegen ihn zum Scheitern verurteilt ist.[5] Entsprechend begründen die Erzählungen der c.27 – 28 den Rat des Propheten in seinem an die Ältesten der Gola[6] gerichteten Brief in c.29, sich langfristig auf das Bleiben in Babel einzurichten, weil Jahwe sie erst nach Ablauf der 70 Jahre wieder in ihre Heimat zurückbringen würde (29,10). Gleichzeitig unterstreichen sie, dass die Vernichtung des judäischen Reiches und seiner Nachbarstaaten vermeidbar gewesen wäre, wenn deren Könige den Worten des Propheten Jeremia gehorcht und seine Untergangsdrohung ernst genommen hätten. In ihrer vorliegenden Gestalt umkreisen die c.27 – 29 gleichzeitig das Thema der wahren und der falschen Prophetie, um auf diese Weise dem Vorwurf zu begegnen, Jahwe selbst habe seinem Volk erst Heil verheißen und es dann trotzdem im Stich gelassen. Ihm setzen sie die These entgegen, dass er es im Gegenteil durch Jeremia als seinem wahren Propheten rechtzeitig davor gewarnt habe, den falschen Propheten Gehör zu schenken.[7]

So lässt der Erzähler den Propheten Jeremia in c.27 den von den Königen von Edom. Moab, Ammon, Tyros und Sidon zu Zedekia, dem letzten König von Juda

---

5 Zur Herkunft und alttestamentlichen Ausgestaltung des Motivs der 70 Jahre vgl. Reinhard G. Kratz, Translatio, 261 – 267.

6 Zu den Zahlen der 598 Deportierten in II Kön 24,11 – 16 und den Angaben über die weitere Deportation in 25,11 – 12 vgl. die Liste in Jer 52,28 – 30 und dazu Christopher Seitz, Theology, 180 – 184, zu den Wohnsitzen der Deportierten und ihrem Leben aufgrund des Muraŝû Archivs in Nippur und solchen aus anderen jüdischen Siedlungen in Mesopotamien vgl. Ernest W. Nicholson, Deuteronomy, 270 – 272.

7 Vgl. dazu Ivo Meyer, Jeremia, 132 – 148, bes. 134 – 137 und Hans-Jürgen Hermisson, Kriterien, 59 – 76, bes. 72 – 74.

(598 – 587) gesandten Boten mit einem hölzernen Joch auf dem Nacken entge-
gentreten,[8] um ihnen die für ihre Herren bestimmte Botschaft auszurichten,
dass Jahwe als der Schöpfer der Erde und aller ihrer Bewohner die Macht habe,
die Herrschaft über die Völker dem zu verleihen, den er dazu erkoren habe. Da
er nun alle Länder der Herrschaft seines Knechts Nebukadnezar unterstellt
habe,[9] müsse sich jedes Volk unter dessen Joch beugen oder aber dem Schwert,
dem Hunger und der Seuche zum Opfer fallen (27,1 – 8).[10]

An dieses Orakel schließen sich drei Nachträge an. Der erste in Jer 27,9 – 11
warnt die Könige ausdrücklich davor, den Worten ihrer Propheten und
Wahrsager zu vertrauen. Denn ihre von der Botschaft Jeremias abweichenden
Worte seien Lügen. Wenn sie auf sie hörten, würden sie aus ihren Ländern
deportiert und kämen in der Fremde um. Umgekehrt würde Jahwe jedes Volk,
das sich unter das Joch des Königs von Babel beugte, in seinem eigenen Lande
bleiben und es ihm darin wohl gehen lassen. Diese Warnung hätte Jeremia
nach den V. 12 – 15 anschließend König Zedekia ausgerichtet. Schließlich aber
hätte er nach den V. 16 – 22 die Priester und das ganze Volk davor gewarnt, den
Worten der Propheten zu vertrauen, die ihnen die baldige Rückkehr der zusammen mit König Jechonja (Jojachin) nach Babel verschleppten Tempelgeräte weissagten. Es ginge in Wahrheit nicht um deren baldige Rückkehr,
sondern darum, ob die noch im Tempel verbliebenen Gerätschaften ebenfalls
nach dort verschleppt würden oder nicht.[11]

Die Absicht der drei Nachträge ist deutlich: Der erste in 27,9 – 11 hebt die
Verantwortung der Nachbarkönige für den Untergang ihrer Reiche hervor, der
zweite in V. 12 – 15 die Zedekias und der dritte in V. 16 – 22 die der Priester und
des ganzen Volkes für den Untergang des judäischen Reiches und die Eroberung Jerusalems. Die Polemik gegen die falschen Propheten dient also nicht
nur dem Nachweis ihrer Schuld, sondern zugleich dem der Schuld der durch
ihre Botschaft irregeleiteten Völker und nicht zuletzt der des eigenen Volkes
und seiner politischen und geistlichen Elite: Weil sie den Worten der falschen
Propheten und nicht denen Jeremias als dem wahren, von Jahwe gesandten
Boten vertraut hätten, hätten sie ihr Unglück selbst verschuldet.

---

8 Die Datierung in 27,1 fehlt in G und widerspricht der in 28,1, nach der c.28 im selben Jahr wie
   c.27 spielt. Das 4. Jahr Zedekias wäre das Jahr 594/3, in dem Psammetich II. den ägyptischen
   Thron bestieg. Mag diese Datierung Teil eines künstlichen Systems sein oder nicht, so dürften
   die Verhandlungen über eine antibabylonische Koalition, wenn sie tatsächlich stattgefunden
   haben, jedenfalls in der Hoffnung oder mit der Zusage auf ägyptische Hilfe zustande gekommen
   sein. Da Psammetichs Interessen im Süden und nicht im Norden seines Reiches lagen, würde
   man eher an den Regierungsantritt des Pharaos Apries/Hofra denken, der 588 den Thron bestieg
   und sogleich eine Flottenexpedition nach Sidon und Tyros unternahm und sein Landheer bis
   Tyros vorstoßen ließ; vgl. Klaas R. Veenhof, Geschichte, 28
9 Bernard Gosse, Nabuchodonosor, 177 – 187 macht 183 darauf aufmerksam, dass die Bezeichnung
   Nebukadnezars durch Jahwe als „mein Knecht" in 27,6; 25,9 und 43,10 keine Entsprechung im
   griechischen Text besitzt.
10 Zur Heimsuchungstrias „Schwert, Hunger, Pest" vgl. Kaiser, ThWAT III, 1977 – 1982, 174 – 175.
11 Zum literarischen Problem von Jer 27 – 29 vgl. E.W. Nicholson, Preaching, 93 – 100.

Gleichzeitig bereiten die drei Szenen in Kapitel .27 das folgende 28. Kapitel vor, in dem Hananja als Beispiel für die falschen Propheten vorgestellt wird. Nach ihm wäre der Prophet Hananja, Sohn des Ela, in Gegenwart der Priester und des ganzen Volkes im Tempel vor Jeremia getreten, um im Namen Jahwes zu verkünden, dass Jahwe das Joch Nebukadnezars zerbrechen werde und die Tempelgeräte samt König Jechonja und allen nach Babel Deportierten spätestens in zwei Jahren wieder nach Jerusalem zurückkehren ließe. Jeremia hätte diese Botschaft mit einem „Amen" als auch ihm willkommen bestätigt, anschließend aber Hananja daran erinnert, dass man die Wahrheit eines Heilspropheten erst am Eintreffen seiner Worte erkennt (28,1 – 9).[12] Daraufhin hätte Hananja das Joch von den Schultern Jeremias genommen und es mit den Worten zerbrochen (V. 11): „So hat Jahwe gesagt: Ebenso werde ich das Joch des Königs von Babel zerbrechen!" Daraufhin hätte sich Jeremia schweigend entfernt. Anschließend wäre er mit der ihm von Jahwe aufgetragenen Botschaft zurückgekehrt, Jahwe würden nun statt des hölzernen Joches ein eisernes auf die Schultern aller Völker legen würde (28,12 – 14): An die Stelle einer milden Oberherrschaft des babylonischen Königs über seine getreuen Vasallen würde nun die harte über die von ihm besiegten Empörer treten. Weiterhin hätte Jeremia erklärt, dass Hananja seine Heilsbotschaft ohne Auftrag Jahwes verkündigt habe und daher noch im selben Jahr sterben werde, wie es denn auch zwei Monate später geschehen sei (28,15 – 17).[13]

Sachlich und kompositorisch sind der Befehl zu der Zeichenhandlung in 27,2[14] und ihre vermeintliche Außerkraftsetzung durch eine Gegenhandlung in 28,10 aufeinander bezogen.[15] Dabei reicht der innere Spannungsbogen der Erzählungen von 27,2 bis zu 28,12 – 14. Dem Befehl in 27,2 – 3, mit einem hölzernen Joch vor die Königsboten zu treten, dessen Ausführung der Erzähler nicht ausdrücklich berichtet, entspricht das eigenmächtige Zerbrechen des Jochs durch Hananja in 28,1 – 4+10 und die göttliche Reaktion in 28,12 – 14. Nur die legitime, in Jahwes Auftrag ausgeführte Zeichenhandlung symbolisiert wirkungsmächtig das Kommende, während die eigenmächtig vorgenommene kraftlos bleibt.[16] Die von Jeremia in 28,6 – 9 vorgetragene Warnung wendet das generelle Unterscheidungskriterium für wahre und falsche Prophetie aus Dtn 18,20 – 22 (das sich eigentlich nur für schriftlich aufgezeichnete Prophetenworte eignet) auf einen speziellen Fall an. Nach den Worten Jeremias hätten die Propheten seit alters Unheil prophezeit. Die Wahrheit einer Heilsbotschaft erkenne man dagegen erst an ihrem Eintreffen. Die sich daraus ergebende Schieflage der Argumentation wird in Jer 28 durch das baldige Eintreffen des Unheilswortes über Hananja in V. 15 – 17 überdeckt.

---

12 Vgl. dazu auch Hans-Jürgen Hermisson, Kriterien, 72 – 74.
13 Vgl. dazu auch Nicholson, Preaching, 97 und William McKane, Jeremiah II, 725.
14 Zum Text vgl. McKane, 686.
15 Vgl. dazu auch Georg Fohrer, Symbolischen Handlungen, 40 – 42.
16 Vgl. dazu Fohrer, 114 – 118.

So ist es nicht ausgeschlossen, dass die Verse 6–9 und 15–17 eine nachträgliche Erweiterung im Sinne des dtn Prophetengesetzes darstellen.[17]

Auf die beiden Erzählungen in c.27–28 folgt in c.29 die von dem Brief Jeremias an die Ältesten der Gola, der nach Babylonien Deportierten.[18] In ihm übermittelt ihnen der Prophet ein Jahwewort, das sie auffordert, sich auf einen längeren Aufenthalt in der Fremde einzurichten, dort in ihrem eigenen Interesse für das Beste ihres Gastlandes zu beten und keineswegs auf die falschen Propheten zu hören, die ihnen Lügen in Jahwes Namen weissagten. Erst wenn sich Babels Zeit in siebzig Jahren erfüllt hätte, würde sie Jahwe nach Jerusalem zurückbringen (29,1–10). Damit ist das entscheidende Stichwort der siebzig Jahre gefallen, das in 27,7b ohne Zeitangabe vorbereitet ist und in der ursprünglichen Einleitung zu den Fremdvölkersprüchen 25,1–13(14) in V. 11 wiederkehrt.[19]

4.3 Nebukadnezars Herrschaft über die Völker und die Fremdvölkersprüche im Jeremiabuch

Dass im Jeremiabuch gegen fremde Völker gerichtete Orakel nicht gefehlt haben, ergibt sich bereits aus dem Berufungsbericht in Jer 1,4–10 in dem es in den V. 5 und 10:[20]

Ehe ich dich im Mutterleib bildete, habe ich dich erkannt,
und ehe du aus dem Mutterschoß kamst, habe ich dich geheiligt,
dich zum Propheten für die Völker bestimmt.

bzw. V. 10:[21]

Siehe, ich habe dich heute verantwortlich gemacht[22]
für Völker und für Königreiche,
um auszureißen und zu vernichten,
einzureißen und zu zerstören,
zu bauen und zu pflanzen.

17 Vgl. zur zurückliegenden Diskussion zusammenfassend McKane, 724–725.
18 Vgl. zu ihm Nelson Kilpp, Niederreißen, 42–67.
19 Vgl. dazu Ernest W. Nicholson, Preaching, 93–100; Gunther Wanke, Untersuchungen, 36–59; Nelson Kilpp, Niederreißen, 61–68; zur anschließenden Diskussion der textlichen und sachlichen Probleme des Kapitels und zumal über die V. 9–10 und 15–20, die das Thema der wahren und falschen Prophetie aus c.27–28 wieder aufgreifen und in den V. 21–23 und 25–32 nicht gerade übermäßig deutlich exemplifizieren, vgl. William McKane, Jeremiah II, 735–748 und zur Buchstrukturierung durch die siebzig Jahre Konrad Schmid, Buchgestalten, 220–229.
20 Zu den Beziehungen zwischen Jer 1,1–16 und 25,1–14 vgl. Peter C. Craigie, Page H. Kelley und Joel F. Drinkart, Jeremiah 1–25 (WBC 26), 364.
21 Werner H. Schmidt (ATD 20), 49 beurteilt den V. als einen Nachtrag.
22 So ansprechend McKane, Jeremiah I, 6.

Der Text der dtr Einleitungsrede für die Fremdvölkersprüche in 25,1 – 13(14)
ist in seiner hebräischen Fassung stark entstellt, weil in ihr Jahwe- und Pro-
phetenrede unmotiviert wechseln. Auch in seiner griechischen Gestalt ist er
nicht ganz unproblematisch, da der Übersetzer vermutlich versucht hat, seine
Spannungen zu glätten. Er lautet in der Rekonstruktion von Georg Fischer und
Andreas Vonach (Jer 25,1 – 13):[23]

1 Das Wort, das an Jeremia ergangen ist, über das ganze Volk Juda im vierten Jahr
Jojakims, des Sohnes des Josias, des Königs von Juda , 2 das er zum ganzen Volk Juda
und zu den Bewohnern Jerusalems redete: 3 Im dreizehnten Jahr Josias, des Sohnes
des Amos, des Königs von Juda, und bis zu diesem Tag, 23 Jahre lang, redete ich zu
euch, indem ich früh aufstand und sprach, 4. und ich sandte zu euch meine Knechte,
die Propheten, – früh morgens schickte ich sie- aber ihr habt nicht gehört und mit
euren Ohren nicht achtgegeben,5 als ich sagte: „Lasst ab, jeder von seinem bösen Weg
und von euren bösen Handlungen, und wohnt in dem Land, das ich euch und euren
Vätern von Anfang an und für immerdar gegeben habe. 6 Lauft nicht hinter fremden
Göttern her, um ihnen zu dienen und euch vor ihnen niederzuwerfen, damit ihr mich
mit den Taten eurer Hände nicht zum Zorn reizt, euch Schaden zuzufügen. 7 Aber ihr
habt nicht auf mich gehört. 8 Deshalb, dies spricht der Herr: Weil ihr meinen Worten
keinen Glauben schenktet, 9 siehe ich, ich schicke und werde einen Stamm vom
Norden nehmen und sie gegen dieses Land und seine Bewohner und gegen alle
Völker rund um es herumführen, und ich werde es vollständig verwüsten und sie zur
Zerstörung und zur Schmach hingeben. 10 Und ich werde von ihnen (die) Stimme
der Freude und (die) Stimme der Fröhlichkeit, (die) Stimme des Bräutigams und
(die) Stimme der Braut, (den) Duft von Parfum und (das) Licht einer Lampe zerstören. 11 Und das ganze Land wird in Zerstörung liegen, und sie werden 70 Jahre
(lang) unter den Völkern dienen. 12 Und wenn 70 Jahre voll sind, werde ich an jenem
Volk Rache üben und sie in immerwährende Zerstörung versetzen. 13 Und ich werde
über jenes Land alle meine Worte herbeiführen, gegen das ich redete, alle (Dinge), die
in diesem Buch niedergeschrieben sind."

An diese Einleitung schloss die Reihe der Sprüche gegen die Nachbarvölker
an. Entsprechend folgen sie in der Griechischen Bibel in 25,14 – 31,44, die in
32,1 – 24 5 – 38 den Text von 25,15 – 38 M bietet.[24] Nach dieser als Ich-Bericht
stilisierten Erzählung sollte Jeremia allen Völkern in Jahwes Auftrag den
Zornesbecher reichen. Sie werden in den V. 18 – 24(25) aufgezählt und bezeugen damit die unbeschränkte Verfügungsgewalt Jahwes über die Völker der

---

23 Septuaginta Deutsch, Wolfgang Werner (NStK.AT 19/1), 209.
24 Nach Huwyler gehörten zur dtr Sammlung der Völkersprüche die beiden Ägyptenorakel in
46,1 – 12 und 46,13 – 24; der Philisterspruch 47,1 – 7; der Moabspruch 48,1 – 27.[28]3b–42*
(48,28 – 33 entspricht Jes 16,6 – 10); der Ammonspruch 49,1 – 2a.3 – 5; der Edomspruch 49,7 – 1
(davon abhängig Ob 1 – 8) [12 – 13]14 – 16; der Damaskusspruch 49,23 – 27 und der Kedar-
Hazor-Spruch 49,28 – 33. M.E. ist der Damaskusspruch vgl. Am 1,3 – 5 und Jes 10,9, erst sekundär in die Komposition eingefügt. Dafür spricht auch, dass er in der ezechielischen Reihe
keine Entsprechung besitzt. Zur Diskussion vgl. McKane, Jeremiah II, 1231 – 1237.

Erde. An erster Stelle steht natürlich in V. 18 ganz in Übereinstimmung mit 25,1–13 Jerusalem, dessen Untergang bereits in den vorausgehenden Kapiteln angekündigt war, so dass es keines weiteren einschlägigen Orakels bedurfte. Weiterhin werden der König von Ägypten samt seinen Fürsten und seinem Volk (V. 19–20aα), die Könige der Philisterstädte (V. 20aβb), von Edom, Moab und Ammon (V. 21), Tyros und Sidon, (V. 22) und der arabischen Stämme (V. 23–24) genannt. In V. 25 folgen einigermaßen unmotiviert alle Könige in Elam und Medien.[25] Das in V. 26 erwähnte Babel fehlt in dem griechischen Text mit Recht, weil das in 25,9 genannte und nach 25,11 für siebzig Jahre die Herrschaft besitzende Volk kein anderes als das babylonische ist.[26] Dasselbe gilt von dem Damaskusspruch in M par 30,29–33 G, der durch die Liste in 25,15–24 nicht abgedeckt ist und sich an Am 1,3–5 anlehnt. Abgesehen von Ägypten, Damaskus, den arabischen Stämmen und den Philisterstädten werden sämtliche Reiche auch in Jer 27 erwähnt. Ein besonderes Orakel gegen Tyros und Sidon fehlt dagegen in den Fremdvölkersprüchen. Statt dessen dürfte die Drohung gegen die Philisterstädte in 47,1–7 M par 29,1–7 G mit ihrem Hinweis in V. 4, dass Sidon und Tyros mit ihnen ihre letzten Helfer verlieren würden, als ausreichendes Äquivalent für beider Erwähnung in 27,2 und 25,20 zu betrachten sein. Der in c.27 angedrohte Untergang dieser Reiche findet in den Völkersprüchen im Lichte ihrer Erfüllung seine Wiederaufnahme. Die zusätzliche Einfügung der Ägyptensprüche in c.46 erklärt sich aus dem ersten gegen es gerichteten Orakel in den V. 1–12, das sich nach V. 1 auf die Niederlage Nechos II. gegen Nebukadnezar II. in der Schlacht bei Karkemisch am Orontes im Jahre 605 v. Chr. bezieht. Sie hatte zur Folge, dass Syrien und damit auch Juda und seine Nachbarstaaten in babylonische Hände übergingen.[27] So erweist sich Nebukadnezar als der Feind aus dem Norden, dessen Kommen Jahwe dem Propheten schon in der zweiten, seine Berufung abschließenden Vision von dem überkochenden Topf in 1,13–14 angekündigt hatte (Jer 1,13–16):[28]

13 Da erging Jahwes Wort zum zweiten Mal an mich: „Was siehst du?" Und ich sagte: „Einen kochenden Topf sehe ich und seine Oberfläche von Norden her!" Da sagte Jahwe zu mir: 14 „Von Norden öffnet sich das Unheil über alle Bewohner des Landes.

15 Denn siehe, ich rufe alle Königreiche des Nordens," – ist Jahwes Spruch-, „und sie werden kommen und jeder seinen Thron aufstellen

25 Vermutlich handelt es sich hier um einen Nachtrag, der zusammen mit der Einfügung des Elamspruchs erfolgt ist, der bei G in 25,14–19 und bei M in 49,34–39 überliefert ist.
26 Zur abweichenden Reihenfolge in G vgl. die Tabelle bei Huwyler, Jeremia, 365.
27 Vgl. Chronicle concering the early years of Nebuchadnezzar II (BM 21946[96-4-9,51]) Rect. 1–8) bei A.K. Grayson, Chronicles, 99 bzw. Rykle Borger (TUAT I/4), 402 und dazu Rüdiger Liwak, Prophet, 218–227; Huwyler, 300–304 und Edzard, Geschichte Mesopotamiens, 237–238.
28 Vgl. Werner H. Schmidt (ATD 20), 58–59.

Vor den Toren Jerusalems und gegen all seine Mauern ringsum
und gegen alle Städte Judas.

16 Und ich werde ihnen mein Urteil verkünden
wegen all ihrer Bosheit, dass sie mich verließen
Und anderen Göttern räucherten
und sich vor ihrem eigenen Machwerk niederwarfen."

Von diesen Feinden ist denn auch in der Einleitungsrede zu den Völkersprüchen in 25,9 die Rede, nur dass hier, statt von allen Königreichen, von
einem Geschlecht aus dem Norden die Rede ist.[29] Indem Jahwe Nebukadnezar
als seinem Inbegriff nicht nur Juda, sondern auch seine Nachbarn in die Hand
gegeben und ihre Auflehnung als seinem Plan widersprechend geahndet hatte,
hätte er seine Macht erwiesen, der auch zuzutrauen sei, dass sie Israels Befreiung bewirken könne, wie sie die Heilsworte ansagen. Denn Juda musste
seine Auflehnung gegen Nebukadnezar 587,[30] Ammon[31] und Moab fünf Jahre
später (584/3)[32] und drei Jahrzehnte darauf auch Edom (553/2)[33] mit dem
Verlust ihrer Selbständigkeit bezahlen. Tyros wurde seiner Souveränität vorübergehend beraubt, und Ägypten musste sich eines Einfalls der Babylonier in
seinem eigenen Lande erwehren. Die Erwähnung der arabischen Stämme in
25,23 – 24 (M) und das gegen das arabische Kedar und Hazor gerichtete Wort
in 49,28 – 33 (das sich nach V. 28 auf einen Angriff Nebukadnezars bezieht)
finden ihre geschichtliche Deckung in der babylonischen Chronik über die
Anfangsjahre des Königs: Nach ihr ist Nebukadnezar in seinem 6. Jahr (604)
plündernd durch die arabische Wüste gezogen.[34] Nach derselben Quelle hätte
der König bereits in seinem Jahr die Philisterstadt Askalon erobert und zerstört (vgl. Jer 47,7 mit 25,20).[35] In diesen Ereignissen meinten die hinter diesen
Fremdvölkersprüchen stehenden Kreise Jahwes Herrschaft über alle Völker zu
erkennen, die er, solange es ihm gefiel, in die Hand Nebukadnezars gegeben
hätte. Denselben geschichtlichen Horizont besitzen auch die Fremdvölkersprüche in Ez 25 – 32:[36] Sie beziehen sich in c.25 auf Ammon, Moab und Edom,
in 26,1 – 28,19 auf Tyros und in dem Nachtrag 28,20 – 24 auf Sidon. An sie
schließen sich in den c.29 – 32 die Ägyptensprüche an. Dabei wird Nebukadnezar in 29,17 – 20 von Jahwe Ägypten als Ausgleich für seine langwierige
Belagerung von Tyros zugesprochen.[37] Dem Leser soll sich also auch hier

---

29 Vgl. dazu auch Liwak, Prophet, 218 – 227 und Huwyler, Jeremia, 300 – 304.
30 II Kön 24,18 – 25,26; Jer 52,1 – 30, 2 Chr 36,11 – 2
31 Vgl. auch Ez 21,23 – 28.33 – 37.
32 Vgl. Josephus, Ant. X,181 – 182 und dazu Ulrich Hübner, Ammoniter, 202 – 205.
33 Grayson, 105: Chronicle 7 (Nabonid Chronicle BM 35382 [Sp.II 964], I,17 und Hübner, 205.
34 Grayson, 101: Chronicle 5 Vers.9 – 10.
35 Grayson, 100: Chronicle 5 Rect.15 – 20.
36 Zu ihrem Aufbau und ihrer Entstehung vgl. Karl Pohlmann (ATD 22/2), 364 – 368.
37 Vgl. zu der von 585 – 573/2 während Belagerung von Tyros durch Nebukadnezar Ez 26,7 – 14;
   29,17 – 21; Jos.Ap.I,143 – 144; Ant.X,228; Frag.Hist.Jac.789 und zu seiner vorübergehenden
   Unterstellung unter babylonische Verwaltung Klaas R. Veenhof, Geschichte, 282.

einprägen, dass Jahwe nicht nur der Herr seines Volkes, sondern auch der Fremdvölker ist, der sich in seinen Gerichten als solcher offenbart (Ez 28,22). Denn er hat Nebukadnezar nicht nur gegen Juda und Jerusalem, sondern auch gegen Ägypten aufgeboten (30,25 – 26). – Doch auch im Ezechielbuch soll die Herrschaft Babylons über die Völker nur solange wären, wie es Jahwe geplant hat.[38] Nur solange sei Babel der Kriegshammer, mit dem Jahwe die Völker zerschlüge (Jer 51,20 – 23):[39]

20 Du bist mein Hammer, meine Kriegswaffe,[40]
mit dem ich Völker zerschlage
und Königreiche vernichte.

21 Mit dir zerschlage ich Ross und Reiter
und mit dir zerschlage ich Wagen und Lenker.

22 Mit dir zerschlage ich Mann und Frau
und mit dir zerschlage ich Greis und Knaben]
und mit dir zerschlage ich Burschen und Mädchen.

23 Mit dir zerschlage ich Hirten und Herde,
und mit dir zerschlage ich Pflüger und Gespann, und mit dir zerschlage ich Statthalter und Vögte.

4.4 Die Nachbarvölker als Feinde Jerusalems

Den ostjordanischen Nachbarvölkern wurde in Ez 25 insgesamt vorgeworfen, dass sie den Fall Jerusalems 587 mit Schadenfreude quittiert und seine Wehrlosigkeit eigennützig ausgenutzt hätten.[41] Besonders aber warf man dem verwandten Volk der Edomiter (Gen 25,19 – 26; 27,39 – 40) mit zunehmender Heftigkeit vor, die Bruderschaft gebrochen (Am 1,11 – 12) und sich im Interesse

---

38 Die explizite Vorstellung von Jahwes „Plan" als Grundlage seines Handelns in der Geschichte begegnet erst in exilischen und nachexilischen Texten, vgl. z. B. Jes 46,9 – 11: Hier ist es Gott, der vom Anfang bis zum Ende weiß und mitteilt, was geschehen wird, und dessen Plan nicht scheitern kann (V. 10). So ist er es, der den „Raubvogel", gemeint ist der Perserkönig Kyros II., den er als Werkzeug seines Heilshandelns an Israel ruft; vgl. weiterhin z. B. Jes 5,19; 14,26; 30,1; 25,1; Jer 32,19; 49,20; Am 3,7; Mi 4,12 und zur Sache grundsätzlich Wolfgang Werner, Studien.
39 Zum Problem der Babeloracle in Jer 50,1 – 51,58 vgl. den forschungsgeschichtlichen Rückblick bei Gerald H. Keown, Pamela J. Scalise und Thomas G. Smothers, Jeremiah 26 – 52 (WBC 27), 357 – 364 und die knappe Stellungnahme von W. McKane, Jeremiah II, 1249 – 1250, der betont, dass die Gedichte Babel bereits als Symbol für das Schicksal der Mächte behandeln, die ihm als Nachfolger in seiner Herrschaft über Juda folgen sollten.
40 Siehe BHS.
41 Vgl. auch die sekundär eingefügte Tyros-Strophe im Völkergedicht des Amosbuches Am 1,9 – 10 und dazu z. B. Jörg Jeremias (ATD 24/2), 16 – 17 und ders., Entstehung der Völkersprüche, 171 – 182, bes. 175 – 178.

eigener Expansionsgelüste feindlich gegen Israel verhalten zu haben (Ez 35,5.10). Selbst als die Edomiter wohl Anfang des 5. Jh. arabischem Druck weichen mussten und in das Südland Judas abgedrängt wurden, milderte sich die Tonlage verständlicherweise nicht. Man ließ ihnen durch Jahwe eine weitere Heimsuchung ankündigen (Jer 49,7 – 11) und begründete das mit ihrer Mitleidlosigkeit gegenüber dem Elend der Judäer nach der Eroberung Jerusalems und ihrer (späteren) Inbesitznahme judäischer Städte (Ob 10 – 14). In Mal 1,2 – 5 ließ man Jahwe Edom gar androhen, alles, was es aufgebaut habe, alsbald wieder zu zerstören.[42] Weiterhin erwartete man, dass die von David unterworfenen Edomiter und die zu seinen Vasallen gewordenen Moabiter und Ammoniter in der Heilszeit ihren Nacken dem wiedervereinigten Gottesvolk beugen (Jes 11,14) und die Moabiter bei der (wieder errichteten) Hütte Davids und das heißt: bei einem auf dem wiedererrichteten Thron Davids sitzenden König Zuflucht erbitten müssten (vgl. Jes 16,3 – 5 mit Am 9,11). Das zeigt, dass am Ende die hegemonialen Wünsche stärker gewesen sind als das bloße Verlangen nach dem Triumph, die Nachbarn besiegt und gedemütigt zu sehen.

Dass man im Kreise der Juden nach 587 die *Kuschiten,* die südlich des Nilkataraktes wohnenden Nubier oder Äthiopen der Alten,[43] und die Ägypter wegen ihrer Unzuverlässigkeit als Bundesgenossen im Kampf um die Freiheit in den Aufständen erst gegen die Assyrer und dann gegen die *Babylonier* nicht besonders schätzte (vgl. II Kön 18,21 par Jes 36,6) und ihnen daher ebenfalls einen Ausländer als strengen Herren wünschte,[44] ist verständlich. Dass sich schließlich der Hass auf die Babylonier als die Zerstörer des davidischen Reiches konzentrierte,[45] bedarf kaum einer Erklärung.

4.5 Der König von Babel als Symbol des hybriden Weltherrschers

Je länger sich die verheißene Befreiung verzögerte und man unter den Folgen der Eroberung Jerusalems 587 zu leiden hatte, desto stärker empfand man den Verlust. So wurde Babel schließlich zum Symbol der gottverhassten Weltstadt und der König von Babel zum Inbegriff des hybriden Weltherrschers.[46] Daher

---

42 Zu Mal 1,2 – 5 vgl. Karl Wilhelm Weyden, Prophecy,70 – 111, bes. 107 – 111 und zu den biblischen Edomsprüchen umfassend Bert Dicou, Edom, 20 – 114, Claire R. Mathews, Defending Zion, 69 – 119; und zum historischen Hintergrund Manfred Weippert, Edom und Israel (TRE IX), 1982, 291 – 299, bes. 294 – 296.

43 Ihr als 25. Dynastie gezähltes Herrscherhaus regierte von 716 – 663 über Ägypten.

44 Vgl. Jes 19,4 und zu den unterschiedlichen historischen Deutungsmöglichkeiten Peter Höffken, (NSK.AT 18/1), 156.

45 Vgl. Jes 30,1 – 5; 31,1 – 3; 18,1 – 2 (vgl. Jes 20); 36,6; Jer 46,13 – 17; 46,25 – 26, dazu William McKane, Jeremiah II, 1136, sowie Ez 29,6 – 7 und 29,10 – 19 und dazu Karl-Friedrich Pohlmann (ATD 22/2), 413 – 419.

46 Vgl. dazu Peter Ackroyd, Exile, 222 – 223.

sollte es, wenn seine ihm von Gott gesetzte Zeit abgelaufen wäre (Jer 25,14), für das büßen, was es dem Zion angetan hatte. Jahwe rächt alle Schuld auf Erden, auch wenn sie paradox genug nach seinem Plan und in seinem Auftrag verübt wurde (Jer 51,24):

Doch ich werde Babel und allen Bewohnern Chaldäas all das Böse vergelten, das sie auf dem Zion vor euren Augen verübt haben, lautet Jahwes Spruch.

Als Vollstrecker seines Gerichts aber würde Jahwe (so heißt es in dem *vaticinium ex eventu* einer Weissagung aufgrund des Geschichtsverlaufes) den König der Meder und das heißt: den Perserkönig Kyros II. gegen Babel entbieten (Jer 51,11 – 14):[47]

11 Reinigt die Pfeile, füllt die Köcher,
Jahwe erweckte den Geist des Königs der Meder,
denn sein Sinn steht darauf, Babel zu verderben.
Denn das ist die Rache Jahwes, die Rache für seinen Tempel.

12 Gegen die Mauern Babels erhebt das Panier,
Verstärkt die Wache, stellt Wächter auf,
bereitet die Spähtrupps vor,
denn was Jahwe ersann, das tut er auch
gemäß seinem Wort gegen Babels Bewohner.

13 Die du wohnst an vielen Wassern
und reich an Schätzen bist,
es kam dein Ende,

dein Faden ist abgeschnitten.[48]

14 Geschworen hat Jahwe Zebaoth bei sich selbst:
Wahrlich, ich fülle dich an mit Feinden[49] wie Heuschrecken!

Diese Gerichtsankündigung ist offensichtlich von Jes 13 abhängig, in dessen Kern die Zerstörung Babels durch die Meder und d. h. die Perser geweissagt wird. Die Rolle des Eroberers von Babylon wird in der Deuterojesajanischen Sammlung Kyros als dem Befreier der Gola und Erbauer des zerstörten Jerusalemer Tempels und der Städte Judas zugeschrieben (Jes 44,24 – 28): Seinen Siegeslauf, dem schließlich auch Babel zum Opfer fallen sollte, würde er als der Gesalbte Jahwes, als der Beauftragte des Gottes Israels, vollbringen, der ihn zum Werkzeug der Befreiung seines Volkes erkoren hatte (Jes 45,–1 – 7[8]).[50] Die Schadenfreude der Exilierten fand in dem Spottlied auf die verhasste

---

47 Vgl. Jes 41,1 – 4; 45,1 – 7 und besonders Jes 13*; Jer 50,15.28, und dazu McKane, Jeremiah II, 1304.
48 Wörtlich: die Elle des dich Abschneidens.
49 Siehe BHS.
50 Zur Beziehung von Jes 45,1 – 3 auf die anfänglichen Siege des Kyros über die Lyder und ihren König Kroisos vgl. Kurt Galling, Studien, 20 und Ulrich Berges, Jesaja 40 – 48, 374.

Feindin, die Jungfrau, Tochter Babel in Jes 47 ihren Ausdruck: Sie, die sich in ihrer Machtfülle unangreifbar wähnte, sollte trotzdem schmachvoll fallen.[51] Am schrillsten sind die Töne freilich in den Schlussversen des 137. Psalms, der uns die Deportierten weinend an den Wassern Babels vorstellt, wenn sie des Zion gedachten. Hier bricht sich ein ohnmächtiger Hass gegen die Zwingherrin und gegen das verschonte Brudervolk Edom mit den Worten Bahn (Ps 137,7 – 9):

7 Gedenke, Jahwe, den Söhnen Edoms des Tages Jerusalems,
als sie sagten: „Reißt nieder, reißt nieder bis auf ihren Grund!"

8 Tochter Babel, Verwüsterin, heil dem, der dir vergilt![52]

9 Wohl dem, der ergreift und zerschmettert deine Kindlein am Felsen!

4.6 Die drei Zeithorizonte der Fremdvölkersprüche in Jesaja 13 – 23

Der geschichtstheologischen Deutung der vorübergehenden und doch für Israels weitere Geschichte so schicksalhaften Epoche der Vorherrschaft des neubabylonischen Reiches über den Vorderen Orient im Jeremia- und Ezechielbuch entspricht in den Fremdvölkersprüchen des Jesajabuches ein komplizierterer Befund, der auf seiner über fünf Jahrhunderte umfassenden Entstehungsgeschichte beruht. Daher begegnen wir in den c.10 – 23 drei geschichtlichen Blickwinkeln, nämlich) dem der Wirksamkeit Jesajas entsprechend die Rettung Jerusalems 701; 2.) dem der Zerstörung Jerusalems 587 und 3.) und letztens dem des vorgerückten 4. Jh. v. Chr., in dem sich das Schicksal des Perserreiches erfüllte und Alexander der Große die politische Weltkarte neu gestaltete.

Als erster ist der Assurbearbeitung zu gedenken, deren Bogen von 10,5 – 15* bis zu den Jesajalegenden in c.36 – 37 reicht.[53] Auf den Weheruf gegen Assur in 10,5 – 12(13 – 15) folgte ursprünglich die Weissagung seiner Vernichtung auf den Bergen Jahwes in 14,24 – 25a. Weitere Texte zwischen 14,25* und c.20 lassen den erfolgreichen Vormarsch der Assyrer verfolgen. Zu ihnen gehören der Philisterspruch 14,28 – 31*, die Unheilsankündigung gegen Damaskus und Israel in 17,1 – 3*, der Weheruf gegen die Nubier (Äthiopier) in 18,1 – 2 und schließlich den Bericht über die Zeichenhandlung Jesajas in c.20, der nackend und bloß einhergehend die Vergeblichkeit der Hoffnung der Bewohner der Küstenstädte entgegentritt, die sich im Vertrauen auf die Hilfe der Nubier und Ägypter gegen den assyrischen König erhoben hatten: Sie werden nackend und bloß als Gefangene des Assyrischen Königs in die Gefangenschaft zie-

---

51 Vgl. zu ihm Berges,474 – 504, bes. 478 – 480.
52 Siehe BHS.
53 Vgl. dazu auch Berges, 159 – 164.

hen.[54] Der Weheruf gegen Ephraim in 28,1 – 4* würde besser hinter 17,1 – 3*
stehen, ist jedoch als Auftakt zum Ecksteinwort in 28,14 – 18* und zumal den
folgenden Weherufen in (29,1 – 4.6*); 30,1 – 5 und 31,1 – 3* eingeordnet, in
denen der Prophet das Scheitern der Jerusalemer Bündnispolitik mit den
Ägyptern voraussagt. Die überraschende Wende wird durch die Assursprüche
in 30,27 – 33 und 31,8 – 9 vorbereitet, die dem assyrischen Heer ein schreckliches Ende vor den Toren Jerusalems voraussagen und nach den Erzählungen
in den c.37 – 38 tatsächlich in Erfüllung gingen.[55]

Für die beiden letzten Assursprüche möge Jes 30,27 – 33 als Beispiel dienen.
In ihm erfolgt die Rettung Jerusalems durch den Namen Jahwes, der ihn hier
als seine Hypostase vertritt.[56] Die Schilderung seines Kommens in den V. 27 –
28a lebt von den klassischen Theophanievorstellungen seines Erscheinens im
Gewitter, wie sie z. B. in Ps 18,8 – 15 in vergleichbarer Weise eingesetzt sind.[57]
Doch die Jerusalemer wissen, dass sein Nahen ihrer Befreiung von dem assyrischen Belagerer gilt, so dass sie bereits ihre Lobgesänge anstimmen, ehe
der Arm Jahwes[58] die Feinde mittels eines Gewitters von solcher Schwere
vernichtet, wie es allein sein Erscheinen auszulösen vermag. Jahwe stellt als
der wahre Gott und Herr aller Mächte im Himmel und auf Erden auch die
Natur in den Dienst seines Handelns an seiner heiligen Stadt. So wird der Stab,
mit dem Assur sein Volk zerschlagen wollte (vgl. 10,5 mit 10,24), durch Jahwe
selbst zerbrochen und sein riesiges Heer vernichtet (vgl. Jes 37,36). Eine tief
und breit ausgeschaufelte Brandstätte für den gigantischen Leichenbrand
steht schon bereit.[59] Vermutlich dachte der Dichter bei ihr an das Tal Hinnom
im Südwesten Jerusalems, in dem sich das Tophet, die Brandstätte für die dem
König der Unterwelt dargebrachten Kinderopfer, befunden haben soll.[60] Es
soll nun als Ganzes zur Begräbnisstätte für die toten Assyrer dienen (Jes
30,27 – 33):[61]

27 Siehe, der Name Jahwes kommt aus der Ferne,
brennend sein Zorn, gewaltig seine Erhebung,
Seine Lippen voller Verwünschung,
seine Zunge wie fressendes Feuer.

---

54 Vgl. zu ihr Fohrer, Symbolischen Handlungen, 33 – 35 und Uwe Becker, Jesaja, 277 – 278.
55 Vgl. dazu auch Ulrich Berges, Buch Jesaja, 199 – 204.
56 Vgl. dazu auch GAT II, 72 – 74.
57 Vgl. dazu Jörg Jeremias, Theophanie, 33 – 38; Klaus-Peter Adam, Königliche Held, 55 – 66;
    Markus Sauer, Königspsalmen, 57 – 60– und Reinhard Müller, Jahwe als Wettergott, 18 – 42,
    ferner GAT II, 132 – 133 und 313.
58 Vgl. dazu auch GAT II, 314.
59 Vgl. auch Ez 39,11 – 16.
60 Vgl. z. B. Dtn 18,10 – 12; Lev 18,21a; 20,1 – 5 mit II Kön 23,10 und Jer 7, 31 und dazu Kaiser,
    Erstgeborenen 142 – 166, bes. 148 – 163; John Day, Molech.15 – 28 und.46 – 71 und Francesca
    Stavrakoulou, King Manasseh, 149 – 157 und 283 – 299.
61 Das Orakel hinterlässt den Eindruck eines Midraschs zu Jes 37,36.

28 Sein Atem ein reißender Bach,
der bis zum Halse reicht, -
Um Nationen am Zaum des Unheils zu schwingen
und ein Irrseil an die Backen der Völker zu legen.[62]

29 Ihr werdet ein Lied singen
wie in der Nacht der Festweihe
Und von Herzen frohlocken wie jene,
die unter Flöten einher ziehen,
Wenn sie zum Berge Jahwes,
zum Felsen Israels kommen.

30 Dann lässt Jahwe seine hehre Stimme erschallen
und das Niederfahren seines Armes sehen
Mit tobendem Zorn und verzehrender Flamme,
Prasseln und Wetter und Hagelschlag,

31 Ja, vor der Stimme Jahwes wird Assur erschrecken,
der mit dem Stabe schlägt.

32 Geschehen wird es:
Jeder Hieb des Stocks wird ihn treffen,
den Jahwe auf ihn fahren lässt.[63]
Bei Pauken und Leiern
und Weihereigen[64] wird er ihn bekämpfen.

33 Denn die Brandstätte[65] ist längst bereitet,
[Ist sie auch für den König?][66]
errichtet ist seine Feuerstätte tief und breit,
Stroh und Holz die Fülle.
Der Atem Jahwes entzündet sie
wie ein Schwefelbach.

Wie ein erratischer Block steht das Scheltwort gegen Jerusalem und die Jerusalemer in 22,1 – 14* in der mit c.10 einsetzenden Textfolge. Es rügt vermutlich den Jubel in der Stadt angesichts des Abzugs des assyrischen Heeres
701 nach der militärischen Niederlage Judas als unangemessen (Jes 22,1 – 13*):

1 Was widerfuhr dir denn, dass ihr alle
auf die Dächer gestiegen,

---

62 Lies wĕlāśûm.
63 Siehe BHS.
64 Siehe BHS.
65 Die Übersetzung folgt dem Ableitungsvorschlag von W. Robertson Smith, Religion, 287
   Anm.651, vgl. aber auch Manfred Görg (NBL III), 1997, 894 – 895.
66 Glosse eines Schreibers, der die anderen Texte über das Tofet im Sinn hatte.

2 Du von Lärm erfüllte, tosende Stadt,
frohlockende Burg?
Deine Gefallenen fielen nicht durch das Schwert
und sind nicht im Kampf getötet!

3 All' Deine Führer flohen zumal,
wurden ohne Bogen gebunden.

13 Doch da ist Jubel und Freude,
Rindererschlagen und Schafeschlachten,
Fleischfressen und Weinsaufen:
„Lasst uns essen und trinken,
denn morgen sind wir tot!"

Das Kapitel hat seinen Platz vermutlich erst nachträglich an seiner jetzigen
Stelle erhalten, um den Leser der Gesamtkomposition der c.13 – 23 zu der
Erkenntnis zu führen, dass auch Jerusalem vom Weltgericht betroffen sein
wird. Sehen wir von c.22 ab, so verkündet diese Interpretationsschicht in der
Tat, dass Jerusalems Befreiung die Folge der Vernichtung der Assyrer darstellt,
mit denen die jeweiligen Fremdherren zu identifizieren weiterhin niemandem
verwehrt war.

   Die zweite Erzählebene von 587 ist in den c.13 – 23 lediglich durch zwei
Texte vertreten: Bei dem ersten handelt es sich um die exilische Nachinterpretation des Scheltwortes gegen Jerusalem in 22,7 – 11,[67] die das Orakel auf
die Belagerung von 588 – 587 bezieht und dabei möglicherweise an die Zeit des
vorübergehenden Abzugs des babylonischen Heeres angesichts eines ägyptischen Entlastungsangriffs denkt.[68] Sie unterstreicht den Gegensatz zwischen
der Vielzahl der Schutzmaßnahmen und dem einen, was Not war, aber ver-
säumt wurde, dem Vertrauen auf Jahwe (Jes 22,7 – 11):

7 Es geschah: Deine erlesenen Täler
waren voller Wagen,
und Reiter bezogen die Stellung am Tor,

8 er[69] aber zog deine Decke weg.
Aber du blicktest an jenem Tage
auf die Rüstung des Waldhauses.

9 Und ihr saht die Risse der Davidstadt,
dass sie zahlreich waren.
Und ihr sammeltet die Wasser des unteren Teichs

67 Vgl. dazu auch Kaiser, GAT III, 122 – 125.
68 Vgl. Jer 37,5 – 8.
69 Nämlich: Jahwe.

10 und zählt Jerusalems Häuser.
Und ihr risset die Häuser ab,
die Mauer unzugänglich zu machen.

11 Und ihr machtet ein Becken zwischen den Mauern
für die Wasser des Teiches.
Aber ihr blicktet nicht auf den, der es tat,
und saht nicht auf den, der es längst gebildet.

Bei dem zweiten Text handelt es sich um das primär auf Jes 29,1 – 4 begrenzte Arielorakel, das dem von seinen Feinden eingeschlossenen Jerusalem seinen Fall und seine Zerstörung voraussagt.[70] Es ist durch 14,30.32b und 18,7 als Zwischensignale vorbereitet. Es wurde seinerseits in den V. 5 – 7(8) im Sinne der Mythe von dem durch Jahwe vereitelten Völkersturm gegen Jerusalem ergänzt[71] und lautet in seinem Kern (Jes 29,1 – 4):

1 Wehe dir, Ariel, Ariel,[72]
du Stadt, da David gelagert.
Fügt nur Jahr zu Jahr!
Kehren die Feste wieder,

2 werde ich Ariel bedrängen!
Dann gibt es Trauer und Traurigkeit,
dann wird sie mir zum Ariel,

3 und ich werde dich ringsum belagern:
Ich schließe dich mit Wällen ein
und errichte wider dich Schanzen!

4 Dann redest du kauernd am Boden,
aus dem Staub klingt gedämpft deine Rede.
Wie ein Totengeist flüsterst du dann aus der Erde,
zwitschern dann deine Worte aus dem Staub.

Unter einer dritten zeitlichen Perspektive sind die Orakel vom nahen Weltgericht zu verstehen, die mit den Babelorakeln in 13,1 – 14,23 einsetzen. Sie erhalten in 21,1 – 10 die auf einer Vision beruhende Gewissheit ihrer Erfüllung als Nachricht an Jerusalem als dem Dreschplatz: Es soll ebenfalls an die Reihe kommen, wie es die eschatologische Bearbeitung der Scheltrede auf die Jerusalemer in 22,5 – 6 in Aussicht stellt (Jes 22,5 – 6):

---

70 Vgl. dazu Jörg Barthel, 349 – 76 und Uwe Becker, Jesaja, 234 – 238; ferner Wolfgang Werner, Eschatologische Texte, 178 – 183 und Rudolf Kilian, Jesaja 13 – 39, 165 – 167, die beide den Kern in V. 1 – 5a.6b suchen, während sich Jürgen Werlitz, Studien, 299 – 308 für V. 1 – 4.5bβ.6 als Grundtext entscheidet.
71 Vgl. 17,12 – 14.
72 Der Name bedeutet „Gottesherd."

5 Denn ein Tag des Sturmes,
des Sturzes und der Bestürzung
kommt von Jahwe Zebaoth.
Im Schautal erschallt Geschrei
und Hilferuf zum Berg!

6 Elam ergriff den Köcher –
„Auf den Wagen, ihr Männer, ihr Reiter!"-
und Kir entblößte den Schild!

Dass auch diese letzte Heimsuchung den Gerechten und allen Heiden zum Heil
dient, die dem Tage Jahwes entronnen sind und in ihm den Erweis der Gottheit
Jahwes erkannt haben, wird die Botschaft der sog. Jesaja-Apokalypse der c.24 –
27 sein.[73] Doch von ihren beiden zentralen Weissagungen über den Antritt der
Königsherrschaft Jahwes über alle Mächte des Himmels und der Erde und
seinem alle Völker umfassendes Krönungsmahl soll in späterem Zusammenhang die Rede sein.[74]

4.7 Der Fall Babels und seines Königs als Symbole der Weltmacht im Weltgericht

Im Folgenden belassen wir es daher bei der Vorstellung des die Weissagungen
vom Weltgericht einleitenden Textblocks Jes 13,1 – 14,23. In ihm wird der Fall
Babels und der Tod seines Königs als Symbol für das Ende aller irdischen
gottfeindlichen Mächte am Tage Jahwes verkündet. Den Hintergrund der Erwartung des Weltgerichts boten vermutlich die Zerstörung des Perserreiches
durch Alexander, sein unzeitiger Tod und die fast ein halbes Jahrhundert
füllenden Kämpfe seiner Generäle und Leibwächter um das gewaltige Erbe.[75]
Die Schilderung des Tages Jahwes in Jes 13*[76] und die ironische Totenklage
über den Tod des Weltherrschers in 14,4b – 23 gehören zu den kraftvollsten
Dichtungen des Alten Testaments, auch wenn die unverhohlene Schadenfreude und Drastik dieses Leichenliedes auf manchen heutigen Leser abstoßend wirken mag.
  In Jes 13,4 – 5 werden wir Zeugen des Anrückens eines gewaltigen Heeres,

---

73 Zur redaktionellen Einfügung des Weltgerichts im Jeremiabuch vgl. Jer 1,14; 25,27 – 38; 30,23 –
    24; 33,14 – 26; 45,4 – 5 und dazu. Konrad Schmid, Buchgestalten,305 – 323, 375 – 376 und das
    Diagramm 8 auf 435.
74 Vgl. dazu unten, 143 – 145.
75 Vgl. dazu Hans-Joachim Gehrke, Geschichte, 4 – 45 und Odil-Hannes Steck, Abschluss, 27.
76 Zur literarischen Schichtung des Kapitels vgl. Burkard M. Zapff, Schriftgelehrte Prophetie, 227 –
    239, bes. 319 – 320, der zwischen der Grundschicht 13,1a.17 – 22a aus dem 6. Jh. und der Er-
    gänzungsschicht 13,1b.2 – 16.22b aus dem Ende des 4. Jh. v.Chr. unterscheidet.

das Jahwe vom Ende der Welt herangeführt und gerade zum Angriff bereitgestellt hat (Jes 13,4):

Horch! Auf den Bergen
Lärmen einer großen Menge!
Horch! Brausen von Königreichen,
von versammelten Völkern!
Es mustert Jahwe Zebaoth
das Heer der Schlacht.

Handelt es sich bei diesem Vers noch um das Völkerheer, welches der Meder-
und das heißt: der Perserkönig 539 v. Chr. gegen Babel anrücken ließ (vgl. V.
17), so wird das Heer in V. 5 durch seine apokalyptischen Motive als Vollstrecker eines Weltgerichts gekennzeichnet. Dadurch ist Babel nicht mehr
allein die konkrete Stadt am Euphrat, sondern ist sie zu einem Symbol geworden, das alle Großmächte der Erde einschließt (Jes 13,5):[77]

Sie kommen aus fernem Lande,
vom Ende des Himmels,
Jahwe und die Waffen seines Grimms,
die ganze Erde zu verderben.

Hier steht ein Heer zum Angriff bereit, für das in der Geschichte allenfalls die
großen Heere der Perserkönige und des Makedoniers Pate gestanden haben
könnten. Aber der bevorstehende Kampf übersteigt nach diesem Orakel alles,
was irdische Heere auszurichten vermögen, denn hier bereitet sich nichts
weniger als der Tag Jahwes, der große Gerichtstag über die ganze Erde vor,[78] an
dem sich die Himmel verfinstern und alle Sünder auf Erden von dem brennenden Zorn Jahwes vernichtet werden (Jes 13, 6 – 9):[79]

6 Heult! Denn nahe ist Jahwes Tag!
Er kommt mit größter Gewalt.

7 Daher werden alle Hände erschlaffen
und die Herzen aller Menschen verzagen.

8[80] Krämpfe und Wehen werden sie packen,
wie eine Gebärende werden sie sich winden.
Alle werden einander anstarren
mit flammend roten Gesichtern,

---

77 Vgl. dazu auch Bernard Gosse, Isaïe 13,1 – 14,23, 167, der darauf hinweist, dass in Jes 34 Edom an
   Babels Stelle tritt; zur kompositorischen Beziehung von Jes 34 auf Jes 63 und zur typologischen
   Bedeutung der beiden Texte vgl. Claire R. Mathews, Defending Zion, 157 – 197 und bes. 197.
78 Vgl. auch Am 5,18 – 20; Jes 2,12 – 16(17 – 21); Zef 1,14 – 18.
79 Vgl. Jes 33,14; Mal 3,19.
80 Das wĕnibahālû ist erläuternde Glosse.

9 denn der Tag Jahwes kommt grausam
mit Grimm und Zornesglut,
um die Erde zur Wüste zu machen
und die Sünder von ihr zu vertilgen.[81]

In V. 10 – 12 ergreift der Gott der himmlischen Heerscharen selbst das Wort, um seine Absicht zu erklären, den Frevlern ihre Schuld und den Tyrannen ihren Hochmut heimzuzahlen (Jes 13,10 – 12):

10 Wenn die Sterne des Himmels und ihre himmlischen Jäger
ihr Licht nicht strahlen lassen,
die Sonne bei ihrem Aufgang finster ist
und der Mond sein Licht nicht leuchten lässt,

11 suche ich auf dem Erdkreis die Bosheit heim
und an den Frevlern ihre Verschuldung,
mache ich dem Stolz der Frechen ein Ende
und demütige ich der Tyrannen Hochmut.

12 Kostbarer als Feingold mache ich Menschen
und Männer als Gold aus Ofir.[82]

Doch ehe wir uns dem Triumphgesang über den Fall des Königs von Babel zuwenden, sei (schon wegen des *Dies irae, dies illa solvet saeclum in favilla* in den großen Totenmessen, das in der aktuellen Liturgie des Requiems nicht mehr enthalten ist)[83] Zeph 1,14 – 16 als die klassische Ankündigung des Tages Jahwes zitiert (Zeph 1,14 – 16):[84]

14 Nahe ist der große Tag des Herrn,
er ist nahe und eilt gar sehr!
Der Tag des Herrn ist schneller als ein Läufer
und rascher als ein Held.

15 Ein Tag voll Grimm ist jener Tag,
ein Tag voll Drangsal und Bedrückung,
en Tag voll Tosen und Getöse,

---

81 Vgl. dazu auch den Hinweis von Bernard Gosse, Isaïe 13,1 – 14,23, 66 – 167, dass die hier vorliegende Schilderung des Tages Jahwes ein Kompendium der mit ihm verbundenen Vorstellungen darstellt.

82 Vgl. II Reg 9,28; 10,11 und 22,49 und zum Problem der Lokalisierung Ernst Würthwein, Die Bücher (ATD 11/192, Göttingen 1985, 118.

83 Vgl. dazu Rüdiger Bartelmus, Requiem, 223 – 242.

84 Übersetzung Karl Elliger (ATD 25), 1949 ND, 59, zum vgl. Text Ehud Ben Zvi, Historical-Critical Study, 287 – 290; zum Problem der Datierung Lothar Perlitt (ATD 25/1), 102 sowie zum Aufbau und den Textbezügen Martin Beck, Tag, 87 – 124 und Paul-Gerhard Schwesig, Rolle, 20 – 44, bes. 42 – 44, der Zeph 1,7 – 16*als den ältesten Kern des Büchleins beurteilt und auf die Rückbeziehung auf Am 5,18 – 20 verweist.– Zur Vorstellung vom Tag Jahwes vgl. auch oben, 48 – 51.

ein Tag voll Finsternis und Dunkel,
ein Tag voll Wolken und Nebel,

16 ein Tag voll Trompeten und Schlachtgeschrei
wider die befestigten Städte,
wider die hochragenden Zinnen.

Den zweiten Teil des Babelorakels von Jes 13,1 – 14,23 bildet die ebenso tri-
umphierende wie ironische Totenklage über das Ende des Königs von Babel als
dem Inbegriff der Weltherrscher aller Zeiten, dem in Jes 14,4b – 21 ein
schreckliches Ende prophezeit wird: Der Mann, vor dem einst die Reiche
erzitterten und der die Könige der Völker gnadenlos binden und abführen
ließ, trifft nun in der Unterwelt ein, die ihre Bewohner aus dem ewigen Schlaf
aufrüttelt, damit sie das unglaubliche Schauspiel erleben, wie der Mann, der
sich Gott gleich wähnte, nun von Würmern zerfressen wird und in die tiefste
Tiefe des Totenreiches hinabfährt (Jes 14,9 – 11):

9 Die Unterwelt drunten tobt dir zu,
deiner Ankunft entgegen,
Stört deinetwegen die „Heiler" auf,[85]
alle Führer der Erde,
Jagt von ihren Thronen auf
alle Könige der Nationen.

10 Sie alle heben an
und sagen zu dir;
„Auch du bist geworden wie wir,
uns gleich geworden?"

11 Zur Unterwelt wurde dein Prunken gestürzt,
der Schall deiner Leiern.
Unter dir sind Maden gebreitet,
deine Decke sind Würmer!

In den V. 12 – 15 wird der Sturz des Weltherrschers von der Höhe seiner Macht
in die tiefste und dunkelste Unterwelt (vgl. Ps 88,7)[86] mit Zügen der Mythe von
dem Morgenstern ausgestattet, der sich vermessen auf dem Thron des
höchsten Gottes, des El Eljon setzen und auf dem fernen Weltberg im Norden
als Herr über die Götterversammlung die Geschicke der Welt zu lenken gedachte. Doch wie sein Wagen den Strahlen der Sonne nicht standhielt, so dass

---

85 Zu den Rephaïm als hilfreichen Ahnengeistern vgl. z.B. Klaas Spronk, Beatific Afterlive, 161 –
    177; Oswald Loretz, Ugarit und die Bibel, 28 – 134 und Brian B. Schmidt, Beneficent Dead, 267 –
    273.
86 Und dazu Bernd Janowski, Psalm 88, 3 – 49.

er in die Tiefe stürzte,[87] muss nun auch der Mann, vor dem die Erde erzitterte, in die tiefste Tiefe des Totenreiches hinab (Jes 14,12 – 15):[88]

12 Wie bist du vom Himmel gefallen,
Glanzgestirn, Sohn der Morgenröte.
Wie bist du zu Boden geschmettert,
du Völkerbezwinger!

13 Du freilich dachtest in deinem Herzen:
„Zum Himmel will ich steigen
hoch über die Sterne Gottes
meinen Thron errichten,
will sitzen auf dem Versammlungsberg
im äußersten Norden!

14 Aufsteigen will ich auf Wolkenhöhen,
dem Höchsten gleichen!"

15 Ja, in die Unterwelt musst du hinab,
in die unterste Grube!

Die V. 16 – 21 versetzen den Leser zurück auf die Erde, wo die Vorübergehenden die unbestattet auf dem Erdboden liegende Leiche des einstigen Herren der Welt ebenso mit Verwunderung wie mit Genugtuung betrachten; denn der Mann, der einst gegen die besiegten Könige kein Erbarmen kannte, hatte kein besseres Los verdient (Jes 14,16 – 17):

16 Wer dich sieht, der schaut auf dich,
der blickt dich an:
„Ist das der Mann, der die Erde erbeben,
der Reiche erzittern ließ,

17 der den Erdkreis der Wüste gleich gemacht
und seine[89] Städte zerstörte,
der seine Gefangenen nicht entließ,
alle Könige der Nationen?"

Ihn nimmt kein Ahnengrab auf, wie es sonst selbstverständlich den Königen zuteilwird, und daher darf er auch in der Unterwelt nicht im Kreise seiner Vorfahren ruhen.[90] Seine Söhne aber sollen ausgerottet werden, damit sich aus ihnen kein neuer Welttyrann erhebt (Jes 14,18 – 21):

---

87 Vgl. dazu J.W. McKay, Helel 451 – 464; Otto Kaiser (ATD 18), 34 – 36 und Oswald Loretz, Ugarit, 160 – 161.
88 Zu den Unterweltsvorstellungen vgl. Ludwig Wächter, Tod, 48 – 56; Kaiser, Tod, 37 – 44; Alexander A. Fischer, Tod, 142 – 149 bzw. umfassend Nicholas J. Tromp, Primitive Conceptions.
89 Siehe BHS.
90 Vgl. dazu Tromp, Primitive Conceptions, 129 – 140; Kaiser, Tod, 41 – 48.

18 Sie alle liegen in Ehren,
jeder in seinem Haus.

19 Aber du bist grablos hingeworfen,
wie eine verabscheute Leiche.[91]
Bedeckt mit Hingerichteten, Schwertdurchbohrten
wie ein zertretenes Aas.

19bα Die hinab gefahren in steinerne Gruft-

20 du wirst nicht mit ihnen vereint.
Weil du Unheil über dein Land gebracht,
du dein Volk erschlagen.
In Ewigkeit werde nicht genannt
der Name dieses Verbrechers![92]

21 Rüstet die Schlachtbank für seine Söhne
ob der Schuld ihrer Väter,[93]
damit sie nicht aufstehen,
die Welt erobern und den Erdkreis erfüllen.[94]

Soll man nach einem geschichtlichen Vorbild für diese Gestalt suchen und dazu die Reihe der neuassyrischen Könige[95] oder der hellenistischen Könige und Generäle mustern, unter deren Kriegen das Gottesvolk zu leiden hatte? Man ist wohl besser beraten, wenn man in dieser Gestalt die Summe der Erfahrungen wieder findet, die Israel mit den Mächtigen dieser Erde gemacht hat. So zeugt das Lied für das ihm unausgesprochen zugrunde liegende Vertrauen, dass Jahwe an seinem Tage aller Tyrannei auf Erden ein Ende setzen wird.

---

91 Lies næsel, vgl. Dalman, Lex.276 s.v.
92 Siehe BHS und zum literarischen Problem auch Kaiser (ATD 18), 27 Anm. 9.
93 Vgl. aber auch BHS: G MSS und S lesen den sing.
94 Siehe BHS.
95 Vgl. dazu den Versuch von Miklós Köszeghy, Hybris, 549–553.

5. Die Vordere Sinaiperikope, das Deuteronomium und die alttestamentliche Bundestheologie

5.1 Bundesschlussberichte und Bundesverheißungen im Alten Testament[1]

Das eigentümliche der alttestamentlichen Bundestheologie besteht darin, dass sie an ihrer Wurzel im Bundesbuch und Urdeuteronomium die Mittlerrolle des Königs durch die eines geschriebenen Rechtsbuches ersetzt, auf das Moses Israel verpflichtet hätte. Diese fundamentale Neubestimmung des Verhältnisses zwischen Gott und seinem Volk besitzt nach Jan Christian Gertz ihre Vorläuferin in der nach dem Untergang des Nordreichs 722 entstandenen vorpriesterlichen Erzählung von der Berufung Moses und der Herausführung Israels aus Ägypten, durch die Gottesverhältnis bereits in der Vorgeschichte des Volkes durch Jahwe hergestellt war.[2]

Blicken wir in das Alte Testament so reichen die Berichte und Prophezeiungen über Bundesschlüsse von den Urvätern bis zum Neuen Bund, der das Verhältnis zwischen Jahwe und seinem Volk für immer sichern sollte.[3] Entsprechend gibt es im Pentateuch als der grundlegenden Urkunde für dieses Konzept nicht nur einen, sondern mehrere Bundesschlussberichte, die von der Urzeit bis zur Endzeit reichen. Wird über die göttliche Stiftung des Noahbundes nur in Gen 9 berichtet, so gibt es über Jahwes Verheißungsbund mit Abraham zwei Versionen, eine in Gen 15 und eine in Gen 17. Weiterhin gab es nach Ex 24,3–8 und 34,10–27 zwei Bundesschlüsse am Sinai; denn weil der erste Bund der Erzählung nach durch die Anbetung des Goldenen Kalbes gebrochen war (Ex 32,1–6), musste er erneuert werden. Weiterhin gibt sich das Deuteronomium in seiner vorliegenden Gestalt als die nachträglich aufgezeichnete lange Rede aus, die Moses anlässlich eines erneuten Bundes-

---

1 Die unterschiedlichen Lösungsmodelle zur Erklärung der Genese des Pentateuchs, des Deuteronomiums und des Deuteronomistischen Geschichtswerkes können hier nicht einmal ansatzweise vorgestellt werden, zum Stand der Forschung vgl. z.B. Ernest W. Nicholson, Pentateuch, 1998, passim; Reinhard G. Kratz, Komposition 2000, passim; Reinhard Achenbach, Pentateuch, 2005, 122–154; Konrad Schmid, Literaturgeschichte, 2008, 80–93; Jan Christian Gertz, Grundinformation, 32009, passim; Christoph Levin, Altes Testament, 22010, 27–85; Hans Christoph Schmitt, Arbeitsbuch, 32011, 173–267; Christian Frevel/Erich Zenger, Einleitung, 82012, passim und als Zusammenfassung seiner zahlreichen einschlägigen Studien Eckart Otto, Gesetz des Mose, 2007.
2 Vgl. dazu Jan Christian Gertz, Mose, 3–20, bes. 7–12 bes. und Christoph Koch, Vertrag, 260–26
3 Vgl. dazu auch Norbert Lohfink, Begriff „Bund", 19–36 und zur Diskussion der Bundestheologie seit Julius Wellhausen E. W. Nicholson, God, 3–117 bzw. Eckart Otto, Ursprünge, 2–37.

schlusses mit Israel vor dem Einzug in das gelobte Land noch jenseits des Jordans im Lande Moab gehalten haben soll (vgl. Dtn 1,5 mit 26,16 – 19). Dazu kommt noch die eigenartige Erzählung vom Landtag zu Sichem in Jos 24, in der Josua das Volk vor die Entscheidung stellt, Jahwe oder den Göttern jenseits des Stromes zu dienen, um dann einen Bund für das Volk „zu schneiden" (Jos 24,25).[4] Schließlich dürfen wir das Jeremiabuch nicht vergessen, das neben der Verheißung eines ewigen Bundes mit David und mit den Leviten in Jer 33,15 – 18 (samt den Anhängen in den V. 19 – 22 und V. 23 – 26)[5] vor allem die religionsgeschichtlich überaus wirkungsmächtige Verheißung des Neuen Bundes in Jer 31,31 – 34 enthält. Wer auch nur eine oberflächliche Kenntnis von den Textbefunden und den gegenwärtigen Versuchen besitzt, die Entstehung der vorderen Sinaiperikope in Ex 19 – 24 (32 – 34) und des Deuteronomiums zu erklären, versteht, dass wir die genetischen Fragen im vorliegenden Zusammenhang im Interesse der Gewinnung einer relativen Chronologie aufgreifen können und uns dabei auf vorliegende Untersuchungen stützen müssen.

5.2 Die drei Arten der Verpflichtung

Ehe wir die oben genannten Texte behandeln, seien der hebräische Grundbegriff und die Arten der so bezeichneten Bindungen vorgestellt. Das hebräische Wort *běrît* bezeichnet eine eidliche Verpflichtung oder modern gesprochen einen beeideten Vertrag.[6] Ihrer Art nach konnten sie dreifacher Natur sein:[7] Es konnte sich bei ihnen) um eine freiwillig einem anderen gegenüber eingegangene Selbstverpflichtung handeln. So sollen zum Beispiel Josua den Gibeoniten das Leben geschenkt (Jos 9,15) und die Einwohner von Jabesch Gilead dem Ammoniterkönig Nachasch die Unterwerfung angeboten haben (I Sam 11,1 – 2). 2.) konnte es sich um eine einseitige einem anderen auferlegte Verpflichtung handeln. So soll König Joasch bei seiner Revolution gegen Atalja von seinen Soldaten für sich und seine Söhne einen Treueid verlangt haben (II Kön 11,4). Einen solchen musste König Zedekia dem babylonischen Großkönig Nebukadnezar leisten (Ez 17,13 – 14). Das große Beispiel für derartige Verträge bietet die von dem neuassyrischen König Asarhaddon seinen Vasallen auferlegte *adê*, die uns noch weiter unten be-

---

4 Vgl. dazu Lothar Perlitt, Bundestheologie, 239 – 279 und Nicholson, God, 151 – 163, der den Text mit Recht eher als exilisch denn als vorexilisch beurteilt; weiterhin Volkmar Fritz (HAT I/7), 235 – 239 und bes.Ernst Axel Knauf (ZBK.AT 6), 2008, 193 – 194, nach dem das ganze Kapitel in der zweiten Hälfte des 5. Jh. v.Chr. als Abschluss für den Hextateuch verfasst worden ist und den Kompromiss zwischen Jerusalemer und Sichemitischer Tradition festschreibt.

5 Vgl. dazu unten, 108 – 110.

6 Zur Terminologie vgl. dazu Moshe Weinfeld (ThWAT I), 1973; 781 – 808, bes. 784 – 790.

7 Vgl. dazu Joachim Begrich, Berit, 55 – 66.

schäftigen wird.[8] 3.) und letztens gab es den Vertrag als zweiseitige Abmachung unter Gleichgestellten wie zum Beispiel den Vertrag über die Nutzung es Brunnens zwischen Abraham und König Abimelek von Gerar (Gen 21,22 – 32), den Grenzvertrag zwischen Jakob und Laban (Gen 31,44 – 54) und den Nichtangriffspakt zwischen Asa von Juda und Ben-Hadad von Aram-Damaskus (I Reg 15,18 – 20).

Nachdem wir uns die drei Arten an politischen Beispielen verdeutlicht haben, sehen wir zu, wie sich die alttestamentlichen Gottesbünde in diese Typologie einordnen lassen.[9] Da Gott den Menschen schlechthin überlegen ist, dominieren naturgemäß seine Selbst- und Fremdverpflichtungen. So sind die Verheißungs- oder Gnadenzusagen wie der Noahbund in Gen 9, der Abrahambund in Gen 17, der David- und Levibund in Jer 33,14 – 15 (16 – 26)[10] und selbstverständlich auch der Neue Bund in Jer 31,31 – 34 freie Selbstbindungen Gottes.[11] Die Annahme, dass dieser Vertragstyp auf königliche Bestallungs- und Geschenkurkunden zurückgeht, legt sich nahe.[12] Dass solche auch von den Königen von Israel und Juda erteilt worden sind, lässt sich nicht belegen, aber mit einigem Recht annehmen; denn ein König pflegt in der Regel seine ihm am nächsten stehenden Untergebenen gewisse Privilegien zu erteilen oder sie zu beschenken. Den Charakter der Verpflichtung eines Anderen besitzen dagegen die drei von Mose vermittelten Bünde am Sinai in Ex 24 und 34, im Lande Moab in Dtn (vgl. Dnt 5; 26,17 – 18 [19]; 29,9 – 12.13 – 14) und in Sichem (Jos 24). Bei den einschlägigen Texten handelt es sich um literarische Ausformungen vorderasiatischer Treuegelübde und Vasallenverträge.[13] Zumindest der Form nach spiegeln die sogenannten Bundesworte in Dtn 26,16 – 18 dagegen eine zweiseitige Verpflichtung nach dem Vorbild eines Parteienvertrags, für den die Beispiele bis zu den Hethitern zurückgehen.[14]

5.3 Der Bundesschluss am Sinai: Dekalog und Bundesbuch

Der überlieferten Erzählung gemäß liegen dem Bundesschluss am Sinai in Ex 24,3 – 8 der Dekalog in Ex 20 und das Bundesbuch in Ex 20,22 – 23,33 zugrunde. Aufgrund der als Abfall von Jahwe gedeuteten Anbetung des Goldenen Kalbes (Ex 32,1 – 6) sei dann eine Bunderserneuerung notwendig geworden, die aufgrund der sakralrechtlichen Bestimmungen in Ex 34,11 – 26 vollzogen

---

8 Vgl. zu ihm ausführlich Christoph Koch, Vertrag, 78 – 97.
9 Vgl. auch die Übersicht bei H.-C. Schmitt, Arbeitsbuch, 200 – 204.
10 Vgl. zu ihm unten, 113 – 115.
11 Zu der dem Abrahambund innewohnenden Verpflichtung vgl. unten, 106.
12 Dazu wären z. B. die von L. Kataja, und R. Whiting, Grants (SSA 12), vorgelegten neuassyrischen Dokumente zu vergleichen.
13 Vgl. dazu C. Koch, Vertrag, 248 – 323, bes. 315 – 323.
14 Vgl. Dennis J. McCarthy, Treaty, 37 – 50.

worden sei In einer dem ersten Sinaibund vergleichbaren Weise gelten im Deuteronomium der Dekalog in Dtn 5 und die in Dtn 12 – 26* enthaltenen Kult-, Rechts- und Sozialbestimmungen als die Dokumente, auf deren Grundlage Moses am Vorabend des Einzuges in das gelobte Land den Bund mit Israel erneuert hat (Dtn 26,16 – 19). Dabei wird die über Leben und Tod entscheidende Bedeutung der Vertragstreue ebenso durch die Segensverheißungen und Fluchandrohungen in Dtn 28 wie durch die Schlussreden in Dtn 29 – 30* unterstrichen. Sie stellen das Volk übereinstimmend vor die Alternative, dem Bund treu zu bleiben und Gottes Segen und Rettung zu erfahren oder den Bund zu brechen und zugrunde zu gehen.

Wer unvorbereitet die nichtpriesterliche Sinaiperikope in Ex 19 – 24 und 33 – 34 liest, gewinnt den Eindruck, dass hier unterschiedliche Bearbeiter tätig waren, denen ihre theologischen Anliegen wichtiger waren als ihre sorgfältige Einfügung in den Kontext. Daher ist es nicht verwunderlich, dass die Redaktionskritiker sich mit der Entwirrung der Einträge schwer tun und selbst die Ansichten darüber auseinander gehen, ob die Rekonstruktion vom Anfang oder vom Ende der Textreihe ausgehen muss. So hat sich Eckart Otto dafür ausgesprochen, dass der Kern der vorpriesterlichen Sinaiperikope Ex 19,2b – 3a.18 +34,1aα.18 – 23.25 – 28 vorliege und die Fortsetzung der Geschichte vom Auszug Israels aus Ägypten in Ex 14,5 – 9*.19 – 30* darstelle. Entsprechend beurteilt er 34,25 – 28 als die älteste Rechtsreihe der Sinaiperikope.[15] Umgekehrt hat z. B. Wolfgang Oswald ein Modell vorgestellt, nach dem das Bundesbuch in Ex 21,2 – 23,19 mittels der Vorschaltung des Altargesetzes in Ex 20,24a – 26 bereits in der ersten Theophanieerzählung enthalten ist, die in Ex 19,2b – 3a einsetzt und über 19,14 – 17.18bβ19a; 20,18b und 22a zum Bundesbuch führt. Wie Christoph Levin bereits vor Jahren festgestellt hat, bliebe die Theophanieszene, deren Kern er in Ex 19,3a.10 – 11a.14.16.20 sucht, ein leerer Theaterdonner, wenn sie nicht von Anfang an auf eine Bekanntmachung eines Gesetzes abzielte. Er selbst schlug dafür einen Urdekalog vor, dem das Bilderverbot und das Gebot, die Eltern zu ehren, gefehlt hätte.[16] Doch rechnet man mehrheitlich damit, dass der Dekalog in Ex 20 erst sekundär in die Sinaiperikope eingeordnet worden ist,[17] nachdem das Bundesbuch bereits als mündliche Rede eingefügt war und damit die Stellung des Gesetzes am Sinai begründet hatte.[18]

---

15 Eckart Otto, Ursprünge, 32 – 63. Die ganze Erzählung sei ungefähr gleichzeitig mit dem von ihm als Urdeuteronomium betrachteten Treueid des Volkes auf Jahwe in Dtn 13.2 – 20* und 28,15.*20 – 40* entstanden. Zur Mehrheitsansicht, welche die Bestimmungen in Ex 34 als späte dtr Einfügung betrachtet, vgl. z. B. Lothar Perlitt, Bundestheologie, 216 – 232, Vermeylen, L'affaire, 14 – 15; Nicholson, God and His People, 134 – 150; Erik Aurelius, Fürbitter, 19 – 121; Josef Schreiner, Kein anderer Gott! 199 – 213; Eberhard Blum, Studien, 65 – 70; Wolfgang Oswald, Israel am Gottesberg, 173 – 175.

16 Christoph Levin, Dekalog am Sinai, 60 – 80, vgl. 75 – 78.

17 So die weitere Diskussion bestimmend Perlitt, Bundestheologie, 90 – 92.

18 Vgl. Matthias Köckert, Sinai, 173 – 175.

Weiterhin setzt der Bericht über den Bundesschluss in Ex 24,4 – 8 voraus, dass das bereits mit dem Dekalog verbundene Bundesbuch in Ex 20,22 (21,1)–23,19 zunächst nur mündlich offenbart worden war, ehe es Moses in Ex 24,4 – 8 aufschrieb und das Volk in einem Bundesschlussakt auf es verpflichtete.[19] Ob diese Ausdeutung bereits auf der Wende vom 6. zum 5. Jh. durch einen Bearbeiter[20] oder erst im 4. Jh. durch den Pentateuchredaktor erfolgt ist,[21] ist wiederum umstritten. Der Bericht vom Bundesschluss in Ex 24,4 – 8 dürfte mithin jünger als die Rezeption des Dekalogs Dtn 5 sein.[22]

Auch über das Verhältnis zwischen den beiden Dekalogfassungen in Ex 20,2 – 17 und Dtn 5,6 – 18 besteht in der Forschung keine Einigkeit, obwohl Frank-Lothar Hossfeld in einem minutiösen Vergleich nachgewiesen hat, dass die dtn Fassung als die ältere gegenüber der in Ex 20 vorliegenden anzusehen ist. Doch muss sachlich zwischen der Erhaltung seines ursprünglicheren Wortlautes und seiner ursprünglichen Stellung unterschieden werden. Dabei dürfte der Rückverweis in Dtn 5,2 – 5 auf seine Offenbarung im Horeb[23] dafür sprechen, dass er in der Tat zunächst in Ex 20 aufgenommen worden und hinter Ex 19,18 – 19a* als Vorwort zum Bundesbuch eingestellt[24] und möglicher Weise auch als solches komponiert worden ist.[25] Seine jetzige Gestalt in Ex 20 dürfte er dank seiner eindeutigen priesterlichen Bearbeitung dem Pentateuchredaktor verdanken. Denn das Sabbatgebot in Ex 20,10 – 11 greift auf den Schluss des priesterlichen Schöpfungsberichts in Gen 2,1 – 3 zurück.[26]

Beachtenswert ist Wolfgang Oswalds Nachweis, dass erst die spätperserzeitliche Pentateuchredaktion dem Gottesberg den Namen Sinai verliehen hat (Ex 19,20 – 25), der in der Priesterschrift lediglich eine Wüste bezeichnete.[27] Schließlich verdient auch sein Hinweis Beachtung, dass eine von ihm als Mose-Redaktion bezeichnete letzte Hand in Ex 19,8b – 9.19b die Aufforderung, das Volk solle den Dialog Gottes mit Moses hören, und in 20,20 die andere, es solle

---

19 Diese Vorordnung besitzt ihre sachliche Rechtfertigung in den Analogien, die zwischen dem Dekalog und dem Bundesbuch bestehen. Ob die Rechtssätze des Dekalogs unmittelbar aus dem Bundesbuch entlehnt worden sind, wie es Reinhard G. Kratz, Dekalog, 205 – 238; vgl. Ders., Komposition, 145 – 149 mit der Zustimmung von Matthias Köckert, Sinai, 155 – 166, bes. 176 – 178 vorgeschlagen hat, oder er zunächst eine protodtn zitationsfähige selbstständige Größe darstellte, wofür Perlitt, Bundestheologie, 92 – 98 plädiert hat, mag an dieser Stelle offen bleiben, zumal das eine das andere nicht ausschließt.

20 So Oswald, Israel, 154 – 167, der die Einfügung mit Ex 19,3b–7a.7c–8.; 20,22b–23b verbindet.

21 So E. Otto, Deuteronomium und Pentateuch, 168 – 227, hier 200 – 205.

22 Oswald, Israel, 154 – 167 und bes. 167, wo er sich für die Ansetzung der Vertragsschicht um die Wende vom 6. zum 5. Jh. v. Chr. einsetzt.

23 Zur Bedeutung der Ortsbezeichnung Horeb als Ödland/Wüste vgl. L. Perlitt, Sinai und Horeb, 32 – 49 bzw. Christoph. Dohmen, Sinai/Sinaiüberlieferung (RGG4 VII), 2004, 1330 – 1332.

24 So Oswald, Israel, 150 – 154, der die Einfügung des Dekalogs jedenfalls nach 582 ansetzt, und Levin, Jahwist, 365, der für die frühe nachexilische Zeit votiert.

25 So Reinhard G. Kratz, Dekalog, 230 – 231 und 235 sowie Matthias Köckert, Dekalog, 13 – 27, bes. 22 – 23; vgl. aber auch Perlitt, Bundestheologie, 90 – 98.

26 Vgl. dazu auch Alexandra Grund, Sabbat, 177 – 180.

27 Oswald, Israel, 212 – 213, vgl. 209; zur Sache vgl. auch Hebert Neher, Höchste Gott, 102 – 117.

sich nicht fürchten, denn das Kommen Gottes hätte sie seine Furcht lehren und am Sündigen hindern sollen, eingetragen hätte: Auf diese Weise sollte deutlich werden, dass die Tora die Funktion der einstigen Gottesbegegnung übernommen hat und Israel seine Bundestreue im Gehorsam gegen sie erfüllt.[28]

Halten wir uns an die Mehrheitsmeinung,[29] so ist die Erzählung von dem erneuten Bundesschluss in Ex 34,10 – 28 durch die vom Abfall Israels zum Goldenen Kalb in Ex 32,1 – 6.15a.19 – 20*.30 – 34* provoziert worden.[30] Diese Geschichte bietet nachträglich ein Modell für die „Sünde Jerobeams" in I Reg 12,26 – 30.[31] Demgemäß verschiebt Jahwe in Ex 32,31 – 34* die Strafe aufgrund der Fürbitte Moses' bis zu der von ihm dafür ersehenen Stunde und d. h. bis zur Zerstörung des Nordreiches im Jahre 722 (II Kön 17,1 – 6.21 – 23a).[32] An die Fortschreibungserzählung von Moses erfolgreicher Bitte um Jahwes Geleit auf dem weiteren Zug des Volkes in 33,12 – 17[33] schließt sich die Erzählung vom Bundesschluss in Ex 34,10 – 28 an, durch den der vorausgehende Bundesbruch aufgehoben wird. Inzwischen ist das Ansehen Moses als des Mittlers zwischen Gott und Volk derart gestiegen, dass ihm der Erzähler in V. 27 durch Jahwe den Befehl erteilen lässt, die in den V. 12 – 26 enthaltenen kultrechtlichen, der Aufrechterhaltung der ungestörten Beziehung Jahwes zu seinem Volk dienenden Bestimmungen aufzuschreiben, weil er auf ihrer Grundlage mit ihm seinen Bund schließen wolle. Dass dieser Bund auch Israel gilt, hat erst eine auf den Ausgleich mit Ex 24,3 – 8 bedachte Hand nachgetragen.[34] In 24,4 hatte Moses die Worte selbst aufgeschrieben und den Bundesschluss am nächsten Tage nach der Verlesung des „Bundesbuches" und der Selbstverpflichtung des Volkes zwischen Jahwe und ihm vollzogen. In bewusster Abwandlung dieses Berichts lässt der Erzähler von Ex 34,10 – 27 Jahwe Moses die Aufzeichnung der ihm offenbarten Worte ausdrücklich befehlen, um dann den Bund mit ihm allein schließen,[35] als sei Moses dafür verantwortlich, dass das Volk sich an die ihm offenbarten Bundesworte hielte (Ex 34,27):

Da sagte Jahwe zu Moses: Schreibe dir diese Worte auf, denn aufgrund dieser Worte schließe ich meinen Bund mit dir [und den Bund mit Israel].

Andererseits ist dieser Bund ein reiner Gnadenbund, freilich einer Gnade, die dem Sünder die Strafe nicht erspart. So gibt es (blicken wir auf die Verhältnisbestimmung zwischen dem Sinaibund und dem Väterbund in Lev 26,40 –

28 Oswald, 229 – 23.
29 Anders Eckart Otto, Ursprünge der Bundestheologie, 32 – 63.
30 Zur literarkritischen Begründung der Abgrenzung der Grunderzählung vgl. Aurelius, Fürbitter, 1988, 60 – 68.
31 Vgl. Aurelius, Fürbitter, 75 – 76.
32 Vgl. dazu auch Ernst Würthwein (ATD 11/2), 391 – 395 und zur Rolle des Motivs der „Sünde Jerobeams" im Königsbuch Jörg Debus, Sünde Jerobeams, 93 – 109.
33 Vgl. dazu Friedhelm Hartenstein, Angesichts Gottes in Exodus 32 – 34, 157 – 183, bes. 168 – 171.
34 Vgl. dazu Martin Noth, (ATD 5), 219.
35 Vgl. dazu Aurelius, Fürbitter, 108.

45 voraus)[36] gleichsam innerhalb der Einklammerung des Sinaibundes durch den Väterbund hier auch noch eine Einklammerung des Sinaibundes selbst, den Jahwe trotz des Bundesbruchs durch sein Volk erneuert, ohne ihm sein Geleit zu entziehen (Ex 34,10 – 11), aber auch ohne ihm dabei die Strafe zu erlassen. Gewiss ist dieser Gott langmütig, aber seine sich im Verzicht auf sofortige Bestrafung ausdrückende Langmut darf nicht mit einem Strafverzicht verwechselt werden (Sir 5,4 – 7).

5.4 Das Deuteronomium, seine Geschichte und Bedeutung für das Judentum als Buchreligion

Dass das in Dtn 12,13 – 26,13* vorliegende Urdeuteronomium eine Neuausgabe des Bundesbuches unter dem Leitgedanken der Kultzentralisation darstellt und das Buch in seiner jetzigen Gestalt das Ergebnis mehrerer Bearbeitungen ist, lässt sich als *opinio communis* bezeichnen. Welche konkreten redaktionellen Schritte zu seiner Endgestalt geführt haben, ist dagegen weiterhin umstritten. Ohne Zweifel hat jedoch Lothar Perlitt bereits 1969 der Forschung die Direktive gegeben, indem er feststellte, dass es unmöglich sei, dass die dtn Prediger „die notvollen Quisquilien der Loyalitätsbekundungen Manasses (cf. II Kön 21) sowie die in den Asarhaddon-Verträgen ausgeführten Konditionen für die Vasallen dieser Zeit nicht kannten"[37]. Es ist jedoch fraglich, ob man in der Forderung unbedingter Treue gegen Jahwe und der sich daraus ergebenden Pflicht, alle Übertretungen des Gebots zu ahnden in Dtn 13,2 – 19* und die Segensverheißungen für den Fall des Gehorsams und die Fluchandrohungen für den des Ungehorsams in Dtn 28,1 – 44* mit Eckart Otto auf eine direkte Abhängigkeit von dem Vasallenvertrag des assyrischen Königs Asarhaddon (680 – 669) erkennen und als den schriftlichen Ausgangspunkt der Aufzeichnung des Deuternomiums betrachten darf,[38] und beide Texte nicht besser mit Christoph Koch von judäischen Treuegelübden oder vorsichtiger von der vorderasiatischen Vertragskultur als solcher abzuleiten hat.[39]

---

36 Vgl. dazu unten, 109.
37 Lothar Perlitt, Bundestheologie, 283.
38 Eckart Otto, Ursprünge der Bundestheologie, 1 – 84, bes.37 – 47; ders. (BZAW 284), 1 – 90.
39 Christoph Koch, Vertrag, 312 – 315. Zu den assyrischen und babylonischen Verträgen und Loyalitätseiden vgl. John A. Bringman, Political Covenants, 81 – 111; zu den einschlägigen vorderasiatischen Quellen vgl. einer umfassenden Bibliographie Dennis J. McCarthy, Treaty and Covenant, 27 – 152 und 309 – 342, dazu die Formanalyse von Simo Parpola in: Ders. und Kazuko Watanabe, Neo-Assyrian Treaties and Loyality Oaths, XXXV – XLIII, samt dem Abschnitt „Treaties as Instruments of Neo-Assyrian Imperialism, XV – XXV und die Wiedergabe der Vertragstexte in Umschrift und Übersetzung in 1 – 79; eine Auswahl der wichtigsten assyrischen, aramäischen, ugaritischen und hethitischen Vertragstexte in deutscher Übersetzung bieten Rykle Borger, Manfried Dietrich, Otto Rössler und Elmar von Schuler, Staatsverträge

Da die Entstehungsgeschichte des Deuteronomiums in ihrem Ergebnis mit der des Judentums als einer Buchreligion identisch ist, dürfte es angebracht sein, die wesentlichen Etappen dieses Prozesses im Anschluss und teilweise kritischer Auseinandersetzung an den Entwurf von Eckart Otto zu skizzieren: Es ist allgemein anerkannt, dass das in Dtn 4,6 – 26,16* vorliegende Urdeuteronomium eine Neuausgabe des Bundesbuches ist. Sein legaler Teil setzt in 12,13 – 27* mit dem Kultzentralisationsgesetz ein und behandelt weiterhin abwechselnd kultische und rechtliche Bestimmungen. Da es seiner Natur nach ein Gemeindegesetz und keine politische Reichsordnung ist,[40] ist es fraglich, ob es bereits in spätvorexilischer Zeit oder erst in frühexilischer Zeit entstanden ist. Im ersten Fall hätten die der Jahwe-Allein-Bewegung verpflichteten Hofschreiber[41] angesichts der absehbaren Gefährdung des Reiches durch ihr Gemeindegesetz vorgesorgt, im zweiten Fall hätte sie sein Untergang dazu veranlasst.

Die 2., von Otto als exilische Horeb-Redaktion bezeichnete Ausgabe schaltete den durch Dtn 5,1 – 5 eingel.en und 5,23 – 27* ausgeleiteten Dekalog in Dtn 5,6 – 19 vor und baute die in Dtn 16,18 – 19*; 17,8 – 13* und 18,1 – 8 vorliegende Gerichtsordnung zu dem Ämtergesetz Dtn 16,18 – 18,22 aus.[42] Dadurch wurde die Offenbarung am Horeb in den Schutz der Offenbarung am Sinai gestellt.

Die 3. spätexilische Moabredaktion fügte vorn Dtn 1 – 3* und hinten 29 – 30* ein und verlegte so den Bundesschluss in die Zeit der zweiten Generation nach dem Auszug aus Ägypten an den Vorabend der Landnahme im Lande Moab.[43] Darüber hinaus verband der Redaktor das Deuteronomium mit der Landnahmeerzählung im Buch Josua, das er gleichzeitig erweiterte, so dass es Jos 1 – 11* und 23 umfasste. Nach Christoph Koch gehören auch 13,2 – 19*. 28,1 – 44* samt 26,17 – 18 und 30,15 – 20*zu dieser Redaktion.[44]

In der frühen Perserzeit dürfte dann eine 4. Bearbeitung erfolgt sein, die den Hexateuch schuf, indem sie die von der Schöpfung bis zum Aufenthalt Israels am Gottesberg reichende Priesterschrift mit dem um Jos 1 – 11* und 23* erweiterten Deuteronomium verband und mit der Erzählung von dem Bundesschluss in Sichem Jos 24 als freier redaktioneller Bildung abschloss.[45] Damit war eine Großerzählung entstanden, die von der Schöpfung bis zum Abschluss der Besetzung des Landes Kanaan durch die Israeliten reichte.

Erst die vermutlich im vorgerückten 4. Jh. erfolgte 5. Bearbeitung löste die Verbindung mit dem Buch Josua und damit die enge Bindung an das Land im Interesse der Gola und gestaltete die Sinaiperikope zum Mittelpunkt des Pentateuchs aus, dessen eigentliche Schöpferin sie war. Erwähnt seien nur die

---

(TUAT I/2). Einen Überblick über die Vereidigungspraxis im Alten Orient bietet Christoph Koch, Vertrag, 19 – 105.

40 Vgl. dazu Lothar Perlitt, Staatsgedanke, 236 – 248.

41 Vgl. dazu Koch, Vertrag, 294 – 312, bes.310 – 312.

42 Otto, Gesetz, 137 – 144.

43 Otto (FAT 30), 110 – 155; ders. Gesetz, 144 – 146.

44 Koch, Vertrag, 200.

45 Vgl. dazu schon Lothar Perlitt, Bundestheologie, 247 – 251, der sie allerdings ins 7.Jh. datierte.

Einfügung des Rituals vom Großen Versöhnungstag Lev 16 und des Heiligkeitsgesetzes Lev 18 – 26. Indem sie mit dem Epitaph für Moses in Dtn 34
endete, unterstrich sie, dass an seine Stelle das von ihm aufgeschriebene Buch
getreten war. Es war wohl ein etwas späterer schriftgelehrter Redaktor, der in
Dtn 31,9 – 14 ausdrücklich feststellte, dass die Juden aller Zeiten und an allen
Orten an dieser Verpflichtung teilhatten.[46] Man kann daher den Pentateuchredaktor als den Geburtshelfer des Judentums betrachten, wenn man die
Bindung an den als Tora, als göttliche Weisung verstandenen Pentateuch als
sein Charakteristikum betrachtet. Es hat sich weiterhin folgerichtig zur
Buchreligion entwickelt und damit dem Christentum, dem rabbinischen Judentum und dem Islam den Weg als Buchreligionen gebahnt. Anzumerken ist,
dass sich in weiteren Eintragungen die Interessen des im Land ansässigen und
des in der Gola weilenden Judentums überschnitten[47] und sich in der Genesis
die Theodizeefrage ungefähr zeitgleich mit der Hiobdichtung zu Wort mel-
dete,[48] die Texte wie die Sündenfallerzählung in Gen 2 – 3*,[49] Zusätze im Bereich von Gen 7 bis 50 und die elohistischen Texte Gen 20 – 22 zu beantworten
suchten.[50] Entscheidend ist es im Gedächtnis zu behalten, dass es überall, wo
die Tora verlesen wird im Sinne von Dtn 30,19 – 20 um Segen oder Fluch, Tod
oder Leben geht.[51]

5.5 Ausgestaltungen der Bundestheologie

5.5.1 Die Priesterschrift als Legitimation des Priesterdienstes
des Zweiten Tempels

Da die deuterojesajanische Grundschicht den Schöpfungsglauben in Jes
40,12 – 31* argumentativ begründet,[52] dürfte er ihn nicht von der Priesterschrift übernommen haben. Daher wird man sie entweder spätexilisch[53] oder
frühnachexilisch zu datieren haben.[54] Sie wird durch den Schöpfungsbericht
in Gen 1,1 – 2,4a eröffnet[55] und geht dabei selbstverständlich davon aus, dass
der Gott Israels der einzige Gott ist. Ihr Interesse und Ziel liegt in der Ge-

---

46 Zum Befund vgl. Reinhard Achenbach, Eintritt, 240 – 255 mit dem Nachweis, dass es sich beiden
    V. 10 – 12 um eine schriftgelehrten Ausführung handelt. Der ganze Abschnitt dürfte früh-
    nachexilischer Natur sein.
47 Otto, Gesetz, 201 – 204.
48 Vgl. dazu unten, 275 – 300.
49 Vgl. dazu unten, 356 – 360.
50 Vgl. Christoph Levin, Jahwist, 440 – 441; Otto, Gesetz, 203 – 204.,
51 Vgl. dazu unten, 115 – 116.
52 Vgl. dazu Kaiser, GAT III, 380 – 381.
53 Otto, Gesetz, 179 – 180 datiert sie ohne weitere Eingrenzung „exilisch".
54 Levin, Altes Testament, 75 – 81, der sie erst nach der zweiten Hälfte des 5. Jh. datiert.
55 Vgl. dazu ausführlich Kaiser, GAT II Kapitel 90 – 11, 210 – 318.

genwart Gottes inmitten seines Volkes in seinem Heiligtum, in dem ihm die Priester aus dem Geschlecht Aarons dienen (vgl. Ex 29,43 – 46).[56] Sie lässt sich daher als Legitimation für das seit der frühen Perserzeit amtierende Priestertum des Zweiten Tempels und seinen Opferkult lesen, an dessen Spitze Aaron als Urbild des zadokidischen Hohenpriesters amtiert (vgl. Ex 29,4 – 6 mit Sir 44,6 – 17).

5.5.2 Die priesterlichen Bundesschlusserzählungen als Legitimation der Erkennungszeichen des Juden in einer heidnischen Umwelt

Die Priesterschrift berichtet in ihrer ursprünglichen Form von zwei Bundesschlüssen, dem die Zeit nach der Flut eröffnenden Noah- und den die Geschichte Jahwes mit Israel eröffnenden und bestimmenden Abrahambund. Beide sind in ihr leitendes Interesse an der Heilsgeschichte als Kultstiftungsgeschichte einbezogen.[57]

Dem die Fluterzählung abschließenden und die geschichtliche Weltzeit einleitenden Bericht über die Stiftung des *Noahbundes* in Gen 9,8 – 16 ist in den V. 1 – 7 ein Mehrungssegen für Noahs Söhne (V. 1 und 7) vorangestellt. Er rahmt die V. 2 – 6, in denen Gott der Menschheit nach der Flut anders als in Gen 1,29 die Gewalt über das Leben der Tiere bei gleichzeitigem Verbot des Blutgenusses zuerkennt und nur das Leben des Menschen wegen seiner Gottebenbildlichkeit[58] sanktioniert (Gen 9,6):

Wer Menschenblut vergießt, durch Menschen sei sein Blut vergossen, denn nach Gottes Bild hat er den Menschen erschaffen.

Der Bundesbericht in 9,8 – 17 enthält die göttliche Zusage, dass er das Leben auf der Erde nicht noch einmal durch eine Flut vernichten wird. Als Erinnerungszeichen an diesen „ewigen Bund" lässt der Erzähler Gott seinen Bogen (d.h.: den Regenbogen) in die Wolken hängen, so dass er sich bei seinem Anblick an diese Bundeszusage erinnert.[59] Damit ist die Gefahr des Einbruchs des Chaos in die Schöpfung für immer gebannt und die im dritten Tagewerk der Schöpfung hergestellte Weltordnung für dauernd gesichert.[60]

So wie die Enthaltung vom Blutgenuss Erkennungszeichen der Zugehörigkeit zum Gottesvolk im fremden Land ist,[61] sind es auch die Beschneidung als Zeichen der Zugehörigkeit zum Abrahambund in Gen 17 und der Sabbat, dessen göttliche Stiftung in dem priesterliche Zusatz zum Sabbatgebot in Ex 20,11 betont und dessen Einhaltung ein nachpriesterlicher Zusatz Ex 31,12 –

---

56 Vgl. dazu Thomas Pola, Priesterschrift, 337 – 338 und Otto, Gesetz, 91.
57 .Vgl. dazu Kaiser, GAT II, 39 – 45 und R.G. Kratz, Komposition, 233 – 247.
58 Vgl. zu ihr Kaiser, GAT II, 301 – 310 und jetzt auch Bernd Janowski, Statue Gottes, 140 – 17
59 Vgl. dazu auch Erich Zenger, Gottes Bogen, 124 – 13
60 Vgl. dazu auch Ernst Würthwein, Chaos und Schöpfung, 28 – 38.
61 Vgl. auch Lev 17,10 – 14.

17 in einer Gottesrede gebietet.[62] Doch ehe wir uns diesem Text zuwenden, müssen wir das Grunddokument der priesterlichen Bundestheologie in Gestalt von Gen 17 etwas genauer betrachten.

5.5.3 Die Berit mit Abraham als unzerstörbarer Gnadenbund (Genesis 17,1 – 21)[63]

In der Tat mussten seine heilvollen Zusagen in dem Maße an Gewicht gewinnen, in dem sich die Zerstreuung Israels unter die Völker und die Fremdherrschaft über das Mutterland in die Länge zogen. Der Bericht vom Abrahambund in Gen 17 war als Trost und Selbstvergewisserung für das unter den Folgen der Vernichtung des judäischen Reiches leidende Gottesvolk gedacht. Ihm wird zugesagt, dass sein Charakter als Volk Jahwes durch keine geschichtliche Tragödie und durch kein eigenes Versagen aufgelöst werden kann. Seine gerade angedeutete Nachwirkung zeigt, in welchem Ausmaß diese Absicht seinem priesterlichen Verfasser gelungen ist.

Die Erzählung gliedert sich in die fünf Teile Gen 17,1 – 6.7 – 8.9 – 14.15 – 21 und 22 – 27. In den V. 1 – 6 errichtet der dem Patriarchen Abram erscheinende und sich ihm als El Schaddaj[64] vorstellende Jahwe eine Berit mit ihm, der zur Folge er ihn zu einer Menge von Völkern und Königen zu machen verspricht. Daher soll der Ahnherr nicht mehr Abram, sondern Abraham heißen (Gen 17,1 – 6):

1 Und es geschah, als Abram neunundneunzig Jahre alt war, da erschien Jahwe Abram und sagte zu ihm: „Ich bin El Schaddaj. Wandle vor mir und sei unsträflich.[65] 2 Ich will nämlich meinen Bund zwischen mir und zwischen dir setzen[66] und dich überaus vermehren." 3 Da fiel Abram auf sein Angesicht, Gott aber redete mit ihm so: 4 „Mein Bund mit dir, den ich (stifte), ist, dass du zum Vater einer Menge an Völkern wirst. 5 Dein Name soll nicht länger Abram heißen, sondern dein Name soll Abraham sein,[67] denn ich setze dich (hiermit) als Vater einer Menge an Völkern. 6 Und ich will dich überaus fruchtbar machen und dich zu Völkern werden lassen, und von dir sollen Könige abstammen."

Diese Berit wird in den V. 7 – 8 um eine *bĕrît ʿôlām,* eine für unabsehbare Zeiten gültige Selbstverpflichtung Gottes ergänzt, nach der er für immer der

---

62 Vgl. dazu Alexandra Grund, Sabbat, 273 – 287.
63 Zu der komplizierten Entstehung des Kapitels vgl. Peter Weimar, Genesis 17, 185 – 216, bes. 203 – 215.
64 Zu diesem Gottesnamen vgl. GAT II, 69 – 71 und jetzt ausführlich Markus Witte, El Schaddaj, 211 – 237.
65 Vgl. Gen 5,24 und 6,9b sowie Dtn 18,13. Ich bin mir nicht sicher, ob V. 1bβ nicht erst einer ausgleichenden Nachinterpretation angehört.
66 Wörtlich: „geben".
67 Vgl. dazu Kaiser, GAT II, 41 – 42.

Gott Abrahams und seiner Nachkommen zu sein verspricht und ihnen das Land Kanaan als ewigen Besitz übereignet (Gen 17,7–8):

7 Ich will meinen Bund zwischen mir und zwischen dir und zwischen deiner Nachkommenschaft nach dir gemäß ihren Geschlechterfolgen als einen ewigen Bund aufrichten, dein und deiner Nachkommenschaft nach dir Gott zu sein 8 und will dir und deinem Samen nach dir das Land, in dem du ein Fremdling bist, geben, das ganze Land Kanaan zu ewigem Besitz, und ich will ihr Gott sein.

Das Zeichen der Bundeszugehörigkeit aber soll nach den V. 9–14 darin bestehen, dass Abraham und alle männlichen Glieder seines Hauses ihre Vorhaut beschneiden und künftig jeder neugeborene Knabe, er gehöre zu Abrahams Nachkommen oder er sei ein im Hause geborener oder gekaufter Sklave, am achten Tag beschnitten wird.[68] Wer sich weigert, sich auf diese Weise dem Bund einzugliedern, soll ausgerottet werden, weil er damit den Bund gebrochen hat (V. 14). Mithin kann Israel als Ganzes oder in einzelnen seiner Glieder den Gottesbund sehr wohl brechen. Aber das ändert nichts daran, dass der Bund von Gott her gesehen für alle Zeiten gültig bleibt. So enthält der Abrahambund eine wechselseitige, aber keineswegs gleichwertige Verpflichtung:[69] Die heilvollen Zusagen Gottes für Israel gelten unbedingt, der einzelne Israelit verliert im Fall seiner Verweigerung, das Bundeszeichen der Beschneidung an sich zu vollziehen, seine Zugehörigkeit zu Israel, ohne dass dadurch der Bund mit dem Volk aufgehoben oder der Erneuerung bedürftig ist, wie im Fall des Sinaibundes. Nachdem Gott entschwunden ist (V. 22), erweist Abraham sogleich seine Unsträflichkeit, indem er sich, seinen halbbürtigen Sohn Ismael und alle in seinem Hause geborenen oder gekauften Sklaven beschneidet (V. 23–27).

In den zwischen der Einsetzung des Bundeszeichens und dem Ausführungsbericht stehenden V. 15–21 geht es um die wichtige Frage, wer der Erbe der Abraham-Berit sein wird. Dieses Privileg soll seinem Sohn Isaak vorbehalten bleiben, den ihm seine Frau Sarah trotz beider vorgerückter Jahre dank Gottes Intervention gebären soll.[70] Aufgrund des ihr geltenden Mehrungssegens soll sie zur Stammmutter von Völkern und Königen von Nationen werden (V. 15–17). Dagegen wird sein halbbürtiger Sohn Ismael aus der Bundeslinie ausgeschieden. Doch auch ihn will Gott gemäß Abrahams Wunsch, dass Ismael in Gottes Blickfeld leben möge (V. 18), segnen und überaus fruchtbar machen, so dass zwölf Fürsten von ihm abstammen und er selbst zu einem großen Volk (wie der Leser weiß: dem Volk der Araber) werden soll (V. 20).[71] Doch es bleibt dabei, dass die Selbstverpflichtung Gottes, sein ewiger Bund, nur Isaak und seinen Nachkommen gilt (V. 19). Und zum Zeichen, dass

---

68 Zur Beschneidung vgl. auch den einschlägigen Artikel von Walter Kornfeld (NBL I), 1991,176–179.
69 Vgl. dazu Crüsemann, Tora, 342.
70 Zu ihrer Umbenennung aus Saraj in Sarah vgl. Kaiser; GAT II, 41 mit Anm. 66.
71 Vgl. Gen 25,12–16.

Gott seine Bundeszusage Isaak gegenüber zu halten gedenkt, soll Sarah ihn bereits im folgenden Jahr gebären (V. 21).

5.5.4 Der Bund mit Abraham in Genesis 15

Der Priester hat die drastische Formel „einen Bund schneiden", die der Deuteronomist z. B. in Dtn 5,2; 7,2; 29,13 beibehalten hat, durch die abstraktere Rede vom „Errichten eines Bundes" (heqîm bĕrît) ersetzt.[72] So ist er wesentlich zurückhaltender als der vermutlich bereits nachdtr Theologe, der in Gen 15,7 – 18(21) zum Zeichen der Endgültigkeit der Verleihung des Landes Kanaan an Abraham einen rauchenden Tannur (einen aus einem Tonrund bestehenden Backofen)[73] und eine brennende Fackel als Repräsentationen Jahwes durch die Gasse zwischen den zerlegten Tieren fahren lässt. Beim Priester bleibt dagegen die Gotteserscheinung auf die Mitteilung ihres Anfangs in Gen 17,1b und ihres Endes in V. 22b begrenzt. Über das Wie der Erscheinung und das Wohin der Auffahrt Gottes verliert er kein Wort, so dass der Leser den Eindruck gewinnt, Gottes Gegenwart beschränke sich auf sein Wort. Trotzdem dürfte Gen 15 mit seinem weiten Ausblick über die weitere Heilsgeschichte eher jünger denn älter als Gen 17 sein.[74] Wenn der spätere Theologe zwar die Mehrungsverheißung in V. 1 – 6 in V. 18 mit der Landverheißung als dem eigentlichen Inhalt des Bundesschlusses verkoppelt, aber die vom Priester dazwischen gestellte Bundesformel übergangen hat, so sollte das vermutlich einem Konflikt mit der Konzeption des Sinai-Horebbundes vorbeugen. Das Treueversprechen Gottes in Gen 17 ist als solches unabhängig von allem menschlichen Verhalten: Einzelne Israeliten können den Bund brechen, indem sie sich durch die Verweigerung der Beschneidung aus ihm ausgliedern. Aber das ändert nichts an der Unverbrüchlichkeit des Bundes von Gottes Seite. Seine Zusage, dass er für immer der Gott Abrahams und seiner Nachkommen sein werde, wird dadurch nicht aufgehoben (vgl. V. 7). Der Priester hat damit mehr ausgesagt, als ihm vermutlich bewusst war. Er hat am Beispiel Israels die prinzipielle Unzerstörbarkeit des Gottesverhältnisses entdeckt. Sie gilt für alle Menschen, weil Gott der tragende Grund von Welt und Existenz ist. Der Gottesbeziehung kann sich der Mensch nicht entziehen, auch wenn er sie verleugnet und dadurch subjektiv in die Gottesferne gerät und ihre Folgen tragen muss.

---

72 Zur Terminologie vgl. M. Weinfeld (ThWAT II), 787–790.
73 Vgl. dazu Mechthild Kellermann (BRL2), 30b–32b.
74 Vgl. dazu John Ha, Genesis 15, 91–103.

5.6 Die Vermittlung zwischen dem priesterlichen Gnaden- und dem deuteronomistischen Entscheidungsbund in Exodus 31,12 – 17 und Leviticus 26,(36 – 39)40 – 45

Erst als die Priesterschrift mit den vorpriesterlichen Traditionen und dem Deuteronomistischen Geschichtswerk redaktionell zu einer einzigen Darstellung verbunden war, stellte sich den Schriftgelehrten die Frage, wie sich der Gnadenbund von Gen 17 mit dem Sinai/Horeb- und dem Moabbund verträgt. Zu den Zeugen für diese Auseinandersetzung gehören die vordere Einfügung des Sabbatgebotes in Ex 31,12 – 17[75] und der Anhang an die konditionellen Heils- und Unheilsankündigungen am Ende des Heiligkeitsgesetzes in Lev 26, (36 – 39)40 – 45. Dabei setzt Ex 31,12 – 17 die Verschränkung der priesterlichen Sinaiperikope mit den zu Bundesschlusserzählungen ausgestalteten Kapiteln Ex 19 – 24 und 32 – 34 bereits voraus. Das Heiligkeitsgesetz Lev 18 – 26 aber verdankt seinen besonderen Charakter der Verbindung dtn-dtr und priesterlicher Traditionen.[76]

Ex 31,12 – 17 schließt sich unmittelbar an den Bericht von der Bestellung sachkundiger Handwerker für die Herstellung der Stiftshütte, ihrer Gerätschaften und die Kleidung der Priester in 31,1 – 16 an.[77] Die Einfügung an dieser Stelle empfahl sich aus sachlichen Gründen, weil das Sabbatgebot in Ex 35,1 – 3[78] durch die Einschaltung der Erzählung vom Abfall zum Goldenen Kalb und dem neuen Bundesschluss in Ex 32 – 34 den Bericht von der Bestellung der Handwerker zu weit von dem in 31,12 – 17[79] stehenden Sabbatgebot getrennt hatte, das an der Spitze des Ausführungsberichts der in den c.25 – 31 getroffenen Anordnungen über den Bau des Heiligtums und seines Inventars in den V. 35 – 40 steht. Seine Vorwegnahme in 31,12 – 17 führt mit dem Sabbat auch das letzte der drei Erkennungszeichen des Juden in einer heidnischen Umwelt auf eine göttliche Stiftung zurück: Der Verzicht auf Blutgenuss, die Beschneidung[80] aller Knaben und das Halten des Sabbats stehen damit gleichrangig nebeneinander. Wer den Sabbat nicht hält, fällt damit ebenso aus dem Gottesbund mit Israel heraus wie der Unbeschnittene. Aber der hier tätige Schriftgelehrte benutzte die sich ihm mit dieser Einschaltung bietende Gelegenheit gleichzeitig dazu, das Verhältnis zwischen

---

75 Vgl. auch die kürzere, aber möglicherweise gleichzeitige Fassung des Sabbatgebots steht in Ex 35,1 – 3 und dazu Grund, Sabbat, 283 – 285.

76 Vgl. dazu Eckart Otto, Heiligkeitsgesetz Leviticus 17 – 26, 46 – 106, bes. 59 – 95.

77 Vgl. dazu Grund, Sabbat, 273 – 283.

78 Vgl. dazu Alexandra Grund, Entstehung, 283 – 285.

79 Vgl. dazu Alexandra Grund, Entstehung, 257 – 282.

80 Vgl. zu ihr Walter Kornfeld (NBL I), 276 – 279.

dem Sinaibund und dem Väterbund zu bestimmen, indem er sie mit den V. 16 und 17 so beschloss (Ex 31,16 – 17):[81]

16 Und die Israeliten sollen den Sabbat beobachten, indem sie ihn in ihren Geschlechterfolgen als einen ewigen Bund halten. 17 Ein ewiges Zeichen soll er zwischen mir und zwischen den Israeliten sein; denn sechs Tage (lang) hat Jahwe den Himmel und die Erde gemacht, aber am siebten Tage hörte er auf und erholte sich.

Indem der Schriftgelehrte Gott den Sabbat zum Zeichen zwischen sich und Israel bestimmen und ihm für alle Zeiten als ewige Verpflichtung, als „ewigen Bund" auferlegen lässt (V. 16), erhält der Sinaibund eine eigentümliche Stellung zwischen dem Abraham- und dem hier erlassenen Sabbatbund.[82] Das bedingte, von der Treue Israels abhängige Bundesverhältnis von Ex 20 – 24 wird nun vor der Erzählung von Bundesbruch und erneutem Bundesschluss in Ex 32 – 34 in den Horizont des unbedingt und für alle Zeiten geltenden Gnadenbundes gerückt, ohne dass die Frage geklärt wird, wie sich beide zueinander verhalten.

Die genaue Verhältnisbestimmung zwischen dem Sinaibund und dem Väterbund nimmt erst der Zusatz zu der Heils-Unheilsankündigung am Ende des Heiligkeitsgesetzes in Lev 26,(36 – 39) 40 – 45 vor, der literarisch ebenfalls erst spät ist:[83] Nach ihm wird sich der Rest der aus dem Lande unter die Heiden vertriebenen Juden in der Fremde demütigen und seine Strafe abtragen, während das Land seine Sabbate nachholt.[84] Jahwe aber wird an seinem mit Jakob,[85] Isaak[86] und Abraham geschlossenen Bund festhalten. In diesem Zusatz tritt das Interesse des Pentateuchredaktors an den Juden der Gola als vollwertigen Angehörigen des Bundes Jahwes mit seinem Volk hervor (Lev 26,42 – 45):[87]

42 Dann werde ich an meinen Bund mit Jakob denken und auch an meinem Bund mit Isaak und auch an meinem Bund mit Abraham werde ich gedenken und an das Land werde ich gedenken. 43 Aber das Land muss von ihnen verlassen werden und seine Ruhezeit ersetzt bekommen, indem es ohne sie wüste liegt. Sie aber werden ihre Schuld bezahlen, weil sie meine Rechte verworfen und in ihrem Sinn meine Satzungen verabscheut haben. 44 Auch wenn sie bereits im Lande ihrer Feinde sind, habe ich sie nicht verworfen und verabscheue ich sie nicht, so dass ich sie vernichtete und den Bund mit ihnen nicht bräche, denn ich bin Jahwe, ihr Gott. 45 Sondern ich

---

81 Vgl: dazu Grund, 282.
82 Vgl. dazu Groß, Zukunft, 75 – 84.
83 Vgl. dazu Groß, Zukunft, 85 – 103 und Grund, Sabbat, 305.
84 Vgl. Lev 25,1 – 7, vgl. auch Jer 25,11 – 12; 2 Chr 36,2
85 Vgl. den Mehrungssegen und die Landzusage Gen 35,9 – 15 mit der Umbenennung Jakobs in Israel und den Reisesegen Isaaks für Jakob in 28,1 – 4.
86 Isaak ist durch Gen 17,19 – 21 als Erbe des Abrahambundes ausgewiesen.
87 Vgl. dazu Otto, Gesetz, 200 – 201.

gedenke zu ihrem Besten an meinen Bund mit den Vorfahren, die ich aus dem Lande Ägypten heraus führte vor den Augen der Völker, um ihr Gott zu sein, ich bin Jahwe.

Die Zusagen des Väterbundes gelten für immer. Einzelne oder gar ganze Generationen mögen ihn brechen, aber deshalb bleiben Gottes Zusagen an Abraham trotzdem bestehen, so dass er wie für die aus Ägypten befreiten Vorfahren auch der Gott der in der Fremde lebenden Juden bleibt (der sie, so dürfen wir ergänzen) nach der Beendigung der Sabbatruhe des Landes, V. 42,[88] in Treue zu dem ewigen Bund, den er mit Abraham und seinen Nachkommen errichtet hat, in das Land der Väter zurückführen wird. Den unter die Völker versprengten Juden, die von den Bundesflüchen wegen ihrer eigenen Schuld und der Väter betroffen und mithin am Sinaibund gescheitert sind (vgl. 26,11 – 35 mit V. 40), verbleibt die Gewissheit, dass ihr zurückliegender Ungehorsam Gottes ewigen Bund mit Israel nicht ins Wanken zu bringen vermochte. Freilich ist auch der Sinaibund nicht aufgehoben: Wer sich an ihm versündigt, muss die Folgen tragen und wie die unter den Völkern Verstreuten seine Schuld bekennen und abbüßen.

5.7 Der Neue Bund

In Dtn 30,1 – 5 lässt ein später Deuteronomist Moses über die Bedingungen Auskunft geben, unter denen Jahwe die unter die Völker Zerstreuten sammeln und heimführen wird (Dtn 30,1 – 5):[89]

1 Wenn sich alle diese Worte an dir erfüllt haben werden, der Segen und der Fluch, die ich dir vorgelegt habe, und du es dir unter allen Völkern, unter die dich Jahwe, dein Gott, verstoßen hat, zu Herzen nimmst 2 und du samt deinen Kindern mit deinem ganzen Herzen und deiner ganzen Seele zu Jahwe, deinem Gott, umkehrst und auf seine Stimme hörst gemäß allem, was ich dir heute gebiete, 3 dann wird Jahwe, dein Gott, sich deiner erbarmen und dich wiederum sammeln aus allen Völkern, unter die dich Jahwe, dein Gott, zerstreut hat. 4 Und wenn du bis an das Ende des Himmels zerstreut bist, so wird dich Jahwe, dein Gott, sammeln und von dort holen 5 und Jahwe, dein Gott, wird dich in das Land bringen, das deine Väter besessen haben, so dass du es besitzt, und er wird es dir wohl gehen lassen und dich mehr als deine Väter mehren.[90]

Damit ist eigentlich gesagt, was zu sagen ist. Umso überraschender ist die Fortsetzung in den V. 6 – 10, denn der Leser weiß nicht recht, ob sie als eine nachträgliche Erläuterung des Vorausgehenden zu verstehen sind oder sich

---

88 Vgl. Jer 25,1
89 Vgl. dazu oben, 112.
90 Zur Diskussion vgl. Groß, Zukunft, 40 und weiterhin Otto (FAT 30), 155.

auf ein Handeln Gottes an Israel nach der Rückkehr in das Land beziehen (Dtn 30,6 – 10):

6 Und Jahwe, dein Gott, wird dein Herz beschneiden und das Herz deiner Nachkommen, so dass du Jahwe, deinen Gott, mit deinem ganzen Herzen und deiner ganzen Seele um deines Lebens willen liebst. 7 Und Jahwe, dein Gott, wird alle diese Flüche[91] auf deine Feinde und deine Hasser legen, die dich verfolgen. 8 Und du wirst wieder auf die Stimme Jahwes hören und alle seine Gebote befolgen, die ich dir heute befehle. 9 Und Jahwe, dein Gott, wird dir Überfluss geben bei allem Tun deiner Hände, an der Frucht deines Leibes und an der Frucht deines Viehs und an der Frucht deines Landes, denn Jahwe wird sich wieder über dich freuen, gleichwie er sich über deine Väter gefreut hat, 10 wenn du auf die Stimme Jahwes, deines Gottes, hören wirst, um seine Gebote und seine Satzungen zu halten, [das in dem Buch dieser Weisung aufgezeichnet ist][92] wenn du mit deinem ganzen Herzen und deiner ganzen Seele zu Jahwe, deinem Gott, umkehren wirst.

In V. 6 wird die Antwort Israels auf das Handeln Jahwes an ihm in Gestalt seiner Liebe, aus der es heraus seine Gebote mit voller Hingabe hält,[93] nicht auf seinen eigenen Entschluss, sondern darauf zurückgeführt, dass Jahwe selbst ihm ein gehorsames Herz gibt. Wer in Israel unbeschnitten an seiner Vorhaut ist, ist ungehorsam gegen das von allem Männlichen in Israel verlangte Bundeszeichen.[94] Wer unbeschnittenen Herzens ist, ist ungehorsam gegen die Tora. Aus diesem verstockten Zustand[95] kann es nach der Überzeugung des Verfassers dieser Verse nur Jahwe selbst herausholen, indem er einen Wandel von Israels Selbstverständnis[96] und damit dessen freiwilligen und vollkommenen Gehorsam gegen seine Gebote bewirkt. In der Folge soll sich das Schicksal Israels und der Völker spiegelbildlich wandeln: Leidet Israel aufgrund seines Ungehorsams gegen das Gesetz unter den Folgen der darauf stehenden Flüche (Dtn 28,15 – 68), so sollen künftig die Völker dasselbe Schicksal erleiden, während es selbst in den Genuss der Segensverheißungen kommen und zum ersten unter den Völkern würde (vgl. Dtn 28,1 – 13, bes. V. 7 und 11). So möchte man schließen, dass sich Israel bereits wieder im Lande befindet. Doch andererseits machen V. 1 – 2 die Sammlung und Heimführung der Zerstreuten von Israels Umkehr abhängig, so dass beide noch ausstehen. Nimmt man die V. 6 – 8 mit Thomas Krüger als nachträgliche Einfügung

---

91 Vgl. Dtn 28,15 – 44.
92 Die anachronistische Glosse (vgl. 31,8) gibt sich durch den Widerspruch zu V. 8b (vgl. V. 2b) als solche zu erkennen.
93 Vgl. Dtn 6,4 – 5; 10,12; 11,1 und dazu Kaiser, GAT II, 54 – 63.
94 Vgl. dazu oben, 106.
95 Vgl. dazu auch GAT I, 179 – 180.
96 Zur Vorstellung vom Herzen als dem Zentrum des Fühlens und Denkens vgl. Kaiser, GAT II, 297 – 300.

heraus,[97] so ergibt sich ein problemloser Zusammenhang zwischen V. 1 – 5 und 9 – 10: Wenn Israel sich bekehrt hat, wird Jahwe es wieder reichlich segnen. Vermutlich hat sich ein später Deuteronomist die Frage vorgelegt, was geschehen muss, damit Israel in seinem künftigen Glück seinen Gott nicht erneut vergisst und zur Strafe dafür noch einmal unter die Völker zerstreut wird. Er hat sie in Abwandlung der in Dtn 10,16 an die Israeliten gerichtete Forderung, ihre Herzen zu beschneiden, damit beantwortet, dass Jahwe selbst Israels Herz beschneiden und damit seinen vollkommenen Gehorsam und sein fortdauerndes Glück bewirken wird.

Wie sehr derartige Überlegungen die Späten beschäftigt haben, zeigt auch die in das Heilswort Ez 11,14 – 21 in V. 19 – 20 eingefügte und in Ez 36,23b – 32 in den V. 25 – 26 wieder aufgenommene und abgewandelte Verheißung vom neuen Herzen bzw. vom neuen Herzen und neuen Geist, die sachlich ihre Entsprechung in der des Neuen Bundes in Jer 31,31 – 34 besitzt. So heißt es in (Ez 11,19 – 20):

19 Ich werde ihnen ein anderes[98] Herz geben, und werde einen neuen Geist in ihre Mitte geben und das Herz aus Stein aus ihrem Fleisch entfernen und ihnen ein fleischernes Herz geben, 20 damit sie in meinen Satzungen wandeln und meine Rechte bewahren und sie tun. Dann werden sie mir zum Volk und ich werde ihnen zum Gott.

Dem für diese Einfügung verantwortlichen Schriftgelehrten ist es gewiss, dass Israel eines neuen Denkens bedarf, wenn es nach seiner Rückführung in das ihm erneut übereignete Land der Väter nicht in die alten Fehler verfallen und damit den Zorn Gottes erregen soll. Wenn der Heimführung ein dauerndes heilvolles Leben folgen soll, bedarf es des vollkommenen und unwandelbaren Gehorsams des Volkes. Der aber setzt einen fundamentalen Sinneswandel voraus, den nur Gott selbst bewirken kann, in dem er der Gedankenlosigkeit Israels ein Ende macht und ihm statt seines stumpfen Herzens ein neues lebendig empfindendes oder in unsere Sprache übersetzt: eine neues Selbstverständnis verleiht, aus dem heraus es nicht anders denken und handeln kann, als es die Satzungen und Rechtssätze seines Gottes verlangen.[99]

Der hier verhandelte Gedanke, dass das Heil auch nach der Rückführung der Zerstreuten in das Land ihrer Väter durch Jahwe nur andauern kann, wenn Gott selbst ihre Gesinnung tiefgreifend ändert, begegnet noch einmal in der Fortschreibung zu dem Heilswort Ez 36,16 – 23bα mittels der V. 23bβ – 32.[100] Nachdem Jahwe zuvor angekündigt hatte, dass er die Zerstreuten aus allen

---

97 Vgl. dazu Thomas Krüger, Menschliche Herz, 65 – 92, bes. 80, zur Diskussion W. Groß, Zukunft, 41 – 44 und Otto, FAT (30), 153 – 155.

98 M hat das Resch als Dalet gelesen; vgl. G.

99 Vgl. dazu Christoph Levin, Verheißung des neuen Bundes, 205 – 209 und Karl-Friedrich Pohlmann, (ATD 22/1), 168, der in Ez 11,17 – 21 mehrere Hände erkennt und V. 19 mit Levin, 211 für eine Einfügung und Wiederaufnahme von Ez 36,26 hält.

100 Vgl. dazu Karl-Friedrich-Pohlmann (ATD 22/2), 487 – 488.

Ländern um der Heiligkeit seines Namens willen in ihr angestammtes Land bringen werde (V. 16 – 23b*), lässt der Schriftgelehrte ihn zunächst in V. 25 die Reinigung von der ihnen anhaftenden und durch die Kontamination mit Götzen verursachten Unreinheit mittels einer Lustration, einer Besprengung mit reinem Wasser verheißen. Dann aber folgt in den V. 26 und 27 das über 11,19 – 20 hinausgehende Versprechen (Ez 11,26 – 27):

26 Ich werde euch ein neues Herz geben und werde einen neuen Geist in eure Mitte[101] geben und werde das Herz aus Stein aus eurem Fleisch entfernen und euch ein fleischernes Herz geben. 27 Und meinen Geist werde ich in eure Mitte geben und werde machen, dass ihr in meinen Satzungen wandelt und meine Rechte beachtet und sie tut.

Wiederum geht es um die Ersetzung einer trägen und gefühllosen gegen eine (mit unseren Worten gesagt) lebendige, ihre Verantwortung gegen Gott und den Nächsten wahrnehmende Gesinnung. Aber diesem Wandel muss nach der Überzeugung des Schriftgelehrten zumindest eine symbolische Reinigung von der Befleckung durch den Kontakt mit Götzendienern oder gar eigenem Götzendienst vorausgehen. Dann erst kann die Verwandlung des Denkens mittels der Verleihung des Geistes Gottes erfolgen. Die hier als nötig betrachtete Abfolge von Reinigung und Geistverleihung hat möglicherweise ebenso die jüdische Proselytentaufe wie die an die Praxis Johannes des Täufers anknüpfende Taufpraxis der Urchristen beeinflusst.[102] Wie in Ez 11,19 – 20 ist die Geistverleihung auch in 36,26 und 27 in zwei Akte zerlegt, obwohl es sachlich eine Einheit bildet, nämlich in den der Verwandlung der Denkungsart und der Verleihung des göttlichen Geistes. Der neue Geist wird das Denken und Handeln Israels verändern, der aber ist kein anderer als der Geist Gottes selbst. Er wird bewirken, dass es künftig seinen Satzungen und Rechten gemäß lebt. Erst die Teilhabe an Gottes Geist ermöglicht den vollkommenen Gehorsam, der aber ist die Bedingung für den Anbruch der Heilszeit, die sich in der Fruchtbarkeit des Korns und der Bäume erweist, so dass keiner mehr Hunger leidet (V. 29).[103]

Wenden wir uns abschließend dem Heilswort vom Neuen Bund in Jer 31,31 – 34 zu,[104] so kennen wir bereits seine Voraussetzung in Gestalt des

---

101 D.h.: Brust.

102 Vgl. dazu Otto Betz, Proselytentaufe, 21 – 48 sowie Robert Goldenberg (TRE XXVII), 523 – 524 und Friedleo Lentzen-Dies (NBL III), 791 – 794.

103 Vgl. dazu Chr. Levin, Verheißung, 209 – 214 und K.-F. Pohlmann (ATD 22/2), 482 – 498, bes. 487 – 489. Zur Vorstellung vom Geist Gottes im Alten Testament und in den Qumranschriften auch Kaiser, GAT II, 207 – 208.

104 Vgl. dazu Levin, 55 – 72 und 197 – 200; Groß, Zukunft, 134 – 152; Gunther Wanke (ZBK.AT 20/ 2), 292 – 294 und jetzt besonders Bernd U. Schipper, Hermeneutik, 128 – 140 und Nachweis der Frontstellung gegen die Möglichkeit der Vermittlung des Gehorsams gegen die Tora durch Erziehung bzw. Weisheit: Beide reichen nicht aus, weil vorab das Herz des Menschen verändert werden muss, was allein Gottes Möglichkeit ist.

Zweifels an der Fähigkeit Israels zur vollkommenen Umkehr und daher auch seine metaphorische Sprache (Jer 31,31–34):

31 Fürwahr, es werden Tage kommen – ist Jahwes Spruch – , da werde ich mit dem Haus Israel und mit dem Haus Juda einen neuen Bund schließen, 32 nicht wie den Bund, den ich mit ihren Vätern geschlossen habe, zu der Zeit als ich sie an ihrer Hand ergriff, um sie aus dem Land Ägypten heraus zu führen, weil sie meinen Bund gebrochen haben, obwohl ich Herr über sie war, – ist Jahwes Spruch. 33 Denn das ist der Bund, den ich mit dem Haus Israel nach diesen Tagen schließen werde – ist Jahwes Spruch: Ich werde[105] meine Weisung in ihre Brust legen und sie auf ihr Herz schreiben und werde zu ihrem Gott und sie zu meinem Volk werden. 34 Dann werden sie nicht mehr einer den anderen und jeder seinen Bruder belehren: „Erkennt Jahwe!" Denn sie alle werden mich erkennen vom Kleinsten bis zum Größten – ist Jahwes Spruch. Denn ich werde ihre Schuld vergeben und nicht mehr an ihre Sünde denken.

Auch der hier das Wort ergreifende späte Schriftprophet glaubt nicht mehr daran, dass Israel zur vollkommenen Umkehr in der Lage ist und so den von Jahwe mit ihren Vätern nach dem Auszug aus Ägypten geschlossenen Bund erfüllen kann. Soll Israel wahrhaft das Volk werden, das den Geboten seines Gottes gemäß lebt, so muss Gott selbst die Voraussetzung dafür schaffen und Israels Gesinnung verändern. Und daher lässt er Jahwe in V. 33 erklären, dass der neue Bund darin bestehen würde, dass er seine Weisung (*tôrātî*) in die Brust der Israeliten geben und auf ihre Herzen schreiben werde, damit er ihr Gott und sie sein Volk sein würden.[106] Der neue Bund wird mithin nicht länger auf der Grundlage einer schriftlichen Fassung des Gotteswillens beruhen, sondern in der Gabe der vollkommenen Gotteserkenntnis bestehen, welche die Beschenkten der Notwendigkeit jeder Belehrung über die Gebote ihres Gottes enthebt (V. 34).[107] In seinen Kontext gesetzt, erweist sich auch dieses Heilswort als das dritte Glied in der Kette von 30,1–3 und 31,27–30: Der neue Bund ist der letzte Schritt der verheißenen Wiederherstellung Israels: Sie beginnt mit der Heimführung der Befreiten durch Jahwe (30,1–3). Ihr folgt die von ihm bewirkte Vermehrung des Volkes, so dass die Zeit vorüber ist, in der die Kinder die Schuld ihrer Väter tragen müssen (31,27–30), und sie gipfelt in der Verwandlung der Herzen durch Jahwe als der Bedingung vollkommener Gerechtigkeit (31,31–34).[108] Dabei ist die Antithese von V. 34 zu den katechetischen Forderungen von Dtn 6,6–9 auffällig: An die Stelle des auf die Türpfosten geschrieben *šĕma yiśrāēl* („Höre, Israel") tritt die unmittelbare, von Gott selbst bewirkte Erkenntnis seiner Weisung (V. 34a). Doch so neu dies alles klingt, so handelt es sich hier inhaltlich doch um keine andere als die einst Israel am Sinai/Horeb und im Lande Moab gegebene Tora und zumal um ihre

---

105 Lies ein Perfect cons., vgl. BHS und z.B. McKane, Jeremiah II, 820 z.St.

106 Zur Aufnahme der Bundesformel vgl. auch Rudolf Smend , Bundesformel, 12–13.

107 Zur urchristlichen Rezeption der Vorstellung vgl. Peter J. Grabe, Der neue Bund.

108 Konrad Schmid, Buchgestalten, 66–74.

Summe, den Dekalog.[109] Die in V. 34b angekündigte Vergebung vollzieht sich durch die Verleihung der vollkommenen Gotteserkenntnis, die ihrerseits mit seiner verinnerlichten Weisung als dem Grund des vollkommenen Gehorsams identisch ist. Der in diesem Heilswort seiner Hoffnung auf die Vollendung des Gotteshandelns an Israel Ausdruck gebende Schriftprophet war kein Zeitgenosse Jeremias, sondern ein Schriftgelehrter, der mit dem Deuteronomium lebte und es weiterdachte.[110] So weit kommt der Literarhistoriker. Das Geheimnis der Hoffnung aber ist und bleibt zugleich das Geheimnis des Glaubenden, der als der Endliche sein Gottvertrauen als Anteil am Geist Gottes und zugleich als Angeld auf seine Vollendung versteht (II Kor 1,22), die ihrerseits die Aufhebung der Schranken der Endlichkeit voraussetzt. Denn Jesus Sirach hat richtig erkannt, dass es beim Menschen in dieser Welt keine Vollkommenheit geben kann, weil er nicht unsterblich ist (Sir 17,30).

5.8 Israels Gehorsam gegen die Tora als Antwort der Liebe

Auch in der Selbstbindung gegenüber seinem Volk Israel verliert Gott nichts von seiner Eigenschaft als der Herr aller irdischen und kosmischen Mächte: Die Segensverheißungen und Fluchandrohungen in Dtn 28 beziehen sich auf das ganze Leben des Volkes, auf sein wirtschaftliches Wohlergehen dank ausreichender Ernten und seine politische Stellung in der Völkerwelt. In beiden Bereichen wird Gottes Macht in der Natur und der Völkerwelt vorausgesetzt, die er zum Segen oder Fluch Israels einzusetzen vermag. Gehorcht sein Volk ihm, so wird sein Segen bis in Küche und Keller reichen und es aus dem letzten unter allen Völkern das erste werden. Verweigert es den Gehorsam, so erkrankt Israel vom Kopf bis zum Fuß, wird es selbst ebenso unfruchtbar wie seine Bäume und Felder und fällt er überdies anderen Völkern zur Beute. Dieser eine Gott verfügt über die nötige Macht, das Schicksal Israels und der Völker so zu lenken, wie es seinem Gerichts- und seinem hinter ihm verborgenen Heilswillen entspricht. Der Wille Gottes ist seinem Volk bekannt.

---

109 Vgl. z. B. McKane, 820 und Schmid, 68.
110 Zur dtr Einordnung vgl. z. B. Siegfried Herrmann, Heilserwartungen,179 – 185; Ernest Nicholson, Preaching; 82 – 84; Winfried Thiel, Redaktion, 23 – 27. Christoph Levin, Verheißung, 55 – 60 rechnet mit einer komplizierten Vorgeschichte und beurteilt das Heilswort als spätalttestamentliche Ausgestaltung eines frühexilischen Orakels. Konrad Schmid, Buchgestalten, 74 – 85 kommt bei seiner textgenetischen Untersuchung zu dem Ergebnis, dass Ez 36,26 – 27 älter als Jer 31,31 – 34 ist und unser Text nur noch eine dtr Fassade besitzt, während Eckart Otto, Welcher Bund ist ewig? (2007), in: Ders. ZAR.B 9, 2009, 561 – 576, bes. 565 den Abschnitt als Teil eines komplexen Diskurses der nachexilischen Jeremiaschule mit der priesterlichen Bundestheologie beurteilt. Zur zurückliegenden Diskussion bis zu Bernhard Duhm vgl. auch McKane, Jeremiah II, ICC, 817 – 827.

Die Entscheidung ob es ein gesegnetes oder ein verfluchtes Leben führt, ist in seine Hand gelegt (Dtn 30,11 – 14.19 – 20):

11 Denn dieses Gebot, das ich dir heute gebiete,
ist nicht zu schwer für dich und zu ferne von dir.

12 Es ist nicht im Himmel, dass du sagen müsstest:
Wer steigt für uns in den Himmel hinauf
Und holt es uns, um es uns hören zu lassen, dass wir danach tun.

13 Es ist auch nicht jenseits des Meeres, dass du sagen müsstest:
Wer setzt für uns über das Meer und holt es uns,
um es uns hören zu lassen, dass wir danach tun.

14 Denn dieses Wort ist sehr nahe bei dir
in deinem Munde und in deinem Herzen, um es zu tun.
…

19 Ich rufe heute Himmel und Erde gegen euch als Zeugen an:
Leben und Tod habe ich euch vorgelegt,
Segen und Fluch, so erwähle das Leben,
damit du und deine Same am Leben bleibt,

20 indem du Jahwe, deinen Gott liebst,
auf seine Stimme hörst und an ihm festhältst;
denn daran hängt dein Leben und die Länge deiner Tage,
so dass du in dem Lande wohnst,
das Jahwe deinen Väter Abraham und Isaak
und Jakob zu geben beschworen hat.

Die fiktive Situation der Rede Moses im Lande Moab und mithin vor dem Einzug Israels unter Josuas Führung in das gelobte Land ist durchsichtig:[111] Der Weiterbestand des unter den Völker zerstreuten Volkes und seine Rückkehr in das Land der Väter hängt von einem Gehorsam gegen die Tora ab, der nicht als totes Werk der Pflicht sondern als Antwort der Liebe für die Erwählung zu seinem Eigentumsvolk verstanden werden soll (vgl. Dtn 10,12 – 13). Aber der Trost endlicher Menschen besteht darin, dass Gott das Wunder vollbringen kann, ihnen vollkommenen Gehorsam zu schenken – oder sagen wir es freier: sie in ihrem Herzen davon zu überzeugen, dass Gott ihnen in ihrer Unvollkommenheit immer voraus ist und sie trotzdem durch ihr Leben begleitet, wenn sie von Herzen demütig sind (Mt 11,29) und ihm vertrauen.

---

111 Vgl. dazu oben, 101.

6. Das Recht Jahwes

6.1 Gott, die Götter, die Könige und das Recht

Dem Bibelleser ist die Vorstellung, dass Gott selbst seinen Willen in Gestalt von Rechtsreihen wie dem Dekalog in Ex 20,2 – 17 par Dtn 5,7 – 18 und in Rechtsbüchern wie dem Bundesbuch in Ex 22,22 – 23,33, dem Deuteronomium oder dem „Zweitgebot" in Dtn 4 – 30* und dem Heiligkeitsgesetz in Lev 17 – 26 Israel bzw. Moses offenbart hat, so selbstverständlich,[1] dass er das religions- und geistesgeschichtlich Ungewöhnliche dieses Befundes kaum empfindet. Man braucht jedoch nur einen Blick in Israels Umwelt zu werfen, um zu erkennen, dass das Normale darin bestand, dass der König im Namen und Auftrag der Gottheit Recht setzte und als letzte Instanz über Recht und Gerechtigkeit wachte. Beides ist nebenbei nicht das Gleiche, denn beim Recht oder dem UrteilsProvuch (*mišpāt*) handelt es sich um das, was nach Herkommen oder Satzung sichert, dass jedem das Seine zuteilwird. Bei der Gerechtigkeit (*ṣædæq*) bzw. dem konkreten Gerechtigkeitserweis (*ṣĕdāqâ*) handelt es sich dagegen um ein solidarisches Verhalten, welches dem gesetzten Recht entspricht, aber es unter Umständen auch überschreitet.[2] Wenn der Mensch Gottes Willen tut, so verdankt er es Gott, der ihm die Kraft und Einsicht dazu gegeben hat. Das gilt für den König genauso wie für den einfachen Mann (Ps 25,4 – 5), ist aber für den König dank seiner Verantwortung für das Wohl und Heil seines Volkes von besonderer Bedeutung. Dem entspricht die Bitte in Ps 72, die vermutlich anlässlich der Thronbesteigung des König Josia 639 v. Chr. verfasst worden ist. Für ihn erbittet der Sprecher als Repräsentant des Volkes ein gerechtes Regiment, das sich im Beistand für die Kleinen Leute und in der Unterwerfung der Rechtsbrecher erweist. Der Segen seiner Herrschaft sollte sich jedoch nicht nur in der Gesellschaft, sondern auch in der Natur als wirksam erweisen.[3] Entsprechend sollte sein Leben gleichsam an der Dauer der Sonne und des Mondes teilhaben und sein Name ihn für unabsehbare Zeiten überleben. In diesem Lied werden irdische Gerechtigkeit und kosmisches Heil und Leben in einer Weise miteinander verbunden, die in der Ökologiedebatte neu und anders begegnet, aber einst zum Königsheil gehörte.[4] So heißt es in (Ps 72,1 – 17):[5]

---

1 Vgl. dazu die Auflistung der göttlichen Gebote und Gesetze bei Kaiser, Grundriss I, 48.
2 Zum semantischen Feld „Gericht, richten" im Alten Testament vgl. Christian Stettler, Gericht, 35 – 43.
3 Vgl. dazu auch Stettler, 47 – 44.
4 Vgl. dazu Henry Frankfort, Kingship, 159 – 161 und 277 – 281 sowie Stettler, 55 – 56.

1 Jahwe, deine Rechtsentscheide gib dem König
und deine Gerechtigkeitserweise dem Königssohn.

2 Er richte dein Volk in Gerechtigkeit
und deine Armen mit Recht.

3 Heil mögen die Berge dem Volk tragen
und die Hügel durch Gerechtigkeit.

4 Er schaffe den Armen des Volkes Recht,
er rette die Kinder der Besitzlosen
und zerschlage den Bedrücker.

5 ‚Lang möge er leben‘[6] vor der Sonne
und vor dem Mond von Geschlecht zu Geschlecht.

6 Er falle wie Regen auf die Mahd,
wie Regenschauer, die das Land besprengen.

7 Es sprosse in seinen Tagen Gerechtigkeit[7]
und Fülle des Heils, bis kein Mond mehr ist.

12 Ja, er errette den Armen, der um Hilfe schreit,
und den Elenden und den, der keinen Helfer hat.

13 Er erbarme sich über den Geringen und Armen,
und das Leben der Armen errette er!

14 Aus Bedrückung und Gewalt löse er ihr Leben,
und ihr Blut sei kostbar in seinen Augen!

16 Es gebe Getreide die Fülle auf dem Feld,
auf dem Gipfel der Berge soll er rauschen!

---

5 Zum Grundbestand dürften die V. 1aβ–7.12–14 und 16–17aαβ gehören, während ihre jüngere
   Bearbeitung in den V. 8–115 und 17aγb zu suchen ist. Die Doxologie in V. 18–19 sowie die
   Schlussbemerkung in V. 20 gehören der Redaktion des Psalmenbuches an; vgl. Martin Arneth,
   Sonne, 29–45; Erich Zenger, Psalmen 51–100; 311–315; Markus Saur, Königspsalmen, 132–
   152; ähnlich schon Oswald Loretz, Königspsalmen I, 126–127 und Klaus Seybold, Psalmen (HAT
   I/15), 275–279. Arneth, 57–108 vertritt die These, dass sich das Lied an den Krönungshymnus
   für den assyrischen König Assurbanipal anlehnt, der 669 v.Chr., den Thron bestieg, und es
   wahrscheinlich anlässlich der Thronbesteigung König Josias 639 gedichtet worden ist, 98–99 und
   164–170. Dagegen gesteht Zenger, 308–309 zwar die Datierung im 7. Jh. und die Einflüsse der
   assyrischen Königsideologie auf den Psalm ebenso zu, wie dass sie in antiassyrischer Absicht
   aufgenommen worden sind, hält aber anders als Arneth die Sonnentheologie in dem Lied nicht
   für dominierend. Darüber hinaus weist er auf weitere altorientalische, ägyptische und israelitische Vorstellungen in dem Lied hin. Arneth, Saur und Zenger datieren die Erweiterungen in die
   nachexilische bzw. späte Perserzeit.
6 Siehe BHS.
7 Hauptlesart: der Gerechte, vgl. dazu Arneth, Sonne; 21–22 Anm.18.

Wie der Libanon blühe seine Frucht
und seine Ähre[8] wie das Kraut des Feldes.

17 Sein Name währe in Ewigkeit,
vor der Sonne sprosse sein Name!

Der sachlich verwandte Wahrspruch Spr. 16,12 – 13 hebt dagegen allein die
Gesinnung eines gerechten Königs hervor: Ihm ist das Tun aller Frevler in
seinem Lande ein Gräuel, während er wie jedermann Wahrhaftigkeit liebt
(Spr. 16,12 – 13):[9]

12 Ein Greuel für Könige ist das Tun von Frevel,
denn durch Gerechtigkeit steht fest der Thron.

13 Ein Wohlgefallen für Könige sind gerechte Lippen,
und wer Gerades[10]redet, den liebt man.

Entsprechend ist sein Wirken als Wahrer des Rechts und Beschützer der
Armen nach Spr. 29,14 die Bedingung für die Dauer seiner Herrschaft
(Spr. 29,14):[11]

Ein König, der in Treue die Geringen richtet,
sein Thron wird für immer bestehen.

Das Verständnis des Königs als Garanten der Gerechtigkeit und damit eines
heilvollen Lebens im Lande gehörte offenbar zur judäischen Hoftheologie der
späten Königszeit.[12] Sie entsprach damit der altorientalisch-ägyptischen Königsideologie, nach der die Verantwortung für Recht und Gerechtigkeit im
Lande als eine der vornehmsten Pflichten des Königs galt. So war es zum
Beispiel die Aufgabe des ägyptischen Königs, die seit der Urzeit von den
Mächten des Chaos bedrohte Maʿat, die „Gerechtigkeit", aufrecht zu erhalten.
Dabei hatte er einerseits den Sonnengott in den kritischen Stunden des Son-
nenauf- und des Sonnenuntergangs, in denen der Gott von der Apophis-
schlange[13] bedroht war, durch Gebete und Kulthandlungen zu unterstützen.
Andererseits hatte er in den beiden Ländern (in Ober- und Unterägypten) für
soziale Gerechtigkeit zu sorgen.[14] So heißt es in einem ägyptischen Thronbesteigungslied:[15]

---

8 Siehe BHS.
9 Zur Entwerfung eines idealen Bildes des Königs in Spr. 16,10 – 15 und zum Spruchpaar V. 12 – 13
   vgl. Arndt Meinhold (ZBK.AT 16/2), 269 – 271 bzw. Magne Saebø (ATD 16/1), 224 – 226.
10 Siehe BHS.
11 Zur Bedeutung des Königs als Rechtswahrer vgl. auch Jutta Hausmann, Studien, 133 – 136.
12 Vgl. dazu auch Rainer Kessler, Staat und Gesellschaft, 209 – 212.
13 Vgl. zu ihr Hans Bonnet, RÄR, 51b–53a.
14 Vgl. dazu Henri Frankfort, Kingship, 51 – 52 und 277 – 278 sowie ausführlich Jan Assmann,
   Maʾat, 174 – 199 und 218 – 222; Ders., Tod, 491 – 496, bzw. knapp Klaus Koch, Geschichte, 68 – 71
   und John Baines, Ancient Egyptian Kingship, 16 – 53, bes. 41 – 46.
15 Übersetzung Jan Assmann, Maʾat, 221.

Freue dich, du ganzes Land!
Die gute Zeit ist gekommen.
Ein Herr – er lebe, sei heil und gesund!
ist erschienen in allen Ländern.
Ma'at ist an ihren Platz zurückgekehrt.
Ihr Gerechten, alle kommt und schaut:
Ma'at hat das Unrecht bezwungen!
Die Bösen sind auf das Gesicht gefallen,
die Habgierigen sind allesamt verachtet.

Hier wird die Thronbesteigung als Heilswende im Sinne einer Rückkehr zu dem anfänglichen Segenszustand verstanden. Indem der König seinen gebührenden Platz einnimmt, garantiert er den der Ma'at gemäßen Zustand der Welt. So bedarf der Kosmos des Staates, aber der Staat auch des Kosmos, weil das der Ma'at widerstreitende Böse in beiden Bereichen der göttlichen Kontrolle unterworfen werden muss.

Stellt man dem wohl zur Thronbesteigung des judäischen König Josia (639 – 609) gedichteten Ps 72 einige Zeilen aus der entsprechenden Hymne für den assyrischen Großkönig Assurbanipal (668–626) an die Seite, so zeigt sich, dass das Verständnis des Königs als Rechtswahrer im göttlichen Auftrag in Ps 72 auch der assyrischen Königsideologie gemäß war. Denn in ihr heißt es:[16]

1 Möge Schamasch, der König von Himmels und Erde,
dir das Hirtenamt über die vier Weltgegenden verleihen!

2 Möge Assur, der dir das Zepter gab, deine Tage und Jahre verlängern!
….

8 Mögen ihm Beredsamkeit, Verständnis, Wahrheit und Gerechtigkeit ihm [als Ga]be gegeben werden.
…

12 Möge der Geringere reden und der [Größere] hören!

13 Möge der Größere reden und der [Geringere] hören!

14 Mögen Eintracht und Friede [in Assyri]en aufgerichtet werden!

Der assyrische König empfängt sein Amt nicht von Menschen, sondern vom Sonnengott, der alles sieht und daher über Recht und Gerechtigkeit wacht. Er soll den König als guten Hirten einsetzen. Assur, der der Hauptstadt wie dem ganzen Reich seinen Namen gebende Gott, soll ihm langes Leben verleihen, wie es auch in Ps 72,5 für den neuen judäischen König erbeten wird.[17] In ihm

16 Zitiert nach der englischen Übersetzung von Alasdair Livingston, Court Poetry, 26 Nr. 11 (VAT 13831); vgl. dazu auch Martin Arneth, Sonne, 57 – 78. Zur Rolle der mesopotamischen Könige als Wahrer des Rechts vgl. M.-J. Seux, Königtum. B (RLA VI), 140b–173a, bes. Kapitel 78–84, 162b–165a, bzw. knapp A. Leo Oppenheim, Ancient Mesopotamia, 102 – 103.
17 Zu den sich hier hineinspielenden assyrischen Einflüssen vgl. dazu Arneth, Sonne, 110 – 117.

ist es natürlich Jahwe, der diese Bitte erhören soll, weil er die Aufgabe des Reichsgottes mit der des Wächters über das Recht vereinigt.

Die Rolle des Königs als Beschützer der Schwachen und ihrer klassischen Repräsentanten der Witwen und Weisen gehört zu den allgemein nordwest-semitischen Traditionen. So wird die Regierungsfähigkeit des Königs Keret in dem gleichnamigen ugaritischen Epos daran gemessen, ob er in der Lage ist, Rechtsschutz und Hilfspflicht zugunsten der Witwen und anderer *personae miserae* wahrzunehmen. Denn bei seiner Erkrankung fordert ihn sein Sohn Jassubu/Jassib mit folgenden Worten zum Rücktritt auf (KTU I. 16.VI.46 – 50):[18]

Du richtest nicht den Rechtsfall der Witwe,
du entscheidest nicht den Rechtsbescheid des Traurigen,
du vertreibst nicht die Unterdrücker der Armen!
Vor dir gibst du den Weisen nicht zu essen
und hinter deinem Rücken nicht der Witwe.

Ähnlich heißt es im Aqhat-Epos vom König Danel, der offenbar nur über ein kleines Stadtkönigtum herrscht ((KTU I. 17.6 – 8):

Er erhob sich, setzte sich am Eingang des Stadttores,
inmitten der Mächtigen auf der Tenne.
Er richtete den Rechtsfall der Witwe,
er entschied den Entscheid für die Waise.

6.2 Die judäische Rechtsorganisation, das Fehlen königlicher Rechtsbücher und die Theologisierung des Rechts

Anders als aus den Großreichen der Hethiter, Sumerer und ihrer Nachfolger, der Babylonier und Assyrer, besitzen wir keine von den Königen von Juda erlassenen Rechtsbücher. Das liegt vermutlich weniger an der Zufälligkeit der Überlieferung als daran, dass Juda im Wesentlichen mittels eines komplexen Systems von Loyalitäten zwischen dem König, seinem Hofe und den Vornehmen des Landes regiert wurde und offenbar keinen durchorganisierten staatlichen Verwaltungsapparat besaß.[19] Auch wenn man feststellt, dass die den Rechtsmissbrauch durch die *śārîm*, die Beamten, anklagenden Texte wie Jes 1,10 – 17[20] und Jer 5,23 – 25[21] entweder als retrospektive Schuldaufweise zu

---

18 Vgl. zum Folgenden Jehad Aboud, Rolle des Königs, 111 – 113.
19 Vgl. dazu Hermann M. Niemann, Herrschaft, 41 – 56 und zur Herrschafts- und Verwaltungs-struktur Judas als einer partizipatorischen Monarchie grundsätzlich Rainer Kessler, Staat und Gesellschaft, 154 – 207 und bes. 202 – 207.
20 Vgl. dazu Jaques Vermeylen, Prophète I, 65 – 71; Kaiser (ATD 17)3, 39 – 42; Rudolf Kilian

deuten sind oder ihr vermutlich zeitgenössischer Kern wie in Mi 3,1 – 3 in einen derartigen Kontext eingebettet ist,[22] könnten sie einen Reflex auf entsprechende Übergriffe in der späten Königszeit enthalten.

Es fällt allerdings auf, dass in den eben genannten Texten alle Angriffe auf den König fehlen. Vermutlich findet das seine Erklärung darin, dass sie entweder wie Jes 1,10 – 17 bereits nachexilische Verhältnisse im Auge haben oder die Übergriffe auf der Ebene der lokalen Beamtenschaft stattfanden: Denn ihre fortlaufende Kontrolle dürfte für den König angesichts der damaligen Kommunikationsmittel mit zunehmender Entfernung schwieriger gewesen sein. Trotzdem wurde dem König die Verantwortung für die Durchsetzung des Rechts im Lande vor Gott nicht abgenommen.[23] Wie sich im Einzelnen die herkömmliche Gerichtsbarkeit der Ältesten im Tor[24] zur königlichen Verwaltungsgerichtsbarkeit verhielt, lässt sich nur schwer rekonstruieren.[25] So lässt es sich auch nicht entscheiden, ob sich hinter der Erzählung vom salomonischen Urteil in I Kön 3,16 – 28 eine zutreffende Erinnerung an eine Funktion des Königs als oberste Appellationsinstanz verbirgt oder nicht. Immerhin könnte es gemäß seines göttlichen Auftrags, über Recht und Gerechtigkeit im Lande zu wachen, ein derartiges königliches Obergericht gegeben haben. Im Zusammenhang der Erzählung von Absaloms Vorbereitungen für den Aufstand gegen seinen Vater David ist in II Sam 15,2 – 3 von Männern die Rede, die von auswärts nach Jerusalem kamen, um beim König ihr Recht zu suchen. Doch ob man daraus auf ein königliches Obergericht oder lediglich auf die königliche Zuständigkeit für einen Fall der Verwaltungsgerichtsbarkeit zurück schließen darf, lässt sich schwerlich entscheiden.[26] Andererseits belegt diese Erzählung, dass das königliche Gericht anders als noch im ugaritischen Aqat-Epos aus dem Beginn des letzten Drittels des 2. Jh. v. Chr. nicht im Stadtor als der Stätte des Ortsgerichts, sondern vermutlich im Palast tagte.

Für die Verfassung und Verbreitung eines königlichen Rechtsbuches zur Bereitstellung der unterschiedlichsten Paradigmen für die praktische Lösung von Rechtsfällen bestand im Königreich Juda offenbar lange kein Bedarf. Die von den Ältesten wahrgenommene Rechtsprechung im Tor folgte vielmehr dem Gewohnheitsrecht, wie es mündlich überliefert und allenfalls in der Form

---

(NEB.AT. Lfg.17), 25 – 26; Peter Höffken (NSK.AT 18/1), 39 – 43 und Uwe Becker, Jesaja, 175 – 178.

21 Vgl. Bernhard Duhm (KHC XI), 62 – 62; Josef Schreiner, (NEB.AT Lfg.9), 45 – 46; William McKane, Jeremiah I, 130 und zur Sache auch Werner H. Schmidt (ATD 20), 150 – 154.

22 Vgl. dazu Rainer Kessler, Micha (HThKAT), 144 – 145 und zur sozialkritischen Grundsammlung in 2,1 – 3,13 Jakob Wöhrle, Sammlungen, 146 – 156.

23 Dass auch Jer 21,11 – 12 als von den Herausgebern stammende Überschrift zu den Königssprüchen in Jer 21,11 – 23,8 zu bewerten ist, hat Hans-Jürgen Hermission, Königsspruch Sammlung, 37 – 58, bes.39 – 40 gezeigt.

24 Vgl. dazu Eckart Otto, Zivile Funktionen des Stadttores; 188 – 197, bes. 195 – 196.

25 Vgl. dazu Herbert Niehr, Rechtsprechung; 82 – 86 und Christian Stettler, Gericht, 24 – 31.

26 Vgl. dazu Niehr, 75 – 76, der Belege wie II Kön 8,1 – 6 und Jer 26,1 – 19 auf die Verwaltungsgerichts-barkeit des Königs bezieht.

von Rechtsreihen aufgezeichnet war. Wenn es zutrifft, dass die in mehreren Etappen erfolgte Komposition und Aufzeichnung des Bundesbuches vermutlich in der Zeit der assyrischen Oberherrschaft und mithin zwischen dem letzten Drittel des 8. und des 7. Jh. begann,[27] so weist es darauf hin, dass es damals bei den *śārîm*, den mit der königlichen Gerichtsbarkeit im Bereich des Palastes und der königlichen Krongüter sowie mit der Schulung der Beamten beauftragten Rechtskundigen einen ersten Bedarf für eine solche Rechtsparadigmatik gab. Denn um eine solche handelt es sich bei den antiken Rechtsbüchern im Gegensatz zu den modernen Gesetzbüchern. Gesetzbücher schreiben bindend vor, wie in bestimmten Fällen zu verfahren ist. Rechtsbücher stellen analoge Lösungen bereit, aufgrund derer der Richter in seiner Weisheit das konkrete Urteil finden kann. Sie dienen der Rechtsschulung und Rechtssicherheit, aber nicht der Rechtsprechung.[28] So tasteten sie das Gewohnheitsrecht nicht an, sondern stellten seine Lösungen in Auswahl bereit.

Die Theologisierung des Rechts besaß ihren Ausgangs- und weiteren Anknüpfungspunkt darin, dass Jahwe als der Beschützer der Geringen galt, die selbst nicht rechtsfähig und deren Rechte daher besonders bedroht waren.[29] Das aber waren die landlosen kleinen Leute, die Witwen und unmündigen Waisen sowie die Gastbürger, unter denen wir uns in der Königszeit Israeliten aus anderen Orten und Sippenverbänden vorzustellen haben, vgl. Ex 21,20 – 23 (24). Demgemäß heißt es in der jedenfalls aus vorexilischer Zeit stammenden *Ägyptisierenden Lehre* (Spr. 22,17 – 24,22)[30] in (Spr. 22,22 – 23):

22 Beraube den Geringen nicht, weil er gering ist,
und unterdrücke nicht den Armen im Tor;

23 Denn Jahwe wird ihren Rechtsstreit führen
und ihren Räubern das Leben rauben.[31]

Die Theologisierung des Rechts setzte mithin damit ein, dass den Rechtssätzen des Bundesbuches in Ex 22,21 – 26 eine Reihe von Schutzbestimmungen zugunsten der *personae miserae* angefügt wurde, in denen Jahwe im Fall ihrer Nichtbeachtung die Erhörung der Notschreie der Misshandelten ankündigt. So lässt der Bearbeiter Gott selbst in dem Schutzgesetz für die *gērîm*, die im Ort ansässigen Fremden, Ex 22,20aα.22 daran erinnern, dass er im Fall ihrer Be-

---

27　Vgl. dazu Frank Crüsemann, Tora, 195, Reinhard G. Kratz, Komposition, 146 – 147 und knapp, in Zusammenfassung vorausgehender Studien Eckart Otto, Bundesbuch (RGG4.I,) 1876 – 1877, bei unterschiedlicher Abgrenzung der Urausgabe auf 21,1 – 22,16(19) durch Crüsemann und Kratz auf 20,24 – 22,26* durch Otto.

28　Vgl. dazu Eckart Otto, Rechtsgeschichte, 181 – 182; Norbert Lohfink, Gesetz, Gerechtigkeit und Erbarmen, 251 – 265, bes. 253 – 254 und Gerhard Thür, Rechtsstreit, 29 – 44 und den Text des von ihm als Paradigma gewählten Codex von Gortyn in Urtext und engl. Übersetzung bei Anselm Hagedorn, Between Moses and Plato, 285 – 299.

29　Vgl. zum Folgenden auch Rainer Albertz, Theologisierung, 187 – 207.

30　Vgl. Diethard Römheld, Wege, 184.

31　Zur Übersetzung von קבע vgl. Ges HAW Lfg. 518, 1144a.

drängung ihr Schreien hören würde.[32] Dasselbe lässt ihn 22,26b für den Fall
erklären, dass ein gepfändeter Mantel seinem Besitzer nicht vor Sonnenuntergang zurückgegeben wird.[33] Mit diesen Zusagen kommt Jahwe seiner
Aufgabe als Beschützer der Armen und Rechtlosen nach. Damit war der An-
satzpunkt dafür gegeben, nach dem Ausfall des Königtums alle weiteren
Rechtsordnungen seiner Autorität zu unterstellen.[34] Den Anlass für die Bereitstellung eines derartigen, in seinem Armenrecht religiös begründeten
Rechtsbuches könnten durch die Zuwanderung größerer Kontingente von
Bewohnern des ehemaligen Nordreiches ausgelöste Rechtskonflikte gebildet
haben, die eine Vereinheitlichung der Rechtsprechung als wünschenswert
erscheinen ließen. Ob man aus der Bearbeitung, die Jahwe selbst das Wort zur
Rechtsbelehrung erteilen lässt, auf priesterliche Autoren zurück schließen
muss, oder ob sie nicht vielmehr in Kreisen der Verwaltungsbeamten zu suchen sind, ist eine offene Frage, deren Beantwortung nichts daran ändert, dass
damit der entscheidende Schritt auf dem Wege getan war, ein Rechtsbuch der
direkten Autorität Jahwes zu unterstellen, der darin erneut seine universale
Macht erweist.

 Fragt man nun konkret, warum die biblischen Rechtsreihen wie der Dekalog und Rechtsbücher wie das Bundesbuch, das Deuteronomium und das
Heiligkeitsgesetz Jahwe zugeschrieben werden, so lautet die dreifache Antwort: 1.) galt Gott als der oberste Garant des Rechts, der daher alle Verstöße
gegen es ahndete; 2.) gab es zu der Zeit ihrer Aufzeichnung bzw. Aufnahme in
die biblische Stiftungsgeschichte keine Könige mehr, die das Recht dafür
hätten in Anspruch nehmen können, und 3.) verlangten die Entwürfe für eine
Neuordnung des jüdischen religiösen und sozialen Lebens eine Legitimation,
die angesichts des Verlustes der Eigenstaatlichkeit und des Fehlens der Könige
nur Jahwe geben konnte. Ohne eine bindende Rechtsparadigmatik und eine
eindeutige Rechtsorganisation lassen sich in einer differenzierten Gesellschaft
aufbrechende soziale Konflikte nicht lösen. Andererseits verlangten nun aber
auch die religiösen Grundnormen in Gestalt des sogenannten Privilegrechtes
Jahwes, das seine Ansprüche gegenüber seinen Verehrern sicherte, nach ihrer
Aufzeichnung. Ein ganz analoger Prozess lässt sich nebenbei auch in Griechenland seit dem 7. Jh. v. Chr. beobachten. Er führte im 5. und 4. Jh. zu der

---

32 V. 21, der das Verbot, die Witwen und Waisen zu bedrängen, untersagt, ist vermutlich ein dtr
   Zusatz.
33 Vgl. auch Am 2,8 und dazu oben, 45.
34 Bei grundlegender Gemeinsamkeit darin, dass den Kern des Bundesbuches die in c.21–22
   enthaltenden kasuistischen Rechtssätze bilden, werden die theologisierenden Zusätze der Du-
   Schicht in 22,20–26 in der Forschung unterschiedlichen Phasen der Entstehung des Buches
   zugewiesen, doch scheinen sich alle darin einig zu sein, dass die Zusätze vordtn sind; vgl. dazu
   E. Otto, Wandel der Rechtsbegründungen, 40–42, der 22,20aα.22.24a.25.26 dem für die Komposition von Ex 21,2–22,26* verantwortlichen Redaktor zuschreibt, und weiterhin Ludger
   Schwienhorst-Schönberger, Bundesbuch, 346–359; Yuichi Oisumi, Kompositionsgeschichte
   219–220 und R.G. Kratz, Komposition, 146–147.

Vorstellung von den großen, von dem delphischen Apoll legitimierten Gesetzgebern der Vorzeit, von denen allein Solon im vollen Licht der Geschichte steht.[35] Und so können wir abschließend sagen: Weil Gott Recht liebt (Ps 37,28), haben ihn die Priester und Schreiber des exilisch-nachexilischen Zeitalters auch zur Quelle des Rechts erklärt und die in einer längeren Geschichte gewachsenen Rechtsreihen und Rechtsbücher der Autorität des damit zum Religionsgründer erklärten Moses unterstellt.[36]

6.3 Der Dekalog als Inbegriff des göttlichen Rechts- und Gemeinschaftswillens[37]

Den Inbegriff des göttlichen Rechtswillens stellt der Dekalog dar. Darum ist er in einem redaktionellen Akt dem Bundesbuch in Ex 20,22 – 23,33 und dem Deuteronomium im Rahmen der Einleitungsreden in Dtn 5,6 – 21 vorangestellt worden.[38] Zwei Urteile von Lothar Perlitt haben sich durchgesetzt. Das erste besagt, dass der ursprüngliche Ort des Dekalogs nicht der Sinai, sondern der Umkreis der deuteronomischen Theologie gewesen ist.[39] Das zweite erklärt, dass er sekundär in Ex 20,1 – 17 in die Sinaiperikope eingefügt ist; denn:

Ex 20,18 schließt an 19,19 an – unabhängig zunächst davon, warum und seit wann das so ist. 20,2 – 17 schließt nicht an 19,19 an, denn da antwortet Gott nicht mit Geboten, sondern mit Donner. 20,2 – 17schließt aber auch nicht an 19,25 an, denn da ist Mose schon wieder bei den Seinen. 20,18 ff hat andere Interessen und lässt mit keiner Silbe erkennen, dass Jahwe … eben Letztgültiges proklamiert hat.[40]

Das dritte Urteil, dass die Einbettung des Dekalogs in Dtn 5 den Kontext der Sinaitheophanie voraussetzt und seine Einfügung in Ex 20 und Dtn 5 gleichzeitig erfolgt ist,[41] hat sich dagegen nicht allgemein durchgesetzt. Sie hat im Anschluss an die von Frank-Lothar Hossfeld vertretene Hypothese, dass die

35 Vgl. dazu Karl-Joachim Hölkeskamp, Schiedsrichter, 262 – 285 bzw. meine Anzeige ZAR 6, 2000, 358 – 361.
36 Vgl. dazu auch Raik Hekl, Augenzeugenschaft und Verfasserschaft, 353 – 373.
37 Eine alle wesentlichen Beiträge bis 1992 berücksichtigende Bibliographie bietet Werner H. Schmidt, Mitarb. Holger Delkurt und Axel Graupner, Zehn Gebote, 151 – 172, vgl. auch die Überblicke von Lothar Perlitt, Art. Dekalog I: Altes Testament (TRE VIII), 408 – 413; Frank-Lothar Hossfeld, Dekalog, (NBL I), 400 – 405 und Eckart Otto, Dekalog I: Altes Testament (RGG4 II), 1999, 625 – 628 und last not least Matthias Köckert, Die Zehn Gebote, 2007.
38 Vgl. dazu auch oben 34.
39 Bundestheologie, 98.
40 Perlitt, 91 Anm.2. – Dass die Einfügung sozusagen am einzig möglichen Ort erfolgt ist, wenn nicht die ganze auf das Bundesbuch zulaufende Theophanie-Erzählung umgeschrieben werden sollte, hat Wolfgang Oswald, Israel am Gottesberg, 150 – 151 gezeigt.
41 Perlitt, 98 – 99.

Fassung in Dtn 5 gegenüber der in Ex 20 die ursprüngliche darstellt,[42] zu einer bis heute anhaltenden Kontroverse geführt.[43] Da wir das Problem oben bereits behandelt haben, reicht im vorliegenden Zusammenhang die Feststellung aus, dass der Dekalog in beiden Fällen als Summe des göttlichen Rechtswillens gedacht und als solcher bis heute wahrgenommen wird.

6.4 Der Dekalog als sekundäre Komposition[44]

Jeder, der auch nur eine oberflächliche Ahnung von der Geschichte vorliterarischer und literarischer sprachlicher Formen und ihrer Eigenart als konventioneller Mittel besitzt, bestimmte Sachverhalten in bestimmten Situationen auf eine bestimmte Weise vorzutragen, bemerkt, dass der Dekalog zwar eine kunstvoll gefügte, aber trotzdem keine ursprüngliche Einheit darstellt, obwohl sich sämtliche Gebote an das mit Israel identische Du wenden. Als erstes fällt auf, dass er in Ex 20,2 (par Dtn 5,6) als Gottesrede einsetzt, sie aber nur bis einschließlich V. 6 (par Dtn 5,10) durchhält, um dann von V. 7 – 12 (par Dtn 5,11 – 16) und d. h. vom Verbot des Missbrauchs des göttlichen Namens über das Sabbat- bis zum Elterngebot in 3. Person von Jahwe zu reden. Dann aber fällt sein Name nur noch in der Begründung des Gebots, die Eltern zu ehren, in V. 12b par Dtn 5,16b. Die weiteren Gebote besitzen keine theologische Begründung, sondern sind „nackte" Prohibitive oder Verbote. Unter ihnen hebt sich die Kurzreihe V. 13 – 15 mit dem Verbot des Mordes, des Ehebruchs und des Diebstahls als eine kleine Einheit *sui generis* heraus. Sie besitzt mit einer unterschiedlichen Abfolge in Jer 7,9; Hos 4,2 und Hi 24,14 – 15 ihre Parallelen. Das in V. 16 folgende Verbot, ein falsches (gerichtliches) Zeugnis gegen den Nächsten abzulegen, schließt sich formal an diese knappen Prohibitive an (vgl. Dtn 5,17 – 20).[45] Blicken wir zurück, so verbieten sie in Ex 20,1 – 6 par Dtn 5,6 – 11 die Verehrung anderer Götter, ihrer Bilder und den Missbrauch des Gottesnamens. Darauf folgt das positive Gebot der Einhaltung des Sabbats (Ex 20,8 – 11 par Dtn 5,12 – 15 mit unterschiedlichen Begründungen).[46] Da die genannten Gebote sämtlich die Absicht verfolgen, die Alleinverehrung Jahwes in angemessener Weise zu sichern, werden sie zum Privilegrecht Jahwes gerechnet.[47] Dagegen rückt mit dem Gebot der Elter-

---

42 F.-L. Hossfeld, (OBO 45), 283 – 284.; Ders., Vergleich der Dekalogfassungen, 73 – 118.
43 Zur Diskussion vgl. z. B. Christoph Levin, Dekalog, 60 – 80; Axel Graupner, Verhältnis, 308 – 329; William Johnstone, Decalogue, 361 – 385 und Reinhard G. Kratz, Dekalog, 205 – 238; Wolfgang Oswald, Israel, 99 – 101 und 150 – 154 sowie Eckart Otto (BZAW 284), 223 – 238 und ders., Gesetz, 173 – 178.
44 Vgl. dazu auch GAT I, 309 – 312.
45 Zu den Redeformen des Rechts vgl. Kaiser, Einleitung5,, 65 – 71 bzw. ders., Grundriss I, 77 – 80.
46 Vgl. dazu Alexandra Grund, Entstehung, 177 – 187.
47 Zur weiteren sachlichen Information vgl. Friedrich Horst, Privilegrecht Jahwes (1930), 17 – 154.

nehrung der zwischenmenschliche Bereich ins Blickfeld. Auch hier fällt der Unterschied von Formen und Inhalten auf: Das Elterngebot ist von den folgenden, das soziale Verhalten regelnden Geboten als einziges positiv gehalten und als einziges begründet (Ex 20,12 par Dtn 5, 16). Die vier folgenden Prohibitive oder Verbote sind klare apodiktische Rechtssätze, die ohne jegliche Diskussion ein unbedingtes Verbot aussprechen. Der Sache nach sind sie wie die vorausgehenden Regeln justiziabel, d. h.: Wer sie übertritt, kann deshalb gerichtlich belangt und unter Umständen mit dem Tode bestraft werden.[48] Dann aber folgt in Ex 20,17 ein nicht gerichtlich verfolgbares Verbot, nach dem Besitz des Nächsten zu trachten. Es ist in Dtn 5,21 aus gleich zu erläuternden Gründen auf zwei Prohibitivsätze aufgeteilt. Das ändert jedoch nichts an der Tatsache, dass man Gelüste zwar verbieten, aber nicht strafrechtlich verfolgen kann: Das Recht geht an dieser Stelle in die Ethik über. Ein ähnlicher Übergang zeichnet sich bereits in den Geboten des Bundesbuches ab, wenn in ihm verlangt wird, den einem Feind gehörenden Ochsen oder Esel, der sich verlaufen hat, zu seinem Besitzer zurückzubringen, oder, wenn ein ihm gehörender Esel unter seiner Last zusammenbricht, ihn nicht liegen zu lassen, sondern das eigene Vorhaben aufzugeben und dem Tier statt dessen Hilfe zu leisten (Ex 23,4 – 5).

Formgeschichtlich sind die meisten Sätze aufgrund ihrer Verallgemeinerung als Spätlinge zu betrachten, die auf ältere, konkrete Einzelfallregelungen zurückgreifen.[49] So dürfte das Hauptgebot auf das Verbot, anderen Göttern als Jahwe zu opfern, in Ex 22,19 zurückgehen. Hinter dem Verbot des Namensmissbrauches steht vermutlich das aus Lev 19,12, bei dem Namen Jahwes falsch zu schwören. Das Gebot der Elternehrung verallgemeinert die Todesrechtssätze in Ex 22,15 und 17, Vater und Mutter nicht zu schlagen oder sie zu verfluchen. Auch die beiden folgenden Verbote des Mordes und des Menschenraubes besitzen in den Todesrechtssätzen Ex 21,12 und 15 ihre Entsprechungen. Ebenso entspricht dem Verbot des Ehebruchs die zum Todesrecht gehörende Bestimmung Lev 20,10. Hinter dem 9. (8.) Gebot stehen die Prohibitive in Ex 23,1 – 3, die falsche Nachrede, die Ablegung falschen Zeugnisses vor Gericht, Rechtsbeugung aus Anbiederung an die Menge oder Furcht vor ihr und Begünstigung verbieten,[50] während das 10. (9./10) Gebot die Bestimmungen zur Sicherung des Eigentums in 21,33 – 22,14 auf hohem Niveau abstrahiert. Dieser Befund rechtfertigt die Annahme, dass die eigentliche Quelle für den Dekalog im Bundesbuch und in einer Todesrechtssatzreihe zu suchen ist, die teils in das Bundesbuch[51] und teils in das Heiligkeitsgesetz[52] eingegangen ist. So fußt der

---

48 Zur Korrespondenz zwischen apodiktischen Prohibitiven und Sätzen des Todesrechts vgl. Hermann Schulz, Todesrecht, 40 – 72 mit der Zusammenfassung 71 – 72.

49 Vgl. dazu die ausführlichen Nachweise und Erörterungen zu den einzelnen Geboten bei Werner H. Schmidt und Mitarb., Zehn Gebote, 39 – 144.

50 Vgl. dazu auch Ex 23,2 – 3; Dtn 16,19 – 20 und Lev 19,15.

51 Den Weg vom Recht zum Ethos im Bundesbuch zeichnet Eckart Otto, Ethik, 18 – 116 nach. Da das biblische Talionsgesetz in Ex 21,23 – 25 besonderen Missverständnissen ausgesetzt ist, sei

Dekalog auf älteren Rechtssätzen, die er aus katechetischen Gründen verallgemeinert. Die Frage, ob er für seinen jetzigen Kontext geschaffen worden[53] oder zunächst und wahrscheinlicher selbstständig tradiert worden ist,[54] ist demgegenüber von untergeordneter Bedeutung.

6.5 Unterschiede der Zählung und markante Differenzen der Dekalogfassungen Exodus 20 und Deuteronomium 5[55]

Dass es sich beim Dekalog um eine sekundäre Komposition handelt, der teilweise Kurzreihen vorausgingen, darf grundsätzlich als unumstritten gelten.[56] Besonders auffällig ist der Unterschied der Zählung der Gebote in den beiden Fassungen in Ex 20 und Dtn 5. So ist das in Ex 20,17 einheitliche Verbot des Begehrens nach fremdem Eigentum in Dtn 5,21 in zwei zerlegt worden. Wenn dabei das Trachten nach der Frau eines Anderen von dem nach der sonstigen beweglichen Habe abgetrennt wird, zeichnet sich darin vermutlich eine neue Stellung der Frau als Trägerin eigener Rechte ab.[57] Diese Aufteilung ist die Folge davon, dass die beiden Verbote, keinen anderen Gott als Jahwe zu verehren und keinerlei Abbilder herzustellen, anders als in Ex 20,2–6 mit Recht als ein einziges Gebot behandelt werden. So machte die Erreichung der Zehnzahl, die sich nachträglich ebenso aus didaktischen wie aus symbolischen Gründen empfahl,[58] in Dtn 5 die Zerlegung des Verbots der Begehrlichkeit in zwei erforderlich. Den vier ersten Geboten in Ex 20 entsprechen mithin drei in Dtn 5.

Im Anschluss an die beiden Tafeln, die Mose auf dem Sinai aus Gottes Hand empfängt und bei seinem Herabsteigen vom Berge angesichts des Abfalls zum Goldenen Kalb zerschlägt (vgl. Ex 32,15–19 mit 34,1–4.27–28),[59] pflegt man

---

auf den Nachweis seiner Funktion zur Verhinderung ausufernder Vergeltungshandlungen im Intergentalrecht (vgl. Gen 4,23–24) durch Volker Wagner, Rechtssätze.3–15 und Otto, Ethik,73–81; Ders., Geschichte (1991) 224–245; Ders. Gesetz, 166–170 und jetzt die altorientalische und die griechisch-römische Welt einschließend Jan Rothkamm, Talio, hingewiesen.

52 Vgl. zu ihm auch Kaiser,GAT II, 120–123 und dazu auch vgl. Otto, Geschichte (1991), 237–263.
53 Vgl. dazu auch R. G. Kratz, Dekalog, 224–231 und oben, 97–101.
54 Vgl. Perlitt, Bundestheologie 91.
55 Vgl. dazu ausführlich F.-L. Hossfeld (OBO 45), 21–162 und dazu zuletzt umfassend und unter Berücksichtigung der unterschiedlichen Zählweisen in den Synagogen und christlichen Konfessionen Matthias Köckert, Zehn Gebote, 26–35.
56 Vgl. dazu Werner H. Schmidt, Zehn Gebote, 25–35.
57 Zur rechtlichen Stellung der Frauen in der Perserzeit vgl. Christine Roy Yoder, Wisdom, 39–72 mit der Zusammenfassung 71–72.
58 Bekanntlich hat der Mensch zehn Finger, so dass er die zehn Gebote an ihnen abzählen kann. Vor allem aber gehört die 10 wie die 7 und die 12 zu den heiligen Zahlen, die ein vollendetes Ganzes bezeichnen.
59 Vgl. dazu auch Christoph Dohmen, Tafeln, 9–50.

in der Tradition die privilegrechtlichen Bestimmungen der und die sozial-
rechtlichen der 2. Tafel zuzuweisen. Zur ersten Tafel rechnen also nach der sich
an Ex 20 haltenden Standardzählung vier und zur zweiten sechs Gebote.

Inhaltlich unterscheiden sich die beiden Fassungen in Ex 20 und Dtn 5 vor
allem darin, dass das *Sabbatgebot* in Ex 20,8 – 11 und Dtn 5,12 – 15 verschieden
erweitert wird: In Ex 20,11 wird es schöpfungstheologisch mit einem Rückverweis auf Gottes Ruhen am siebten Tage und damit auf Gen 2,1 – 3 begründet.[60] In Dtn 5,15 wird es dagegen mit der Aufforderung versehen, an
diesem Tage an das Sklavendasein in Ägypten und die Herausführung durch
Jahwe zu gedenken.[61] Dadurch wird die Befolgung der Ausdehnung des Ar-
beitsverbotes auf alles, was zum Hausstand gehört oder sich als Gastbürger in
den Orten aufhält, zu einem Akt der Solidarität mit den Kindern, den Sklaven,
den Fremden und den Arbeitstieren. Sachlich bezieht sich Dtn 5,15 auf die
Eröffnung der Reihe, in der sich Jahwe mit einer erweiterten Selbstvorstellung
als der Gott bekennt, der Israel aus Ägypten herausgeführt hat. Auch die
einzige Verheißung, die einem Gebot der 2. Tafel in Gestalt der Begründung
des Elterngebots in Ex 20,12b par Dtn 5,16b gegeben ist, ist heilsgeschichtli-
cher Art. Sie besteht in Ex 20,12b aus einer Kombination der dtr Formeln, die
ein langes Leben bzw. die Landgabe verheißen. Zwischen sie ist in Dtn 5,16b
die Wohlformel eingefügt.[62]

6.6 Der Dekalog als Sinneinheit

Obwohl es sich beim Dekalog um eine sekundäre Komposition handelt, besitzt
er einen klaren Aufbau, den zu erkennen für sein Verständnis unerlässlich ist.[63]
Denn erst so wird deutlich, dass die Selbstvorstellung Jahwes in Ex 20,2, mit
der er seinen Anspruch auf die anschließend geforderte Alleinverehrung begründet, mehr als eine bloße Einleitung ist, sondern alle weiteren Gebote in
ihrem Licht gelesen und mithin als konkrete Auslegungen des Ersten Gebots
verstanden werden sollen. Den Vorrang des Ersten Gebotes bringt zunächst
die Rahmung des Fremdgötter- und Bilderverbotes in V. 3 und 4[64] durch V. 2
und V. 5 – 6 zum Ausdruck. Das Fremdgötterverbot sichert die ausschließliche

---

60 Vgl. dazu Matthias Köckert, Palast in der Zeit, 135 – 139 und Alexandra Grund, Entstehung, 177 –
    180.
61 Vgl. dazu Köckert, Palast, 128 – 135 und Grund, Entstehung, 180 – 182.
62 Zur Lebensformel vgl. Dtn 4,26; 5,30; 6,2; 11,9; 25,15; 30,18, zu verwandten Landgabeformeln
    z. B. Dtn 4,3.21; 9,6; 11,31; 19,2; 32,52 und bes. 21,1, zur Wohlformel Dtn 5,29; 6,3.18; 12,25.28
    und 22,7b.
63 Vgl. dazu ausführlich R. G. Kratz, Dekalog., 206 – 214.
64 Zu den Unterschieden in den beiden Dekalogfassungen vgl. Christoph Dohmen, Bilderver-
    bot.213 – 215, zu seiner Geschichte im Alten Testament 236 – 277 und zu seiner grundsätzlichen
    Bedeutung GAT II, 172 – 180.

Verehrung des einen Gottes, während das Bilderverbot ihn allen irdischen Verhältnissen entrückt und damit seine freie Weltüberlegenheit herausstellt.[65] Dabei nimmt V. 5bα die Selbstvorstellung aus V. 2a auf, um sie in 5bβ und 6 durch die Heimsuchungs- und die Gnadenformel abzuschließen. Die Eifersucht Jahwes bezieht sich auf die Einhaltung des Gebots, daher sucht er seine Übertretung bis in die Generation der Urenkel heim. Die Gnadenzusage aber verspricht denen, die ihn lieben und seine Gebote halten, die göttliche Treue (*ḥæsæd*) für unübersehbare Geschlechterfolgen. Damit ist das Erste zureichend als das Hauptgebot (Norbert Lohfink)[66] gekennzeichnet und sein Zusammenhang mit den nachfolgenden Geboten gesichert. In ähnlicher Weise wird das 3. Gebot, das den Schwur eines Meineides und jeden sonstigen, vor allem magischen Missbrauch des Gottesnamens untersagt,[67] durch die Androhung, dass Jahwe seine Übertretung nicht ungerächt lassen wird, mit den beiden vorausgehenden verbunden. Die dtn Fassung des folgenden Sabbatgebots schließt das Gebot mit seiner Deutung, dass der Sabbat der Erinnerung an Israels Sklavendasein in Ägypten und seine Befreiung durch Jahwe dienen soll, deutlich an die Selbstvorstellung Jahwes in V. 2 an. Die Gebote der 2. Tafel stehen der Sache nach alle unter der Verheißung, die ausdrücklich und bedacht dem Gebot der Elternehrung als Begründung beigefügt ist. Damit wird die fundamentale Bedeutung des Eltern-Kindverhältnisses als der Keimzelle aller menschlichen Gemeinschaft hervorgehoben.[68] Aber von der Gnadenformel in V. 6 her stehen auch die folgenden fünf (bzw. sechs) Gebote unter der Verheißung, dass ihre Befolgung langes (mit Wohl verbundenes) Leben in dem Land zur Folge hat, das Jahwe seinem Volk geben will. Hier wird bereits deutlich, dass der Dekalog entweder für seinen Kontext geschaffen oder nachträglich auf ihn bezogen worden ist.[69] Denn nur in seinem Rahmen ist der Verweis auf die künftige Landgabe sinnvoll. So bildet das Elterngebot die Mittelachse der ganzen Komposition und stellt damit auf der Erzählungsebene den heilsgeschichtlichen Zusammenhang zwischen dem Gott, der Israel aus Ägypten heraus geführt hat, und dem Gott her, der ihm in der Folge sein Land geben wird. Auf der Ebene der Erzählung wird Israel am Vorabend der Landnahme vor die Entscheidung gestellt, ob es im Lande Kanaan unter dem

---

65 Vgl. dazu Kaiser, GAT II, 161 – 182 und jetzt auch Sven Petry, Gottesbild, 257 – 271, bes.269 – 270 und Matthias Köckert, Entstehung, 272 – 290, bes.289, der von einer Entwicklung von der ikonischen zur anikonischen Gottesverehrung ausgeht.

66 Die Bezeichnung geht auf Norbert Lohfink, Hauptgebot, 9 und 98 zurück.

67 Vgl. dazu W.H. Schmidt und Mitarb., Zehn Gebote,78 – 85 und Anthony Phillips, Criminal Law, 53 – 60, der den Dekalog in Verkennung seines didaktischen Sinnes als Kriminalgesetz versteht und daher die Bedeutung zu einseitig auf die magischen Praktiken einengt, weil im Fall des Meineides die Strafe in der Selbstverfluchung gelegen habe.

68 Vgl. zu ihm bes. Rainer Albertz, Hintergrund, 157 – 185; David L. Baker, Fifth Commandment, 253 – 267, bes. 260 – 265 und zum Altenpflege im Alten Vorderen Orient überhaupt Marten Stoll/ Sven P. Vleeming (Hg.), Care of the Elderly, passim.

69 Vgl. dazu auch oben, 33 – 35.

Segen oder dem Fluch Gottes stehen, glücklich im Lande leben oder aus dem Lande vertrieben werden will (Dtn 28).

Von der Zeitstellung des Erzählers her wird das gegenwärtige und zukünftige Israel, solange es in der Gola und in der Diaspora, in der Verbannung und der Zerstreuung lebt, vor die Entscheidung gestellt, ob Jahwe es in das Land zurückführen oder es selbst inmitten der Völker zugrunde gehen soll. In der Folge galt dieser Entscheidungsruf aber auch jedem Einzelnen, der wissen sollte, dass es nicht nur um die Zukunft des Volkes, sondern auch um sein eigenes zeitliches Wohl und Heil und schließlich ewiges Gericht geht (Ps 1).

6.7 Das Ethos des Dekalogs oder Gottes Wille zur Gemeinschaft mit und in Israel

Die Vorordnung des als des Hauptgebots macht deutlich, dass der Dekalog eine theonome Ethik vertritt. In seinen Schatten treten daher auch das auf konkretere Verdikte zurückgreifende Elterngebot und die für ein friedliches und gedeihliches Zusammenleben eintretenden weiteren fünf (bzw. sechs) Gebote. Damit bereitet der Dekalog die spätere jüdische Nebeneinanderstellung des Gebotes der *Gottesliebe* aus Dtn 6,4 – 5 und der *Nächstenliebe* in Lev 19,18 (vgl. Mk 12,30 – 31 par) als der beiden höchsten Gebote vor.[70] Beide werden sachlich dadurch zusammengehalten, dass weder das eine noch das andere Gebot ein bloßes Gefühl, sondern tatkräftigen Gehorsam und eben solchen Beistand verlangt.[71] Insofern legen die Verbote, einen anderen zu ermorden, seine Ehe nicht zu zerstören und ihm seine Freiheit nicht zu rauben (wenn man das Diebstahlsverbot in seinem ursprünglichen Sinn auf Menschenraub zwecks Menschenhandel bezieht)[72] und weder seinen Rechtsanspruch durch falsche Zeugenaussagen zu vernichten noch nach seinem Eigentum zu trachten, das Gebot der Nächstenliebe konkret aus, noch ehe es als solches formuliert war: Wer Gott fürchtet, anerkennt den anderen als den Anderen seiner selbst und zerstört weder sein Leben noch seine intimsten

---

70 Zu Lev 19,18 vgl. umfassend Hans-Peter Mathys, Liebe deinen Nächsten, sowie Matthias Köckert, Gesetz und Nächstenliebe, 155 – 166, bes. 163 – 166 und zum Doppelgebot der Gottes- und der Nächstenliebe im Judentum umfassend Andreas Nissen, Gott und der Nächste.

71 Vgl. dazu auch Immanuel Kant, Kritik der praktischen Vernunft (PhB 38), 97 (B 148): „…. Liebe zu Gott als Neigung (pathologische Liebe) ist unmöglich; denn er ist kein Gegenstand der Sinne. Ebendieselbe gegen Menschen ist zwar möglich, kann aber nicht geboten werden; denn es steht in keines Menschen Vermögen, jemanden bloß auf Befehl zu lieben. Also ist es bloß die praktische Liebe, die in jenem Kern aller Gesetze verstanden wird. Gott lieben heißt in dieser Bedeutung: seine Gebote gerne tun,; den Nächsten lieben heißt: alle Pflicht gegen ihn gerne ausüben."

72 Vgl. dazu A. Phillips, Criminal Law, 130 – 14 Vermutlich ist es jedoch an seinem jetzigen Ort bereits verallgemeinert oder zumindest verallgemeinerungsfähig, vgl. dazu auch W.H. Schmidt und Mitarb., Zehn Gebote, 122 – 124.

Beziehungen, beraubt ihn nicht seiner Freiheit, seines Rechtes oder seines Eigentums, ja, er tut das nicht einmal in Gedanken, weil Begehren zum Nehmen antreibt. In diesem Sinn garantiert die 2. Tafel den Vorrang der Eltern als der irdischen Geber des Lebens und der Familie als der Basis der Gemeinschaft.[73] Anschließend postuliert sie gleichsam die Grundrechte des Menschen auf Leben, Intimbeziehung, Freiheit, Recht und Eigentum, indem sie allen die Pflicht auferlegt, diese Rechte im Interesse des eigenen Wohls und Heils zu respektieren und nicht einmal in Gedanken zu verletzen, weil das Begehren ein gefährlicher Verführer ist.[74] Wer von *Menschenrechten* spricht, sollte also zugleich von *Menschenpflichten* reden, um daran zu erinnern, dass es ein reziprokes Verhältnis zwischen Ich und Du gibt. Er sollte aber auch im Auge behalten, dass vom Gelingen oder Misslingen dieses Verhältnisses zugleich die Qualität der Gottesbeziehung abhängt, um seine huldvolle Nähe oder seine richtende Ferne.[75] *Man kann diesen Gott nicht seinen Gott sein lassen, ohne gleichzeitig den anderen als den anderen seiner selbst anzunehmen.* Jeder ist ein Ich und jedes Ich steht als Geschöpf Gottes in unmittelbarer Beziehung zu Gott. Daher stehen prinzipiell alle Menschen vor Gott nebeneinander, so dass das Heiligkeitsgesetz[76] in Lev 19,33–34 ausdrücklich gebietet, auch den ausländischen Fremdling (*gēr*)[77] zu lieben, ohne damit den Unterschied zum Israeliten aufzuheben (vgl. Lev 25,39–44).[78]

Die Eidgenossen des Gottesbundes bilden eine Bruderschaft, die ihnen andere Maßstäbe als die üblichen Rechte und das übliche Geschäftsgebaren auferlegt.[79] Hat sich ein Israelit bei einem anderen verschuldet, so darf der Geber eines Darlehens von ihm als einem Bruder keine Zinsen nehmen (Lev 25,35–38). Dass ein Israelit einen Israeliten, ein Jude einen Juden und mithin einen Bruder zum Schuldsklaven nimmt, ist unstatthaft, weil Jahwe Israel aus dem ägyptischen Sklavenhaus geholt hat und daher *alle* Israeliten *seine* Sklaven sind (Lev 25,42).[80] Hat sich ein Israelit bei einem anderen überschuldet, so darf ihn der Schuldner daher nicht als Schuldsklaven behandeln, sondern soll ihn bis zu dem alle fünfzig Jahre stattfindenden Jobel- oder Erlassjahr seine Schuld wie einen Beisassen und Tagelöhner abverdienen lassen (Lev 25,39–42). Im Verkehr mit einem Nichtisraeliten gelten dagegen

---

73 Vgl. dazu auch E. Otto, Sohnespflichten, 265–282.
74 Vgl. dazu auch Markus Witte, Wesen, 139–162, bes.147–155.
75 Vgl. dazu Matthias Köckert, Zehn Gebote, 117–121.
76 Zu seiner Ethik vgl. auch Kaiser, GAT II, 120–123.
77 Vgl. dazu Kaiser, Ortsfremde, 41–62, bes. 55–56.
78 Vgl. José Ramírez Kidd, Alterity, 68–71; Ludwig Massmann, Ruf, 192 und Kaiser, Ortsfremde, 57–59 und zum Liebesgebot in Lev 19,18 Hans-Peter Mathys, Liebe deinen Nächsten, passim.
79 Vgl. oben, 33–35.
80 Zum Verhältnis von Lev 25,39–43.47–55 zu den Vorlagen Ex 21,2–6.7–11 und Dtn 15,12–18 vgl. Gregory C. Chirichigno, Debt-Slavery, 344–357, zu verwandten Rechtsinstitutionen in der griechisch-römischen Welt Leonhard Schuhmacher, Sklaverei, 25–34; zur Schuldsklaverei im AT und im hellenistischen Judentum vgl. Kaiser, Politische und persönliche Freiheit, 63–79; zum Verhältnis von Recht und Ethik im Deuteronomium Eckart Otto, Ethik, 180–208.

die normalen Geschäftsbedingungen.[81] Aber das schließt eben nicht aus, dass sie ebenfalls unter das Gebot der Nächstenliebe gestellt werden und das in Lev 19,34 mit dem Rückverweis auf Israels Aufenthalt in Ägypten begründet wird. Der Fremde soll wie ein Einheimischer im Lande leben und die gleiche Hilfsbereitschaft wie ein Volksgenosse erfahren. Das Gebot der Nächstenliebe in Lev 19,18b knüpft unmittelbar an das Verbot an, sich an einem Volksgenossen zu rächen oder sich ihm gegenüber nachtragend zu verhalten. Es schließt daher de facto die Feindesliebe ein.[82] Aber trotzdem gehört der Ausländer nicht zur Bruderschaft Israels.

Den Höhepunkt der alttestamentlichen Ethik stellt freilich der sogenannte Reinigungseid Hiobs in Hi 31 dar.[83] In ihm bekennt der Dulder unter Androhung der Selbstverfluchung für den Fall, dass seine Aussagen falsch sind, nicht nur, dass er sich vor Ehebruch gehütet, dem Bedürftigen, der Witwe und Waise geholfen, den Nackten bekleidet, die Gestirne nicht angebetet, Gold nicht zum Grund seines Vertrauens in die Zukunft gemacht, sondern auch, dass er sich über das Unglück seines Feindes nicht gefreut, den Fremden nicht von der Tür gewiesen, den Freunden auch dann die Treue gehalten habe, wenn die Menge vor der Tür anderer Meinung war. Besonders aber mag es uns anrühren, dass er seine Sklaven als Mitgeschöpfe betrachtet und daher ihren eigenen Rechtsanspruch anerkannt und sie mithin als Menschen und nicht als Sachen behandelt hat (Hi 31,13 – 15):[84]

13 Hätte ich das Recht meines Sklaven verachtet
und meiner Magd in beider Rechtsstreit gegen mich –

14 Was könnte ich tun, wenn Gott sich erhöbe,
und wenn er nachforschte, was antworten ihm?

15 Hat nicht mein Schöpfer (auch) ihn im Mutterleibe geschaffen
und Einer uns im Mutterschoß bereitet[85]?

Weiter gegangen ist erst Jesus Sirach, indem er in Sir 7,21 forderte, einen gebildeten Sklaven wie sich selbst zu lieben und ihm die Freiheit zu schenken.[86] Über diese Grenze ist die alttestamentliche Ethik im Blick auf die Sklaverei nicht gelangt. Dass mancher christliche Sklavenhalter nicht einmal diesen Standpunkt erreicht und das Christentum als Ganzes sich erst unter dem Einfluss der Verkündung der Menschenrechte zur Abschaffung der Sklaverei entschlossen hat, sei wenigstens angemerkt. In den Augen des Apostels Paulus blieb für eine solche Sozialreform angesichts der Erwartung

---

81 Vgl. dazu Kaiser, Ortsfremde, 41 – 62.
82 Vgl. dazu Anm. 78.
83 So Bernhard Duhm (KHC XVI), 145, aufgenommen von Rudolf Smend, Art. Ethik III: Altes Testament (TRE X), 428.
84 Vgl. dazu auch Peter Doll, Menschenschöpfung, 29.
85 Zum Text vgl. Georg Fohrer, Hiob (KAT XVI)2, 425.
86 Vgl. auch Sir 10,25 und dazu Kaiser, Freiheit, 72 – 73.

der vor der Tür stehenden Wiederkunft Christi letztlich kein Raum, so dass er
es bei dem Rat beließ, jeder möge in dem Stand bleiben, in dem er zum Heil
berufen wurde. Aber er riet dem christlichen Sklaven, von einer Chance, frei zu
werden, Gebrauch zu machen: „denn ihr seid teuer erkauft, werdet nicht der
Menschen Knechte" (I Kor 7,20–24).[87] Der Geist der Bruderliebe, der nach
dem Philemonbrief das Verhältnis zwischen dem Herrn und seinem Sklaven
bestimmen sollte (Phlm 8–17), ist zumal in der Frühen Neuzeit und bis tief in
das 19. Jahrhundert hinein einer gewissenlosen Besitzgier gewichen, die erst
die Berufung auf die Gleichheit aller Menschen vor Gott in ihre Schranken
gewiesen hat. Doch ist trotz der dadurch eingel.en rechtlichen Abschaffung
der Sklaverei die Annahme von Menschen anderer Hautfarbe als Brüder und
Schwestern noch immer nicht selbstverständlich.[88]

---

87 Vgl. dazu die Art. Sklaverei I: Altes Testament und II: Neues Testament von Walter Dietrich und
    Christoph Kähler (TRE XXXI), 367–377.
88 Vgl. dazu David Turley, Art. Sklaverei VI: Reformation und Neuzeit, 383–393.

7. Die Begründung des Königtums Jahwes. Vom Sieg Jahwes über das Meer zum Sieg über den Völkersturm gegen den Zion

7.1 Die Heilserwartung Israels und die Wende des Zeitverständnisses

Werfen wir einen Blick zurück, so erkennen wir, welch tiefen Einschnitt der Untergang des Nordreiches und des Südreiches für das Volk Israel bedeutete. Dass es nicht wie andere Völker der Alten Welt samt seinen Göttern spurlos aus der Geschichte verschwunden ist, verdankt es seiner Sonderstellung als Volk Jahwes, das auf die Erfüllung der Verheißungen seiner Befreiung aus der Knechtschaft der Völker wartete, durch die Jahwe seine Macht vor allen Völkern und über alle Völker der Erde offenbaren würde. Damit verlagerte sich der Akzent seines Zeitverständnisses: Entscheidend war nicht mehr der Kreislauf des Jahres, in dem sich der Sieg Jahwes über das Meer nicht anders als der Baals immer erneut wiederholte. Denn aus diesem Sieg wurde nun ein Geschehen am Anfang, das seine Machtstellung für immer gefestigt hatte und Grund zur Hoffnung gab, dass sie sich schließlich Israel zum Segen endgültig auf Erden durchsetzen würde. Indem Israel darauf wartete und seine Hoffnungen immer neu formulierte, setzte sich eine Umorientierung seines Zeitverständnisses durch, in dem die jeweilige Gegenwart der Augenblick zwischen seiner Erwählung und seiner Erlösung wurde. Sie sollte unter dem Einfluss aus den Mysterien stammender Vorstellungen zur Erwartung des Jüngsten Gerichts über die Lebenden und die Toten und der Erschaffung eines neuen Himmels und einer neuen Erde werden. Dabei galten und gelten das irdische Jerusalem und das neue Jerusalem, das vom Himmel kommt (Apk 21).

Das zeigt sich bereits in der Behandlung des Themas vom Völkersturm in den Psalmen und den Prophetenbüchern. Dieser Angriff ist in den einschlägigen Texten durchgehend gegen Zion gerichtet. Das Motiv selbst begegnet in zwei Ausgestaltungen: In seiner vorherrschenden und am vollständigsten durch Ps 46 belegten Form werden die sich vor den Mauern Jerusalems zusammenrottenden Völker durch Jahwes Eingreifen besiegt, ohne dass sie der Stadt schaden können. Dadurch werden sie nach V. 11 zur Anerkennung seiner Macht gebracht. In seiner zweiten Fassung, wie sie am klarsten Sach 14,1 – 5 bezeugt, wiederholt sich gleichsam die Eroberung Jerusalems im Jahr 587 mit all ihren negativen Auswirkungen auf seine Bewohner, nur dass am Ende nicht der völlige Ruin der Stadt, sondern der

Triumph Jahwes über die Völker steht.[1] Eine Sonderstellung nimmt die in der Grundschicht der Deuterojesajanischen Sammlung auf den Perserkönig Kyros II. als Werkzeug der Ermöglichung der Rückkehr der Gola gerichteten Erwartungen ein, weil sie die Aufrichtung der Königsherrschaft Jahwes nicht der mythischen Unbestimmtheit überlässt, sondern sie an die konkrete geschichtliche Situation der Befreiung der Deportierten bindet. Sie sollten nicht wehmütig an die Katastrophe von 587 und ihre Folgen denken, sondern den Blick nach vorn zu richten, wie es in Jes 43,16 – 21 verlangt wird: Gewiss steht die Weissagung von der sicheren Geleit der Heimkehrer durch die wunderbar von Jahwe mit Wasserquellen versehene Wüste im Schatten der Rettung am Schilfmeer, aber entscheidend ist, dass die Deportierten und ihre Nachkommen darauf vertrauen dürfen, dass ihr Gott sie auf dem langen Marsch durch Wüsten und Steppen nicht verdursten lässt, so dass sie sicher ihr Ziel erreichen und ihn am Ende loben (Jes 43,16 – 21):[2]

16 So spricht Jahwe,
der einen Weg durch das Meer gibt
und in mächtigen Wassern einen Pfad;

17 der Wagen und Rosse herausführt,
Streitmacht und Helden zumal
sind ausgelöscht, verloschen wie ein Docht.

18 Denkt nicht an das Vergangene
und bedenkt nicht das Frühere:

19 Siehe, ich mache Neues,
es sprosst schon, nehmt ihr's nicht wahr?
Ja, ich lege einen Weg durch die Wüste,
im Trockenland Pfade.[3]

20 Das Getier des Gefildes wird mich ehren,
Schakale und Strauße;
Denn ich gab in der Wüste Wasser,
Ströme im Trockenland,
um mein erwähltes Volk zu tränken.

21 Das Volk, das ich mir gebildet habe,
meinen Ruhm sollen sie verkünden.

---

1 Paul-Gerhard Schwesig, Rolle, 199 hat diesen Abschnitt als die Summe aller Prophetien über den Tag Jahwes bezeichnet.
2 Zu den Problemen der Auslegung vgl. van Oorschot, Babel, 69 – 74. Ulrich Berges, Jesaja 40 – 48. 300 bezieht die „früheren Dinge" in V. 18 auf die Eroberung von Babel und 301 die Verheißung der Bewässerung der Wüste in 19b.20 metaphorisch als Hilfe in einer schwierigen Lage.
3 Lies mit Qa; M: Ströme.

Ja, die Hoffnung des in die Rolle des Propheten geschlüpften Tempelsängers gilt nicht nur die Eroberung von Babylon durch Kyros und die Befreiung der Gola ein, sondern erwartet, dass diese Ereignisse zur weltweiten Anerkennung Jahwes 45,20 – 21* führen und begründet sie in 46,9 – 13* mit der Selbstvorstellung Jahwes als dem einzigen Gott.[4] Wie schwer sich weiterhin die Tradenten mit der Behandlung des Themas taten, zeigt der komplizierte Befund in Jes 45,20 – 25.[5] Ganz abseits des breiten Stromes der Überlieferung steht das Ezechielbuch mit seiner Erwartung, dass das gewaltige Heer des Gog aus Magog auf den Bergen Israels vernichtet würde (Ez 38 – 39). Bei dieser Weissagung handelt es sich um eine Neuauflage der aus dem Jeremiabuch[6] bekannten Vorstellung vom Feind aus dem Norden, der in Israel einfällt, aber diesmal selbst von Jahwe vernichtet werden soll.[7] Auch Sowohl in Ps 46 wie in Ez 38 – 39 wird als Ziel des Sieges Jahwes die Erkenntnis seiner Macht durch die Völker bezeichnet (vgl. Ps 46,11 mit Ez 38,23 und 39,21 – 22). Diesen Machterweis aber vollbringt er nach den hier behandelten Texten, indem er die Völker gegen den Zion heranführt, um sie dort mit einem einzigen Schlag zu vernichten.

Dass es sich bei dem Angriff der Völker gegen die Gottesstadt um eine historisierte Fassung der auf Jahwe übertragenen Mythe vom Sieg Baals über das aufbegehrende Meer handelt, dürfte aus Ps 24; 29 und 93 hervorgehen. Wie es zu der Auswechslung des aufbegehrenden Meeres durch die Völker gekommen ist, bleibt zu überlegen.

7.2 Das vorexilische Thronbesteigungsfest als Wurzel der Völkerkampfmythe (Psalm 24; 29 und 93)

Die beiden zuletzt angeführten Psalmen geben Anlass, die von dem norwegischen Alttestamentler Sigmund Mowinckel wenige Jahre nach dem Ende des Ersten Weltkrieges vorgelegte Hypothese vorzustellen, nach der die alttestamentliche Eschatologie eine Folge der Historisierung des vorexilischen Neujahrsfestes sei. Die an ihm in vorexilischer Zeit nach seinem Siege über das aufbegehrende Meer begangene Thronbesteigung Jahwes als des Königs der ganzen Erde sei in exilisch-nachexilischer Zeit in die Endzeit verlegt und dabei

---

4 Vgl. dazu unten, 151 – 152.

5 Vgl. dazu ebd.

6 Vgl. Jer 1,11 – 14; 4,6; 6,1; 13,20, zur Diskussion darüber, ob mit ihm der König von Babylon oder, wie Duhm vorgeschlagen hatte, die Skythen (vgl. Hdt I.105) gemeint sind, vgl. William McKane, Jeremiah I, 19 – 21 und Werner H. Schmidt (ATD 20), 124 – 125, der damit rechnet, dass der Prophet zunächst unbestimmt und erst später bestimmt von dem Feind als dem König zu Babel gesprochen hat (Jer 27,6.11). In den jüngeren Schichten wie z. B. in Jer 21,2 kann dann direkt von Nebukadnezar die Rede sein.

7 Vgl. dazu auch oben, 79 – 80.

das Meer durch die gegen den Zion anbrausenden Völker ersetzt und damit historisiert worden.[8] Diese Hypothese ist seither fast ununterbrochen diskutiert und ebenso leidenschaftlich bestritten wie verteidigt worden.[9] Inzwischen ist deutlich, dass Jahwes Anspruch auf die Weltherrschaft unbeschadet der Tatsache, dass er bereits in den Tagen des Propheten Amos als Herr der Völker wurde, durch die kämpferische Vertretung dieses Anspruchs Jahwes die sog. Jahwe-allein-Bewegung in der der zweiten Hälfte des 7.Jh. v.Chr. neuen Auftrieb erhalten hat. Denn sie stellte dem von den assyrischen Oberherren als Pfeiler ihrer Macht vertretenen Anspruch ihres Reichsgottes Assur den des eigenen gegenüber.[10] Inzwischen hat die auch die Psalmen einbeziehende Redaktionskritik gezeigt, dass die vorexilischen Psalmen in der Regel nur in einer überarbeiteten, den Glaubensgedanken des nachexilischen Zeitalters entsprechenden Fassung überliefert worden sind. Daher muss sich die Untersuchung, statt sich sogleich der Mythe vom Völkersturm gegen den Zion und seinen Folgen zuzuwenden, zunächst die möglichen Belege für ein vorexilisches Thronbesteigungsfest Jahwes in den Psalmen überprüfen. Dabei wird sich in grundsätzlicher Übereinstimmung mit Mowinckel, aber aufgrund einer wesentlich reduzierten und kritischer beurteilten Quellenauswahl folgendes Gesamtbild ergeben:

Nachdem Jahwe bei Morgengrauen das gegen die Erde anbrausende Meer besiegt hatte,[11] zog er in festlicher Prozession, bei Sonnenaufgang in seinen Tempel ein, um dort den Thron zu besteigen und sich als König über die ganze Erde proklamieren zu lassen. Bei dieser Begehung handelt es sich um eine Adaptierung und Aktualisierung der oben bereits erwähnten nordwestsemitischen Mythe, die im ugaritischen Text KTU 1–2 überliefert ist und vom siegreichen Kampf Baals gegen den Meeresgott Jam berichtet.[12] Sie begegnet in einer eigentümlichen Variante auch im babylonischen Schöpfungsepos Enuma elisch IV, in dem von dem Kampf des Sonnengottes Marduk gegen Tiamat, der Verkörperung des Urmeeres, die Rede ist.[13]

Als Belege für die im Tempel des vorexilischen Jerusalem vorgenommene Begehung lassen sich die nur noch in überarbeiteter Fassung vorliegenden in

---

8 Vgl. dazu Sigmund Mowinckel, Psalmenstudien II, 226–227 und 315–324; vgl. ders., Psalms in Israel's Worship I, 189–192.

9 Vgl. dazu die Forschungsberichte von John Gray, Biblical Doctrine, 7–38 und Oswald Loretz, Ugarit-Texte,19–40 sowie zur Kontroverse zwischen Mowinckel und Hermann Gunkel und ihrem Resultat im Lichte der Ugarittexte und der redaktionsgeschichtlichen Psalmenforschung, Loretz, 435–504, und jetzt vor allem Reinhard Müller, Jahwe, 244–248.

10 Vgl. dazu oben, 33–35.

11 Vgl. dazu Josef Ziegler, Gotteshilfe, 281–288 und Bernd Janowski, Rettungsgewissheit, 180–19

12 Vgl. dazu oben, 23.

13 Vgl. zu ihm Thorkild Jacobsen, Treasures, 165–191 sowie die Bearbeitung von W.G. Lambert (TUAT III/4), 565–602, bes. 583–587; zur Diskussion auch Fritz Stolz, Strukturen; 29–42 und zum babylonischen Neujahrsfest, dem akītu, samt seinen assyrischen Äquivalenten B. Pongratz-Leisten (RLA IX/3–4), 294b–298.

den Psalmen 24; 29 und 93 benennen.[14] Die stärkste Stütze für diese Hypothese bildet Ps 24, der durch die Vorschaltung der V. 1 – 6* zu einer perserzeitlichen Tempeleinlassliturgie ausgestaltet worden ist.[15] In den V. 7 – 10 wird der Leser Zeuge eines Dialogs, der von den Anführern der Prozession und den Torwächtern des Tempels geführt wird (Ps 24,7 – 10):[16]

7 „Erhebt, ihr Tore, eure Häupter,
und erhebt euch, ihr uralten Pforten,
dass der König der Ehre (kābôd)[17] einziehe."

8 „Wer ist der König der Ehre?"
„Jahwe, der Starke, der Held,
Jahwe der Held der Schlacht!"

9 „Erhebt, ihr Tore, eure Häupter,
<und erhebt euch>[18], ihr uralten Pforten,
dass der König der Ehre einziehe!"

10 „Wer ist er, der König der Ehre?"
„Jahwe Zebaoth,
er ist der König der Ehre!"

Es ist offensichtlich, dass Jahwe aus einer Schlacht kommt, in der er dank seines *Kābôd*, seines strahlenden und zugleich machtvollen Glanzes, einen entscheidenden Sieg errungen hat. Möglicher Weise bildeten die V. 1b und 2 eine frühe Ergänzung des Liedes. Sie begründen seinen Herrschaftsanspruch über die Erde und ihre Bewohner damit, dass er die Erde über den Meeren gegründet und über Strömen fest hingestellt hat.[19] Diese Einleitung wird man als ein Zeichen für die Erinnerung daran bewerten können, dass Jahwe als

14 Vgl. dazu John Gray, Biblical Doctrine, 39 – 71 und Oswald Loretz, Ugarit-Texte, 471 – 504, bes. 596 – 604 und ders., Rückkehr des Wettergottes, 163 – 244, zur Rekonstruktion des israelitischen Festes 191 – 203 und zu der des ugaritischen, 204 – 213. Dass Dierk Lange, Neujahrsfest bei den Hausa, ebd., 109 – 162 zumindest eine erstaunliche Parallele in Gestalt des westafrikanischen Gani-Fest beschrieben hat, sei angemerkt.

15 Vgl. dazu auch Sigurdur Örn Steingrimsson, Tor, 70 – 93, bes. .90 – 9 Zum Schwanken der Beurteilung von Einheit und Zeitstellung des Psalms vgl. Hermann Spieckermann, Heilsgegenwart, 196 – 208, der den Psalm abgesehen von den V. 4b und 6 als ein vorexilisches Kompendium der Tempeltheologie betrachtet, mit Frank-Oswald Loretz, Ugarit-Texte, 249 – 273; Lothar Hossfeld, Psalm 1 – 50, 156 – 161 und Reinhard Müller, Jahwe, 148 – 154, welche die V. 7 – 10 als alten Ritualtext betrachten.

16 Dass der Dialog in dem Adventslied des ostpreußischen Pfarrers Georg Weissel aus dem Jahr 1623 „Macht hoch die Tür, die Tor macht weit…" (EGB 1) seine überzeugende christliche Auslegung gefunden hat, sei angemerkt.

17 Vgl. auch die Vorstellung vom Schreckensglanz Assurs, der die Feinde des Königs ihren Widerstand aufgeben lässt, z. B. in der Kleinen Prunkinschrift Sargon II Z. 14 bei R. Borger, Historische Texte (TUAT I/4), 385 und dazu Friedhelm Hartenstein, Unzugänglichkeit, 69 – 76.

18 Lies wie in 7aβ, vgl. BHS.

19 Müller, Jahwe, 149 – 154.

Sieger über das Meer in dem Tempel Einlass begehrte. Diese Deutung entspricht der himmlischen Huldigungsszene in Ps 29,1–3, die ihre Begründung erst in V. 10 erhält, der daher auch zum Grundbestand des ebenfalls sekundär bedeutend erweiterten Liedes gehört (Ps 29,1–3.10):[20]

1 Gebt Jahwe, ihr Göttersöhne,
gebt Jahwe Ehre und Macht.

2 Gebt Jahwe die Ehre seines Namens,
huldigt <ihm>[21] in heiligem Schmuck.

3 Die Stimme Jahwes ist über den Wassern,[22]
Jahwes über den großen Wassern.

10 Jahwe setzte sich über der Flut[23],
[24] Jahwe ward König[25] für immer.

Dagegen führt Ps 93* Jahwes Königtum eindeutig auf seinen Sieg über das Meer zurück (Ps 93,1–4):[26]

1 König ward Jahwe, Hoheit zog er an,
anzog Jahwe, Stärke umgürtete er,

2 Ja, fest steht der Erdkreis, er wird nicht wanken.

3 Es erhoben Ströme, Jahwe,
es erhoben Ströme ihr Brausen,
es erhoben Ströme ihr Branden:

4 Mehr als die großen Wasser,
stärker als[27] die Brecher der See,
mächtig in der Höhe ist Jahwe.[28]

Die Beantwortung der Frage, ob diese Belegen einen eindeutigen Beweis für die festliche Begehung der Thronbesteigung Jahwes im vorexilischen Jerusalem darstellen, hängt davon ab, ob man den nahe liegenden Schluss zu ziehen

---

20 Vgl. dazu auch die Analysen von Oswald Loretz, Ugarit-Texte, 98–178 und Müller, Jahwe, 115–120, der den Kern des Liedes in den V. 3aαb–9a sucht. Anders Erich Zenger, Psalm 1–50, 184–185.
21 Füge ein lô ein.
22 V. 3aβ stört den Parallelismus membrorum und gehört zur Nachinterpretation.
23 Gemeint ist der Himmelsozean, vgl. Joachim Begrich, Mabbûl, 39–54, bes. 45–49.
24 Das wajjēšæb am Anfang von V. 10b ist sekundäre Wiederaufnahme aus V. 10a.
25 Lies statt des Nomens die 3.sing. Perf. des Verbs.
26 Vgl. auch die Analysen von Loretz, Ugarit-Texte, 274–303; Erich Zenger, Psalmen 51–100, 645–646 und Müller, Jahwe, 64–85.
27 Zur richtigen Wortabtrennung vgl. BHS.
28 V. 5 stellt eine gesetzestheologische Nachschrift dar.

bereit ist, dass sich in den hier zitierten Psalmen ein und derselbe rituelle Vorgang in unterschiedlicher Brechung spiegelt.[29]

7.3 Die Historisierung der Meereskampfmythe und der Völkersturm gegen die Gottesstadt in Psalm 46

Unter dieser Annahme sei jetzt versucht, die andere Frage nach dem Anlass für die Historisierung und Eschatologisierung der Mythe durch die Ersetzung des Meeres und seines Akoluthen, der siebenfach geringelten, als Leviatan benannten Schlange (vgl. Jes 27,1; Ps 74,13; 104,26; Hi 3,8)[30] durch die Völker zu beantworten. Eine naturmythologische Ableitung hat der Sache nach keine Aussicht auf Erfolg, weil es in einem den Jahreskreis auslegenden Mythenkranz für die Völker keinen Platz gibt. Stattdessen dürfte sich die Historisierung aus einem Motiv der assyrischen Kriegsideologie ableiten lassen, das in den einschlägigen Königsinschriften des 8. und 7. Jh. begegnet. Friedhelm Hartenstein hat die Texte im Rahmen des Nachweises des assyrischen Hintergrundes der Metaphorik in Jes 8,6–8 zusammengestellt und dabei gezeigt, dass die assyrischen Könige ihre vernichtende Macht mit einer Flut oder dem Ebenbild der Sintflut (tamsīl abûbi) vergleichen konnten.[31] Damit war der Weg für die Historisierung der Meereskampfmythe gebahnt: Aus dem das Urmeer als Inbegriff des Chaos bändigenden Jahwe konnte nun der Gott werden, der am Ende der Tage den Angriff der Fremdvölker gegen den Zion zerschlagen würde.

Mesopotamische und genauer gesagt: babylonische Einflüsse spiegeln sich aber auch in Ps 46,5; denn wenn in diesem Vers von den Kanälen der Gottesstadt die Rede ist, dürfte es sich um eine Übertragung der babylonischen auf die Jerusalemer geografische Verhältnisse handeln. Sie wird durch die drei vom Euphrat abgezweigten Haupt- und zwölf Nebenkanäle inspiriert, die Babel durchzogen und ebenso der Wasserversorgung wie als Transportwege dienten.[32] Die Nachricht von der vollständigen Zerstörung Babels durch Sanherib mittels einer Überflutung durch die Wasser des Arahtu-Kanals hat noch im Babelspruch in Jer 51,42 ein Echo gefunden.[33] Mithin ist die Ver-

---

29 Mit einer Ladeprozession ist freilich nach der Deponierung dieses Kultobjektes im Allerheiligsten des Tempels nicht mehr zu rechnen, vgl. Eleonore Reuter und Manfred Görg, Lade (NBL II, 9), 1994, 574–578, bes. 575.

30 Vgl: zu ihm ausführlich C. Uehlinger (DDD), 956–964.

31 Vgl. Friedhelm Hartenstein, Archiv, 16–23, vgl. z.B. Annalen Tiglatpilesers III.209, Borger, Historische Inschriften (TUAT I/4), 372; Prisma Ninive A Asarhaddon II.65–69, Borger, 395.

32 Vgl. dazu Eckhard Unger, Babylon (RlA II) Berlin. Leipzig, 1938,363–339 mit den Kapiteln 9–12 und zum Problem auch Herbert Niehr, Höchste Gott, 109–110, der in Ps 46,5 als Anspielung auf die die Welt umfassenden Urströme deutet, die dem Tempelberg entspringen.

33 Vgl. die Bawian Inschrift Sanheribs Z. 53 bei D. D. Luckenbill, Annals of Sennacherib, 84 zitiert nach Hartenstein, Archiv, 20. Umgekehrt rühmte sich Nabupolassar II,8–13, in: Stefan Lang-

mutung nicht unbegründet, dass die Umdeutung des Sieges Jahwes über das Meer in einen solchen über die vor den Toren Jerusalems versammelten Feinde durch die Vorstellung von den Siegen der neuassyrischen Könige vermittelt ist, deren Heere wie eine Sintflut über die Feinde kamen. Rechnet man mit einer entsprechenden Übertragung auf Jerusalem, so muss man dafür die typologische Gegenüberstellung der Rettung Jerusalems 701 vor dem assyrischen und der Zerstörung der Stadt durch das babylonische Heer 587 in Rechnung stellen.[34] Dem Sieg Jahwes in der Urzeit über das Meer, der nun als Anfang seines Schöpfungshandelns gedeutet wurde (vgl. z. B. Ps 74,12–17), entspricht mithin die Vorstellung von seinem Sieg in der Endzeit über das Völkerheer, das als Verkörperung der gottfeindlichen Chaosmächte gegen den Zion anbranden und dort seinen Untergang finden würde.[35] Damit hatten die Sänger eine entscheidende Umpolung der Zeit vorgenommen: An die Stelle der grundlegenden Orientierung auf die Urzeit, in der Jahwe das Meer besiegt hatte und alljährlich im Neujahrsfest neu besiegte, trat nun die Ausrichtung auf die Endzeit, in der er sichtbar die Herrschaft über alle Völker antreten würde. Der Augenblick wurde nun durch die Spannung zwischen Urzeit und Endzeit gehalten. Ihm sollte die dtn-dtr Theologie den Charakter der Entscheidung für oder gegen Gott und damit für das Leben oder den Tod Israels geben (Dtn 30,15–20).[36]

Die Geborgenheit die Jahwes Anwesenheit auf dem Zion den Jerusalemern trotz des anstürmenden Völkerheeres vermittelt, besingt Ps 46,2–12: Die Bewohner Jerusalems können auch im Völkersturm furchtlos bleiben, weil Jahwe Zebaoth in ihrer Mitte wohnt. So wie das aufbegehrende Meer als Inbegriff der Chaosmächte nichts gegen Jahwe vermag, können auch die in der Frühe[37] gegen die Stadt anstürmenden Völker nichts ausrichten, weil Jahwe ihre Waffen auf wunderbare Weise zerbricht. Wollen sie ihr Leben retten, müssen sie den Angriff einstellen und ihn als den wahren Herrn der Erde anerkennen (Ps 46,2–12):

2 Jahwe[38]ist uns Zuflucht und Stärke,
als Hilfe in Nöten wohl erfunden.

---

don, Neubabylonische Königsinschriften (VAB 4), 61–62, dass er den Arahtu-Kanal wie das Niederströmen (des Regens) vom Himmel und eine vernichtende Flut über Mörtel und Asphalt führen ließ.

34 Vgl. dazu auch Kaiser, Geschichtliche Erfahrung, 167–180.
35 Zu weiteren Historisierungen und Eschatologisierungen der Mythe vgl. John Day, God's conflict, 88–120 bzw. 141–178.
36 Vgl. dazu oben, 116.
37 Vgl. dazu Bernd Janowski, Rettungsgewissheit, 185–187.
38 Text gemäß der elohistischen Bearbeitung der Ps 42–83: Gott.

3 Daher fürchten wir uns nicht, wenn die Erde schwankt,
wenn die Berge wanken inmitten des Meeres.[39]

4 Es brausen, es branden seine Wasser,
es erbeben die Berge bei seinem Schelten[40]
Jahwe Herr Zebaoth ist mit uns,

Zuflucht ist uns der Gott Jakobs.[41]

5 Ein Strom, seine Kanäle erfreuen die Stadt Gottes,
die heiligen Wohnungen des Höchsten.[42]

6 Gott ist in ihrer Mitte, sie wankt nicht.
<Jahwe> hilft ihr beim Nahen des Morgens.

7 Es brausen die Völker, es wanken die Reiche,
erhebt er seine Stimme, schwankt die Erde.

8 Jahwe Zebaoth ist mit uns,
Zuflucht ist uns der Gott Jakobs.

9 Geht, seht an die Wunder Jahwes,
der Zerstörung bewirkt im Lande,[43]

10b der Bogen zerbricht und Spieße zerschlägt,
der Wagen mit Feuer verbrennt:

11 „Lasst ab und erkennt, dass ich Jahwe bin,
der sich erhebt über die Völker, erhebt über die Erde."

12 Jahwe Zebaoth ist mit uns,
Zuflucht ist uns der Gott Jakobs.

7.4 Die Vernichtung Assurs als Paradigma der Vergeblichkeit des Völkersturms gegen den Zion in den Assurtexten des Jesajabuches

Stellt man den Assurspruch in Jes 14,24–25a, die Arielprophetie in Jes 29,1–7 (8) und das nur in seiner Stellung zwischen dem Assurspruch und dem Arielwort verständliche Völkersturmorakel in Jes 17,12–17 nebeneinander,[44]

---

39 Vermutlich liegt hier ein mit einer Mimation versehener Genitiv vor; denn sonst fehlt dem
    mêmâw das Beziehungswort.
40 Vgl. V. 7b, lies bĕgacārtô.
41 Vgl. V. 8 und V. 12.
42 Vgl. dazu Beate Ego, Wasser in der Gottesstadt, 361–389 und Friedhelm Hartenstein, Archiv,
    138–143.
43 Bei V. 10a handelt es sich um eine rélecture im Sinne der Weltgerichtserwartung.
44 Zur Rolle der Völker im Jesajabuch vgl. auch Graham I. Davies, Destiny of the Nations, 92–120.

wird deutlich, wie das Assur vorausgesagte und nach der Erzählung in Jes 36 –
37 im Jahre 701 erfüllte Schicksal in kontextueller Lesung zum Paradigma für
den endzeitlichen Völkersturm geworden ist. In der ursprünglich den Assurspruch in Jes 10,5 – 11*[45] beschließenden Weissagung in Jes 14,24 – 25a
heißt es (Jes 14,24 – 25a):[46]

24 Geschworen hat Jahwe Zebaoth: Fürwahr!
Wie ich es mir denke, so wird es geschehen,
und wie ich es plane, so wird es bestehen:

25 Zerschlagen will ich Assur in meinem Lande
und es auf meinen Bergen zertreten.
[Und weichen wird von ihnen mein Joch,
und seine Last wird von seiner Schulter weichen.][47]

Dann aber folgt in den V. 26 – 27 eine nachträgliche Ausweitung auf den
eschatologischen Völkersturm aller Völker, den Jahwe geplant hat,[48] um die
Macht Assurs auf diese Weise zu brechen (Jes 14,26 – 27):

26 Das ist der Plan, geplant wider die ganze Erde,
und das ist die Hand, ausgestreckt wider alle Völker.

27 Wenn Jahwe Zebaoth geplant hat – wer will es vereiteln?
Und seine ausgestreckte Hand – wer will sie wenden?

Das Arielwort in Jes 29,1 – 4.6abα war vermutlich ein (retrospektives?)
Drohwort gegen Jerusalem, das der Stadt ihre Einschließung durch ein
feindliches Heer und seine Vernichtung durch Jahwe prophezeite: Die Stadt ist
ringsum mit Belagerungswällen eingeschlossen, weil Jahwe sie vernichten
will.[49] Doch dann hat sie ein Späterer in den V. 5 – 7 im Sinne der Völkersturm-
Mythe umgedeutet: Nun geht es nicht mehr um das unausweichliche Ende,
sondern um die plötzliche Rettung der Stadt vor dem unzählbar großen
Völkerheer (Jes 29,5 – 7):[50]

5 Dann wird wie feiner Staub der Schwarm der Fremden,
wie fliegende Spreu der Schwarm der Tyrannen sein.
Doch dann geschieht es ganz plötzlich:

---

45 Zur genaueren Abgrenzung vgl. Uwe Becker, Jesaja, 200 – 205.
46 Mit Becker, 207 handelt es sich bei den V. 26 – 27 um eine Fortschreibung, die m. E. der Hand des
    Weltgerichtredaktors zuzuschreiben ist.
47 Vgl. Jes 9,3.
48 Vgl. dazu auch Wolfgang Werner, Studien, 33 – 36.
49 Vgl. dazu oben, 88.
50 Vgl. dazu Wolfgang Werner, Eschatologische Texte, 178 – 183 und ihm im wesentlichen folgend
    Rolf Kilian, Jesaja 3 – 39, 165 – 167; aber auch Uwe Becker, 235 – 239, der nur 29,1 – 4a zum
    Grundbestand rechnet, und jetzt Friedhelm Hartenstein, Wehe, 155 – 157.

6 Du wirst von Jahwe Zebaoth heimgesucht
mit Donnern und Beben und lautem Gebrüll,
mit Sausen und Brausen und fressender Lohe!

7 Und wie ein Traum, wie ein Nachtgesicht
wird der Schwarm aller Völker sein, die Ariel bekriegen,
Aller, die es bekriegen und es umschanzen
und es bedrängen.

Erst im Licht von Jes 14,26 – 27, den Hinweisen in dem Philisterspruch
14,30a.32b und dem Arielorakel in 29,1 – 7 wird die Botschaft von Jes 17,12 – 17
verständlich, für die der unmittelbare Kontext keinen Schlüssel liefert. Der
Leser von 14,26 – 27 weiß, dass es einen vergeblichen Völkersturm gegen den
Zion geben wird. Dass der Zion für die hier als die Geringen bezeichneten
Frommen eine sichere Zuflucht bliebe, verheißt bereits der Eintrag in das
Orakel vom Einfall des Feindes aus dem Norden in das Philisterland in 14,29 –
32 (vgl. V. 30a und 32b). In 29,1 – 7 wird weiterhin vorausgesagt, dass Jeru-
salem zwar tödlich bedroht, aber dennoch im letzten Augenblick durch Jahwes
Eingreifen errettet wird. So wird verständlich, dass auch 17,12 – 14 das uner-
wartete Scheitern der Angreifer auf die Gottesstadt voraussagt: Daher kann
Jerusalem getrost dem Angriff entgegensehen, weil Jahwe seine Stadt ebenso
verteidigen wird, wie er es einst vor dem Heer Sanheribs getan haben sollte
(Jes 37,36). In 17,14 wird das aus Ps 46,6b bekannte Motiv der Gotteshilfe im
Morgengrauen aufgenommen (Jes 17,12 – 14):[51]

12 Ha, ein Tosen vieler Völker,
sie tosen wie Meerestosen!

13 Ein Brausen von Nationen,
wie das Brausen gewaltiger Wasser brausen sie.
Schilt er darein, flieht man fern hin,
wie Spreu der Berge vom Winde gejagt,
wie Distelräder vor dem Sturm.

14 Zur Abendzeit, siehe da, Schrecken!
Eh' der Morgen naht, ist es vorbei![52]
Das ist der Anteil derer, die uns ausplündern,
das Los derer, die uns ausrauben wollen,
und das Los unserer Plünderer.

---

51 Vgl. dazu auch Friedhelm Hartenstein, Wehe, 136 – 138.
52 Vgl. dazu Josef Ziegler, Hilfe, 281 – 288.

7.5 Die Zerschlagung des Völkersturms und das Gericht an den Frevlern in Zion nach Jesaja 33

In Jes 33 erhält diese Botschaft noch einmal eine neue Ausgestaltung:[53] Denn hier wird die Zerschlagung des Völkerheeres ausdrücklich mit dem Gericht an den Gottlosen und der Rettung der Frommen verbunden.[54] Der Gedanke der Zerschlagung des Völkersturms wird hier im Licht der sich seit der späten Perserzeit anbahnenden Aufteilung des Gottesvolkes in die Minderheit der Frommen und die Mehrheit der Frevler aufgenommen und neu bedacht. Die verwickelte, teilweise liturgische Komposition des Kapitels kann im vorliegenden Zusammenhang nicht demonstriert werden. Es reicht zunächst aus, die Verse zu zitieren, welche die Vernichtung des Völkerheeres durch Jahwe und das Scheidungsgericht zwischen den Frevlern und den Frommen voraussagen (Jes 33,10 – 16):

10 Jetzt will ich aufstehen, spricht der Herr,
jetzt mich aufrichten, jetzt mich erheben!

11 Mit Heu geht ihr schwanger, bringt Stroh zur Welt,
ein Feuersturm[55]wird euch verzehren!

12 Dann werden die Völker zu Kalk verbrannt,
wie Dornen im Feuer werden sie lodern!

13 Ihr Fernen, hört, was ich getan,
und ihr Nahen erkennt meine Stärke!

14 Die Sünder erbeben in Zion,
Zittern erfasst die Ruchlosen:
„Wer von uns erträgt das fressende Feuer,
und wer von uns erträgt die ewigen Gluten?"

15 Wer rechtschaffen wandelt, die Wahrheit spricht,
erpresserischen Gewinn verschmäht,
wer sich weigert, Geschenke anzunehmen,
wer sein Ohr verstopft, keinen Mordplan zu hören,
und seine Augen schließt, nichts Böses zu sehen,

16 der darf die Höhen bewohnen,
Felsburgen sind seine Zuflucht,
Brot wird ihm gegeben, seine Wasser versiegen nicht.

---

53 Zur Funktion des Kapitels mit seiner Königs- und Zionsverheißung als Abschluss im ersten Jesajabuch, vgl. Ernst-Joachim Waschke, Jesaja 33, 517 – 532.
54 Vgl. dazu Kaiser (ATD 18), 269 – 277; Kilian, Jesaja 13 – 39, 189 – 194 und knapp Höffken (NSK.AT 18/1), 230 – 234.
55 Vgl. BHS z. St.

Aus diesen Versen geht hervor, dass nur die Rechtschaffenen dem Gericht Jahwes am Zion entgehen werden. Aber die schönste Gabe für die Frommen im befreiten Jerusalem wird sein König Jahwe selbst sein (Jes 33,17 und 20–22):

17 Den König in seiner Schönheit werden deine Augen sehen,
schauen werden sie ein weites Land!

Erstaunt werde man sich fragen, wo die Feinde geblieben seien, die zur Eroberung der Stadt bereit standen (V. 1–9). Die Antwort wird lauten, dass sie für immer vernichtet sind und sich niemand mehr vor ihnen zu fürchten braucht (V. 18–19), weil Jahwe selbst die Unantastbarkeit des Zion garantiert (Jes 33,20):
…

20 Sieh auf Zion, die Stadt unserer Feste!
Deine Augen werden Jerusalem sehen,
die sichere Weide, das Zelt, das nicht wandert,
dessen Pflöcke man niemals mehr ausreißt,
und dessen Stricke nie mehr zerreißen.

Fortan wird Jahwe sein Volk selbst regieren und es nach seinem Willen leiten und beschützen (Jes 33,22):

Denn Jahwe ist unser Richter, Jahwe unser Gesetzgeber,
Jahwe unser König, er selbst wird uns erretten.

So ist die Vernichtung der Völker vor den Toren und der Gottvergessenen auf dem Zion der Auftakt zu einer Heilszeit, in der es weder Hunger noch Durst noch Furcht vor Feinden geben wird, weil Jahwe der König der Seinen ist.[56]

7.6 Das Scheitern des Völkersturm als Auftakt der Rache für die Verschuldung der Völker am Fall Jerusalems 587 (Joel 4)

Auf das Schicksal der Völker geht auch Joel 4* ein: Hier wird der Völkersturm als Auftakt für die Rache Jahwes für das gedeutet, was sie seinem Land und Volk 587 angetan hatten.[57] Das Orakel führt uns ganz auf die Ebene der korporativen Schuldzuweisungen und Rachewünsche zurück, wie sie sich im nachexilischen Israel angesichts des Widerspruchs zwischen seinem Erwählungsbewusstsein und seiner kläglichen geschichtlichen Realität im Horizont seines kollektiven Gedächtnisses entwickeln konnten. Bekanntlich enthält Jo

---

56 Den Zusatz der V. 23–24 können wir im vorliegenden Zusammenhang übergehen; vgl. dazu Kaiser (ATD 18), 276–277.

57 Während in Joel 1–2 eine aktuelle Heuschreckenplage als Vorzeichen des Tages Jahwes gedeutet wird und c.4 ihn als universales Völkergericht beschreibt, deutet 3,1–5 vorsichtig eine Scheidung zwischen den Frommen und den Frevlern beim Anbruch der Heilszeit an; vgl. dazu Martin Beck, Tag YHWHs, 140–201, bes. 199–201.

4,10 die Umkehrung des Friedenswortes aus Mi 4,3b par Jes 2,4b, dass in der Heilszeit alle Schwerter zu Pflugscharen und alle Lanzen zu Winzermessern umgeschmiedet werden sollen.[58] Die Botschaft dieses Verses ist eindeutig: Mögen sich die Völker bis auf den letzten Mann bewaffnen und dazu selbst ihre Pflüge und Lanzen zu Waffen umschmieden, so werden sie dennoch nichts damit ausrichten, weil alle irdischen Aufgebote an Jahwe als dem allein Mächtigen scheitern. Da die Völker einst sein Land unter sich aufgeteilt, seine Knaben gegen Huren und seine Mädchen gegen Wein verschachert haben, sollen sie nun in korporativer Haftung vor den Toren der von ihnen geschändeten Stadt zugrunde gehen (Joel 4,1 – 3):

1 Denn siehe, in jenen Tagen und in jener Zeit,
in der ich das Schicksal von Juda und Jerusalem wende,

2 werde ich alle Völker versammeln
und sie ins Tal Josaphat führen
und dort mit ihnen ins Gericht gehen
wegen meines Volkes und Erbteils Israel,
weil sie es unter die Völker zerstreut
und mein Land unter sich geteilt haben.

3 Sie haben das Los über mein Volk geworfen
und gaben Knaben[59] um Huren hin
und verkauften Mädchen für Wein und tranken.

In den V. 9 – 12 ergeht durch Ungenannte ein Aufruf an alle Völker, ihnen zu befehlen, sich zu rüsten und Mann um Mann in Eilmärschen nach Jerusalem zu marschieren und sich dort in dem auf keiner Karte verzeichneten Tal Josaphat zu versammeln, das seinen Namen „Jahwe wird richten" eben deshalb trägt, weil Jahwe dort, wie er selbst erklärt, alle Völker richten will (Joel 4,9 – 12):[60]

9 Ruft es unter den Völkern aus,
heiligt den Krieg!
Weckt auf die Helden,[61]
lasst heranziehen
alle Männer des Kriegs!

---

58 Im Zusammenhang mit der Friedensdekade des Bundes der evangelischen Kirchen der DDR im November 1984 war ein Aufnäher mit dem Wort aus Micha 4 in Umlauf gebracht worden. Sein Bildmotiv entsprach dem dieses Motto darstellenden Denkmal, das die UdSSR bereits 1954 den Vereinten Nationen in New York geschenkt hatte; vgl. Peter Maser, Kirchen, 57 – 60.
59 Kollektiver Singular.
60 Zu den Beziehungen von Joel 4,9 – 13 zu Ob 12 – 14 vgl. Paul-Gerhard Schwesig, Rolle, 167 – 170.
61 Zur Auslassung von V. 9bβ vgl. BWS.

10 Schmiedet eure Pflugscharen um zu Schwertern,
eure Winzermesser zu Lanzen!
Der Schwache sage: „Ich bin ein Held!"

11 Kommt eilends, alle Völker ringsum,
versammelt euch dort!
„Führe, Jahwe, deinen Helden herab."

12 Aufgeschreckt sollen die Völker
herauf ins Tal Josaphat kommen,
denn dort will ich zu Gericht sitzen
über alle Völker ringsum.

Aber die Massen, die von der Hoffnung auf Beute getrieben in immer neuen Wellen gegen Jerusalem anrücken, laufen Jahwe direkt in die Arme: Sein Gerichtstag ist gekommen, an dem sich alle Gestirne verfinstern, wie es Am 5,10 und Jes 13,10 vorausgesagt hatten: Damit wird das Gericht an den Völkern vor den Toren Zions zum eigentlichen Weltgericht. Während Jahwe wie ein Löwe vom Zion her brüllt,[62] bringen seine in V. 13 genannten, aber unbestimmt bleibenden Helfer ihre blutige Ernte ein.[63] Vermutlich haben wir uns unter ihnen das Heer seiner Heiligen, seine himmlischen Heerscharen vorzustellen.[64] Das Stakkato der Verse vermittelt dem Leser und mehr noch dem Hörer einen Eindruck von der atemlosen Schnelligkeit, in der sich die Schlacht entscheidet (Joel 4,13–17):

13 Greift zu Sichel,
denn reif ist die Ernte.
Kommt, tretet,
denn voll ist die Kelter,
die Kufen laufen über,
denn ihre[65]

---

62 Vgl. Am 1,2; Jer 25,30.
63 Zur Metapher des Erntens und des Keltertretens für den Gerichtstag Jahwes vgl. z. B. Mi 4,12–13 bzw. Jes 63,1–6 und weiterhin Mk 4,26–29; Mt 13,36–43, Apk 14,15.
64 Vgl. Sach 14,5 und weiterhin I Kön 22,19; Sach 14,2; Dan 7,18 und 12,1.
66 Ähnlich wie in Jes 33 und Sach 14,1–5* endet auch Jo 4 in den V. 18–21 mit einer Reihe von Zusätzen: Der erste in V. 18 enthält eine Heilsbeschreibung der Fruchtbarkeit des Landes, zu der ganz wesentlich eine im Tempel entspringende Quelle beiträgt. V. 19 weissagt Ägypten und Edom die Verwandlung in eine Einöde, wobei Edom seine Frevel an den Judäern vorgeworfen werden. Vermutlich hat der Verfasser dabei den in Ob 10–11 erhobenen Vorwurf im Gedächtnis, dass die Edomiter mit Schadenfreude auf die Eroberung Jerusalems 587 reagiert und sich an der Teilung der Beute beteiligt hätten. Die gemeinsame Erwähnung von Ägypten und Edom hat vermutlich eher traditions- als zeitgeschichtliche Gründe. Beide werden im Zusammenhang mit dem Tag Jahwes erwähnt, Ägypten in Ez 30,1–9 und Edom in Jes 34,8–15 (vgl. Ez 35,1–9). Und so prophezeit ihnen auch der Bearbeiter den Untergang, damit Juda und Jerusalem tatsächlich für immer in Sicherheit wohnen können, wie es die Anwesenheit Jahwes auf dem Zion garantiert (V. 20.21b); vgl. dazu auch Hans Walter Wolff (BK XIV/2), 101–102 bzw. Jörg Jeremias (ATD 24/3), 54–55. Der Schreiber, der V. 21a nachgetragen hat, legte ähnlich wie der Verfasser von Jes

Es ist die brennende Naherwartung des Weltgerichts, es sind die nicht endenden Leiden seines Volkes, die hier dem Schriftgelehrten die Feder führen, dem nur das Eine am Herzen liegt, dass Zion, die Heilige Stadt seines Gottes, heilig gehalten werde und sie nie mehr durch fremde Eindringlinge befleckt wird.[67] So können wir zusammenfassend festhalten, dass Jahwe so, wie er in der Urzeit durch seinen Sieg über das Meer sein Königtum über die Erde begründet hätte, er sich in der Endzeit durch seinen Sieg über die gegen den Zion anstürmenden Völker als König über die ganze Erde erweisen würde.

33,24 auf die Feststellung Wert, dass Jahwe seinem Volk seine Sünden vergeben habe und es daher mit keinem weiteren Gericht mehr rechnen müsse.

67 Zu der eigentümlichen Weiterbildung der Mythe vom Völkerkampf im Horizont der Seleukiden- und der Römerherrschaft in 1Q M vgl. J. van der Ploeg, Rouleau de la guerre, 25–30; Schürer-Vermes III/1, 1986,398–406 und Jean Durhaime, War Scroll (DSS II), 80–203 und bes. 85–90.

8. Die Vollendung des Königtums Jahwes. Seine Herrschaft über die Völker

8.1 Die Befreiung der Gola durch Kyros und als Akt der Offenbarung Jahwes als des einzigen Gottes und seine Anerkennung durch die Völker (Jesaja 45,1 – 7.20 – 23)

Aber es gab auch andere Deutungen der Geschichte und Ausblicke, die den Heiden am Ende der zu erwartenden großen Erschütterungen der weltpolitischen Zustände die Möglichkeit ihrer Rettung durch die Anerkennung der ausschließlichen Gottheit Jahwes zuerkannten. Als Beispiel dafür seien hier Texte aus der Grundschicht der Deuterojesajanischen und anschließend der Tritosacharjanischen Sammlung zitiert. In der deuterojesajanischen Grundschicht findet die Erwartung, dass die Völker durch den der Befreiung Israels dienenden Siegeslauf des Perserkönigs Kyros zur Anerkennung der Macht Jahwes als des einzigen Gottes führen würde, in Jes 45,1 – 7* und 45,20 – 23* ihren Ausdruck (Jes 45,1 – 7*):

1aα So spricht Jahwe zu seinem Gesalbten[1]
zu Kyros,[2] den ich an seiner Rechten ergriff,
um Völker vor ihm niederzutreten,
wobei ich die Gürtel der Könige öffne,
um Türen vor ihm zu öffnen,
wobei Tore nicht verschlossen bleiben.

2 Ich gehe vor dir her
und ebne Mauerkränze ein,
Zerbreche Türen von Erz,
schlage eiserne Riegel ab.

3 Und gebe dir Schätze im Finstern
und Vorräte im Versteck,
damit du erkennst, dass ich Jahwe bin,
der dich gerufen, der Gott Israels.

---

1 Vgl. dazu unten, 177 – 178.
2 Der Name war in 44,28 bereits genannt und brauchte daher in 44,1 nicht wiederholt zu werden. Dabei ist daran zu erinnern, dass wir schon in der Grundschicht keine stenographisch aufgenommenen gesprochenen Worte, sondern ihre Aufnahme und Verarbeitung in einem Buch vor uns haben.

4 Um Jakobs, meines Knechtes willen,
um Israels, meines Erwählten,
rief ich dich bei deinem Namen,
gab ich dir einen Ehrennamen, den du nicht kennst.

5 Ich bin Jahwe und keiner sonst,
und außer mir gibt es keinen Gott.
Ich gürte dich, obwohl du mich nicht kennst.

6 Damit sie wissen
vom Aufgang der Sonne
und von ihrem Niedergang,
dass es keinen gibt, außer mir:
Ich bin Jahwe und keiner sonst.

7 Der das Licht bildet und die Finsternis schafft,
der Heil bewirkt und Unheil schafft.
Ich bin Jahwes, der dies alles tut.[3]

In diesem vieldiskutierten Text liegen ganz offensichtlich zwei unterschiedliche Deutungen der Aufgabe des Kyros im Streit miteinander: Nach der in der Grundschicht vertretenen verheißt Jahwe dem Perserkönig, dass er ihm bei seinem Eroberungszug voraus ziehen und dafür sorgen werde, so dass er das schwer befestigte Babylon um seines Knechtes Jakob willen erobern werde (Vgl. V. 2.3a.4. mit 48,20–21). Diesen Anspruch stützt 4bβ (vgl. V. 5a) durch den Hinweis darauf, dass Kyros ihn dadurch als den einzigen Gott erkennen würde, eine Absicht, die in den V. 6–7 unbestimmt verallgemeinert wird.[4]

Das Ziel der Offenbarung Gottes durch sein Handeln an Kyros soll nach Jes 45,20–23* in der Anerkennung der ausschließlichen Gottheit Jahwes durch die Überlebenden der politischen Umwälzung in der Völkerwelt bestehen: Sie werden durch Jahwe in einer imaginierten Szene aufgefordert, sich zu versammeln, um zur Einsicht zu gelangen, dass die jüngsten Ereignisse längst von Jahwe vorausgesagt waren und es keinen Gott außer ihm gibt. Sie können dem Verderben nur dadurch entrinnen, indem sie sich ihm unterwerfen. Denn das Ziel seines zurückliegenden Handelns zugunsten seines Volkes sollte den Zweck verfolgen, alle Völker der Erde zu seiner Anerkennung als dem einzigen Gott zu bewegen (Jes 45,20–23*):[5]

20 Versammelt euch und kommt,
tretet gemeinsam heran,
ihr Entronnenen unter den Völkern.

---

3 Vgl. dazu Matthias Albani, Eine Gott, 242–243.
4 Vgl. auch 40,22–26; 44,24 und 40,15; 41,22 (45,20a.21).
5 Zu 45,24–25 als jüngerem Zusatz vgl. Hans-Jürgen Hermisson (BK.AT XI/2), 78–80, Kratz, Kyros, 59 und van Oorschot, Babel, 40–50.

Keinen Verstand haben, die tragen
ihre hölzernen Götzen.[6]

21 Tut es kund und tretet herbei,
ja, sie sollen sich gemeinsam beraten.
Wer ließ dies hören im Voraus,
hat es vor Langem kundgetan?
War ich es nicht, Jahwe,
und sonst gibt es keinen Gott außer mir,
einen Gott, der rettet und hilft,
gibt es nicht neben mir.

22 Wendet euch zu mir und lasst euch retten,
alle Enden der Erde;
denn ich bin Gott und keiner sonst.

23 Ich schwöre bei mir,
aus meinem Mund kommt Heil,
ein Wort, das nicht umkehrt:
Ja mir soll sich beugen jedes Knie
und jede Zunge schwören.

Damit haben die in 40,12–31* einsetzenden Gerichtsreden ihr Ziel erreicht,[7]
so dass in 46,9–11 ihre Zusammenfassung erfolgen kann, in der Jahwe seinen
in 45,21 erhobenen Anspruch, der einzige Gott zu sein, noch einmal nach-
drücklich vertritt. Was er als der einzige Gott weissagt, pflegt in Erfüllung zu
gehen, und so wird auch der von ihm angekündigte Stoßvogel, der siegreich
zupackende Eroberer Babylons kommen und alle Welt ihn daran erkennen,
der er ist. Der Glaubensmut dieses Propheten ist kaum zu übertreffen: Er lässt
seinen Gott, den Gott eines geschlagenen und geknechteten Volkes mittlerer
Größe den Anspruch erheben, der einzige Gott zu sein, und dies mit seinen
erfüllten einstigen zurückliegenden Prophezeiungen als den Garanten der
Glaubhaftigkeit seiner Weissagungen von der Eroberung Babylons durch den
Perserkönig als Akt der Befreiung der Deportierten Judäer und Jerusalemer
begründen (Jes 46,9–11):[8]

9 Denkt an das Frühere von je her,
denn ich bin Gott und keiner sonst,
bin Gottheit und keiner mir gleich.

---

6 Götzenpolemische Einfügung.
7 Vgl. dazu unten, 154–155.
8 Über die literarische Schichtung in den c.45–46 gehen die Ansichten teilweise auseinander, vgl.
   z. B. die Tabellen bei Hermisson, Einheit, 155 und van Oorschot, Babel, 345–347, die sich im Blick
   auf die Zuweisung zur Grundschicht nur geringfügig voneinander unterscheiden, und der von
   Kratz, Kyros, 217, der 45,22–23 der Kyros-Ergänzungsschicht als der 3. der Sammlung zuschreibt.

10 Der ich von Anfang an das Künftige kundtue
und von ehedem, was noch nicht geschehen,
der ich sage: Mein Rat kommt zustande,
und was immer ich wähle, führe ich aus.[9]

11 Der ich von Osten den Stoßvogel rufe,
was ich geredet, das lasse ich kommen,
was ich entworfen, das führe ich aus.

Gegen die Botschaft, dass diese Heilsbotschaft für die Völker legte ein jüngerer
Bearbeiter Einspruch ein, indem er V. 24 – 25 an die vorausgehenden Verse
anhängte: Alle Völker, die gegen Israel ihre Hand erhoben und sich Kyros in
den Weg gestellt haben, sollen zu Schanden werden. Vielleicht dachte er sie
sich als für Israel bestimmte Sklaven gefesselt, wie es der Einschub 45,14 – 17
den Ägyptern, Nubiern und Sabäern in Aussicht stellte:[10] Heil und Hilfe gibt es
nur für das ganze Volk Israel (Jes 45,24 – 25):

24 „Nur bei Jahwe" ‚wird man' zu mir ‚sagen;'[11]
„gibt es Heil und machtvolle Hilfe."
Zu ihm kommen und werden zu Schanden
alle die wider ihn entbrannt sind.

25 In Jahwe findet Heil und Ruhm
aller Same Israels.[12]

8.2 Jahwes Thronfahrt zum Zion nach seinem Sieg über die Völker in Jesaja 40,9 – 11 und 52,7 – 10 und die Proklamation seines Herrschaftsantritts in Psalm 96

Die Texte, welche die Heimkehr Jahwes zum Zion in Jes 40,1 – 5. 9 – 11 und
52,7 – 10 ankündigen, gehören zu den eindrucksvollsten der Deuterojesajanischen Sammlung. Sie entsprechen einander wie Prolog und Epilog und
gehen vermutlich erst auf den Jerusalembearbeiter zurück.[13] Er wusste sich
ermächtigt, dem geschlagenen und geknechteten Volk die Trostbotschaft zu
übermitteln, dass die Zeit seiner Knechtschaft vorüber sei und es mehr als
genug für seine Schuld gebüßt und Jahwe bereits den Befehl gegeben hätte,

---

9 Vgl. 44,28.
10 Hermisson (BK.AT XI/2), 80.
11 Siehe BHS.
12 Vgl. aber Joseph Blenkinsopp, Isaiah 40 – 55, 247 – 249, der diese Perikope als antizipierende
Prophetie bewertet.
13 So van Oorschot, Babel, 123; zur Diskussion vgl. Berges, Jesaja 40 – 48, 96 – 97; anders z. B.
Hermisson, Einheit, 155 und Kratz, Kyros, 217, die beide Texte der Grundschicht zuschreiben.

seine Prozessionsstraße zu bahnen, weil er seine Herrlichkeit (*kābôd*) vor allen Menschen zu offenbaren willens sei (Jes 40,1 – 5):

1 Tröstet, tröstet mein Volk,
spricht euer Gott.

2 Sprecht zum Herzen Jerusalems
und rufet ihr zu,
dass ihre Fron vollendet,
dass ihre Schuld bezahlt.
Denn sie empfing aus Jahwes Hand
Zwiefaches für ihre Sünden.
Freudenbotin Zion.

3 Eine Stimme ruft:
In der Wüste bahnt
den Weg Jahwes,
ebnet in der Steppe
eine Straße für unsren Gott.

4 Jedes Tal soll sich heben
und jeder Berg und Hügel sich senken,
das Höckrige soll zur Ebene
und die Höhen zum Talgrund werden.

5 Denn die Herrlichkeit Jahwes soll offenbar werden
und alles Fleisch es zumal sehen;
denn der Mund Jahwes hat geredet.

Der Prophet nimmt seinen Adressaten die Mühe ab, darüber nachzudenken, wozu diese Prozessionsstraße dienen und auf welche Weise Jahwe seine Herrschaftsmacht offenbaren würde, indem er die unbestimmte Szene gegen eine bestimmte austauscht, in der Zion aufgefordert wird, die Freudenbotschaft von der bevorstehenden Ankunft des siegreichen Gottes bekannt zu machen, der die Befreiten wie ein guter Hirt seiner Herde[14] in das Land ihrer Väter zurückführt (Jes 40,9 – 11):[15]

9 Steige auf einen hohen Berg,
du Freudenbotin Zion,
erhebe deine Stimme mit Kraft,
du Freudenbotin Jerusalem,
Rufe laut: Fürchtet euch nicht!
Sage den Städten Judas:
Da ist euer Gott!

14 Vgl. dazu auch Regine Hunziker-Rodewald, Hirt, 128 – 139.
15 Vgl. dazu auch Regine Hunziker-Rodewald, Hirt, 128 – 139.

10 Seht den Herrn Jahwe,
als Starker[16] kommt er,
und sein Arm herrscht für ihn.
Seht, was er gewonnen, ist bei ihm
und was er erworben, vor ihm her.

11 Wie ein Hirte, der seine Herde weidet,[17]
mit seinem Arme Lämmer[18] sammelt,
sie in seinem Gewandbausch trägt,
die Säugenden sanft geleitet

Diese Botschaft wird in 52,7 – 10 aufgenommen und konkretisiert, einem
Abschnitt, der als Epilog dem Prolog in 40,1 – 5 und 9 – 11entspricht[19] und die
Rückkehr Jahwes als siegreichen Königs zum Zion in Form einer Botenin-
struktion bekannt gibt(Jes 52,7 – 10):

7 Wie lieblich sind auf den Bergen
die Füße des Freudenboten,
der Heil ausruft, der Glück verkündet,
der Sieg ausruft,
der zu Zion sagt:
König ward dein Gott!

8 Horch! Deine Späher erheben die Stimme,
sie jubeln zumal;
denn sie sehen mit eigenen Augen
die Rückkehr Jahwes zum Zion.

9 Hebt an, jubelt zumal,
Trümmer Jerusalems;
Denn Jahwe tröstete sein Volk,
löste Jerusalem aus.

10 Jahwe entblößte seinen heiligen Arm
vor den Augen aller Völker,
und es sehen alle Enden der Erde
die Heilstat unseres Gottes.[20]

Der hier das Wort ergreifende Bearbeiter der deuterojesajanischen Prophetien
dürfte in den beiden letzten Jahrzehnten des 6. Jh. gewirkt haben, als unter
dem Perserkönig Dareios I. (528 – 522) der Wiederaufbau des Jerusalemer

---

16 Vgl. dazu Klaus Berges, Jesaja 40 – 48, 80 z.St.
17 Vgl. mit Berges, 114 auch Jes 44,28a.
18 Vgl. BHS und Elliger, Deuterojesaja I, 32 z. St.
19 Vgl. van Oorschot, Babel, 123; anders Kratz, Kyros, 151 und Hermisson (BK.AT.XI.14), 220 – 222.
20 In seinem jetzigen Kontext soll auch der Einzug Jahwes in den Tempel in Ps 24,6 – 10 eschato-
    logisch gedeutet werden.

Tempels begann und die Rückwanderung der nach Babylonien Deportierten sich als eine reale Möglichkeit abzeichnete. So entwarf er ein packendes Bild von der Rückkehr Jahwes zum Zion als der bevorstehenden Offenbarung seiner Macht vor den Augen aller Völker.

Die kommende Heilszeit vorwegnehmend stimmt die wartende Gemeinde bzw. der sie vertretende Chor der Tempelsänger (II Chr 16,23–33) ein „neues Lied" an, welches den Antritt der Königsherrschaft Jahwes als des einzigen Gottes[21] und Richters der ganzen Erde preist, dessen Kommen der Jubel alle Welt begleitet, und das die die Völker auffordert, ihm im festlichen Zug auf dem Zion die Ehre zu geben. (Ps 96,1–4):[22]

1 Singt Jahwe ein neues Lied,
singt Jahwe, du ganze Erde.

2 Singt Jahwe, segnet seinen Namen,
tut kund von Tag zu Tag sein Heil.

3 Erzählt unter den Völkern seine Ehre,
unter allen Nationen seine Wundertaten.

4 Denn ein großer König ist Jahwe und hoch gerühmt,
furchtbarer ist er als alle Götter.

8.3 Die Völkerwallfahrt zum Zion (Jesaja 60,1–3 und 2,1–5)

Wenn das alles geschehen ist, sollte der Gottesglanz, der über dem Zion liegt, auch den Völkern nicht verborgen bleiben, so dass es sie dorthin zieht (Jes 60,1–3):[23]

1 Mache dich auf, werde Licht;
denn dein Licht ist gekommen,
und die Herrlichkeit Jahwes leuchtet bei dir!

---

21 Vgl. die Nachinterpretation von V. 4b durch V. 5.
22 Zur Datierung und Auslegung des nachexilischen Psalms vgl. z. B. Marvin E. Tate, (WBC 20), 509–515; Klaus Seybold (HAT I/15), 379–382; Frank-Lothar Hossfeld, Psalmen 51–100, 668–670 sowie Jörg Jeremias, Königsherrschaft Gottes, 121–131, der ihn 131 dahin gehend auslegt, dass für den Dichter die von Deuterojesaja angekündigte Heilswende bereits eingetreten ist und sich anfänglich in der von den Persern geschaffenen neuen Ordnung durchgesetzt hat. Doch scheint mir dieses „Schon" das „Noch nicht" des Gerichts Jahwes über die Völker in den V. 13 nicht aufzuwiegen.
23 Jes 60–62 bilden den Kern der sog. Tritojesajanischen Sammlung als erste Fortschreibung eines bereits aus der proto- und der deuterojesjanischen Sammlung bestehenden Jesjabuches; vgl. dazu Burkard M. Zapff, Jesaja 56–66, 346–347 und zur Auslegung der Stelle 382.

2 Denn siehe, Dunkel bedeckt die Erde
und dunkles Gewölk die Nationen,
doch bei dir wird Jahwe leuchten
und seine Herrlichkeit bei dir erscheinen!

3 Dann gehen die Völker zu deinem Licht
und Könige zum Glanz deines Lichtes.

An die Stelle des Völkersturms soll daher die Völkerwallfahrt zum Zion treten, denn hier erhalten die Nationen künftig ihre Anweisungen, wie sie sich gegen Gott und gegeneinander zu verhalten haben. Das Jerusalemer Schiedsgericht sorgt zudem für die Beilegung ihrer Konflikte, so dass die Zeit der Kriege für immer vorüber ist.[24] Die vorhandenen Waffen können Nutz und Segen stiftend in Ackergerät umgeschmiedet werden. Diese Zeit des ewigen Friedens unter den Völkern wird kommen, sobald sie im Glauben an den *einen* Gott und im Gehorsam gegen seine Gebote eins geworden sind. Die wahre Religion schürt weder fundamentalistische Ängste noch separatistischen Größenwahn, sondern schließt alle Menschen zu dem einen Gottesvolk auf Erden zusammen (Jes 2,2 – 5):[25]

2 Und es wird geschehen: In künftigen Tagen
steht fest gegründet der Berg des Hauses Jahwes
als Haupt der Berge
und erhabener als alle Hügel.
Dann strömen zu ihm alle Völker

3 und kommen viele Nationen und sagen:
„Kommt, lasst uns zum Berge Jahwes,
zum Hause des Gottes Jakobs ziehen,
dass er uns unsere Wege lehre
und wir auf seinen Pfaden wandeln!"
Denn vom Zion ergeht die Weisung
und das Wort Jahwes aus Jerusalem.

4 Dann richtet er zwischen vielen Völkern
und bescheidet vielen Nationen.
Dann schmieden sie ihre Schwerter zu Pflügen
und ihre Lanzen zu Winzermessern.

24 Vgl. auch PsSal 17,26 – 30.
25 Zu Jes 1,2 – 4,6 als nachexilischer Komposition vgl. Klaus Berges Buch, 56 – 87; vgl. aber den Einspruch von H.G.M. Williamson, Search, 181 – 206, bes. 188 – 189 (zu Jes 3,2 – 3) und 189 – 191 (zu Jes 1,11 – 15) sowie ders., Isaiah 1 – 23. I: 1 – 5 (ICC). Hier tritt er 59 für die Datierung von Jes 1,5 – 9 im Zusammenhang mit den Ereignissen von 701 ein. 85 erklärt er, dass sich die Zeitstellung und der ursprüngliche Zusammenhang mit Jesajas Verkündigung in 1,10 – 17 nur schwer ermitteln ließen .Er rechnet 132 auch bei 1,21 – 26 mit einer jesajanischen Vorlage, stellt aber bei den hier genannten Texten jüngere Zusätze in Rechnung.

Nie mehr erhebt Volk gegen Volk das Schwert
noch werden sie ferner Kriege führen!

Im Kontext des Jesajabuches geht der auch in Mich 4,1 – 5[26] überlieferten Heilsbeschreibung in 1,21 – 26 die Ankündigung eines Läuterungsgerichtes voraus, während die Verse 2,6 – 11 redaktionell zu dem Gedicht vom Tage Jahwes in 2,12 – 16(21) überleiten. So ermahnt V. 5 die Leser im Blick darauf, dass es auch für das in Jakob erwählte Gottesvolk kein Heil ohne den Wandel im Licht seines Gottes gibt, zum Vertrauen auf seine gnädige Gegenwart (Ps 27,1; 89,16): Sie wird ihnen die Kraft verleihen, seine Gebote zu halten (Jes 2,5):[27]

5 Haus Jakobs,
kommt und lasst uns im Lichte Jahwes wandeln![28]

8.4 Psalm 48 – ein Kompendium der exilisch-nachexilischen Zionstheologie

Ob man Ps 48 mit Reinhard Müller als Beispiel für die nachexilische Aktualisierung eines vorexilischen Psalms über die Thronfahrt Jahwes nach dem Sieg über die Völker deuten darf[29] oder es sich bei ihm nicht im Ausziehen der von Herbert Niehr zu V. 3 vorgelegten Überlegungen um eine exilische Dichtung handelt, die nachexilisch erweitert ist, ist strittig. Seine Endgestalt hat der Psalm jedenfalls erst in der späten Perserzeit erhalten; denn das Wallfahrtslied in den V. 13 – 15 setzt ein intaktes Stadtbild Jerusalems und mithin den Wiederaufbau der Mauern durch Nehemia in den späten 40er

---

26 Vgl. dazu Willem A.M. Beuken, Emergence, 467 – 470. – Die Frage, welchem der beiden Texte die Priorität zukommt, wird unterschiedlich behandelt, vgl. Jakob Wöhrle, Sammlungen, 156 – 159 und weiterhin seinen Vergleich zwischen den parallelen Versen Jes 2,2 – 4 und Mich 4,1 – 3 in: Abschluss, 346 – 348, der ihn für den Vorrang des Jesajatextes optieren lässt. Für die Übernahme ins Michabuch macht er die Heil-Völker-Redaktion des Zwölfprophetenbuches verantwortlich, der z.B. auch Sach 8,20 – 23 angehört; vgl. dazu auch 337 – 358. Dagegen hat sich Reinhard Müller, Doubled Prophecy, 177 – 191 wegen der stärkeren Stichwortverbindungen von Mich 4,1 – 4 erneut für die Priorität des Michatextes ausgeprovochen, die auch Rainer Kessler, Micha, 178 und vorsichtig Jörg Jeremias (ATD 24/3), 171 Anm.167 vertreten haben.

27 Vgl. Ps 119,135.

28 Zur Anrede der Lesergemeinde als Haus Jakobs liegt mit Beuken, Emergence, 469 die Annahme der Anklage und Verurteilung Israels durch Jahwe aus c.1, die sie nun zum Gesetzesgehorsam ermutigt. Zu den Einzelproblemen der Perikope vgl. Kaiser (ATD 175), 60 – 67.

29 Reinhard Müller, Jahwe als Wettergott, 181 – 200 unterscheidet zwischen der vorexilischen Grundschicht in den V. 1 – 4.9b, einer historisierenden Erweiterung in den V. 5 – 8 und einer nachexilischen Wallfahrtsbearbeitung in den V. 9a.10.13 – 15 sowie der das Gesetz feiernden Einfügung der V. 11 – 12. Da die Wallfahrtsbearbeitung den Wiederaufbaue Jerusalems voraussetzt, kann sie m.E. nicht vor der Zeit Nehemias entstanden sein, womit allerdings nur ein terminus post quem genannt ist.

Jahren des 5. Jh. v. Chr. voraus. Nach der Analyse von Reinhard Müller ist der in den V. 2a.3 – 4 vorliegende ältere Hymnus in den V. 5 – 8 durch die Anfügung eines Berichts von einem paradigmatischen Sieg Jahwes über seine Feinde und dann durch die Ein- und Anfügung der V. 2b.9a.10.13 – 14 und 15* zu einem Wallfahrtslied ausgestaltet worden.[30] Es fragt sich jedoch, ob die in V. 3 vorliegende Identifizierung des Zion mit dem Gottesberg bereits in vorexilischer Zeit möglich war, weil die Vorstellung vom Gottesberg erst im 6. Jh. auf den Sinai und den Zion übertragen zu sein scheint.[31] Schließt man sich unter diesem Vorbehalt der von Müller vorgenommenen Schichtung an, so identifiziert oder lokalisiert der Grundtext des Psalms den Zion mit der Spitze des „Nordens" (ṣāpôn) (vgl. auch Jes 14,14b).[32] der durch die Anwesenheit Jahwes vor den Angriffen aller Feinde geschützt ist; denn er ist in ihren Palästen als Zuflucht und mithin als Schutz bekannt. (Ps 48,1 – 4* + 9b):[33]

1 Groß ist Jahwe
und sehr zu rühmen
in der Stadt unsres Gottes.
Sein heiliger Berg

3 schön ragend,
die Freude der ganzen Erde!,
Der Berg Zion;
Gipfel des Zaphon,
die Stadt eines großen König!

4 <Jahwe>[34] ist ihren Palästen
er ist als Zuflucht bekannt,

9b ‚Jahwe' befestigte sie auf ewig!

---

30 Reinhard Müller, Jahwe als Wettergott, 181 – 200 unterscheidet zwischen der vorexilischen Grundschicht in den V. 1 – 4.9b, einer historisierenden Erweiterung in den V. 5 – 8 und einer nachexilischen Wallfahrtsbearbeitung in den V. 9a.10.13 – 15 sowie der das Gesetz feiernden Einfügung der V. 11 – 12. Da die Wallfahrtsbearbeitung den Wiederaufbaue Jerusalems voraussetzt, kann sie m. E. nicht vor der Zeit Nehemias entstanden sein, womit allerdings nur ein terminus post quem genannt ist.

31 Herbet Niehr, Höchste Gott, 107 – 108.

32 Niehr, 106. – Zum Berg Ṣaphon als dem Wohnsitz Baals vgl. oben 23.

33 Klaus Seybold (HAT I/15), 1996,194 – 198 legt sich zeitlich nicht fest, sondern belässt es bei der Feststellung, dass das Stadtbild von Jerusalem intakt gewesen sein muss. Erich Zenger, Psalm 1 – 50, 294 – 295 beurteilt den Grundpsalm als vorexilisch und die V. 10 – 12 als eine Erweiterung aus der Zeit des Zweiten Tempels. Friedhelm Hartenstein, Wehe, 138 – 40 rechnet auch die V. 1 – 8 zum Grundbestand. Peter Craigie, (WBC 19), 352 – 353 verzichtet auf eine historische Einordnung und belässt es bei einer Nachzeichnung der in dem Psalm vorausgesetzten kultischen Situation. Erhard S. Gerstenberger, Psalms I (FOTL XIV), 1988 erklärt 202, dass die hier vorausgesetzte Zions-Ideologie vorexilisch nicht denkbar ist.

34 Text hier und weiterhin: Gott (Elohistischer Psalter).

Ein nachexilischer Bearbeiter liefert in den V. 5–10* die Begründung für V. 4, die vermutlich die Legende von der Vernichtung des Heeres des assyrischen Königs Sanherib vor den Toren Jerusalems verarbeitet, vgl. II Kön 19 par Jes 37 (Ps 48,5–8–9):

5 Denn siehe, Könige hatten sich versammelt,
sie zogen gemeinsam daher.

6 Kaum blickten sie hin, so erstaunten sie,
sie erschraken und flohen.

7 Zittern ergriff sie dort,
Beben wie eine Gebärende.

8 Mit dem der Ostwind zerbrichst du
die Tarschisch-Schiffe.[35]

9 Wie wir es gehört,
so sahen wir es
in der Stadt Jahwe Zebaoths.

Eine theokratische Bearbeitung hat weiterhin die V. 10–12 eingefügt und dabei das weltweite Ansehen des Namens Jahwes unterstrichen (Ps 48,10–12):

10 Wir gedenken, Gott, deiner Treue
inmitten deines Tempels.

11 Gleichwie dein Name
so reicht dein Ruhm
bis zu den Enden der Erde.
Heilvoll ist deine Rechte!

12 Freuen soll sich der Berg Zion,
jubeln sollen die Töchter Zions
ob deiner Gesetze!

Dann beschließt eine kleine Wallfahrtsliturgie in den V. 13–15 das Lied (Ps 48,13–15):

13 Zieht rings um den Zion,
zählt ihre Türme.

14 Gebt Acht auf ihre Mauer,
umwandelt ihre Paläste!
Damit ihr erzählen könnt
einem künftigen Geschlecht:

---

35 Tarschisch war die letzte den Juden im Westen bekannte Handelsstation. Sie wird in der Regel mit der an der Südwestküste liegenden punischen Hafenstadt Tartessos identifiziert, Manfred Görg (NBL III), 785.

15 „Ja, das ist Jahwe[36] unser Gott
auf immer und ewig,
er wird uns, in[37] Ewigkeit leiten.

8.5 Das künftige Los der Völker als Diener Israels
(Jesaja 60,4 – 14* und 61,5 – 6)

Siegreiche Nationen nahmen (nur?) im Altertum die Niederlage ihrer Feinde
in der Regel nicht zum Anlass philanthropischer Gesten, sondern nutzten die
Schwäche der besiegten Völker gnadenlos aus. Als Beispiel sei ein Auszug aus
dem Bericht des assyrischen Königs Asarhaddon über seine Niederwerfung
des Königs von Sidon Abdi-Milkutti nach dem Prisma A (ARAB II, Kapitel 527) zitiert:[38]

Abdi-Milkutti, der König von Sidon, der meine Herrschaft nicht fürchtete und dem
Wort meiner Lippen nicht gehorchte, der auf das wogende Meer vertraute und das
Joch Assurs abgeschüttelt hatte – Sidon, seinen Stützpunkt, welches inmitten des
Meeres liegt, walzte ich wie Sintflut nieder, seine Mauer und sein Stadtgebiet riss ich
aus und warf ich ins Meer, seinen Standort vernichtete ich. Sein König Abdi-Milkutti
floh vor meinen Waffen aufs hohe Meer. Auf Befehl Assurs, meines Herrn, holte ich
ihn gleich einem Fisch aus dem Meere heraus und schlug ihm den Kopf ab. Seine
Gattin, seine Söhne, seine Töchter, seinen Hofstaat, Gold, Silber, Habe, Besitz,
Edelgestein, Gewänder aus buntem Stoff und Leinen, Elefantenhaut, Elfenbein,
Ebenholz, Buchsbaumholz, allerhand Schätze seines Palastes schleppte ich in Mengen fort. Seine Untertanen weit und breit ohne Zahl, Rinder, Kleinvieh und Esel
führte ich in Mengen fort nach Assyrien.

Man braucht sich also weder zu wundern noch sonderlich zu entsetzen, wenn
die oben bereits von uns herangezogene Spottklage auf den Tod des Weltherrschers in Jes 14,4 – 23 in V. 21 die Aufforderung enthält, die Söhne des
Tyrannen abzuschlachten (Jes 14,21):[39]

Stellt für seine Söhne die Schlachtbank auf
ob der Schuld ihrer Väter,
damit sie nicht aufstehen und die Erde besetzen
und den Erdkreis erfüllen.[40]

---

36 Text: Gott. Änderung durch den Herausgeber des Elohistischen Psalters.
37 Siehe BHS.
38 Übersetzung Rykle Borger (TUAT I/4), 1984, 395 – 396.
39 Vgl. dazu oben, 92 – 94.
40 Zum Text vgl. G.B.Gray, Isaiah I – XXVII (ICC), 261 – 262.

Sieht man von der faktischen Bedeutungslosigkeit Judas und seiner Hauptstadt in der damaligen Welt ab, so bleibt es auch im Rahmen des üblichen Umgangs mit den Besiegten, wenn sich Tritojesaja ausmalte, dass zusammen mit den Heimkehrern aus der Diaspora die Schätze der Völker Tag und Nacht durch die offenen Tore Jerusalems gebracht würden: Fremde sollten seine Mauern bauen, die Tore bewachen und ihre Könige als Karawanenführer mit den Schätzen ihrer Länder durch sie in die Stadt einziehen. In Umkehrung des Schicksals der Tochter Zion sollen ihr dann die Nachkommen ihrer einstigen Herren fußfällig huldigen und so ihre Sonderstellung als der Stadt anerkennen, in der Jahwe, der Heilige Israels, wohnt. Er ist der Gott, der über die Respektierung seiner Gottheit wacht (vgl. z. B. Jes 1,4) und denen beisteht, die auf ihn vertrauen (vgl. z. B. Jes 30,15).[41] Und so lautet die an Zion gerichtete Heilsbeschreibung so (Jes 60,4–14*):[42]

4 Hebe deine Augen ringsum auf und sieh:
Sie alle versammeln sich, kommen zu dir.
Deine Söhne kommen aus der Ferne
und deine Töchter trägt man an der Hüfte.

5 Dann wirst du es sehen und strahlen
und dein Herz wird hüpfen und sich weiten.
Denn der Reichtum des Meeres fällt dir zu,
und das Vermögen der Völker kommt zu dir.

6 Zahlreiche Kamele werden dich bedecken,
Dromedare aus Midian[43] und Epha,[44]
sie alle kommen aus Saba,[45]
bringen Gold und Weihrauch
und verkünden den Ruhm Jahwes.[46]

7 Alles Kleinvieh[47] von Kedar[48] versammelt sich bei dir,
die Widder von Nebajot[49] werden dir dienen.

8 Wer sind die, die wie Wolken fliegen
und wie Tauben zu ihren Schlägen?

---

41 Zur Rede vom Heiligen Israels im Jesajabuch vgl. Helmar Ringgren (ThWAT VI), 1193–1196.
42 Grundtext nach den Analysen von Klaus Koenen, Ethik, 137–141.
43 Zu der südlich von Edom und östlich des Golfes von Aqaba liegenden Landschaft Midian und dem gleichnamigen Stamm vgl. Ernst Axel Knauf (NBL II), 802–804.
44 Zu dem midianitischen Stamm vgl. Manfred Görg (NBL I), 472.
45 Zu dem südarabischen Land und Volk vgl. Walter W. Müller (NBL III), 387–388.
46 Nachinterpretation.
47 Sammelbegriff für Schafe und Ziegen.
48 Zu dem nordarabischen Stammesverband vgl. Ernst Axel Knauf (NBL II), 457–458.
49 Ursprünglich zum Stammesverband Kedar gehörender Sippenverband, der hier vermutlich bereits mit den Nabatäern gleichgesetzt wird, Ernst Axel Knauf, Ismael, 92–110.

9 Die Schiffe der Inseln vereinigen sich,[50]
und die Boote von Tarschisch[51] an der Spitze,
um deine Söhne von ferne zu bringen
und ihr Silber und ihr Gold mit ihnen.

10 Dann bauen die Söhne der Fremde deine Mauern
und ihre Könige werden dir dienen.

11 Und deine Tore werden beständig offen stehen,[52]
sie werden weder Tags noch Nachts geschlossen,
um die Habe der Völker zu dir zu bringen,
und ihre Könige führen sie an.[53]

12 Denn jedes Volk und Reich, das dir nicht dient,
geht zugrunde und die Völker werden gänzlich vernichtet.[54]

13 Die Pracht des Libanon kommt zu dir,
Wacholder, Ulme und Zypresse zumal.[55]

14 Gebückt[56] kommen zu dir die Söhne deiner Bedrücker
alle, die dich verachtet, werfen sich dir zu Füssen
und nennen dich „Stadt Jahwes",
Zion des Heiligen Israels.

Das Verhältnis zwischen den Juden und den Fremden wird in 61,5 – 6 dahin gehend bestimmt, dass die Ausländer die Landarbeit für sie verrichten, während die Juden als die geistliche Herrenschicht (Claus Westermann)[57] sich von dem Ertrag fremder Hände ernähren.[58] Auch dabei handelt es sich um eine spiegelbildliche Verkehrung ihres vorhergehenden Zustandes,[59] in dem sie selbst für Fremde Frondienste leisten mussten (Jes 61,5 – 6):[60]

5 Und Ausländer werden hintreten und euer Kleinvieh weiden,
und die Söhne der Fremde eure Landarbeiter und eure Winzerknechte sein.

6 Aber ihr werdet Priester Jahwes gerufen,
Diener unseres Gottes wird zu euch gesagt.

---

50 Siehe BHS.
51 Vgl. zu diesem sprichwörtlichen Fernziel am Ende der westlichen, damals bekannten Welt Manfred Görg (NBL III), 2001, 785.
52 Siehe BHS.
53 Siehe BHS.
54 Nachinterpretation.
55 Vgl. mit Burkard M. Zapff. Jesaja 56 – 66, 386 Jes 41,19b.
56 Siehe BHS.
57 (ATD 19), 294 z.St.
58 Vgl. aber auch Sach 14,20 – 2
59 Vgl. Klgl 5,1 – 15.
60 Vgl. dazu Koenen, Eschatologie, 112 – 115 und zur theologischen Beurteilung der Perikope Wolfram Herrmann, Signifikanz, 533 – 540.

8.6 Vorspiel und Kommen des Heils nach Sacharja 14

Eine eigenartige Fassung der Völkerkampfmythe begegnet in Sach 14.[61] Denn hier wird aus der Vernichtung der Jerusalem angreifenden Völker ein mehrstufiges Geschehen. In seiner ersten Phase sollen die gegen Jerusalem anstürmenden Völker die Stadt erobern, ihre Frauen schänden und die Hälfte ihrer Bewohner deportieren. Eine Begründung für das Leiden Jerusalems wird nicht gegeben, sondern lediglich der Ablauf der Ereignisse vorausgesagt. Daher legt sich die Annahme nahe, dass es sich bei dieser Prophetie um ein *vaticinium ex eventu*, eine Weissagung aufgrund eines bereits erfolgten Geschehens handelt.[62] Da die Eroberung Jerusalems 587 inzwischen um Jahrhunderte zurückliegt, muss es sich also um ein jüngeres Ereignis handeln. Als solches kommt vor allem die Besetzung Jerusalems durch Ptolemaios I. Soter im Jahre 301 in Frage, bei der es nicht ganz so friedlich zugegangen zu sein scheint, wie es Josephus Ant. XII.4 – 6 schildert. Josephus berichtet jedoch in Ant.XII.7 – 10, dass der König zahlreiche Gefangene aus der Umgebung Jerusalems und dem jüdischen und samarischen Bergland nach Ägypten deportiert und dort als Militärkolonisten angesiedelt hätte. Trifft es zu, dass sich der Apokalyptiker auf diese Ereignisse zurück bezieht, so verkündet er seinen Adressaten, dass die Heilszeit unmittelbar bevorsteht (Sach 14,1 – 2):[63]

1 Siehe es kommt ein Tag für Jahwe,
an dem wird, was man in dir erbeutet, in deiner Mitte geteilt.

2 Ich werde alle Völker versammeln
gegen Jerusalem zum Kampf,
und die Stadt wird erobert,
und die Häuser werden geplündert
und die Frauen vergewaltigt.
Dann zieht die Hälfte der Stadt in die Verbannung,
[aber der Rest des Volkes wird nicht ausgerottet aus ihr].[64]

Der zweite Akt des Dramas, in dem Jahwe ausziehen und gegen die Völker kämpfen wird, steht aber noch bevor. Auf die Retrospektive folgt nun eine in eigentümlicher Weise unbestimmt bleibende Prophetie. Denn wir erfahren weder, wo der Kampf gegen die an der vorangehenden Eroberung Jerusalems beteiligten Völker stattfinden noch wie er verlaufen wird, sondern es bleibt bei dem allgemeinen Hinweis, dass Jahwe nach seiner bekannten Weise eingreifen

---

61 Zu den Problemen des Kapitel vgl. umfassend Martin Beck, Tag YHWHs, 202 – 255 und Paul-Gerhard Schwesig, Rolle, 179 – 236.
62 Vgl. Odil Hannes Steck, Abschluss, 57 – 58.
63 Zu Sach 14,1 – 2 vgl. Jakob Wöhrle, Abschluss, 132 – 133.
64 V. 2b ist mit Karl Elliger (ATD 25/2), 177 als Glosse zu beurteilen.

und (was bei einem Gott nicht ausdrücklich versichert zu werden braucht) siegen werde (Sach 14,3):[65]

Und Jahwe wird ausziehen und gegen jene Völker kämpfen
wie am Tage seines Kämpfens, am Tage der Schlacht.

Im folgenden dritten Akt wird dann die wunderbare Spaltung des Ölberges und die durch sie verursachte Schließung des hier als „Tal der Berge" bezeichneten Kidrontales (?) zur Vorbereitung für das eigentliche Geschehen, den Einzug des siegreichen Königs Jahwe mit seinem Engelheer in Jerusalem, prophezeit (Sach 14,4 – 5):

4 Dann werden seine Füße [an jenem Tage] auf dem Ölberg stehen, [der östlich von Jerusalem liegt] und der Ölberg wird sich in seiner Mitte nach Osten und nach Westen spalten [zu einem sehr großen Tal] und eine Hälfte des Berges[66] wird nach Norden und eine nach Süden weichen 5 und das Tal der Berge verstopfen [denn das Tal der Berge stößt an seine Seite] [und ihr werdet fliehen, wie ihr geflohen seid vor dem Erdbeben in den Tagen Usias, des Königs von Juda]. Dann wird Jahwe, dein Gott,[67] einziehen und alle Heiligen mit ihm.[68]

An der Schilderung der Folgen der Gegenwart Jahwes in Jerusalem in den V. 6 – 21 haben sich mehrere Hände beteiligt. Im Mittelpunkt steht die Botschaft von V. 9, dass Jahwe König über alle Länder sein und samt seinem Namen einzig sein werde. Damit hat das Schema Dtn 6,4 seine eschatologische, alle Völker der Erde umfassende Erfüllung gefunden.[69] Um diese Mitte gruppieren sich in den V. 6 – 8* und 10 – 11*Aussagen, welche die Aufhebung von Sommer und Winter und Tag und Nacht,[70] eine neue Bewässerung des Landes[71] und die bleibende Sicherheit Jerusalems voraussagen: Künftig vollstreckt Jahwe an seiner Stadt auch keinen tödlichen Bann mehr.[72] Spätere Bearbeiter haben die in den V. 10 – 11a enthaltene Beschreibung Judas[73] an die Weissagung von der Völkerwallfahrt zum Zion in Jes 2,1 – 5 par Mich 4,1 – 5 angepasst, so dass das auf einem hohen Berg gelegene Jerusalem das zu einer einzigen Ebene gewordene Juda überragt (Sach 14,6 – 11):[74]

---

65 Zu Sach 14,3 auch Wöhrle, Abschluss, 133.
66 Streiche das suff. der sing.
67 Lies vermutlich statt des suff. der sing. das der 2.fem.sing., vgl. V.
68 Zur Glossierung vgl. Elliger (ATD 25), 178 – 180.
69 Vgl. Dtn 6,4 , dazu auch Kaiser, Eine Gott, 135 – 152, bes. 143 – 148 und oben, 33 – 35.
70 Vgl. Jes 4,5.
71 Vgl. Ez 47,1 – 8; Joel 4,18; vgl. auch Am 9,13.
72 Vgl. Jes 43,28 und Mal 3,24.
73 Die gelehrte Beschreibung der Ausdehnung der Stadt ist für den historischen Geographen interessanter als für den Theologen und Bibelleser; vgl. dazu Elliger (ATD 25), 183.
74 Zu den redaktionellen Verhältnissen in Sach 4,4 – 144 vgl. Wöhrle, Abschluss, 118 – 119.

6 Und an jenem Tage wird es geschehen und weder Kälte[75]noch Frost noch Eis geben. 7 Und es wird ein einziger Tag sein [er ist Jahwe bekannt] und nicht mehr Tag und Nachtgeben, so dass es zur Abendzeit hell ist. 8 Und an jenem Tage wird es geschehen. Hervortreten werden lebendige Wasser aus Jerusalem und ihre Hälften zum östlichen Meer und zum westlichen Meer (laufen). Im Sommer und im Winter wird es dasein. 9 Und Jahwe wird zum König über die ganze Erde. An jenem Tage wird Jahwe einzig sein und sein Name einzig. 10 [Das ganze Land wird sich in eine Ebene verwandeln von Geba bis Rimmon im Negeb. Aber Jerusalem wird hoch sein[76] und an seiner Stelle liegen; vom Benjamin-Tor (bis zur Stelle des früheren Tores) bis zum Ecktor und vom Tor[77] Hanael bis zu der Kelter des Königs 11 wird man darin wohnen]. Und es wird keinen Bann mehr geben, sondern Jerusalem wohnt in Sicherheit.

Aus den nachfolgenden V. 12 – 21, die sich mit dem Schicksal der Völker und den sich daraus ergebenden Folgen für Jerusalem beschäftigen, seien nur die V. 13 – 14* und 16 – 17 und 19* als den vermutlichen Ausgangspunkt für die weitere phantasievolle Ausgestaltung herausgegriffen:[78] In den V. 13 – 14* wird die in V. 3 vermisste Mitteilung nachgeholt, wie Jahwe die Völker besiegt: Sie werden sich, durch einen Gottesschrecken verwirrt, wechselseitig umbringen, so dass die Jerusalemer ihre Lager plündern und ihre Schätze in die Stadt schleppen können.[79] Der diesem Gemetzel entronnene Rest der Völker wird dann Jahr um Jahr nach Jerusalem zum Laubhüttenfest[80] pilgern, um Jahwe anzubeten (vgl. Jes 2,1 – 5 par Mich 4,1 – 5). Alle, die nicht an dieser Wallfahrt teilnehmen, sollen zur Strafe keinen Regen bekommen (Sach 14,13 – 19*):

13 An jenem Tage wird es eine große von Jahwe bewirkte Verwirrung unter ihnen (d. h. den Völkern) geben. Dann werden sie einer den andern packen und wird sich die Hand des einen gegen die des anderen erheben. 14b Dann wird der Besitz aller Völker ringsum an Gold und Silber und Kleidern in großer Menge eingesammelt. 16 Und es wird geschehen: Alle, die übrig geblieben sind von allen Völkern, die gegen Jerusalem gezogen waren, werden Jahr um Jahr hinaufziehen, um dem König Jahwe Zebaoth zu huldigen und das Laubhüttenfest zu feiern. 17 Und es wird geschehen,

---

75 Lies statt 'ôr ein qôr, vgl. BHS.
76 Siehe BHS.
77 Lies ûmimmigdal.
78 Zu den redaktionellen Verhältnissen in Sach 14,12 – 21 vgl. Wöhrle, 134 – 135. – Dass sich fromme Phantasie zusammen mit aufgestautem Hass in Geschmacklosigkeiten verlieren kann, zeigen die V. 12 und 15, die den von Jahwe besiegten Völkern und ihren Tieren ankündigen, dass sie lebend verfaulen werden. V. 20 – 21a zieht die Konsequenzen für die priesterliche Rolle Jerusalems und Judas angesichts der verheißenen Völkerwallfahrt. V. 21b möchte darüber hinaus sicher stellen, dass dann keine „Kanaanäer" und d. h.: Händler mehr den Tempel betreten dürfen; vgl. Jes 56,7; Mt 21,13; Lk 19,46.
79 Vgl. auch Jes 60,11 – 17 und die eigenartige, an moderne Kargo-Kulte erinnernde Erwartung in Jes 33,23, dass die Jerusalemer künftig Schiffe ausrauben werden. Theologisch gewichtiger ist dagegen das in 33,24 enthaltene Heilswort, nach dem es in Jerusalem keine Kranken mehr geben wird, weil den Bewohnern der Stadt Vergebung der Sünden zuteil wird.
80 Vgl. zu ihm Kaiser, GAT I, 321 – 323.

welches Geschlecht der Erde nicht hinaufzieht nach Jerusalem, um den König Jahwe Zebaoth zu huldigen, bei dem wird es keinen Regen geben. 19b Dies wird die Strafe über alle Völker sein, die nicht zum Laubhüttenfest hinauf ziehen.

8.7 Die Völker als Glieder des einen Gottesvolkes (Jesaja 56,3 – 8; Zephania 3,9 – 10; Jesaja 19,23 – 25 und 25,6 – 8)

Aber die Prophetenbücher enthalten auch noch eine andere Perspektive für die Zukunft der Völker. Da sind zunächst natürlich die Proselyten zu nennen, die sich freiwillig dem Judentum angeschlossen haben. Ihnen wird in dem jedenfalls späten Orakel Jes 56,3 – 8 zusammen mit den Verschnittenen[81] für den Fall ihrer Bundestreue die Zulassung zum Gebets- und Opferdienst in dem Tempel geweissagt, der seine eigentliche Bestimmung als Bethaus aller Völker erfüllen wird (Jes 56,3 – 8):[82]

3 Der Sohn der Fremde soll nicht sagen,
der sich Jahwe angeschlossen hat:
Abgetrennt hat mich Jahwe gewiss von seinem Volk.
Und der Verschnittene soll nicht sagen:
„Siehe ich bin ein vertrocknetes Holz!"

4 Denn so spricht Jahwe:
„Den Verschnittenen, die meine Sabbate halten
und erwählen, woran ich Gefallen habe,
und festhalten an meinem Bund,

5 werde ich in meinem Haus und an meinen Mauern
Denkmal und Namen geben, besser als Söhne und Töchter.[83]
Einen ewigen Namen werde ich ihnen[84] geben,
der nicht ausgelöscht wird.

6 Und die Söhne der Fremde, die sich Jahwe angeschlossen haben,
um ihm zu dienen und den Namen Jahwes zu lieben
und ihm Knechte zu sein
- jeder, der den Sabbat vor Entweihung bewahrt
und festhält an meinem Bund,-

---

81 Die nach dem Gemeindegesetz Dtn 23,2 nicht in die Gemeinde Jahwe aufgenommen werden sollten.

82 Zur Redaktionsschicht und ihrer spätperser- bis frühhellenistischen Zeitstellung vgl. Zapff , Jesaja 56 – 66, 347 – 349.

83 Zur Vorstellung vom Nachleben im Namen und in den Nachkommen vgl. Johannes Pedersen, Israel I, 254 – 259.

84 Siehe BHS.

7 die werde ich zu meinem heiligen Berge bringen
und sie in meinem Bethaus erfreuen.
Ihre Brandopfer und ihre Schlachtopfer
werden mir zu Gefallen auf meinem Altar (sein).[85]
Denn mein Haus soll ein Bethaus heißen."

8 Ausspruch des Herrn Jahwe,
der die Zerstreuten Israels sammelt:
„Ich werde noch mehr zu ihm sammeln,
zu seinen Versammelten."

Noch großzügiger freilich dachte der Schriftgelehrte, der das Zephanjabuch vorsichtig revidierte. Auf die Ansage der Sammlung und Vernichtung der Völker und Königreiche durch Jahwe in 3,6–8 folgt in 3,9–10 die Verheißung, dass er in diesem auch sein Volk treffenden Gericht ein demütiges Volk übrig lassen will. Zwischen beiden steht nun dank eines kleinen Eingriffs in V. 9a in den V. 9–10 die folgende Verheißung (Zeph 3,9–10):[86]

9 Doch dann will ich den Völkern andere reine Lippen geben,
dass sie alle im Namen Jahwes anrufen,
ihm Schulter an Schulter zu dienen.

10 Von jenseits der Ströme Kuschs[87]
werden meine Verehrer mir Opfergaben bringen.

Nicht allein der aus der Gemeinde der Demütigen und Niedrigen bestehende und das wahre Israel bildende Rest, sondern auch die Lippen der Völker sollen von Jahwe gereinigt werden, so dass seine Anbeter selbst aus dem fernen Süden nach Jerusalem kommen, ihm dort ihre Gaben darzubringen. Zu dieser Verheißung gesellt sich die in Jes 19,23–25, die nicht vor dem 3. Jh. v. Chr. entstanden sein kann, weil Ägypten und Assur in ihr Decknamen für die Reiche der Ptolemäer und der Seleukiden sind (Jes 19,23–25):[88]

23 An jenem Tage wird es eine Straße von Ägypten nach Assur geben, so dass die Assyrer nach Ägypten und die Ägypter nach Assyrien kommen und die Ägypter werden mit den Assyrern Gottesdienst halten. 24 An jenem Tage wird Israel als der Dritte neben Ägypten und Assur stehen – ein Segen inmitten der Erde, 25 die Jahwe Zebaoth mit den Worten segnet: „Gesegnet sei mein Volk Ägypten und das Werk meiner Hände Assur und mein Erbteil Israel".

85 Vgl. Lev 20,18 und Num 15,14–16.
86 Vgl. dazu Lothar Perlitt (ATD 25/1) Göttingen 2004, 141–142 und Jakob Wöhrle, Abschluss, 336.
87 D.h.: Nubiens.
88 Vgl. dazu Kaiser (ATD 18), 90–92 und Höffken (NSK.AT 18/1), 159.

Israel ein Segen inmitten der Erde, ein Segen für die Völkerwelt? Hier klingt die Abraham in Gen 12,1–3 erteilte Segensverheißung nach: Mit ihrer Erfüllung gelangt die Heilsgeschichte Gottes an ihr Ziel:[89]

1 Und Jahwe sagte zu Abram:[90]
Gehe nur aus deinem Lande und aus deiner Verwandtschaft
und aus deines Vaters Haus, in ein Land, das ich dir zeigen werde.

2 Ich will dich zu einem großen Volke machen und dich segnen.

3 Segnen will ich, die dich segnen, und, die dich verwünschen,
verfluchen
und dir einen großen Namen verleihen, und du sollst ein Segen sein.
Und gesegnet werden sollen durch dich alle Geschlechter der Erde.[91]

Was kommt, so fragt sich der über die Geheimnisse Gottes in der Endzeit nachsinnende Prophet, wenn alle himmlischen Mächte und irdischen Gewalten durch ihn besiegt und gerichtet sind (Jes 24,21–23)? Darauf gibt er in Jes 25,6–8 die Antwort: Das große Krönungsmahl auf dem Zion, zu dem alle Völker geladen sind.[92] Hier werden die nach orientalischem Geschmack besten, weil fettesten Speisen und edelsten, weil ausgereiften und geseihten Weine gereicht. Die konkreten Züge verdecken, dass sich hier etwas vollzieht, was auf keinem irdischen Berge Platz hat und wozu keine irdischen Vorräte reichen. Der große Vorhang, der die Menschen in dieser von jener Welt trennt, wird aufgezogen, so dass alle (wie es in Jes 33,17 heißt) den König Jahwe in seiner Schönheit schauen können, ohne zunichte zu werden.[93] Die Grenzen des Raumes weiten sich auf dem Zion ins Unermessliche, denn sonst fände die ganze Menschheit hier keinen Platz. Und ins Unermessliche steigert sich auch das Angebot an Speis und Trank. Unerhört die Gottesschau, nach der es nichts mehr zu sehen gibt als IHN. Doch seine Gemeinschaft ist Freude und Leben, so dass die Rede vom Tode sinnlos wird.[94] In seiner Gegenwart versinken die Bewertungen, welche die Menschen dank ihrer begrenzten Erfahrung und Einsicht voneinander machten, und damit auch die Schmach des kleinen, elenden Volkes, am Tische dessen Gottes nun alle Völker liegen (Jes 25,6–8):

89 Vgl. dazu Kaiser, GAT II, 34–39.
90 Vgl. dazu Kaiser, GAT II, 34–37.
91 Vgl. dazu Erhard Blum, Komposition, 297–301, der sie der exilischen Ausgabe der Vätergeschichte zuweist; Matthias Köckert, Vätergott, 294–299, der sie exilisch-nachexilisch einordnet und Christoph Levin, Jahwist, 133–138, der sie dem exilischen Jahwisten zuschreibt. Deutlich ist jedenfalls, dass diese Weissagung nicht in die Väterzeit gehört, sondern ein exilischer oder nachexilischer Text ist, der in schlechten Zeiten Israels Vertrauen in seine heilvolle und Heil vermittelnde Zukunft begründen soll.
92 Vgl. Mk 14,25; Mt 26,29; Lk 22,28–30.
93 Vgl. Ex 34,20, Gen 32,31; Jes 6,5 und I Tim 6,16 und zum Problem der Deutung von V. 7 Peter Welten, Vernichtung des Todes, 129–146, bes. 133–134 und Reinhard Scholl, Elenden,, 92–93.
94 Daher hat ein kluger Leser V. 8a mit Recht nachgetragen.

6 Bereiten wird Jahwe Zebaoth
für alle Völker auf diesem Berge
ein Mahl von Fettspeisen, ein Mahl von Hefeweinen,
von markigen Fettspeisen, von geseihten Hefeweinen.

7 Vernichten wird er auf diesem Berge
die Hülle, gehüllt[95] über alle Völker,
die Decke, gedeckt über alle Nationen.

8 Vernichten wird er den Tod für immer.[96]
Abwischen wird der Herr Jahwe
die Tränen von allen Gesichtern.
Die Schmach seines Volkes wird er entfernen
von der ganzen Erde.

8.8 Die Utopie vom Heiligen Land und dem neuen Jerusalem (Ezechiel 48,1 – 20*.30 – 55)

Der Verfassungsentwurf des Ezechielbuches mündet in Ez 48,1 – 20*.30 – 35 in eine utopische Beschreibung des Heiligen Landes und der künftig in „Hier ist Jahwe" umbenannten Stadt Jerusalem:[97] So sollen die von Norden nach Süden angesiedelten Zwölf Stämme jeder einen Anteil von 25000 Ellen in der Ost-West-Richtung und 20000 Ellen in der Nordsüdrichtung erhalten.[98] Zwischen den Losen von Juda und Benjamin soll ein Landstreifen von gleichem Umfang liegen, der als „Weihegabe für Jahwe" bezeichnet wird. In seiner Mitte soll der hoch heilige Tempelbezirk mit einer Breite von 25000 Ellen und einer Länge von 10000 Ellen liegen, in dem ringsum die Priester wohnen. Der Tempel selbst soll von einem äußeren Vorhof von 500 auf 500 Ellen umgeben sein. Der innere Vorhof soll 100 auf 100 Ellen betragen und das westliche an ihn anschließende Tempelgebäude selbst wiederum in einem Quadrat von 100 auf 100 Ellen liegen.[99] Im Norden der „Weihegabe" sollen die Leviten einen Streifen von 25000 auf 10000 Ellen erhalten, während im Süden die Stadt samt der sie umgebenden Weidefläche auf einem Streifen von 25000 auf 5000 Ellen liegen soll. Sie soll ein Quadrat von 4500 auf 4500 Ellen bilden. Flankiert werden soll dieser zentrale Bereich im Westen durch den 25000 Ellen im Quadrat um-

---

95 Siehe BHS.
96 Sekundäre Erweiterung.
97 Zur Diskussion über das Alter des Verfassungsentwurfes und seiner Schichten vgl. Karl-Friedrich Pohlmann, Stand, 130 – 144. Auf die Nähe zur Grundgestalt des 3. Nachtgesichts Sach 2,5 – 6 hat Martin Halaschka, Haggai und Sacharja, 185 hingewiesen.
98 Vgl. dazu Hans Ferdinand Fuß, Ezechiel III, 271 Abb. 6.
99 Vgl. dazu die von Theodor Alexander Rudnig, in: K.-F. Pohlmann (ATD 22/2), 631 ergänzte Skizze von Hans Ferdinand Fuss, Ezechiel II, 267 – 268, Abb. 1.

fassenden Bereich für den „Fürsten" als den endzeitlichen Herrscher des Landes.[100] In seinen geometrischen Proportionen wirkt dieser Entwurf wie am Reißbrett entworfen. Man liest ihn am besten wie eine Vision in einem kühlen Mondlicht, die sich im Morgendämmern der sich stets bewegenden Geschichte in Nichts auflöst. Trotzdem hat er seinen Eindruck auf die Späteren nach dem Zeugnis der Tempel-Rolle aus der Höhle 11 von Qumran nicht verfehlt:[101] In bedrängten Zeiten richtet sich die Hoffnung eines seiner politischen Freiheit verlustig gegangenen Volkes auf den Tag, an dem ihm Gott vollkommenes Heil in seinem eigenen Lande gewährt, das in vollkommener Weise auf das ganze Volk aufgeteilt wird.

---

100 Vgl. zu ihm Walther Zimmerli (BK XIII/,2), 1127–1229.
101 Hebräischer Text und deutsche Übersetzung bei Annette Steudel, Texte II, 1–157; zur Tempeltheologie in den Qumranschriften vgl. Georg Gäbel, Kulttheologie, 52–74. 7.

9. Der Gesalbte Jahwes

9.1 Der alttestamentliche Hintergrund der Hoheitstitel Jesu

Wenn im Folgenden die alttestamentliche Messiaserwartung entfaltet wird, besitzt das Thema für den Christen besondere Bedeutung, weil sein Name das Bekenntnis zu Jesus von Nazareth als dem Gesalbten Gottes oder Messias enthält. Dabei wissen wohl nur gründliche Bibelleser, dass das griechische Χριστός (Christós) ihn als den Gesalbten, den māšîah, oder (wie man traditionell zu sagen pflegt) den Messias bezeichnet. Die drei synoptischen Evangelien lassen Jesus seine Jünger, als er auf dem Scheitelpunkt seiner Wanderschaft in dem hoch im Norden gelegenen Caesarea Philippi angekommen war, fragen, für wen ihn die Leute hielten. Die Antwort lautet nach Mk 8,28, dass man ihn für den wiedergekehrten Johannes oder Elias oder für einen der Propheten halte. Doch als er sie fragte, für wen sie ihn hielten, antwortet Petrus: σὺ εἶ ὁ Χριστός (Du bist der Gesalbte), Mk 8,29. Lukas setzt hinter das Χριστός noch ein τοῦ θεοῦ, ein „des Gottes", Lk 9,20. Bei Matthäus aber lautet Petri Antwort volltönender (Mt 16,16): σὺ εἶ ὁ Χριστός, ὁ υἱὸς τοῦ θεοῦ τοῦ ζῶντος „Du bist der Gesalbte, der Sohn des lebendigen Gottes." Erinnert man sich an das Verhör Jesu durch den Hohenpriester, das zu seiner Auslieferung an den römischen Landpfleger Pontius Pilatus führte, so haben wir die drei grundlegenden Hoheitstitel Jesu als Messias, Sohn Gottes und Menschensohn beieinander (Mk 14,61 – 62). Denn als ihn der Hohepriester beschwörend fragte, ob er der Messias, der Sohn des Hochgelobten sei, antwortete er: „Ich bin es"! und fügte hinzu: „Und ihr werdet den Menschensohn sehen sitzend zur Rechten der Kraft und kommend mit den Wolken des Himmels", und das heißt: sitzend zur Rechten Gottes und kommend mit den Engeln des Himmels.[1]

Dass der Mensch Jesus von Nazareth der Sohn Gottes und damit zugleich der Messias ist, ist die Grundbotschaft des Matthäusevangeliums: Er ist nach Mt 1,23 der verheißene Immanuel, „Gott mit uns!" In 21,5 wird er mit dem von Jahwe aus Ägypten berufenen Sohn von Hos 11,1 identifiziert. Über ihm ertönt nach 3,17 bei der Taufe die himmlische Stimme: „Das ist mein geliebter Sohn, an dem ich Wohlgefallen habe." Als den Sohn Gottes stellt ihn in 4,3 der Satan auf die Probe. Zu ihm als dem Messias und Sohn Gottes bekennt sich Petrus, 16,16. Und schließlich erkennen ihn der Hauptmann und die Grabwächter als den

---

1 Vgl. dazu umfassend Ferdinand Hahn, Christologische Hoheitstitel, und weiterhin Gerd Theißen, Religion, 71 – 88; Martin Hengel, Sohn Gottes, 74 – 145; Ders./Anna-Maria Schwemer, Jesus und das Judentum, 526 – 548 und speziell zu seiner Bezeichnung als Gesalbtem umfassend Martin Karrer, Gesalbte.

Sohn Gottes, als nach seinem Tode die Erde erbebte (27,54). Als der Sohn Gottes ist Jesus der Messias, und als der Messias ist er der Sohn Gottes. Aber er erfüllte seine Sendung nicht, indem er Israel von der Fremdherrschaft befreite und ihm die Völker unterwarf, wie man es in seinen Tagen vom Messias erwartete,[2] sondern indem er den Menschen vorlebte, welche befreiende Kraft die Liebe besitzt, die sich in einem unerschütterlichen Gottvertrauen gründet und die Menschen dadurch von der Macht der Sünde als dem Fluch des Selbst-Sein-Wollens und Selbst-Sein-Müssens erlöst. Jesu Rede vom Menschensohn lässt der Evangelist wohl absichtsvoll zwischen der poetischen Bezeichnung des bloßen Menschen und ihrer sich schließlich enthüllenden Bedeutung als des vom Himmel kommenden Richters der Welt spielen.[3]

Wie nicht anders zu erwarten, besitzen diese drei Hoheitsbezeichnungen im Alten Testament ihre Entsprechungen:[4] Der König erfuhr seine Amtsein-setzung durch Salbung. Sie machte ihn zum Gesalbten Jahwes.[5] Als Stellver-treter Jahwes auf Erden wurde er von diesem als sein Sohn legitimiert.[6] Umso auffälliger ist es, dass der Erneuerer des Reiches Davids in den prophetischen Heilsworten nur einmal als der Gesalbte Jahwes bezeichnet wird (Hab 3,13). Den Platz des königlichen Gesalbten nahm im Verlauf der nachexilischen Zeit der gesalbte (Lev 4,3; 9,30; Sach 4,11–14) und mit dem königlichen Diadem (Ex 28,36–38; Lev 8,9)[7] geschmückte Hohepriester ein.[8] Als ihr erster ist der Hohepriester Josua Ben Joazadak zu betrachten (Hag 1,1), dem denn auch nach Sach 3,5 das Tragen der königlichen Kopfbinde (ṣānîp) zuerkannt wird.[9] Erst in der Ende des ersten Drittels des 2. Jh. v. Chr. entstandenen Gemeinde des Neuen Bundes im Lande Damaskus und ihrer Nachfolgerin, der Ge-meinschaft (jaçad) der Essener rechnete man damit, dass es in der Endzeit wieder einen legitimen Gesalbten Aarons und einen Gesalbten Israels, einen Hohepriester und einen Fürsten geben werde.[10] Andererseits erbat man nach

---

2 Vgl. dazu unten, 181–185.

3 Vgl. dazu knapp Eduard Schweizer, Jesus Christus I.10.2.2. (TRE XVI), 1987, 714 , grundlegend noch immer Rudolf Bultmann, Theologie, 30–32 sowie weiterhin z. B. Jürgen Becker, Jesus von Nazaret, 249–267 und Martin Hengel/Anna Maria Schwemer, Jesus und das Judentum, 526–54

4 Zu den Folgen der historisch-kritischen Auslegung für die Beurteilung der messianischen Weissagun-gen unter Absehen vom neutestamentlichen Schriftbeweis vgl. Ronald E. Clements, Messianic Hope, 49–61 und zum zeitgenössischen Hintergrund GAT I, 47–74.

5 Vgl. dazu unten, 176–178.

6 Vgl. dazu unten, 177.

7 Zum hohepriesterlichen Ornat vgl. Friedrich Nötscher, Altertumskunde, 308–310.

8 Zur Genealogie des zadokidischen Priestergeschlechtes als Konstrukt des 4. Jh. vgl. Ulrike Dahm, Opfer, 103–107, zu den Hohenpriestern der Perserzeit vgl. Reinhard G. Kratz, Judentum, 106–111 mit der Liste 109.

9 Vgl. Jes 62,3; Sir 40,4; 47; dazu Reinhard G. Kratz, Serubbabel, 81–83 und zu Sach 3,1–8 als Teil der nach der Vollendung des Tempelbaus vorgenommenen Jeschua/Josua-Redaktion, die das Scheitern der auf Serubbabel gesetzten Hoffnungen voraussetzt, Jakob Wöhrle, Sammlungen, 360–36

10 Zum Fürsten Aarons und Israels und dem Spross Davids in den Qumrantexten vgl. die Zu-sammenfassung bei Johannes Zimmermann, Messianische Texte, 470–480.

dem Ende des hasmonäischen Priesterkönigtums in pharisäischen Kreisen nur noch einen König Israels als den Gesalbten des Herrn (PsSal 17,32; 18,7).[11] Doch kennt auch das Alte Testament bereits einen Himmlischen, der wie eines Menschen Sohn aussieht und vor den Richtstuhl Gottes tritt, der ihm die Herrschaft über alle Völker und Nationen verleiht (Dan 7,13–14).[12]

Wenden wir uns den alttestamentlichen messianischen Weissagungen zu, gewinnen wir vier Einsichten gewinnen:) dass sich die Propheten, denen wir jene verdanken, einen freien Staat nur als ein Königreich vorstellen konnten. 2.) dass man von dem Kommen des Königs der Heilszeit vor allem den Anbruch des Reiches der Gerechtigkeit erwartete. 3.) dass man von ihm in der Regel die Gewinnung der Weltherrschaft Israels erhoffte und man ihm daher auch kriegerische Züge beilegen konnte. 4.) werden wir verstehen, warum der Hohepriester und das Synhedrion in Jesus nicht den zu erkennen vermochten, der da kommen soll, sondern ihn wegen seiner Anziehungskraft auf das Volk dem römischen Statthalter zur Hinrichtung übergaben. Darin folgte es dem Rat des Hohenpriesters Kaïphas, dass es besser sei, wenn ein Mensch statt des ganzen Volkes stürbe (Joh 11,50). Jesu Tod ist die Folge des tragischen Konflikts zwischen den Wächtern einer normierten Religion und des befreienden Glaubens an Gottes in seiner Schöpfung und Leitung der Welt waltende Güte.

9.2 Die Bedeutung der judäischen Königstheologie für die Messiaserwartung

Da eine Gemeindeordnung keine politische Ordnung ersetzt, ist es verständlich, dass sich die politischen Zukunftshoffnungen des exilisch-nachexilischen Israel dem Königtum orientierten, das zuvor zwischen Gott und Volk vermittelt und dessen innere und äußere Sicherheit ausgestaltet und verteidigt hatte. Daher bedurften die politischen Verheißungen, die vom Gehorsam gegen die Tora abhängig waren, ihrer Ergänzung durch die des Königs der Heilszeit aus Davids Geschlecht. Die aber orientierten sich am Ideal des judäischen Königtums.[13] Daher empfiehlt es sich, zunächst einen Blick auf das Inthronisationsritual der Könige von Juda zu werfen. wie es in seinem Grundablauf in den Berichten in I Kön 1 und II Kön 11 geschildert wird, weil es über die Rechte und Pflichten des Königs Auskunft erteilt. Die so gewonnenen Daten lassen sich vor allem durch Aussagen solcher Psalmen ergänzen, die entweder für diesen Anlass gedichtet worden sind oder sich auf bestimmte Akte des Festes beziehen. Weiterhin wird sich zeigen, dass die Königsweissagungen das so erzielte Bild bestätigen und teilweise einzelne Züge bewahren,

---

11 Vgl. dazu unten, 223.
12 Vgl. dazu John E. Goldingday, (WBK 30), 167–172 mit Lit. 137–142.
13 Vgl. dazu ausführlich Sigmund Mowinckel, He That Cometh, 59–95.

die sich als poetische Aktualisierung des Rituals zu erkennen geben und dadurch zu weiterer Anschaulichkeit beitragen.

In der Erzählung von der Einsetzung Salomos zum Nachfolger seines uralten Vaters David in I Kön 1,32–48[14] lässt sich folgender ritueller Ablauf erkennen (V. 38–40):[15] Der Kronprinz ritt auf dem Maultier seines Vaters in Begleitung des Hofpriesters Zadok und des Hofpropheten Nathan zu der am Nordfuß des Tempelbergs heraustretenden Quelle des Gichon („Sprudel").[16] Dabei gab ihm die königliche, von seinem Kommandeur Benaja angeführte Leibgarde der Kreter und Pleter[17] das Geleit. Dort angekommen wurde er von Zadok mit heiligem Öl gesalbt.[18] Dann wurden zur Bekanntmachung des Ereignisses Widderhörner geblasen, worauf das Volk mit dem Ruf „Es lebe der König!" akklamierte. Daraufhin zog die nun durch das Volk verstärkte Prozession unter dem Klang von Schalmeien[19] jubelnd in die Stadt zurück, in der sich Salomo auf den Thron setzte (V. 46). Bei der Salbung handelt es sich um einen Rechtsakt, die den mit ihr Ausgezeichneten in den Dienst des Auftraggebers, in diesem Fall: Jahwes stellte.[20]

Wie im Fall der Inthronisation Salomos handelt es sich auch in dem des Königs Joasch um einen außergewöhnlichen Vorgang. Bei Salomo lag das Ungewöhnliche darin, dass er zu Lebzeiten seines Vaters zum König gesalbt und inthronisiert wurde, bei Joasch darin, dass seine Einsetzung einen revolutionären Akt gegen seine regierende Großmutter Athalja darstellte. Der ihn anführende, über den Tempel gebietende Priester Jojada schloss mit den Offizieren der karischen[21] Garde und der Trabanten unter Eid einen Vertrag zugunsten des legitimen Königssohnes Joasch.[22] Schon deshalb fand die Inthronisation nach der Erzählung in II Kön 11,4–15 unter der Anleitung des Priesters Jojada und unter dem Schutz der Militärs im Tempel statt. Dabei wurde Joasch durch den Priester zuerst das Diadem aufgesetzt (vgl. Ps 21,4). Anschließend überreichte er ihm das „Zeugnis", die ʿēdût. Gerhard von Rad

---

14 Vgl. dazu auch Kaiser, Erzählung vom König David, 94–122, bes. 108–111.

15 Zur Selbstverständlichkeit der dynastischen Erbfolge durch den ältesten Sohn in Israel und Juda als dem altorientalischen Grundmodell vgl. Walter Dietrich, David, 181–182.

16 Zu ihrer Lage, Geschichte und eschatologischen Ausgestaltung vgl. Manfred Görg (NBL I), Zürich 1991, 842–843.

17 D.h. wohl: Philister, vgl. Manfred Görg (NBL II), Zürich und Düsseldorf 1995, 545.

18 Zur Bedeutung der Salbung als einem Rechtsakt göttlicher Erwählung und Geistbegabung, die Königen und Priestern Macht, Heilswirkung und Unantastbarkeit verlieh, vgl. I Sam 16,12–13; 26,10–11; II Sam 1,14–16 bzw. Ex 29,7 und dazu Ernst Kutsch, Salbung, 54–56, Tryggve N.D. Mettinger, King, 206–207; Klaus Seybold, māšach (ThWAT VII), 1986, 46–59, bes. 51–52 und knapp zur religionsgeschichtlichen und zur alttestamentlichen Bedeutung Karl Prenner und Ida Willi-Plein (RGG4 VII); 2004, 791–793.

19 Man darf sich keine heutige Blaskapelle, sondern muss sich Rohrblattinstrumente in der Art von Flöten oder Doppeloboen vorstellen; zu ḥālîl vgl. Hans-Peter Rüger (BRL2), 235b und Bernhold Schmid (NBL II), 856.

20 Vgl. dazu auch Klaus Seybold (ThWAT V), 1984–1986, 46–59, bes. 48–52.

21 Zum kleinasiatischen Volk der Karer vgl. Annelies Kammenhuber (KlP III), 118–12

22 Vgl. dazu Christoph Levin, Sturz der Königin, 91–95.

hat vorgeschlagen, sie in Analogie zu der ägyptischen Krönungszeremonie mit dem Königsprotokoll zu identifizieren, das außer den Thronnamen (vgl. Jes 9,5) die göttliche Beauftragung zur Herrschaft als Sohn Gottes (Ps 2,7; Jes 9,5a) und damit die Einsetzung zum irdischen Stellvertreter seines göttlichen Vaters enthielt und sein Königtum legitimierte.[23] Zusammen mit Ps 2,7 weisen die Nathanweissagung von der Ewigkeit der Dynastie in II Sam 7,11 – 16[24] und die Berufung auf entsprechende göttliche Zusage in Ps 89,20 – 38 auf ein entsprechendes Jerusalemer Inthronisationsorakel hin, das Bestandteil des Königsprotokoll gewesen sein dürfte. In den genannten Texten ist das Orakel freilich nur in jüngeren Brechungen erhalten. In der dtr Fassung lautet es (II Sam 7,12 – 16):

12 Wenn sich deine Tage erfüllt haben und du dich zu deinen Vätern gelegt hast, dann werde ich deinen Samen nach dir aufrichten, der aus deinen Lenden hervorgeht, und will sein Königreich bestätigen. 13 Der soll meinem Namen ein Haus bauen, und ich werde seinen Königsthron auf ewig befestigen. 14 Ich will ihm Vater sein, und er soll mir Sohn sein. Wenn er sich vergeht, werde ich ihn mit menschlicher Rute und menschlichen Schlägen züchtigen. 15 Aber meine Gnade will ich dir nicht entziehen,[25] wie ich sie Saul entzogen, den ich vor dir entfernt habe. 16 Sondern dein Haus und dein Königtum soll auf ewig vor mir[26] bestehen und dein Thron soll in Ewigkeit feststehen!

Kehren wir zu dem Bericht in II Kön 11 zurück, so folgt in ihm wie in I Kön 1 auf die Salbung die Akklamation mit dem Zuruf: „Es lebe der König!" Die in V. 12 berichtete Abfolge von Krönung und Salbung wird auch durch Ps 89,20b – 21 bezeugt.[27] Spätestens nach der Salbung stand der König nach II Kön 11,14 für alle Anwesenden sichtbar auf einem säulenartigen Podest, wobei ihn die als „Volk des Landes" bezeichneten Vertreter des Landadels[28] und Trompeter umgaben. Der Unterschied des Ortes in beiden Berichten könnte sich entweder dadurch erklären, dass inzwischen der Tempel gebaut war und man daher die Feier ganz in den Tempel- und Palastbereich verlegte, oder aber dadurch, dass die Verlegung der Salbung vom Gichon in den Tempel angesichts der konspirativen Umstände als geraten erschien.

Es dürfte jedenfalls deutlich geworden sein, dass die *Salbung* als der ent-

---

23 Vgl. Gerhard von Rad, Königsritual, 205 – 213, bes. 208; Mettinger, King, 286 – 288 und zur Diskussion die Nachweise GesB18, 925 s.v.

24 Zur literarischen Einheit der Perikope, ihrer Entstehung in II Reg 25,27 – 30 und sich daraus ergebender Datierung zur Zeit des neubabylonischn Königs Amel-Marduk (562 – 560) vgl. Wolfgang Oswald, Nathan der Prophet, 63 – 105, bes. 104 – 105.

25 Siehe BHS.

26 Siehe BHS.

27 Vgl. Ernst-Joachim Waschke, Gesalbte, 36 und Rösel, Messianische Redaktion, 135 – 146.

28 Vgl. dazu Rainer Kessler, Staat und Gesellschaft, 199 – 202.

scheidende Akt bei der Krönung galt.[29] Daher bedeutete die Aussage, man habe einen Mann zum König gesalbt, dass man ihn rituell zum König eingesetzt hatte. Werden als Subjekt die Männer Judas (II Sam 2,4), die Ältesten Israels (II Sam 5,3) oder das „Volk des Landes" (II Kön 23,30b) genannt, so dürfte damit lediglich gemeint sein, dass sie die Inthronisation veranlasst, nicht aber, dass sie die Salbung selbst durchgeführt haben. Sie dürfte vielmehr durch Priester unter der Mitwirkung von Kultpropheten erfolgt sein.[30] Wenn die Tradition die Salbung Sauls und Davids Samuel zuschreibt (vgl. I Sam 9,11 – 12 mit 9,15 – 10,1; 16,1 – 15),[31] so darf man nicht übersehen, dass sie ihn mit den Zügen des Richters, Sehers und Priesters ausgestattet hat.[32] In beiden Fällen wird deutlich, dass der König in Folge der Salbung als Träger des Geistes Jahwes gilt (II Sam 10,5 – 6; 16,15).[33] Der Gesalbte wird dadurch nach I Sam 10,6 zu einem „anderen Menschen".[34] Daher gilt sein Richtspruch der Idee nach als so unfehlbar wie ein göttlich gelenktes Orakel (Spr. 16,10). Durch die Salbung wurde der König Eigentum Jahwes. Daher galt er als der Gesalbte Jahwes als unantastbar, als sakrosankt (I Sam 24,5 – 7.11; 26,8 – 9). Sein Leben nicht zu schützen (I Sam 26,16) oder gar es anzutasten, wurde daher als todeswürdiges Verbrechen bewertet (II Sam 1,13 – 16). Andererseits konnte der König als der Gesalbte Jahwes erwarten, dass ihm sein Gott in Not und Gefahr gegen seine Feinde beistünde.

Als Beleg dafür sei auf Ps 21 verwiesen, der in den V. 2 – 7 ein Danklied für Gottes Beistand für den König und seine Krönung und in den V. 9 – 13* eine Reihe von Wünschen für den König enthält, er möge seine Feinde besiegen. Beide Lieder dürften ihren Sitz im Leben im vorexilischen Jerusalemer Königskult besessen haben.[35] Hier sei nur das vermutlich bei der Inthronisation vorgetragene Danklied zitiert (Ps 21,2 – 7):

2 Jahwe, an deiner Kraft erfreut sich der König,
und was jubelt er laut über deine Hilfe!

---

29 Vgl. dazu Sigmund Mowinckel, He That Cometh, 63 – 69; Ludwig Schmidt, Menschlicher Erfolg, 172 – 188; Tryggve N.D. Mettinger, King and Messiah, 185 – 232.

30 Nach II Sam 2,1 – 3 ging eine Gottesbefragung voraus; vgl. dazu Alexander A. Fischer, Hebron, 50 – 56; nach der dtr. Auskunft in II Sam 5,1 – 2 hätten sich die Israeliten auf eine David von Jahwe erteilte Beauftragung zum nāgîd berufen, sein Volk Israel zu leiten; vgl. dazu Fischer, 213 – 222 und zur Bezeichung nāgîd als „Ehrenprädikat des treuen Hirten" 220. In beiden Berichten geht es darum, der Einsetzung Davids zum König eine göttliche Legitimation zu geben; Waschke, Gesalbte, 25 – 28.

31 Vgl. dazu Ludwig Schmidt, Menschlicher Erfolg, 81 – 97 und 183 – 184; Peter Mommer, Samuel, 92 – 110 und 176 – 186 und 520 – 545, bes. 532 – 34.

32 Vgl. Mommer, Samuel, 222 – 223.

33 Vgl. dazu auch A.R. Johnson, Sacral Kingship, 14 – 16.

34 Zur Entwicklung der Tradition vgl. Mettinger, King and Messiah, 234 – 238.

35 Zur Diskussion vgl. Erich Zenger, Psalm 1 – 50, 142 – 143 und Markus Saur, Königspsalmen, 97 – 112, bes. 102 – 105.

3 Den Wunsch seines Herzens hast du ihm erfüllt,
was seine Lippen verlangt, nicht verweigert.

4 Du nahtest dich ihm mit Segen zum Glück,
setztest auf sein Haupt eine goldene Krone.

5 Das Leben, das er von dir erbat, gabst du ihm,
Dauer der Tage für ewig und immer.

6 Groß ist seine Ehre dank deiner Hilfe,
Hoheit und Pracht legtest du ihm um.

7 Ja, du machst ihn zum Segen für immer,
du machst ihn froh vor deinem Angesicht.

Aber der König erhielt durch seine Einsetzung und Salbung nicht nur Herrschaftsrechte, sondern übernahm mit ihnen auch Herrscherpflichten. Zu ihnen gehörte wie im Alten Orient und Ägypten so auch in Israel als vornehmste Aufgabe, den sozial Schwachen zu ihrem Recht zu verhelfen.[36] Entsprechend heißt es z. B. (Spr. 6,12):

Frevelhaftes Tun ist den Königen ein Gräuel,
denn durch Gerechtigkeit wird der Thron gestützt.

Oder in Spr. 20,8:

Der König, der auf dem Richtstuhl sitzt,
findet mit abwägendem Auge alles Böse heraus.[37]

Diesen Grundsätzen zu genügen hat der König von Juda nach Ps 101,3 – 5.7 seinem Gott bei der Thronbesteigung feierlich versprochen (Ps 101,3 – 7*):[38]

3 Ich lege vor meine Augen
keine nichtsnutzige Sache.
Verkehrtes Tun hasse ich,
es hafte mir nicht an!

4 Ein verkehrtes Herz weiche von mir,
Böses will ich nicht kennen.

5 Wer heimlich seinen Nächsten verleugnet,
den bringe ich zum Schweigen.
Wer stolzen Auges und hochmütigen Herzens,
den ertrage ich nicht.

---

36 Vgl. dazu den Prolog des Codex Hammurapi in der Übersetzung von Rikle Borger (TUAT I/1), 40.
37 Vgl. dazu Jutta Hausmann, Studien, 133 – 36.
38 Zur Redaktionskritik vgl. Klaus Seybold (HAT I/15), 293, der auch noch V. 2aα zur Grundschicht rechnet, und Markus Saur, Königspsalmen, 188 – 194, dem ich mich anschließe.

7 Nicht soll inmitten meines Hauses wohnen,
wer Trug verübt.
Wer Lüge redet, der soll nicht
vor meinen Augen stehen.

Fassen wir zusammen: Nach dem sich im Krönungsritual aussprechenden
Königsideal war der judäische König als der Gesalbte Jahwes sein Sohn und
Stellvertreter auf Erden, der in seinem Volk für Recht und Gerechtigkeit zu
sorgen hatte und zumal auf den Schutz der Schwachen bedacht sein sollte. Ihm
war zugleich der Sieg über seine Feinde und als dem Gesalbten des wahren
Gottes die Weltherrschaft verheißen. Als der Gesalbte Jahwes galt er als sa-
krosankt.[39] Vermutlich war im Inthronisationsritual eine Verheißung der
Dauer der Dynastie erhalten, die uns nur in jüngeren Ausgestaltungen über-
liefert ist. Doch gerade sie sollten dafür sorgen, dass die Hoffnung auf die
Sendung eines neuen Königs aus Davids Geschlecht als Heilbringer seines
Volkes auch nach dem Untergang des Reiches Juda nicht erlosch.[40]

Der Gedanke, dass dem König auf Davids Thron die Weltherrschaft gebührt, hatte sich den jüdischen Sängern und Schriftgelehrten so tief einge-
prägt, dass sie auch das vermutlich zur Thronbesteigung König Josias ge-
dichtete Ps 72 in den V. 8–9 um die entsprechende Bitte für den König erweiterten, der damit zum Messias geworden war (Ps 72,8–9):[41]

8 Er herrsche von Meer zu Meer
und vom Strom bis zu den Enden der Erde.

9 Vor ihm sollen sich die Inseln[42] beugen
und seine Feinde Staub lecken.

Fragt man sich, wie es möglich war, dass man den König eines so kleinen
Volkes und Reiches noch hundert und mehr Jahre nach dem Abtreten der
Dynastie als zur Weltherrschaft bestimmt betrachten konnte, so ist daran zu
erinnern, dass sich Israel als das von dem wahren und einzigen Gott erwählte
Volk verstand. Es hatte die alten, seinen Königen gegebenen Zusagen nicht
vergessen, nach denen ihnen als seinen irdischen Söhnen und Stellvertretern
die Weltherrschaft zustand. Um die Erfüllung dieser Verheißungen konnte es
allerdings nur beten, und wir werden weiterhin beobachten können, dass sie
das immer wieder getan haben.

---

39 Vgl. I Sam 24,5–7; 26,10–11 und II Sam 1,14–15.
40 Vgl. dazu oben, 177.
41 Vgl. Saur, Königspsalmen, 141–145.
42 Siehe BHS.

9.3 Der König der Heilszeit als Gestalter der neuen Weltordnung

Im Folgenden mustern wir die wichtigsten, herkömmlich als messianisch bezeichneten Weissagungen, um zu sehen, welche Herkunft und Rolle dem König der Heilszeit in ihnen zugeschrieben wird. Dabei geht es zumal um die Klärung der Frage, in welchem Verhältnis in ihnen sein Handeln und sein Königtum zu dem Jahwes stehen.

9.3.1 Drei wirkungsmächtige messianische Texte in Jesaja 1 – 12

Wir setzen mit dem bis heute im Mittelpunkt des Gottesdienstes der Christenheit am ersten Weihnachtsfeiertag stehenden Orakel Jes 9,1 – 6 ein.[43] Seiner Gattung nach handelt es sich bei ihm um ein prophetisches Danklied anlässlich der Rettung des Volkes von drückender Fremdherrschaft durch Jahwe und der Nachricht von der Thronbesteigung eines Königs. Dass der in ihm angekündigte König der Heilszeit an der Befreiungstat mitgewirkt hat, wird nicht gesagt. In der Regel sieht man in ihm daher lediglich den Bewahrer und Ausgestalter der neuen Weltordnung, für die Jahwes Sieg über die Völker die Voraussetzung bildet.[44]

Das Heilswort ist klar gegliedert: V. 1 berichtet in der Sprache der Licht-Finsternis-Metaphorik von der erfolgten Heilswende. Die V. 2 – 4 preisen in direkter Anrede Jahwe als den, der seinem Volk eine übergroße Freude bereitet hat, indem er das Joch des Fremdherrschers wie am Midianstag zerbrochen hat – Schon sind die Spuren des Besatzungsheeres in Gestalt seiner Stiefel und blutgetränkten Soldatenmäntel verbrannt. Den Vergleichspunkt des neuerlichen Sieges Jahwes mit dem Midianstag in V. 3 bildet die Tatsache, dass Jahwe in beiden Fällen ein übermächtiges feindliches Heer nachts völlig unerwartet in die Flucht gejagt hat. Dabei gibt V. 3 nicht zu erkennen, dass er auch daran erinnern will, dass damals Gideon das feindliche Lager nur mit einer kleinen Schar überfallen und die überrumpelten Midianiter mit Jahwes Hilfe ver-

43 Zur Diskussion über Alter und Herkunft des Textes bis Anfang der 80er Jahre des letzten Jahrhunderts vgl. Rudolf Kilian (EdF 200), 5 – 10. Ansprechend ist seine Vermutung 10, dass er seine jetzige Stellung hinter der Denkschrift 6,1 – 8,18* der messianischen Auslegung von Jes 7,14 verdankt. Dagegen lenkt Kondrad Schmid, Jesaja 1 – 27 (ZBK.AT 19,1),106 – 109 zur zeitgeschichtlichen Deutung zurück, wie sie Albrecht Alt, Jesaja 8,23 – 9,6, 206 – 225 vertreten hat.

44 Zum nachexilischen Ursprung des Textes vgl. Wolfgang Werner, Eschatologische Texte, 20 – 46, bes. 45 – 46 und zu Einzelfragen der Auslegungen von Sigmund Mowinckel, He That Cometh, 181 – 184; Kaiser (ATD 175), 195 – 209; Rolf Kilian (NEB:AT. Lfg. 17), 71 – 75 und Peter Hoffken (NSK.AT 18/1), 105 – 108; für vorexilische Entstehung hat sich Ronald E. Clements, Isaiah 1 – 39, 103 – 104 ausgesprochen. Dagegen haben Marvin S. Sweeney (FOTL XVI) 182 – 183 und H.G.M. Williamson, Messianic Texts, 238 – 270, vgl. bes. 254 – 258 für eine jesajanische Verfasserschaft votiert.

trieben hatte (Ri 7).[45] Noch ehe der Leser oder Hörer Zeit hat, darüber nachzudenken, vernimmt er in V. 5 die Botschaft von der Geburt des göttlichen Kindes und, wie die Thronnamen zeigen, von der Inthronisation des als Gottes Stellvertreter auf Erden herrschenden Königs. Auf die Befreiungsnacht folgt also der Krönungstag, freilich nicht der Hiskias oder eines anderen geschichtlich belegten vorexilischen Königs, sondern des Regenten der auf die bereits länger währende Fremdherrschaft folgenden Heilszeit. Sein Regierungsprogramm ist im Anschluss an die ägyptische Königstitulatur in seinen vier (und möglicherweise in den vermutlich in Übereinstimmung mit dem ägyptischen Vorbild ursprünglich fünf)[46] Thronnamen enthalten. Sie kennzeichnen ihn programmatisch als einen Herrscher, dessen Pläne wohlbedacht sind und gelingen und der in göttlicher Kraft allen Feinden überlegen ist, so dass es keiner von ihnen wagen kann, gegen ihn in den Krieg zu ziehen. Den Seinen aber ist er ein väterlicher Regent, der ihnen ewigen Frieden beschert.[47] V. 6 zieht daraus die Summe, indem er ihn als den Herrscher auf Davids Thron vorstellt, dessen durch Recht und Gerechtigkeit gezügelte Macht seinem Thron und Reich Frieden und ewige Dauer verleihen.[48] Der Sieg über die Feinde ist Gottes Sache, auf seiner Grundlage das Reich über die Völker zu befestigen das Amt des Königs der Heilszeit.[49] Und so lautet das als Danklied die Zukunft vorwegnehmende Orakel (Jes 9,1 – 6):

1 Das Volk, das im Finstern wandelte,
schaute ein großes Licht.
Ein Licht strahlte über denen auf,
die im dunklen Lande wohnten.

2 Du machtest zahlreich den Jubel[50],
machtest groß die Freude.
Man freute sich vor dir
wie bei der Freude der Ernte,[51]
gleich wie man jauchzt
beim Teilen der Beute.

---

45 Gegen Kaiser (ATD 17[5]), 201 – 202.
46 Vgl. dazu Klaus-Dieter Schunck, Thronname, 108 – 110 und zur ägyptischen Königstitulatur und ihrer programmatischen Bedeutung z. B. Rolf Gundlach, Pharao, 137 – 159.
47 Zum Hintergrund von V. 5 im ägyptischen Thronbesteigungsritual vgl. auch Albrecht Alt, Jesaja 8,23 – 9,6. Befreiungsnacht und Krönungstag (1950), 206 – 225, bes. 218 – 220 und weiterhin z. B. Kaiser (ATD 175), 203 und zum Problem, ob V. 5a die Geburt oder die Proklamation des Herrschers bezeichnet, Wolfgang Werner, Eschatologische Texte, 35 – 37.
48 Zum Hintergrund des Verses in der Natanverheißung II Sam 7,12 – 17 vgl. H.G.M. Williamson, Messianic Texts, 238 – 270, bes. 256.
49 So pronociert Georg Fohrer, Geschichte, 361.
50 Siehe BHS.
51 Vgl. Ps 126,5.

3 Denn sein lastendes Joch
und das Holz seiner Schultern,
den Stab seines Treibers
    zerbrachst du wie am Midianstag.[52]

4 Denn jeder Stiefel,
der auftrat mit Dröhnen,
und jeder[53] in Blut
gewälzte Mantel,
gereichte zum Brande,
zur Speise des Feuers.

5 Denn uns ist ein Kind geboren,
ein Sohn ist uns gegeben,
und die Herrschaft kam
auf seine Schultern.
Und man rief seinen Namen aus:
„Wunderplaner,
Gottheld,
Ewiger Vater,[54]
Friedefürst!"

6 Groß ist die Herrschaft
und des Friedens kein Ende
auf Davids Thron
und in seinem Reich,
weil er es befestigt
und es begründet
auf Recht und Gerechtigkeit
von nun an bis in Ewigkeit.
Der Eifer Jahwe Zebaoths
wird dies bewirken.

Das die Zukunft vorweg nehmende Danklied steht im Gegensatz zu der damaligen Lage Judas als einer von fremden Königen beherrschten Provinz. Daher verstehen wir, dass der schriftgelehrte Prophet seine Weissagung mit einem Satz beschließt, der seiner Botschaft Glaubwürdigkeit verleihen soll: Er beruft sich für sie auf die Eifersucht des Gottes,[55] der sich an Israel gebunden hat und seine Gottheit den Völkern nur erweisen kann, indem er Israel vor ihnen verherrlicht. Sie ist daher die Garantin für die zukünftige Erlösung seines Volkes und Sen-

---

52 Vgl. Jdc 7,1 – 23.
53 Siehe BHS.
54 Alternative Übersetzung: Vater der Beute, vgl. Gen 49,27.
55 Dieselbe Formel kehrt in in Jes 37,32, vgl. II Kön 19,31, wieder; vgl. zur Sache auch Sach 1,14 – 16
    und Kaiser, GAT II, 60 – 62.

dung des göttlichen Kindes, seines machtvoll und gerecht auf dem Thron Davids regierenden Königs.

Dasselbe Thema entfaltet der zweite große messianische Text des Jesajabuches Jes 11,1 – 5(9). Auffallender Weise gilt seine Weissagung keinem Davididen, sondern stattdessen einem Mann, der einer ihrer Seitenlinien von Davids Vater Isai her entstammt (vgl. I Sam 16,1 – 10). Nachdem der Baum des Hauses Davids abgestorben ist, schlägt seine Wurzel noch einmal aus,[56] um Israel den Heilskönig zu bescheren. Ihn stellt der hier das Wort ergreifende nachexilische Prophet als den vollendeten Geistträger Jahwes vor.[57] Der ihm von Gott verliehene Geist erweist sich in den sechs fundamentalen Herschertugenden der Weisheit und Einsicht, des Rates und der Stärke sowie der Erkenntnis und Furcht Jahwes. Mithin sind ihm die Gaben sachkundiger Klugheit und Unterscheidungsfähigkeit, das Vermögen angemessene Pläne aufzustellen und die Entschlusskraft und Macht sie auszuführen und schließlich die Erkenntnis und Furcht Gottes gegeben. Während die ersten vier Gaben seine Fähigkeit als Richter und Regent in Krieg und Frieden begründen, bestimmt das dritte Paar sein Verhältnis zu Gott. Erkenntnis war für die Hebräer kein lediglich kognitiver Akt, sondern schloss das entsprechende Handeln ein. Ein König, der Gotteserkenntnis besitzt, handelt nach Gottes Willen.[58] Dass er davon nicht abläss, bewirkt die Furcht Jahwes. Als sittliche Haltung lässt sie die numinose Scheu vor dem präsenten Gott hinter sich, indem sie seinen Gerechtigkeitswillen ernst nimmt, weil sie um seine strafende Macht weiß.[59] Daher ist der künftige König der ideale Richter, als den ihn V. 3b und V. 4 beschreiben: Er wird sich weder durch Auftreten und Aussehen noch durch die Aussagen der streitenden Parteien täuschen lassen, sondern sie durchschauen. Daher wird er gerecht und unfehlbar wie Gott selbst urteilen, weil ihn seine Gottesfurcht leitet (Spr. 16,10 und 20,8).[60] Daraus folgt, dass er den Niedrigen und Gebeugten (bzw. den Frommen, die sich als solche bezeichnen, um ihrer Demut vor Gott Ausdruck zu geben)[61] ihr Recht gegenüber den Mächtigen und Angesehenen verschaffen wird. Sein ganzes Volk und Land aber wird sich in seinem Schutz sicher fühlen, weil sein bloßes Wort tötende Kraft besitzt:[62] Tyrannen und Frevler werden deshalb in seiner Zeit keine

---

56 Vgl. auch Jes 6,13bβ.

57 Marvin S. Sweeney (FOTL XVI);203 und 210 – 211 plädiert für eine Entstehung in der Josiazeit; Konrad Schmid (ZBK.AT 19/1), 123 weist auf die hier vorliegende Wiederaufnahme des Themas der Gerechtigkeit in 1, 21 – 26 hin und hält eine noch vorexilische Datierung für möglich. H.G.M. Williamson, Messianic Texts, 264 tritt für die jesajanische Verfasserschaft der Weissagung ein: Der Prophet drücke hier eine vergleichsweise bescheidene Hoffnung auf eine neue Gesellschaft nach dem Gericht unter einem gerechten Davididen aus.

58 Vgl. dazu Bernhard Lang, Gotteserkenntnis (I). AT (NBL I), 928 – 931.

59 Vgl. dazu auch Joachim Becker, Gottesfurcht, 259.

60 Vgl. dazu auch Katharine J. Dell, King, 163 – 186, bes. 173 – 176.

61 Zur späteren Bezeichnung der Frommen als den Armen und Bedürftigen vgl. dazu Johannes Un-Sok Ro, Armenfrömmigkeit, 200 – 206.

62 Vgl. auch PsSal 17,35 und dazu unten, 223 – 224.

Chance besitzen, Menschen zu unterdrücken; denn sein bloßes Wort wird ausreichen, sie zu töten. So wird er in diesem Fall nicht an der schaffenden,[63] sondern an der zerstörenden Macht des Wortes Gottes teilhaben, wie es durch die Propheten ergeht (vgl. Jer 23,29 und Hos 6,5). Wie der Gürtel das Gewand hält und damit seinem Träger ebenso Bewegungsfreiheit wie Würde sichert, werden ihm Gerechtigkeit und Zuverlässigkeit seine Handlungsfähigkeit sichern und sein Ansehen befestigen (V. 5). Und so lautet das Heilswort (Jes 11,1 – 5):[64]

1 Und ein Reis wird hervorgehen aus Isaïs Stumpf
und ein Spross aus seinen Wurzeln sprießen[65].

2 Und auf ihm wird ruhen der Geist Jahwes,
ein Geist der Weisheit und der Einsicht,
ein Geist des Rates und der Kraft,
ein Geist der Erkenntnis und der Furcht Jahwes.
(Und er wird Wohlgefallen an der Furcht Jahwes haben).

3 Seine Augen werden nicht nach dem Augenschein richten
und seine Ohren nicht nach dem Gehörten entscheiden.

4 Sondern er wird mit Gerechtigkeit die Geringen richten
und die Elenden des Landes mit Geradheit.
Mit dem Stab seines Mundes wird er den Bedrücker[66] schlagen
und mit dem Hauch seines Mundes den Frevler töten.

5 Gerechtigkeit wird der Gurt seiner Hüften
und Treue der Gürtel[67] seiner Lenden sein.

9.3.2 Die Antwort der Natur auf die Gerechtigkeit des Messias (Jesaja 11,6 – 9)

Die Alten erfuhren die Welt anders als der neuzeitliche Mensch nicht als in die beiden Bereiche der Natur und der Gesellschaft geschieden, sondern verstanden beide als eine Einheit. Daher waren sie der Überzeugung, dass das soziale Verhalten und der Ablauf der natürlichen Ereignisse miteinander korrespondieren.[68] Demgemäß waren sie davon überzeugt, dass Störungen der sozialen Ordnung solche in der Natur zur Folge haben. Umgekehrt sollte in einer harmonischen, durch Gerechtigkeit zusammengehaltenen Gesellschaft

---

63 Vgl. Gen 1; Ps 33,6; 119,89 – 90 und Jes 40,8; 55,10 – 11, dazu Kaiser, Schöpfungsmacht, 6 – 17.
64 Vgl. dazu auch Bernd Janowski, Wolf und Lamm, 3 – 15, bes. 9 – 13.
65 Vgl. Kaiser (ATD 175), 239 Anm.
66 Lies ‛ārîs.
67 Lies ‛ēsûr.
68 Vgl. dazu Henri Frankfort, Kingship, passim, Jan Assmann, Maʻat, 160 – 230 und Kaiser, Dike, 1 – 23.

ein ihrem Leben günstiger Verlauf der natürlichen und der geschichtlichen Ereignisse entsprechen.[69] Diese auch das alttestamentliche Denken bestimmende Grundgleichung von Gerechtigkeit und heilvollem Leben[70] legitimierte einen jüngeren Schreiber dazu, die Verheißung des in seiner Gerechtigkeit vollkommenen Königs Jes 11,1 – 5 in den V. 6 – 9 durch eine Heilsschilderung zu ergänzen, die den Gesichtspunkt des zwischen Mensch und Tier bestehenden Friedens in den Mittelpunkt stellt und ihn durch V. 9 zumal auf den Zion als die Stätte konzentriert, an der es dank der dort waltenden Gotteserkenntnis keine Missetäter mehr geben wird.[71] Dadurch wird der Zion als Zentrum der neuen Welt zum Paradies, in dem der urzeitliche Friede zwischen Mensch und Mensch und Tier und Tier wiederhergestellt ist (vgl. Gen 1,29 – 30 mit 9,2).[72] Diese Vorstellung konnte in Ez 47,1 – 12 (vgl. Sach 14,8) dahingehend ausgestaltet werden, dass die am Fuß des Tempelbergs entspringende Quelle des Gichon sich zu einem Fluss verbreitern und in das Tote Meer ergießen würde, um dessen Wasser zu heilen so dass sich zahlreiche Fische in ihnen tummeln würden. An seinen Ufern aber sollten immergrüne und monatlich Frucht tragende Bäume wachsen. Kein Zweifel: Die Wasser der Tempelquelle sollten das Land in ein Paradies verwandeln.[73] Schließlich erwartete man, dass der inzwischen auf dem Thronberg Gottes, dem Weltberg im Norden, angesiedelte Baum des Lebens[74] in der Heilszeit neben den Jerusalemer Tempel als dem Hause Gottes, des Königs der Ewigkeit, verpflanzt würde.[75] Dort sollte er den Gerechten und Demütigen als Speise dienen, so dass sie länger als ihre Väter und vollkommen sorglos leben würden (I Hen 25).[76] Demgegenüber ist der Horizont in Jes 11,6 – 9 begrenzter; denn das Interesse dieser Fortschreibung liegt darin, dass das Leben der Menschen und

---

69 Dieses Weltverständnis bezeugen im Alten Testament exemplarisch die Segensverheißungen und Fluchandrohungen in Dtn 28 und Lev 26, die ein Natur und Gesellschaft umfassendes Heil bzw. Unheil für den Fall des Gehorsams oder Ungehorsams gegen das Deuteronomium bzw. das Heiligkeitsgesetz ankündigen.

70 Vgl. dazu Kaiser, GAT I, 158 – 159.

71 Vgl. dazu Bernd Janowski, Wolf und Lamm, 3 – 15, bes.5 – 9.–In ähnlicher Weise ist auch das Orakel vom zweiten David als dem guten Hirten in Ez 34,23 – 24 in den V. 25 – 27.31 durch eine Weissagung ergänzt, welche die Ausrottung aller gefährlichen Tiere aus dem Lande und damit die Sicherheit seiner Bewohner sowie die Fruchtbarkeit des Landes betont. Weder Menschen noch Tiere werden ihnen künftig schaden.

72 Vgl. dazu Kaiser, GAT II, 26

73 Vgl. dazu Wolfgang Zwickel, Tempelquelle140 – 154 und zum literarischen Befund Thilo Alexander Rudnig, Heilig und Profan. 167 – 175. bzw. knapper ders., in: Karl-Friedrich Pohlmann (ATD 22/2), 613 – 617.

74 Vgl. Gen 2,9; 3,22.

75 Zu dem Baum vgl. Veronika Bachmann, Welt, 89 – 107.

76 Zur Benennung des zweiten aus dem Paradies austretenden Stromes Gichon in Gen 2,13 als Anspielung auf den Jerusalemer Tempel als Stätte des Heils vgl. Markus Witte, Urgeschichte, 263 – 275.

ihrer Nutztiere in der Heilszeit vor Schädigungen durch andere Tiere sicher sein wird (Jes 11,6–9):[77]

6 Dann grast der Wolf beim Lamm,
und der Panther lagert beim Böckchen.
Und das Kalb und der Jungleu weiden[78] zumal,
und ein Bübchen vermag sie zu treiben.

7 Und Kuh und Bärin befreunden sich,[79]
ihre Jungen lagern zusammen,
und der Löwe frisst Häcksel wie ein Rind.

8 Der Säugling patscht nach dem Loch der Kobra,
und der Entwöhnte streckt seine Hand aus zur Höhle[80] der Viper.

9 Keiner ist böse und schadet
auf meinem ganzen heiligen Berge;
denn das Land ist voll der Erkenntnis Jahwes
wie Wasser das Meer bedeckt.

Wenigstens Anhangs weise sei an die in ihrer Bedeutung in der Forschung bis heute umstrittene *Immanuelweissagung* in Jes 7,14 erinnert, die im Lukasevangelium als Ankündigung der Geburt Jesu verstanden und im Sinne einer durch den heiligen Geist bewirkten Empfängnis gedeutet worden ist, wie es das apostolische Glaubensbekenntnis festhält (Lk 1,26–38).[81] Die Weissagung steht im Kontext der Erzählung Jes 7,1–17, in dessen beiden die V. 1–9* und V. 10–17* umfassenden Teilen es gemäß V. 9 um das Bleiben oder den Untergang der davidischen Dynastie geht.[82] Die erste Szene, die von der Begegnung Jesajas mit König Ahas vor den Mauern Jerusalems berichtet, spielt zur Zeit des Syrisch-Ephraimitischen Krieges. Während König und Volk voller Angst einem Angriff der beiden verbündeten Könige von Damaskus und Israel entgegensehen, fordert Jesaja das Haus Davids auf, sich still zu verhalten und sich nicht zu fürchten, weil die Tage der beiden Feinde gezählt sind. Dann aber macht er die Dauer der davidischen Dynastie von ihrem Glauben abhängig. In der zweiten Szene stellt der Prophet dem König ein beliebiges Beglaubigungszeichen für die Wahrheit seiner Botschaft zur Wahl, ein Angebot, das der König zurückweist, weil er Gott nicht versuchen wolle (V. 11–12). Darauf eröffnet ihm Jesaja, dass Jahwe selbst dem Haus Davids ein Zeichen geben werde (V. 13). Es soll darin bestehen, dass eine junge Frau ihrem Sohn den Namen Immanuel geben und damit ihrer Zuversicht Ausdruck verleihen wird,

---

77 Vgl. auch Jes 65,25.
78 Siehe BHS.
79 Siehe BHS.
80 Siehe BHS.
81 Zur Auslegungsgeschichte vgl. umfassend Martin Rehm, Königliche Messias, 30–121.
82 Vgl. dazu oben, 58–61.

dass Jahwe sein Volk nicht verlässt, sondern seine Zuflucht und sein Retter bleibt (vgl. V. 14 mit Ps 46). Das Kind würde in einer Notzeit geboren (V. 16a), aber wenn es zu einem entscheidungsfähigen Jüngling herangewachsen sei, würde er in einem friedlichen und fruchtbaren Lande leben (V. 15). So lautet die Zeichenankündigung als ganze (Jes 7,14 – 16a):[83]

14 Daher wird der Herr selbst euch ein Zeichen geben: Wenn eine[84] junge Frau schwanger ist und einen Sohn gebiert und ihn Immanuel nennt, 15 wird er Rahm und Honig essen, wenn er es versteht, Böses abzulehnen und Gutes zu wählen. 16 Denn ehe der Bursche Böses zu verwerfen und Gutes zu wählen versteht, wird das Land verlassen sein (vor dessen beiden Königen dir graut). Bringen wird Jahwe (über dich und dein Volk und) über das Haus deines Vaters Tage, wie es sie nicht gegeben hat, seit dem Abfall Ephraims von Juda (den König von Assur).[85]

Die historisierende Bearbeitung hat sich alle Probleme der Deutung dieses ebenso einfachen wie schwierigen Textes vom Hals geschafft, in dem sie das angesagte Unheil auf den Einfall der Assyrer 701 bezog, den Ahas freilich nicht mehr erlebte. Auf ihren Spuren versucht man, den Immanuelknaben mit einem judäischen Prinzen, sei es Hiskia,[86] sei es Josia zu identifizieren. Aber schon die jedenfalls in größerem zeitlichen Abstand zu der in den 30er Jahren des 8. Jh. v. Chr. spielenden Handlung konzipierte Erzählung spricht gegen eine solche Deutung. Erst wenn sich V. 9 erfüllt hat und das Haus Davids abgetreten ist, kann sich das in den V. 13 – 17a* Geweissagte ereignen. Da es in der Erzählung als ganzer um Bleiben oder Nichtbleiben der Dynastie geht, wird man die ungenannte junge Frau mit der Mutter eines davidischen Prinzen identifizieren dürfen, die in einer Notzeit ihrem Sohn den Vertrauensnamen Immanuel und d. h. „Gott mit uns" gibt. Sie brächte damit den Glauben auf, der vom Königshaus erwartet, aber von Ahas als dem Repräsentanten der Davididen verweigert worden war.[87] Die Notzeit, in welche die Geburt des Prinzen fällt, ist mithin die Folge der Glaubenslosigkeit des Hauses Davids, das Thron und Reich verloren und damit ein Unglück heraufbeschworen hat, welches die Größe des Abfalls Israels vom Hause Davids nach dem Tode Salomos bei weitem übersteigen würde (vgl. V. 17a mit I Kön 12,1 – 19). Sie soll erst in den Jahren enden, in denen der Immanuelknabe zu sitt-

83 Ob man diese Verse als zum Grundtext gehörig oder abgesehen von V. 17a als Ergänzung beurteilt (wie ich es ATD 17, 1981⁵, 150 – 167, vgl. bes. 166 – 167 vertreten habe), ändert wenig am Sinn des überlieferten Textes. Den gegen meine damalige Deutung vorgetragenen Einwand, ein Zeichen könne nicht in der Erfüllung dessen bestehen, was es beglaubigen soll, halte ich nach wie vor unter Verweis auf Ex 3,12 für nicht stichhaltig; vgl. Ex 3,12 und dazu GAT II, 100 – 103, zur Entstehung vgl. Uwe Becker, Jesaja, 26 – 31.

84 Abweichend vom Deutschen erhält sie im Hebräischen einen Artikel, weil es sich um eine bestimmte Person handelt.

85 Zur historisierenden Bearbeitung vgl. Jürgen Werlitz, Studien, 201 – 207.

86 So noch einmal Ronald E. Clements, Immanuel Prophecy, 65 – 77, der allerdings V. 15 als Einfügung im Zuge einer spätnachexilischen messianischen relecture beurteilt.

87 Vgl. auch Jes 28,15 – 17.

lichem Entscheidungsvermögen herangewachsen ist. Das eben besagen die V.
15 – 16bα. In V. 15 steht das Essen von Dickmilch und Honig für die Heilszeit.
Dagegen beschreibt V. 16abα die vorausgehende Notzeit als Verlassenheit des
Landes.[88] Bringt man diese Daten in einen sachlichen Zusammenhang, so sind
die angekündigte Unheilszeit die Folge des Unterganges des davidischen
Reiches[89] und der Prinz der König der Heilszeit, die Jahwe selbst durch die
Vernichtung der Feinde seines Volkes herbeigeführt hat. Mithin verkörpert
der Immanuelknabe das Gottvertrauen, das Jahwe durch seine Heilstat
rechtfertigen wird.[90]

9.3.3 Der Spross Jahwes (Jeremia 23 und 33)

Wenden wir uns den messianischen Weissagungen im Jeremiabuch zu, so
haben wir es an erster Stelle mit der Ankündigung eines gerechten Sprosses
aus dem Hause David in Jer 23,5 – 6 zu tun.[91] Ihr geht in 23,1 – 2 ein göttlicher
Weheruf gegen die treulosen Hirten voraus, an den sich in die V. 3 – 4 die
Verheißung Jahwes anschließt, dass er den Rest seiner Herde sammeln und um
ihr Wohl besorgte Hirten einsetzen werde. Dieses Heilswort findet seine
Fortsetzung in den V. 7 – 8, welche die Sammlung und Rückführung der Israeliten aus dem Nordland[92] als eine Heilstat bezeichnen, die ihre Herausführung aus Ägypten überbietet. Durch diese dtr Texte ist das Heilswort in
23,5 – 6, das ursprünglich die mit Jer 21,11 beginnende Königsspruchsamm-
lung beendete, neu gerahmt worden.[93] Es stellt der negativen Reihe der Könige
Joahas (22,10 – 12), Jojakim (23,13 – 19) und Chonja/Jojachin (22,24 – 27.28 –
30) im Gegensatz zu dem letzten, in der Sammlung nicht namentlich er-

---

88 Vgl. Jes 7,22; II Sam 17,27 – 29; zur Formel „Milch und Honig" vgl. z. B. Ex 3,8.17; 13,5.33; Lev
    20,24; Dtn 6,3; Jer 11,5.
89 Vgl. auch H.G.M. Williamson, Variations, 112.
90 Jes 16,1 – 5 demonstriert am konkreten Fall Moabs die Rolle des neuen David als Zuflucht der
    Völker, vgl. auch 11,10 und zur Diskussion Williamson, Variations, 56 – 62. Jes 32,1 – 8 stellt dem
    gerechten König der Heilszeit gerechte Beamte an die Seite; vgl. dazu Kaiser (ATD 18)3, 254 – 258
    und Rolf Kilian, Jesaja 13 – 39, 185 – 186, die das Orakel in nachexilische Zeit datieren; so wohl
    auch Peter Höffken (NSK.AT 18/1), 1993, 225 – 226. Karl Marti (KHC X), 1900, 236 – 327 bewertet
    32,1 – 5 und 15b – 20 als eine Einheit, die er in der griechischer Zeit ansetzt. Für jesajanische
    Herkunft von 32,1 – 5 haben sich vorsichtig z. B. Berhard Duhm (HK III/1), 1922, 234 und Hans
    Wildberger (BK.AT X/3) 1982, 1252 ausgesprochen, für die von 32,1 – 3, Marvin S. Sweeney
    (FOTL XVI), 1994, 415, vgl. 418 – 419, und H.G.M. Willamson, Variations, 62 – 72. Es bleibt
    jedoch fraglich, ob man hinter Georg Fohrers, Geschichte, 359 vorgetragene Einsicht zurück-
    gehen kann, dass die messianischen Weissagungen den Untergang des davidischen Reiches
    voraussetzen,
91 Zu Eigenart und Herkunft des Orakels als jüngerer Fortschreibung vgl. E.W. Nicholson, Prea-
    ching, 94 – 95; H-J. Hermisson, „Königsspruch"- Sammlung, 49 – 50 und W.McKane, Jeremiah I,
    559 – 565.
92 Gemeint ist die Ansiedlung der judäischen Exilierten in Nordmesopotamien.
93 Ebd., 284 – 285 und 290 – 291 bzw. 44 und 49 – 50.

wähnten König Zedekia („Meine Gerechtigkeit/mein Heil ist Jahwe") den König der Heilszeit als den wahrhaft gerechten Herrscher gegenüber, dem man den Namen „Jahwe ist unsere Gerechtigkeit/unser Heil" geben werde. Mithin soll der als „Spross" bezeichnete späte Nachfahre Davids der ideale König sein, dessen Regiment durch Weisheit und Gerechtigkeit gekennzeichnet ist (Jer 23,5 – 6).[94]

5 Siehe, es kommen Tage, Ausspruch Jahwes,
da lasse ich David einen gerechten Spross erstehen,
der wird als König herrschen und weise sein
und Recht tun und Gerechtigkeit im Lande.

6 In seinen Tagen wird Juda geholfen
und Israel in Sicherheit wohnen.
Und das wird sein Name sein:
Jahwe ist unsre Hilfe[95].

Dieses Orakel hat seine Abwandlung „in der jüngsten Davidverheißung des Alten Testaments" Jer 33,14 – 26 erhalten, die in der Septuaginta fehlt[96] und mit Konrad Schmid erst aus hellenistischer Zeit stammen dürfte.[97] Es legt den Nachdruck darauf, dass mit dem Kommen des Sprosses der Gerechtigkeit die Heilszeit in Juda und Jerusalem anbrechen wird, in der man der Stadt den Namen geben wird „Jahwe ist unsere Hilfe." Gleichzeitig nimmt V. 17 die Nathanweissagung aus II Sam 7 über die Ewigkeit der davidischen Dynastie[98] und die dem Enkel Aarons in Num 25,11 – 13 gegebene Bundesverheißung der Ewigkeit des levitischen Priestertums in freier Wiedergabe auf.[99] Es berücksichtigt damit die besondere Funktion des Hohenpriesters als Vollzieher des Sühne schaffenden Kultes, die inzwischen als so unentbehrlich galt, dass man sich auch die Heilszeit nicht ohne ihn vorstellen konnte. Es lautet (Jer 33,14 – 18):

14 Siehe, Tage kommen, lautet der Ausspruch Jahwes, da werde ich das gute Wort über das Haus Israel und das Haus Juda aufrichten. 15 In jenen Tagen und in jener Zeit lasse ich David einen gerechten[100] Spross sprossen, der Recht und Gerechtigkeit im Lande üben wird. 16 In jenen Tagen wird Juda geholfen und Jerusalem in Sicherheit wohnen. Und so wird man es nennen: „Jahwe ist unsere Hilfe".[101] 17 Denn so

---

94 Zur Wiederaufnahme in Sach 6,12 vgl. unten, 214.

95 Das Wort sædæq „Gerechtigkeit", nimmt hier wie auch anderwärts in exilisch-nachexilischer Zeit die Bedeutungen Hilfe bzw. Rettung an; vgl. dazu Friedrich V. Reiterer, Gerechtigkeit, 167 – 168.

96 C. Levin, Verheißung, 255 bzw. G. Wanke (NZK.AT 20/2), 314 – 317.

97 Vgl. dazu C. Levin, Verheißung, 255 – 256.

98 Vgl. dazu oben, 188.

99 Vgl. auch Sir 45,23 – 25.

100 Siehe BHS.

101 Während der Name in 23,8 dem König der Heilszeit gegeben wird, wird er hier auf Jerusalem übertragen. Zu den daraus in den Textzeugen ausgelösten Änderungen vgl. William McKane, Jeremiah II, 861 – 862.

hat Jahwe gesprochen: Nicht soll es David an einem Mann fehlen, der auf dem Thron des Hauses Israel sitzt. 18 Und den levitischen Priestern soll es zu keiner Zeit an einem Mann fehlen, der Brandopfer darbringt, Speisopfer in Rauch aufgehen lässt und Schlachtopfer vollzieht.

Das Heilswort erhält in den V. 19–22 seine Bekräftigung, indem Jahwe die David und den Leviten gegebene Bundeszusage als so unverbrüchlich wie den Wechsel zwischen Tag und Nacht bezeichnet und beiden weiterhin in Anlehnung an die Abraham nach der Bindung seines Sohnes gegebene Verheißung in Gen 22,17 zusagt, dass ihre Nachkommen so unzählbar wie die Sterne am Himmel und der Sand des Meeres sein würden (Jer 33,19–22):

19 Und es erging das Wort Jahwes an Jeremia wie folgt: 20 So hat Jahwe gesprochen: Wenn mein Bund mit dem Tag und mein Bund mit der Nacht gebrochen werden könnte,[102] so dass Tag und Nacht nicht mehr zu ihren Zeiten kämen, 21 dann würde auch mein Bund mit David meinem Knecht gebrochen, dass er keinen Sohn auf seinem Thron als König hätte, und (der) mit den levitischen Priestern, meinen Dienern. 22 Gleichwie man das Heer des Himmels nicht zählen noch den Sand des Meeres messen kann, so zahlreich werde ich die Nachkommenschaft meines Knechtes David machen und die Leviten, meine Diener.

Die Textfolge wird durch das Orakel in den V. 23–26 abgeschlossen,[103] das die unbedingte Zusage der Gültigkeit des in den V. 20–21 erwähnten Davidbundes unterstreicht, um auf diese Weise ebenso die „in diesem Volk" umgehende Behauptung zu widerlegen, dass Jahwe die beiden von ihm erwählten Geschlechter verworfen habe und dass sein Volk kein Volk mehr sei. Daher vergleicht der Verfasser Jahwe die Gültigkeit der Erwählung der Nachkommen Davids und Jakobs selbst mit seinem unverbrüchlichen Bund mit Tag und Nacht, um dann zu verheißen, dass Jahwe weder die Nachkommen Jakobs noch Davids verwerfen, sondern dem Samen der Erzväter Herrscher aus Davids Geschlecht geben werde. Während der Leser aufgrund der Aussage über die beiden Geschlechter in V. 24a gemäß dem Vorausgehenden eigentlich eine Erneuerung der Erwählungszusage für die Davididen und die Priester erwartet, verschiebt der Verfasser des Orakels durch V. 24b das Interesse auf die Erwählung des Volkes und der Davididen. Denn so kann er zum Ausdruck bringen, dass Israel künftig wieder als freies Volk unter dem Schutz seiner freien Herrscher leben könne. Denn die heilvolle Zukunft Israels schien in der Perserzeit nur dann als gesichert, wenn nicht nur die Erwählung der Davididen und der levitischen Priester, sondern auch die des ganzen Volks unverrückbar gültig bleiben (vgl. Jes 41,8–13). Gottes Treue zu seinen Zusagen aber beruht auf seiner Barmherzigkeit, mit der er sich in seiner Langmut der

---

102 Siehe BHS.
103 Vgl. dazu Levin, Verheißung, 200.

Sünder erbarmt und ihnen Zeit zur Umkehr lässt.[104] Und so heißt es, das Heilsbüchlein beschließend, in (Jer 33,23 – 26):

23 Und es erging das Wort Jahwes an Jeremia: 24 Hast du nicht Acht gegeben auf das, was dieses Volk da redet: „Die beiden Geschlechter, die Jahwe erwählt hat, die hat er verworfen!" und dass sie mein Volk verachten, als wäre es ihnen kein Volk mehr. 25 So spricht Jahwe: So wahr ich meinen Bund mit Tag[105] und Nacht, die Ordnungen des Himmels und der Erde, festgesetzt habe, 26 werde ich auch die Nachkommen Jakobs und Davids, meines Knechtes, nicht verwerfen, dass ich von seinen Nachkommen keine Herrscher nähme über die Nachkommen Abrahams, Isaaks und Jakobs. Denn ich werde ihr Geschick wenden und mich ihrer erbarmen.

9.3.4 Der gute Hirte aus Davids Geschlecht in Ezechiel 34

Die Weissagung von dem guten Hirten aus Davids Geschlecht in Ez 34,23 – 24 steht einigermaßen unvermittelt in einer Textfolge,[106] die mit einem Weheruf gegen die schlechten Hirten des Volkes einsetzt, die ihre Herde zu ihrem eigenen Vorteil missbrauchen, so dass sie sich verläuft, als hätte sie keinen Hirten. Daher werde Jahwe jene zur Rechenschaft ziehen und die Schafe selbst erretten (V. 1 – 10). Dem entspricht die in den V. 17 – 22 folgende Verheißung, dass Jahwe sich seiner Herde selbst annehmen, sie aus allen Ländern und Völkern sammeln und auf die grüne Weide auf den Bergen Israels führen werde (V. 11 – 16).[107]

Damit nicht genug folgt dann die Ankündigung eines Gerichts, in dem Jahwe zwischen den fetten Widdern und den mageren Schafen unterscheiden und das heißt: die Schwachen vor den Mächtigen retten werde (V. 17 – 22). Dieser Weissagung entspricht in den V. 23 – 24 eine weitere der Erweckung eines einzigen Hirten für das ganze Volk in Gestalt eines anderen David die Rede, welche die sich dem Leser stellende Frage beantwortet, wer dann das Volk regieren werde. Der angekündigte Herrscher wird jedoch nicht mehr als König, sondern als „Fürst in ihrer Mitte" bezeichnet: Er „hat (wie Walther Zimmerli angemerkt hat) ein Amt in Israel, ist aber nicht mehr der Herr Israels."[108] So lautet die Weissagung (Ez 34,23 – 24):

---

104 Vgl. Ex 34,6 – 7; vgl. Ps 103,8 – 13 und Sir 18,11 – 14.
105 Siehe BHS.
106 Vgl. dazu Karl-Friedrich Pohlmann (ATD 22/2), 463 – 464.
107 Vgl. dazu auch Regine Hunziker-Rodewald, Hirt, 158 – 167.
108 Walther Zimmerli (BK:AT XIII/2) 844. Als Nachfolger des judäischen Königs aus Davids Geschlecht verfügte er über die Krongüter und war für die Verteilung des Landes und für die Richtigkeit der Maße und Gewichte verantwortlich. Im Kult genoss er entsprechende Privilegien, die ihm einen besonderen Zugang zum Tempel und spezielle Opfer vorbehielten; vgl. Ez 44,5a*; 45,17a.21a.22 – 25; 46,4 – 7 und dazu Thilo A. Rudnig, Heilig, 137 – 164, bes.161 – 164.

23 Und ich setzte über sie einen einzigen Hirten, der sie weiden wird, meinen Knecht David; [er wird sie weiden][109] und er wird ihnen zum Hirten. 24 Aber ich, Jahwe, werde ihnen Gott sein und mein Knecht David Fürst in ihrer Mitte. Ich, Jahwe, habe geredet.

9.3.5 Die messianische Weissagung Micha 5,1–3 in ihrem Kontext

Wenden wir uns der Komposition Mi 4,8–5,3 zu,[110] so bekommen wir es mit einem komplexen Beispiel für das sogenannte zweigliedrige eschatologische Schema mit seinem Wechsel von Unheils- und Heilsworten zu tun. Sie wird in 4,8 mit einem Heilswort für die Tochter Zion eröffnet, das als Motto des Ganzen dient und ihr die Wiederherstellung ihrer einstigen Bedeutung als Hauptstadt eines Königreiches zusagt (Mi 4,8):[111]

8 Aber du, Turm der Herde,
Hügel der Tochter Zion,[112]
zu dir kommt und gelangt
die frühere Herrschaft,
das Königtum für die Tochter Jerusalem.

Doch das anschließende, dramatisch gestaltete Heilswort 4,9–10 kündigt zunächst in V. 9–10bα1 erst die Deportation der Bewohner der Stadt und dann in 10bα2–11 ihre Erlösung aus der Babylonischen Gefangenschaft durch Jahwe an. Möglicherweise erklärt sich der Befund dadurch, dass 4,9–10a zunächst ein selbstständiges Drohwort war, das die Unheilsankündigung aus Mi 3,9–12 aktualisieren sollte (Mi 4,9–10):[113]

4,9 Aber nun: Warum schreist du laut,
gibt es keinen König in dir?
Oder ist dein Ratgeber umgekommen,
dass dich Kreißen überkam wie eine Gebärende?

10 Winde dich und stöhne,
Tochter Zion, wie eine Gebärende;
denn du musst hinaus aus der Stadt
und auf dem Felde wohnen

---

109 Fehlt in G!
110 Zu der zweiten Wortsammlung Mi 4–5, ihrem Kern in 4,8–5,8 und zum Grundbestand von 5,1–5 in den V3.4* vgl. Wöhrle, Sammlungen, 159–163.
111 Zu Mi 4,8; 5,3a.und 4a als Teilen einer auch Am 9,112b und Sach 9,9–10 umfassenden Bearbeitung aus dem 4.Jh. v.Chr. vgl. Wöhrle, Abschluss, 174–189.
112 9,9–10
      Zu den Ortsangaben und ihrer kontextuellen Bedeutung vgl. Jörg Jeremias (ATD 24/3), 176–177.
113 Vgl. Burghard M. Zapff, Studien, 84.

und kommst bis nach Babel,
dort wirst du gerettet.
Dort erlöst dich Jahwe
aus der Hand deiner Feinde.

So wird der Leser von der Verheißung der Wiederherstellung des Königtums zurück in die Zeit der Belagerung Jerusalems versetzt, damit er erkennt, dass sich sowohl das Gerichts- wie das anschließende Heilswort erfüllt haben. Dadurch soll er das Vertrauen gewinnen, dass auch die beiden in 4,9 – 13 und 5,1 – 3 folgenden Heilsankündigungen eintreffen werden. Denn in 4,11 – 13 wird das Thema der Rettung Jerusalems fortgesetzt: In ihnen spricht der Prophet der Tochter Zion Mut angesichts der Völker zu, die sich vor ihren Mauern in der Gewissheit ihres baldigen Triumphes versammelt haben. Während sie einen leichten Sieg zu erringen hoffen, hat Jahwe es ganz anders geplant, sie nämlich der Tochter Zion zur Vernichtung auszuliefern (Mi 4,11 – 13):

11 Nun aber versammelten sich wider dich
viele Völker,
die sagen: „Lustvoll[114] soll sich
an Zion unser Auge weiden!"

12 Aber sie kennen nicht
Jahwes Gedanken,
nahmen nicht teil an seinem Rat,
dass er sie wie Ähren auf der Tenne versammelt hat.

13 Erhebe dich und drisch, Tochter Zion,
denn ich mache zu Eisen dein Horn.
Und deine Hufe mache ich zu Erz,
dass du viele Völker zermalmst
und ihren Gewinn zum Banngut für Jahwe machst
und ihr Vermögen für den Herrn der Erde.

Statt zu erklären, wie das geschehen wird, unterstreicht V. 14 die sich gefährlich zuspitzende Situation, in der es scheinbar für Jerusalem keine Rettung mehr vor den Völkern gibt, so dass ein Namenloser sie und ihren als „Richter" bezeichneten Anführer zur Totenklage auffordert (Mi 4,14):

Jetzt ritze dir Wunden, Tochter der Ritzung.[115]
Belagerung ist gegen uns verhängt,
mit dem Stock schlägt man auf die Backe
den Richter Israels.

---

114 Lies mit G tachōs.
115 Dankbar übernommen von Rainer Kessler, Micha, 218.

Doch offenbar hat Jahwe nur auf diesen Augenblick gewartet, um die Stadt durch den zweiten David zu befreien. Denn in bewusst dunklem Orakelton heißt es in Mi 5,1 – 4a:[116]

1 Aber du Bethlehem-Ephrata,
du kleinste unter den Verbänden Judas,
aus dir wird der kommen,
der Herrscher in Israel sein soll.
Sein Ursprung liegt ehedem,
in uralten Tagen.

2 Daher gibt er sie hin bis zu der Zeit,
da eine Gebärende geboren hat
und der Rest seiner Brüder[117] zurückkehrt
zu Israels Söhnen.[118]

3 Hintreten wird er und weiden mit Jahwes Kraft
und mit der Hoheit des Namens Jahwes unsres Gottes.
Und sie werden wohnen, denn jetzt ist er groß,
bis zu den Enden der Erde,

4a und es wird Friede sein.

Der Leser ist nun den Unheils- und Heilsweg Israels bis zu seinem Umschlagspunkt geführt worden: Er darf getrost auf den von Jahwe zur rechten Zeit gesandten Erlöser Israels hoffen. Die bewusst gewählte Dunkelheit dieses Orakels kann den Leser kaum über seinen einfachen Inhalt täuschen: Wie einst David so soll auch der König der Heilszeit aus Bethlehem stammen,[119] dem Siedlungsgebiet der Ephratiter (I Sam 17,12).[120] Doch ähnlich wie Jes 11,1 denkt der Verfasser bei ihm an keinen direkten Nachfahren Davids. Weil Jahwe

116 In V. 2 dürfte gegen Julius Wellhausen, Kleinen Propheten, 145 – 146 keine Anspielung auf Jes 7,14 vorliegen und also auch nicht die Geburt des Messias umschrieben werden. Zur Diskussion der literarischen Verhältnisse in Mi 5,1 – 5 vgl. Theodor Leskow, Geburtsmotiv, 172 – 207, bes. 199 – 205 nach dem V. 2 sekundär die Gegenwart in Anlehnung an 4,9 – 10 als eine Krisenzeit bezeichnet, wobei die Gebärerin Zion selbst sei; zu V. 2 und 3b als sekundären Erweiterungen vgl. ders., Worte, 185; Zapff, Studien, 108 – 115, bes. 113 – 115, der 5,3.5b als Fortschreibungen von 5,4b.6 – 7 beurteilt und V. 4a als Abschluss der V. 1 und 3a betrachtet. Andererseits hat Kessler, Micha, 197 Mich 4,8 – 5.9 als einheitlichen Textbereich beurteilt, während Wöhrle, Sammlungen, 161 den Grundbestand wie Zapff in den V. 3a und 4a sucht.

117 Vgl. Dtn 17, 5.20.

118 Bei V. 2 dürfte es sich um einen redaktionellen Zusatz handeln; vgl. z. B. Alfons Deissler, Zwölf Propheten II, 187; Zapff, Studien, 93; Jeremias (ATD 24/3), 178 und Wöhrle, Abschluss. 139 Anm.2.

119 Die uralte Zeit ist die Zeit, in der David zum König erwählt wurde, vgl. Wolfgang Werner (FzB 46), 55.

120 Vgl. dazu auch Ernst Axel Knauf (NBL I), 1991, 474 – 475. Zum Alter der Belege, die Ephrata mit Betlehem in Verbindung bringen, vgl. Werner (FzB 46), 54 und zum Problem der Herkunft Davids Eckart Schwab, Betlehem Efrata, 117 – 128.

bei seinem Handeln an Israel das Ziel im Auge hat, sein Volk zu versammeln und seinem König die Weltherrschaft zu geben, hat er zunächst die Leiden der Verbannung und Zerstreuung über sie verhängt. So weiht das Orakel seine Leser in den Plan Jahwes ein, der den Völkern nach 4,12 verborgen ist:[121] In der Zeit der Weltenwende, wenn Jahwe sein in alle Welt zerstreutes Volk Israel (und nicht nur Juda!) in seine Heimat zurückführt, ist die Zeit für die Geburt[122] und Sendung des Heilskönigs gekommen, der aus dem uralten Geschlecht Isais (?) stammt. Er wird von Jahwe als sein irdischer Stellvertreter mit der Vollmacht und Tatkraft versehen, in seinem Namen zu handeln und so als der „Hirte" Israel und die Völker zu weiden.[123] Daher kann Israel in seinem Schutz künftig ungestört in seinem Lande wohnen, weil sich seine Macht über die ganze Völkerwelt erstreckt. Bezieht man V. 2 in die Auslegung ein, so hält das Orakel an der uns bereits aus Jes 9 bekannten Reihenfolge fest: Erst hilft Jahwe seinem Volk, dann sendet er ihnen den Messias. Und so soll auch der König der Heilszeit als der brüderliche Hirte Israels und Herr der Völker der Erde erst dann kommen, wenn Jahwe nach seinem Sieg über die Völker den „Rest Israels"[124] in das Land der Väter zurückgeführt hat.

9.3.6 Der Messias als Beschützer der Frommen (Psalm 101)

Es ist erstaunlich, wie in einer Rollendichtung der Frommen in der fortgeschrittenen Perserzeit mit einer bemerkenswerten Verinnerlichung in Ps 101 das alte Königsideal wiederholt wird, das ihn zum Beschützer des Rechts bestimmt. Einen solchen König aus Davids Geschlecht wünschten sich die Kreise, die sich innerlich und später auch äußerlich von den Frevlern absetzten (Ps 101):[125]

1 Treue und Recht will ich besingen,
für dich, Jahwe, will ich spielen:

2 Ich will auf den Wandel der Frommen achten,
wann kommst du zu mir?

---

121 Vgl. dazu auch Wolfgang Werner, Plan Jahwes, 182–189 und bes. 189.
122 Zum Motiv der Gebärenden vgl. Werner (FzB 46), 56–57.
123 Vgl. mit Werner, 59, II Sam 5,2; 7,7; Jer 3,15; 23,4; Ez 34,23–24; Nah 3,18 und Ps 78,71–72 und dazu oben, 180.
124 Vgl. dazu Jutta Hausmann, Israels Rest, 177–179 und zur Restvorstellung im Jesajabuch Wolfgang Werner (FzB 46), 118–147, bes. 146–147 und Hausmann, passim.
125 Lothar Hossfeld, Psalm 101–150, 28–36, vgl. 36, beurteilt den Psalm als eine exilisch-nachexilische Dichtung. Bedenken gegen eine vorexilische Deutung hatte schon Oswald Loretz, Psalmen II, 8–9 angemeldet. Der das Bekenntnis des Königs beherrschende Gegensatz zwischen den Frommen und den Frevlern spricht m.E. für eine Entstehung in der späten Perserzeit.

Ich will wandeln in der Unschuld meines Herzens
inmitten meines Hauses.

3 Ich lege vor meine Augen
keine nichtswürdige Sache.
Verkehrtes Tun hasse ich,
es hafte mir nicht an!

4 Ein verkehrtes Herz weiche von mir,
Böses will ich nicht kennen.

5 Wer heimlich seinen Nächsten verleumdet,
den bringe ich zum Schweigen.
Wer stolzen Auges und hochmütigen Herzens,
den ertrage ich nicht.

6 Meine Augen achten auf die Treuen im Lande,
dass sie bei mir wohnen.
Wer auf dem Weg der Frommen wandelt,
der soll mir dienen,

7 Nicht soll inmitten meines Hauses wohnen,
wer Trug verübt.
Wer Lüge redet, soll nicht stehen
vor meinen Augen.

8 Morgen um Morgen vernichte ich
alle Frevler des Landes,
um auszurotten aus Jahwes Stadt
alle Übeltäter.

9.3.7 Der demütige Messias: Sacharja 9,9 – 10

Begegnete uns in Mich 5,1 – 3 erneut das Ideal des Königs als des Bruders unter Brüdern aus dem Königsgesetz Dtn 17,14 – 20,[126] so gewinnt der König der Heilszeit in Sach 9,9 – 10 einen weiteren Zug, der dem Ideal und Selbstverständnis der Frommen seit der späten Perserzeit als den Niedrigen und Demütigen vor ihrem Gott entspricht.[127] In der Form einer Botenmeldung über den bevorstehenden Einzug des Königs der Heilszeit in seinen Königssitz Jerusalem wird der Messias einerseits als gerecht und andererseits als demütig bezeichnet: Der Mann, der gerecht regiert und demütig gegenüber seinem Gott ist, ist dadurch ebenfalls als Bruder der Seinen gekennzeichnet, auch wenn sein Einzug in Jerusalem seinem Rang entsprechend auf dem traditio-

---

126 Vgl. hierzu Otto, Gesetz, 141 – 142.
127 Vgl. dazu Johannes Un-Sok Ro, Armenfrömmigkeit, 200 – 206.

nellen Reittier der Könige, dem Esel, erfolgen soll (vgl. I Kön 1,33.38).[128] Der Sieg über die Feinde seines Volkes ist offenbar von Jahwe errungen. Jedenfalls ist von einem solchen durch den König nicht die Rede, sondern nur davon, dass er eine weltweite, Israel einbeziehende Abrüstung anordnen, ein friedliches Verhältnis zu den anderen Völkern suchen und doch der Herr der Erde sein würde (Sach 9,9 – 10):[129]

9 Jubele laut, Tochter Zion,
jauchze, Tochter Jerusalem.
Siehe, dein König kommt zu dir,
gerecht und ein Helfer,[130]
demütig und auf einem Esel reitend
und auf dem Sohn einer Eselin.[131]

10 Ausrotten wird er[132] die Wagen aus Ephraim
und die Rosse aus Jerusalem.
Zerbrochen werden die Kriegsbogen
und friedlich wird er zu den Völkern sprechen.
Und seine Herrschaft reicht von Meer zu Meer
und vom Strom bis zu den Enden der Erde.

9.3.8 Der Messias in den Psalm 2 und 110

Um festzustellen, ob das gewonnene Ergebnis Allgemeingültigkeit besitzt, wenden wir uns den Psalmen 2 und 110 zu, in denen möglicher Weise vorexilische Krönungsorakel in nachexilischer Interpretation erhalten sind, die aber in ihrer jetzigen Gestalt als messianische Weissagungen verstanden werden sollen. Wir setzen dabei mit Ps 2 ein, weil in ihm das Verhältnis des als Messias, als Gesalbter, bezeichneten Königs zu Jahwe als des Sohnes Gottes ausdrücklich in den V. 2b und 7aβb zur Sprache kommt (Ps 2):

1 Warum sind die Völker in Aufruhr geraten
und murren die Nationen vergeblich?

2 Die Könige der Erde rotten sich zuhauf,
und die Edlen tun sich zusammen
wider Jahwe und seinen Gesalbten.

---

128 Vgl. mit Henning Graf Reventlow (ATD 25/2) z. St. Gen 49,11; Jdc 10,4 und 12,14.
129 Zu Sach 9,9 – 10 als Teil der buchübergreifenden David-Redaktion aus dem 4. Jh. v. Chr. vgl. Wöhrle, Abschluss, 139 – 189.
130 Vgl. G und S.
131 Der Verfasser des Matthäusevangeliums hat Mt 21,1 – 7 den Parallelismus membrorum missverstanden und lässt Jesus daher eine Eselin und das Fohlen einer Eselin für seinen Einzug in Jerusalem verlangen.
132 Vgl. G und S.

3 „Lasst uns ihre Fesseln zerreißen
und abwerfen ihre Stricke!"

4 Der im Himmel thront, lacht,
Jahwe[133] verspottet sie.

5 Einst wird er in seinem Zorn zu ihnen reden
und sie mit seinem Grimm erschrecken.

6 „Ich selbst habe meinen König eingesetzt[134]
auf Zion, dem Berg meines Heiligtums!"

7 Künden will ich von Jahwes Satzung:
Er sagte zu mir: „Mein Sohn bist du,
ich habe dich heute gezeugt!

8 Erbitte von mir und ich gebe dir
Völker als dein Erbe und als deinen Besitz die Enden der Erde.

9 Du wirst sie mit eisernem Zepter zerschlagen,
wirst sie wie Töpfergeschirr zerschmettern!"

10 Doch nun, ihr Könige, seid besonnen.
lasst euch warnen, ihr Lenker der Erde.

11 Dient Jahwe mit Furcht
und naht ihm[135] mit Beben.

12 Damit er nicht zürnt und ihr auf dem Weg umkommt[136],
denn bald wird sein Zorn entbrennen.
Heil all denen, die sich in ihm bergen!

Alter und literarische Einheit des Psalms sind umstritten. Angesichts der in ihm enthaltenen Aramaismen und der Vorstellung, dass Jahwe im Himmel wohnt,[137] dürfte es sich bei ihm in seiner vorliegenden Gestalt um eine späte Dichtung handeln, die sich vermutlich in den V. 6–8 an einem vorexilischen Thronbesteigungslied orientiert und anlässlich ihrer Bestimmung als messianisches Prooemium für die Ps 2–89 um die Aufforderung an die Völker in den V. 10–12a erweitert worden ist.[138] Auf die für diesen Anhang verant-

133 Siehe BHS.
134 Vgl. aber auch G: „Aber ich wurde als sein König geweiht auf dem Zion, dem Berg seines Heiligtums."
135 Lies wĕniggešû lô bir ʿadâ.
136 Zur Konstruktion vgl. GK[28] Kapitel 130a und Davidsohn, Hebrew Syntax Kapitel 28 R.
137 Vgl. dazu Friedhelm Hartenstein, Unzugänglichkeit, 224–250.
138 Zum messianischen Psalter vgl. Christoph Rösel, Messianische Redaktion, 193–217; zur literarischen Schichtung von Ps 2 Oswald Loretz, Psalmenstudien, 31–54 und zu einer späten Redaktion des ganzen Liedes die Aramaismen in den V. 9 und 12. Trotzdem wird die Frage nach Alter und Herkunft des Psalms unterschiedlich beantwortet. Während Erich Zenger Ps 1–50, 49–51 als messianischen Prolog zu den Ps 2–89 betrachtet und dabei die V. 10–12 der

wortliche oder eine noch jüngere Hand geht die direkte Anrede an die Hörer in V. 12b zurück.

Liest man den Psalm als ein Ganzes, so sieht sich der König der Heilszeit mit einem Aufruhr der Völker konfrontiert, die sich vergeblich gegen Jahwe und ihn empören. Denn wenn es darauf ankommt, wird Jahwe sie in seinem Zorn durch einen Gottesschrecken auseinanderjagen, um den König zu beschützen, den er selbst auf dem Zion eingesetzt hat (V. 1 – 5). Der König kann jedoch in dieser Situation gelassen bleiben, weil er sich dank des ihm zuteil gewordenen Krönungsorakels von Gott als Sohn anerkannt und d. h. als sein Stellvertreter auf Erden eingesetzt weiß. Außerdem hat er die Zusage erhalten, dass ihm Gott auf seinen Wunsch hin die Völker der ganzen Erde zu eigen geben wolle. Ein Kampf der Völker mit ihm wäre daher von vornherein aussichtslos; denn wem Gott verheißen hat, dass er sie mühelos wie Tontöpfe zerschlagen werde, gegen den vermögen sie nichts (V. 6 – 9). Daher gibt der König ihnen in den V. 10 – 12a den vernünftigen Rat, Jahwe zu dienen und d. h.: die friedliche Wallfahrt zum Zion anzutreten. Der König ist so sehr der Stellvertreter, dass er am Ende nicht für seine eigene Ehre, sondern für die seines himmlischen Vaters eintritt. Der Psalm hat seinen Platz bedacht hinter dem erhalten. Denn wie jener das Bestehen im Gericht Jahwes vom Gehorsam gegen die Tora abhängig macht, lenkt dieser den Blick der Frommen auf die Heilszeit, in der die Völker Jahwe und seinem Gesalbten als seinem irdischen Vertreter dienen müssen, so dass sie, statt gegen den Zion zu Felde zu ziehen, nach Jerusalem wallfahren werden (Jes 2,1 – 5 par Mi 4,1 – 5).[139]

Ziehen wir ergänzend Ps 110 zu Rate, lässt sich trotz der zahlreichen, mit dem überlieferten Text verbundenen Probleme erkennen, dass das in seinem Kern vermutlich vorexilische Lied anlässlich der Thronbesteigung eines judäischen Königs ebenfalls in nachexilischer Zeit messianisch verstanden und dabei partiell theozentrisch umgedeutet worden ist. Ähnlich wie in Ps 2 folgen auch in dem alten, jedenfalls die V. 1 – 3* umfassenden Königsorakel das Handeln Gottes und das des Königs aufeinander: Jahwe verheißt dem König in V. 1, ihm seine Feinde zu Füßen zu legen. Dann fordert er ihn in V. 2 dazu auf, machtvoll über seine Feinde zu herrschen. Der König wird also die Früchte des Sieges Jahwes ernten und unangefochten über die Völker herrschen. Dann aber legitimiert Jahwe ihn in V. 3 als seinen Sohn. Dieses Orakel wurde in nachexilischer Zeit in den V. 4 – 7 fortgeschrieben, das in V. 4 Priester- und Königtum in neuer Weise miteinander verbindet, um so die Hoffnung auf das Kommen des Messias als dem Siege über die Völker lebendig zu erhalten und

---

Schlussredaktion zugeschrieben hat, haben sich Eckert Otto, Politische Theologie, 33 – 65, bes. 34 – 51 und Markus Saur, Könogspsalmen, 25 – 37 dafür ausgesprochen, dass in den V. 1 – 9* ein vorexilisches Traditionsstück vorliegt, wobei Saur die theokratische Intention der vom Herausgeber stammenden V. 10 – 12 unterstreicht. Dagegen hat sich Klaus Koch, König als Sohn Gottes, 11 – 15 für die frühe Entstehung der V. 7 – 9 zu Beginn des Jt. ausgesprochen.

139 Vgl. dazu Erich Zenger, Psalter als Wegweiser, 29 – 47, bes. 43 – 47.

mit der Einführung des Melchisedek auf das Priesterkönigtum der Hasmonäer zu verweisen (Ps 110,1 – 3):[140]

1 Ausspruch Jahwes für meinen Herrn:
Setze dich zu meiner Rechten,
bis ich deine Feinde lege
als Schemel deiner Füße.

2 Dein machtvolles Zepter
strecke aus[141] vom Zion:
Herrsche inmitten deiner Feinde.[142]

3b Auf heiligen Bergen
vor dem Morgenrot
habe ich dich[143] wie Tau gezeugt.

Die Nachbearbeitung hat Jahwe auch in V. 2a zum Subjekt gemacht, so dass der überlieferte Text lautet:

Dein machtvolles Zepter
strecke Jahwe aus vom Zion.

Durch die Einfügung von V. 3a wurde nun dem König ein Volksaufgebot an die Seite gestellt:

Dein Volk ist Freiwilligkeit
am Tag deines Heerzugs.

In V. 3b ist (ob durch Abschreibfehler oder bewusste Bearbeitung bleibe hier offen) folgender Text entstanden:

Auf heiligen <Bergen>[144]
aus dem Schoß des Morgenrots
(kommt) dir wie Tau deine Jugend.

---

140 Vgl. dazu Martin Saur, Königspsalmen, 212 – 214. – Zur Vielfalt der zurückliegenden Beurteilungen der Einheit und Datierung des Psalms vgl. z. B. Stefan Schreiner, Psalm CX, 216 – 222
hat dagegen lediglich V. 4 als eine nachexilische Einfügung zur Legitimierung des Hohenpriesters gesehen. Dagegen hat z. B. Gard Granerød, Abraham, 186 – 188 den ganzen Psalm in
der monarchischen Periode, aber das Verständnis von malki sædæq in V4. als Personenname
auf einer intertextuellen Verbindung zu der von ihm als spät beurteilten Erzählung von Gen 14
beruht, vgl. 213 – 214. Andererseits haben Erhard S. Gerstenberger, Psalms II, 263 – 270 den
ganzen Psalm in der Perserzeit, Stefan Schreiner, Psalm 110, 216 – 222; Herbert Donner, Prophet, 213 – 223, bes. 219 und Miriam von Nordheim, Morgenröte, 134 – 141 ihn in die Makkabäerzeit datiert.
141 Siehe BHS. Der Bearbeiter hat den Imperativ 2.sing.masc. durch den Jussiv 3. sing.masc.
ersetzt.
142 Zu V. 3a vgl. den Rekonstruktionsversuch von Saur, 205, der m. E. im Zusammenhang mit V. 4
gelesen werden muss.
143 Tilge mēræchæm als Nachinterpretation.
144 Lies harārê.

Der Halbvers könnte ursprünglich gelautet haben:

Auf heiligen Bergen
Habe ich dich vor der Morgenröte
Wie Tau gezeugt.[145]

Die Anfügung des Namens des sagenhaften Jerusalemer Königs der Vorzeit
Melchisedek (Gen 14,18 – 20) am Ende von V. 4 sollte die Würde und Dauer des
königlichen Priestertums unterstreichen, so dass dem König nun das ewige
Priestertum nach der Weise Melchisedeks verliehen wird.[146] So lauten die V.
4 – 7 wörtlich übersetzt:

4 Geschworen hat Jahwe,
es wird ihn nicht reuen:
Du bist Priester auf ewig
auf die Weise Melchisedeks.

5 Jahwe (sei) über deiner Rechten:
Am Tag seines Zorns zerschlage er die Könige.[147]

6 Er richte die Völker, fülle an mit Leichen <das Tal>,
zerschlage die Häupter auf der großen Erde.

7 Aus dem Bach am Weg wird er trinken,
darum erhebt er <sein> Haupt.[148]

Deutet man die Perfektformen der V. 5 – 6 als Optative, drücken sie den
Wunsch aus, Jahwe möge dem König beistehen und an seinem Gerichtstag die
Könige der Völker zerschlagen: Bewertet man sie als historische Perfektfor-
men, berichten sie von dem Beistand, den Jahwe dem König geleistet hat. Aber
da das Geschehen von V. 7 in der Zukunft liegt, empfiehlt es sich, die V. 5 – 6 als
Wünsche für den König der Heilszeit zu verstehen. Subjekt von V. 7 ist dem
Zusammenhang nach Gott. Deutet man den V. 7a mit Joachim Becker von Jes
63,2 – 3 (vgl. 35,5 – 8) her, dann handelt es sich bei dem Trank um Blut, so dass
der ganze Vers eine Metapher für die völlige Vernichtung der Völker im
Weltgericht ist.[149] Kein Zweifel: In ihm ist Jahwe der eigentliche Sieger, der zum
Schutze seines Königs die Völker bezwingt.

---

145 Vgl. BHS.
146 Vgl. zu ihm Karl-Heinz Bernhard/Thomas Willi/Horst Balz, Melchisedek (TRE XXII), 414 – 423
     bzw. knapp Karen Engelken, (NBL II), 754 – 756 und zu seiner Rolle in den 11QMelch F. G.
     Martínez, Messianische Erwartungen, 202 – 220 und J. Zimmermann, Messianische Texte, 389 –
     412.
147 Zum optativen Gebrauch des Perfekts vgl. Joüon, Grammaire de l'Hébreu Biblique, Kapitel 112
     k.
148 Zum Befund vgl. BHS.
149 Vgl. Joachim Becker, Deutung, 17 – 32.

9.3.9 Israel als Miterbe der Davidverheißungen in Psalm 89 und Jesaja 55

Eine eigentümlich gebrochene Übertragung der David gegebenen Verheißung
der Ewigkeit und des Glanzes seiner Dynastie auf Israel liegt in Ps 89 vor:[150] Er
wird in den V. 2–19 durch einen Hymnus auf Jahwe als den Schöpfer, Sieger
über den Meeresdrachen Rahab und Beschützer des Königs Israels eröffnet. In
den V. 20b–38 folgt ein Orakel mit den David von Jahwe gegebenen Bun-
desverheißungen. Es wird in V. 20a mit der im Kontext auffallenden Zitati-
onsformel eingel., dass Jahwe so einst zu seinen als „Getreuen" bezeichneten
Frommen geredet habe.[151] Dann folgt in den V. 39–46 eine Klage über die
Preisgabe seines Gesalbten, das Ende seines Königtums und seine gegenwärtige Schande. Abschließend erinnert der Beter in den V. 47–49 Jahwe
zunächst an die Kürze des Menschenlebens, um ihn dann in den V. 50–52 zu
fragen, warum er die David gegebenen Versprechen nicht halte, und ihm
ausdrücklich die Schmach seiner Knechte ins Gedächtnis zu rufen.[152] Die
Schlussverse des Psalms lauten (Ps 89,50–52):

50 Wo sind deine früheren Gnaden, Herr,
die du David in deiner Treue geschworen?

51 Gedenke, Herr, der Schmach deiner Knechte,
von den vielen Völkern, die ich im Busen trage

52 mit der deine Feinde, Jahwe, geschmäht,
geschmäht die Spuren deines Gesalbten.

Auffallend ist, dass in V. 51 der Blick vom Wir zum Ich des Beters zurückkehrt.
Am Anfang des Liedes erfolgte die umgekehrte Bewegung vom Beter (V. 2–3)
zum Wir (V. 18–19). So vertritt der Beter das Volk, in dessen Namen er
einerseits seinen Gott als über alle anderen Götter erhaben preist, um es dann
in einer fast verschlüsselten Weise in der Klage über die Verstoßung des Gesalbten und seinen Fall (V. 39–46) in die Leidklage einzubeziehen (V. 41–44):
Denn unter dem Fall der Mauern, der Zerstörung der Festungen, dem Spott
der Nachbarvölker über den Sturz, kurz all den Folgen der militärischen und
zugleich politischen Niederlage hatte das Volk nicht weniger zu leiden als sein
König. Das Schicksal des Königs und seines Volkes sind letztlich nicht zu
trennen. Sollte Jahwe die David und seiner Dynastie zugesagten Gnaden ver-

---

150   Zur Diskussion der literarischen Probleme des Liedes vgl. Frank-Lothar Hossfeld, Psalmen 51–
      100, 582–583, der die V. 4–5 und V. 36–38 sowie V. 48–49 als kontextuelle Nachinterpreta-
      tionen beurteilt, weiterhin Chistoph Rösel, Messianische Redaktion, 135–143. Dagegen
      kommt Martin Saur, Königspsalmen, 158–162 zu dem Ergebnis, dass der Psalm von einem
      einzigen Verfasser stammt, der in den V. 6–19 auf einen älteren Hymnus zurückgegriffen hat.
151   Mit ihnen könnten nach der Vermutung von Frank-Lothar Hossfeld, Psalm 51–100, 592–593
      außer Nathan und David auch Samuel gemeint sein.
152   V. 53 beschließt den Psalm und zugleich das dritte Psalmenbuch mit einer Doxologie.

gessen haben (V. 50), so hätte er damit auch sein Volk vergessen. Jene aber bestanden darin, dass er David gestattet hatte, ihn als Vater anzurufen, und er ihm verheißen hatte, ihn zum Höchsten unter den Königen der Erde zu machen (V. 27 – 28). Seine Nachkommen aber möge er im Fall ihrer Untreue gegen seine Rechte nur mit der Rute strafen, aber seine Gnade nicht von ihnen nehmen (V. 29 – 38). So erinnert der Beter Jahwe daran, dass in der Schmach des Gesalbten und der Schmach seines Volkes seine eigene Treue[153] und Ehre vor den Völkern selbst auf dem Spiel stehen.[154]

Einen Schritt weiter geht die ebenfalls die Nathanweissagung aufnehmende schriftgelehrte Prophetie in Jes 55,1 – 5. Nach dem Vorschlag von Jürgen van Oorschot ist das Orakel der letzten Bearbeitung des Deuterojesajabuches vor seiner Fortschreibung durch die tritojesajanischen Kerntexte Jes 60 – 62* zuzurechnen, eine Hypothese, die insofern ihre Plausibilität besitzt, als der Epilog in 55,10 – 11 mit dem Prolog durch die dort vorgenommene Einfügung von 40,5 – 8* die Botschaft von der unverbrüchlichen Gültigkeit des Wortes Jahwes verbunden ist.[155] Vorausgehen in Jes 54 zwei Heilsworte. Das erste liegt in den V. 1 – 10 vor. Es endet in V. 10 mit der Heilszusage der Beständigkeit der gnädigen Zuwendung Jahwes zur Tochter Zion. Das zweite umfasst die V. 11 – 17 und verheißt Jerusalem künftige Pracht, die Sicherheit seiner Bewohner und die Ohnmacht aller, die es angreifen. Darauf folgt in 55,1 – 5 eine Einladung, die drastisch die Wasserhändler auf den Straßen imitiert und einen ewigen Bund und damit zugleich eine Ehrenstellung Israels unter den Völkern verheißt: Dieser Bund soll die einst David gegebenen, zuverlässigen Gnadengaben verwirklichen (Jes 55,1 – 5):[156]

1 Auf, alle Durstigen, kommt zum Wasser!
Und auch wer kein Geld hat, kommt!
Kaufet und esset, kommt und kauft
ohne Geld und ohne Preis, Wein und Milch!

2 Warum wägt ihr Geld ab für Brot, das nichts wert,
eurer Mühe Lohn für Nahrung, die nicht sättigt?
Hört, hört auf mich, dass ihr Gutes zu essen habt,
dass sich am Fetten eure Seele labe!

3 Neigt euer Ohr und kommt zu mir,
hört, und so wird eure Seele leben:

---

153 Vgl. V. 3, 6, 13 und 50.
154 Vgl. dazu Joachim Becker, Messiaserwartung, 63 – 73.
155 Vgl. dazu Jürgen van Oorschot, Babel, 283 – 294 und bes. 269 – 273; vgl. schon Klaus Kiesow, Exodustexte, 158 – 161, der aber 55,1 – 5 nicht in dieselbe Schicht wie 40,5 – 8* und 55,11 – 12 einbezieht. Dagegen schreibt Hans-Jürgen Hermisson, Einheit, 132 – 157 mit der Tabelle 155, diese Texte dem Propheten Deuterojesaja zu.
156 Übersetzung Claus Westermann (ATD 19)4, 1981, 226 – 227.

Ich will mit euch einen bleibenden Bund schließen,
auf die unverbrüchlichen Gnadenzusagen an David.

4 Siehe: zum Zeugen für Völker machte ich ihn,
  zum Fürsten und Gebieter von Nationen.[157]

5 Siehe: Volk, das du nicht kennst, rufst du,
und Volk, das dich nicht kennt, zu dir laufen sie
um Jahwes, deines Gottes willen,
um des Heiligen Israels, denn er verherrlicht dich.

An wen die Aufforderung der V. 1–3a ergeht, sich Jahwe als dem Geber neuen
Lebensmuts zuzuwenden, wird nicht gesagt. Das Orakel wendet sich zunächst
an eine ungenannte Mehrzahl, die in den V. 4–5 in der 2. Person sing. masc.
angesprochen wird. Damit scheidet Jerusalem bzw. die Tochter Zion als
Adressatin aus: Es handelt sich vielmehr der Zeitstellung des Orakels gemäß
um das nachexilische Israel, das zunächst der poetischen Situation des Was-
serverkäufers gemäß im Plural und dann in seiner Einheit vor Gott im Singular
angesprochen wird. Die ewigen Gnadengaben, die Jahwe nach II Sam 7,13–16
David und seinem Haus verheißen hatte, werden jetzt nach V. 3b in einem
ewigen Bund auf Israel übertragen. V. 4 spezialisiert Davids Aufgabe auf seine
Stellung als Herrscher[158] und Befehlshaber über die Völker. Darin soll ihn nach
V. 5 Israel dank des neuen ewigen Bundes übertreffen, weil um seines Gottes
willen Völker zu ihm eilen werden, die es bislang nicht kannte: Die Völkerwallfahrt zum Zion soll mithin alle Völker der Erde umfassen (vgl. Jes 2,1–5
par Mi 4,1–5).[159] Der Vergleich mit dem Davidbund greift als die beiden
einzigen konkreten Aspekte Davids Rolle als Zeuge für die Macht Jahwes (vgl.
Jes 43,10; 44,8) und seine ihr entsprechende Vormachtstellung unter den
Völkern heraus (vgl. Ps 89,28). Darin also soll der ewige Bund mit dem auf
seine Erlösung wartenden Israel bestehen, dass sich Jahwe dazu verpflichtet,
ihm den gebührenden Vorrang unter den Völkern einzuräumen, den es als das
Volk des einzigen wahren Gottes verdient. Durch seine Erhöhung vor den
Völkern wird Jahwe seine Macht über die ganze Erde erweisen. Daraufhin
sollen jetzt noch unbekannte Völker dem Ruf Israels folgen, um zu ihm und
das heißt konkret: nach Jerusalem zu pilgern (Jes 45,22–24a). Da das Orakel
die Ewigkeit der davidischen Dynastie nicht ausdrücklich thematisiert, sondern sich mit der Überbietung der Herrschaft Davids über die Völker durch
Israel zufrieden gibt, darf man an es nicht daraufhin befragen, ob sein Verfasser dabei zugleich an die Übertragung des königlichen Amtes an das Volk
dachte oder nicht. Sein Interesse bestand darin, seinen zu persischen Untertanen geworden Landsleuten das Vertrauen in die Weltsendung Israels zu-

---

157 Vgl. Ps 18,44.
158 Zur Bedeutung des Wortes nāgid vgl. Ges.HAW18, 779.
159 Vgl. dazu oben, 157–159.

rückzugeben. Man kann allerdings nicht übersehen, dass Jes 40,9 – 11 und 52,7 – 12 nur vom Königtum Gottes die Rede ist.[160]

9.4 Messianische Erwartungen im Haggai- und Sacharjabuch?

Kommen wir auf die historischen Verhältnisse der frühnachexilischen Zeit zu sprechen, so müssen wir vorab daran erinnern, dass die Überlieferung über sie weithin eine rekonstruierte Vergangenheit darstellt. Daher steht der Aus- leger vor der Frage, wie er die in den Büchern Haggai und Sacharja 1 – 8 enthaltenen Aussagen über den Wiederaufbau des Tempels auf Veranlassung des aus dem Hause Davids stammenden Statthalters Serubbabel (I Chr 3,19)[161] und des zadokidischen Hohenpriesters Josua Sohn des Jehozadak (Neh 12,26; vgl. I Chr 5,40 – 41) zu bewerten hat und wie sie sich zu den Angaben in Esr 3 und 5 verhalten. Für die Aufnahme des Wiederaufbaus des Jerusalemer Tempels in den Jahren 520 – 515 v. Chr. waren nach Esr 3,1 – 13 Serubbabel („Der Spross Babels"), ein Enkel König Jojachins (I Chr 3,19) als persischer Statthalter der Provinz Jehud,[162] und Josua/Jeschua, der Sohn des durch Ne- bukadnezar verbannten Jerusalemer Priesters Jehozadak (vgl. I Chr 5,41 mit Neh 12,26) als Hoherpriester verantwortlich. Die Grundsteinlegung wäre nach Hag 2,10 (vgl. 2,15) am 24. Tag des 6. Monats des 2. Jahrs Dareios I. oder am 2 September 520 erfolgt. Als Datum für die Vollendung des Baus gibt Esr 6,15 (M) den 3. Addar des 6. Jahres Dareios I. oder den 12. März 515, III Esr 7,5 (vgl. Jos. Ant.XI.4 – 7) dagegen den 23 Addar desselben Jahres und mithin den 2. April 515 an, so dass die Bauarbeiten eine Woche vor Neujahr beendet worden wären.[163] Dabei ist in Esr 6,14 – 16 nicht von dem Hohenpriester,

---

160 Vgl. dazu oben, 154 – 157.

161 Vgl. dazu Thomas Willi, Chronik I, 115 – 117.

162 Zu der Frage, ob seine Bezeichnung als pæḥâ ihn als Provinzstatthalter oder lediglich als königlichen Beauftragten bezeichnet, vgl. Sara Japhet, Sheshbazzar (ZAW 94), 66 – 98, zu Se- rubbabels Abstammung bes. 71 – 72, zu seiner Statthalterschaft 80 – 89, bes. 86 – 89 und zu den speziellen Problemen der Darstellung im III Esra und bei Josephus (ZAW 95), 218 – 229. Zu der immer noch ihre Anhänger besitzenden Hypothese, dass Serubbabel lediglich ein Sonderbe- auftragter des persischen Königs für die Repatriierung der Rückwanderer gewesen ist, die von Albrecht Alt, Rolle Samarias, 316 – 337, bes.331 – 337 begründet worden ist, und den damit verbundenen Problemen vgl. J. Alberto Soggin, Einführung, 200 – 203 und Thomas Willi, Juda, 30 sowie zum Herrschaftswechel am Ende der babylonischen Zeit und zur politischen Ver- waltung Palästinas in der Perserzeit Helga Weippert, Palästina, 687 – 692; zur Diskussion über die sog. Bürger-Tempelgemeinde als innere Struktur Judas in der Perserzeit Christiane Karrer, Ringen, 36 – 49 und Reinhard G. Kratz, Statthalter, 100 – 102: An der Spitze der Provinz stand der Statthalter, neben ihm die Ältesten Judas (vgl. z. B. Esr 5,5) bzw. die Noblen der Judäer (Cowley, Aram.Pap.318) als Laiengremium sowie der Hohepriester als geistliche Spitze (vgl. zu den genannten Ämtern auch Cowley, Aram. Pap.31 V. 17 – 18).

163 Der Angabe von III Esr 7,5 entspricht die von Jos.Ant.XI.4 – 7; sie verdient vermutlich den Vorzug, weil sich eher der Verlust des Wortes „zwanzig" als seine sekundäre Einfügung er-

sondern von den Ältesten Judas die Rede,[164] obwohl Josua damals noch amtiert haben muss. Andererseits schreibt der Bericht in Esr 5,1–2 die Aufnahme
der Wiederaufbauarbeiten des Jerusalemer Tempels ausdrücklich Serubbabel
und Josua zu. Entsprechend scheint auch das 4. Nachtgesicht in Sach
4,1–6aα.19b.14 mit seiner Rede von den beiden Ölsöhnen das Nebeneinander
des Statthalters und des Hohenpriesters vorauszusetzen.[165] Grundsätzlich
entsprechen die Zuweisungen der beiden Ämter an Angehörige der einhei-
mischen Aristokratie den Gepflogenheiten der persischen Zentralverwaltung.
Allerdings erweisen sich die Datierungen im Haggaibüchlein durchgehend als
Werk einer Redaktion, die mit ihnen eine Haggai- Chronik geschaffen hat.[166]
Die mit ihr verschränkten Datenangaben in Sach 1–8[167] sind vermutlich erst
der für ihren vorliegenden Bestand verantwortlichen Wort- oder Umkehrre-
daktion zuzuweisen, die vermutlich in der zweiten Hälfte des 5. Jh. wirkte.[168]
Gleichzeitig müssen wir gestehen, dass wir mangels dokumentarischer
Nachrichten ohne den Rückgriff auf die traditionellen Daten des zweiten und
des sechsten Jahres Dareios I. für den Beginn und den Abschluss des Wiederaufbaus des Zweiten Tempels über die Vermutung nicht hinauskommen,
dass der Neubau des Jerusalemer Tempels vermutlich zwischen den letzten
Jahrzehnten des 6. und den ersten des 5. Jahrhunderts stattgefunden hat. Ob
der Verfasser von Esr 6,15 für das Datum der Vollendung des Tempelbaus auf
ihm vorliegende Nachrichten zurückgreifen konnte oder er es aufgrund der
Zeitangabe in I Reg 8,38 und den Datierungen im Haggai- und Sacharjabuch
konstruiert hat, lässt sich nicht mit Sicherheit entscheiden.[169] Angesichts der
Probleme des Esra-Nehemiabuches und der überlieferten Endgestalt der in es
integrierten Denkschrift Nehemias als einem frühhellenistischen Geschichtswerk,[170] sind die Angaben und Daten über Serubbabel, Josua und den
Tempelbau im Hag 1–2 und Sach 1–8 die ältesten, die wir über diese Anfänge

---

klären lässt; vgl. z. B. Joseph Blenkinsopp. Ezra-Nehemiah, 129–130 bzw. Antonius H. Gunneweg (KAT XIX/1),113. Umrechnung der Daten erfolgt nach Parker/Dubberstein, Chronology, 30.

164 Dass in Esr 4,7–6,15 als Leitungsorgan allein die Ältesten der Judäer und in 6,9 nur nebenbei
von den Priestern die Rede ist, während den Propheten Haggai und Sacharja eine beratende
Funktion zuerkannt wird, hat Christiane Karrer, Ringen, 111 hervorgehoben.

165 Vgl. dazu auch Sir 45,23–25. Eine Ausnahme bildet PsSal 17, in dem der Hohepriester keine
Rolle spielt. Anders verhielt es sich in den Qumrantexten, die neben dem Messias aus Aaron
einen Messias aus Israel erwarteten und so an der Nebenordnung von Sach 4 festhielten; vgl.
dazu z. B. Florentino García Martínez, Messianische Erwartungen,171–208, bes.193–202;
George J. Brooke, Kingship and Messianism in the Dead Sea Scrolls, in: John Day, King, 434–
455, bes. 442–444 und ausführlich Johannes Zimmermann, Messianische Texte,23–35 und
463–466.

166 Vgl. dazu Jakob Wöhrle, Sammlungen, 317–320.

167 Vgl. die Tabelle bei Wöhrle, 373.

168 Vgl. Wöhrle, 362–364.

169 Vgl. A.H.J. Gunneweg (KAT XIX/1), 114.

170 Zu den Problemen seiner Entstehung vgl. Georg Steins, in: Zenger, Frevel (Hg.), Einleitung,
332–349.

der Provinz Jehud und den Bau des Zweiten Tempels besitzen.[171] Da die Namen des Daviden und des Zadokiden nicht erfunden sind und ihre Träger in diese Epoche gehören, bleibt es wahrscheinlich, dass Serubbabel als persischer Statthalter, und sicher, dass, Josua als der erste Hohepriester an dem wieder errichteten Tempel gewirkt hat.[172]

Mustert man das Haggaibüchlein, so erweisen sämtliche Erwähnungen Serubbabels außer in 2,4aα und 23 und weiterhin die des Hohenpriesters Josua (Sach 2,4aβ) als redaktionell (Hag 1,12a.14–15; 2,1–2.4aα².18bα 21a).[173] Mithin ist (wie bereits festgestellt), das ganze chronologische Gerüst erst einer redaktionellen Rahmung zu verdanken, die vermutlich der Erstausgabe der Worte Haggais angehört. Die einzigen textimmanenten Erwähnungen Serubbabels liegen in 2,4 und 2,23 vor. Lassen wir die editorischen Notizen aus, so lautet das erste, in 2,3–5aββ vorliegende Orakel so (Hag 2,3–5*):

3 Wer ist unter euch übrig geblieben, der dieses Haus
in seiner früheren Herrlichkeit gesehen hat?
Und als was seht ihr es jetzt?
Ist es nicht wie nichts in euren Augen?

4 Doch nun fasse Mut, Serubbabel, Spruch Jahwes,
[und fasse Mut, Josua, Sohn Jozadaks, Hoherpriester]
und fasse Mut du ganzes Volk des Landes, Spruch Jahwes,
und packt an, denn ich bin mit euch, Spruch Jahwe Zebaoths,

5aββ und mein Geist bleibt bei euch: Fürchtet euch nicht!

Seinem Inhalt nach ist dieses Orakel ein Aufruf an Serubbabel und das Volk des Landes (und d. h. die Grund und Boden besitzende Oberschicht) mit dem Wiederaufbau des Tempels zu beginnen. Das zweite Orakel in den 2,9–15–19a* verheißt, dass der neue Tempel prächtiger als der einstige geraten würde (vgl. I Kön 6–7) und fordert dann die in V. 4 Angesprochenen auf, den unterschiedlichen Ertrag an Korn und Wein bzw. an Baumfrüchten vor und nach

---

171 Zur Reduktion der Botschaft der beiden Propheten auf den Tempelbau in Esr 5,2 und 6,14 im Licht von Esr 1,3–6 vgl. Christiane Karrer, Ringen, 347.

172 Als außerbiblisches Argument für die Stellung Serubbabel als Statthalter lässt sich im Sinne eines Wahrscheinlichkeitsurteils auf Avigads Bulla Nr. 14 verweisen, einen Siegelabdruck der Schelomit, der Gemahlin des Statthalters Elnathan hinweisen, die mit der Tochter Serubbabels (vgl. I Chr 3,19) identisch sein könnte. Zugunsten dieser Annahme lässt sich anführen, dass hochgestellte Persönlichkeiten in der Regel Frauen aus ihren Kreisen zu heiraten pflegen, vgl. dazu H.G.M. Williamson, History, 12–13; Ders. Governors, 54–59; aber auch Kratz, Statthalter, 101 und Thomas Pola, Priestertum, 276–278: Nach ihm wäre Serubbabel Beauftragter für die Repatriierung einer großen Mengen von Rückkehrern gewesen und 520 in Begleitung des Hohenpriesters Josua nach Jerusalem gekommen, ohne einen persischen Auftrag für den Tempelbau zu besitzen. Er hätte dagegen als Schirmherr des Tempelbaus gewirkt und als solcher lediglich den Grundstein gelegt.

173 Vgl. Henning Graf Reventlow (ATD 25/2), 9 und 29 z.St. und jetzt vor allem Jakob Wöhrle, Sammlungen, 288–294.

der Grundlegung des Tempelneubaus zu beachten. Vermutlich ist es ebenfalls vor dem Beginn des Tempelbaus verfasst. Die Segenszusage in V. 19b dürfte sich dem Kontext gemäß auf die kommende Fruchtbarkeit des Landes beziehen.[174] Entsprechend besteht zwischen V. 19 und der Heilszusage an Serubbabel in V. 23* keine unmittelbare Verbindung.[175] Daher haben der oder die Redaktoren der Haggai-Chronik ihm auch eine eigene Einleitung gegeben und es auf diese Weise als selbstständiges Wort behandelt. Mit der späten Einfügung der V. 21 – 22, die von derselben Hand wie die V. 6 – 7 stammen und im Zusammenhang mit einer kosmischen Katastrophe den Sturz aller irdischen Reiche voraussagen, hat diese Heilszusage von Hause aus nichts zu tun. Sie dürften kaum aus vorhellenistischer Zeit stammen.[176] Das ärgerliche „und an jenem Tage" am Anfang von V. 23 bezieht sich auf das in V. 20 – 21 Gesagte zurück und stellt den Versuch des späten Redaktors da, eine Überleitung von seiner Einfügung zu dem an Serubbabel gerichteten Orakel in V. 23 herzustellen. Andernfalls müsste man die Formel mit Wöhrle als Rückverweis auf den in V. 15b genannten Tag des Beginns der Gründung des Tempels beziehen (Hag 2,9 – 19):[177]

9 Die Herrlichkeit dieses Hauses wird größer sein,
das künftige als das frühere,
sagte Jahwe Zebaoth,
und an diesem Ort werde ich Heil geben,
Spruch Jahwe Zebaoths.

15 Und nun: Merkt auf[178]
von heute und weiterhin.
Ehe man Stein auf Stein
am Tempel Jahwes legte,
wie es euch erging:[179]

16 Kam einer zum Kornhaufen von zwanzig,
so waren es zehn (Scheffel).
Kam einer zur Kufe um fünfzig[180] zu schöpfen,
so waren es zwanzig (Kannen).

---

174 So richtig Carol L. und Eric M. Meyers (AncBib 25B) 65.
175 Daher behandelt es Wöhrle, Sammlungen, 315 auch als ein Einzelwort.
176 Darum hätte Hallaschka, Haggai, 138, der die späte Zeitstellung der V. 21 – 22 erkennt, V. 23 besser von ihnen getrennt.
177 Vgl. Wöhrle, Sammlungen, 315.
178 Wörtlich: Herz.
179 Siehe BHS.
180 Siehe BHS.

18 Merkt nur auf:
Von diesem Tage an und weiterhin[181]
an dem der Grund zum Tempel gelegt war,

19 ob noch Same in der Grube ist
und es noch einen Weinstock und Feigenbaum
und einen Granatapfelbaum und Ölbaum gibt,
der nichts trägt.
Von diesem Tag an will ich dich segnen!

Dann folgt in V. 23* als drittes das in V. 20 neu eingel.e, allein an Serubbabel
gerichtete Orakel (Hag 2,23*):[182]

23 Ich werde dich nehmen, Serubbabel, Sohn Schealtiels,[183]
mein Knecht und dich wie ein Siegel behandeln;
denn ich habe dich erwählt.
Ausspruch Jahwe Zebaoths.

Diese Heilszusage nimmt die Gerichtsankündigung gegen den Großvater Se-
rubbabels König Jojachin in Jer 22,24 zurück, dem Jahwe durch den Propheten
Jeremia erklärt hatte, dass er den König, selbst wenn er der Siegelring an seiner
Rechten wäre, abreißen würde. Wer den Siegelring Jahwes führt, ist bevollmächtigt, in seinem Auftrag zu handeln.[184] Dem entspricht sein Ehrentitel als
Knecht.[185] Damit wird er als Werkzeug des göttlichen Heilswillen anerkannt.
Weiterhin besagt der Vergleich mit dem Umgang mit einem Siegel, dass er ihn
so sorgfältig (wie man ein derartiges Wertstück zu behandeln pflegt), beschützen werde (vgl. Sir 17,22). Beides begründet er damit, dass er ihn erwählt
hat.[186] Doch ob der Prophet ihn deshalb als den Erneuerer des Reiches Davids

---

181 Folgt die Datierung aus V. 10a.
182 Ob Hag 2, 23 Wöhrle, Sammlungen, 309–313 als Abschluss von Hag 2,3–19* zu beurteilen ist
    oder es sich bei dem Vers um ein Einzelwort handelt, das erst sekundär mit einem „und an
    jenem Tage" an das Vorausgehende angeschlossen worden ist, mag hier offen bleiben.
183 Vgl. V. 4aα. Zu diesem im Haggaibüchlein als Vater Serubbabels betrachteten Enkel König
    Jojachins vgl. I Chr 3,17; doch wird in 3,19 ein Pedaja als solcher genannt; vgl. dazu Japhet
    (ZAW 94), 71–72 bzw. knapp Peter Marincovič (NBL III), 2001, 486.
184 Vgl. dazu Peter Ackroyd, Exile, 164.
185 Diesen Ehrentitel trägt zumal David als der von ihm erwählte König; vgl. z.B. II Sam 7,8; Jes
    37,35; Jer 33,21; Ez 34,23; Ps 89,4; 132,10; I Chr 17,4, aber auch die Patriarchen Dtn 9,27; Moses
    Jos 1,1, Josua Ri 2,8; einzelne Propheten Jes 20,3; die Propheten zusammenfassend II Kön 9,7;
    Hiob als paradigmatischer Frommer Hi 1,8; die betende Gemeinde Ps 134,1; 135,1; aber z.B.
    auch der König von Babel als Vollstrecker von Jahwes Gerichtswillen Jer 25,9.
186 So wie im Alten Orient und Alten Ägypten galt der König auch in Israel als der Erwählte seines
    Gottes. So galten die Könige aus Davids Geschlecht offenbar dank ihrer Abstammung von ihm
    so erwählt, wie er selbst erwählt war. Darin spiegelt sich die Sonderbeziehung zwischen Gott
    und dem König als seinem irdischen Platzhalter. Sachlich wird die Dauer der davidischen
    Dynastie durch die Nathanweissagung II Sam 7 begründet, ohne dass dort von der Erwählung
    die Rede ist. Von Gottes Erwählen und Verwerfen ist in I Sam 8–15 und in der Hofgeschichte
    Davids z.B. in II Sam 16,18 und weiter z.B. in I Kön 8,34 die Rede. Als locus classicus für die dtr

oder lediglich als den Vollender des Tempelbaus betrachtet hat, ist ein echtes Problem.[187] Da es dem Großkönig bekannt gewesen sein dürfte, dass Serubbabel ein Enkel des letzten judäischen Königs war, ging er offensichtlich mit seiner Entsendung nach Jerusalem ein kalkuliertes Risiko ein, das allen Beteiligten bewusst gewesen sein dürfte.[188] Mithin dürfte es Haggai nicht um die Wiederherstellung des davidischen Reiches, sondern die Vollendung des Tempels als dem Ort der Gegenwart Jahwes inmitten seines Volkes gegangen sein.

Wenden wir uns nun den beiden Serubbabel-Worten in Sach 4,6aβ-10* zu, die beide sekundär in das 4. und damit die Mitte des kunstvollen und vielschichtigen Geflechts der sieben Nachtgesichte Sacharjas in Sach 1,7–6,8 eingefügt worden sind,[189] so haben wir vermutlich mit einem überlieferten, aber nicht für diesen Ort verfassten Text zu tun (Sach 4,6aβ-10). Inhaltlich geht es in beiden wiederum darum, dass Serubbabel den Grundstein und den Schlussstein des Tempels legen werde (Sach 4,6–10*):[190]

6 Dies ist das Wort Jahwes an Serubbabel:
Nicht mit Gewalt und mit Kraft
sondern mit meinem Geist/Sturmwind,[191]
sagte Jahwe Zebaoth.

7 Wer bist du großer Berg[192]
vor Serubbabel (wirst du) zur Ebene.

auf Israel bezogene Erwählungstheologie lässt sich Dtn 7,6–8 bezeichnen (Hans Wildberger, ThHWAT I, 285). Wohl unter dtr Einfluss ist das Motiv der Erwählung Davids in den Ps 78,70; 89,4.20 aufgenommen und in Ps 132,11–13 mit der des Zion verwoben.

187 Pola, Priestertum, 165–172 bezieht auch diese Zusage funktional auf Serubbabels Schirmherrschaft für den Tempelbau, so dass er 172 unter Verweis auf die ähnliche Rolle des Kyros in Jes 45,1 von einer „funktionalen Messianität" sprechen kann. Nach Rüdiger Lux, Zweite Tempel, 137 wäre der Tempelbauer Serubbabel zugleich als Erneuerer der Dynastie angesprochen.

188 Vgl. dazu Peter R. Ackroyd, Exile, 164–165; vgl. aber Thomas Pola, Priestertum, 277–278, der in Serubbabel den vom persischen König für den Rücktransport der Tempelgeräte bestimmten Kommissar sah, der prophetisch zum Wiederaufbau des Tempels legitimiert wurde.

189 Vgl. dazu die Analysen von Martin Hallaschka, Haggai und Sacharja, 293–299. Unter ihrer Berücksichtigung sei die Frage gestellt, ob es sich bei Sach 1–8* nicht um ein zunächst anonymes Prophetenbüchlein handelt, das in einer relativ frühen Phase durch die Einfügung der Serubbabelorakel der Autorität Sacharjas unterstellt worden ist.

190 Zur Diskussion über die sekundäre Einfügung der beiden Orakel vgl. Wöhrle, Sammlungen, 338 Anm.56 und zu ihrer vermutlich bereits vor der Einfügung in ihren jetzigen Kontext erfolgten Aneinanderreihung 338 mit den Nachweisen zustimmender Meinungen in Anm.58.

191 Zu der alternativen Übersetzung „" vgl. Kurt Galling, Serubbabel, 141 unter Hinweis auf Ex 15,10; Jes 11,15; 27,8; 30, 28; Ps 147,18 und Hi 26,13 und dazu die folgende Auslegung; vgl. aber z. B. Thomas Pola, Priestertum, 113–115.

192 In der Regel nimmt man an, dass es sich bei dem Berg nicht um den Schutt handelt, der sich binnen eines Jahrhunderts auf der Tempelruine angesammelt hatte, sondern deutet ihn metaphorisch als einen Hinweis auf innere oder äußere Schwierigkeiten, die den Neubau verzögern; vgl. z. B. Alfons Deissler (NEB.AT Lfg.21), 281–283, Henning Graf Reventlow (ATD 25/2),

so dass er den Grundstein[193]
unter Heilrufen hervorholt.

8 Und es erging das Wort Jahwes an mich so:

9 Die Hände Serubbabels haben dieses Haus gegründet
und seine Hände werden es vollenden.[194]

10a Denn die, welche den kleinen Anfang verachtet haben,
sollen sich freuen, wenn sie den Zinnstein
in der Hand Serubbabels sehen.

Das erste Orakel in den V. 4–7* ist unmittelbar an Serubbabel gerichtet, das
zweite in den V. 8–10 an den Propheten. Beide Worte setzen voraus, dass der
Davidide für den Wiederaufbau des Tempels zuständig gewesen ist. Sie sind
teilweise in einer so orakelhaften Sprache gehalten, dass den Auslegern
mehrere Deutungsmöglichkeiten zur Verfügung stehen. So kann man fragen,
ob mit dem großen vor Serubbabel liegenden Berg, der vor ihm zur Ebene
werden soll, nicht schlicht und einfach der Schuttberg zu verstehen ist, der die
Tempelruinen bedeckt, oder ob er ein Symbol für die sich der Vollendung des
Wiederaufbaus entgegenstellenden Schwierigkeiten technischer bzw. politischer Art ist.[195] Im ersten Fall könnte auch der „Geist" Jahwes ganz real als ein
Sturmwind verstanden werden, der die Grundmauern der Ruine so gründlich
freilegt, dass Serubbabel den Grundstein hervorholen kann, der auf der als
Ebene bezeichnetem Tempelpodest liegt.[196] Andernfalls müsste man den
Schuttberg auf die dem Wiederaufbau entgegenstehenden Hindernisse be-
ziehen, die Jahwe selbst durch seinen Geist und d. h. sein der Welt zugewandtes
Wirken[197] beseitigen würde.[198] Die erste, von Kurt Galling vorgetragene Deu-

---

61, während Carol L. und Eric M. Meyers (AncB 25 B), 270 zwar den Schutthaufen in ihre
Überlegungen einbeziehen, aber bei der Deutung von rûaḥ JHWH als Geist Jahwes festhalten.
Dagegen identifiziert Kurt Galling, Serubbbabel, 142 den Berg eindeutig mit dem Schutthau-
fen, der über der Ruine liegt.

193 Vgl. GesHW18 1209 s.v.

194 V. 9b „so dass du erkennst, dass Jahwe Zebaoth mich zu euch gesendet hat." ist nach Wöhrle,
Sammlungen, 340 vermutlich ein Zusatz der Wort-Redaktion, die nach 375–380 in 1,1–7;
7,7.9–14; 8.1–5.7.–8.14–17.19b eine Umkehrtheologie vertritt, nach der die Umkehr des
Volkes die Voraussetzung für das Eintreffen der Verheißungen des Büchleins darstellt. Diese
Bearbeitung hat offensichtlich das Datierungssystem des Haggaibüchleins aufgenommen und
durch Verschränkung des ersten Datums mit dessen Chronologie die Worte beider Propheten
in eine zeitliche Beziehung gesetzt.

195 Zu ihnen sollte man jedoch nicht Einsprüche der Samaritaner rechnen, wie es Karl Elliger (ATD
25), 126 vorgeschlagen hat, weil der Gegensatz zwischen Jerusalem und Samaria ausweislich
der Elephantine-Papyri Cowley Nr. 30–32, die aus dem Jahr 408 v.Chr. stammen dürften,
zumindest auf der politischen Ebene noch keine Rolle spielte; vgl. Kratz, Statthalter, 94–95.

196 Vgl. dazu Kurt Galling, Serubbabel, 138–143; Carol L Meyers/Eric M. Meyers (AncB 25 B),
245–246.

197 Zur Bedeutung der Rede vom Geist Jahwes als Form seiner Präsenz auf der Erde vgl. GAT II,
207.

tung erscheint auf den ersten Blick als gewagt. Doch sollte sein Hinweis auf
entsprechende Berichte in einer Tempelbauinschrift der babylonischen Könige Nebukadnezars II und Nabonid zu denken geben, nach denen Marduk
den vier Winden befohlen hätte, die Sandhaufen von dem Trümmerhügel zu
entfernen, die den Tempel des Sonnengottes Schamasch Ebabarra in Larsa
bedeckt hatten.[199] Bleiben wir bei dieser Auslegung, so erscheint der Text als in
sich schlüssig: Der Prophet verheißt Serubbabel im Auftrag Jahwes, dass er auf
der durch den Sturm blank gefegten Plattform den Grundstein und d. h. die
Gründungsurkunde des Ersten Tempels finden werde, so dass der zweite mit
dem ersten Tempel symbolisch identisch wäre,[200] was von den Umstehenden
mit rituellen Heilrufen (*hēn hēn*) begleitet würde.[201]

Das zweite Orakel in den V. 8 – 10a* dürfte aus einer Zeit stammen, in der
die Menge an der Vollendung des Baus zu zweifeln begann, weil sie keinen
Fortschritt der Arbeiten zu erkennen vermochte und eigentlich von vornherein an ihrem Abschluss zweifelte. Ihnen gegenüber beruft sich der Prophet
Sacharja auf ein ihm zuteil gewordenes Jahwewort, das keinen Zweifel daran
lässt, dass Serubbabel, der den Bau feierlich eröffnet hat, auch seinen Abschluss begehen wird, indem er eine auf einer Zinntafel stehende Urkunde
über die Vollendung in das Mauerwerk einfügt.[202]

Erst im 4. Nachtgesicht des Sacharjabuches von den beiden Ölsöhnen Sach
4,1 – 2abα[1] . 3 – 6aα.14*[203], das zur ersten Erweiterungsschicht der Visions-
schilderungen gehört, geht es möglicherweise um das Nebeneinander von
König und Hohenpriester als den beiden von ihm legitimierten Gesalbten
Jahwes.[204] Nach ihm hätte der Prophet einen goldenen, siebenschaligen
Leuchter und über ihm zur Rechten und zur Linken je einen Ölbaum erblickt.
Die Deutung ergibt, dass sie die bei dem Herrn der ganzen Erde stehen, wobei
der Leuchter Jahwe symbolisiert.[205]. Da die Grundschicht des 4. Nachtgesichts
bereits der ersten Bearbeitungsschicht angehört,[206] ist es jedoch fraglich, dass
der Text bereits das dyarchische Ideal des königlichen und des priesterlichen

---

198 Dagegen erscheint die Deutung, der Prophet warne Serubbabel vor militärischen Aktionen,
wenig überzeugend, zumal wenn man gleichzeitig zugibt, dass es keine Anhaltspunkte dafür
gebe, dass der Statthalter gegen Dareios zu revoltieren gedachte; vgl. z. B. Carol L. Meyers/Eric
M. Meyers (AncB 25 B), 244.

199 Galling, Serubbabel, 142 mit den Textauszügen Nebukadnezar 10.col.I. 7 – 22 und Nabonid
4.col. I. 48 – 54.

200 Vgl. C.L. und E.M. Meyers, 248.

201 Vgl. auch Esr 3,10 – 12.

202 Galling, Serubbabel, 143 – 146 dachte an die Lossteine der Urim und Tummim in der Orakel-
tasche des Hohenpriesters: Hier werde auf dessen Investitur durch Serubbabel angespielt.
Näher liegt die oben vorgestellte Deutung; vgl. zu ihrer Begründung C.L. und E.M. Meyers
(AncB 25 B), 253.

203 Grundschicht nach Hallaschka, Serubbabel, 220 – 238.

204 Vgl. dazu Hallaschka, 235 – 238.

205 Zur Ikonographie vgl. die Nachweise bei Hallaschka, 236.

206 Vgl. Hallaschka, 300 – 303 und zur Sache auch Willem A.M. Beuken, Haggai-Sacharja, 272.

Gesalbten vertritt. Daher hat Halaschka vorgeschlagen, die Ölsöhne mit dem König Dareios (vgl. Jes 45,1) und seinem Statthalter Serubbabel zu identifizieren. Schließt man sich dieser Deutung an, schreibt auch dieser Text dem Davididen keine königliche Rolle zu.

Auf das siebte und letzte Nachtgesicht in Sach 6,1 – 8 von den vier Wagen, die zwischen zwei Bergen hervorkommen, folgt in den V. 9 – 15* ein eigenartiger Bericht, der in seiner überlieferten Gestalt schwer zu deuten ist und daher unterschiedlich ausgelegt wird. In ihm wird berichtet, dass der Prophet eine goldene Krone aus Mitteln von Heimkehrern aus der Gola herstellen und sie dem Hohenpriester Josua aufsetzen soll. Doch wird der Bericht durch die Weissagung des Sprosses und seine Zusammenherrschaft mit dem Priester unterbrochen und die Krone am Ende im Tempel deponiert. Um den inneren Widerspruch des Berichts aufzulösen, sind vor allem zwei Modelle entwickelt worden. Das eine rechnet damit, dass die Krone ursprünglich für Serubbabel bestimmt war, der Text aber später zugunsten des Hohenpriesters Josua abgeändert wurde.[207] Das andere geht davon aus, dass die Einführung des Zemach und damit des königlichen Messias in V. 12.13b und 14 sekundär ist. Diese Auslegung empfiehlt sich schon deshalb, weil sie mit den wenigsten redaktionellen Einfügungen zu rechnen hat.[208] Dabei ist lediglich der Gedanke gewöhnungsbedürftig, dass der Grundtext dem Hohenpriester nach V. 13a auch den Tempelbau zuschrieb und damit Serubbabel verdrängte. Der Hohepriester sollte damit die königlichen Ehrenpflichten und Rechte übernehmen und gleichsam als Priesterkönig herrschen.[209]

Wenn man sich scheut, in der Grunderzählung in Sach 6 eine Erinnerung an die Rolle des Hohenpriesters Simon II. zu finden, der im Auftrag Antiochos III. für die Beseitigung der dem Tempel und der Stadt Jerusalem während der Belagerung und Eroberung der Stadt zugefügten Schäden zuständig war (200 v. Chr.),[210] muss man an eine entsprechende Situation in den Jahren zwischen 314 und 301 postulieren, in denen Antigonos Monophthalmos bzw. sein begabter Sohn Demetrios Polyorketes Syrien und Palästina in ihre Gewalt brachten (vgl. z. B. Diod.Sic.XIX.98 – 99) und Ptolemaios I. nach der vernichtenden Niederlage des Demetrios bei Gaza im Jahr 312 Palästina besetzte (Diod.Sic.XIX.80 – 86). Dabei könnte die anschließende Inbesitznahme Jeru-

---

207 Vgl. Julius Wellhausen, Kleine Propheten, 185, verbessert durch Bernhard Duhm, Anmerkungen und dann z. B. Karl Elliger (ATD 25), 128 – 132.

208 Vgl. dazu H.G. Schöttler (TThSt 43), 152 – 160; Reinhard G. Kratz, Jüdische Geschichte, 82 – 83 und Hallaschka, 259 – 272, bes. 272.

209 Auf die völlig abweichende Auslegung von Thomas Pola, Priestertum, 242 – 261, der lediglich V. 15aβb für sekundär hält. Die Krone sollte dem Hohenpriester nur aufgesetzt und dann im Tempel deponiert werden, weil der Hohepriester und sein Kollegium den erwarteten davidischen Herrscher nur provisorisch verträten, Der in V. 15a angekündigte Tempelbau sei nicht mit dem im Gang befindlichen identisch, sondern verweise auf einen künftigen Tempelbau in der messianischen Zeit. Um die Krönung des Hohenpriesters zu entschärfen, sei die Krone daher nach der Zeichenhandlung im Tempel deponiert worden.

210 Vgl. Jos.Ant.XII.138 – 144 und Sir 50,1 – 6, dazu Klaus Bringmann, Geschichte, 101 – 111.

salems durch Ptolemaios I. durchaus kriegerischer verlaufen sein, als es Jos.Ap.I.209–212 und ant.XIX.6 nach dem Historiker und Geographen Agatharchides von Knidos (ca 200–135 v. Chr.) schildert. Nach ihm hätten die Jerusalemer keine Hand gerührt, um die Besetzung der Stadt durch Ptolemaios zu verhindern, weil sie den Sabbat nicht entheiligen wollten. Auch über die endgültige Einbeziehung Palästinas in das Ptolemäerreich nach dem Teilungsvertrag des Jahres 301 (Polyb.V. 3–11) sind wir nicht informiert, so dass sich der Hohepriester mehrfach in der Lage gesehen haben könnte, Tempel und Stadt neu befestigen zu lassen.

Ob die prodynastische Redaktion, die sich mit der Einfügung von V. 12.13b an die Weissagung des „Spross" an dem jüngsten Eintrag in das Jeremiabuch Jer 33,14–17 orientierte,[211] auch V. 14 einführte, nachdem die Krone im Tempel deponiert wurde, sei hier offen gelassen. Da Jer 33,14–17 als der jüngste, bereits dem hellenistischen Zeitalter angehörende Text des ganzen Jeremiabuches gilt, dürfte die prodynastische Redaktion bald nach der Aufzeichnung des Grundtextes erfolgt sein. Sie bezeugt wie jener das erneute Aufleben der messianischen Hoffnung in Gestalt der Erwartung einer Dyarchie, der gemeinsamen Herrschaft von Hohenpriester und König, wie sie in der Erwartung des Messias Aarons und des Messias Israels in der Gemeinderegel des essenischen Jachad Israel und der Damaskusschrift weiterlebte (Sach 6,9–14):[212]

9 Und es erging das Wort Jahwes an mich so:10 Nimm eine Gabe[213] der Verbannten, von Heldaj, Tobia, von Jedaja und begib dich am selben Tag in das Haus Josias, des Sohnes des Zephanja, die aus Babel gekommen sind, 11 und nimm Silber und Gold und mache eine Krone[214] und setze sie auf das Haupt Josuas 12 und sage zu ihm so: So spricht Jahwe Zebaoth: Siehe da, der Mann, der Spross heißt, denn unter ihm wird es sprießen.[215]13 Und er ist es, der den Tempel bauen wird, und er ist es, der Hoheit trägt[216] auf seinem Thron. Und er wird Priester sein zu seiner Rechten,[217] und friedliche Eintracht wird zwischen beiden herrschen.14 Aber die Krone wird für Helem und für Tobia und für Jedajah und für die Freundlichkeit des Sohnes Zephanjas zum Andenken im Tempel Jahwes dienen.

---

211 Vgl. dazu oben, 190–191.
212 Vgl. 1QS IX.11; CD XII.22–XIII.1; CD XIV. 19/4 Q 266 X.I.12; CD XIX.10 und XX.1, dazu Johannes Zimmermann, Messianische Texte, 23–43.
213 Siehe BHS.
214 Siehe BHS. M liest den Plural.
215 Siehe BHS.
216 Siehe BHS.
217 Vgl. G.

9.5 Nehemias Ausrufung zum König von Juda?

Nachdem sich die Ansicht, dass wir es bei der biblischen Geschichtsschreibung (abgesehen von der Synchronistischen Königschronik)[218] mit rekonstruierter Vergangenheit (Jan C. Gertz) zu tun haben, ist auch der historische Boden der Nehemiadenkschrift brüchig geworden. Dabei nimmt es kaum wunder, dass konservative Rettungsversuche und minimalistische Rekonstruktionen einander mehr oder weniger unversöhnlich gegenüberstehen. Unglücklicher Weise ist davon auch die zentrale Nachricht über die Dauer der Statthalterschaft Nehemias in Neh 5,14–19 betroffen, die sein Wirken auf die 12 Jahre zwischen dem 20. und dem 35. Jahr des persischen Großkönigs Artaxerxes Longimanus (465–424) begrenzt.[219] Dieser Abschnitt wird teils als auf Nehemia selbst zurückgehender Nachtrag, teils als fremde Einfügung beurteilt.[220] Stellen wir die zur Verfügung stehenden Daten über Nehemia

---

218 Vgl. zu ihr Klaus-Peter Adam, Warefare and Treaty Formulars, 35–68, bes. 68.

219 Zur Diskussion über die zeitliche Ansetzung Nehemias vgl. Titus Reinmuth, Bericht Nehemias, 51–53.

220 Die Frage nach dem ursprünglichen Umfang der Aufzeichnungen Nehemias und die zeitlichen Angaben seines Wirkens in 5,14 und 13,6–7 werden in der Diskussion seit dem Ende des Zweiten Weltkriegs unterschiedlich beantwortet. Einigkeit besteht weitgehend darüber, dass die Liste über die am Mauerbau Beteiligten in 3,1–32, der Bericht über die Bußzeremonie in 9,1–37 samt der Liste derer, die sich eidlich auf den Gehorsam gegen die Tora verpflichtet haben, in 10,2–28, die Liste über die Bevölkerung Jerusalems in 11,3–36 und schließlich die der Priester und Leviten in 12,1–26 sekundäre sind; vgl. dazu grundsätzlich Sigmund Mowinckel, Studien I, zu den Stellen. . Wilhelm Rudolph (HAT I/20), 1949, 132 hält die Datenangabe in 5,14 für eine Glosse, während er 13,6–7 nicht beanstandet und auf die sachliche Parallele in G. R. Driver, Aramaic Documents Nr. 30.4–5.20 hinweist; vgl. 203. Ähnlich argumentiert Kurt Galling (ATD 12),1954, 226 Anm.3 und 252; vgl. auch Mowinckel, Studien II, 1964, 27. Dagegen hat Antonius H. J. Gunneweg (KAT XIX/2), 1987, 90 und 166 beide Zeitangaben als sekundär beurteilt und damit die 2. Statthalterschaft Nehemias gestrichen. Ulrich Kellermann, Nehemia, 1967, 21 lässt die Entscheidung über die Ursprünglichkeit der Daten in 5,14 offen, während er die Zeitangabe in 13,6b als erläuternde Glosse beurteilt, vgl. 49–5 Dagegen hat Klaus Schunck (BK.AT XIII/2), 2009, die Jahresangaben in 5,14b und 13,6b für sekundär erklärt. Er hält mithin an einer zeit weisen Abwesenheit Nehemias fest; vgl. 162 und 388–389. K H.G.M. Williamson (WBC 16), 1984, 242 und 285–286 (vgl. auch ders., Judean History, 19–20) und weiterhin Joseph Blenkinsopp, Ezra-Nehemiah, 1988, 262 und 354–355 räumen die Möglichkeit ein, dass die Zeitangabe in 5,14b sekundär eingefügt ist, belassen aber beide Stellen dem Grundtext. Ulrich Kellermann, Nehemia, 1967, 21 lässt die Entscheidung über die Ursprünglichkeit der Daten in 5,14 offen, während er die Zeitangabe in 13,6b als erläuternde Glosse beurteilt, vgl. 49–5 Titus Reinmuth, Bericht Nehemias, 2002, geht bei seiner Behandlung von 5,14–19 und 13,4–9 auf die chronologischen Fragen nicht ein; vgl. 144–148 und 269–274. Er unterscheidet zwischen der Mauerbau-Erzählung in 1,1–4,17*, 6,1–7,5* und 12,27–43* und der eigentlichen Denkschrift in 5,1–19 und 13,4–31*. Die Frage, wie beide miteinander verbunden worden sind, wird von ihm nicht beantwortet. Stattdessen weist er eine jüngere Tora- und eine levitische Redaktion nach; vgl. 336–337 und 343–347. – Kritischer haben Jakob L. Wright und Reinhard G. Kratz den Befund beurteilt. Beide reduzieren die auf Nehemia zurückgehende Grundschrift auf einen knappen Bericht über den

zunächst einmal ohne Blick auf die Diskussion zusammen: Nach Neh 2,1 wurde Nehemia, der Sohn des Hakalja im April des Jahres 445. v. Chr. durch den Perserkönigs Artaxerxes I. Longimanus (465–424) zum Sonderbeauftragten für die Wiederherstellung der Mauern Jerusalems ernannt. Mit dieser Aufgabe soll er nach 6,15 binnen 52 Tagen am 25. Elul des 20. Jahres des Großkönigs oder dem 2. September 444 fertig geworden sein..[221] Vermutlich stand seine unbestrittene Mission als Sonderbeauftragter für die Instandsetzung der Befestigungsanlagen Jerusalems im Dienst des Interesses der persischen Reichsregierung, die Landbrücke zur ägyptischen Provinz zu stärken, nachdem der durch den libyschen Dynasten Inaros geleitete Aufstand der Ägypter erst zehn Jahre vorher durch den Satrapen Megabyzos niedergeschlagen war.[222] Da er nach 5,14 vom 20. bis zum 32. Jahr Artaxerxes I. und das heißt von 444–433 als Statthalter gewirkt haben soll, müsste er noch im selben Jahr, in dem er nach Jerusalem kam, zum Statthalter ernannt worden sein.

Nach 2,1 solle er seine Berufung zum Wiederaufbau der Befestigungsanlagen Jerusalem als Mundschenk des Königs erwirkt haben. Dieses Amt setzt als solches voraus, dass er aus einer adligen Familie stammte. Er selbst und sein Bruder Hanani gehörten nach 5,9–14 zur Land besitzenden Oberschicht in Juda. Dem entspricht die Nachricht in 2,5, nach der seine Familie ein Grab innerhalb der Stadt Jerusalem besessen hätte. Nehemia selbst soll so wohlhabend gewesen sein, dass er auf die ihm als Statthalter zustehende Sondersteuern und Sachabgaben verzichten konnte (5,14–18). Als Wortführer seiner Gegner erscheinen Sanballat der Horoniter[223] und Tobia der „ammonitische Knecht", offenbar ein im Ostjordanland lebender Notabler, der beste Bezie-

Mauerbau, der keine Grundlage für die Annahme seiner Tätigkeit als Statthalter und Sozialreformer enthält. Nach Kratz, Komposition, 91 hätte er aus 1,1a; 2,1–6.11–18; 3(1–32)38; 4,4.6a.9b und 15 bestanden. Nach Wright, Identity, 340 hätten zu ihr 1,1a.11b; 2,1–6*; 11–18* und 38b gehört. 5,14–15 rechnete er erst zur vierten Schicht an; vgl. 173–179 und die Tabelle 340. Er lehnt 179 Williamsons These, dass Nehemia selbst für die Nachträge verantwortlich sei, ab- womit der Statthalter Nehemia im Nebel verschwindet. Nach Kratz, Statthalter, 102–105 seien auf epigraphischem Material beruhende Korrelierungen mit Sanballat als Statthalter nicht tragfähig, weil er wegen seiner Einführung als Horoniter (2,10.19; 13,28) in diesem Fall noch nicht Statthalter gewesen wäre. Wegen der Mehrzahl der Namensträger ließen sich weder Tobia noch Geschem eindeutig identifizieren. Eine Gleichsetzung der epigraphisch dokumentierten Statthalters Sanballat mit Nehemia sei aber deshalb fragwürdig, weil die Abschnitte mit den Angaben über seine Statthalterschaft in 5,14–19 und 12,26 im Verdacht stehen, Nachträge zu sein. Jakob L. Wright, Identity, 118–119 hält 5,14–19 für älter als 3,33–37 und 4,1–6,14, ohne den Abschnitt zur Grundschicht zu rechnen, vgl. 328–329. Nach ihm wäre das Buch in sieben Stadien gewachsen, wobei die auf Nehemia zurückgehende Grundschicht in 1,1a.11b;2,1–6*.115–18*; 3,38 und 6,15 zu suchen wäre. Die Nachrichten über Nehemia als Statthalter gehörten erst dem 5. Stadium in 1,1b–4; 5,1–13; 6,10–14.17–19; 3,4–30a und 31b an.

221 Umrechnung nach Parker/Dubberstein, Chronology, 32.

222 Vgl. dazu Friedrich Karl Kienitz, Politische Geschichte Ägyptens, 69–71; Richard N. Frye, Ancient Iran, 127–128.

223 Zu den Erklärungen der Herkunftsbezeichnung vgl. H.G.M. Williamson (WBC 16), 182–183.

hungen zur Jerusalemer Priesterschaft unterhalten haben soll (Neh 13,4 – 9).[224]
Da der inschriftlich bezeugte Statthalter von Samaria Sanballat Ende des 5. Jh.
bereits ein alter Mann war, liegt die Annahme nahe, dass er mit dem bei
Nehemia erwähnten Namensträger identisch ist.[225] Jedenfalls erscheint Sanballat als die treibende Kraft unter Nehemias Gegnern. Er soll Nehemia
mehrfach brieflich vergeblich zu einer Zusammenkunft aufgefordert und ihm
dann mitgeteilt haben dass es bekannt sei, dass er bereits die Propheten bestellt habe, um sich als König ausrufen zu lassen (6,1 – 7). Das spricht dafür,
dass er als ein Verwandter der Davididen galt. Als Nehemia vornehme und
kluge Zurückhaltung bewahrte, soll der von Tobia und Sanballat bestochene
Prophet Schemaja, Sohn des Delaja, vergeblich versucht haben, ihn zu kom-
promittieren, indem er ihn aufforderte, sich zu seiner Sicherheit zusammen
mit ihm in den Tempel und d. h. ins Asyl zu begeben (6,10 – 14).[226] Aber Nehemia wäre klug genug gewesen, sich nicht in die Falle locken zu lassen, die
seine unverzügliche Rückberufung durch den Großkönig zur Folge gehabt
hätte. Mithin scheidet Nehemias als Kronprätendent auf den Thron Davids aus
der Diskussion aus.

Da das Amt des Statthalters üblicherweise erst mit dem Tod des Großkönigs
(424) endete, er aber bereits nach zwölf Jahren zurückberufen wurde (?),
müsste er (die Richtigkeit der Angaben in 5,14 unterstellt) vorzeitig abberufen
worden sein[227] Falls die von seinen Gegnern stammenden Vorwürfe dem
Kontext entsprechend aus der Zeit des Mauerbaus stammen, dürften sie nach
12 Jahren kaum noch relevant gewesen sein. Da der Quellenwert von 5,14 – 19
und 13,4 – 31 umstritten ist,[228] können wir es unberücksichtet der Datie-

---

224 Nach Williamson (WBC 16), XXVII handelt es sich bei 5,14 – 19; 13,4 – 14.15 – 22 und 23 – 31
     um im zweiten Zuge in die Nehemiadenkschrift eingefügte Texte.
225 Williamson, 182.
226 Vgl. dazu Reinmuth, Bericht Nehemias, 199 – 202.
227 Die Angabe in Neh 13,6 – 7 über eine zweite Amtsperiode Nehemias ist umstritten. Wilhelm
     Rudoph (HAT I/20), 203; Sigmund Mowinckel. Studien II, 45, der die Angaben in 2,1; 5,14 und
     13,6 für sekundär Antonius H. J. Gunneweg (KAT XIX/2), 90 und 166 – 167 und Klaus-Dietrich
     Schunck (BK:AT XX/2), 388 – 389 halten sie für sekundär, weil die Zeitangabe aus 2,1 und 15,14
     rekonstruiert sei. Kurt Galling (ATD 12), 252 lässt die Angabe als ursprünglich passieren;
     ebenso Joseph Blenkinsopp, Ezra-Nehemia, 262 und H.G.M. Williamson (WBC 16), 386, vgl.
     auch 242 zu 5,14. Titus Reinmuth (OBO 183), 126 findet keine eindeutigen literarischen
     Indizien, um die Frage zu entscheiden.
228 Reinhard G. Kratz und Jakob L. Wright reduzieren die auf Nehemia zurückgehende Grund-
     schrift auf einen knappen Bericht über den Mauerbau, der keine Grundlage für die Annahme
     seiner Tätigkeit als Statthalter und Sozialreformer enthält. Nach Kratz, Komposition, 91 hätte
     er aus 1,1a; 2,1 – 6.11 – 18; 3(1 – 32)38; 4,4.6a.9b und 15, nach Wright, Identity, 340 aus 1,1a.11b;
     2,1 – 6*; 11 – 18* und 38b bestanden. Nach ihm gehörte 5,14 – 15 erst der vierten Schicht an;
     vgl. 173 – 179 und die Tabelle 340. Er lehnt 179 Williamsons These, dass Nehemia selbst für die
     Nachträge verantwortlich sei, ab- womit der Statthalter Nehemia im Nebel verschwindet. Nach
     Kratz, Statthalter, 102 – 105 seien auf epigraphischem Material beruhende Gleichsetzungen von
     Sanballat als Statthalter nicht tragfähig, weil er wegen seiner Einführung als Horoniter
     (2,10.19; 13,28) in diesem Fall noch nicht Statthalter gewesen wäre. Wegen der Mehrzahl der

rungsfragen bei der Feststellung belassen, dass Nehemia zu klug war, um sich auf das gefährliche Spiel als Thronprätendent von Juda einzulassen.

9.6 Ein Gebet der Frommen um die Entsendung des Messias am Vorabend der Zeitenwende (Psalmen Salomos 17)

Nach dem Zeugnis von PsSal 17 war man im ausgehenden Jh. v. Chr. in Jerusalem der Überzeugung, dass erst der Messias aus dem Hause Davids dem Land Frieden und Heil bringen würde.[229] Das ganze Buch der Psalmen Salomos ist nur griechisch und syrisch überliefert und daher nicht in die Hebräische Bibel aufgenommen worden. Erstaunlicher Weise fehlt es auch in der Septuaginta.[230] Der 17. Psalm dieser sorgfältig aufgebauten Sammlung bezeichnet den König der Heilszeit in V. 32 ausdrücklich als den Gesalbten des Herrn. Seine zweite Hälfte liest sich wie ein Kompendium der biblischen Messiaserwartungen, nur dass in ihm die aktive Rolle des erwarteten Königs aus Davids Geschlecht deutlicher als in den älteren Texten hervortritt. Auch wenn seine Herrschaft dem Königtum Gottes untergeordnet wird, ist er es, von dem man den Befreiungsschlag gegen die Heidenvölker erwartet, die Jerusalem knechten. Das Gebet stammt aus der Zeit nach dem innen- und außenpoliti-

---

Namensträger ließen sich weder Tobia noch Geschem eindeutig identifizieren. Eine Gleichsetzung der epigraphisch dokumentierten Statthalters Sanballat mit Nehemia sei aber deshalb ausgeschlossen, weil die Abschnitte mit den Angaben über seine Statthalterschaft in 5,14–19 und 12,26 im Verdacht stünden, Nachträge zu sein. Williamson (WBC 16), XXVII sieht keine Schwierigkeit darin, sie zu einer jüngeren Ausgabe der Denkschrift zu rechnen; vgl. ders., Historiography, 206–207. Zum masoretischen Text von 5,14a vgl. ders., Governors, 60. Bei einer allzu komplizierten Schichtung fragt man sich, ob sie sich inhaltlich begründen lässt und woher die Bearbeiter ihr Wissen oder ihre Theorie bezogen haben. Im Anschluss an T. Reinmuth (OBO 183) unterscheidet Schunck (BK.AT XIII/2), 403–404 und 406 zwischen dem Mauerbauchbericht in 1,1–4,17*; 6,1–7,5* und 12,27–43 und der eigentlichen Denkschrift in 5,1–19; 13,4–31* über soziale und den Kult betreffende Maßnahmen. Während Reinmuth, 343–346 die Zusammenfügung der beiden Berichte erst einer späteren Redaktion zuschreibt, hält es Schunck für wahrscheinlicher, dass Nehemia selbst die Synthese hergestellt hätte, so dass aus der Mauerbauerzählung und der Denkschrift die in 1,1b–4.11b; 2,120: 3,33–7,5*.72a; 11–12; 12.31–32.37–40 und 13,4–31* die vorliegende große Nehemia-Denkschrift entstanden wäre. Sie wäre dann mit Sigmund Mowickel, Studien 1, 109–116 durch die Mauerbauliste nachträglich 3,1–32 erweitert wurde. Dass die vorliegende Denkschrift bzw. ihre Urschrift im Tempel deponiert war, lässt sich nach Markus Witte, Schriften (Ketubim), 520–521 aufgrund analoger Praktiken im Vorderen Orient vermuten, aber nicht beweisen.

229 Zur Datierung vgl. Kaiser, Geschichte und Eschatologie, 118–119.

230 Zur Überlieferung, Komposition und Theologie der Psalmen Salomos vgl. Kaiser, Apokryphen, 72–78 sowie ders., Beobachtungen, 130–145 und zu ihrem geschichtlichen Hintergrund umfassend Kenneth Atkinson Lord, W. Kraus/M. Karrer, Septuaginta Deutsch, bieten 915–931 eine Übersetzung der Psalmen Salomos von Klaus Scholtissek und Georg Steins.

schen Scheitern der hasmonäischen Priesterkönige: Innenpolitisch hatten sie durch die Verfolgung der Frommen durch Alexander Jannaeus (103–76 v. Chr.), die Tausende von ihnen zur Flucht „in die Wüste" getrieben hatte (vgl. PsSal 17,15–17 mit Jos.Ant.XIII.380–391), bei diesen die Sympathien verspielt. Außenpolitisch hatte es der Hader zwischen den Brüdern Aristobul II. (67–63) und dem Hyrkan II. Pompejus erleichtert, Jerusalem 63 v. Chr. zu erobern, das Allerheiligste des Tempels zu betreten und den Priesterkönig Aristobul samt seiner Familie zu verhaften und mitsamt seinem Hofstaat nach Rom zu deportieren, um ihn dort bei seinem Triumph vorzuführen.[231] Sah man in Pompejus einerseits den Vollzieher der strafenden Gerechtigkeit Jahwes (PsSal 17,10), so verlangte doch andererseits seine blutige Eroberung und Schändung des Heiligtums nach einer göttlichen Strafe, als die man seine Ermordung 48 v. Chr. bei seiner Landung in Alexandrien betrachtete (vgl. PsSal 2,19–29 mit Plut.Pomp.77–80).[232] Formal war Juda nun wieder ein Tempelstaat mit Hyrkan II. als Hohem Priester und Ethnarchen an der Spitze, *de facto* und *de jure* unterstand er jedoch der Aufsicht durch den Gouverneur der römischen Provinz Syrien. So ist es verständlich, dass sich die Hoffnung auf das Kommen des verheißenen Davididen richtete, von dem man in den in den Psalmen Salomos das Wort ergreifenden pharisäischen Kreisen) die Ausrottung der Überlebenden der hasmonäischen Dynastie, 2.) die Befreiung von der Fremdherrschaft und 3.) die Reinigung Israels von den Sündern erwartete. Denn Heil konnte es nach den selbstverständlichen Denkvoraussetzungen der Frommen im Lande nur geben, nachdem die Gesetzlosen und Sünder aus ihm vertrieben oder vernichtet sind.

Die dem Messias zugeschriebenen Eigenschaften fassen die alttestamentlichen Erwartungen gleichsam zusammen:[233] Er stammt aus dem Geschlecht Davids; er ist der, dem Gott Stärke, Weisheit und Gerechtigkeit verleiht, so dass er die Feinde mit eisernem Stabe wie Töpfergeschirr zerschmettert und das Wort seines Mundes ausreicht, die Gesetzlosen zu vernichten und die Feinde in die Flucht zu jagen (PsSal 17,21–25):[234]

---

231 Vgl. PsSal 17,10–14 mit Jos.Ant.XIV. 40–79; Plut.Pomp.45, aber auch PsSal 2,1–9 und 19–37; dazu Atkinson, 135–139 und Kaiser, Geschichte und Eschatologie, 120–122; aber auch PsSal 2,1–9.19–37 dazu Atkinson, 22–36 und Kaiser, 84–93 und zum geschichtlichen Hintergrund E. Mary Smallwood, Jews, 21–42.

232 Der Hass der Juden Alexandriens verführte sie nach App.Bell.CiV. 90 dazu, bei ihrem selbstmörderischen Aufstand gegen die Römer während der Herrschaft des Kaisers Trajan 115–117 n .Chr. das Grab mit dem Kopf des Pompejus zu zerstören. Zu dem Aufstand der Juden in Ägypten und der Kyrenaika vgl. Smallwood, Jews, 389–427.

233 Vgl. dazu auch Ernst-Joachim Waschke, König, 127–140.

234 Zu den messianischen Parallelen in den Qumranschriften vgl. Atkinson, Lord, 144–176.

21 Siehe her, Herr, und richte ihnen auf ihren König, den Sohn Davids,[235]
zu der Zeit, die du für dein Erbarmen bestimmt hat, dass er über Israel, deinen
Knecht,[236] herrsche,

22 und umgürte ihn mit Stärke,[237] ungerechte Fürsten zu zerschmettern,[238]
Jerusalem von den Heiden zu reinigen, die (es) vernichtend zertreten,[239]

23 mit weiser Gerechtigkeit[240] die Sünder aus dem Erbe zu vertreiben.
zu zerschlagen den Übermut des Sünders wie des Töpfers Geschirr,[241]

24 mit eisernem Stab[242] sie ganz und gar zu zerschlagen,[243]
frevelnde Völker durch das Wort deines Mundes zu vernichten ,[244]

25 damit die Völker bei seinem Drohen vor seinem Angesicht fliehen,[245]
und zu züchtigen die Sünder wegen der Gedanken ihres Herzens.

Dann folgt in den V. 26–43 eine ausführliche Schilderung seines segensrei-
chen Wirkens. An der Spitze steht die Weissagung, dass er ein heiliges, weil
von Gott geheiligtes Volk versammeln und in Gerechtigkeit leiten und keinerlei Ungerechtigkeit in seiner Mitte dulden würde. Das Volk der Heilszeit
würde eine Gemeinschaft von Frommen sein, zu denen sich auch die pharisäischen Dichter der Psalmen Salomos rechnen.[246] Der Messias aber würde das
von ihm geheiligte Volk nach seiner Stammeszugehörigkeit im Land ansiedeln
und so das Zwölfstämmevolk wiederherstellen (V. 28).

Das gibt Anlass zu der Bemerkung, dass die Hoffnung auf die Wiederer-
richtung des Reiches Davids die erneute Vereinigung der Nord- und der
Südstämme einschloss.[247] Diese Erwartung hat in der Zeichenhandlung von
den beiden Hölzern mit den Aufschriften „Für Juda und die Israeliten, seine
Genossen" und „Für Joseph und das ganze Haus Israel, seine Genossen" in Ez
37,15–19 ihren symbolischen Ausdruck gefunden. Zwei Nachträge runden
dort das Bild des erneuerten einen Gottesvolkes ab:[248] Im ersten (V. 20–24)
verheißt Jahwe die Sammlung und Heimführung aller Israeliten aus den

---

235 Sohn Davids wird hier zum ersten Mal als Bezeichnung für den idealen Herrscher der Endzeit
     gebraucht, vgl. weiterhin z. B. Mk 10,47 par Lk 18,38–39; Mt 9,27 und Röm 3.
236 Vgl. z. B. Jes 41,8 und 49,3.
237 Vgl. Ps 18,33.40.
238 Vgl. Ps 2,9; 110,5–6.
239 Vgl. PsSal 2,2.19; I Makk 3,45.
240 Vgl. PsSal 18,7.
241 Vgl. Ps 2,9; Apk 2,26; 12,5 und 19,15.
242 Vgl. Ps 2,9.
243 Vgl. PsSal 15,5.
244 Vgl. Jes 11,4.
245 Vgl. Jes 30,17, ferner Ps 104,7.
246 Vgl. die Gegenüberstellung des Frommen mit dem Sünder in PsSal 3 und zum Problem der
     pharisäischen Herkunft Joachim Schüpphaus, Psalmen Salomos, 127–137.
247 Vgl. auch Jes 11,11–13; Jer 31*; Hos 2,1–2; 3,4–5; Am 9,14–15; Sach 9,10.13–15; 10,6–12.
248 Zum literarischen Befund vgl. Karl-Friedrich Pohlmann (ATD 22/2), 501–502.

Völkern. Dort werde er ihnen seinen Knecht David als einzigen Hirten geben, während sie seinen Rechtssätzen und Satzungen gemäß wandeln würden. David soll mithin künftig ihre Geschicke, die Tora aber ihren Wandel lenken. So vereinigt sich hier die Messiaserwartung mit der Torafrömmigkeit, wie sie in den Psalmen Salomos vorausgesetzt wird. Im zweiten (V. 25–28) versichert ihnen Jahwe, dass sie für immer im Lande wohnen bleiben würden, sein Knecht David für immer ihr Fürst sein und er einen Bund des Heils mit ihnen schließen werde. Damit gelangte die Heilsgeschichte zu ihrem Ziel; denn Jahwe wolle dann für immer in seinem Heiligtum unter ihnen wohnen.[249] Er werde ihr Gott sein und sie sein Volk.[250] So soll die Geschichte, die mit dem Bundesschluss am Sinai/Horeb und mit seiner Wiederholung im Lande Moab begann, schließlich ihr Ziel erreichen und das geeinte Gottesvolk unter seinem König aus Davids Geschlecht in seinem Lande wohnen und dank seines Gehorsams gegen seine Weisung den vollen Segen seiner Gegenwart erfahren. Aber das Ezechielbuch blieb nicht bei solch hohen Erwartungen stehen, sondern bietet in Ez 47,21–48,35 gleich einen Plan für die Aufteilung des Landes unter die Stämme und für die rings um das Heiligtum gelegenen Ländereien der Priester, der Leviten und des „Fürsten".[251] – Und so verstehen wir, warum PsSal 17,26 mit der Gliederung Israels in seine Stämme in der Heilszeit rechnet und warum der König sie nach V. 28 wieder in ihren alten Stammesgebieten ansiedelt: Das gehört zur vollkommenen Wiederherstellung des geeinten Gottesvolkes, dass jeder seiner Stämme wieder in seinem ihm einst von Josua zugewiesenen Stammesgebiet wohnt (vgl. Jos 13–19).

Kehren wir zu PsSal 17 zurück, so soll der Heilskönig nach ihm die Stämme richten und die Völker in weiser Gerechtigkeit regieren, was allerdings ihren Frondienst nicht ausschlösse (V. 29–30). Den Mittelpunkt des Landes und der Völkerwelt aber würde das durch ihn von aller Sünde gereinigte Jerusalem bilden, zu dem die Völker der ganzen Erde kommen würden, um die Herrlichkeit des Herrn zu sehen[252] und ihm die Zerstreuten seines Volkes als Gaben darzubringen (V. 31).[253] Der Messias aber würde sich in seiner Gerechtigkeit Jahwe als dem eigentlichen König Israels unterordnen (V. 34). Diese Unterordnung des irdischen Königtums unter das Königtum Gottes findet schon darin seinen Ausdruck, dass der Psalm in V. 1–3 mit einem Vertrauensbekenntnis zu Gott als dem König der Beter beginnt (PsSal 17,1–3):

1 Herr, du selbst (bist) unser König[254] für immer und ewig;[255]
ja, in dir, Gott, rühmt sich unsere Seele.

---

249 Vgl. Ex 29,45–46.
250 Vgl. Dtn 26,17–18 und dazu oben 102.
251 Vgl. dazu Thilo Alexander Rudnig, Heilig und Profan, 231–232 sowie oben, 171–172.
252 Vgl. Jes 40,5.
253 Vgl. Jes 60,4.
254 Vgl. Ps 47,7; 89,19; Jes 33,22 und PsSal 5,19.
255 Vgl. Ps Sal 9,11.

2 Und was ist die Lebenszeit eines Menschen auf Erden?[256]
Entsprechend seiner Zeit (steht es) für ihn auch (um) seine Hoffnung.[257]

3 Wir aber hoffen auf Gott,[258] unseren Retter;[259]
denn die barmherzige Stärke unseres Gottes (währt) in Ewigkeit.
und die richtende Königsherrschaft unseres Gottes über die Heiden
in Ewigkeit.

Mit einem Bekenntnis zu dem Herrn als dem König aber schließt auch der am
Ende des Psalms in den V. 44 – 46 stehende Glückwunsch, der zugleich der
ungeduldigen Erwartung der Rettung Ausdruck gibt (PsSal 17,44 – 46):

44 Selig sind, die in jenen Tagen leben,[260]
um das von Gott bewirkte Heil Israels in der Versammlung der Stämme zu
sehen.

45 Gott lasse eilends sein Erbarmen auf Israel kommen,[261]
er erlöse uns von der Unreinheit gottloser Feinde.

46 Der Herr selbst (ist) unser König für immer und ewig.[262]

Was der in V. 32 als der Gesalbte des Herrn bezeichnete Heilskönig tun
würde,[263] das würde er mithin dank des Beistandes seines Gottes vollbringen
(PsSal 17,32 – 35):[264]

32 Und er (wird) ein gerechter, von Gott belehrter König über sie sein;

und in seinen Tagen wird es kein Unrecht in ihrer Mitte geben;
denn alle werden heilig und ihr König der Gesalbte des Herrn sein.[265]

33 Denn er wird nicht auf Pferd und Wagen und Bogen hoffen,[266]
noch wird er sich Gold oder Silber für Kriege horten,
noch seine Hoffnung auf Viele setzen für den Tag des Krieges.[267]

34 Der Herr selbst (wird) sein König (sein), – die Hoffnung des Starken (ruht)
auf Gott-[268]
und er wird alle Völker, die ihn[269] fürchten, <züchtigen>.[270]

---

256 Vgl. Ps 39,6 – 8; 90,10; 144,4; Sir 18,7 – 10.
257 D.h.: wegen der Kürze der Lebenszeit ist auch die auf sie gesetzte Hoffnung endlich; vgl. Ps
     90,10; 103,14 – 18; Sir 18,7 – 14.
258 Vgl. Jes 25,9; 33,2; Jer 14,22 und PsSal 9,10; 15,3.
259 Vgl. 3,6 und 8,33.
260 Vgl. 18,6, ferner Dan 12,12.
261 Vgl. Bar 4.22 und Mk 13,20.
262 Vgl. V.
263 Vgl. Ps 2,2; 20,7; 28,8.
264 Vgl. Ps 2,7 – 9; 18,51; 20,7; 28,8; 84,10; 132,10 bzw. Ps 89,39.52.
265 Zum Text vgl. Holm-Nielsen, 104 Anm. 32 d.
266 Vgl. Dtn 17,16.
267 Vgl. Ps 20,8; Dtn 17,16 – 17; Jes 36,7.
268 Streiche das ἐλπίδι, zur Textstörung vgl. Holm-Nielsen, 104 z.St.

35 Er wird die Erde mit dem Wort seines Mundes schlagen in Ewigkeit[271]
und das Volk des Herrn segnen in Weisheit mit Freude.

Die V. 36–37 preisen seine Sündlosigkeit und seine Begabung mit dem heiligen Geist,[272] der ihm Rat, Stärke und Gerechtigkeit verleiht. Sie versichern weiterhin, dass ihn der Segen des Herrn nicht verlassen wird. Ganz im Sinne von Jes 11,1–5 wird er uns in den V. 39–43 als der Gottesfürchtige und der gerechte Hirte der Herde des Herrn vorgestellt (PsSal 17,39–43):

39 Seine Hoffnung (ist) auf den Herrn (gerichtet),[273]
wer vermag (etwas) gegen ihn?[274]

40 Mächtig in seinen Taten und stark durch die Furcht des Herrn
weidet er die Herde des Herrn in Treue und Gerechtigkeit,[275]
und lässt nicht zu, dass eines von ihnen auf der Weide ermüdet.[276]

41 Ohne Unterschied wird er sie alle führen,
und es wird keinen Hochmut bei ihnen geben, einander zu unterdrücken.

42 Dies ist die Hoheit[277] des Königs Israels, den Gott erwählt hat,[278]
ihn über das Haus Israel zu setzen, um es zu leiten.

43 Seine Worte sind geläuterter als kostbarstes[279] Gold,[280]
in den Versammlungen[281] wird er die geheiligten Stämme des Volkes richten,
seine Worte sind wie die Worte von Heiligen[282] inmitten geheiligter Völker.

Den Glückwunsch, mit dem der Psalm in den V. 44–46 für die schließt, die sein Kommen erleben, nimmt der folgende 18. Psalm Salomos in den V. 6–8 auf (PsSal 18,6–8):[283]

6 Wohl denen, die in jenen Tagen leben,
die Wohltaten des Herrn zu schauen, die er dem kommenden
Geschlecht bereiten wird

269 Nämlich: Gott.
270 Text: „erbarmen", lies dem Kontext gemäß mit M. Schmidt bei von Gebhardt, Psalmen, 85 ἐλέγξει.
271 Vgl. Jes 11,4.
272 Vgl. Jes 63,14; Ps 51,13; 143,10; Ez 11,19 und 36,26 dazu Kaiser, GAT II, 207–208 sowie oben 178.
273 Vgl. Ps 21,8.
274 Vgl. Ps 118,6 und Röm 8,3
275 Vgl. Ez 34,23 und Joh 10,12.
276 Vgl. Jes 40,1
277 Vgl. Ps 45,4 mit 93,
278 Dtn 17.15.
279 Zu τίμιον als Glosse siehe von Oskar von Gebhardt, Psalmen Salomos, 87.
280 Vgl. Ps 12,7; 18,31 und 19,1.
281 Vgl. 4,1; 10,7 und 17,16.
282 D.h.: Engeln.
283 Vgl. dazu K. Atkinson, Lord, 206–207.

7 unter der Zuchtrute[284] des Gesalbten des Herrn in der Furcht Gottes,
in der Weisheit des Geistes und in Gerechtigkeit und Stärke,[285]

8 um jeden einzelnen in Werken der Gerechtigkeit in Gottesfurcht,
um sie alle darzustellen vor dem Herrn.

So ist der Gesalbte des Herrn der Psalmen Salomos der Befreier Israels, der
sein Volk von Sündern reinigt und es Gott als das durch seinen Gehorsam
gegen die Gebote der Tora geheiligte Volk präsentiert. Auffallend ist, dass der
Herausgeber der Sammlung nicht versucht hat, die Erwartung des Endgerichts
mit seinem doppelten Ausgang für die Gerechten und die Frevler und die
messianische aufeinander abzustimmen, sondern es bei diesem einerseits und
andererseits beließ.

9.7 Der einem Menschensohn Gleiche in Daniel 7

Eigentlich hätten wir mit dieser Feststellung einen würdigen Abschluss des
ganzen Kapitels erreicht, aber es gilt noch, nach der Eigenart des alttestamentlichen Vorläufers des Menschensohnes in Dan 7 zu fragen. Da die Ankunft des Menschensohns in Dan 7,13 und Mk 14,62 par Mt 26,64 ähnlich
geschildert wird, kann die Übereinstimmung nicht zufällig sein. In Dan 7,13 –
14 heißt es im Rahmen einer himmlischen Gerichtsszene (V. 9 – 10 + 13 – 14),
die wir schon deshalb in ihrem Wortlaut mitteilen, weil sie eine der drei
Beschreibungen Gottes im Alten Testament enthält (Dan 7,9 – 10 und 13 – 14):

9 Und ich schaute, bis dass Throne aufgestellt wurden und der Uralte an Tagen sich
setzt. Sein Gewand war weiß wie Schnee und sein Kopfhaar rein wie Wolle. Seine
Throne waren Feuerflammen und seine Räder fressendes Feuer. 10 Ein Strom von
Feuer floss und ging vor ihm heraus und Tausend mal Tausende dienten ihm und
Zehntausend mal Zehntausende standen vor ihm. 13 (Und ich schaute im Nachtgesicht:) Und siehe mit den Wolken des Himmels kam einer wie ein Menschensohn (bar
ʾaᵉnaš) und zu dem Uralten an Tagen gelangte er und wurde vor ihm hingestellt. 14
Und ihm wurde Macht und Ehre und Herrschaft gegeben, und alle Völker, Nationen
und Zungen sollen ihm dienen. Seine Macht ist eine ewige Macht, die nicht endet, und
seine Herrschaft (so), dass sie nicht zugrundegeht.

Bei Markus und Matthäus beantwortet Jesus die Frage des Hohenpriesters, ob
er der Messias, der Sohn des Hochgelobten sei, zustimmend und fügt hinzu
(Mk 14,62): „Ihr werdet den Menschensohn sehen sitzend zur Rechten der
Kraft und kommend mit den Wolken des Himmels." Der Menschensohn und

---

284 Vgl. 17,23.
285 Vgl. PsSal 17,35 – 37 bzw. Jes 11,2 – 3.

der Messias scheinen hier also identisch zu sein.[286] Und so hat erst die neu- und schließlich auch die alttestamentliche Forschung Dan 7 und seinen Sprachgebrauch im Rahmen des Danielbuches und des jüdischen Schrifttums wieder und wieder abgehorcht, um festzustellen, ob sich diese Gleichsetzung im Judentum nachweisen lässt und wer eigentlich der Menschensohn von Dan 7 ist.

Um die Diskussion und die hier angebotene Lösung zu verstehen, müssen wir uns zunächst den Aufbau des Kapitels vergegenwärtigen und sehen, ob es sich bei ihm um eine primäre oder eine sekundäre Komposition handelt. Seine Gliederung ist einfach: Es besteht aus zwei Teilen. Der erste umfasst die V. 1– 18 und enthält in den V. 1–15 die Beschreibung einer nächtlichen Vision Daniels und in den V. 16–18 ihre Deutung durch einen Engel: In einem Nachtgesicht sieht Daniel nacheinander vier Ungeheuer, einen geflügelten Löwen, einen halb aufgerichteten Bär, der drei Rippen im Maul hat, einen Panther mit vier Köpfen und vier Flügeln und ein besonders furchterregendes Tier, dessen Zähne aus Eisen und dessen Krallen aus Erz sind, aus dem Meer aufsteigen. Das letzte frisst, soviel es kann, und zertritt den Rest. Außerdem besitzt es zehn Hörner. Ein Ungeheuer folgte auf das andere, bis schließlich das vierte Tier getötet wurde. Dann sah Daniel, dass Gott, der als der Uralte an Tagen bezeichnet wird, auf seinem Flammenthron im Kreis seiner unzähligen himmlischen Diener Platz nahm, um Gericht zu halten und die Bücher geöffnet wurden, in denen offenbar alle Ereignisse der Geschichte und Taten der Menschen verzeichnet waren.[287] Darauf kam einer, der wie ein Mensch aussah, mit den Wolken des Himmels und wurde vor Gott gestellt, der ihm sogleich die Macht über alle Menschen der Erde übergab.

Verwirrt und erschrocken fragt Daniel einen der Himmlischen, was das bedeute (V. 15). Die Antwort aber lautet, dass die vier Tiere vier Reiche verkörpern, die sich auf Erden erheben, bis das Reich den Heiligen des Höchsten gegeben wird, deren Herrschaft ewig dauert (V. 18). Das ist eine in sich geschlossene Erzählung, die eigentlich nach keiner Ergänzung verlangt. Dass die Geschichte weitergehen kann und sich in den V. 19–28 eine zweite Deutung anschließt, ist der Einfügung der V. 8 und 11a zu verdanken. V. 8 ergänzt das Gesicht des vierten Tieres dahin gehend, dass Daniel sieht, wie zwischen seinen zehn Hörnerpaaren ein kleines Horn aufsteigt, das Augen auf seinen Hörnern und einen großsprecherischen Mund besitzt und die drei anderen Hörner zu Fall bringt.[288] In V. 11a hört Daniel dann die großsprecherischen Worte dieses Hornes. So ist der Knoten für die Fortsetzung der Erzählung in den V. 19–28 geschürzt, in denen es um die Deutung des vierten Tieres und seines großsprecherischen Hornes geht, das der Prophet gegen die Heiligen

---

286 Zur Diskussion vgl. Ferdinand Hahn, Hoheitstitel, 454–461.

287 Zum kanaanäischen Hintergrund der Vorstellung von der Thronratszene vgl. Oswald Loretz, Ugarit und die Bibel, 56–65.

288 Zum Hintergrund der Vorstellung von den vier aus dem Meere aufsteigenden Tieren vgl. John Day, God's conflict, 151–157, der 156–157 auf Hos 13,7–8 verweist.

erfolgreich kämpfen sah, bis der Uralte seinem Treiben ein Ende bereitete (V. 21 – 22). Die Deutung lautet, dass das vierte Reich zehn Könige hervorbrächte, bis ein weiterer erschiene, der drei andere aus dem Wege räume, gegen den Höchsten rede, die Heiligen des Höchsten quäle und danach trachte die Zeiten und die Ordnung (dāt) zu ändern.[289] In seine Hand wurden die Heiligen des Höchsten eine Zeit, zwei Zeiten und eine halbe Zeit[290] gegeben (V. 25 – 26).[291] Dann aber fände das Gericht statt, und er würde endgültig vernichtet. Das Reich aber würde dem Volk der Heiligen des Höchsten gegeben, dessen Herrschaft kein Ende nähme (V. 27).

Es ist allgemein anerkannt; dass die vier Reiche das Babylonische, Medische,[292] Persische und Griechische Reich bedeuten und das elfte Horn den Seleukidenkönig Antiochos IV. Epiphanes symbolisiert, der 168 den in der Tora gebotenen Kult im Jerusalemer Tempel einstellen ließ und den Tempel selbst dem Bel Schamin, dem Himmelsgott,[293] unter dem Namen des Zeus Ouranios weihte (II Makk 6,2).[294] Dass die Abfolge der Reiche im mythischen Bilde in ein Nebeneinander verwandelt wird, zeugt für das kerygmatische Interesse des für die Endgestalt des Textes verantwortlichen Apokalyptikers: Ihm geht es darum, seiner Gemeinschaft der Frommen den Mut zum Durchhalten angesichts des absehbaren Endes des Königs und damit der Fremdherrschaft über das Volk Gottes zu geben.[295]

Die entscheidenden bis heute kontrovers beschiedenen drei Fragen lauten:) wer ist der einem Menschen Gleiche; 2.) wer sind die Heiligen des Höchsten und 3.) wer ist das Volk der Heiligen des Höchsten? Am einfachsten ist die letzte Frage zu beantworten. Das Volk der Heiligen des Höchsten ist das wahre, von den Frommen verkörperte und von den Unterweisern belehrte Israel, das Gott kennt, nicht von der Bundestreue abfällt und bereit ist, dafür gegebenenfalls das eigene Leben hinzugeben (Dan 11,32 – 35). Denn die Frommen wissen, dass sie zum ewigen Leben auferstehen werden und ihre getreuen Unterweiser eine himmlische Ehrenstellung erwartet (Dan 12,2 – 3). Die zweite Frage ergibt ein gespaltenes Ergebnis, das aber durch den Kontext Eindeutigkeit gewinnt: Die Heiligen schlechthin sind schon in den ugaritischen Texten die Mitglieder des Hofstaates des höchsten Gottes[296] und im Alten

---

289 Vgl. dazu auch Klaus Koch, (EdF 144), 140.

290 Vgl. 12,7.

291 Vgl. dazu Koch, 145 – 148.

292 Die Annahme eines zwischen das Babylonische und das Persische tretenden Medischen Reiches spiegelt sich auch in 5,30; 6,1 und 9,1 (vgl. 10,1); vgl. Klaus Koch, Dareios, der Meder, 287 – 289; und zur Herkunft der Vorstellung von den vier Reichen vgl. Martin Hengel, Judentum und Hellenismus, 332 – 337 und Reinhard G. Kratz, Translatio, 197 – 225 sowie zur Nachwirkung in den jüngeren Danielapokalypsen Matthias Heinz, Syriac Apocalypse of Daniel, 2 – 22.

293 Vgl. zu ihm Wolfgang Röllig (DDD), 283 – 288.

294 Vgl. dazu Elias Bickerman, God, 62 – 65.

295 Vgl. dazu John J. Collins, Apocalyptic Vision, 154 – 162.

296 Vgl. dazu Werner H. Schmidt (ZAW 74) 1962, 62 – 66.

Testament vorrangig die Engel.[297] Aber im Alten Testament können auch die Frommen als solche bezeichnet werden.[298] In den Qumranschriften begegnet in CD XX.8 der einzige weitere Beleg für die Heiligen des Höchsten, doch gibt der Kontext keine eindeutige Auskunft darüber, ob es sich um himmlische Gestalten oder (was nahe liegt) die Angehörigen der Gemeinschaft handelt.[299] Da die Essener und ihre Vorgänger davon überzeugt waren, dank ihrer priesterlichen Reinheit im Rat der Heiligen zu stehen und so mit den Himmlischen Gemeinschaft zu haben (1QS IX.7–8),[300] wäre es verfehlt, hier eine alternative Entscheidung zu fällen. In 1QM XII.7–9 bekennt ein Beter Gott, dass die Gemeinde seiner Heiligen in der Mitte der Streiter der Frommen Israels ist und so das Volk der heiligen Helden und die Heerschar der Engel in ihrem Aufgebot sei. Auf Erden kämpfen die heiligen Helden, im Himmel die Heerschar der Engel. Lesen wir weiter in der Kriegsrolle, so werden wir auf eine Fährte gesetzt, die sich für die Beantwortung der 2. und 3. Frage zugleich als fruchtbar erweist. Denn in 1QM XVII.5–8 heißt es:[301]

5 Heute ist seine Zeit, um zu demütigen und zu erniedrigen den Fürsten der Herr- schaft 6 des Frevels. Und er (d.h.: Gott) schickt ewige Hilfe dem Lose seiner [Er] lösung durch die Kraft des herrlichen Engels für die Herrschaft Michaels im ewigen Licht; 7 um zu erleuchten durch Freude den Bund Israels, Frieden und Segen für das Los Gottes; um unter den Göttlichen[302] die Herrschaft Michaels zu erhöhen und die Herrschaft 8 Israels unter allem Fleisch.

Setzen wir die Heiligen des Höchsten mit den Engeln[303] und das Volk der Heiligen des Höchsten mit den Frommen gleich, so spricht alles dafür, in dem, der einem Menschen gleicht, aber kein Mensch,[304] sondern offenbar der An- führer der Heiligen des Höchsten ist, den Erzengel Michael zu erkennen.[305] Er ist nach Dan 12,1 der große Fürst, der für die Söhne Israels eintritt. Die Heiligen des Höchsten aber bilden das himmlische Heer, gegen welches das „Kleine Horn" antritt. Ihm ist es trotzdem auf Zeit gelungen, sich gegen den Fürsten des himmlischen Heeres zu erheben und das tägliche Opfer und damit den legitimen Tempelkult zu unterbinden und den Tempel zu entweihen (vgl.

---

297 Vgl. z.B. Ps 29,1; 89,6–8; Hiob 14,18; 15,15; 33,23–24; Sach 14,5; Sir 24,2; 42,17 und Dan 4,10.14.20; 8,13.24 und zur den Vorstellungen von Engeln und Dämonen D.S. Russel, Method, 235–262 und Joseph Coppens, Le fils d'homme, 72–84.
298 Vgl. Ps 16,10; 34,10; und z.B. Aaron Ps106,16 und dazu Coppens, 84–86.
299 Coppens, 69–70.
300 Vgl. dazu Georg Gäbel Kulttheologie, 69–75, bes. 74–75.
301 Übersetzung Eduard Lohse, Texte aus Qumran, 219.
302 D.h.: den Engeln.
303 Vgl. dazu Bahn brechend unter Aufnahme einer mehrfach von Otto Procksch knapp vertre- tenen These (vgl. z.B. ders., Theologie, 537) und weiterhin Martin Noth, „Die Heiligen des Höchsten", 274–290.
304 Zur Begriffsbestimmung vgl. Klaus Koch, Reich der Heiligen, 140–172 bes. 157–162.
305 Vgl. John J. Collins, Apocalyptic Vision, 123–152 bzw. ders., Apocalyptic Imagination, 98–107 und John Day, God's Conflict, 167–177.

Dan 8,9 – 12 mit 7,25 und 11,31 – 32). Himmlisches und irdisches Geschehen entsprechen einander. Die Störung der irdischen Liturgie unterbricht die himmlische und umgekehrt.[306] Ein Kampf des aus Engeln bestehenden Heeres des Erzengels Michael gegen den himmlischen Fürsten der Griechen (vgl. Dan 10,12 – 13) wird jedoch in Dan 7 nicht berichtet, weil hier der Uralte an Tagen den Richtspruch fällt (Dan 7,26). Stattdessen entspricht dem Herrschaftsantritt der Heiligen des Höchsten im Himmel (Dan 7,26) auf Erden der des Volkes der Heiligen des Höchsten, der Frommen Israels (Dan 7,28). Und nun können wir die eingangs gestellte Frage präzise beantworten: Der einem Menschen Gleiche ist nicht die Verkörperung des Volkes Israels,[307] sondern ist der himmlische Vorstreiter Israels und Befehlshaber des himmlischen Heeres der Heiligen des Höchsten, der Erzengel Michael. Mithin ist er in Dan 7 auch keine messianische Gestalt.

Von ihm bis zu dem Menschensohn der Synoptiker, der als Weltenrichter auf Erden erscheinen wird, ist es noch ein weiter Weg.[308] Reduzieren wir die christologischen Hoheitstitel auf ihre konkrete Bedeutung, so stellen sie Jesus, indem sie ihn als Sohn Gottes bezeichnen, als den Menschen dar, der als der Stellvertreter vorlebt, welche Kraft dem Gottvertrauen innewohnt, das auch im Tode nicht zuschanden wird.[309] Lehrt die Kirche ihn als den, der als der Richter der Welt wiederkommt, so erinnert sie daran, dass man sein Leben erfüllen oder verfehlen kann, das letzte Urteil darüber aber nicht uns Menschen, sondern allein Gott zusteht. Ein König nach der Weise irdischer Könige war Jesus nicht (Joh 18,36), wohl aber ein Bruder unter Brüdern, die er lehrte, dass seine Kraft in den Schwachen mächtig ist (2 Kor 12,9). So ist Gottes bedürfen des Menschen Vollkommenheit[310] und seine höchste Tugend, noch in seinem Feind den möglichen Bruder zu erkennen (Mt 5,44 – 48).[311]

---

306 Vgl. dazu die himmlischen Liturgien 4Q 400 – 405;11 Q 17 in F.G. Martinez, Dead Sea Scrolls, 419 – 431 bzw. die zweisprachige Textausgabe von James H. Charlesworth and Carol A. Newsom, Angelic Liturgy, 1 – 109.116 – 131 bzw. die Komposit-Texte der 13 Sabbatlieder 132 – 189.

307 So die dominante Lösung, die z. B. von Age Bentzen (HAT I/19).62, Sigmund Mowinckel, He That Cometh, 350; C.H.W. Brekelmans, Saints of the Most High, 305 – 329; Otto Plöger (KAT XVIII),113 und Robert Hanhart, Die Heiligen des Höchsten, 90 – 101, bes. 98 vertreten worden ist. Zur Forschungsgeschichte vgl. zum Menschensohn Klaus Koch (EdF 144), 216 – 234, zu den Heiligen des Höchsten, 234 – 239 und John Day, God's conflict, 157 – 167.

308 Zum Menschensohn vgl. die Übersicht bei D.S. Russel, Method, 324 – 352 bzw. John Gray, Biblical Doctrine, 301 – 316; zu seiner Rolle in den Bilderreden I Hen 37 – 71 Josef Coppens, Fils d'homme, passim; zur Diskussion über das Alter der Bilderreden Schürer-Vermes III/1, 256 – 258 sowie Matthew Black, The Book of I Enoch,181 – 193 und zum Menschensohn im Neuen Testament Jürgen Becker, Jesus von Nazaret, 249 – 267.

309 Zu den Jesus als dem Auferstandenen Prädikaten als Antwort des Glaubens, die an der Einheit des irdischen und mit dem auferstanden festhält, vgl. Kaiser, Weihnachten, 137 – 154.

310 Vg. dazu .Sören Kierkegaard, Vier Erbauliche Reden 1844/1845, 5 – 34.

311 Vgl. dazu Günther Keil, Glaubenslehre, 198 – 199.

10. Das Problem des leidenden Messias im Alten Testament

10.1 Zum neutestamentlichen Schriftbeweis für Leiden und Sterben Jesu[1]

Nachdem wir den König der Heilszeit bisher als den machtvollen Herrscher über die Völker kennen gelernt haben, müssen wir der Vollständigkeit halber der Frage nach gehen, ob das Alte Testament die Vorstellung von einem leidenden Messias kennt. Dass der Schriftbeweis vor und neben Paulus bei den ersten Christen eine entscheidende Rolle spielte, um das schreckliche Ende Jesu als von Gott gewollt zu verstehen und Außenstehende für den Glauben an den Auferstandenen zu gewinnen, ist offensichtlich. Während Ps 22 und in geringerem Maße auch Sach 13,7–9. eine entscheidende Rolle bei der Ausgestaltung des Markusevangeliums gespielt haben,[2] scheint eine entsprechende Berufung auf das vierte Gottesknechtslied erst in der zweiten, wenn nicht dritten urchristlichen Generation erfolgt zu sein. Lässt man I Kor 15,4–5 unberücksichtigt, weil es sich nicht sichern lässt, dass Paulus bei dem Hinweis darauf dass Tod und Begräbnis Jesu „nach der Schrift" an Jes 52–53 denkt, so fällt es auf, dass seine Berufung in Röm 10,16 auf Jes 53,1 und in 15,21 auf Jes 52,15 sich nicht auf die Leidensgeschichte Jesu sondern auf die Ablehnung bzw. Annahme der Christusverkündigung bezieht.[3] Erst Lukas greift auf das vierte Gottesknechtslied zurück, in dem er Jesus in Lk 22,37 mit den Worten von Jes 53,12 auf die ihm bevorstehende Verurteilung hinweisen lässt. In Act 8,32–33 lässt er den Kämmerer aus Äthiopien Jes 53,7–8 lesen und sich die in diesen Versen liegende Weissagung des Leidens und Sterbens Jesu durch den Apostel Philippus erklären. In I Petr 2,22 wird Jes 53,9 zur Absicherung des unschuldigen Leidens Jesu und in 2,25 die Eigenart der Christen vor ihrer Bekehrung mittels Jes 53,6 als die irrender Schafe charakterisiert.[4] Mithin untersuchen wir im Folgenden Ps 22 und das Lied vom leidenden Gottesknecht in Jes 52,13–53,12 unter der Fragestellung, ob beide vom leidenden Messias handeln. Anhangsweise soll unter demselben Gesichtspunkt die eigenartige Perikope von dem Durchbohrten in Sach 12,11–13,1 nebst ihrer vermuteten Nachinterpretation in 13,7–9 bedacht werden.

---

1 Vgl. dazu grundsätzlich Kaiser, GAT I, 32–36.
2 Vgl. dazu Martin Dibelius, Formgeschichte, 187–188 und zu Sach 13,17 in Jesu Ankündigung seiner Verhaftung im Garten Gethsemane und der Flucht der Jünger Mk 14,27 par Mt 26,31.
3 Vgl. dazu Dietrich-Alex Koch, Schrift, 234.
4 Vgl. dazu auch Rudolf Bultmann, Theologie, 44 und 49.

10.2 Bezeugt Psalm 22 die Erwartung eines leidenden Messias?

Psalm 22 gliedert sich in die beiden Teile V. 2 – 22 mit der Klage und V. 23 – 32 mit dem Danklied. Ob der Psalm in zwei oder drei Stufen entstanden ist, ist umstritten.[5] Deutlich ist jedenfalls, dass das Danklied zunächst nur die V. 23 – 27 enthielt und erst nachträglich um die V. 28 – 32 erweitert worden ist. Der den Psalm eröffnende Notschrei in V. 2 ist dem christlichen Leser vertraut, weil Jesus nach Mk 15,34 par Mt 27,46 mit seinen Worten gestorben ist. Die Aussage in V. 19, dass die Feinde des Beters bereits seine Kleider teilen, wird in Joh 19,24 als Voraussage auf das entsprechende Schicksal Jesu gedeutet. Der paradigmatische Fromme des Liedes ließ sich ungekünstelt mit Jesus identifizieren, da auch sein Weg durch Leiden zum ewigen Leben führte.[6]

Es sei hier wenigstens die erste Hälfte der Klage vollständig zitiert. Sie besteht aus dem das Gebet eröffnenden Notschrei (V. 2 – 3), dem Verweis auf das Beispiel der Väter (V. 4 – 6), der Klage über die Verachtung des Beters (V. 7 – 9) und seinem in die Rettungsbitte mündenden Vertrauensbekenntnis (Ps 22,2 – 12):

2 Mein Gott, mein Gott, warum hast du mich verlassen,
fern von meinem Flehen[7], den Worten meines Schreiens?

3 Mein Gott, tags rufe ich zu dir, du antwortest nicht,
nachts, aber mir wird keine Stillung.

4 Aber du, der Heilige, thronst,[8]
der Lobpreis Israels.

5 Auf dich vertrauten die Väter,
sie vertrauten, und du hast sie errettet.

6 Zu dir schrieen sie und wurden gerettet,
auf dich vertrauten sie und wurden nicht zuschanden.

7 Aber ich bin ein Wurm und kein Mensch,
ein Abschaum der Menschen, verachtet vom Volk.

---

5 Vgl. Klaus Seybold (HAT I/15), 99, der nur die V. 28 – 32 als Nachtrag beurteilt. Dagegen rechnet Frank-Lothar Hossfeld, Psalmen I (NEB.AT.Lfg.29), 144 – 145, mit einer dreistufigen Entstehung des Liedes: Dabei hätten die V. 2 – 3 und 17 – 21 den Grundtext gebildet, der in der ersten Erweiterung um die V. 4 – 6 und 24 – 27 und in der zweiten um die V. 28 – 32 erweitert wurde. Wir können uns im vorliegenden Zusammenhang mit der Feststellung begnügen, dass die V. 28 – 32 jedenfalls als Erweiterung zu betrachten sind.

6 Vgl. dazu Hartmut Gese, Ps 22 und das Neue Testament, 180 – 201, bes. 193 – 201, wo er auch auf die Umdeutung des Mahles in V. 27 hinweist, nach der es zwischen Gott und Menschen Gemeinschaft stiftet und damit zum Urbild des Herrenmahls wird.

7 Siehe BHS.

8 Versetze den Atnach hinter jōšēb.

8 Alle, die mich sehen, verspotten mich,
sperren die Lippen auf, schütteln den Kopf:[9]

9 Er vertraute[10] auf Jahwe: Der rette ihn,
der reiße ihn heraus, denn er[11] hat an ihm Gefallen!

10 Ja, du bist es, der mich aus dem Mutterleib zog,
mich an meiner Mutter Brüsten geborgen.

11 Auf dich bin ich geworfen vom Mutterleibe an,
vom Leib meiner Mutter her bist du mein Gott.

12 Bleibe nicht fern von mir,
denn die Not ist nahe;
denn es gibt keinen Helfer.

Der Leser oder Hörer der Klage wird also mit der Frage entlassen, ob das
Gottvertrauen des leidenden Beters wie das der Väter gerechtfertigt war oder
nicht. Die Antwort darauf erteilt das Danklied in den V. 23–32. Es nimmt
einen seltsamen Verlauf: An das einleitende Lobgelübde in V. 23 schließt sich
in den V. 24–27 eine Aufforderung zum Gotteslob an die an, die Jahwe
fürchten. Sie wird damit begründet, dass Jahwe das Elend des Elenden (ʿānî)
nicht verachtet, sondern sein Schreien erhört hat, so dass dieser sein Gelübde
in einer großen, aus gottesfürchtigen Menschen bestehenden Gemeinde erfüllen kann. Die Aufforderung endet in V. 27 mit der Verheißung, dass alle
Gebeugten (ʿănāwîm) essen und satt, und alle, die Jahwe suchen, ihn preisen
werden, weil er ihr Herz aufleben lässt (Ps 22, 23–29):[12]

23 Erzählen will ich deinen Namen meinen Brüdern,
inmitten der Gemeinde dich preisen.

24 Die ihr Jahwe fürchtet, preist ihn,
aller Same Jakobs, ehrt ihn,
und scheut ihn aller Same Israels.

25 Denn er hat nicht verschmäht
und nicht verachtet
das Elend des Elenden,

---

9 Vgl. Mk 15,29.
10 Wörtlich: „Er wälzte." Lies mit BHS statt des Imperativs das Perfekt 3.sing.
11 Subjekt: Jahwe, vgl. Ps 18,20.
12 Die Reden von den Armen dürften hier wie die von dem Armen bzw. den Armen in den Ps 12,6;
   25,16; 34,7; 35,10a; 37,14–15; 40,18; 69,30; 76,10; 102,1 und 140,13; dazu Un-Sok Ro, „Armenfrömmigkeit", 166–186, dazu Ro, 83–85 eine demütige Selbstbezeichnung von Frommen
   gewesen sein, die sich von den Frevlern durch ihre eigene Gottesfurcht geschieden betrachteten,
   vgl. auch Jes 66,5, Ro, 43–69 und weiterhin z. B. die Selbstbezeichnung des Beters oder der Beter
   als Armen in 1 QHa X.34–35; XI.23–25; XIII.6.14.18. 21–2, dazu Ro, 9–34 und die religi-
   onssoziologische Einordnung 194–199.

und verbarg sein Antlitz nicht vor ihm,
sondern er erhörte sein Schreien.

26 Von dir stammt mein Lobpreis in großer Gemeinde,
meine Gelübde erfülle ich vor denen, die ihn fürchten.

27 Essen sollen die Gebeugten und satt werden,
Jahwe preisen, die ihn suchen.
Es lebe auf euer Herz für immer!

Der gerettete „Arme" das Paradigma für seine ganze Gemeinde: Weil er aus
aussichtsloser Not von Jahwe vor seinen Feinden errettet worden ist, erfüllt er
sein Gelübde und bringt ein in Gegenwart einer großen Gemeinde sein
Dankopfer dar, das die Gemeinschaft zwischen Ott und seiner Gemeinde
stiftet.[13] So bleiben auch diese Verse im Rahmen des Wahrspruchs (Ps 50,23):

Wer Dankopfer darbringt, ehrt mich,
und wer unsträflich wandelt,
den lasse ich mein Heil schauen.

In den Ps 22,28–31* wird diesem Geschehen eine Auswirkung auf die Völkerwelt zugesprochen, weil es zu ihrer Anerkennung des Königtums Jahwes
führen soll. Dadurch wird das Lied in einen eschatologischen Horizont gerückt,
der als solcher noch keine messianische Deutung erzwingt (Ps 22,28–31*):

28 Besinnen sollen sich und zu Jahwe wenden
alle Enden der Erde,
und huldigen vor ihm
alle Geschlechter der Völker.

29 Denn Jahwe gehört das Königtum,
und er herrscht über die Völker.

Der leidende und erlöste Beter des Psalms dient also nicht allein als ein Paradigma für die Frommen. Sondern auch für die Völker: So wie er errettet
wurde, weil er den Vätern gleich von Kindheit an auf Jahwe vertraute, sollen
auch sie auf Gottes Hilfe bauen und ihm unverbrüchliche Treue bewahren, weil
der Tag der Offenbarung seiner Königsherrschaft kommt.

Blicken wir auf die abschließenden V. 30–32*, so fällt ändert sich die Perspektive, indem die Toten in V. 30aβ in die Gott anbetende Gemeinde einbezogen werden. Dadurch fällt auch auf den geretteten Gerechten ein neues Licht:
Er könnte der auferstandene Messias sein. So jedenfalls hat der zornige Zwi-
schenrufer in V. 30b und 31a den vorausgehenden Vers gedeutet, der seine
Auferstehung leugnet und die Bedeutung seiner Rettung auf die Immanenz
beschränkt, ohne dadurch mit V. 31b und 32 in Konflikt zu geraten: Denn
erzählt werden soll ja nicht von der Auferstehung des Gerechten, sondern von

---

13 Vgl. zu ihm Rolf Rendtorff, Studien, 135–137 und 144–145.

Jahwe, der in der Rettung des Elenden seine Gerechtigkeit erwiesen hat. (Ps 22,30 – 32):

30a Nur ihm sollen huldigen[14]alle Mächtigen der Erde,
vor ihm sollen sich beugen alle, die zum Staube fuhren.

30b Aber er selbst, er lebte nicht auf.

31a Seine Nachkommen werden ihm dienen!

31b Und man wird vom Herrn dem Geschlecht, das kommt, erzählen

32 und seine Gerechtigkeit kundtun einem Volk, das geboren;[15]
denn er hat es getan.

Die Evangelisten hielten sich an: 22. 30a: Er ermöglichte ihnen die *relecture*, in dem paradigmatischen Beter von Ps 22 Jesus zu erkennen: Der Messias, der mit dem ins Aramäische übersetzten Notschrei seines ersten Verses ελωι ελωι λαμα σαβαχθανι (Mk15,34) stirbt, ist für sie der Erstling unter den Entschlafenen, die dem Tode entrückt das ewige Gotteslob anstimmen werden.[16]

10.3 Das Lied vom leidenden Gottesknecht in Jesaja 52,13 – 53,12

Das vierte Gottesknechtslied gliedert sich in drei Teile, die sich durch ihre unterschiedlichen Sprecher als solche zu erkennen geben. So ist in 52,13 – 15 Jahwe, in 53,1 – 6 eine ihren Irrtum bekennende Gemeinschaft und in 53,7 – 12 zumindest teilweise wieder Jahwe der Sprecher. Das Lied setzt mit der Vorstellung des Knechtes durch Jahwe in 52,13 – 15 ein (Jes 52,13 – 15):

13 Siehe, mein Knecht wird Erfolg haben,
wird sich erheben und hoch und erhaben sein.

14 Gleichwie sich viele vor ihm entsetzten, -
so unmenschlich entstellt war seine Erscheinung
und Menschen unähnlich seine Gestalt, -

15 so wird er viele Völker besprengen,
Könige schließen vor ihm ihren Mund;
denn sie haben nie Erzähltes gesehen
und nie Gehörtes nahmen sie wahr:

In 53,1 – 6 folgt das Bekenntnis der Könige und ihrer Völker, in dem sie erklären, dass sie die Bedeutung des Knechts vollständig verkannt und so den

---

14 Siehe BHS.
15 Verbinde das yãbo'û am Anfang von V. 32 mit 31b, vgl. G.
16 So auch Hartmut Gese, Psalm 22, 195 – 196.

als von Gott verlassen betrachtet haben, der stellvertretend für ihre Sünden gelitten hat (Jes 53,1 – 6):

1 Wer glaubte dem, was er gehört,
und Jahwes Arm, wem ward er offenbar?

2 Er wuchs auf wie ein Reis vor uns[17],
und wie ein Spross aus dürrem Lande.
Er fiel uns nicht auf durch Gestalt oder Pracht,
noch ließ uns sein Anblick nach ihm verlangen.

3 Verachtet und von Menschen verlassen,
ein Mann der Schmerzen, mit Krankheit vertraut;
wie einer, vor dem man das Antlitz verschleiert,
verachtet, so dass wir ihn nicht gezählt.

4 Fürwahr, unsre Krankheit, er hat sie getragen,
und unsere Schmerzen, er lud sie auf.
Wir aber hielten ihn für getroffen,
geschlagen und erniedrigt von Gott.

5 Doch er ward durchbohrt ob unsrer Empörung,
ob unsrer Vergehen ward er zerschlagen.
Zu unsrem Heil ward er gezüchtigt,
und seine Verwundung hat uns geheilt.

6 Wir alle gingen wie Schafe irre,
wandten uns jeder auf seinen Weg.
Aber Jahwe ließ ihn treffen
das Vergehen von uns allen.

Man kann sich darüber streiten, ob 53,7 – 12 ganz als Jahwerede oder als ein Bericht zu deuten ist, in dem in V. 8 und 11 – 12 je ein Jahwewort zitiert wird, ohne dass sich dadurch das Verständnis des Textes wesentlich verändert. In diesen Versen wird jedenfalls mit göttlicher Bevollmächtigung festgestellt, dass der Gottesknecht, dem man nicht einmal ein ehrliches Begräbnis zuteilwerden ließ, vollständig unschuldig war, um der Verächter Israels willen gelitten hat und daher zahlreiche Nachkommen besitzen und an dem Reichtum derer Anteil haben wird, für die er gelitten hat (Jes 53,7 – 9):

7 Er wurde gepeinigt und wurde gebeugt,
aber er öffnete nicht seinen Mund,
wie ein zur Schlachtung geführtes Schaf,
wie ein Mutterschaf, das vor seinen Scherern verstummt.

17 Siehe BHS.

8 Man führte ihn ab aus Haft und Gericht!
Doch wer bedachte schon sein Geschick,
dass er von der Lebenden Land geschieden,
ob der Sünden derer, denen mein Volk ein Makel war?

9 Unter Gottlosen gab man ihm sein Grab
und bei Bocksdämonen[18] sein Begräbnis,

0bgleich er kein Unrecht getan,
kein Falsch in seinem Munde war.

Der Umschwung erfolgt in V. 10: Die Leiden des Knechts sind von Jahwe angenommen worden: Dem wie ein Verbrecher Hingerichteten wird ein langes Leben, eine zahlreiche Nachkommenschaft zuteil und eine unangefochtene Stellung unter den Großen der Welt zugestanden. Versteht man die Rede von Tod und Begräbnis im Sinne von z.B. Ps 88,6–7 als Ausdruck der als Gottesferne erfahrenen schweren Leiden des Beters,[19] dann bedeutet die Verheißung seines künftigen Lebens und seiner Erfolge nicht weniger, als dass er durch seine Leiden zur Herrlichkeit gelangen wird.

Die Identifikation des *Ebed Jahwe* der vier Gottesknechtslieder in Jes 42,1–9; 49,1–6; 50,4–11 und zumal 52,13–53,12 wird vermutlich auch weiterhin so umstritten bleiben, wie sie es in den zurückliegenden Jahrzehnten gewesen ist.[20] Die einfachste und alle Momente des Texte berücksichtigende Lösung ist nach der Ansicht des Referenten noch immer die bereits im Targum vollzogene Gleichsetzung mit Israel: Das Lied deutet sein Schicksal und gibt ihm dabei als Ganzem den Ehrentitel des Gottesknechtes Die Leiden seines Exilsgeschicks und seiner Zerstreuung unter die Völker, deren Verachtung es dadurch preisgegeben wurde, werden angesichts seiner Israel zwar vorausgesagten, aber von ihm nicht geglaubten Erhöhung bei den Völkern die Einsicht erwecken, dass Jahwe der wahre Gott und Herr aller Völker ist. Daher dienen Israels Leiden zum Heile der Völker, in deren Mitte es künftig dank seiner Mittlerrolle den Vorrang besitzen wird (Jes 53,10–12):[21]

10 Aber Jahwe gefiel es, ihn zu zerschlagen.
Getreu gab[22] er zur Sühne sein Leben.
Er wird Samen sehen und lange leben,
und was Jahwe will, wird ihm gelingen.

---

18 Lies śācîr und vgl. dazu Greg J. Riley (DDD), 450 und Bernd Janowski (DDD), 1381–1384.
19 Vgl. dazu Bernd Janowski, Konfliktgespräche, 236–240.
20 Zum Problem der Vorstellung eines leidenden Messias im vorchristlichen Judentum vgl. H.H. Rowley, Suffering Servant and Davidic Messiah, 63–93, der zu einem negativen Ergebnis kommt.
21 Vgl. dazu Kaiser, Königliche Knecht, 84–126 und Hans-Jürgen Hermisson, Vierte Gottesknechtslied, 220–240.
22 Lies: læ'æmæt śām.

11 Statt seiner Mühsal wird er Licht sehen,
und satt an seiner Erkenntnis werden.
Recht "[23]wird mein Knecht den Vielen schaffen,
und ihre Vergehen, er wird sie tragen.

12 Darum gebe ich ihm an den Vielen teil,
mit Mächtigen wird er die Beute teilen,
weil er sein Leben dem Tode preisgab
und unter Frevler gerechnet wurde.
Aber er hat die Sünden der Vielen getragen
und für die Sünder trat er ein.

Man kann es dem Urchristentum nicht verdenken, dass es diesen Text wie der
Evangelist Lukas in seiner Erzählung von der Taufe des Kämmerers aus dem
Morgenland durch den Apostel Philippus in Act 8,29–36 typologisch ausgelegt
und auf jesu stellvertretendes Leiden, Sterben und Auferstehen bezogen hat.[24]

10.4 Das Rätsel des Durchbohrten in Sacharja 12,11–13,1

Das Orakel über den Durchbohrten in Sach 12,1–13,1[25] ist nicht weniger rät-
selhaft als das vierte Gottesknechtslied. In ihm wird vorausgesetzt, dass die
Jerusalemer einen Mann hingerichtet haben, über den nach der Zerschlagung
der Völker durch Jahwe das ganze aus der Fremde zurückgekehrte Volk die
Totenklage halten würde. Welche Stellung der Durchbohrte in Israel einnahm,
warum man ihn getötet hat und warum ihn dann das ganze Volk geordnet nach
seinen Sippenverbänden und Geschlechtern leidenschaftlich beklagt wird,
bleibt vollständig dunkel.[26] Leider lässt sich der über diesem Orakel liegende
Schleier auch nicht durch die es rahmenden Hirtenworte in 10,1–3a; 11,1–17
und 13,2–9 auflichten, deren geschichtlicher Hintergrund ebenso dunkel ist. Sie
klagen abwechseln prophetische (10,1–3a; 13,1–6) und politische Kreise
(11,1–7; 13,7–9) an.[27] Selbst wenn man das Hirtenwort in Sach 13,7–9 als
nachträgliche Einfügung zur Erläuterung des Orakels vom Durchbohrten betrachten wollte,[28] würde das Dunkel nicht gelichtet (Sach 13,7–9):

7 „Schwert, erwache wider meinen Hirten
und wider den Mann, der mir nahe steht!"

---

23 Siehe BHS.
24 Vgl. dazu die Nachweise in Nestle/Aland, Novum Testamentum Graece26, 761a und Jörg Frey/
Jens Schröter (Hg.), Deutungen des Todes Jesu, passim.
25 Zu seiner vermutlichen Genese vgl. Jakob Wöhrle, Abschluss. 103–106.
26 Vgl. dazu Jakob Wöhrle, 104.
27 Vgl. dazu Wöhrle, 106–109.
28 Hanns-Martin Lutz, Jerusalem, 212.

Ausspruch Jahwe Zebaoths.
„Schlage den Hirten,
dass sich die Herde zerstreut;
denn ich will meine Hand gegen die Kleinen wenden.

8 Dann soll es im ganzen Lande geschehen,
dass je Zweidrittel in ihm ausgerottet und umkommen werden
und ein Drittel in ihm übrig bleiben wird.

9 Und ich werde das Drittel durch Feuer gehen lassen
und sie läutern, wie man das Silber läutert,
und prüfen, wie man das Gold prüft.
Es wird mich mit meinem Namen anrufen,
und ich werde ihm antworten.
Ich werde sagen: „Es ist mein Volk!"
Und es wird sagen: „Jahwe ist mein Gott!"

Diese Ankündigung stellt im jetzigen Kontext jedenfalls die Verbindung zu dem Orakel in 14,1 – 5 her.[29] Die „Hirtenallegorie" 11,4 – 17 schließt in V. 17 mit der Gerichtsankündigung gegen den treulosen Hirten, während das Orakel in 14,1 – 5 von einem Angriff der Völker auf Jerusalem handelt, den Jahwe durch sein direktes Eingreifen abwendet. Das Ziel der Geschichte wird mit der Heilsschilderung in den Versen 6 – 12 erreicht, die von der Verwandlung von Juda in eine Ebene berichten, über der sich Jerusalem erhebt und in deren Mitte Jahwe als König über alle Völker residiert. Das restliche Kapitel handelt in den V. 13 – 21 von den Plagen, die Jahwe über die Angreifer verhängt sowie von einem Kampf aller gegen alle, in den auch Juda und Jerusalem einbezogen werden (V. 13 – 15). Anschließend wird von der jährlichen Wallfahrt aller Völker zum Zion berichtet, wobei die Länder, die sich ihr verweigern, durch Dürre bestraft werden (V. 16 – 19). Angesichts der Menge der Pilger sollen die Kessel des Tempels nicht ausreichen, so dass alle Gefäße des Landes den Wallfahrern für ihre Opfer dienen werden (V. 20 – 21). In all diesen Zusätzen hat sich die fromme Phantasie damit beschäftigt, die Heiligkeit Gottes und was sie von den Menschen verlangt, gebührend hervorzuheben.[30]

Sehen wir uns, am Ende unserer Überlegungen und Analysen von Sach 10 – 14 angekommen, trotz der bekannten Schwierigkeiten in der nachexilischen Geschichte Israels nach einer Gestalt um, die mit dem Durchbohrten gemeint sein könnte, so lässt sich auf eine von Josephus Ant.XI.297 – 301 überlieferte Nachricht verweisen: Nach ihr hätte der Hohepriester Joannes (Jochanan) seinen Bruder Jesus (Jeschua) im Tempel erschlagen.[31] Daraufhin hätte der

---

29 Vgl. Hanns-Martin Lutz, Jahwe, 212.
30 Zur Entstehung von Sach 14,1 – 21 vgl. Wöhrle, Abschluss, 112 – 124.
31 Die zeitliche Einordnung dieser Affäre ist ein Dauerproblem der Forschung. Ich folge den von H.G.W, Williamson, Early Post Exilic Judaean History, 21 – 24 und Historcial Value, 74 – 89 vorgelegten Erwägungen. Andere halten die Nennung des persischen Ministers durch Josephus

General des persischen Königs Artaxerexes III. Ochos (348–339) Bagoses (Diod.XVI.47)[32] den Tempel betreten und der jüdischen Provinz eine siebenjährige Sondersteuer auferlegt. Unterstellt man, dass Jochanan der Anführer der proägyptischen und Jeschua der der propersischen Partei gewesen ist, so fänden diese Ereignisse eine verständliche Deutung auf dem Hintergrund des phönikischen Aufstands des Jahres 343, an dem sich die Provinz Juda beteiligt zu haben scheint.[33] Diese Tat hätte zu einer Entweihung des Tempels durch Bagoses geführt, der den Juden überdies eine siebenjährige Bußzahlung auferlegte. Außerdem sollen damals Teile der jüdischen Bevölkerung nach Hyrkanien am Kaspischen Meer und nach Babylonien umgesiedelt worden sein.[34] Diese Bluttat bedeutete eine unerhörte Entweihung des Tempels, die nach einer Entsühnung durch das ganze Volk verlangte. So gewinnt auch das am Ende der Weissagung in Sach 13,1 angefügte Wort, dass sich in Jerusalem ein Quell öffnen werde, der das Haus David und die Bürger Jerusalems von Sünde und Unreinheit reinigt, eine dem Vorausgehenden entsprechende Bedeutung.[35] Wie immer man sich in dieser Frage entscheidet,[36] so sollte man den Abstand zum vierten Gottesknechtslied nicht übersehen. Denn während der Tod des Gottesknechts sühnende Kraft besitzt, bedarf der Tod des Durchbohrten der Sühne durch das ganze Volk (Sach 12,9–13,1):

Die Evangelisten hielten sich an V. 30a: Er ermöglichte ihnen die *relecture*, die in dem paradigmatischen Beter von Ps 22 Jesus zu erkennen: Der Messias, der mit dem ins Aramäische übersetzten Notschrei seines ersten Verses ελωι

---

für eine Verwechslung und identifizieren Bagoses/Bagohi mit dem Persischen Statthalter von Juda, der um die Wende vom 5. zum 4. Jh. amtierte; vgl. Morton Smith, Politics, 172–173 und Reinhard G. Kratz, Statthalter, 99 und 108–109.

32 Der spätere Minister und Mörder des Königs und des von ihm selbst eingesetzten Königs Arses.

33 Vgl. dazu H.G.M. Williamson, Judaean History, 3–24, bes. 21–24; Ders. Historical Value, 74–89. Die hier vertretene Identifikation des Durchbohrten mit dem Priester Jeschua hat meines Wissens als erster Otto Plöger, Theokratie, 105–106 vorgeschlagen; vgl. auch. Odil Hannes Steck, Abschluss, 90.

34 Vgl. dazu Friedrich Karl Kienitz, Geschichte, 101–104.

35 Vgl. in diesem Sinne Otto Plöger, Theokratie, 103–106.

36 Vgl. aber z.B. Wilhelm Rudolph (KAT XIII/4), 223–224, der ihn mit dem Hirten in 13,7 identifiziert, den er mit dem Messias gleichsetzt; ähnlich Henning Graf Reventlow (ATD 25/29, 12 Einen anderen Weg schlägt Rex Mason, (CBC 9), 118–120 ein: Er zieht die lectio difficilior „auf mich" in V. 9 vor und deutet die Rede vom „durchbohren" metaphorisch als ein „sich vergehen an jemandem." Ähnlich auch André Lacoque. (CAT XIc), 189. Für die Lesart ʾēlāw, „auf ihn", entschied sich nebenbei schon Heinrich Ewald, Propheten des Alten Bundes I, 393. Er datierte den Text kurz vor der Zerstörung Jerusalems und bezog die Aussage auf von Heiden durchbohrte Märtyrer. Julius Wellhausen, Kleine Propheten, 50 lässt das „auf mich" in der Übersetzung aus, datiert den Vers aber 198–199 in die Makkabäerzeit, wobei er jedoch einen makkabäischen Märtyrer ausschließt, weil diese nicht von den Jerusalemern ermordet worden sein: „Merkwürdig, wie solche einzelne ganz konkrete Züge in das übrigens schematische Zukunftsbild eingezeichnet werden. Darauf beruht sowol (sic!) die Phantastik der Eschatologie als auch der Möglichkeit, ihre historischen Grundlagen zu erkennen."

ελωι λαμα σαβαχθανι (Mk15,34) stirbt, ist für sie der Erstling unter den Entschlafenen, die dem Tode entrückt das ewige Gotteslob anstimmen werden.[37]

---

37 So auch Hartmut Gese, Psalm 22, 195–196.

11. Kollektive Schuld und individuelle Verantwortung

11.1 Kollektive Schuld oder individuelle Verantwortung?

Wir haben bereits mehrfach beobachten können, dass es zu Jahwes Wesen gehörte, Wächter von Recht und Gerechtigkeit nicht nur in seinem Volk Israel, sondern auch in der Völkerwelt und also selbst der einzige vollkommen Gerechte zu sein. Im nachexilischen Zeitalter zeichnet sich als das Grundproblem des Glaubens an Jahwes Gerechtigkeit die Verhältnisbestimmung zwischen kollektiver Schuldhaftung für den Untergang des Reiches Juda und der trotzdem bestehenden individuellen Verantwortung für den Einzelnen ab. Es bestand ebenso die Gefahr, die Solidarhaftung für die Schuld der Väter vor Gott zu leugnen wie das Prinzip der Individualhaftung zu überziehen und noch im Nachhinein auf zurückliegende geschichtliche Ereignisse und zumal die Katastrophe des davidischen Reiches anzuwenden. Es wird sich zeigen, dass das nachexilische Judentum letztlich eine elyptische Lösung akzeptiert und an der Solidarhaftung der nachfolgenden Generationen für die Schuld der Väter und der individuellen Haftung des Einzelnen für seine Taten vor Gott festgehalten hat.

Damit gewann auch die Rede von Gottes und mehr noch die von des Menschen Gerechtigkeit an Aktualität. Denn war Jahwe der Lenker der irdischen Schicksale der Völker und ihr königlicher Richter, so durfte man von ihm erwarten, dass er den schuldlos Verfolgten rettete und damit seine Gerechtigkeit erwies. Da ihm als Gott seines Volkes fraglos und in Übereinstimmung mit den im Bundesbuch und im Deuteronomium dargelegten Grundsätzen seines Handelns an Israel[1] auch die Leitung des Schicksals des Einzelnen zugeschrieben wurde, gewann in der Folge auch der Gegensatz zwischen dem Gerechten und dem Frevler an Bedeutung. Er schärfte den Blick für die tatsächlichen Verhältnisse sowohl im Leben des Einzelnen wie im Leben des Volkes. Da die Tora den Grundsatz vertrat, dass Israels Wohl und Wehe von seinem Gehorsam gegen Jahwes Gebote abhängig sind, verlangte der Glaube nach einer Deutung, die weder die Lage auf Erden beschönigte noch die Gerechtigkeit Gottes in Frage stellte. Der darüber im Kreise der Weisen und Schriftgelehrten geführte Diskurs sollte rund zweihundert Jahre währen. Er setzte mit dem Hiobdialog ein und fand erst in den Schriften der

---

1 Vgl. dazu oben, 115–116 und 129–134.

Apokalyptiker eine beiden Gesichtspunkten gerecht werdende Lösung in der Erwartung eines die Lebenden und die Toten umfassenden Endgerichts.[2]

Im vorliegenden Kapitel geht es um das Grundproblem, wie sich die Solidarhaftung Israels vor Gott zur Individualhaftung jedes Einzelnen verhält. Gleichsam als ein Präludium dazu werfen wir einen Blick auf die ausdrückliche Bezeichnung Gottes als Richter und die Redezusammenhänge, in denen sie begegnet. Dann erst wenden wir uns den Texten zu, welche die solidarische Haftung Israels und die individuelle des Einzelnen ausdrücklich als solche thematisieren.

11.2 Jahwes Zorn und Jahwes Gerechtigkeit

Mustert man die Texte, um festzustellen, wo und in welcher Weise von Jahwe als dem gerechten Richter der Welt und des Einzelnen die Rede ist, so kommt man zu dem erstaunlichen Ergebnis, dass die Belegstellen nicht gerade zahlreich sind. Das verlangt ebenso seine Erklärung wie die Tatsache, dass in dem von der Schöpfung der Welt bis zur Zerstörung Jerusalems reichenden Großgeschichtswerk[3] selbst das Wort ṣaddîq „gerecht" außerordentlich selten gebraucht wird. Es begegnet in der Urgeschichte nur zweimal, nämlich in Gen 6,9 und 7,1, und stammt in beiden Fällen von demselben skeptisch auf die Menschheit blickenden weisheitlichen Theodizeebearbeiter, der auch für die weiteren Belege des Wortes in der Genesis verantwortlich ist. Er hat Noah den Titel eines Gerechten gegeben, um zu erklären, warum ihn Jahwe allein dazu ausersehen hatte, die Sintflut zu überleben. Was er selbst von den Menschen hält, hat er in Gen 6,5b und 8,21b am Anfang und am Ende der Fluterzählung eingetragen: Des Menschen Sinnen und Trachten ist vor und nach der Flut ausschließlich und durchgehend böse. Auch die Flutkatastrophe hat daran nichts geändert.[4]

In der Vätergeschichte wird das Wort „gerecht" einmal auf Jahwe und sechsmal auf Menschen bezogen.[5] Doch diese Belege sind nicht etwa breit gestreut, sondern finden sich abgesehen von Gen 20,4 mit seiner von dem König Abimelech von Gerar an Gott gerichteten Frage, ob er ein gerechtes Volk umbringen wolle,[6] sämtlich in dem späten Reflexionstext über die Gerech-

---

2 Vgl. dazu unten, 371–402.

3 Vgl. zu ihm auch Hans-Christoph Schmitt, Das spätdeuteronomistische Geschichtswerk, 277–294.

4 Zur Theodizee-Bearbeitung vgl. Christoph Levin, Jahwist, 114–115.

5 Vgl. dazu Christoph Levin, Jahwist, 114–115; Ders., Gerechtigkeit Gottes, 40–59, bes. 43–46 vgl. aber auch Markus Witte, Urgeschichte, 130–146.

6 Zur literarischen Schichtung in Gen 20 vgl. Christoph Levin, Jahwist, 179 bzw. ders., Gerechtigkeit Gottes, 46 und Irmtraud Fischer, Erzeltern, 137–174, bes. 173–174.

tigkeit Jahwes als des Richters der ganzen Erde in Gen 18,20–33*.[7] Im Buch Exodus begegnet die Vorstellung von Jahwe als Richter und seiner Gerechtigkeit je einmal: In Ex 9,27 lässt der Erzähler Pharao bekennen, dass Jahwe gerecht, aber er und sein Volk Frevler seien. Und in Ex 5,21 erklären die Amtleute Israels Mose und Aaron, Jahwe möge zwischen ihnen richten, weil sie das Volk bei dem Pharao in Misskredit gebracht hätten.[8] Dann müssen wir bis zum Mosesegen in Dtn 33 springen: In ihm wird im Sebulon/Isaschar-Spruch in V. 19 verheißen, dass Völker auf den Berg (Tabor?) kommen werden, um dort „Opfer der Gerechtigkeit" und d. h. richtige und daher Jahwe angenehme Opfer darzubringen.[9] Und im Gad-Spruch heißt es in einem spätdtr Zusatz in V. 21bβγ, dass er die Gerechtigkeit Jahwes und seine Rechtssachen mit Israel vollbringen und d. h. wohl: für den Gehorsam gegen die Tora eintreten werde.[10]

Auf den ersten Blick mag es erstaunlich erscheinen, dass auch die dtr Geschichtsbücher und zumal das Königsbuch nicht ausdrücklich auf die Vorstellung von Jahwe als Richter seines Volkes zurückgreifen. Gerade im Königsbuch hätte man erwartet, dass die Zerstörung des Nord- und des Südreiches ausdrücklich als Akte göttlicher Gerechtigkeit deklariert werden. Das ist aber weder in II Kön 17,1–23 noch in II Kön 24–25 der Fall. In II Kön 17 liegt eine ganze Reihe von Deutungen des Untergangs des Nordreiches vor.[11] Soweit sie es nicht bei der Benennung der Sünden belassen, sondern Jahwes Motivation ins Auge fassen, reden sie nicht von seinem gerechten Gericht, sondern von seinem Zorn.[12] Der Schuldaufweis für den Untergang des Südreiches setzt den Schwerpunkt bereits bei dem König Manasse in II Kön 21,20,

---

7 Vgl. dazu Ludwig Schmidt, „De Deo"; 131–163, der 163 textgemäß die dem Dialog zugrunde liegende systematische Frage auf den Nenner bringt, dass es sich in ihm um eine systematische Abhandlung der Frage handelt, wie es möglich ist, dass Gott eine ganze Stadt vernichtet, ohne dabei gegen den Grundsatz zu verstoßen, dass ein Gerechter nicht zusammen mit den Frevlern getötet werden darf, weil er sonst unangemessen handelte. Der Dialog endet damit, dass Jahwe erklärt, dass er die Stadt nicht zerstören würde, wenn es in ihr auch nur zehn Gerechte gäbe. Daraus, dass er anschließend aufbricht, sie zu zerstören, soll der Leser entnehmen, dass es nicht einmal diese zehn Gerechten in ihr gegeben hat; vgl. dazu auch J. Alberto Soggin, Abraham, 214–218 sowie Christoph Levin, Jahwist, 168–170 bzw. ders., Gerechtigkeit Gottes, 41–43.

8 Das Bundesbuch kennt natürlich die Forderung, das Recht des Gerechten nicht zu beugen (Ex 23,7–8). Sie findet auch im Richtergesetz in Dtn 16,18–20 (vgl. Dtn 1,16–17) ihr Echo. Das Heiligkeitsgesetz spricht von gerechten und d. h. richtigen Maßen und Gewichten (Lev 19,36). Die wenigen Sätze in I Kön 2,31; 3,6 und 10,9, die sich im Königsbuch auf die Gerechtigkeit von Menschen beziehen, sind spät- oder nachdtr. Die an Jahwe gerichtete Bitte in I Kön 8,31–32, den Schuldigen im Gottesgericht als schuldig und den Gerechten als gerecht zu erweisen, bleibt im Horizont der prozessualen Terminologie und gehört mit den anderen in den V. 30–36 zusammengestellten Fällen einer spätdtr. Ergänzung an.

9 Vgl. auch Ps 4,6 und 51,21 und dazu Stefan Beyerle, Mosesegen, 195–199.

10 Beyerle, 230–232.

11 Vgl. dazu die Analyse von Ernst Würthwein (ATD 11/2) 395–397 und zur Sache auch Francesca Stavrakopoulou, King Manasseh, 23–45.

12 Vgl. dazu Karl-Friedrich Pohlmann, Beobachtungen, 1015–1035, bes.1021–1023 und Jörg Jeremias, Zorn Gottes, 61–77.

um dann bei sämtlichen nachfolgenden Königen außer Josia festzustellen, dass sie taten, was Jahwe missfiel.[13] Dabei legten sie den Hauptakzent auf die Sünden Manasses, dem man sukzessiv alle nur denkbaren im Deuteronomium untersagten religiösen Gräueltaten von der Wiedereröffnung der als Höhen bezeichneten Landheiligtümer bis zur Bestellung von Totenbeschwörern und Wahrsagern zuschrieb (II Kön 21,2b – 16).[14]

Für den dtr beeinflussten Dichter von Klgl 2,1 – 5 bestand kein Zweifel daran, dass Jahwe durch seinen heftigen Zorn dazu veranlasst worden war, wie ein Feind gegen Jerusalem vorzugehen und es zu zerstören.[15] Erst in dem vermutlich eine Generation später entstandenen Klagelied lässt der Dichter die über den Tod und Verlust ihrer Kinder jammernde Tochter Zion bekennen, dass Jahwe gerecht an ihr gehandelt habe, weil sie seinen Worten nicht gefolgt sei (Klgl 1,18 – 19).[16] Es bedurfte mithin einiger Zeit, um den Gedanken des göttlichen Zorns durch den der Strafe zu ersetzen. Doch geschieht das hier in einer globalen Weise, die nicht dazu auffordert, nachzurechnen, wie viele Unschuldige dabei mit den Schuldigen umgekommen sind, und es so vermeidet, Zweifel an Gottes Gerechtigkeit hervorzurufen.

Wer an eine Katastrophe, die eine ganze Stadt oder ein ganzes Land betroffen hat, den Maßstab der distributiven, jedem nach seinem Tun vergeltenden Gerechtigkeit Gottes anzulegen versucht,[17] verirrt sich notwendigerweise in lebensfernen Konstruktionen. Wie peinlich sie ausfallen können, zeigt ungewollt die Erzählung in II Makk 12,39 – 44: Nach ihr hätten die Männer des Judas Maccabaeus bei einer Bergung der in den vorausgehenden Kämpfen Gefallenen unter ihrer aller Hemden Götzenamulette gefunden. Daraufhin hätten die Männer die Gerechtigkeit des Herrn gepriesen, für die Seelen der Gefallenen gebetet und auf Judas Betreiben eine Kollekte gesammelt, um Sühnopfer für sie darzubringen.[18] Auf diese Weise sollte auch ihnen ein Anteil an dem herrlichen Lohn verschafft werden, den man für die in Frömmigkeit Entschlafenen erwartete. Auch der von einem Bearbeiter in Ez 9 eingetragene Nachweis, dass alle im Verlauf der Belagerung und Eroberung Jerusalems Umgekommenen Opfer ihrer eigenen Schuld geworden seien,[19] überzeugt den heutigen Leser nicht.[20] Es ist eines, die allgemeine Feststellung zu treffen, dass diese Katastrophe nicht unverschuldet über Israel gekommen ist, und ein anderes, den Nachweis zu führen, dass in ihr kein einziger unverschuldet den Tod gefunden hat. Auf die erste, keinen Anstoß erweckende

---

13 II Reg 21,20: Amon; 23,32: Joahas; 23,37: Jojakim; 24,9: Jojakin und 24,19: Zedekia.
14 Zu II Reg 21,1 – 18 vgl. Würthwein (ATD 11/2), 439 – 443, zu den weiteren Stellen ebd. passim.
15 Vgl. dazu J. Jeremias, Zorn Gottes, 29 – 30 und Kaiser, Klagelieder, 134 – 149.
16 Zu seiner Zeitstellung vgl. Kaiser (ATD 16/2), 118 – 119.
17 Vgl. zu ihm auch Hi 34,10 – 12.
18 Dass es sich hier um den ältesten Beleg für die Fürbitte für die Toten handelt, verdient trotzdem einen ausdrücklichen Hinweis.
19 Vgl. dazu Rüdiger Lux, Konditionierung, 569 – 587, bes. die Tabelle 579.
20 Vgl. dazu unten, 449.

Weise bekennt zum Beispiel der Dichter in Klgl 2,14 und 17, dass sich die Jerusalemer von falschen Propheten in Sicherheit wiegen ließen, so dass Jahwe sein längst bedachtes (und den Jerusalemern bekanntes) Wort vollstreckt habe. Denn damit bringt er niemanden auf den Gedanken, *alle* Opfer als Sünder abzustempeln und *alle* Überlebenden als Unschuldslämmer zu betrachten. Daher war jener Schriftgelehrte wohl beraten, der in Abgrenzung gegen derartige (von uns alsbald zu würdigende) Versuche im Ezechielbuch Jahwe angesichts der bevorstehenden Eroberung Jerusalems ausdrücklich das Gegenteil erklären ließ (Ez 21,6 – 10):[21]

6 Und es erging das Wort Jahwes an mich folgendermaßen: 7 Menschensohn, richte dein Antlitz wider Jerusalem und prophezeie wider das Heiligtum und weissage wider das Land Israel. 8 Und du sollst zum Land Israel sagen: So spricht Jahwe: Siehe, ich komme über dich und ziehe das Schwert aus meiner Scheide und rotte aus dir den Gerechten und den Frevler aus. 9 Weil ich aus dir den Gerechten und den Frevler ausrotte, daher fährt mein Schwert aus der Scheide gegen alles Fleisch von Süd nach Nord. 10 Und alles Fleisch soll erkennen, dass ich, Jahwe, mein Schwert aus der Scheide ziehe, ohne dass es zurückkehrt.

11.3 Jahwe, der gerechte Richter (Psalm 7)

Auf diesem Hintergrund wird es nicht nur verständlich, warum in der ganzen Geschichtsdarstellung von Gen 1 bis II Reg ursprünglich überhaupt nicht von Jahwes Gerechtigkeit oder dem Gegensatz zwischen den Gerechten und den Frevlern die Rede war, sondern auch, warum von Jahwe als gerechtem Richter erst in relativ späten Lehrdichtungen und Reflexionstexten gesprochen wird. In der Tat begegnet die Bezeichnung Jahwes als Richter in der Hebräischen Bibel mit acht Mal nicht gerade häufig, nämlich in Gen 18,25; Ri 11,27; Jer 11,20; Ps 7,12; 9,5; 50,6; 75,8; 94,2.[22] Sämtliche Belege finden sich in nachexilischen, lehrhaften Dichtungen und theologisch konstruierten Erzählungen. Dieser Befund überrascht nicht, wenn man sich die zweifache Wurzel der Vorstellung von Jahwe als Richter vergegenwärtigt: Die eine liegt in der Vorstellung von Jahwe als König und Lenker aller irdischen Geschicke. Als solcher ist er der Richter der Welt;[23] die andere in seiner Funktion als der Gott, der den un-

---

21 Vgl. dazu Karl-Friedrich Pohlmann, (ATD 22/2), 322 – 323, der erwägt, ob sich der Verfasser damit nicht bereits gegen die ein Scheidungsgericht zwischen den Gerechten und den Frevlern voraussagenden Prophetien wendet.

22 Wenn man in Ps 50,6 mit einer fehlerhaften Wortabtrennung rechnet und statt „Gott ist Richter" liest „ein Gott des Rechts ist er", vermindert sich ihre Zahl auf sieben.

23 Vgl. dazu die Festellung in Ps 89,15, dass Recht und Gerechtigkeit die Stützen seines Thrones sind, und zur Zugehörigkeit des Verses zu dem in dem Lied verarbeiteten exilisch-frühnachexilischen Jahwehymnus vgl. Markus Saur, Königspsalmen, 162 – 166.

schuldig Angeklagten im Ordal ihr Recht verschafft.[24] Als solcher ist er ein gerechter Richter. Wir werden sehen, dass sich dieser doppelte Ursprung der Vorstellung trotz mancher Überschneidung auch in oben genannten Belegen erkennen lässt.

In ihnen wird Jahwe einmal als gerechter Richter (Ps 7,12), zweimal gleichsinnig als Richter der Gerechtigkeit (Jer 11,20; Ps 9,5) und je einmal als Richter der Erde (Ps 94,2) bzw. als Richter der ganzen Erde (Gen 18,25) bezeichnet. In Ps 75,8 ist er der Richter, der erniedrigt und erhöht. In Jdc 11,27 lässt ein später Erzähler Jephta in einer kriegerisch ausgetragenen Streitsache an Jahwe als Richter zwischen Israel und den Ammonitern appellieren.[25] Ehe weitere ausgewählter Stellen herangezogen werden, seien gleich noch die Belege für die Aussage aufgelistet, dass Jahwe gerecht ist. Auch sie finden sich wiederum in lehrhaften Abwandlungen der Klage und des Hymnus des Einzelnen (Jer 12,1; Ps 7,10.12; 11,5; 129,4 und 145,17; vgl. auch Ps 129,4), in Schulddoxologien (Thr 1,18; Esr 9,15; Neh 9,8.33; Bar 2,9, vgl. auch Ex 9,27) und in dem alle Gattungsgrenzen sprengenden Lehrgedicht (Ps 119,137–138). Der Vollständigkeit halber seien auch die Bitten angeführt, in denen Jahwe aufgefordert wird, den Beter zu richten und ihm sein Recht zu verschaffen (Ps 7,9; 25,1; 35,24 und 43,1). Jahwe wird also einerseits als der Gott angerufen, der dem Einzelnen als gerechter Richter zu seinem Recht verhelfen soll, oder andererseits als der gerühmt, der dem Beter sein Recht verschafft hat. Vor allem aber bekannte sich die nachexilische Gemeinde zu seiner Gerechtigkeit, die er in der Zerstörung Jerusalems und in ihren bis in die Gegenwart der Beter fortdauernden Folgen erwiesen hat. Damit ist aus seinem Handeln aus Zorn sein gerechtes Gericht geworden. Als Beispiele für die Rede von Jahwe als Richter stellen wir im Folgenden zunächst Psalm 7 und am Ende des Paragraphen Psalm 94 vor. Das erste Exempel führt uns dank der vielfältigen in ihm verarbeiteten Traditionen durch alle Horizonte, in denen im Alten Testament Jahwes Richten bedacht worden ist.[26] Das zweite dient uns als Beispiel für die Erwartung seines Scheidungsgerichts zwischen den Frommen und den Gottlosen.

Bei Psalm 7 handelt es sich um eine komplizierte und durch die schlechte Textüberlieferung mit manchen Problemen belastete Komposition, deren Entstehung daher unterschiedlich erklärt worden ist.[27] Er besteht aus einem Klagelied eines Einzelnen in den V. 2–10a,[28] einem lehrhaften Vertrauensbekenntnis in den V. 10b–12, einer Lehre über das Geschick derer, welche die

---

24 Vgl. II Kön 8,31–32 sowie die Ordalanweisung Num 5,11–22 und dazu Bernhard Lang, Ordal (NBL III), 50–51.

25 Vgl. Uwe Becker, Richterzeit, 217–219.

26 Vgl. dazu Bernd Janowski, JHWH der Richter, 92–124.

27 Vgl. dazu Urmas Nõmmik, Gerechtigkeitsbearbeitungen, 443–535, bes. 476–477 und zur Sache grundsätzlich Christoph Levin, Gebetbuch, 291–313.

28 Die historisierende Überschrift kann im vorliegenden Zusammenhang auf sich beruhen.

Umkehr verweigern, in den V. 13 – 17 und einem abschließenden Lobgelübde in V. 18.

Sieht man sich die einleitende Klage der V. 1 – 10a genauer an, so besitzt sie in den V. 6b – 9a eine eigentümliche Horizonterweiterung, die der eigentlichen Bitte um Rettung in V. 9b vorgreift. In ihr wird die erbetene Hilfe in den Zusammenhang der Machtergreifung Jahwes und seines Gerichts über die Völker gestellt. Damit wird die von dem Beter erwartete Hilfe zu einem Teil des Antritts der Königsherrschaft Jahwes als des Richters über die Völker (vgl. Ps 96,13). In V. 10a schließt sich an die ursprüngliche Bitte in V. 9b, Jahwe möge dem Beter Recht verschaffen, eine weitere um die Beendigung des Treibens der gottlosen Frevler, der rĕšāˁîm, und die Festigung der Stellung des Gerechten, des saddîq, an. Auch in diesem Halbvers dürfte es sich um eine Nachinterpretation handeln. Sie stammt offensichtlich aus den Kreisen der sich als die Gerechten bezeichnenden Frommen, die darauf warteten, dass Jahwe endlich seine Königsherrschaft anträte und ihnen gegenüber den sie bedrückenden Frevlern Recht verschaffe. So lautet die zweifach erweiterte Klage (Ps 7,2 – 10a):[29]

2 Jahwe, mein Gott, ich traue auf dich,
hilf mir vor meinem Verfolger[30] und rette mich,

3 Damit er mich[31] nicht wie ein Löwe zerreißt!
Er reißt, und da ist kein Retter!

4 Jahwe, mein Gott, wenn ich solches getan,
wenn es Unrecht gibt an meinen Händen,

5 wenn ich dem, der mir freundlich, Unrecht erwies,
grundlos ausplünderte meinen Genossen,[32]

6 jage der Feind mir nach und hole mich ein[33]
und trete zu Boden mein Leben,
[dass meine Ehre im Staube wohne. Sela!]

7 Erhebe dich, Jahwe in deinem Zorn,
stehe auf gegen den Grimm meiner Bedränger!
Und wache auf zu mir her, Gericht hast du befohlen.

8 Die Versammlung der Völker wird dich umgeben,
und über ihr kehre zurück zur Höhe!

9a Jahwe wird die Völker richten!

29 Die unterschiedlichen Schrifttypen markieren die zumindest traditionsgeschichtliche, wenn nicht literarische Schichtung.
30 Ein Bearbeiter hat daraus den Plural gemacht, doch setzt V. 3 den Singular voraus!
31 Text poetisch: meine Seele.
32 Lies um des parallelismus membrorum willen ḥaberî statt der überlieferten Lesart „meinen Bedränger.“
33 So mit S, vgl. BHS.

9b Schaffe mir Recht, Jahwe, nach meiner Gerechtigkeit,
und nach meiner eigenen Unschuld.

10 Es ende doch die Bosheit[34]der Frevler,
mögst du den Gerechten stützen!

Verweilen wir noch einen Augenblick bei V. 10a, um uns den weisheitlichen
Hintergrund der Gegenüberstellung von dem Gerechten mit dem Frevler zu
vergegenwärtigen:[35] Die Vorstellung, dass Jahwe die Gerechten vor den Frevlern rettet, ist in der israelitischen Lebensweisheit verwurzelt. So versichert
zum Beispiel der Wahrspruch (Spr. 13,9):

Das Licht der Gerechten ist fröhlich,
doch die Lampe der Frevler verlischt.

Die Häuser, in denen abends eine Lampe brennt, sind bewohnt; die dunklen
liegen verlassen da, weil ihre Bewohner gestorben sind. Die Überzeugung,
dass das Glück und der Einfluss der Frevler ein plötzliches Ende nimmt, bringt
der Wahrspruch in Spr. 10,25 so zum Ausdruck (Spr. 10,25):[36]

Fährt der Sturm daher, ist der Frevler nicht mehr,
doch der Gerechte steht fest für immer.

Darüber hinaus tröstet der Wahrspruch Spr. 10,24 den Gerechten mit der
Versicherung, dass sich die Erfüllung der Ängste und Hoffnungen der Frevler
und der Gerechten umgekehrt proportional zueinander verhalten; denn
(Spr. 10,24):

Was der Frevler befürchtet, kommt über ihn,
was die Gerechten erhoffen, trifft ein.

Und schließlich versichert Spr. 18,10 dem Gerechten den gewissen Beistand
Jahwes:

Ein fester Turm ist Jahwes Name.
zu ihm eilt der Gerechte und ist geborgen.

Hier begegnet uns sie sog. theologisierte Weisheit:[37] Der Grundsatz, dass jedes
Tun spiegelartig auf den Täter zurückfällt, wie es der Spruch „Wer anderen
eine Grube gräbt, fällt selbst hinein!" festhält,[38] ist in ihr fest mit dem Glauben
verbunden, dass es Jahwe ist, der die Schicksale der Menschen in dieser Weise
lenkt und er darin als der Richter des Einzelnen und der Völker seine Ge-

---

34 Siehe BHS.
35 Vgl. dazu auch Kaiser, GAT I, 265–276.
36 Zur Vorstellung der Teilhabe am Wohl und Heil im Diesseits in althebräischen Inschriften vgl.
   Martin Leuenberger, Gott, 148–165.
37 Vgl. dazu auch Kaiser, Einfache Sittlichkeit; 18–42 und Jürgen van Oorschot, Gerechte,225–
   238.
38 Vgl. Spr. 26,27; Koh 10,8, vgl. Ps 7,16.

rechtigkeit erweist. Es entspricht dem, dass das Wort *saddîq* „gerecht", die Bedeutung „fromm" und das Wort *rāšāᶜ* „schuldig, frevelhaft", auf diesem Hintergrund die Bedeutung „gottlos" erhalten hat: Der Gerechte ist der Mensch, der in der Furcht Jahwes lebt[39] und daher gemäß Gottes Willen jedem das Seine gibt; der Frevler der, der sich über Gottes Willen hinwegsetzt, seinen eigenen kurzsichtigen Vorteil zum Gesetz des Handelns macht und sich damit als Tor erweist. Denn der gottlose Frevler wähnt in seiner Torheit, sein Treiben bliebe von Gott unbemerkt (Ps 14,1 par Ps 53,2; vgl. Ps 94,8–11). Aber in Wahrheit verhält es sich so, wie es das Vertrauenslied des Gerechten Ps 11,5–7 lehrt (Ps 11,5–7):[40]

5 Jahwe ist gerecht und prüft den Gottlosen,
und wer Gewalt liebt, den hasst seine Seele.

6 Regnen lasse er auf die Frevler feurige Kohlen und Schwefel,
und sengender Sturm sei Teil ihres Bechers.

7 Denn gerecht ist Jahwe, Gerechtigkeit liebt er,
der Redliche wird sein Antlitz schauen.[41]

Mit eben dieser Prädikation setzt zu unserer Überraschung in den Ps 7,10b–12 ein umfassendes, lehrhaftes Vertrauensbekenntnis ein (Ps 7,10b–12):

10b Der du die Herzen und Nieren prüfst,
gerechter Gott.

11 Gott ist mein Schild über mir,[42]
der Retter derer, die geraden Herzens sind.

12 Gott ist ein gerechter Richter
und ein zürnender Gott an jedem Tag.

Das Bekenntnis zu Gott als dem Beschützer des Beters wird in V. 11b dahin gehend erweitert, dass er der Retter aller ist, die aufrichtig gesinnt sind. Daraus zieht V. 12 die Folgerung, indem er sich den Beter zu Gott als dem gerechten Richter bekennen lässt, der täglich seines strafenden Amtes waltet. Nachdem so die allgemeine lehrhafte Ebene erreicht ist, bleibt derselbe Dichter wohl auch in den V. 13–17 auf ihr (Ps 7,13–17):

13 Wenn einer nicht umkehrt, schärft er sein Schwert,
tritt er den Bogen und zielt,[43]

---

39 Vgl. zum Beispiel Spr 1,7; 8,13 und 10,27 und weiterhin Sir 1,11–30.
40 Vgl. zum ganzen Psalm als Zeugen der Gerechtigkeitsbearbeitung vgl. Nõmmik, 507–508.
41 Lies statt der 3.plur. die 3.sing.
42 Siehe BHS.
43 Mit Recht bezeichnet Erich Zenger, Psalm 1–50; 74 V. 13a als eine crux interpretum. Unsere Übersetzung deutet 13a1 unpersönlich und bezieht 13a2 dem Kontext gemäß auf Jahwe; vgl. auch Nõmmik, 472.

14 richtet er gegen ihn tödliche Waffen,
und lässt seine Pfeile erglühen.

15 Siehe, Böses empfängt er, wird schwanger
von Unheil und gebiert Trug.

16 Eine Grube grub er und höhlte er aus,
und fiel in das Loch, das er machte.

17 Seine Mühsal kehre zurück auf sein Haupt,
und auf seinen Scheitel falle seine Untat![44]

Doch V. 18 sucht die Form des persönlichen Klageliedes zu wahren und endet daher mit einem an Jahwe gerichteten Lobgelübde, das seiner als des allen Göttern überlegenen Himmelsgottes, als des Höchsten gedenkt (Ps 7,18):

Preisen will ich Jahwe gemäß seiner Gerechtigkeit
und spielen dem Namen Jahwes, des Höchsten.

Das Bekenntnis zu Jahwe als dem gerechten Richter hat sein immerwährendes Richten im Auge. Er übt es, indem er Tag um Tag dafür sorgt, dass sich das Böse des Frevlers, der sich nicht durch ihn zur Ordnung rufen lässt und die Umkehr verweigert, gegen ihn selbst richtet.

Dieses Konzept unterscheidet sich freilich deutlich von der eschatologischen Erwartung in den V. 6b–10a. Denn während die V. 13–17 dem weisheitlichen Vergeltungsgedanken verhaftet bleiben, nach dem Jahwe einem jeden nach seinem Tun vergilt (Hi 34,11), blicken diese Verse auf die endgültige Rettung Israels und den Antritt der Königsherrschaft Jahwes über die Völker hinaus. Der zu Jahwe um seine Rettung rufende Beter wird so zum Repräsentanten des um seine Erlösung bittenden Israel. Die Nachinterpretation in V. 10a macht ihn zum Beispiel der Frommen, die sich inzwischen als das wahre Israel verstehen. Mithin liegen in diesem Psalm vier Ausformungen des Glaubens an Jahwe als gerechtem Richter vor:) ist er der Rechtshelfer des unschuldig Verfolgten, 2.) zweitens der grundsätzlich gerechte Richter, der den Redlichen ihr Recht verschafft und die Machenschaften der Unbußfertigen auf sie selbst zurückfallen lässt; 3.) ist er der König, der die Völker richtet; und schließlich ist er 4.) der Richter, der dem Treiben der gottlosen Frevler ein Ende bereiten und damit zugleich die frommen Gerechten erlösen wird.

---

44 Der Tempuswechsel überrascht, angemessener wären auch in diesem Vers Praeterita, vgl. Erich Zenger, a.a.O., 74 z.St.

11.4 Die Deutung des Exilgeschicks als Folge der Schuld der Väter

Wie wir oben bereits festgestellt haben, führte das Deuteronomistische Geschichtswerk und besonders das dtr Königsbuch den Schuldaufweis für den Untergang des Nordreiches Israel und des Südreiches Juda, ohne dabei auf die Vorstellung von Jahwe als Richter zurückzugreifen. Heimsuchungen, die keinen Unterschied zwischen Schuldigen und Unschuldigen machten, ließen sich in Zeiten, in denen im „bürgerlichen" Recht jede Tat ihre individuelle Bestrafung verlangte (Dtn 23,16),[45] schlecht als Erweise der Gerechtigkeit Jahwes erklären. Andererseits ließ sich die Tatsache nicht aus der Welt schaffen, dass das exilisch-nachexilische Israel noch immer unter den Folgen der Schuld seiner Väter zu leiden hatte. Dies erlaubte eine theologische Deutung nur mittels des Gedankens der kollektiven Schuldhaftung Israels. Er bezog seine Überzeugungskraft ebenso aus der allgemeinen Erfahrung, dass die Kinder im Positiven wie im Negativen die Kinder und Erben ihrer Eltern sind,[46] wie aus der besonderen Situation des exilisch-nachexilischen Judentums. Diese Deutung ist in der Jahwe in den Mund gelegten Heimsuchungsformel als Begründung der ersten beiden Gebote des Dekalogs verwurzelt (Ex 20,5b par Dtn 5,9b), in der er erklärt, dass er als der eifersüchtige Gott, der über seine Privilegien wacht, die Schuld der Väter an den Söhnen bis ins dritte und vierte Glied heimsuche.[47] Dann folgt in Ex 20,6 bzw. Dtn 5,10 die Huldformel, nach der er denen, die ihn lieben und seine Gebote halten, seine Treue bis in das tausendste Glied verspricht. In der Bundesschlusserzählung am Ende der Erzählfolge vom Goldenen Kalb in Ex 34 ist anders als im Dekalog die Huldformel der Heimsuchungsformel vorgeordnet. Hier stellt sich Jahwe in den V. 6 – 7 als der „barmherzige und gnädige Gott" vor, der langmütig und von großer Huld und Treue ist, der Huld bewahrt Tausenden, der Schuld und Sünde und Vergehen vergibt, aber nicht unbestraft lässt, sondern die Schuld der Väter heimsucht an den Kindern und Kindeskindern bis ins dritte und vierte Glied.[48]

Aus der Abfolge von vier Generationen in Ex 20,5b par Dtn 5,9 ist nun eine solche von sechs Generationen geworden. Darf man daraus auf die Zeitstellung der Erzählung schließen und setzt man für die Abfolge der Generationen 20 – 25 Jahre an, so kommt man auf 120 bzw. 150 Jahre und gerechnet ab 587 jedenfalls in das zweite Drittel des 5. Jh.[49]

Eine grundsätzliche Entmutigung für die Lebenden bedeutete die Heimsuchungsformel insofern nicht, als von ihnen gefordert war, der Bundesver-

---

45 Vgl. Ez 18,20.

46 Spr 17,6; Sir 3,11; Jer 31,29 par Ez 18,2.

47 Vgl. dazu auch GAT III, 59 – 60.

48 Vgl. dazu GAT II, 61 – 62.

49 Das stimmt mit der Zuweisung von Ex 34 an einen nachexilischen Deuteronomisten durch Erik Aurelius, Fürbitter, 116 – 126 überein.

pflichtung nachzukommen und Jahwes Gebote zu halten und damit zu der für den Fall der Umkehr Israels zu Jahwe verheißenen Erlösung beizutragen (Dtn 30,1 – 10).[50] Solange die Erlösung auf sich warten ließ, musste es also Israel als Ganzem an dem von ihm verlangten Gehorsam gegen Gottes Weisung mangeln.

So wird es verständlich, dass uns eine Kette von Gerichtsdoxologien[51] erhalten ist, in denen sich die Lebenden zu ihrer mit den Vätern geteilten Schuld bekennen. Als ihren Vorläufer können wir das Bekenntnis der Tochter Zion, dass Jahwe gerecht war, als er sie und ihre Kinder so grausam züchtigte, in Thr 1,18 und den Zusammenschluss der Überlebenden mit der Schuld der Väter in Thr 5,7 – 16 betrachten (Thr 5,7 und 16):[52]

Unsere Väter sündigten, sie sind nicht mehr.
Wir selbst müssen ihre Verschuldungen tragen.

Aber in V. 16 beklagen sie trotzdem ihre eigenen Sünden:

Es fiel der Kranz von unsrem Haupte:
Weh uns, dass wir gesündigt haben.[53]

Die eigentlichen Gerichtsdoxologien sind in den vom Geist dtr Geschichtstheologie geprägten Bußgebeten Ps 106,6 – 43 (vgl. V. 6); Neh 9,5b – 37 (vgl. V. 33); Dan 9,4 – 19 (vgl. V. 5 – 7)[54] und dem von ihm abhängigen in Bar 1,15 – 3,8 (vgl. 2,6)[55] enthalten. Ihr Grundthema wird in Ps 106,6 angeschlagen. In ihm schließen sich die Söhne mit ihren Vätern in der gemeinsamen Schuld vor Gott zusammen (Ps 106,6):

Wir haben gesündigt samt unseren Vätern,
wir haben uns versündigt, sind schuldig geworden.

Von seinen Abwandlungen und Ausgestaltungen sei hier Neh 9,33 – 37 als Beispiel zitiert:

33 Aber du bist gerecht,
bei allem, was über uns kam.
Denn du hast Treue gehalten,
während wir frevelten.

34 Unsere Könige, unsere Obersten,
unsere Priester und unsere Väter,

---

50 Vgl. dazu Otto (FAT 30), 151 – 155.
51 Vgl. dazu Gerhard von Rad, Gerichtsdoxologie, 245 – 254.
52 Vgl. dazu Kaiser, in: (ATD 16,2), 105 – 106 bzw. 190 – 191.
53 Vgl. auch Thr 1,18a und dazu oben 62 – 64.
54 Zu den Bußgebeten in Esr 9 – 10; Neh 8 und Dan 9 vgl. Klaus Zastrow, Bußgebete; zu Neh 9 auch HG.M. Williamson, Structure, 282 – 293, und zu Esr 9 – 10 und Neh 8 Juha Pakkala, Ezra, 111 – 125 und 136 – 179.
55 Vgl. dazu Odil Hannes Steck, Baruchbuch, 113 – 115 und zur vermutlichen Datierung zur Zeit des Hohenpriesters Alkimus 163 v. Chr. 290 – 303, bes. 294 und 300 – 303.

sie haben deine Weisung nicht gehalten
und nicht auf deine Gebote geachtet
und auf deine Warnungen,
durch die du sie warnen ließest.

35 Während sie in ihrem Königreich (lebten)
und in großem Glück, das du ihnen gabst,
und in einem weiten und fetten Land,
das du ihren Vorfahren gegeben,
haben sie dir nicht gedient und sich nicht bekehrt
von ihrem bösen Treiben.

36 Siehe, wir sind heute Knechte,
und das Land, das du unseren Vätern gabst,
seine Frucht und seine Güter zu essen, –
siehe, in ihm sind wir Knechte.

37 Und sein reicher Ertrag gehört den Königen,
die du ob unserer Sünden über uns gesetzt hast.
Sie gebieten über unsere Leiber und unser Vieh
nach ihrem Gefallen, und wir sind in großer Not.

Es ist das Rätsel des Ausbleibens der Erlösung Israels, das die Frommen im
Gefolge der dtr Geschichtstheologie und ihrer Schuldaufweise immer erneut dazu
führte, sich im Bekenntnis der mit den Vätern geteilten Schuld vor Jahwe zu
beugen, ohne dass sie das im mindesten davon abhielt, ihrerseits danach zu
streben, das Gesetz zu erfüllen und damit der Erlösung Israels den Weg zu bereiten.

11.5 Der Einspruch gegen die Solidarhaftung vor Jahwe oder das Prinzip der individuellen Vergeltung (Ezechiel 18)

Wenden wir uns Ez 18 zu, so sollte jeder unbefangene Leser dem Urteil von
Nelson Kilpp zustimmen, dass es sich um eine in großem zeitlichem Abstand zu
der Katastrophe von 587 formulierte Textfolge handelt.[56] Nach den Analysen
von *Karl-Friedrich Pohlmann* hat das als Dialog konstruierte Kapitel seine jetzige Gestalt im Wesentlichen in drei Schritten erhalten: Im ersten wurde in den
V. 1 – 4 der Grundsatz der ausschließlich individuellen Schuldhaftung entfaltet
und in den V. 5 – 13 am Beispiel des gerechten Vaters und des ungerechten
Sohnes erläutert. Eine zweite Hand erweiterte die Kasuistik in den V. 14 – 20 um
die beiden entgegengesetzten Fälle des ungerechten Vaters und des gerechten

---

56 Vgl. Nelson Kilpp, Frühe Interpretation, 210 – 220, bes. 211 – 212 und zur Genese des ganzen
Kapitels Karl-Friedrich Pohlmann (ATD 22/1), 260 – 261.

Sohnes. Hand. In den V. 21 – 32 wird dann die Behandlung des Falls des zur Gerechtigkeit umkehrenden Frevlers und des zur Ungerechtigkeit abfallenden Gerechten verhandelt. Daran schließt sich in den V. 30 – 31 eine an das Haus Israel gerichtete Mahnung zur Umkehr an, worauf in V. 32 die abschließende Erklärung Jahwes folgt, dass er keinen Gefallen am Tode des Todverfallenen hat, sondern daran, dass die Israeliten umkehren und leben.

Schon diese Analyse macht deutlich, dass hier zwei ganz unterschiedliche Probleme behandelt werden, nämlich erstens die Alternative der individuellen oder kollektiven Schuldhaftung und zweitens die Frage, ob der Einzelne auf seinen Status als Sünder oder als Gerechter ein für alle Mal festgelegt ist. Seiner Gattung nach handelt es sich mithin in dem ganzen Kapitel um ein mehrfach erweitertes priesterliches Disputationswort.

Die Diskussion nimmt einen Maschal, einen paradigmatischen Spruch,[57] zu ihrem Ausgangspunkt, der seine Bedeutung erst in dem Kontext erhält, in dem er zitiert wird. Sehen wir uns also an, wie er in V. 2 lautet und wie Jahwe in den V. 3 – 4 auf ihn reagiert. Aus dem Gegensatz lässt sich dann die hier vorausgesetzte Bedeutung des Spruches erschließen (Ez 18,1 – 4):

1 Und das Wort Jahwes erging an mich wie folgt: 2 Was fällt euch ein, dass ihr diesen Spruch im Lande Israel im Munde führt und sagt: „Die Väter essen saure Trauben, und die Zähne der Söhne werden stumpf." 3 So wahr ich lebe, Spruch [des Herrn] Jahwe: Es soll unter euch keinen mehr geben, der diesen Spruch in Israel im Munde führt! 4 Siehe, alle Seelen gehören mir, die Seele des Vaters nicht anders als die Seele des Sohnes: mein sind sie. Die schuldige Seele, sie soll sterben.

Den Gegensatz zur individuellen bildet die kollektive Schuldhaft. Sie wird in dem Spruch wie ein zwanghafter Ablauf vorausgesetzt, auf den die Generation der Söhne keinen Einfluss hat. Sie können ihr Schicksal nur resigniert hinnehmen. Jahwe hält diese Auslegung des Schicksals der Söhne für mit seinem tatsächlichen Handeln an Israel unvereinbar und verbittet sich daher seine Wiederholung.[58] Durch die ausschließlich todesrechtliche Gegenthese wird deutlich, dass sich der Spruch nicht lediglich allgemein gegen das kollektive Verschuldungsprinzip wendet, sondern dass die Söhne damit rechnen, in der Folge der Schuld ihrer Väter den Tod zu finden. Jahwe weist diese Deutung ihrer Situation zurück, weil sie dem Grundsatz seines Todesrechts widerspricht, der nur die persönliche Schuldhaftung kennt. Die imaginierte historische Situation des Kapitels liegt nach der den Aufbau des Buches bestimmenden zeitlichen Anordnung nach Ez 1,2 und vor 24,1 und d. h. nach der Berufung des Propheten 594/3 und vor dem Beginn der Belagerung und der

---

57 Zu seiner Gattung vgl. Christian Klein, Kohelet, 16 – 39.
58 Zum Verhältnis zwischen Ez 18,2 und Jer 31,29, wo die Gültigkeit des Spruchs im Zusammenhang von 31,27 – 30 in der Heilszeit für aufgehoben erklärt wird, vgl. Kilpp, 214 – 215; zur Zusammengehörigkeit von Jer 31,27 – 30 mit 31,31 – 34 Christoph Levin, Verheißung, 55 – 60. Anders, aber mich nicht überzeugend Dieter Viewegger, Beziehungen, 84 – 92.

Eroberung Jerusalems 588/87. Doch wird bereits vorausgesetzt, dass es zu dieser Belagerung kommen wird. Mithin lautet die Botschaft von Ez 18,1 – 4 an die im Lande Verbliebenen: „Kommt ihr im Kampf oder bei der Eroberung Jerusalems um, so seid ihr selbst daran schuld!" Da es sich in Ez 18 um eine imaginäre Szene handelt, sind ihre eigentlichen Adressaten freilich nicht die in den Kämpfen um Jerusalem in den Jahren 588 und 587 Umgekommenen, sondern ihre Kinder oder gar Enkel. Ihnen wird versichert, dass Jahwes Gericht an Jerusalem gerecht war. Dadurch erhält die Botschaft zugleich einen Appell an sie, es den Vätern oder Großvätern nicht gleich zu tun, sondern zu Jahwe umzukehren, so dass sie nicht ebenfalls umkommen. Diese Konsequenz wird jedoch erst in den V. 21 – 32 und genauer den V. 27 – 32 gezogen.

Dass sich die Problemlage im Lauf der Fortschreibungen geändert hat, wird bei der ersten, die V. 14 – 20 umfassenden Belehrung durch den in V. 19 zitierten Einwand deutlich, dass der Sohn eines Ungerechten, der sich zur Gerechtigkeit bekehrt, nicht sterben muss. Mithin deutet er einen Frontwechsel bei den Adressaten gegenüber der in V. 2 zitierten Ansicht an: Denn mit ihrer Rückfrage: „Warum trägt der Sohn nicht die Schuld des Vaters?" geben die hier zu Wort kommenden Stimmen zu erkennen, dass sie es inzwischen (unter dem Einfluss des Dekalogs?) gelernt haben, das eigene Schicksal als göttlich verordnete Folge der Schuld ihrer Väter zu deuten.[59] Trotzdem wirkt der Einwand einigermaßen konstruiert, denn die Belehrung, dass Jahwe dem gerechten Sohn nicht die Schuld seines ungerechten Vaters zurechnet, müsste sie doch eigentlich dazu ermutigen, nun ihrerseits alles zu tun, um zu den Gerechten zu zählen. Der Einwand sollte dem Fortschreiber wohl vor allem die Gelegenheit geben, den erreichten Diskussionsstand bündig in V. 20 zusammenzufassen (Ez 18,20):

Die schuldige Person, sie soll sterben. Der Sohn soll die Schuld des Vaters nicht tragen noch der Vater die Schuld des Sohnes. Die Gerechtigkeit des Gerechten soll über ihm sein, und die Ungerechtigkeit des Ungerechten soll über ihm sein[60].

---

59 Vgl. dazu auch Karl-Friedrich Pohlmann (ATD 21/1), 272.

60 Die Beschränkung auf die Individualhaftung war trotz Dtn 24,16 keine erst in exilischer Zeit eingeführte Neuerung, sondern lag schon dem Besitz- und Strafrecht des Bundesbuches zugrunde. Rechtsgeschichtlich war die in der Blutrache praktizierte Solidarhaftung längst durch das ius talionis abgelöst; vgl. zu ihm Eckart Otto, Gesetz, 166 – 170 und Christoph Levin, Verheißung, 40 – 46, der u. a. mit Recht darauf hinweist, dass man aus Texten wie Jos 7 und II Sam 21,1 – 19 keine rechtsgeschichtlichen Schlüsse ziehen kann. Eine Solidarhaftung lässt das Bundesbuch Jahwe in Ex 22,23 nur für den Fall der Ausbeutung von Witwen und Waisen androhen: Die Tat soll gleichsam spiegelbildlich auf den Täter zurückfallen und so seine Frau und seine Kinder treffen. Nach II Sam 3,29 und II Kön 9,26 scheint man auch mit einer von Gott vollstreckten Solidarhaf-tung in Fällen ungesühnter Blutschuld gerechnet zu haben. Eine justiziable Solidarhaftung der Familie wird in Est 9,13 und Dan 6,25 selbst in Fällen der versuchten Anstiftung zum Mord angenommen. Zum Verhältnis zwischen göttlicher und individueller Gerechtigkeit in Dtn 5,9; 7,9 – 10 und Dtn 24,16 vgl. Vincent Sénéchal, Rétribution, 243 – 245.

Oder kurz und knapp zusammengefasst: Jeder wird ausschließlich für sein eigenes Verhalten von Gott zur Rechenschaft gezogen. Auch der das Kapitel abrundende und sachlich zu einem angemessenen Ziel führende Theologe bedient sich in V. 25 (vgl. V. 29a) eines Einwandes seiner imaginären Gesprächspartner. Sie bezeichnen die ihnen erteilte Belehrung, dass Jahwe den Sündern die Möglichkeit zur Umkehr von ihren Sünden einräumt und ein Gerechter aufgrund seiner Untaten seine Gerechtigkeit verlieren kann, als sachlich unangemessen.[61] Rein von dem in dem Kapitel verhandelten Thema her ist diese Reaktion unverständlich. Anders verhält es sich, wenn die Kontrahenten ihre Gerechtigkeit als einen unveränderlichen Besitzstand betrachteten und von einer Gleichstellung mit einstigen Sündern nichts wissen wollten. Die Antwort auf diesen Einwurf gibt dem priesterlichen Lehrer jedenfalls die Gelegenheit, den ganzen Diskurs zu einem sinnvollen Abschluss zu bringen, indem er seine Kontrahenten und mit ihnen seine Leser zur Umkehr aufruft. Dabei gibt sich seine Aufforderung in V. 31aβ, sie sollten sich ein neues Herz und einen neuen Geist verschaffen, durch den Vergleich mit Ez 36,26 als eine ad hoc formulierte paränetische Abwandlung der dort stehenden Verheißung des neuen Herzens und Geistes zu erkennen (Ez 18,27–32):

27 Wenn der Ungerechte von seiner Ungerechtigkeit umkehrt, die er getan hat, erhält er seine Seele am Leben. 28 Er ist umgekehrt von all seinen Sünden, die er getan hat, er soll gewiss leben und nicht sterben. 29 Aber das Haus Israel sagt: „Der Weg des Herrn ist nicht in Ordnung!" Sind meine Wege nicht in Ordnung, Haus Israel? Sind es nicht eure Wege, die nicht in Ordnung sind?

30 Darum richte ich jedermann bei euch gemäß seinen Wegen, Haus Israel, – Ausspruch [des Herrn] Jahwes –. Kehrt um und wendet euch von all eueren Sünden ab, damit sie euch nicht zum Anlass der Schuld werden.[62] 31 Werft weg von euch alle eure Sünden, die ihr[63] getan habt und verschafft euch ein neues Herz und einen neuen Geist, denn warum wollt ihr sterben? 32 Denn ich habe keinen Gefallen am Tod des Todverfallenen, – Ausspruch [des Herrn] Jahwe -[sondern kehrt um, damit ihr lebt!].[64]

Als Kriterium für die Gerechtigkeit eines Menschen vor Jahwe galten nach dem in Ez 18,5–9 enthaltenen Katalog vor allem die Befolgung seiner Gebote, aber auch die Erfüllung der von dem Menschen als Menschen zu erwartenden spontanen Hilfeleistungen für den in Not geratenen Nächsten. Im Einzelnen

---

61 Vgl. aber Thomas Krüger, Geschichtskonzepte, 370–372, der dafür plädiert, das gewöhnlich mit „angemessen" oder „in Ordnung sein" übersetzte Nif. von täkän mit „unbestimmt = undurchschaubar sein" zu übersetzen, so dass hier ein (vernünftiger!) Einwand gegen die im ganzen Kapitel vertretene Lehre von der Eindeutigkeit der göttlichen Lenkung des menschlichen Schicksals vorgetragen würde. Doch scheint mir die herkömmliche Deutung besser der Umkehrung des Vorwurfs zu entsprechen: Das Verhalten der Disputanten ist nicht „uneinsehbar", sondern „uneinsichtig" und mithin falsch.

62 Lies den Plural, vgl. BHS.

63 Siehe BHS.

64 Fehlt in G und dürfte Zusatz sein.

werden als Bedingungen für die Erklärung zum Gerechten genannt: die Unterlassung von Götzendienst,[65] die Respektierung der Sexualtabus,[66] die ordnungsgemäße Rückgabe von Pfändern und der Verzicht auf Übervorteilung des Anderen im Handel,[67] die spontane Hilfe für Notleidende,[68] der Verzicht auf Zinsnahme und Wucher[69] und sonstiges rechtswidriges Verhalten, besonders vor Gericht.[70] Diese Liste greift verschiedene Lebensgebiete heraus, so dass sie als ein Beichtspiegel dienen kann, der jedem zu prüfen ermöglicht, ob er den an einen Gerechten gestellten Ansprüchen genügt. Nicht übersehen darf man V. 9; denn er lässt keinen Zweifel daran, dass nur der gerecht ist, der die Satzungen und Gebote Jahwes und d. h.: die ganze Tora hält (vgl. auch V. 19b).

Blicken wir zurück, so wird deutlich, dass das zunächst als Deutungsmittel für die Situation der nach der ersten Deportation in Juda Verbliebenen gedachte Prinzip der absoluten göttlichen Gerechtigkeit im Laufe der Fortschreibungen seine Bedeutung gewechselt und zur Unterstützung des Mahnrufes zur Umkehr als der Bedingung heilvollen Lebens geworden ist. Als solches besaß es seine Berechtigung, um die durch das Ausbleiben des Heils Frustrierten vor dem Versinken in Resignation und Selbstsucht zu bewahren. Welche Zweideutigkeit ihm bei den Versuchen, es auf die Vergangenheit anzuwenden, anhaftet, mögen die beiden folgenden Beispiele zeigen.

11.6 Ein nachträglicher Versuch, das kollektive Gericht über Jerusalem als ein selektives zu deuten (Ezechiel 9)[71]

Wenden wir uns als Beispiel dafür dem Visionsbericht in Ez 9 zu, so zeigt sich schnell, dass er trotz seines scheinbar konsistenten Erzählungszusammenhangs durchaus seine Probleme besitzt. Die Erzählung ist in den Zusammenhang der c.8–11 gestellt, die von einer Abfolge von Visionen des Propheten berichten:[72] Die erste in c.8 deckt den im Jerusalemer Tempel betriebenen Götzendienst auf; die zweite in c.9 kündigt ein mitleidsloses Strafgericht Jahwes über Jerusalem an. Die in c.10 folgende dritte hat die Einäscherung Jerusalems und den Abzug der Herrlichkeit Jahwes aus dem Tempel zum Inhalt. In der abschließenden Vision in c.11 wird Ezechiel Zeuge einer Zusammenkunft von Jerusalemer Männern im Osttor des Tempels, die sich nach

---

65 Vgl. V. 6a mit Jes 57,7; Ez 6,4–6 und zum Hintergrund Ex 20,2–5a par Dtn 5,6–9a.
66 Vgl. V. 6b mit Lev 18,20–19 und zum Hintergrund Ex 20,14 par Dtn 5,18.
67 Vgl. V. 7a mit Ex 22,25–26; Dtn 24,12–13; Ez 28,18.
68 Vgl. V. 7b mit Jes 58,7 und Hiob 22,7; 31,16–19.
69 Vgl. V. 8a mit Ex 22,24; Dtn 23,20 und Lev 25,36.
70 Vgl. V. 8b mit Ex 23,1–3; Lev 19,15; Dtn 16,19 und im Hintergrund Ex 20,16 par Dtn 5,17.
71 Zu der konsequent dem Prinzip der individuellen Vergeltung folgenden Geschichtsdarstellung der Chronik vgl. Kaiser, GAT I, 204–206.
72 Vgl. dazu Karl-Friedrich Pohlmann, Stand, 144–148.

ihren Worten im Gegensatz zu den Deportierten für das wahre Israel halten. Als der Prophet ihnen Deportation und Tod voraussagt, bricht ihr Anführer Pelatja zum Zeichen für das Eintreffen seiner Botschaft tot zusammen.

Sieht man sich die Erzählung in c.9 genauer an, so berichtet sie davon, dass Ezechiel sechs Männer durch das Nordtor in die Stadt gehen sah, von denen jeder eine Mordwaffe in der Hand hielt. Unter ihnen hätte sich ein siebter (?) Mann befunden, der zum Zeichen seiner Reinheit in weißes Leinen gekleidet war und an dessen Hüfte ein Schreibzeug hing. Dass es sich bei diesen Männern um keine Irdischen handelt, geht aus dem weiteren deutlich genug hervor: Es handelt sich um himmlische Diener Jahwes, die er als Werkzeuge seines Gerichts nach Jerusalem sendet. Denn nachdem sich die Männer insgesamt neben dem ehernen Altar aufgestellt hatten, erhielten sie von Jahwe ihre Befehle: Der Schreiber sollte durch die Stadt ziehen und jeden ihrer Bewohner, der unter den in ihr vollbrachten Gräuel (vgl. V. 8) litt, mit einem Taw und d.h. (in der althebräischen Schrift) mit einem Kreuz auf der Stirn kennzeichnen. Die anderen Männer aber erhielten den Auftrag, durch die Stadt zu ziehen und alle außer den mit dem Kreuz gekennzeichneten niederzuschlagen, wie es denn auch geschah. Darauf hätte der Prophet Jahwe erschrocken gefragt, ob er den ganzen Rest Israels verderben wolle, worauf Jahwe ihn von der Gerechtigkeit seiner Anordnung überzeugte. Der Bericht schließt abrupt damit, dass der Träger des Schreibzeugs Jahwe knapp berichtet, er habe getan, was ihm Jahwe befohlen habe.

Daher fragt sich der Leser, ob der Schreiber (von dem man nicht so recht weiß, ob er zu den Sechsen gehört oder ein siebter Mann ist) nicht erst sekundär in die Erzählung eingefügt worden ist, um sie den in Ez 18 entfalteten Grundsätzen der individuellen religiösen Schuldhaftung anzupassen. Denn hätte der Schreiber keinen Anlass gefunden, seinem Befehl zu entsprechen, hätte das in V. 11 gesagt werden müssen. So aber muss der Leser unterstellen, dass es entgegen der prophetischen Klage und der göttlichen Willenskundgebung eben doch noch eine unbestimmte Zahl von Gerechten in der Stadt gegeben habe (Ez 9,1–11):

1a Und er rief vor meinen Ohren mit lauter Stimme so: Genaht sind die Heimsuchungen der Stadt. 2aα Und siehe, da kamen sechs Männer aus der Richtung des oberen Tores her, das sich nach Norden wendet, und jeder trug ein Zerstörungswerkzeug in seiner Hand [2aβγ und in ihrer Mitte war ein Mann, der war mit Leinen bekleidet, und ein Schreibgerät befand sich an seiner Hüfte]. 2b Und sie kamen und stellten sich neben den ehernen Altar. 3a Und die Herrlichkeit des Gottes Israels erhob sich weg von dem Kerub, über dem sie sich befand, auf die Schwelle des Hauses 3b und sagte [zu dem mit Leinen bekleideten Mann, der ein Schreibzeug an seiner Hüfte trug, 4 und sagte zu ihm: „Ziehe mitten durch die Stadt und zeichne ein Kreuz auf die Stirnen der Männer, die seufzen und stöhnen wegen aller Greuel, die in ihrer Mitte geschehen." 5 Und zu jenen sagte er] vor meinen Ohren: „Zieht durch die Stadt [hinter ihm her] und schlagt nieder. Euer Auge soll nicht mitleidig blicken und sich nicht erbarmen: 6 Greis und Jüngling und Jungfrau und Kind und Frauen sollt ihr tot schlagen [aber allen Männern, auf denen das Taw[73] ist, sollt ihr nicht nahen.] Fangt an meinem Heiligtum an!" Und sie fingen an mit den Männern, die vor dem Haus standen. 7 Und er sagte zu ihnen: „Verunreinigt das Haus und füllt die Vorhöfe mit Erschlagenen. Geht hinaus und schlagt nieder in der Stadt!" 8 Und es geschah, als sie niedergeschlagen hatten,[dass ich allein übrig war,][74] da fiel ich auf mein Antlitz und sagte schreiend: „Ach, Herr Jahwe, willst du den ganzen Rest Israels verderben, indem du deinen Grimm über Jerusalem ausgießt?" 9 Da sagte er zu mir: „Die Schuld des Hauses Israel und Juda ist übergroß, und das Land ist voller Blutschuld und die Stadt voller Rechtsbeugung. Denn sie sagen: „Verlassen hat Jahwe das Land, und Jahwe sieht es nicht! 10 So soll auch mein Auge nicht betrübt sein und ich kein Mitleid empfinden: Ihren Wandel bringe ich auf ihr Haupt!" [11 Und siehe: der in Leinen gekleidete Mann mit dem Schreibzeug an seiner Seite berichtete so: „Ich habe getan, was du befohlen hast!"]

Es dürfte deutlich geworden sein, dass die Erzählung bei Aussparung der auf den himmlischen Schreiber bezogenen Sätze einen in sich geschlossenen Zusammenhang ergibt. Die Männer schlagen unterschiedslos nieder, was ihnen in den Weg kommt, der Prophet erhebt klagend Einspruch gegen die vollständige Vernichtung des in Jerusalem verbleibenden Restes Israels. Gott aber versichert ihm, dass die Schuld des Hauses Israel und Juda übergroß ist: Sie glauben sich bei ihren Gräueltaten von Jahwe unbeobachtet, wie sollte er sich daher über sie erbarmen? Mithin ist das Urteil von Ernst Vogt und Frank-Lothar Hossfeld berechtigt,[75] dass es sich bei den Aussagen über den Weiß-gekleideten um redaktionelle Zusätze handelt. Offenbar hat hier ein Späterer versucht, die ältere Erzählung mit dem in c.18 verkündeten Prinzip in Einklang zu bringen, dass jeder für seine eigene Schuld sterben muss. Doch die dadurch entstandenen Spannungen zeigen, dass ihm das nicht so gut gelungen ist, wie er wohl angenommen hat. Diese Einsicht sollte uns freilich nicht daran hindern, dem Bearbeiter das Zeugnis auszustellen, dass er mit der Einführung des unsichtbar durch die Straßen und über die Plätze der Stadt ziehenden Engels, der über Tod und Leben ihrer Bewohner entscheidet, den unheimlichen Charakter der Erzählung gesteigert hat.

---

73 Im althebräischen Alphabet ein kreuzförmiger Buchstabe.
74 Fehlt in LXX.
75 Vgl. dazu Ernst Vogt, Untersuchungen, 46–48 und Frank-Lothar Hossfeld, Tempelvision, 136–165, bes. 159–160; vgl. aber auch Karl-Friedrich Pohlmann (ATD 22/1), 143–144.

11.7 Das Warten der Frommen auf das Gericht
an den Frevlern (Psalm 94)

Wenden wir uns abschließend dem von manchem Missverständnis bedrohten „Rachepsalm" 94 zu, so sehen wir, dass in ihm das in Psalm 7 gerade noch in dem Halbvers V. 10a eingebrachte Thema des Gegensatzes zwischen den Gerechten und den Gottlosen in den Mittelpunkt getreten ist. Die Gerechten definieren inzwischen ihre Gerechtigkeit nach ihrem Gehorsam gegenüber der Tora, die ihnen Lebensregel und Trost in ihren Anfechtungen ist. Denn sie sehen sich von Frevlern umgeben, die ihre Machtstellung dazu ausnutzen, sich schamlos über die einfachsten Grundsätze der Rechtlichkeit hinweg zu setzen, als gäbe es keinen Gott. So sind die Gerechten darauf angewiesen, Jahwe als den Richter der Erde anzurufen, damit er dem Treiben der Frevler durch sein Erscheinen ein für alle Mal ein Ende bereite. Bis dahin aber können sie sich durch die Worte der Tora trösten lassen, die dem gehorsamen Israel den Sieg über ihre Feinde verheißen (Dtn 28,7) und damit den Frommen, wie es der Dichter des 37. Psalms in V. 29 und V. 34 auslegt,[76] den Besitz des Landes verspricht. Wenn der Beter des 94. Psalms Jahwe schon in der einleitenden Anrufung herausfordert, als rächender Gott, (ēl nĕqāmôt) und damit als Rächer seines nur noch von den Frommen verkörperten Volkes[77] und als Richter der Erde einzugreifen, appelliert er damit ebenso an Jahwes Bundestreue wie an seine Pflicht, als die letzte, über allem Geschehen auf Erden wachende Instanz einzugreifen. Denn beides verpflichtet ihn angesichts der Bedrängnis der Frommen zur Rechtshilfe, will er nicht als heimlicher Bundesgenosse des „Thrones der Bosheit" (V. 20) erscheinen.

Das Lied setzt in den V. 1–7 mit einer „Volksklage" ein, die durch V. 7 direkt mit der von V. 8–10 (11) reichenden Mahnrede an die als Dummköpfe und Toren bezeichneten Gegner verbunden ist, die dem Nachweis der Torheit ihrer Gottvergessenheit dient. An sie schließt sich in den V. 12–15 ein begründetes Vertrauensbekenntnis in der Form eines Glückwunsches an. Dann folgt in den V. 16–23 eine Klage des Beters, die beispielhaft zeigt, wie ein Frommer das Vertrauen auf Jahwes rettendes Eingreifen in der Zeit der Herrschaft des „Thrones der Bosheit" behalten kann. Den Notschrei in V. 1 und 2 aufnehmend, schließt sie mit der indirekten Bitte, Jahwe möge den Frevlern ihr Tun vergelten. Die Frage, ob es sich bei dem Inhaber des Thrones der Bosheit (V. 20) um den Hohenpriester, den örtlichen Repräsentanten des fremden Oberherren oder diesen selbst handelt, lassen wir im vorliegenden Zusammenhang ebenso offen wie die nach der genauen Zeitstellung. Wir merken stattdessen lediglich an, dass der Psalm vermutlich in die hellenistische Epoche zu datieren ist. Um einen direkten Eindruck von seiner Eigenart zu vermitteln, seien im Folgenden erst

---

76 Vgl. dazu unten, 271–274.
77 Vgl. Dtn 32,35–36.41–43.

die einleitende Anrufung und dann das Vertrauensbekenntnis samt der abschließenden Klage zitiert (Ps 94,1 – 7):

1 Du Gott der Rache, Jahwe,
du Gott der Rache leuchte auf![78]

2 Erhebe dich, Richter der Erde,
vergelte den Überheblichen ihr Tun!

3 Wie lange, sollen die Frevler, Jahwe,
wie lange sollen die Frevler frohlocken?

4 Sie brüsten sich mit frechen Reden,
es prahlen alle Übeltäter.

5 Dein Volk, Jahwe, zerschlagen sie,
und dein Erbteil bedrücken sie.[79]

6 Witwen und Fremdlinge töten sie,
und Waisen machen sie nieder.

7 Und sie sagen: „Jach sieht es nicht,
und der Gott Jakobs nimmt es nicht wahr!"

Wir überspringen die kleine Lehrrede der V. 8 – 11, die mittels der Erinnerung
daran, dass Gott den Menschen Ohren und Augen gegeben und sich als ihr
Lehrer erwiesen hat, die Torheit des Verhaltens der Frevler aufdeckt, die sich
benehmen, als bliebe ihm ihr gottloses Treiben verborgen. Die eigentlichen
Adressaten dieser Verse sind nicht die hier angesprochenen Frevler, sondern
die Frommen, die mit der Erinnerung daran, dass die Taten ihrer Gegner Gott
nicht verborgen bleiben, in ihrer angefochtenen Zuversicht bestärkt werden
sollen, dass Gott den Frevlern das verdiente Ende bereiten wird. Diesen Zweck
verfolgen auch das in den V. 12 – 15 anschließende, begründete Vertrauensbekenntnis und die paradigmatische Klage des Beters in den V. 16 – 22. Das
Vertrauensbekenntnis setzt mit einem begründeten Glückwunsch ein. Die
Klage der V. 16 – 21 wird in V. 16 mit der rhetorischen Frage nach dem möglichen Retter eröffnet, auf die sich der Beter in V. 17 selbst die Antwort gibt,
dass dafür niemand als Jahwe in Frage kommt. Darauf folgt in den V. 18 – 21
sein Bekenntnis, wie es ihm gelungen ist, sich die Zuversicht zu erhalten, dass
Jahwe dem Treiben der Gott verachtenden Frevler ein Ende bereiten wird. Der
Psalm endet in den V. 22 – 23 mit einem vorgreifenden Rettungsbekenntnis als
Ausdruck der Erhörungsgewissheit (Ps 94,12 – 23):

---

78 Der Par. memb. verlangt das Verständnis als Imperativ, vgl. mit BHS G und S.
79 Vermutlich sind hier innere Feinde des Volkes gemeint, ohne dass es sich sichern lässt, vgl.
   Frank-Lothar Hossfeld, Psalmen 51 – 100. 653 – 654.

12 Wohl dem Mann, den du, Jach,[80] züchtigst,
und den du aus deiner Tora belehrst,

13 ihm Ruhe zu geben vor bösen Tagen,
bis dass dem Frevler die Grube gegraben.

14 Denn Jahwe verwirft sein Volk nicht,
noch lässt er sein Erbteil im Stich.

15 Denn zum Gerechten[81] kehrt die Herrschaft[82] zurück,
und ihm schließen sich an alle redlich Gesinnten.

16 Wer erhebt sich für mich gegen die Übeltäter,
wer stellt sich für mich gegen die Unheilstifter?

17 Wäre Jahwe mir nicht zur Hilfe,
wie schnell legte sich meine Seele zum Schweigen.

18 Wenn ich denke, es strauchelt mein Fuß,
stützt mich, Jahwe, deine Treue.

19 Wachsen meine Sorgen in mir,
ergötzen deine Tröstungen meine Seele.

20 Kannst Du dich mit dem Thron der Bosheit verbünden,
der unermessliche Mühsal schafft,

21 mit denen, die des Gerechten Seele nachstellen
und das Blut des Unschuldigen schuldig sprechen?

22 Doch Jahwe ist mir zur Zuflucht geworden[83]
und mein Gott zum Fels, der mich birgt.

23 Er wandte auf sie ihr Unheil,
und vernichtete sie durch ihre Bosheit!
Vernichte sie Jahwe, unser Gott.

So ist der ganze Psalm sowohl ein Zeichen der brennenden Ungeduld wie des Gottvertrauens der Frommen. Für sie ist die Tora die Richtschnur ihres Lebens

---

80 Kurzform für Jahwe.
81 Vgl. auch BHS. Doch lässt sich die Hauptlesart „Gerechtigkeit" verteidigen, wenn man das Substantiv mit D.M. Howard Jr. bei Marvin E. Tate, Psalms 51–100, 484 metonym versteht. Anders z. B. Frank-Lothar Hossfeld, Psalmen 50–100, 651, der übersetzt: „Denn zur Ordnung kehrt das Recht zurück."
82 Wörtlich: das Recht.
83 Die Tempora der V. 22 und 23 sind Gegenstand lebhafter Diskussion. Beliebt ist die Änderung des Praeteritums in V. 23a1 in einen durch ein waw eingel.en Jussiv. Aber der Übergang von einem Impf. cons. zu einem solchen könnte kaum in dieser Weise erfolgen, sondern würde einen Neueinsatz verlangen. Das Imperfekt in V. 23a2 ist ein solches zur Bezeichnung einer Begleithandlung des in V. a1 Berichteten. Erst der für V. 23b verantwortliche Bearbeiter eröffnete seinen Zusatz mit einem Jussiv und machte damit deutlich, dass die Vergeltung noch aussteht.

und der Trost angesichts des Waltens von Machthabern, die sich über die fundamentale, in ihr verankerte Rechtsordnung hinwegsetzen. Sie gebärden sich, als brauchten sie Gottes Rache nicht zu fürchten und gäbe es den himmlischen Richter der Erde nicht, den der Beter um sein Erscheinen anruft. Die sich bei dem Vergleich der Ps 7 und 94 ergebende Verlagerung von dem Unschuldigen, der nach Jahwe als seinem Rechtshelfer ruft, zu den Gerechten, die im Herrschaftsbereich der Frevler leben und unter ihnen leiden, gibt uns einen Hinweis darauf, in welchen Kreisen es zu den diesen Gegensatz in die Prophetenbücher eintragenden Bearbeitungen gekommen ist:[84] Es waren die Frommen, die das Problem der Gerechtigkeit Gottes durchbuchstabierten, bis es ihnen gewiss wurde, dass es sich nur mittels eines Überschreitens der Todesgrenze lösen lässt.[85]

84 Vgl. dazu umfassend Klaus Koenen, Heil, und zu seinen Datierungen die von Odil Hannes Steck, Abschluss.
85 Vgl. dazu unten, 268–271.

12. Das gesegnete Leben der Frommen und das verfluchte der Frevler

12.1 Gottes Gerechtigkeit als Schlüssel für das Schicksal Israels und des Einzelnen

Wir haben im vorausgehenden Paragraphen nachgewiesen, dass Gottes distributive Gerechtigkeit, die jedem nach seinen Taten vergilt, ebenso in den Sprüchen der Weisen wie im Ezechielbuch als unumstößliche Maxime seines Handelns an den Menschen proklamiert wird. Diese Vorstellung sollte deshalb einen so nachhaltigen Einfluss gewinnen, weil sie sich mit ihrem universalen Anspruch ebenso zur Deutung des Schicksals des Einzelnen wie des Volkes zu eignen schien; denn sie erlaubte es, von beider Ergehen auf beider Gerechtigkeit oder Frevelhaftigkeit zurückzuschließen. Das konnte am ehesten bei ihrer Anwendung auf das Schicksal des Volkes befriedigen, weil es sich bei ihm um eine kollektive Größe handelt und niemand auf die Idee gekommen wäre, hier eine Auszählung vorzunehmen, wie es der Gedanke des Scheidungsgerichts zwischen den Frommen und den Gottlosen erforderlich machte. Er setzte sich erst durch, als sich die Frommen im Gegensatz zu den Gottlosen als das wahre Israel verstanden, eine Entwicklung, die im Laufe des 4. Jh. v. Chr. einsetzte und mit innerer Notwendigkeit zu einer Verbindung zwischen den weisheitlichen und den prophetischen Traditionen führte. Erinnern wir uns an die in Ez 9 eingefügte Gestalt des himmlischen Schreibers, der die Gerechten für die Menschen unsichtbar mit einem Schutzzeichen versieht, so dass sie von den Gottes Gericht an den Gottlosen ausführenden Würgeengeln[1] verschont bleiben,[2] so erkennt man, dass diese Erwartung im Kontext mit dem sich in der Perserzeit verbreitenden und in der hellenistischen Epoche mächtig an Einfluss gewinnenden Engelglauben das menschliche Vorstellungsvermögen nicht überforderte.[3]

---

1 Vgl. z. B. Ex 12,23; Ez 9; Ps 35,5; Test.Lev. 3; Jub 49,2; I Hen 53,3 – 5.
2 Vgl. dazu oben, 258 – 259.
3 Vgl. dazu auch Kaiser, GAT II, 152 – 160.

12.2 Das Problem des Leidens und die Hoffnung auf das Endgericht

Anders verhielt es sich mit der Frage, ob man aus dem Leiden des Menschen ohne weiteres auf seine geheime Sünden zurückschließen darf. Diese Frage hat die Weisen rund zweihundert Jahre beschäftigt, ohne dass die schließlich in den Kreisen der Frommen gefundene Lösung in Gestalt des Glaubens an das Jüngste Gericht und das ewige Leben bis zum Ende des Zweiten Tempels von allen sich im Laufe des 2. Jh. v. Chr. herausbildenden jüdischen Religionsparteien angenommen worden ist (Apg 23,6–9). Zunächst wurde der Diskurs im Horizont des herkömmlichen Glaubens geführt, nach dem die Gottesbeziehung des Menschen mit seinem Tode endet (vgl. z. B. Ps 88,6.11–13).[4] Er hat seinen Niederschlag am ausführlichsten im Hiobbuch und weiterhin im Kohelet (dem sogenannten Prediger Salomos) gefunden. In knapperer Form wird er durch eine ganze Reihe von Psalmen aufgenommen, die den Gegensatz zwischen den Gerechten oder Frommen und den Frevlern oder Gottlosen thematisiert haben. Schließlich hat er bei Jesus Sirach noch einmal eine eigentümliche Lösung gefunden. Die mit der Entrückung der Seelen der Gerechten und der Verdammnis der Frevler rechnende Lösung des Problems der Gerechtigkeit Gottes in Gestalt des Jüngsten Gerichts hat in der Hebräischen Bibel seinen Niederschlag nur in knappen Einfügungen und Zusätzen gefunden.[5] Um den im Hintergrund stehenden Vorstellungszusammenhang zu erfassen, müssen wir uns dem Wächterbuch I Hen 1–36 und dem Brief Henochs I Hen 92–105 zuwenden. Von hier aus führen die Psalmen Salomos wie eine Brücke zur Weisheit Salomos, in der die eschatologische Heilsbotschaft theologisch reflektiert und auf den Begriff der Verleihung der ἀθανασία, der Unsterblichkeit, gebracht wird (Weish 3,4).

12.3 Die prophetische Botschaft von der Heilsverzögerung durch die Gottlosen in Jesaja 58 und 59

Die Grundgleichung, dass Gerechtigkeit und heilvolles Leben und Ungerechtigkeit und heilloses Leben einander entsprechen, stellte seit den Tagen des Amos die selbstverständliche Denkvoraussetzung der israelitischen Prophetie dar.[6] Sie lieferte ebenso den Deuteronomikern und Deuteronomisten den Maßstab, das katastrophale Ende der beiden Reiche zu begründen wie die

---

4 Vgl. dazu Samuel E. Balentine, Hidden God, 60–61 bzw. Bernd Janowski, Konfliktgespräche, 231–250.
5 Vgl. dazu unten, 371–377.
6 Vgl. z. B. Am 1,3–2,16* und 4,1–2.

Bedingungen für die Zukunft Israels zu benennen.[7] So ist es nicht verwunderlich, dass sich auch die nachexilischen Tradenten der Prophetenbücher an diese Gleichung hielten, wenn sie der Gemeinde die Frage beantworten wollten, warum sich die seit den Tagen Deuterojesajas angekündigte Befreiung und Erhöhung Israels zum Mittelpunktsvolk der Erde so lange hinauszögerte.[8] Ein geradezu klassisches Beispiel dafür stellen die in Jes 58,3 – 12 und 59,1 – 4 überlieferten prophetischen Abweisungen zweier Volksklagen dar:[9] In der ersten hatte sich das Volk darüber beschwert, dass Jahwe seine Bitten, es aus seiner Knechtschaft zu erlösen, trotz seiner fortgesetzten Bußübungen nicht erhört hat.[10] In der zweiten hatte es ihn klagend gefragt, ob er zu ohnmächtig sei, das Schicksal seines Volkes zu wenden. Der Prophet aber bescheidet beide Klagen dahingehend, dass nicht Jahwe, sondern das Volk selbst anzuklagen ist, weil es wähnt, es reiche aus, die Bußakte der Form nach zu erfüllen, sich aber weder am Bußtag noch im Alltag an die einfachsten Grundsätze des Rechts und der Menschlichkeit zu halten. Es reicht nicht aus, den Kopf hängen zu lassen und in Sack und Asche zu gehen, um Jahwes Wohlgefallen zu gewinnen; denn Jahwe erhört nur die Bitten derer, die nach seinem Willen handeln und Recht und Gerechtigkeit üben (Jes 58,3 – 9):

3 „Warum fasten wir, und du siehst es nicht,
erniedrigen wir uns, und du bemerkst es nicht?"
Seht, am Tag eures Fastens geht ihr euren Geschäften nach
und treibt ihr all eure Pfänder (?)[11] ein.

4 Seht, zu Streit und Hader fastet ihr,
und zum Schlag einer rechtlosen Faust!
Ihr fastet heute nicht so,
dass man in der Höhe euer Rufen hört.

5 „Ist das etwa ein Fasten, das mir gefallen könnte,
ein Tag, an dem sich die Menschen kasteien,
an dem sie ihren Kopf hängen lassen
und in Sack und Asche gehen?

---

7 Vgl. dazu oben, 63.
8 Vgl. dazu oben, 191 – 194.
9 Man wird im Blick Jes 58,9 – 59,21 der von Ulrich Berges, Buch, 463 – 465 vorgeschlagenen These zustimmen, dass die hier vorliegende „Umkehr-Radaktion" mit der ersten großjesajanischen Reaktion identisch ist und in der Mitte des 5. Jh. anzusetzen ist; vgl. auch Burkard M. Zapff, Jesaja 56 – 66, 347. Dagegen hat z. B. Klaus Koenen, Ethik, 215 – 216 sie Tritojesaja zugeschrieben und zwischen 520 und 515 v. Chr. datiert, während Odil Hannes Steck, Studien, 177 – 182 und ders., Abschluss, 84 – 87 sie erst einem nach 311 und vor 302/1 wirkenden Bearbeiter des Großjesajabuches zugeschrieben hat. Leszek Ruszkowsi, Volk, 171, vgl. 68 – 69, hat die beiden Kapitel auf zwei verschiedene Redaktionen verteilt.
10 Vgl. auch Jes 1,10 – 17.18 – 20 und Sach 7.
11 Siehe BHS.

Nennst du das ein Fasten
und einen Tag, der Jahwe gefällt?

6 Ist nicht das ein Fasten, das mir gefällt:
Fesseln des Unrechts zu öffnen,
Knoten des Jochs zu lösen,
Geknechtete freizulassen,
und dass ihr jedes Joch zerbrecht?

7 Ist es nicht, dem Hungrigen dein Brot zu brechen,
und dass du Obdachlose in dein Haus führst,
siehst du einen Nackten, ihn bedeckst,
und dich deinem eigenen Fleisch nicht verweigerst?"

8 Dann bricht wie die Morgenröte dein Licht hervor,
und sprosst schnell deine Heilung,
geht dein Heil[12] vor dir her,
und folgt dir Jahwes Herrlichkeit.

9 Dann rufst du, und Jahwe antwortet dir,
schreist du um Hilfe, und er sagt: „Hier bin ich!"

Nicht anders bescheidet der Prophet die vorwurfsvolle Klage, ob Jahwe etwa zu
ohnmächtig sei, sein Volk zu erlösen: Sein Rufen gelangt gar nicht erst zu ihm,
weil ihr gewalttätiges und rechtswidriges Gebaren wie eine Scheidewand
zwischen ihnen steht (Jes 59,1 – 4):

1 Seht, die Hand Jahwes ist nicht zu kurz, um zu helfen,
und sein Ohr nicht zu schwer, um zu hören.

2 Sondern eure Sünden scheiden
zwischen euch und eurem Gott.

3 Denn eure Hände sind mit Blut befleckt
und eure Finger mit Schuld.
Eure Lippen reden Lüge,
eure Zunge murmelt Unheil.

4 Keiner klagt in Gerechtigkeit an,
und keiner prozessiert in Treue.
Man vertraut auf Nichtiges und redet Eitles,
geht schwanger mit Mühsal und gebiert Trug.

Wie sich die innere Lage im Volk weiterhin verändert hat, lässt sich aus Jes
66,5 – 6 entnehmen: Inzwischen ist das Volk in zwei Lager getrennt, die man
alsbald im Anschluss an die weisheitliche Terminologie als die Frevler oder
Gottlosen bzw. als die Gerechten oder Frommen bezeichnen wird. Die Ange-

---

12 Text:ṣsædæq.

hörigen des einen Lagers halten sich an Jahwes Wort, leben ihm gemäß und warten auf sein Heil; die des anderen hassen sie deshalb als Störenfriede, weil schon ihre Existenz eine ebenso lästige wie nach ihrer Meinung unbegründete Mahnung zur Umkehr darstellt.[13] Denn der Wandel der Frommen nach dem Gesetz klagt unausgesprochen ihre eigene Gesetzlosigkeit an.[14] Die Hoffnung der Frommen auf Israels Erlösung aber erscheint ihnen lediglich ein Ausfluss eines längst durch den Lauf der Geschichte widerlegten Wunschdenkens zu sein (vgl. Jes 5,18 – 19).[15] Doch in den Augen des hier seine Stimme erhebenden, auf der Seite der Gerechten stehenden Schriftpropheten befinden sich die Gegner der Frommen in einem schweren Irrtum, weil Jahwes Herrlichkeit in Kürze erscheinen wird, um die Frevler zu vernichten und die Frommen zu retten (vgl. Jes 33,10 – 16).[16]

12.4 Das Endgericht als Lösung des Theodizeeproblems in Jesaja 66,5 – 6 und Maleachi 3,13 – 20

Denn das Scheidungsgericht erscheint den Frommen als die unausweichliche und dringend nötige Antwort Jahwes, um die Wahrheit seiner Worte zu erweisen, indem er seine Drohungen an den Gottlosen und seine Verheißungen an den Frommen erfüllt (Jes 66,5 – 6):[17]

5 Hört Jahwes Wort, die ihr um sein Wort besorgt seid:
Es sagen eure Brüder, die euch hassen,
die euch um meines Namens willen verstoßen:
„Es zeige[18] Jahwe seine Herrlichkeit,
damit wir eure Freude sehen!"
Doch werden sie zuschanden!

6 Laut schallt Getöse aus der Stadt,
laut hallt es her vom Tempel:

---

13 Vgl. auch Weish 2,10 – 16.
14 Vgl. auch Weish 2,10 – 20.
15 Vgl. dazu oben, 68 – 69.
16 Vgl. dazu oben, 146 – 147.
17 Zur Zusammengehörigkeit der V. 5 und 6 vgl. Koenen, Ethik, 200 – 201, der die einschlägige Redaktionsschicht auf 223 in das späte 5. oder die erste Hälfte des 4.Jh. v. Chr. datiert; Steck, Abschluss.91 – 98, vgl. 68 – 69, setzt die Prophetien in Jes 65 – 66 dagegen generell erst im frühen 3. Jh. v. Chr. an. Ruszkowski, Volk, 113 – 126 tendiert zu einer entsprechenden Spätdatierung von 66,1 – 6, verweist aber auf Jack Murad Sasson, Isaiah LXIV 3 – 4a, 199 – 207, der wegen des Alters des Hundeopfers eine (m. E. redaktionsgeschichtlich kaum nachvollziehbare) vorexilische Entstehung für möglich hält. Es handelt sich jedenfalls mit Ulrich Berges, Buch, 545 bei den beiden Kapiteln um die letzte Schicht des Buches, die man mit Burkard M. Zapff, Jesaja 56 – 66, 423 in die ausgehende Perser- oder die Frühhellenistische Epoche datieren kann.
18 Siehe BHS.

Es schallt von Jahwe, der vergilt,
was seine Feinde vollbrachten.

Dass das erfolgreiche Treiben der Frevler Anlass zu grundsätzlichen Zweifeln
an Gottes Gerechtigkeit führen konnte, erfahren wir in Mal 3,13 – 17. Hier
werden wir Zeugen einer Zwiesprache Jahwes mit denen, die dank ihrer
kleinmütigen oder frevelhaften Gesinnung das Warten auf sein Gericht auf-
gegeben hatten: Sie soll die Frommen trösten und in ihrem Festhalten am
Gehorsam gegen seine Weisung bestärken (Mal 3,13 – 20[21]):[19]

13 „Ein starkes Stück sind eure Reden wider mich!"
sagt Jahwe.
Ihr aber sagt: „Was haben wir denn gegen dich geredet?"

14 Ihr sagt: „Vergeblich ist es, Gott zu dienen."
Und:
„Was bringt es für Gewinn, wenn wir auf seine Ordnung achten
und wandeln im Trauerkleid vor Jahwe Zebaoth?

15 Jetzt preisen wir die Überheblichen glücklich,
es werden ja erbaut die Freveltäter,
die Gott versuchen, kommen heil davon!"

16 Darauf besprachen sich, die Jahwe fürchten,
mit seinem Nachbarn jedermann:
Und Jahwe merkte auf und hörte,
und ein Gedenkbuch wurde vor ihm aufgeschrieben
für die, die Jahwe fürchten und seinen Namen achten.

17 „Sie sollen mir", spricht Jahwe Zebaoth,
für den Tag, den ich plane, Eigentum sein,
So dass ich sie verschone, wie jemand,
der seinen Sohn verschont, der ihm dient.

18 Dann könnt ihr wieder zwischen dem Gerechten
und dem Frevler unterscheiden,
zwischen dem, der Gott dient, und dem, der ihm nicht dient.[20]

19 Denn seht, es kommt der Tag, der wie ein Ofen brennt,
dann werden alle Überheblichen und Freveltäter Stroh:
Der Tag, der kommt, wird sie verzehren,"
spricht Jahwe Zebaoth,
er lässt ihnen nicht Wurzel oder Zweig.

---

19 Zu diesem sechsten Diskussionswort des Buches und seiner Zugehörigkeit zur Grundschicht
der Sammlung um die Mitte des 5. Jh. vgl. Jakob Wöhrle, Abschluss, 247 – 249 und 259 bzw.
Henning Graf Reventlow (ATD 25/2), 130.
20 Zum sekundären Charakter der V. 16 – 18 vgl. Wöhrle, 248.

20 Doch über euch, die meinen Namen fürchten,
strahlt auf die Sonne der Gerechtigkeit
und Heilung (kommt) mit ihren Flügeln,
dass ihr hinausgeht und springt wie Kälber aus dem Stall!"

21 Und ihr werdet die Frevler zertreten, denn sie werden
Staub unter euren Sohlen sein an dem Tag, den ich bereite
spricht Jahwe Zebaoth.[21]

Nach einer Formel, welche dieses Verständnis von Jahwes Gerechtigkeit im
Horizont des Gegensatzes zwischen den Frommen und den Frevlern bündig
zusammenfasst, braucht man nicht lange Ausschau zu halten; denn sie findet
sich in Jes 57,21 (48,22) und lautet:

Es gibt kein Heil, spricht mein Gott, für die Gottlosen.

12.5 Die Lehre der Gerechten

Dieser Grundsatz spiegelt sich auch im Spruchbuch und in entsprechenden
Bearbeitungen der Psalmen. Der durch die Erfahrung belegte Regelfall, dass
ein gemeinschaftsgerechtes Leben gelingt, wurde nun angesichts einer from-
men Elite, die sich zunehmend von der Mehrheit der Machtmenschen und der
Gleichgültigen geschieden wusste, auf den Gegensatz zwischen dem oder den
Gerechten und den Frevlern bezogen (Spr. 11,5).[22]

Die Gerechtigkeit des Untadligen ebnet seinen Weg,
aber durch seine Bosheit kommt der Frevler zu Fall.

Um jeden Zweifler von der Richtigkeit dieses Wahrspruchs zu überzeugen,
konnten die Weisen auch sagen (Spr. 11,21):

Die Hand darauf: Der Böse bleibt nicht straflos,
aber wer Gerechtigkeit sät,[23] bleibt in Sicherheit.

Und um anzuzeigen, dass Jahwe es so fügt, konnten sie diese Versicherung
auch so variieren (Spr. 16.4):

Ein Greuel Jahwes ist jeder Hochmütige.
Die Hand darauf: er bleibt nicht straflos.

---

21 Zum sekundären Charakter der V. 20–21 vgl. Wöhrle, 249. V. 21* hatten bereits Koenen, Ethik,
    60 Anm. 19 und Karl Wilhelm Weyde, Prophecy, 386 entsprechend beurteilt.
22 Vgl. dazu Jutta Hausmann, Studien, 37–66, zu den redaktionsgeschichtlichen Problemen Ruth
    Scoralik, Einzelspruch, 62–75 bzw. Achim Müller, Sprüche 1–9, 300–304 und weiterhin Kaiser,
    Einfache Sittlichkeit, 18–42, bes. 29–39 und Jürgen van Oorschot, Gerechte, 225–238.
23 Lies mit G, vgl. BHS.

Weiterhin wurden Tun und Ergehen des oder der Gerechten dem der Frevler in hartem Kontrast gegenübergestellt: Während der Gerechte in Jahwes Gunst steht, so dass er ein glückliches und langes Leben führt, so dass sein Name für die nachfolgenden Generationen zum Segenswunsch wird, sind die Frevler Gott verhasst, so dass ihnen ein glückloses, unheilvolles und kurzes Leben zuteilwird und ihr Name der Vergessenheit an heim fällt. Als Beispiele dafür seinen hier Spr. 15,9; 12,21; 13,9 und 10,7 angeführt. So heißt es in (Spr. 15,9):

Ein Gräuel ist Jahwe der Weg der Frevler,
aber wer Gerechtigkeit nach jagt, den liebt er.

In der Konsequenz heißt es in (Spr. 12,21):

Keinerlei Unheil widerfährt dem Gerechten,
aber die Frevler sind des Unglücks voll.

Entsprechend unterscheiden sich auch beider Lebensaussichten. Beim abendlichen Gang durch den Ort kann man es erkennen: Während die Häuser der Gerechten erleuchtet sind, liegen die Anwesen der Frevler dunkel und verlassen da (Spr. 13,9):

Das Licht der Gerechten brennt hell,
aber die Lampe der Frevler verlischt.

Nicht anders verhält es sich mit den Namen der Menschen: Der Name der Frommen bleibt unvergessen und dient den späteren Generationen als Segenswunsch, weil sich jeder danach sehnt, in gleicher Weise von Jahwe behütet und bewahrt zu werden. Dagegen erinnern sich die Späteren nicht mehr an den Namen der Frevler, obwohl sie einst für soviel Aufsehen gesorgt haben (Spr. 10,7).

Das Gedenken an den Gerechten dient als Segen,
aber der Name des Frevlers vermodert.

12.6 Psalm 37 als Zusammenfassung der Lehre der Frommen

Diese Überzeugung hat im 37. Psalm eine abgerundete Darstellung gefunden.[24] Es handelt sich bei dem Psalm um eine Lehrdichtung, die vierzig Bikola oder Doppelreihen enthält, von denen jede zweite der Reihe nach mit einem Buchstaben des Alphabets beginnt. Auf diese Weise bringt sein Dichter zum

---

24 Zu den Bearbeitungen im Geiste des Gegenüberstellung des Schicksals der Gerechten bzw. der Getreuen mit den Frevlern im Buch der Psalmen in Gestalt von entsprechenden Ergänzungen und der Einfügung ganzer Lieder vgl. z. B. Ps 7,10a; 31,18 – 19; 97,10 – 12 sowie Ps 1 und 34 und dazu Christoph Levin, Das Gebetbuch, 291 – 321 und Urmas Nõmmik, Gerechtigkeitsbearbeitungen, 443 – 535 und bes. 514 – 525.

Ausdruck, dass er seinen Lesern eine ebenso vollkommene wie umfassende Lebenslehre erteilt. Sie gliedert sich in vier Abschnitte zu je zehn Versen. Im ersten fordert der Weise dazu auf, nicht eifersüchtig auf die Bösen zu sein, sondern im festen Vertrauen auf Jahwe Gutes zu tun und abzuwarten, dass Jahwe die Frevler zu Fall bringt, weil die, die auf Jahwe warten, das Land besitzen werden (Ps 37,1 – 11):

1 א Auf Missetäter sei nicht eifersüchtig,
beneide nicht die Übeltäter;[25]

2 denn schnell wie Gras verwelken sie
und sinken hin wie grünes Kraut.[26]
3 ב Befiehl dich Jahwe an[27] und handle gut,[28]
und wohn' im Land und weide sicher.

4 Und habe deine Lust an Jahwe:[29]
Er wird dir geben, was dein Herz begehrt[30].
5 ג Stell deinen Weg Jahwe anheim,[31]
vertrau auf ihn, er richtet es aus.

6 Er führt wie Licht heraus deine Gerechtigkeit,
und dein Recht wie den hellen Mittag.[32]
7 ד Sei still in Jahwe
und warte auf ihn:

8 Beneide den nicht, dem sein Weg gelingt,
ist er ein ränkevoller Mann.
ה Steh ab von Zorn und lass den Grimm,
Ereifere dich nicht, tut man auch Böses;

9 denn Missetäter werden ausgerottet,
doch die auf Jahwe warten, Landbesitzer.[33]
10 ו Ein wenig nur, der Frevler ist nicht mehr,
vergeblich suchst du seine Stätte.[34]

11 Aber die Elenden werden das Land besitzen[35]
und sich erfreuen an der Fülle ihres Heils.

---

25 Vgl. Spr. 24, 15 – 19.
26 Vgl. Jes 40,6; Ps 90,5 und Hiob 14,2.
27 Vgl. Ps 115,9 und Spr. 3,5.
28 Vgl. Ps 34,15.
29 Vgl. V. 11 sowie Jes 58,14; Hiob 22,16 und 27,10.
30 Vgl. Ps 20,6b und 21,3.
31 Vgl. Ps 22,9 und den ganzen Vers mit Spr. 16,2.
32 Vgl. Hiob 11,17 und Jes 58,10.
33 Vgl. V. 129 und 34a* mit Jer 57,13; 60,21 und 65,9 sowie mit z. B. Dtn 6,18.
34 Vgl. Hiob 8,18 und 20,9.
35 Vgl. Mt 5,5.

Es erübrigt sich, in diesem Zusammenhang den ganzen Psalm vorzustellen, denn er kreist weiterhin um den Gegensatz zwischen dem Geschick der Frevler und der Frommen. Im Blick auf beide beruft sich der Dichter auf seine Erfahrung. Sie hat seine Lehre bestätigt, dass der Gerechte nicht zu Fall kommt. Daher ist sein Rat wohl begründet, der Schüler möge sich vom Bösen fern halten (Ps 37,25–28):

25 ‏ב‎ Ein Jüngling war ich und bin alt geworden,
doch sah ich den Gerechten nie verlassen
[noch seinen Samen suchen Brot].[36]

26 Er schenkt und leiht aus alle Tage,
sein Same hat am Segen teil.
27 ‏ס‎ So halte dich vom Bösen fern und tue Gutes,[37]
und bleibe wohnen immerdar.

28 Denn Jahwe liebt das Recht
und verlässt seine Treuen[38] nicht.

Dafür, dass es sich mit den Frevlern genau umgekehrt verhält und sie plötzlich von Jahwe heimgesucht werden, beruft sich der Weise in den V. 35–36 ebenfalls auf seine Erfahrung. Und so kann er seinem Schüler in den letzten vier V. 37–40 zusammenfassend versichern, dass die Gerechten Heil erwartet, während die Sünder vernichtet werden. So wie Jahwe den Gerechten einst vor den Nachstellungen der Frevler geholfen hat, wird er ihnen auch fernerhin beistehen. Eine jüngere Hand hat in V. 40b in Übereinstimmung mit dem Rat in V. 3 die Begründung angefügt, dass es sich so verhält, weil die Frommen auf ihn vertrauen (V. 35–40):

35 ‏ר‎ Ich sah den Frevler übermütig[39],
sich dehnend gleich dem grünen Spross.

36 Als ich vorüber kam[40], war er verschwunden,
als ich ihn suchte, war er nicht zu finden.[41]
37 ‏ש‎ Gib auf den Frommen acht und schau auf den Geraden,[42]
denn ihre Zukunft ist nur Heil.

38 Aber die Sünder werden insgesamt vernichtet,
und abgeschnitten ist der Frevler Zukunft.

---

36 V. 25b fällt als drittes Kolon aus der bikolischen Struktur des Liedes heraus und ist daher als Zusatz zu beurteilen.
37 Vgl. Ps 34,15a.
38 Lies ḥǎsîdāw.
39 Lies mit G; vgl. BHS.
40 Lies mit G und V die sing.
41 Vgl. Hi 5,3 und Spr. 24,30–32.
42 Vgl. aber auch Ps 25,2.

39 ‫ת‬ Die Hilfe der Gerechten kommt von Jahwe,
ihrer Zuflucht in der Zeit der Not.

40 Jahwe hat ihnen geholfen und hat sie gerettet
und wird sie retten vor den Feinden und ihnen helfen;
weil sie auf ihn vertrauen.

13. Der Fall Hiob oder das Problem des unschuldigen Leidens

13.1 Das Hiobbuch, seine Entstehung und seine Tendenzen

Die Botschaft der in Ps 37 das Wort nehmenden Weisen lautete, dass Jahwe die Frommen aus allen Nöten errettet, während er die Gottlosen zugrunde richtet. Diese Lehre wurde seit dem Beginn des 4. Jh. unter Berufung auf die Autorität der Väter und die eigene Erfahrung vertreten. Da man dieser Regel universale Gültigkeit zuschrieb, meinte man, aus jedem Unglück und jeder Erkrankung auf die Schuld der Betroffenen zurückschließen zu können. Damit provozierten die Weisen den Einspruch eines Mannes, den die eigene Beobachtung des Verlaufes menschlicher Schicksale gelehrt hatte, diese Lehre in Frage zu stellen.[1] Ihm verdanken wir die Dichtung von dem schwer erkrankten Weisen Hiob und seinen drei Freunden, deren Trostversuche in derartig heftigem Streit endeten, dass Hiob Gott aufforderte, zu erscheinen und seine Unschuld zu bezeugen.

Da das Hiobbuch eine in sich spannungsvolle Einheit darstellt, seien zur Orientierung des Lesers einführend wenigstens sein Aufbau und die Haupt-etappen seiner Entstehung skizziert.[2] Das Buch umfasst 42 Kapitel. Es besteht aus einer Rahmenerzählung, die in 1,1 – 2,10 und 42,11 – 17 enthalten ist. Sie ist vorn durch die Einführung der drei Freunde Hiobs in 2,11 – 13 und hinten durch den Bericht von der Beurteilung ihrer Reden in 42,7 – 9 mit der zentralen Hiobdichtung in 3,1 – 42,6 verbunden. Diese setzt mit dem die c.3 – 27 um-fassenden Dialog Hiobs mit seinen drei Freunden, Eliphas von Teman, Bildad von Schuach und Zophar von Naᶜama ein. Er gliedert sich in drei Redegänge, in dessen letztem die Rede Bildads in c.25 ungewöhnlich kurz ist und Zophar überhaupt nicht mehr zu Wort kommt. In diesen Reden suchen die Freunde Hiob entschlossen davon zu überzeugen, dass seine Leiden gegen ihn zeugen, so dass er sein Unglück verdient haben muss und er nur genesen kann, wenn er Gott um Vergebung seiner Schuld bittet.[3] Hiob aber besteht von Anfang bis Ende auf seiner Unschuld und appelliert daher an den Gott, der ihn mit Krankheit geschlagen hat, sich als sein Rechtshelfer zu bezeugen. An diese letzte, den Freunden zugewandte Rede in c.27 schließt sich in c.28 ein Hiob in

---

1 Zur Krise des Glaubens an die Gerechtigkeit des Zeus und ihre Überwindung und die Einflüsse der griechischen skeptisch-aufgeklärten Zuwendung zur Wirklichkeit auf die biblische Weis-heitsdichtung vgl. Otto Kaiser, Bedeutung, 1 – 38 und speziell zum Hiobbuch Katherine J. Dell, Book of Job, 159 – 161 und 168 – 170 bzw. Martin Leuenberger, Gott, 260 – 264.
2 Vgl. dazu ausführlich Markus Witte, Leiden, und knapp Kaiser, Hiob, 110 – 119.
3 Zur Rolle der Freunde vgl. Rainer Albertz, Sage and Pious Wisdom, 243 – 261, bes. 259 – 261.

den Mund gelegtes Gedicht auf die Verborgenheit der Weisheit Gottes an: Dann folgt in den c.29 und 30 die Klage Hiobs über sein einstiges Glück und jetziges Unglück und in c.31 sein gern als Reinigungseid bezeichnetes Unschuldsbekenntnis, das mit der Herausforderung Gottes endet.

Unvermittelt schaltet sich in den c.32 – 37 Elihu als ein weiterer Freund ein, der vier Reden hält, um die Schwäche seiner Freunde bei der Verteidigung der unbedingten Gerechtigkeit Gottes auszugleichen und Hiob seiner Schuld zu überführen, ohne dass es ihm gelingt, ihn zu überzeugen. In den anschließenden c.38,1 – 42,6 erreicht die Dichtung ihren dramatischen Höhepunkt in zwei Gottesreden, die durch einen knappen Wortwechsel zwischen Jahwe und Hiob in 40,1 – 5 unterbrochen und durch Hiobs Antwort in 42,1 – 6 beendet werden: Jahwe überführt Hiob der Unkenntnis seiner Schöpfungswerke, so dass Hiob schließlich demütig seine gegen Gott gerichteten Anklagen widerruft. Innere Spannungen, Brüche und Widersprüche geben zu erkennen, dass dieses Werk nicht aus einem Guss ist, sondern durch die nachträgliche Vereinigung eine komplizierte Entstehungsgeschichte besitzt.[4]

Am Anfang steht vermutlich eine wesentlich kürzere Fassung der Lehrerzählung von Hiobs Glück, Leid und Bewährung, der sowohl die Himmelsszenen in 1,6 – 12 als auch die ganze Erzählung in 2,1 – 10 fehlten. Sie wurden ebenso wie die Einführung der drei Freunde in 2,11 – 3,2 erst bei ihrer Verbindung mit der Hiobdichtung vom sog. Buchredaktor eingefügt. Auf ihn gehen auch die Überleitung zum Epilog in 42,7 – 9 und die Erweiterung des Berichts von Hiobs Wiederherstellung in 42,14 – 17 zurück.[5] Er fand die Hiobdichtung bereits in einer durch die Elihureden c.32 – 37 erweiterten Form vor.[6] Weitere Bearbeitungen haben die Reden Hiobs verändert. Dann hat ein Gerechtigkeitsbearbeiter Hiob sich gegen den Zweifel an Gottes Gerechtigkeit wenden und z.B. in 27,7 – 23* das verlorene Los des Frevlers darlegen lassen und in 42* den Grundbestand der zweiten Gottesrede eingeschaltet.[7] Beide Gottesreden wurden später durch die Gedichte über Behemot in 40,15 – 24 und Leviathan in 40,25 – 41,32 erweitert. Dagegen gehört die erste Gottesrede in den c.38 und 39 zum Grundbestand der Hiobdichtung. Eine Unschuldserweiterung hat zumal Hiobs Klage über sein einstiges Glück und jetziges Unglück in den c.29 – 30* und sein Reinigungseid in c.31,4 – 34* nachgetragen und dadurch das unschuldige Leiden Hiobs unterstrichen. Weiterhin legte ihm der sog. Majestätsbearbeiter Worte in den Mund, in denen er Gottes

---

4 Vgl. zum Folgenden die Übersichten bei Markus Witte, Leiden; 190 – 192; Wolf-Dieter Syring, Hiob, 168; Kaiser; Hiob, 125 – 127 und Urmas Nõmmik, Freundesreden, 153 – 158.
5 Zum literarischen Problem der Rahmenerzählung vgl. Syring, Hiob, 154 – 168 und zum traditionsgeschichtlichen Hintergrund und ihrer Eigenart Hans-Peter Müller, Hiobrahmenerzählung, 21 – 40.
6 Vgl. zu ihnen umfassend Georg Fohrer, Weisheit; Harald M. Wahl, Schöpfer, und ergänzend Jaques Vernmeylen, Créateur, 743 – 773.
7 Vgl. dazu Witte, Leiden, 215 – 220.

Größe und Macht in der Natur verherrlichte.[8] Von seinen Einträgen sei hier nur das Lied von der verborgenen Weisheit Gottes in 28*erwähnt.[9] Dem verzagten und mit seinem Gott hadernden Helden sollte der Gottes Majestät preisende Mann an die Seite gestellt und dadurch das Anstößige seines Haderns mit Gott gemildert werden. Schließlich hat ein Niedrigkeitsbearbeiter Eliphas in seiner ersten in Rede in 4,12 – 21* und 15,11 – 16 sachlich durchaus berechtigt darauf hinweisen lassen, dass kein aus Staub entstandener Mensch rein sein kann und Hiob in 40,3 – 5 und 42,1 – 6* entsprechend demütig auf die Gottesreden antworten lassen.[10] An jüngeren Zusätzen hat es nicht gefehlt. Von ihnen sei nur die Bearbeitung des Bekenntnisses Hiobs in 19,25 – 26* erwähnt, in der er seine Gewissheit der Auferstehung versichert.[11] Die biblischen Bücher des Alten Testaments unterstanden keinem Copyright, sondern wurden von den Schriftgelehrten durch ihre Einfügungen an die aktuellen Fragen ihrer jeweiligen Gegenwart angepasst. Daher hat Karl Budde das Hiobbuch mit Recht mit einem mittelalterlichen Dom verglichen, in dem jede Generation ihre Epitaphe errichtet hat.[12]

So kann der Leser in diesem zur Weltliteratur gehörenden Buch an dem Diskurs der Weisen über das Problem der Gerechtigkeit Gottes und des Menschen teilnehmen, der in der späten Perserzeit einsetzte und in der hochhellenistischen Zeit endete.[13] Daher verlangt es von seinem Leser die geduldige Bereitschaft, die in ihm vereinigten, teils miteinander übereinstimmenden und teils einander widersprechenden Voten zu bedenken. Die folgende Darstellung hält sich an die skizzierte Entstehungsgeschichte und geht weiterhin auf literar- und redaktionskritische Einzelheiten nur insofern ein, als sie für das Verständnis unabdingbar sind.[14]

13.2 Der Einspruch des Hiobdichters gegen die Lehre der Väter. Die erste Ausgabe der Hiobdichtung

Der Hiobdichter verdankt sein Thema wahrscheinlich einer weisheitlichen Lehrerzählung von dem östlich des palästinischen Kulturlandes lebenden

---

8 Vgl. dazu Witte, Leiden, 205 – 215. Zum Verhältnis zwischen Natur und Gesellschaft im Hiobbuch vgl. Rainer Kessler, Welt, 639 – 645.
9 Vgl. dazu Jürgen van Oorschot, Hiob 28,183 – 201 und William McKane, Theology, 711 – 722, bes. 713 – 716.
10 Vgl. dazu Markus Witte, Leiden, 194 – 205.
11 Vgl. dazu Klaas Spronk, Beatific Afterlife, 312 – 315.
12 Karl Budde (HK II/1), III.
13 Vgl. dazu auch Siegfried Wagner, Leiderfahrung, 247 – 277.
14 Vgl. dazu umfassend Witte, Leiden bzw. knapper und teilweise weiterführend Kaiser, Hiob, 110 – 119.

Aramäer Hiob.[15] Er hatte trotz seiner Rechtschaffenheit an einem Tage seine sieben Söhne und drei Töchter sowie seinen immensen Herdenbesitz verloren. Aber statt deswegen t Gott anzuklagen, beließ er es bei dem demütigen Bekenntnis der eigenen Sterblichkeit (1,21aα): „Nackt bin ich aus dem Leib meiner Mutter hervorgekommen, und nackt kehre ich dorthin[16] zurück." Daraufhin wären seine sämtlichen Verwandten und Bekannten zu ihm gekommen, um mit ihm zu trauern und ihm schwere Silberringe als Kapital für seinen Neubeginn zu schenken. Gott aber segnete den bewährten Dulder, so dass er erneut sieben Söhne und drei Töchter erhielt und seine gewaltigen Herden doppelt so groß wurden wie die, die er verloren hatte (Hi 42,11–16). Die Erzählung forderte Menschen, die alles verloren hatten, dazu auf, sich durch die Annahme ihres Schicksals zu bewähren und dank der Hilfe der Verwandten und Bekannten im Vertrauen auf Gottes Segen einen Neubeginn zu wagen.[17]

Diesen Mann stellt der Hiobdichter in seiner zunächst selbständigen in den c.3–39* enthaltenen Dichtung[18] als einen schwerkranken Mann vor, zu dem seine drei Freunde Eliphas von Teman,[19] Bildad von Schuach[20]und Zophar von Naama[21] kamen, um ihn zu trösten.[22] Die Dichtung setzt mit der Eingangsklage Hiobs in c.3 ein, in der er den Tag seiner Geburt verflucht und angesichts der Schwere seiner Krankheit fragt, warum die Leidenden sich hinschleppen müssen und nicht sterben dürfen (Hi 3,20–23):

20 Warum wird dem Beladenen Licht gegeben
und Leben den Verbitterten,

21 die sich vergeblich nach dem Tode sehnen,
ihn mehr als alle Schätze suchen,

22 die sich auf ein Steinmal[23] freuen,
die jauchzten, fänden sie ein Grab,

23 dem Manne, dem sein Weg verborgen,
weil Gott ihn hinter ihm verschlossen?

---

15 Vgl. dazu Otto Eißfeldt, Das Alte Testament im Licht der safatenischen Inschriften, 289–319, bes. 299 und zuletzt John Day, How Could Job Be an Edomite?, 392–399.

16 Das heißt: zur Erde als der Mutter alles Lebendigen, vgl. Sir 40,1d.

17 Vgl. dazu Albrecht Alt, Vorgeschichte,265–268 und weiterführend Ludwig Schmidt, De Deo,165–188, und zuletzt Syring, Hiob, 54–126 und 169–174.

18 Zu ihrem Umfang vgl. die Liste bei Witte, Leiden, 231–238.

19 Ein Edomiter; vgl. Jer 49,7.

20 Ein Aramäer vom oberen Eufrat; vgl. Gen 25,2.6 und 26,5 sowie den keilschriftlich belegten Ort Sûhi/Šûhi.

21 Vermutlich ein Libanese; vgl. den an der Straße von Damaskus nach Beirut liegenden Ort ʿAin Sofar dazu B. Moritz (ZAW 57) 1939, 148–150.

22 Vgl. dazu auch Kaiser, Ideologie; 65–92.

23 Der Steinhaufen markiert das Grab anstelle eines Denksteins.

Dadurch provozierte er den Einspruch seiner Freunde, die ihn in drei Rede-
gängen davon zu überzeugen suchten, dass er nur dann genesen könne, wenn
er Gott um Vergebung für seine Sünden bäte.[24] Sie blieben nämlich bis s zum
Schluss davon überzeugt, dass alle Leiden der Menschen Folgen ihrer Sünden
sind. Da Hiob sich als unschuldig erklärte, steigerte sich die Leidenschaft-
lichkeit ihrer dogmatischen Trostversuche und der Antworten Hiobs. Der
Dichter hat die drei Freunde in ihrer Eigenart unverwechselbar charakterisiert. So lässt er sich Eliphas als der Älteste auf seine Lebenserfahrung berufen,
weil sie die Lehre bestätige, dass es dem Schuldlosen und dem Schuldigen
jeweils nach seinem Verdienst ergehe (vgl. z. B. (Hi 4,7 – 9):

7 Gedenke doch, welch' Reiner ging zugrunde,
und wo sind Redliche verschwunden?

8 So viel ich sah, so haben stets die Unrecht pflügten
und Mühsal säten, es geerntet.

9 Durch Gottes Odem gingen sie zugrunde,
durch seines Zornes Wehen nahmen sie ein Ende.

Dagegen erweist sich Bildad in seinen mit Metaphern ausgestalten Reden als
ein gebildeter Mann, der sich für seine Überzeugung, dass ein von Gott ge-
schlagener Mensch nur das empfängt, was er verdient hat, auf die Lehre der
Väter beruft (vgl. Hi 8,8 – 14):

8 Befrage nur das einstige Geschlecht,
beachte das, was seine Väter forschten.[25]

10 Sind sie es nicht, die dich belehren, zu dir reden,
aus deren Einsicht ihre Worte kommen?

11 Wächst denn Papyrus, wo kein Sumpf ist,
wird groß das Riedgras, wo das Wasser fehlt?

12 Ist's noch im Treiben, noch nicht reif zum Schneiden,
verwelkt es schon vor allem Gras.

13 So ist das Ende aller Gottvergessenen
und hört des Frevlers Hoffnung auf.

14 Worauf er baut, sind Sommerfäden,
ein Spinnennetz, worauf er traut.

---

24 Zu den Lehren der Freunde vgl. Nõmmik, Freundesreden, 225 – 234.
25 Bei V. 9 handelt es sich um eine jüngere Einfügung, die den Abstand zu den Vätern unterstreicht:
„Denn wir sind von gestern und wissen nichts,/weil unsere Tage auf der Erde nur ein Schatten
sind."

Zophar, der als letzter eingreift, ist mithin der jüngste der drei Freunde. Dem entspricht der aggressive Eifer, mit dem er Hiob zurechtweist und das von seinen Lehrern Gelernte vertritt (vgl. Hi 11,2 – 15*):

2 Soll denn der Wortschwall ohne Antwort bleiben
oder ein Schwärmer Recht behalten?

3 Müssen Männer vor dir verstummen,
damit du ungetadelt spotten kannst?

4 Du sagtest: „Rein ist meine Lehre,
und rein bin ich in deinen Augen!"

5 O, wenn doch Gott dir Antwort gäbe
und öffnete die Lippen wider dich!

11 Ja, er kennt die falschen Leute,
er sieht den Frevel und beachtet ihn gewiss.

12 „Ein Hohlkopf kann verständig werden,
das Fohlen eines Zebras kann man lehren!"

13 Wenn du dein Herz bereitest
und deine Hände zu ihm breitest –

14 Falls Frevel noch an deiner Hand, entferne ihn,
in deinen Zelten darf kein Unheil wohnen.

15 Dann kannst du makellos dein Antlitz heben
und fest stehen, ohne dich zu fürchten.

Für Hiob sind die Ratschläge seiner Freunde ein Ärgernis, weil sie aufgrund ihrer einst von ihm selbst geteilten Überzeugung nur den einen Rat zu geben wissen, wenn er geheilt werden wolle, Gott seine Schuld zu bekennen.[26] Denn er ist sich keiner Schuld bewusst, die Gott veranlasst haben könnte, ihn so zu schlagen.[27]

In 5,6 – 27 greift Eliphas sein Thema noch einmal ausführlich auf, um Hiob dazu zu bewegen, sein eigenes Geschick in der allgemeinen Regel wiederzu-erkennen und seine Krankheit als einen Versuch Gottes zu erkennen, ihn durch seine Züchtigung zur Ordnung zu rufen. Zöge er daraus die richtigen Konsequenzen, dann würde er umkehren und Gott seine Schuld bekennen, um ihn dann um seine Heilung zu bitten (Hi 5,6 – 21):[28]

---

26 Vgl. dazu Urmas Nõmmik, Freundesreden, 159 – 192.
27 Zu den unterschiedlichen Gattungen der Reden Hiobs und seiner Freunde Reden vgl. Claus
    Westermann, Aufbau, 25 – 80, zu ihrer Parodisierung durch Hiob Katharine J. Dell, Book of Job,
    109 – 157.
28 Vgl. dazu Nõmmik, Freundesreden, 193 – 196 und 201 – 203.

6 Ja: „Aus dem Staube kommt kein Unheil,
und aus der Erde sprosst kein Leid."

7 Es ist der Mensch, der (sich) das Leid erzeugt,
den Funken gleich, die in die Höhe fliegen.

8 Doch ich würde zu Gott mich wenden,
würde dem Gott meinen Fall vortragen,

9 der große Dinge tat, die unerforschlich,
und Wunderbares, das unzählbar ist,[29]

11 um Niedrige empor zu führen,
dass Trauernde zum Glück aufsteigen.

12 Er selbst zerbricht der Klugen Pläne,
dass ihren Händen nichts gelingt.

13 Die Weisen fängt er in der eignen Klugheit,
der Plan der Tückischen ist übereilt:

14 Am hellen Tage treffen sie auf Dunkel,
am hellen Mittag tappen sie wie in der Nacht.

15 Er rettet vor dem Schwerte die Geringen
und aus des Starken Hand den Armen,

16 dass er für den Geringen Hoffnung gebe
während ihr Maul die Bosheit schließt.

17 Ja, glücklich ist der Mann, den Gott zurechtweist,
darum verwirf die Zucht Allwalts[30] nicht.

18 Denn: „Er verwundet und verbindet,
er schlägt, und seine Hände heilen!"

19 In sechs Gefahren wird er dich erretten
und in sieben dich kein Unglück treffen.

20 In Hungersnot erlöst er dich gewiss vom Tod,
im Krieg vor der Gewalt des Schwertes.

21 Vor strömender Geißel[31] wirst du geborgen,
musst dich nicht fürchten, wenn Verheerung kommt.

---

29 V. 10 unterbricht den Zusammenhang und ist daher ein späterer Eintrag.

30 Text: Schaddaj, hier im Anschluss an Fridolin Stier, Buch Hiob, ad loc. nach der griechischen
   Wiedergabe durch „Pantokrator" mit „Allwalt" übersetzt. Zum ungelösten Problem der Ableitung der Gottesbezeichnung El Schaddaj vgl. Markus Witte. El-Schaddaj, 211–256, bes. 221–
   229.

31 Vgl. oben, 58 zu Jes 28,18: Gemeint ist der Einfall eines gewaltigen feindlichen Heeres.

Es ist deutlich: Nach der Eliphas in den Mund gelegten Überzeugung, ist jedermann für sein Ergehen verantwortlich. Wer frevelhaft handelt, beschwört damit die Leiden herauf, die ihm Jahwe sendet. Erkennt er darin die berechtigte Zurechtweisung Gottes, wird Gott sein Schuldbekenntnis und seine Bitte um Vergebung nicht abweisen, sondern ihn weiterhin vor Unglück und Gefahren behüten. Aber die Freunde verstärken durch diese von ihnen ernst und gut gemeinten Trostversuche nur Hiobs inneres Leiden: Denn er weiß sich zugleich unschuldig vor Gott und trotzdem von ihm als schuldig behandelt. Diese Situation muss ihm gänzlich aussichtslos erscheinen, weil kaum damit zu rechnen ist, dass Gott sich dazu bereitfinden könnte, auf die Beschwerden eines Menschen einzugehen. Trotzdem bleibt Hiob nur diese eine Hoffnung, dass sich Gott seiner annimmt und so vor den Menschen seine Unschuld erweist. Um zu belegen, wie sich diese Erwartung in ihm verfestigt, sei hier erst aus Hiobs Antwort auf Bildads erste und dann aus der auf dessen zweite Rede zitiert. Dabei blitzt in 9,22–24 bereits sein grundsätzlicher Einwand gegen die Lehre der Freunde auf, den er in c.21 ausführlich begründen wird. Vor allem aber ringt er hier mit der unmöglichen Möglichkeit, Gott seine Sache selbst vorzutragen (Hi 9,15–23.30–35):[32]

15 Wäre ich im Recht, ich könnt' ihm nicht erwidern,
in meiner Sache nur um Gnade flehen.

16 Doch rief ich ihn um seine Antwort an,
glaubte ich nicht, er hörte meine Stimme,

17 ihn. der im Sturmwind nach mir schnappt
und meine Wunden grundlos mehrt,

18 Der nicht zulässt, dass sich mein Atem wendet,
sondern der mich mit Bittrem füllt.[33]

20 Wär' ich im Recht, sein Mund spräche mich schuldig,
wäre ich rein, er böge mich doch krumm.

21 Unschuldig bin ich, achte nicht mein Leben,
schuldlos bin ich, gebe mein Leben preis.

22 Eins ist es, darum will ich es sagen:
Schuldlose und Schuldige bringt er um!

23 Wenn seine Geißel plötzlich tötet,
verspottet er der Reinen Zagen.

30 Wenn ich mich mit Seifkraut wüsche
mit Lauge meine Hände reinigte,

32 Vgl. dazu auch Walter Dietrich, Schweigen Gottes, 997–1014, bes. 999–1000.
33 Bei V. 19 handelt es sich um eine Einfügung des Gerechtigkeitsbearbeiters.

31 dann tauchtest du mich in die Grube,
dass es den Kleidern vor mir grauste.

32 Er ist kein Mensch wie ich, dem ich erwidern könnte:
„Lasst uns zusammen zur Verhandlung gehen!"

33 Oh gäb' es einen Schlichter zwischen uns,
der seine Hände auf uns beide legte,

34 damit er seine Rute von mir nähme
und sein Grimm mich nicht erschreckte.

35 Dann könnt' ich sagen, ohne mich zu fürchten,
dass ER mir gegenüber nicht gerecht verfährt.

Aber die Bekehrungsversuche der Freunde scheitern an der Festigkeit von
Hiobs Unschuldbewusstsein. Seine Antworten sind daher teils an die Freunde
und teils an Gott gerichtet. Ihn bittet er, angesichts der Kürze des Lebens von
ihm weg zu blicken und ihm Ruhe zu gönnen (Hi 7,1 – 21). Ihm klagt er, dass es
für ihn das Beste gewesen wäre, wenn er nicht geboren wäre (Hi 10,18 – 22). Ihn
bittet er, ihm eine Schuld nachzuweisen und der Kürze seiner Tage zu gedenke
(Hi 13,20 – 14,22). Die Vergänglichkeitsklage in 14,1 – 22 steht poetisch würdig
neben den Ps 39; 90 und Jes 40,6b – 8. Hier sei wenigstens ihr erste Hälfte zitiert
(Hi 14,1 – 11):

1 Der Mensch, vom Weibe geboren,
ist kurz an Tagen, von Unruhe satt.

2 Wie eine Blume, die aufgeht und welkt,
flieht er wie ein Schatten und bleibet nicht.

3 Und über einen solchen hältst du deine Auge offen
und bringst ihn ins Gericht mit dir.[34]

5 Wenn seine Tage festgesetzt sind,
die Zahl seiner Monde bei dir steht,
hast du sein Geschick bestimmt,
kann er es nicht ändern.

6 Blicke weg von ihm und lasse ab,
dass er sich wie ein Mietling seiner Tage freue.

7 Ja, für einen Baum gibt es noch Hoffnung,
wird er gefällt, schlägt er wieder aus.

8 Wenn seine Wurzel in der Erde altert,
und sein Stumpf im Staube stirbt,

---

34 V4 ist eine Glosse: „Wie könnte ein Reiner von einem Unreinen kommen? Niemals!"

9 vom Duft des Wassers schlägt er aus
und zweigt Triebe wie ein Reis.

10 Doch stirbt ein Mann, ist er dahin,
verstirbt ein Mensch, wo ist er dann?

11 Wasser schwinden aus dem Meer,
und Flüsse trocknen völlig aus.

12 Legt sich ein Mensch, so steht er nimmer auf
und wird nie aus dem Schlaf erweckt.

Angesichts der nicht abreißenden Bezichtigungen seiner Freunde bleibt Gott als sein Rechtshelfer oder „Löser" seine letzte Hoffnung (Hi 19,21 – 27):[35]

21 Erbarmt euch, erbarmt euch meiner, ihr meine Freunde,
denn Gottes Hand hat mich geschlagen.

22 Warum verfolgt ihr mich wie Gott,
werdet ihr von meinem Fleisch nicht satt?

23 O würden meine Worte aufgeschrieben,
o würden sie in eine Tafel eingeritzt,

24 mit einem eisernen Griffel
für immer in einen Felsen gehauen!

25 Aber ich weiß: Mein Löser lebt,
als Anwalt steht er auf über dem Staube.

26 Nachdem meine Haut geschwunden ist,
schaue ich Gott ohne mein Fleisch.[36]

27 Dann werde ich ihn selber schauen,
ihn werden meine Augen sehen, und kein andrer.
Meine Nieren schwanden in meinem Leib.

Er, der vergeblich auf das Mitleid seiner Freunde wartete, bekennt sich zu Gott als seinem Rechtshelfer, der für ihn Zeugnis ablegen und die Freunde ins Unrecht setzen wird, wies es dann in 42,7 – 9 tatsächlich der Fall ist. Das vorliegende Bekenntnis hat ein Späterer mindestens in den V. 25b–26* im Sinne der Auferstehungshoffnung ausgestaltet. In der Sopranarie, die den dritten Teil von Händels Messias eröffnet, bewegt es noch heute die Herzen. Aber im Hiobdrama lässt die Schau Gottes noch auf sich warten. Denn die Freunde geben sich noch nicht geschlagen, so dass Hiob sie in c.21 an die Realität erinnern muss, die keineswegs der Lehre vom Zusammenhang zwi-

---

35 Vgl. dazu Rainer Kessler, Erlöser, 139–158 und Hans-Jürgen Hermisson, Erlöser, 667–688.
36 Vgl. aber auch den Verbesserungsvorschlag für V. 26a von Fridolin Stier, Buch Ijob, 298–299;
„Dann richtet sich mein Helfer auf, meinen Zeugen schau ich: Gott."

schen dem Tun und dem Ergehen im Leben des Menschen entspricht. Hier sei
wenigstens die erste Hälfte der Rede zitiert (Hi 21,2 – 30):

2 So hört doch endlich meine Rede,
damit dies eure Tröstung sei!

3 Ertragt mich, dass ich reden kann,
nach meiner Rede mögt ihr spotten!

4 Gilt denn Menschen meine Klage,
bin ich denn grundlos aufgeregt?

5 Wendet euch zu mir und erschauert
und legt die Hand auf euren Mund.

6 Wenn ich's bedenke, schreck' ich auf,
und beginnt mein Leib zu zittern:

7 Warum bleiben Frevler leben,
altern sie und nehmen zu an Kraft?

8 Fest steht ihr Nachwuchs vor ihnen da,
ihre Sprösslinge vor ihren Augen.

9 Ihre Häuser sind vor Schrecken sicher,
und Gottes Rute schlägt sie nicht.

10 Sein Stier besprang und fehlte nicht,
es warf sein Rind und trug nicht fehl.

11 Wie Schafe ließen sie ihre Buben laufen,
und ihre Kinder hüpften umher.

12 Sie sangen bei Pauke und Leier
und freuten sich am Flötenspiel.

13 Sie vollendeten ihre Tage im Glück
und stiegen in Ruhe zur Unterwelt.

14 Und sie hatten zu Gott gesagt: „Bleibe uns fern!
Uns verlangt nicht, deine Wege zu kennen!

15 Wer ist schon Allwalt, dass wir ihm dienten,
und was nützte es uns, wir flehten zu ihm?[37]

17 Wie oft erlischt der Frevler Lampe,
kommt ihr Verderben über sie,

18 dass sie wie Spreu vorm Winde werden,
wie Kaff, das die Windsbraut entführt?

37 In V. 16 meldet ein Schriftgelehrter seinen Protest gegen das hier Gesagte an: Vgl. Ps 1,1 – 2.

19 „Gott spart sein Unheil seinen Söhnen auf?
Ihm zahle er heim, dass er es spürt!

20 Er selbst soll seinen Sturz erfahren
und soll Gift von Allwalt trinken.

21 Denn was bekümmert ihn sein Haus,
ist seiner Monde Zahl vorüber?[38]

23 Der eine stirbt im Vollbesitz der Kraft,
gänzlich sorglos und im Frieden.

24 Seine Schenkel sind voll Fett,
von Mark getränkt sind seine Knochen.

25 Der andere mit bitterer Seele
und hat Gutes nicht genossen.

26 Gemeinsam ruhen sie im Staub,
und Würmer decken beide zu.

27 Ja, ich kenne eure Meinung,
eure Gedanken gegen mich![39]

28 Denn ihr sagt: „Wo ist des Edlen Haus
und wo das Zelt der Frevler?"

29 Habt ihr nicht, die des Weges ziehen, gefragt,
und nicht ihre Zeichen beachtet,

30 dass der Böse am Tage des Unglücks verschont,
er am Tag des Zornes gerettet wird?[40]

Mit diesem Bekenntnis hat Hiob die Brücke zu seinen frommen Freunden abgebrochen, so dass Eliphas in seiner anschließenden letzten Antwort Hiob direkt bezichtigt, dass ihn Gott wegen schwerer sozialer Vergehen gezüchtigt hätte und ihn nur noch seine Umkehr retten könnte (Hi 22,21 – 30*):

21 Versöhne dich mit IHM und schließe Frieden,
so kehrt das Glück zu dir zurück!

22 Nimm doch aus seinem Mund Belehrung an
und lege seine Worte in dein Herz.

23 Kehrst du in Demut zu Allwalt zurück
und entfernst das Unrecht aus deinem Zelt,[41]

38 V. 22 ist wiederum eine zornige Anmerkung eines frommen Schriftgelehrten.
39 Siehe BHS.
40 Siehe BHS.
41 Die V. 24 – 25 sind später nachgetragen.

26 dann wirst du dich über Allwalt freun
und dein Antlitz zu Gott erheben.

27 Rufst du zu ihm, dann hört er dich,
und du erfüllst deine Gelübde.

28 Was du auch planst, wird dir gelingen,
und über deinen Wegen strahlt ein Licht.

29 Denn Gott demütigt den stolzen,
doch wer die Augen senkt, dem steht er bei.

30 Den Mann, der ohne Schuld ist, rettet er,
er wird gerettet wegen seiner reinen Hände.

Das ist ein würdiger Schluss der Freundesreden, so dass der Leser gespannt ist,
wer von ihnen Recht bekommt, wenn Gott auf Hiobs Herausforderung (Hi
31,35–37) in 38,1–39,30* im Wetter erscheint. Aber vorher lässt ihn der
Dichter in 31,1–34 einen Reinigungseid abgelegen, den man mit Recht als den
Höhepunkt der alttestamentlichen Ethik bezeichnet hat. Er sei hier in seiner
auf die Unschuldserweiterung zurückgehenden Urform ohne die Einfügungen
des Gerechtigkeitsbearbeiters zitiert (Hi 31,4–34*):

4 Ist er es nicht, der meinen Wandel sieht
und jeden meiner Schritte zählt?

5 Wenn ich je dem Eitlen folgte
und meine Fuß dem Trug nacheilte![42]

6 Man wäge mich mit rechter Waage,
damit Gott meine Unschuld kennt!

7 Wenn mein Schritt vom Wege wich
und mein Herz den Augen folgte,[43]

8 möge ich säen und ein andrer ernten,
mag wurzellos mein Nachwuchs werden!

9 Wenn ich durch eine Frau zum Toren ward
und ich an meines Nachbarn Tür gelauert,

10 so soll mein Weib für einen andren mahlen,
mögen sich andere über sie beugen.

13 Wenn ich das Recht von Knecht und Magd missachtet,
als sie mit mir im Streite lagen –

---

42 D.h. den Götzen diente.
43 Nachtrag: „und an meinen Händen Makel klebte."

14 was wollte ich, wenn Gott aufstünde,
was ihm entgegnen, wenn er mich befragte?

16 Wenn ich mich dem Begehr des Niedrigen verschloss,
der Witwen Augen schmachten ließ

17 und meinen Bissen ganz allein verschlang
und nicht die Waise kosten ließ!

19 Wenn ich den Wandrer unbekleidet sah
und dem Bedürftigen die Decke fehlte!

20 Gewiss segneten mich seine Lenden,
wärmte er sich an meiner Lämmer Schur.

21 Wenn ich Schuldlose mit der Hand bedrohte,
weil ich im Tore Beistand für mich sah!

22 Dann soll die Schulter mir vom Nacken fallen,
die Elle mir vom Arm abbrechen.

24 Wenn ich auf Gold je meine Hoffnung setze,
zum Feingold sagte. „Meine Zuversicht!"

25 Wenn ich mich freute, dass gewaltig meine Habe,
dass es so viel, was meine Hand gewonnen!

26 Wenn ich zum Lichte, wenn es strahlte blickte
oder zum Monde, der so prächtig wandelt,

27 und mein Herz mich insgeheim betrog,
dass meine Hand mein Mund geküsst!

29 Wenn ich mich ob meines Feindes Untergang gefreut
und jubelte, dass ihn ein Unglück traf!

30 Ich habe meinem Munde nie den Fehl gestattet,
mit einem Fluch ihn zu verwünschen.

31 Wenn meine Zeltgenossen nicht gesagt:
„Wer wurde nicht von seinem Fleische satt?"

32 Kein Fremder musste draußen übernachten,
stets hielt ich mein Tor dem Wandrer offen.,

33 Wenn ich vor Menschen meine Schuld verhehlte,
um sie in meinem Busen zu verstecken,

34 Weil ich Angst vor der großen Menge hatte
und den Schimpf der Sippe scheute!

Auf diesen Eid folgte ursprünglich unmittelbar die Herausforderungsrede in (Hi 31,35 – 37):[44]

O, gäbe es einen, der auf mich hört.
Hier ist mein Zeichen: Allwalt, gib Antwort mir!
Wo ist die Schrift meines Verklägers,
die Schrift, die mein Gegner schriebe?[45]

36 Ich wollte sie fürwahr auf meine Schulter heben
und sie mir als Kranz umwinden.

37 All meine Schritte täte ich ihm kund,
wie ein Fürst würde ich ihm nahen![46]

Doch nun geschieht das Unerwartete: Jahwe antwortet ihm aus dem Wetter und macht ihm deutlich, dass nicht er, sondern Hiob selbst der Gefragte ist (Hi 38,2 – 7):[47]

2 Wer ist es, der meinen Rat verdunkelt
mit Worten ohne Einsicht?

3 Gürte doch wie ein Mann deine Lenden,
ich will dich fragen, dann belehre mich!

4 Wo warst du, als ich die Erde gegründet?
Gib Antwort, wenn du etwas weißt.

5 Wer setzte ihre Maße, falls du es weißt,
oder wer spannte über ihr die Messschnur?

6 Worauf sind ihre Pfeiler gesenkt,
oder wer hat ihren Eckstein gesetzt

7 unter dem Jubel der Morgensterne,
als alle Göttersöhne jauchzten?

Anschließend lässt der Dichter Jahwe den Dulder vor die Wunder des Kosmos und der Tierwelt stellen, indem er ihm Frage auf Frage stellt, von denen Hiob keine zu beantworten weiß. Denn die kosmischen, meteorologischen und biologischen Vorgänge und Verhältnisse waren für die Weisen Israels unergründliches Rätsel. Der Leser aber soll den Analogieschluss ziehen und erkennen, dass es dem Menschen nicht nur unmöglich ist, die Geheimnisse der Schöpfung zu

---

44 Vgl. dazu auch Markus Witte, Hiobs „Zeichen"; 723 – 742.
45 Vermutlich ist ein Kolon ausgefallen.
46 Vgl. dazu auch Markus Witte, Hiobs „Zeichen"; 723 – 742.
47 Zum Grundtext der c.38 – 39 und zur ursprünglichen Einheit der Gottesreden vgl. Jürgen van Oorschot, Gott als Grenze, 148 – 178 bzw. die Zusammenfassung 256 – 259; doch dürfte 40,8 – 14 mit Syring, Hiob, 172 erst von dem Gerechtigkeitsbearbeiter eingefügt worden sein; zur Sache vgl. auch Kaiser, Ideologie, 92 – 102, aber zu Hiobs Antwort jetzt unten, 294 – 295.

erkennen, sondern auch die göttliche Leitung des menschlichen Schicksals zu durchschauen. So wie das eine sein Vermögen des Menschen übersteigt, ist ihm auch das andere entzogen. Damit ist die Lehre der Frommen mit ihrer Gewissheit, dass Gott die Wege der Menschen ausnahmslos so leitet, dass er ihre Würdigkeit zum Maßstab ihrer Glückseligkeit macht, ebenso widerlegt wie Hiobs gegen Gott gerichtete Anklagen ihre Berechtigung verlieren: Der Mensch bleibt vor Gott stets der Gefragte, der ihm nicht zu antworten vermag und trotzdem vor ihm verantwortlich für sein Tun und Lassen bleibt.

13.3 Die Verteidigung der Lehre der Väter in den Elihureden. Die zweite Ausgabe der Hiobdichtung[48]

Die Antwort, die das Leiden des Unschuldigen als ein in Gottes universalem Schöpfungsplan verankertes Rätsel ausgab, konnte die Nachfolgenden nicht befriedigen. Denn sie widersprach nicht nur der Lehre der Weisen, sondern auch dem Tenor des Gesetzes, das sehr wohl Glück und Unglück des Volkes von seinem Gehorsam gegen die Tora abhängig machte (Dtn 28). So ließ der Einspruch nicht auf sich warten: Als erstes führte ein Weisheitslehrer, der von der Stimmigkeit der Entsprechung von Gerechtigkeit und Leben überzeugt war, in den c.32–37 die vier Reden eines weiteren Freundes Elihu, Sohn des Barakel,[49] ein, weil die drei Freunde nach seiner Ansicht ihre Sache nicht gut genug vertreten hatten. Auch von seinen Reden seien hier nur die hauptsächlichen Argumente vorgeführt, mit denen er Schritt um Schritt die Einwände Hiobs gegen die weisheitliche Gleichsetzung von Gerechtigkeit und Leben zu entkräften sucht.

Sein erstes Argument soll Hiobs Vorwurf entkräften, dass ihm Gott auf keines seiner Worte geantwortet hätte.[50] Dagegen wendet er ein, dass Gott mehr als einmal zu den Sündern spricht, indem er sie auf ihrem nächtlichen Lager aufscheucht und sie durch Schmerzen warnt, damit sie von ihrer Bosheit lassen. Gott nimmt die Menschen in die Schule des Leidens, um sie vor dem Tod zu bewahren. Aber dazu bedarf es ihrer Einsicht und Umkehr, zu denen ihnen gegebenenfalls ein Engel verhilft (Hi 33,13–28):

13 Warum liegst du im Streit mit ihm:
„Er antwortet auf keines meiner[51] Worte?"

---

48 Vgl. zu ihnen umfassend Georg Fohrer, Weisheit und Harald-Martin Wahl, Schöpfer und ergänzend Jaques Vermeylen, Créateur, 743–773, bes.761–764.
49 Die Namen bedeuten:"Mein Gott ist Jahwe, der Sohn dessen, den Gott gesegnet hat."
50 Vgl. dazu ausführlich Wahl, 57–68.
51 Lies statt des Suffixes der 2.sing.masc. das der sing.

14 Wahrlich, einmal redet Gott,
zweimal, doch man nimmt's nicht wahr.

15 Im Traum, im Nachtgesicht,[52]
im Schlummer auf dem Lager,

16 Dann öffnet er der Menschen Ohr
und schreckt sie auf durch ihre Züchtigung,[53]

17 um den Menschen von seinem Tun abzuhalten
und den Hochmut des Mannes zu brechen;

18 um seine Seele vor der Grube zu bewahren
und sein Leben, den Strom[54] zu durchqueren.

19 Durch Schmerz wurde er auf seinem Lage gewarnt
und das Schwinden[55] in seinen Gliedern,

20 dass sich sein Leben ekelte vor der Speise
und seine Seele vor Leckerbissen.

21 Es schwand sein Fleisch, das sichtbar war,
bloß lagen seine Knochen, die man nicht gesehen.

22 Seine Seele kam der Grube nahe
und sein Leben dem Ort der Toten.[56]

23 Wenn es für ihn einen Engel gab,
einen Fürsprecher, einen aus tausend,
dem Menschen graden Weg zu weisen,[57]

25 dann schwoll sein Fleisch in Jugendkraft,
zu seiner Jugend Tage kam er wieder.

26 Betete er zu Gott, nahm er ihn an,
und er schaute sein Antlitz mit Jauchzen.

27 Da sang er vor Menschen und sprach:
„Gesündigt hab ich und beugte das Recht,
doch er vergalt mir nicht nach meiner Sünde.

28 Er bewahrte meine Seele, den Strom zu durchqueren.
und mein Leben schaut das Licht!"

---

52 V. 15aα ist vermutlich Zitat aus 4,13.
53 Siehe BHS.
54 Gemeint ist der Unterweltsfluss, vgl. Nicholas J. Tromp, Primitive Conceptions, 147–151.
55 Lies mit Gustav Hölscher (HAT I/17), 80 z.St., vgl. Hartmut Bobzin, Tempora, 42.
56 Lies mit z.B. Hölscher (HAT I/17), 81 z.St. limqôm mētîm.
57 Einfügung des Gerechtigkeitsbearbeiters.

Das zweite Argument wendet sich gegen Hiobs Behauptung, Gott habe ihm sein Recht entzogen und ihn ohne seine Schuld geschlagen (34,5 – 6). Es besagt, dass Gott als der Schöpfer nicht ungerecht sein kann, weil er alles sieht (34,21 – 22 und daher jedem Menschen nach seinem Tun vergilt (Hi 34,10 – 13):[58]

10 Fern sei es Gott, unrecht zu handeln,
und von Allwalt, Schlechtes zu tun!

11 Denn nach seinem Tun[59] vergilt er dem Menschen,
und wie einer wandelt, lässt er es ihn treffen.

12 Denn wahrlich, Gott kann nicht freveln
und Allwalt nicht das Recht verdrehen.

13 Wer hat ihm die Erde anvertraut,
und wer ihn über den Erdkreis gesetzt?

Das dritte Argument wendet sich gegen Hiobs Behauptung, dass ihm seine Frömmigkeit nichts nütze (35,3).[60] Damit sucht der Elihu-Dichter die Klagen Hiobs, dass seine Leiden unverschuldet seien, auf eine allerdings unpassende Formel zu bringen. Sein Gegenargument in 35,6 – 8, dass Hiob mit seiner Gerechtigkeit und Ungerechtigkeit nur sich selbst, aber nicht Gott nützen oder schaden könne, ist eine Wiederaufnahme der von Elifas in seiner letzten Rede an Hiob gerichteten Frage (22,2 – 3). Gott ist mithin seinem Wesen gemäß ein unparteiischer Richter und handelt daher stets vollkommen gerecht (35,5 – 8):

5 Blicke auf zum Himmel und sieh,
betrachte die Wolken hoch über dir:

6 Wenn du sündigst, was kannst du ihm tun,
wenn viel deine Frevel, was schadest du ihm?

7 Wenn du gerecht bist, was gibst du ihm,
was nimmt er an von deiner Hand?

8 Deine Bosheit trifft nur einen Mann wie dich,
einen Menschen, handelst du recht.

Daher gebe es für Hiob keinen vernünftiger Grund, an Gottes Gerechtigkeit zu zweifeln (Hiob 36,5 – 7):[61]

5 Sieh, Gott ist gewaltig an Macht,
er verwirft nicht den lauter Gesinnten.

---

58 Vgl. dazu ausführlich Wahl, 78 – 84.
59 Zum Vorschlag, ein kĕpoàl zu lesen, vgl. Bobzin, Tempora, 432.
60 Vgl. dazu ausführlich Wahl, 93 – 97.
61 Vgl. dazu ausführlich Wahl, 104 – 105.

6 Er lässt den Schuldigen nicht leben
und schafft dem Notbeladnen Recht.

7 Er wendet vom Gerechten nicht sein Auge,
und lässt ihn mit Königen thronen.

So liege es allein an Hiob, ob ihn Gott wieder gnädig anblicke oder nicht (36,16).[62] Gott ist es, der den Lauf der Wolken und Winde lenkt, um damit zu strafen oder seine Huld zu erweisen (37,5 – 13). So stehen die Menschen staunend vor dem, der von Norden her im Wetter aufzieht (37,22 – 24):

22 Von Norden kommt ein goldner Schein,
furchtbare Hoheit ist um Gott!

23 Allwalt,[63] wir erreichen ihn nicht,
gewaltig an Macht und an Gericht,
ein Herr der Gerechtigkeit, die er nicht beugt.

24 Daher sollen ihn die Menschen fürchten,
doch, die sich für weise halten, sieht er nicht!

Und damit hat der Elihudichter ebenso die Summe seiner Reden gezogen wie auf elegante Weise die Verbindung zu der folgenden Rede hergestellt, in der Jahwe aus dem Sturm heraus Hiob befragt (38,1).

13.4 Gottes in der Schöpfung offenbare Majestät und verborgene Weisheit.
Die dritte Ausgabe des Hiobbuches

Der Verfasser der Elihureden suchte mit allen Mitteln zu beweisen, dass die klassische Lehre der distributiven Gerechtigkeit trotz der Einwendungen des Hiobdichters unerschütterlich und Hiob daher mit seiner gegenteiligen Behauptung im Unrecht sei. Sein Nachfolger schlug die entgegengesetzte Richtung ein. Er baute die von dem Hiobdichter gefundene Lösung des Problems des unschuldigen Leidens als in der geheimen Weisheit Gottes begründet aus, und milderte sie zugleich ab, indem er es zur Bewährungsprobe der Echtheit der Frömmigkeit und damit zugleich zu einer solchen der Ehre Gottes machte. Demgemäß lässt er Jahwe gelegentlich einer himmlischen Ratsversammlung, an dem sich alle Göttersöhne bei ihm einfinden, den als Verkläger der Menschen tätigen Satan auf Hiob einzigartige Gottesfurcht und Redlichkeit hinweisen. Der Satan aber bezichtigt die Frömmigkeit Hiobs als reinen Eigen-

---

62 Der Dichter lässt es seine Leser bemerken, dass er besser als sein Vorgänger über die Wolken und den Regen Bescheid weiß; vgl. 36,27 – 28 mit 38,25 – 28.
63 Schaddaj.

nutz: Hiob würde Jahwe ins Angesicht fluchen, wenn er ihm seinen Besitz oder seine Gesundheit nähme (Hi 1,8–11; 2,3–5).[64] Daraufhin hätte Jahwe dem Satan in der ersten Himmelsszene gestattet, Hiob seiner ganzen Habe zu berauben. In der zweiten hätte er ihm die begrenzte Erlaubnis erteilt, Hiobs Fleisch und Gebein anzutasten, ohne ihm dabei das Leben zu nehmen (1,12; 2,6). Hiob aber rechtfertigt Gottes Urteil und Vertrauen, indem er beide Versuchungen besteht. Den Verlust seiner Kinder und gewaltigen Herden beantwortet er mit einem: „Jahwe gab und Jahwe nahm, gepriesen sei Jahwes Name!" (1,21aβ), den seiner Gesundheit mit einem: „Gewiss, das Gute nehmen wir von Gott an, das Böse aber nehmen wir nicht an?" (2,10aβ). So weiß der Leser des Buches, dass die Ursachen für Hiobs Verluste und Leiden nicht bei ihm, sondern im Himmel liegen, und ist gespannt, ob er seine Frömmigkeit im Wechselgespräch mit seinen drei Freunden durchhält, zu dem nun die Verse 2,11–13 überleiten.

Die beiden wichtigsten weiteren Akzentsetzungen dieses Redaktors bestehen darin, dass er in c.28 das Lied auf die verborgene Weisheit eingefügt und mittels der 42,7–9 die Brücke zwischen dem Dialog und dem Epilog der Rahmenerzählung geschlagen hat.[65] Nach dem aus der Schultradition übernommenen Gedicht auf die verborgene Weisheit kennt nur Gott ihren Ort, hat er doch die Welt in Weisheit geschaffen.[66] Der Bearbeiter legte es Hiob in den Mund und ordnete es hinter Hiobs leidenschaftlicher Beteuerung seiner Unschuld in 27,1–5 ein:[67] Damit ließ er Hiob sich selbst zu der verborgenen Weisheit Gottes bekennen. Ein später Bearbeiter ließ ihn in 28,28 die praktische Folgerung ziehen, dass des Menschen Weisheit in der Furcht Jahwes besteht, die Gottes Geheimnisse ehrt und sich keinesfalls von der sittlichen Forderung entbunden weiß, deren Übertretung die göttliche Ahndung nach sich zieht. Und so lautet sein Rat (Hiob 28,28):

Siehe, die Furcht des Herrn ist Weisheit,
und Fernbleiben vom Bösen, das ist Einsicht.

Ließ die alte Hiobdichtung den Leser mit dem abrupten Schluss der Gottesrede allein, so dass er sich die Antwort selbst geben musste, was er von den Freunden und was er von Hiob zu halten hatte, so nimmt ihm der Herausgeber des Buches diese Aufgabe ab, indem er zwischen die Gottesrede und den Epilog 42,7–10 als Brücke einfügt:[68]

64 Zur Bedeutung des Wortes Satan als irdischem oder himmlischem Ankläger vgl. Peggy L. Day, Adversary, mit der Zusammenfassung, 147–150 bzw. die einschlägigen Artikel von K. Nielsen (ThWAT VII), 745–751 bzw. Martin Gies/Otto Bröcher (NBL III), 448–452, der auch den neutestamentlichen Befund einschließt.

65 Vgl. dazu Siegfried Wagner, Versuch, 227–238 und Ingo Kottsieper, Thema, 775–785.

66 Vgl. dazu auch Jürgen van Oorschot, Hiob 28; 183–201 und William McKane, Theology, 711–722, bes. 713–716.

67 Bei 27,6–23 handelt es sich um einen jüngeren Zusatz des Gerechtigkeitsbearbeiters.

68 Vgl. dazu Syring, Hiob, 124–127.

7 Und es geschah: Nachdem Jahwe diese Worte zu Hiob geredet hatte, sagte Jahwe zu Elifas, dem Temaniter: Mein Zorn ist entbrannt gegen dich und gegen deine beiden Freunde, weil ihr nicht angemessen über mich geredet habt wie Hiob, mein Knecht. 8 Daher nehmt euch jetzt sieben Jungstiere und sieben Widder und geht zu Hiob, meinem Knecht, und bringt sie als Brandopfer für euch dar. Dann aber soll Hiob, mein Knecht, für euch beten; denn ich will sein Antlitz erheben,[69] so dass ich euch nicht verächtlich behandle; denn ihr habt nicht Wahres über mich geredet wie Hiob, mein Knecht. 9 Da gingen Elifas, der Temaniter, und Bildad, der Schuchiter, und[70] Zofar, der Naᶜamatiter, und taten, wie Jahwe zu ihnen gesagt hatte. Da erhob Jahwe das Antlitz Hiobs. 10 Und Jahwe wendete das Geschick Hiobs, als er für seine Freunde[71] betete, und gab Hiob doppelt soviel, wie er besessen hatte.

Nun weiß es der Leser: Hiob hat seine Bewährungsprobe auch im Dialog mit seinen drei Freunden bestanden; denn er berief sich ihnen gegenüber mit Recht auf seine Unschuld. Seine Gewissheit, dass Gott ihm als Löser beistehen werde (19,25), erfüllte sich in der Rede Jahwes an Elifas, die seinen und seiner Gefährten frommen Eifer als verfehlt bezeichnete: Nicht Hiob, sondern sie selbst hätten sich versündigt, so dass sie zur Sühne ein wahrhaft königliches Sündopfer darbringen sollten[72] und der Fürbitte durch Hiob bedürften.[73] Und so kann sich der Leser an dem theologisch akzentuierten Schluss der Erzählung von Hiobs Wiederherstellung erfreuen: Jahwe, der ihm so viel Leid zugefügt hatte (42,11aγ), segnete nun sein Ende mehr als seinen Anfang (V. 12): Er ersetzte ihm nicht nur seine verlorene Habe um das Doppelte, sondern gab ihm erneut zehn Kinder, unter denen seine drei Töchter mit den sprechenden Namen „Turteltaube", „Zimtblüte" und „Schminkbüchschen" zu den schönsten Frauen des ganzen Landes wurden. Ihr Vater aber gab ihnen zusammen mit ihren Brüdern Anteil am Erbbesitz.[74] Dann erlebte Hiob noch seine Urenkel und starb wie einst Abraham alt und lebenssatt mit 140 Jahren.[75] So geheimnisvoll Gottes Wege mit dem Menschen und so unerforschlich seine Weisheit sind, so darf sich doch der, der ihn fürchtet, im unschuldigen Leiden damit trösten, dass Gott ihn dank seiner höheren Weisheit prüft und er Gott und allen Frommen zur Ehre leidet. Denn in dem er sich im Leiden bewährt,

---

69 D.h.: sein Gebet erhören.

70 Siehe BHS.

71 Lies mit den Versionen den Plural, vgl. BHS.

72 Vgl. I. Chr 15,26; Ez 45,23 mit Lev 4 – 5.

73 Vermutlich ist der Gegensatz zu Hiob 33,23 – 26 beabsichtigt: Nicht Hiob bedarf der Fürbitte, sondern er ist selbst den Propheten gleich ein vollmächtiger Fürbitter; vgl. dazu z. B. Gen 20,7; I. Sam 12,13; Am 7,1 – 9; 8,1 – 3; dazu Uwe Becker, Der Prophet als Fürbitter, 141 – 165; Jak 5,16 und zur Sache Josef Scharbert, Fürbitte (NBL I), 712 – 713.

74 Georg Fohrer (KAT XVI), 544 – 545 sieht darin unter Berufung auf die anders lautenden Bestimmungen in Num 27,1 – 11; 36 und Dtn 21,15 – 17 einen Archaismus; es ist jedoch nicht ausgeschlossen, dass sich darin die freiere Rechtsstellung der Frauen spiegelt, die ihnen im Laufe der Perserzeit zugewachsen ist; vgl. dazu Christine Roy Joder, Wisdom as a Women, 54.

75 Vgl. Gen 25,7 – 8; 35,28 – 29; 47,28; 50,26 mit Gen 6,3b und Ps 90,10.

bringt er die Anklagen zum Schweigen, dass alle Frömmigkeit der Absicht entspringt, mit dem Himmel ein Geschäft zu machen, wie es der Satan in 1,10 – 11 und 2,4 – 5 unterstellt hat.

13.5 Die Bestreitung der Möglichkeit des Menschen, vor Gott rein zu sein: Die vierte Ausgabe des Hiobbuches durch den Niedrigkeitsbearbeiter[76]

Aber mit dieser Sicht konnte sich ein weiterer Frommer, nicht befreunden; denn er war davon überzeugt war, dass der aus Lehm erschaffene und vom Weibe geborene Mensch vor Gott nicht rein sein kann und daher kein Recht besitzt, sich gegen seine von ihm verhängten Leiden aufzulehnen. Daher kann man diesen Frommen sachgemäß als den „Niedrigkeitsbearbeiter" bezeichnen. Er hat seine Überzeugung in der ersten und zweiten Rede des Elifas in Hiob 4,17 – 19[77] und 15,14 – 16 und in c.25 eine überaus kurze dritten Bildadrede eingetragen und damit vor den Schlussreden Hiobs bündig zusammengefasst (Hiob 25,1 – 6):

1 Da antwortete Bildad, der Schuchiter, und sagte:

2 Herrschaft und Schrecken sind bei ihm,
der Heil in seinen Höhen schafft.

3 Gibt es eine Zahl für seine Scharen,
und über wem erhebt sich nicht sein Licht?[78]

4 Wie kann ein Mensch bei Gott gerecht sein
und rein sein, wer vom Weib geboren?

5 Wenn selbst der Mond vor ihm nicht hell ist,
die Sterne unrein sind in seinen Augen,

6 wie dann der Mensch – nur eine Made,
das Menschenkind – nicht als ein Wurm.

Wollte Hiob seiner Rechtfertigung durch Gott würdig werden, so musste er sich nach der Ansicht des Niedrigkeitsbearbeiters vor ihm demütigen, wie es

---

76 Zum Umfang seiner Einfügungen und seinen Geistesverwandten vgl. Markus Witte, Leiden, 194 – 205.

77 Vgl. dazu oben, 279.

78 Zur Begründung der seit Bernhard Duhm (KHC XVI).128 weithin angenommenen Änderung in ʾôrebô („sein Hinterhalt") (siehe BHS) vgl. kritisch Karl Budde (HK II/1),147.

sich für einen Frommen gehört. Und entsprechend lässt er Hiob vor Gott bekennen (Hiob 40,3 – 5):

3 Da antwortete Hiob Jahwe und sagte:

4 Sieh, ich bin zu gering, was sollte ich Dir erwidern?
ich lege meine Hand auf meinen Mund.

5 Einmal habe ich geredet, ich fahre nicht fort,
zweimal, und füge nichts hinzu!

Übersetzt man den hier bedachten unendlichen qualitativen Abstand zwischen Gott und Mensch aus der Kategorie der kultischen Reinheit und Heiligkeit in den der kreatürlichen Endlichkeit so ist er berechtigt: Denn dem Menschen bleibt als endlichem Wesen die Vollkommenheit versagt (Sir 17,30). Noch sein bestes Tun bleibt angesichts des absoluten Anspruchs Gottes und der sittlichen Forderung aufgrund seines zwanghaften Charakters, die Antriebe der Sinnlichkeit über die der Sittlichkeit zu stellen, ein Anfänger (Phil 3,12), so dass er nur darauf vertrauen kann, dass Gott als der Herzenskünder gnädig sein Leben als ein Ganzes anerkennt (I Kor 4,5; Röm 7,25).[79]

13.6 Die Angleichung Hiobs an die Lehre der Väter:
Die fünfte Ausgabe des Hiobbuches
durch den Gerechtigkeitsbearbeiter

Doch auch die durch den Niedrigkeitsbearbeiter redigierte Fassung des Hiobbuches sollte nicht die letzte sein: Denn wenn Hiob in seiner Frömmigkeit und Gerechtigkeit untadlig gewesen sein soll, wie es in 1,8; 2,3 vorausgesetzt wird, dann muss er sich nach der Ansicht eines Vertreters der klassischen Vergeltungslehre auch unumwunden vor seinen Freunden zu Gottes Gerechtigkeit bekannt haben. Und so lässt er Hiob seine Erklärung an die Freunde, dass er nicht von seiner Gerechtigkeit lasse (27,2 – 6), mit einem entsprechenden Bekenntnis beschließen (Hi 27,7 – 21*):[80]

7 Wie einem Frevler soll es meinem Feind ergehen
und meinem Gegner wie dem Bösewicht.

8 Denn welche Hoffnung bleibt dem Frevler, wenn er scheidet,
wenn Gott seine Seele fordert?

---

79 Vgl. Immanuel Kant, Religion (PhB 45), 71.
80 Vgl. mit Markus Witte, Leiden, 216 Hiob 24,17b–20.22 – 24; 31,1 – 3 und die Profilbeschreibung der Redaktion 215 – 221.

9 Wird Gott sein Schreien dann erhören,
wenn die Not ihn überfällt?

10 Kann er dann auf Allwalt bauen,
erhört ihn Gott, ruft er zu Gott?

13 Das ist des Frevelhaften Los vor Gott:
Von Allwalt nehmen sie, was sonst Tyrannen erben.

14 Sind seine Kinder zahlreich – nur für's Schwert,
und seine Sprösslinge, sie haben nicht genug zu essen.

15 Die übrig bleiben, wird der Tod begraben,
ohne dass Witwen sie beweinen.

16 Häuft einer Silber auf wie Staub,
verschafft er sich wie Lehm Gewänder,

17 besorgt er sie, so trägt sie der Gerechte,
das Silber aber erbt der Reine.

18 Baut einer sich sein Haus wie eine Spinne,[81]
wie eine Hütte, die der Hüter macht,

19 reich legt er sich, er ist's nicht mehr,[82]
wenn er die Augen öffnet, ist es fort.

20 Schrecken erreichten ihn wie Fluten,
die Windsbraut hat ihn nachts entführt.

21 Der Ostwind hob ihn auf, fort war er,
er fegte ihn weg von seinem Ort.

22 Er warf sich über ihn ohne Erbarmen,
vor seiner Macht[83] floh er im Sturm.

23 Man klatschet seinetwegen die Hände[84],
und trieb ihn zischend aus dem Ort.

Damit der Leser angesichts all der von Jahwe in den c.38–39 an Hiob gerichteten Fragen über sein Schöpfungshandeln nicht das Bekenntnis zu seiner
Gerechtigkeit vermisst, lässt ihn der Bearbeiter Hiob ausdrücklich danach
fragen, ob er denn an seiner Stelle Gericht halten und es selbst besser als er
machen könne (Hi 40,7–14):

81 Siehe BHS.
82 Vgl. Hartmut Bobzin, Tempora, 351–352.
83 Text: Hand.
84 Siehe BHS.

7 Gürte doch wie ein Mann deine Lenden,
ich will dich fragen, dann belehre mich!

8 Kannst du etwa mein Gericht zerbrechen,
mich schuldig sprechen, dass du Recht behältst?

9 Besitzt du einen Arm wie Gott
und seine Stimme, lass' es donnern!

10 Schmücke dich doch mit Stolz und Hoheit
und kleide dich mit Glanz und Pracht!

11 Ergieße nur dein Zorneswallen,
sieh jeden Stolzen an und mach ihn niedrig,[85]

13 verbirg sie allesamt im Staub,
sperre sie im Verborgnen ein,

14 dann will auch ich dich preisen,
dass deine Rechte dir geholfen.

Der Gerechtigkeitsbearbeiter hatte es nicht so leicht wie seine Vorgänger, denn er musste bereits auf den Widerruf Hiobs Rücksicht nehmen, mit dem der Niedrigkeitsbearbeiter Hiob die Gottesrede hatte beantworten lassen. Die Spannungen, die zwischen der Dichtung und ihrer Neudeutung durch den Majestätsbearbeiter auf der einen und dem Verfasser der Elihureden, den Nachinterpretationen des Niedrigkeits- und des Gerechtigkeitsbearbeiters auf der anderen Seite bestehen, hätte nur ein völliges Umschreiben des ganzen Buches beseitigen können. Das aber widersprach dem Prinzip, die Schriften der Väter zu kommentieren und zu ergänzen, sie aber nicht gänzlich der geistigen Situation des Tages anzupassen. So stellt das Hiobbuch als Ganzes ein polyphones Lob der Gerechtigkeit Gottes dar, der seine Frommen prüft, aber nicht verlässt; der den Aufbegehrenden demütigt, aber nicht vernichtet, dessen Wege dem Menschen oft genug verborgen bleiben und der am Ende dennoch den Gerechten rettet und den Frevler zu Fall bringt.[86] Wir Heutigen können den Bearbeitern des Hiobbuches nur dankbar dafür sein, dass sie das Problem des unschuldigen Leidens unter so verschiedenen Aspekten bedacht haben; denn zu seiner Zeit und an seinem Ort besitzt jeder dieser Deutungsversuche seine Berechtigung.

---

85 V. 12 ist eine sekundäre Wiederholung.
86 Vgl. aber auch Hermann Spieckermannm, Satanisierung Gottes, 431–444, bes. 444, der die unauflösliche Ambivalenz der Zurückweisung Hiobs durch Gott und seine überraschende Anerkennung betont, in der ihm jedoch nicht seine Gerechtigkeit bescheinigt wird: „Im Hiobbuch wird die große Voraussetzung weisheitlichen Denkens – Gott als Gleichnis der Welt, erkennbar durch Vermittlung der Weisheit – revoziert." Der Verfasser ist sich nicht sicher, ob man das angesichts der inzwischen gewonnenen Einsichten über die literarischen Schichtungen so eindeutig sagen kann. Im Blick auf die Grundschrift der Dialogdichtung ist sein Urteil aber berechtigt.

Gott ist für den wahren Frommen kein Glücksautomat, sondern der Herr, aus dessen Hand er Gutes und Böses ohne zu klagen annimmt. Das widerspricht der Hiobdichtung und korrigiert das von ihr gezeichnete Bild des Dulders, das uns vermutlich viel menschlicher erscheint, weil Hiob zwischen Klage, Hoffnung und Anklage schwankt, um angesichts des erscheinenden Gottes zu verstummen. Eine logisch befriedigende Antwort auf die Frage nach dem uns auferlegten Leiden gibt es nicht, wohl aber die vollkommene Ergebung in Gottes Willen, die alles Fragen auslöscht, weil Gott sie mit dem Frieden seiner Gegenwart beantwortet.

14. Kohelet oder das vergängliche Glück als Gabe Gottes

14.1 Gelingendes Leben als Geschenk des verborgenen und offenbaren Gottes. Kohelet

Doch ehe wir uns der Lösung des Problems der göttlichen Gerechtigkeit zuwenden, welche die Grenzen des Lebens zwischen Geburt und Tod sprengt, müssen wir auf das Zeugnis von zwei weiteren Weisen hören, von denen der eine ebenso ein Geistesverwandter des Hiobdichters wie des Majestätsbearbeiters und der andere ein solcher des Niedrigkeitsbearbeiters gewesen ist, auf die Worte des Kohelet oder Predigers Salomo[1] und die Weisheit des Jesus Sirach. Beider Zeit liegt etwa ein Lebensalter auseinander: Kohelet dürfte im 2. Drittel des 3. in einer politisch relativ ruhigen Zeit gewirkt haben,[2] während Jesus Sirach, der seine Schrift kannte,[3] im ersten Viertel des 2. Jh. v. Chr. in Jerusalem wirkte, als sich die künftigen Auseinandersetzungen über das Amt des Hohenpriesters bereits abschatteten.[4]

Über Kohelets berufliche Stellung wissen wir nur das, was der Herausgeber seines literarischen Nachlasses im Ersten Epilog 12,9 – 11 mitteilt. Danach war er ein anerkannter und zugleich unbequemer Lehrer, der selbstständig dachte und seine Zuhörer entsprechend zu einem selbstständigen Denken zu erziehen suchte.[5] Das Wort „Kohelet" selbst bezeichnet einen Versammlungsleiter. Leider berichtet der Erste Epilogist nicht, um welche Art von Versammlungen es sich handelt. Zusammen mit seiner Kritik der traditionellen Lehren und seiner Vermeidung des Gottesnamen Jahwe und alle heilsgeschichtlichen Anspielungen und seiner Rede von „Gott" oder überwiegend von „dem Gott"[6] darf man sich ihn vermutlich als ein von einem Kreis von tätigen Männern und

---

1 Zur Forschungsgeschichte der Nachkriegszeit bis zu Mitte der 90er Jahre vgl. Kaiser, Beiträge, 149 – 200.

2 Die Ansetzung Kohelets wird indirekt dadurch bestätigt, dass in der Höhle 4 in Qumran zwei Fragmente einer bereits um die Mitte des 2. Jh. geschriebenen griechischen Übersetzung des Kohelet gefunden worden sind.

3 Vgl. dazu Johannes Marböck, Kohelet und Sirach, 79 – 104.

4 Vgl. dazu Martin Hengel, Judentum und Hellenismus, 213, der vier MS nennt, während Florentino Garcá Martínez, Dead Sea Scrolls, 480 nur die beiden MS 4 Q 109 und 110; 8 (4Q Qoha und 4 Q Q Qohb) katalogisiert hat.

5 Zu Kohelet als Zeuge der biblischen Weisheitstradition vgl. Roland E. Murphy, Sage in Ecclesiastes, 263 – 271, bes, 265 – 271.

6 Vgl. z. B. Koh 1,13; 3,10; 5,18 und 8,13 mit z. B. 2,24.26; 3,11.14.17.18; 4,17; 5,5.6; 7,13; 8,12; 9,1; 11,9 und 12,7.

Jünglingen der Oberschicht umgebenen Lehrer vorstellen, mit denen er das überkommene Spruchgut durchging und Lehrvorträge hielt, deren Entwürfe in das Buch eingegangen sind. Der erste Epilogist hat als sein Schüler nur den von ihm an den Anfang des Buches gestellten Traktat 1,4–3,15 als in sich abgeschlossenen Text vorgefunden. Außerdem befanden sich im Nachlass seines Lehrers Einzeltexte, die er zu den vier weiteren Lehrreden 3,16–5,8; 5,9–6,9; 6,11–8,17 und 9,12–12,8 zusammenstellte.[7] Außerdem hat er das Buch durch den Vorspruch 1,2 und 12,8 gerahmt und so unter das Motto gestellt hat, dass alles, was der Mensch betreibt, durch und durch vergänglich ist (Koh 1,2 par 12,8):[8]

Ein einziger Windhauch, sagte Kohelet,
ein einziger Windhauch, es ist alles ein Windhauch.

Die traditionelle Rede vom „Prediger Salomo" geht auf die Königsfiktion in 1,12–2,26 zurück. In ihr identifiziert sich Kohelet in Gedanken ohne den Namen zu nennen mit Salomo als dem nach der biblischen Überlieferung reichsten und weisesten König von Israel, der in Jerusalem residierte.[9] Auf diese Weise wollte er nachweisen, dass selbst ein solcher König keinen bleibenden Gewinn zu erzielen vermöchte. Der Leser des Büchleins wird trotz der Unkenntnis über das Leben seines Verfassers reichlich dadurch entschädigt, dass ihm in seinen Reflexionen ein Denker begegnet, der die überkommenen Weisheitslehren an der eigenen Erfahrung überprüft und freimütig beurteilt hat. Dabei war der zu dem Ergebnis gekommen, dass alles Glück vergänglich ist und es daher darauf ankommt, zu wirken, solange man wirken kann, sich mit dem vergänglichen Glück zu begnügen und das Leben in der Jugend als ein Fest zu feiern (Koh 9,1–12). Dass er die Frage nach dem Glück in den Mittelpunkt seines Denkens rückte, entsprach der zeitgenössischen hellenistischen Philosophie.[10] Mit Ludger Schwienhorst-Schönberger lässt sich feststellen, dass Kohelet ein Denker im Spannungsfeld zwischen jüdischer Weisheit und hellenistischer Philosophie gewesen ist.[11]

---

7 Vgl. dazu die Tabelle B bei Alexander A. Fischer, Skepsis, 252.
8 Vgl. dazu Norbert Lohfink, „Zu הבל im Buch Kohelet", 215–258 bzw. ders., Kohelets הבל –Aussage, 41–60; Fox, Contradictions, 37–46, der die Formel als Antwort auf die Absurdität des Daseins deutet, und zum Problem, ob Kohelet als Nihilist bezeichnet werden kann, Seizo Sekine, Transcendency, 91–128.
9 Vgl. I Reg 3,5–13; 10,1–25 und zur fiktiven Zuweisung des Koheletbuches an Salomo David G. Meade, Pseudonymity, 55–66.
10 Vgl. dazu ausführlich Ludger Schwienhorst-Schönberger, Glück, 233–273.
11 Vgl. dazu seine ausführlichen Nachweise 274–332.

14.2 Die Frage nach dem bleibenden Gewinn des Lebens

Schon die Leitfrage in 1,3 und der Prolog in den V. 4 – 11 stimmen den Leser auf das abschließende Ergebnis ein. Denn auf die Leitfrage, ob es einen bleibenden Gewinn für das mühselige Tun des Menschen gibt, kann es bei einem Blick auf eine Welt, in der es ihrem Wesen nach keine Endresultate, sondern nur einen ewigen Kreislauf des strukturell Gleichen gibt, nur negative Antworten geben. Da mit dem Kommen und Gehen der Generation die jeweils vorausgehende tiefer und tiefer in die Vergangenheit zurücksinkt und schließlich vergessen wird, bleibt dem Menschen nicht einmal der Trost eines ewigen Namens (Koh 1,3 – 11):[12]

3 Was ist der Ertrag für den Menschen bei all seiner Arbeit,
mit der er sich unter der Sonne abmüht?[13]

4 Ein Geschlecht geht und ein Geschlecht kommt,,
aber die Erde steht fest für immer.

5 Die Sonne geht auf und die Sonne geht unter,
und drängt zu ihrem Ort, an dem sie aufgeht.[14]

6 Er dreht nach Süden und dreht ab nach Norden,
nur um sich zu drehen dreht sich der Wind
und um sein Drehen zu wiederholen,
und kehrt zu seinem Drehen zurück.

7 Alle Bäche fließen zum Meer,
aber das Meer wird davon nicht voll.
Zu dem Ort, von dem die Bäche fließen,
zu dem kehren sie, um zu fließen, zurück[15].

8 Alle Dinge bewegen sich rastlos,
kein Mensch vermag es in Worte zu fassen:
Das Auge bekommt das Sehen nicht satt,
noch wird das Ohr gefüllt beim Hören.

9 Das, was war, ist das, was sein wird,
und das, was man tat, ist das, was getan wird;
denn es gibt nichts Neues unter der Sonne.

---

12 Vgl. auch 9,5.
13 Zur Formel unter der Sonne vgl. die Parallelen in den Grabinschriften phönizischer Könige bei Kaiser, Kohelet, 78.
14 M: lechzt nach ihrem Ort; vgl. aber BHS.
15 Vgl. dazu Luc.rer.nat.VI.609 – 615, Text bei Kaiser, Kohelet, 78.

10 Geschieht einmal etwas, von dem einer sagt:
„Sieh da: das ist neu!"
längst gab es das vor Ewigkeiten,
die vor uns gewesen sind.

11 Es gibt keine Erinnerung an die vor uns
und auch an die nach uns, die erst kommen,
wird es keine Erinnerung geben
bei denen, die nach ihnen kommen.[16]

14.3 Der relative Vorteil der Weisheit

Selbst wenn man in die Rolle König Salomos als des nach der Überlieferung weisesten und reichsten Königs Israels schlüpfte,[17] würde sich an diesem Urteil nichts ändern (1,12 – 2,25): Das dem Menschen von Gott aufgenötigte Fragen nach dem Sinn alles irdischen Geschehens erweist sich als eine ihm auferlegte Last; denn er vermag an dem schicksalhaftem Ablauf alles Geschehens nichts zu ändern (1,12 – 15):

12 Ich, Kohelet, bin König über Israel in Jerusalem. 13 So nahm ich mir vor, in Weisheit alles zu untersuchen und zu ergründen, was unter dem Himmel getan wird: Das ist ein leidiges Geschäft, das Gott den Menschenkindern gegeben hat, damit sie sich damit plagen. 14 Ich betrachtete alle Taten, die unter der Sonne getan werden, doch siehe da: alles ist ein Windhauch und ein Streben nach Wind.

15 Was krumm ist, kann nicht gerade sein,
und was fehlt, kann man nicht zählen.[18]

Daher mehrt sich mit der bedachten Lebenserfahrung oder Weisheit der Kummer (1,18).

Bei viel Weisheit ist viel Kummer,
und wer mehr weiß, der leidet mehr.

Wollte man sich enttäuscht in die Freuden des Lebens stürzen, so erwiese sich auch dieser Versuch, dem Leben einen Sinn zu geben, als nichtig: Denn alle Freuden vermögen nicht mehr, als den Menschen für seine Mühe und Arbeit zu entschädigen, weil es für den Menschen in dieser Welt keine bleibende Lust und keinen bleibenden Gewinn gibt. Daher konnte auch der Versuch des Königs, sich Leben durch den Bau von Häusern, das Pflanzen von Weingärten

16 Vgl. dazu Simonides frg.59 (D). Text bei Kaiser, Kohelet, 78.
17 Zur Diskussion der Königsfiktion vgl. Ludger Schwienhorst-Schönberger, Kohelet (HThK.AT), 56 – 57.
18 Zu 1,15 vgl. die antiken Paralleltexte bei Kaiser, Kohelet, 78.

und Parkanlagen, die Anlage von Teichen und Hainen, den Kauf von Sklaven und Sklavinnen, den Erwerb von Viehherden, das Horten von Gold und Silber, von Sängern und Sängerinnen und zahlreichen Frauen zu bereichern und durch die Hingabe an alle Freuden einen Sinn zu geben, zu keinem bleibenden Gewinn (2,1–11). Dazu kam die Ungewissheit, ob der Erbe dieser Reichtümer ein weiser Mann oder ein Tor sein würde. Und so besitzt auch der Weise gegenüber dem Toren nur einen relativen Vorteil (2,14):

Der Weise hat seine Augen im Kopf,
aber der Tor wandert in der Finsternis.

Doch auch dieser Vorteil erweist sich als vergänglich, wenn man bedenkt, dass der Weise nicht anders als der Tor sterben muss: Beide trifft dasselbe Geschick, beide müssen sterben. Beide werden vergessen sein. Und so erschien dem König das Leben hassenswert (2,12–17).

So zeichnet sich am Ende des ersten, von 1,12–2,26 reichenden Argumentationsganges ein Doppeltes ab:) gibt es für den Menschen keinen bleibenden Gewinn und tröstet ihn selbst der Gedanke an seine Erben nicht, die möglicherweise das von ihm mühselig Gewonnene töricht vertun (2,18–23).[19] 2.) erweist es sich, dass der Mensch nicht über das Gelingen oder Misslingen seiner Taten und mithin auch nicht über das Glück verfügt, sondern Gott dem einen dieses und dem anderen jenes nach seinem unerforschlichen Ratschluss zuteilt (Koh 2,24–26):[20]

24 Es gibt für den Menschen kein anderes Glück, als dass er isst und trinkt und es sich wohl sein lässt bei seiner Arbeit. Auch das, so sah ich ein, kommt aus der Hand Gottes. 25 Denn wer kann essen und wer sammeln[21] ohne ihn?[22] 26 Denn dem Menschen, der ihm gefällt,[23] gibt er Weisheit und Kenntnis und Freude, aber dem, der ihm missfällt, gibt er die Mühsal zu sammeln und zu häufen, um es dem zu geben, der Gott gefällt. Auch das ist nichtig und ein Haschen nach Wind.[24]

---

19 Zu 2,18–23 vgl. die antiken Paralleltexte bei Kaiser, Kohelet, 79.
20 Zum Glück als Gabe Gottes vgl. Schwienhorst-Schönberger (HThK.AT), 75–77.
21 Zum Problem vgl. Choon-Leong Seow (AncB 18C) 139–140, der auf arab. hâša, „sammeln" verweist; so übersetzt auch Schwienhorst-Schönberger (HThK.AT), 235. Weithin wird heute in Anschluss an Friedrich Ellermeier, Verbum hûš, 197–217 mit „sich sorgen" übersetzt, vgl. z. B. Martin Rose (OBO 168), 192–193.
22 Lies mimmænnû; denn hier liegt kaum ein Zitat aus einer Gottesrede vor, die das „ohne mich" von M rechtfertigte.
23 Wörtlich: der gut ist vor ihm.
24 Zu 2,26 vgl. Solon, frg. 13.74–76 (D), Text bei Kaiser, Kohelet, 79.

14.4 Das Rätsel der zufallenden Zeit

Auch die Überlegung, wie es mit der Möglichkeit des Menschen steht, im richtigen Augenblick das Richtige zu tun, führt Kohelet zu keinem anderen Ergebnis, weil er nicht weiß, ob die ihre eigenen Qualitäten besitzende Zeit seinem Vorhaben günstig ist (3,1 – 9):[25]

1 Für alles gibt es eine Stunde
und eine Zeit für jedes Vorhaben
unter dem Himmel:

2 Eine Zeit zum Gebären
und eine Zeit zum Sterben,
eine Zeit zum Pflanzen
und eine Zeit, Gepflanztes zu jäten.

3 Eine Zeit zum Töten
und eine Zeit zum Heilen.
Eine Zeit zum Einreißen
und eine Zeit zum Bauen.

4 Eine Zeit zum Weinen
und eine Zeit zum Lachen.
Eine Zeit zum Klagen
und eine Zeit zum Tanzen.

5 Eine Zeit Steine zu werfen
und eine Zeit Steine zu sammeln.
Eine Zeit zum Umarmen
und eine Zeit, Umarmung zu meiden,

6 Eine Zeit zum Suchen
und eine Zeit zum Aufgeben.
Eine Zeit zum Aufheben
und eine Zeit zum Wegwerfen.

7 Eine Zeit zum Zerreißen
und eine Zeit zum Nähen.
Eine Zeit zum Schweigen
und eine Zeit zum Reden.

8 Eine Zeit zum Lieben
und eine Zeit zum Hassen.

25 Zu dem hier vorliegenden Zeitverständnis vgl. Kaiser, Erfahrung der Zeit, 161 – 193, bes.170 – 178.

Eine Zeit zum Krieg
und eine Zeit für den Frieden.

9 Welchen Ertrag kann dann der Handelnde bei dem Haben, womit er sich abmüht?

Zwar gibt es für alles, was der Mensch im Lauf seines Lebens tun und was ihm widerfahren kann, bestimmte, dafür geeignete Zeiten. Aber sie sind und bleiben ihm verborgen.[26] Die rhetorische Frage, mit der das Gedicht über die Zeit in V. 9 endet, kann angesichts der Verborgenheit des Handelns Gottes nur lauten, dass der Mensch nicht über den Erfolg oder Misserfolg seines Handelns verfügt, weil Gott der Herr der Zeiten ist. Daher ist das Handeln des Menschen in jedem Fall ein Wagnis (9,11 – 12):[27]

11 Weiterhin sah ich unter der Sonne:
Den Schnellen gehört nicht der Lauf,
noch den Starken die Schlacht,
noch den Weisen das Brot,
noch den Verständigen Reichtum,
noch den Gebildeten Anerkennung,
sondern Zeit und Zufall widerfährt ihnen allen.[28]

12 Denn wahrlich der Mensch kennt seine Zeit nicht:
Wie Fische, die sich in einem bösen Netz verfangen,
und wie Vögel, die in einer Falle gefangen werden,
werden die Menschenkinder zur bösen Zeit verstrickt,
wenn es sie plötzlich überfällt.

14.5 Das Rätsel der Zeit und die Furcht Gottes

Kohelet zieht aus diesen zunächst entmutigenden Einsichten jedoch nicht den Schluss, dass Gott nur ein anderes Wort für das blinde Schicksal ist, sondern erkennt in der Undurchschaubarkeit der Zeiten Gottes Absicht, den Menschen zur Furcht vor seiner Gottheit zu führen. Gottes Gottheit erweist sich Kohelet darin, dass der Mensch Gottes Gunst nicht mit seinem Tun gewinnen, aber sehr wohl verlieren kann (3,10 – 14):[29]

26 Vgl. dazu Kurt Galling, Rätsel der Zeit, 1 – 15 und Roger N. Whybray, ,A Time to be Born‘, 469 – 482 sowie zum qualifizierten Zeitverständnis im Alten Testament Kaiser, Erfahrung der Zeit, 161 – 193, bes. 170 – 178.
27 Vgl. dazu Tilmann Zimmer, Tod und Lebensglück, 72 – 89 und Kaiser, Erfahrung der Zeit, 174 – 178.
28 Vgl. dazu Men.mon.826 bei Kaiser, Kohelet, 90.
29 Demotische und antike Parallelen bei Kaiser, Kohelet, 80 – 81.

10 Ich sah die Mühsal, die Gott den Menschenkindern gegeben hat, damit sie sich mit ihr plagen: 11 Alles hat Gott zu seiner Zeit schön gemacht, auch hat er die Mühsal[30] in ihr Herz gegeben, nur dass der Mensch das, was Gott tut, von Anfang bis zum Ende nicht herausfinden kann. 12 Ich weiß, dass es bei ihnen nichts Besseres gibt, als sich zu freuen und glücklich zu sein[31] solange sie leben. 13 Doch wenn ein Mensch isst und trinkt und er Gutes bei all seiner Arbeit sieht, ist das eine Gabe Gottes. 14 Ich weiß, dass alles, was Gott tut, das geschieht in Ewigkeit: „Dazu kann man nichts hinzufügen und davon kann man nichts wegnehmen. „Doch Gott hat das so eingerichtet, damit man sich vor ihm fürchtet. 15 Was geschehen ist, längst ist es gewesen, und was geschehen wird, längst hat es das gegeben. Denn Gott sucht das Entschwundene hervor.[32]

Das Rätsel der zufallenden Zeit, deren Eignung für sein Tun der Mensch nicht erkennt,[33] die Verschlossenheit der Zukunft und das Dunkel, die den Augenblick begrenzen, sind von Gott gewollt. Zwar ist es dem Menschen möglich, generell damit zu rechnen, dass Gott hinter den zufallenden Zeiten steht und daher alles zu seiner Zeit auf angemessene Weise geschieht. So wie es jedoch um die konkrete Einsicht in den göttlichen Zeitplan geht, steht der Mensch vor dem unlösbaren Rätsel der Kontingenz alles Geschehens.[34] Das aber ist kein Zufall, sondern von Gott gewollt, weil es ihn Gott fürchten lehrt.[35] So begründet gerade die Skepsis gegenüber dem Versprechen der Weisheit, dass der Mensch den Schlüssel zu einem gelingenden Leben besitzt, die Furcht Gottes. Wenn der Mensch Gott fürchtet, so respektiert er die Unzugänglichkeit Gottes und seiner Schicksalszuweisungen, ohne deshalb einem gesetzlosen,[36] verantwortungslo-

---

30 Im MT liegt eine Konsonantenmetathese vor, so dass aus cālām ein cōlām, „Ewigkeit" geworden ist; vgl. dazu Norbert Lohfink, Kohelet (NEB.AT), 32 und Alexander A. Fischer, Skepsis, 227 und 233–234. Bei dieser Konjektur ergibt sich ein konsistenter Zusammenhang, der von V. 9 über V. 10 zu V. 11 führt. Auch der redliche Versuch von Thomas Krüger (BK.AT XIX), 174, in V. 9 dank des überlieferten Textes den Gegensatz zwischen einem dem Menschen gegebenen allgemeinen Zeithorizont und seiner Unfähigkeit, Gottes Handeln anders als punktuell zu erfassen, hat mich nicht überzeugt. Ludger Schwienhorst-Schönberger (HThK.AT), 268 erklärt den überlieferten Text dahingehend, dass Gott dem Menschen auch die Ewigkeit und damit das Zeitübergreifende ins Herz gelegt habe.

31 Vgl. dazu Rainer Braun, Kohelet, 53–54. Darüber, dass „Gutes zu tun" hier nicht moralisch zu verstehen ist, sind sich die neueren Ausleger einig. Gemeint ist die aktive Fähigkeit, sein Glück zu gestalten; vgl. z.B. Seow (AncB 18 C), 164; Rose (OBO 168), 63–64 und Thomas Krüger (BK.AT XIX), 176.

32 Zur Auslegung des Textes vgl. auch Kaiser, Gott bei Kohelet, 5–10.

33 Vgl. dazu Kurt Galling, Rätsel der Zeit, 1–15; Kaiser, Erfahrung der Zeit, 174–177.

34 Auf den hellenistischen Hintergrund der Schicksals- und möglicherweise auch der kosmologischen Vorstellungen bei Kohelet weist Hermann Spieckermann, Wenn Gott schweigt, 104–124, vgl. bes. 110–117 hin. Er hebt wie mancher vor ihm die skeptischen Seiten des jüdischen Denkers hervor, der über Gott reflektiert aber nicht mit Gott redet, übersieht aber das dialogische Verhältnis, auf das wir in diesem Kapitel hinweisen.

35 Vgl. dazu L. Schwienhorst-Schönberger, Glück, 320–324; A. A. Fischer, 228–250; T. Zimmer, Tod und Lebensglück, 201–216; Kaiser, Verborgene und offenbare Gott, 5–10.23

36 Vgl. dazu Thomas Krüger, Rezeption der Tora, 303–326, bes. 306–308.

sen und überheblichen Verhalten zu verfallen.[37] Die Unzugänglichkeit Gottes macht das Wesen seiner Gottheit aus, schließt aber trotzdem nicht ein dialogisches Verhältnis zwischen Gott und Mensch aus (Koh 4,17 – 5,6):

17 Achte auf deine Füße, wenn du zum Hause Gottes gehst. Und:
„Nahen zum Hören, ist besser als wenn Toren Opfer bringen."
Denn sie sind unwissend, so dass sie Schlechtes tun.

1 Übereile deinen Mund nicht und dein Herz sei nicht vorschnell,
ein Wort vor den Gott zu bringen. Denn:
„Der Gott ist im Himmel,
und du bist auf der Erde."
Darum sollen deine Worte wenige sein.

2 Denn:
„Aus Betriebsamkeit kommen Träume
und aus vielen Reden törichte Worte."

3 Falls du Gott etwas gelobst, zaudere nicht, es zu erfüllen.
Denn:
„An den Toren gibt es kein Gefallen."
Du aber sollst, was du gelobt hast, erfüllen.

4 Besser ist es, du legst kein Gelübde ab,
als dass du gelobst und erfüllst es nicht.

5 Gib deinen Mund nicht dazu her, dass er dein Fleisch zu einer Sünde führe, und sage nicht vor dem Boten, dass es ein Irrtum war. Warum soll Gott sich über deine Rede erzürnen, so dass er das Werk deiner Hände zerstört? 6 Denn durch viele Träume gibt es viele Nichtigkeiten. Du aber fürchte Gott.

Die Verpflichtung des Menschen, sittlich zu handeln, hat Kohelet ebenso wenig wie die Verfasser der Hiobdichtung oder einer seiner Nachfolger bezweifelt.[38] Die Tatsache, dass es vorkommt, dass es dem Gerechten so geht, wie es dem Ungerechten gehen sollte, ist die Folge davon, dass nicht der Mensch, sondern Gott in seiner Unergründlichkeit über Glück oder Unglück entscheidet. Doch wird durch die Ausnahme die Regel nicht aufgehoben, dass Gott das Leben des Gerechten segnet (7,15 – 18):

15 Beides habe ich in den Tagen meines Lebens gesehen:
Es kommt vor, dass ein Gerechter trotz seiner Gerechtigkeit umkommt,
und es kommt vor, dass ein Frevler trotz seiner Bosheit alt wird.

---

37 Vgl. 3,14; 5,6; 7,15 – 18; 8,12 – 13, vgl. 9,3. Zur Diskussion darüber, ob es sich bei der Furcht Gottes für Kohelet um ein Hinwegducken unter dem Schicksal oder das Ernstnehmen Gottes ist, der mit den Menschen in einem dialogischen Verhältnis steht, vgl. Kaiser, Gott bei Kohelet, 10 Anm. 36.

38 Vgl. dazu Schwienhorst-Schönberger, Glück, 168 – 173; Zimmer, Tod und Lebensglück, 190 – 195; Kaiser, Verborgene und offenbare Gott, 11 – 15.

16 „Sei nicht allzu gerecht und gebärde dich nicht allzu weise,
warum willst du dich zugrunde richten?

17 Sei nicht allzu frevelhaft und sei kein Tor,
warum willst du vor deiner Zeit sterben?"

18 Es ist gut, wenn du das eine anpackst
und auch von dem anderen deine Hand nicht lässt.
Ja, wer Gott fürchtet, entgeht dem beiden.

Der Zeitstellung Kohelets entsprechend darf man unter Gerechtigkeit ein der Tora entsprechendes Handeln verstehen. Nach den über dem Gehorsam gegen sie stehenden Verheißungen sollten die gesegnet sein und lange leben, welche die Weisungen Gottes hielten; die Gesetzesbrecher oder Frevler aber verflucht sein und jung sterben (vgl. Dtn 28 mit 30,15–20). Diese Regel stellt Kohelet durch die Beobachtung der Ausnahme nicht in Frage; denn mit seinem „es kommt vor…" fällt er ein partikulares Urteil, welches das universelle nicht aufhebt.[39] Trotzdem ist die Beobachtung, dass dann und wann das Gegenteil der Regel geschieht, bestürzend und Kohelets Rat, wie darauf zu reagieren ist, nur auf den ersten Blick frivol. Aber das Gegenteil ist der Fall; denn die beiden Wahrsprüche in V. 16 und 17 samt der aus ihnen in V. 18 gezogenen Folgerung fordern zu einem maßvollen Leben auf, das nach Aristoteles wie nach dem Papyrus Insinger in der Mitte zwischen den Extremen liegt:[40] Vor einem extremen Handeln bewahrt den Menschen die Gottesfurcht. Wer bei seinem Tun und Lassen die maßvolle Mitte einhält und damit zeigt, dass er Gott fürchtet, der provoziert Gott nicht. Seine Reflexionen zusammenfassend erinnert Kohelet seine Schüler daran, dass alles Handeln des Menschen mit einem Risiko verbunden ist. Daher sollte er bei seinen Unternehmungen mit allen Möglichkeiten rechnen, sich dann aber für eine entscheiden und handeln (11,1–6):[41]

1 „Schicke dein Brot über die Wasserfläche.
Dann findest du es nach vielen Tagen wieder."

2 Gib sieben oder acht einen Anteil,
denn du weißt nicht, was Schlimmes auf Erden geschehen mag.

3 „Wenn die Wolken voll sind,
gießen sie Regen auf die Erde."

---

39 Vgl. dazu auch Norbert Lohfink, Kohelet (NEB.AT), 54.
40 Vgl. z. B. Pap.Insinger, 285–286 bei Heinz J. Thissen, (TUAT III/2), 285–286; Text auch bei Kaiser, Gott bei Kohelet, 17–18; vgl. auch die klassische Definition bei Aristot.eth.Nic.III.1106a.29–32 und weiterhin z. B. 1115a 6–7; 1116a 9–10 und dazu W.F.R. Hardie, Ethics, 129–15
41 An diesem Text lässt sich exemplarisch das polare Denken Kohelets beobachten, der jeweils von einem Wahrspruch oder umgehenden Urteil ausgeht, um dann frei die Folgerungen aus ihm zu ziehen.

Und fällt ein Baum nach Süden oder Norden, –
wohin der Baum fällt, da bleibt er liegen.

4 „Wer auf den Wind achtet, kommt nicht zum Säen,
und wer auf die Wolken sieht, nicht zum Ernten."

5 Wie du den Weg des Windes nicht kennst
noch die Gebeine im Leib der Schwangeren,
kennst du nicht das Handeln Gottes, der alles bewirkt.

6 Am Morgen säe deinen Samen,
und bis zum Abend lass deine Hand nicht ruhn;
denn du weißt nicht, ob dies oder das gelingt
oder beides zugleich gut gerät.

14.6 Das vergängliche Glück als Gabe Gottes[42]

Immer wieder hat Kohelet seine Schüler daran erinnert, dass alles Glück eine
Gabe Gottes ist, mit der er das Mühen und Plagen des Menschen belohnt. Statt
sich im Grübeln über die Sinnwidrigkeiten zu verlieren und mit Gott darüber
zu hadern, dass es Fälle gibt, in denen es den Gerechten und Frevlern umgekehrt ergeht, wie es ihnen nach den Lehren der Väter gehen sollte, sollte er die
einfachen Freuden seines Daseins nicht versäumen, solange es dazu Zeit ist.
Das war das Ergebnis der Königsfiktion in 2,24 – 26: Diese Einsicht stand am
Anfang, in der Mitte und Ende seiner Reflexionen über die Schattenseiten des
Lebens und die Abgründe des Leidens, in die Menschen einander stürzen
können (3,16 – 22; 5,17 – 19; und 8,14 – 15). Gegen die bösen Tage können die
Menschen bei Gott keinen Einspruch erheben, daher ist es angebracht, sie
anzunehmen und dabei des Endes zu gedenken (7,13 – 14):[43]

13 Gib Acht auf das Handeln Gottes:
Denn wer kann das gerade machen,
was er gekrümmt hat?

14 Am guten Tage lass es dir wohl gehen
und am bösen Tage bedenke:
Auch ihn hat Gott gemacht, –
zumal der Mensch hernach auf nichts mehr trifft.

Mit der an die Jugend gerichteten Mahnung, das nie wieder kehrende Glück
dieser Zeit nicht zu versäumen, wird der letzte Zyklus in 9,1 – 10 eröffnet und
in 11,7 – 12,7 beschlossen. Alle Menschen müssen sterben, gleichgültig, ob sie

---

42 Vgl. dazu auch Kaiser, Carpe diem, 247 – 274, bes. 257 – 264.
43 Vgl. Hi 2,10.

gerecht oder frevelhaft leben; ob sie Gott geopfert haben oder nicht; ob sie
Eide geleistet oder verweigert haben: Sie alle müssen das gleiche Schicksal
(*miqræh*) erleiden und sterben (9,4 – 10):

4 Ja, wer noch zu den Lebenden ‚gehört‘[44] gibt es Hoffnung.
Denn: „Ein lebender Hund hat es besser als ein toter Löwe."

5 Denn die Lebenden wissen, dass sie sterben müssen,
aber die Toten wissen gar nichts,
und es gibt für sie keinen Lohn;
denn die Erinnerung an sie ist erloschen.

6 Sowohl ihr Lieben wie ihr Hassen
wie ihr Eifern, längst ist es dahin,
und sie haben nie mehr einen Anteil mehr
an allem, was unter der Sonne getan wird.

7 Geh, iss dein Brot mit Freude
und trinke frohen Herzens deinen Wein;
denn längst hat Gott dein Tun gebilligt.

8 Alle Zeit seien deine Gewänder weiß,
und Öl soll auf deinem Haupt nicht fehlen.

9 Genieße das Leben mit der Frau, die du liebst,
alle Tage deines vergänglichen Lebens,
die dir Gott unter der Sonne gegeben.[45]
Denn das ist dein Anteil am Leben und bei deiner Arbeit,
mit der du dich unter der Sonne plagst.

10 Alles, was du zu tun vermagst, tue.
Denn es gibt weder Tun noch Planen
noch Wissen noch Weisheit in der Unterwelt,
zu der du schon auf dem Wege bist.[46]

Die letzten drei Zeilen prägen den Adressaten in ihrem steten und unerbitt-
lichen Fortschreiten die Unausweichlichkeit des Endes ein und erinnern dabei
an die letzten Sätze des aus der Orchestra ausziehenden Chors in der griechischen Tragödie. Sie prägen den Hörern die Unentrinnbarkeit des Schicksals ein, gegen den es keinen Einspruch geben kann. Kohelet war ein nüchtern
denkender Mann, der seine Augen nicht vor dem Zwielicht verschloss, das
über dem Leben der Menschen liegt. Aber er war überzeugt, mit der seine

---

44 Siehe BHS.
45 „alle Tage deines vergänglichen Lebens" ist verstärkender Zusatz.
46 Vgl. dazu auch Ludger Schwienhorst-Schönberger, Lehre vom absoluten Tod, 207 – 219,
    bes. 210 – 215.

Aufzeichnungen durchziehenden Mahnung zum *carpe diem*,[47] nichts als die Konsequenz aus seinem ernüchterten, die Lehren der Väter über das Geschick des Gerechten und des Frevlers auf den Prüfstand stellenden Reflexionen zu ziehen. In diesem Sinne fasst der begründete Wahrspruch 11,7–8 die grundsätzliche Folgerung aus seinen Einsichten zusammen, indem er der das Leben durchziehenden Freude am Licht, das folgende ewige Dunkel an die Seite stellt (11,7–8):

7 Süß aber ist das Licht
und gut für die Augen ist es,
die Sonne zu schauen.

8 Denn wenn der Mensch auch viele Jahre lebt,
soll er sich doch an ihnen allen freuen
und an die dunklen Tage denken,
die zahlreich sein werden;
denn alles, was kommt, ist flüchtig.

Auf dieses knappe Lob des vergänglichen Lebens folgt als Abgesang die begründete Aufforderung an die jungen Männer, das Leben zu genießen, so lange es Zeit ist. Sie gewinnt ihre Eindrücklichkeit durch die Schilderung des unaufhaltbaren Verfalls der Kräfte, die mit dem Tode endet. Die Tragik des vergänglichen Lebens soll die jungen Menschen dazu anhalten, das einzige ihnen mögliche Glück nicht zu versäumen. Gewiss gewinnt die Jugend einen besonderen Glanz, weil sie vergänglich ist. Die Hartnäckigkeit und sich steigernde Eindrücklichkeit, mit der Kohelet immer wieder auf dieses Thema zurückkommt, soll seiner Botschaft Nachdruck verleihen. Es liegt ein Hauch der Resignation über ihr, den wir auch bei Ben Sira entdecken werden (11,9–12,7):[48]

9 Freue dich, Bursche, in deiner Jugend
und dein Herz sei froh in den Tagen deiner Jugend.
Gehe hin, wo dein Herz dich weist
und wohin deine Augen dich locken.[49]

10 Halte Kummer von deinem Herzen fern
und halte dir Krankheit vom Leibe;
denn Jugend und Jugendblüte[50] sind flüchtig.

12,1 Doch denke an deinen Schöpfer
in den Tagen deiner Jugend[51]

---

47 „Ergreife den Tag", Horaz carm.I.18.
48 Zur Auflösung der unausgesprochenen Vergleiche für den Alterungsprozess und das Sterben vgl. Kaiser, Kohelet, 76–77 und zu den altorientalischen und altägyptischen Parallelen 91–93.
49 V. 9b ist ein Zusatz des Zweiten Epilogisten.
50 Wörtlich: „Schwarzhaarigkeit".
51 Ob 12,1a ursprünglich zu diesem Gedicht gehört oder es sich bei ihm um einen „frommen" Nachtrag handelt, ist umstritten. Angesichts des Kohelets Aufzeichnungen durchziehenden

ehe die schlimmen Tage kommen
und die Jahre sich nähern, von denen du sagst:
„An ihnen habe ich kein Gefallen!!

2 Ehe sich die Sonne verfinstert,
das Licht, der Mond und die Sterne,
und die Wolken nach dem Regen wiederkehren.[52]

3 Zu der Zeit, da die Wächter des Hauses zittern,[53]
und die kräftigen Männer sich krümmen.[54]
Und die Müllerinnen untätig sind, weil sie zu wenig,[55]
und dunkel werden die Frauen, die durch das Gitter schauen,[56]

4 und die Tore zur Straße verschlossen sind.[57]
Wenn das Lärmen der Mühle leiser
und zum Vogelzwitschern wird
und alle Töne gedämpfter klingen.

5 Wenn der Mandelbaum blüht[58]
und sich der Grashüpfer schleppt,[59]
und die Kaper zerplatzt.[60]
Denn der Mensch geht in sein ewiges Haus,[61]
und Klagende ziehen durch die Gasse.

6 Ehe die silberne Schnur zerreißt
und die goldene Schale zerbricht,
und der Krug an der Quelle zerschellt
und das Rad in der Zisterne zerbricht.[62]

7 Und der Staub wieder zu Erde wird, wie er es war,
und der Odem zu Gott zurückkehrt, der ihn gegeben.[63]

„zwar –aber" scheint es mir angebracht, den Halbvers als ursprünglich zu betrachten: Die jungen Männer sollen sich nicht schlechthin ausleben, sondern dabei an den Gott denken, der in der Regel (!) den Gerechten ein längeres Leben schenkt aus den Frevlern.

52 Das winterliche Wetter ist Metapher für das Alter.
53 Die Arme.
54 Die Beine.
55 Die Zähne.
56 Die Augen.
57 Die tauben Ohren.
58 Die weißen Haare.
59 Der erschlaffte Penis.
60 Nachlassen ihrer stimulierenden Wirkung der Geschlechtskraft? Oder Appetitlosigkeit? Bei V. 5aα „Man sich vor der Steigung fürchtet/und vor den Schrecknissen auf den Wegen." handelt es sich um einen Nachtrag.
61 Das Grab.
62 Zwei Metaphern für das Sterben.
63 Vgl. dazu Ludger Schwienhorst-Schönberger, Lehre vom absoluten Tod, 208–219, bes. 215–218.

Kohelet blieb im Ensemble der alttestamentlichen Schriften (wie Hans-Peter Müller es treffend formuliert hat) ein unheimlicher Gast.[64] Immer wieder wies er auf die Endlichkeit und Rätselhaftigkeit des menschlichen Schicksals hin, die er nur mit der Mahnung beantworten konnte, das mögliche, zumal in der Jugend erfahrbare Glück nicht zu versäumen. Das ist eine illusionslose und realistische Sicht, auf der ein Hauch des Abschiedlichen liegt, wie ihn das gerade zitierte Gedicht zu erkennen gibt, indem es den Leser die Stadien seines letzten Weges vorwegnehmen lässt, von dem es keine Rückkehr gibt. Gewiss gilt der Satz, dass wer seine Endlichkeit annimmt, die Angst vor dem Tod überwindet. Aber dafür gibt es keinen untrüglichen Dritten als Zeugen, sondern es ereignet sich allein in der Zwiesprache mit Gott.

14.7 Der Nachtrag des zweiten Epilogisten[65]

Der zweite Epilogist fügte nach seiner sprichwörtlichen Warnung an den Leser in V. 12b, sich nicht durch das Studium zu vieler Bücher ermüden zu lassen, in V. 13 als Summe des Vernommenen und dem Menschen Zukommende den Rat an, Gott zu fürchten und seine Gebote zu halten. So greift er die Mahnung zur Gottesfurcht (wie sie in 3,15; 5,6; 8,13 und 9,2 vorliegt) ohne jeden Vorbehalt auf. Gleichzeitig verbindet er sie im Sinn von Sir 1,25–27; 6,37; 10,19; 19,20 und 23,27 mit dem Halten der göttlichen Gebote. Damit verteidigt er neben dem Buch der Sprüche das Buch des Predigers und möglicher Weise auch das Sirachbuch, weil sie als rechte Lehrbücher einprägen, Gott zu fürchten und seine Gebote zu halten.[66] Ob der Nachsatz in 13bβ lediglich die Selbstverständlichkeit der vorausgehenden Forderung unterstreichen will, das allgemein anerkannte religiöse Verhalten meint oder in der Tora das Gesetz für alle Völker sieht (vgl. Jes 2,1–5), lässt sich nicht mit Sicherheit entscheiden. Für die dritte Möglichkeit könnte man sich darauf berufen, dass der Epilogist seine Mahnung in V. 14 mit dem Hinweis auf das Jüngste Gericht begründet hat, das über alle Toten und Lebenden ergehen soll. Doch von ihm soll erst im übernächsten Kapitel die Rede sein, während im nächsten die Weisheit des Jesus Sirach im Blick steht, die zugleich als ein Abschnitt der Wirkungsgeschichte des Predigers zu lesen ist (12,13–14):[67]

---

64 Hans-Peter Müller, Gast, 440–464.
65 Zur Bedeutung von Koh 12,13–14 als Abschwächung des vanitas-Urteils vgl. Roland E. Murphey, Sage in Ecclesiastes, 264–265.
66 Vgl. dazu Norbert Lohfink, Kohelet (NEB.AT), 13–14 und ausführlich ders., Quintessenz, 195–205, bes. 205.
67 Zur Tendenz des Bearbeiters vgl. Fischer, Skepsis, 35.

13 Lasst uns die Summe von dem allen hören:
Fürchte Gott und halte seine Gebote;
denn das gilt allen Menschen.

14 Denn Gott wird jedes Tun ins Gericht bringen[68]
über alles Verborgene, es sei gut oder böse.

---

68 Vgl. dazu oben 248.

15. Jesus Sirach oder das Bündnis zwischen Gesetz und Weisheit

15.1 Jesus Sirach im Spannungsfeld zwischen Judentum und Hellenismus

Sein Buch ist vermutlich im ersten Viertel des 2. Jh. v. Chr. in Jerusalem entstanden.[1] Damals hatte der Hellenisierungsprozess offenbar auch in der dortigen Oberschicht Fortschritte gemacht: Der Zauber der hellenistischen gymnasialen und agonalen Kultur, die von den Palästina rings umgebenden hellenistischen Städten ausging, hatte auch in ihren Kreisen den Wunsch nach einer offeneren Frömmigkeit und moderneren Religiosität erweckt, dessen Erfüllung ebenso politische wie religiöse Reformen verlangte. Die von innen unternommenen und von außen aufgenötigten Versuche, diese Gedanken zu verwirklichen, sollte den Tempelstaat Juda im Laufe der 70er und 60er Jahre des 2. Jh. v. Chr. an den Rand des Abgrunds führen, wobei das erbliche Amt des zadokidischen Hohenpriesters von ihren sich wegen den Römern zu bezahlender Kriegsschulden in Geldnot befindlichen Oberherren, Seleukos IV. Philopater und seinem Bruder Antiochos IV. Epiphanes an den Meistbietenden verkauft wurde.[2] Jesus Sirach,[3] auch Ben Sira genannt,[4] war ein biblisch

---

1 Zur Überlieferungsgeschichte des Textes, der vollständig allein auf Griechisch vorliegt, vgl. Johannes Marböck, Jesus Sirach 1–23, 21–26, zur unterschiedlichen Lebenswelt Ben Siras in Jerusalem und seines nach 125 v. Chr. die griechische Übersetzung in Alexandrien herstellenden Enkels vgl. Georg Sauer, Ben Sira in Jerusalem, 339–347.
2 Vgl. dazu Klaus Bringmann, Geschichte, 101–111.
3 Das ursprünglich auf Hebräisch verfasste, aber nur zu 65 % in dieser Sprache überlieferte Sirachbuch enthält 51 Kapitel. Sein lehrhafter Hauptteil wird durch den hymnisch geprägten Prolog in 1,1–10 über die Weisheit Gottes und den Epilog in 42,15–43.33, einen Hymnus auf Gottes Schöpfungswerke gerahmt. Seine Mitte markiert das Selbstlob der Weisheit in 24,1–34. In den c.44,1–50,24 folgt das Lob der Väter. An es schließen sich in 50,25–26 ein Wort gegen die Moabiter und Philister, in 50.25–51,30 ein Nachwort in 50,27–29; zwei Gebete in 51,1–12 und 51,12a-o sowie ein alphabetisches Weisheitslied in 51,13–30 und ein Kolophon in 51,30e-j an. Das Buch ist vollständig nur in der griechischen Bibel und ihren Tochterübersetzungen erhalten. Die griechische Übersetzung geht nach ihrem Prolog auf den Enkel des Weisen zurück, der sie nach seiner 132 v. Chr. erfolgten Übersiedlung nach Ägypten und vermutlich erst nach dem Tod Ptolemaios VII. (alias VIII.) Euergetes II 116 v. Chr. hergestellt hat. Der Enkel wollte auf diese Weise das Buch den hellenistischen Juden erschließen, die biblischen Texten nur noch in entsprechenden Übersetzungen zu folgen vermochten. Er betont in seinem Vorwort die Schwierigkeiten, die sich ihm bei der Lösung seiner Aufgabe stellten, weil eine wörtliche Übersetzung unverständlich gewesen wäre. Seine Übersetzung (G I) ist weiterhin durch fromme Zusätze erweitert worden (GII). Die bisher bekannten Fragmente einer ganzen Reihe hebräischer

gebundener[5] und zugleich weltkundiger Denker, der frühzeitig die Gefahren, die eine kritiklose Hellenisierung des Judentums in sich beschloss. Er suchte ihr als ein liberal-konservativer Denker zu begegnen, indem er seinen jüdischen Schülern zum Stolz auf die eigene Identität anleitete, ohne sich gegen positive Impulse der hellenistischen Kultur zu verschließen. So empfahl er im Gegensatz zu der Ablehnung der ärztlichen Kunst in konservativen Kreisen (II Chr 16,12 – 13) ein unverkrampftes Verhältnis zu den Ärzten, die schließlich die Menschen mit von Gott erschaffenen Mitteln heilten (38,1 – 15).[6] Außerdem nahm er aus der griechisch-hellenistischen Welt stammende Themen wie die Bildungsreise (34,9 – 12; 39,4),[7] das Benehmen beim Gastmahl (31,12 – 32,13) und den Gegensatz zwischen Ehre und Schande (vgl. z. B. 20,21 – 23) in seine Lehrenreden auf.[8] Bei der Freundschaft handelt es sich um ein Urphänomen menschlicher Gemeinschaft. Daher wurde sie schon lange bei den Griechen wie bei den Israeliten geschätzt: Die Griechen besaßen in Achill und Patroklos (Hom.Il. XIX.315 – 337.XXIII.65 – 109) wie in Orest und Pylades (Eur.Or. 798 – 807) und die Juden in David und Jonathan (I Sam 20, II Sam 1,26) ihre idealen Freundespaare. Doch wenn das Thema der Freundschaft in seinen Lehren eine weit größere Bedeutung wie in der überlieferten Weisheit gewann,[9] spiegelt sich darin eine Individualisierung des Einzelnen auf dem

---

Handschriften des Buches enthalten insgesamt rund 70 % des Textes. Unter ihnen ist die aus den Ruinen von Masada stammende die älteste und jedenfalls vor der Zerstörung der Festung 73 n. Chr. entstanden. Die mittelalterlichen Fragmente aus der Geniza, der Abstellkammer der Esra-Synagoge in Kairo stammen aus dem 10. bis 1 Jh. n. Chr. In ihr versammelte sich eine jüdische Sekte, die wegen ihrer Ablehnung des Talmuds und ausschließlichen Benutzung der Bibel als „Karäer" oder „Leser" bezeichnet wurden. Die Untersuchung dieser Fragmente hat ergeben, dass jede Abschrift eine Bearbeitung darstellte. Daher muss sich der Ausleger des Buches zwischen den beiden Möglichkeiten entscheiden, entweder G I zugrunde zu legen oder einen vermeintlichen Urtext auf der Grundlage der wichtigsten Textzeugen einschließlich der Syrischen Version zu rekonstruieren.

4 In dem Prolog, den der Enkel des Weisen der griechischen Übersetzung vorangestellt hat, nennt er ihn Jesus Sirach. Im Epilog der Griechischen Ausgabe wird er in 50,27 als Jesus, der Sohn des Sirach Eleazer, der Jerusalemer bezeichnet. Die hebräische Handschrift B stellt ihn an derselben Stelle und in einem 2. (in der griechischen Textüberlieferung fehlenden) Epilog in 51,30e-f als Simeon, den Sohn des Jeschua (Jesus), Sohn des Eleasr, Sohn des Sira vor. Die Syrische Übersetzung übergeht den Epilog und spricht im 2. in 51,30 vom Sohn des Sira, dem Siraziden. Da es bislang niemandem gelungen ist, das Rätsel zu lösen, spricht man heute in der Forschung entweder von Jesus Sirach oder von Ben Sira oder dem Siraziden.

5 Vgl. dazu die Nachweise bei Theophil Middendorp, Stellung, 35 – 90 und Markus Witte, Kanon, 229 – 255, bes. 242 – 248.

6 Vgl. dazu zuletzt Burkard M. Zapf, Sir 38,1 – 15, 347 – 367.

7 Vgl. dazu Theophil Middendorp, Stellung, 170.

8 Vgl. dazu Johannes Marböck, Weisheit im Wandel, 154 – 164 und John J. Collins, Jewish Wisdom, 32 – 35.

9 Vgl. 6,5 – 17; 12,8 – 12, 19,13 – 17; 22,19 – 26; 25,1 – 12; 27,16 – 21 und 37,1 – 6 und dazu Friedrich V. Reiterer (Hg.), Freundschaft bei Ben Sira; Jeremy Corley, Teaching of Friendship und knapp John J. Collins, Jewish Wisdom, 74 – 75.

Hintergrund eines Nachlassens der Tragfähigkeit der Familienbande, wie sie Umbruchzeiten eigen ist.

Seine Lehren verraten eine breite Bildung, die ebenso die Kenntnis ägyptischer und demotischer Weisheitslehren[10] wie die griechischer Gnomik und Dichtung einschloss.[11] Am deutlichsten tritt der hellenistische Einfluss in dem an die Lehren in c.1 – 43 angeschlossenen „Lob der Väter" (44,1 – 50,24) zu Tage:[12] Denn formal handelt es sich bei ihm um eine eigenwillige Ausgestaltung des griechischen Enkomions, des Lobgedichts oder der Lobrede auf Lebende oder Verstorbene, für die es in den biblischen Büchern kein Vorbild gab.[13] Es ist das eindrucksvollste Zeugnis für den Versuch des Weisen, seine Schüler und jüdischen Zeitgenossen davon zu überzeugen, dass sie mit Recht stolz auf die Vergangenheit ihres Volkes sein könnten, in der Gott so große Männer zu seinem Dienst auserwählt hatte.[14] Gleichzeitig zeichnet sich hinter seinem Lob auf den bereits verstorbenen Hohenpriester Simeon II. in 50,1 – 24[15] und zumal in der es beschließenden Bitte, dass ihm und seinen Nachkommen der Pinchas-Bund und d.h. das Amt des Hohenpriesters erhalten bleiben möge (Vgl. 50,24 mit 45,23 – 26),[16] eine Vorahnung der bevorstehenden Gefährdung in den innen- und außenpolitischen Wirren der 70er und 60er Jahre ab, aus denen dann die Hasmonäer für rund 70 Jahre als Sieger hervorgehen sollten.[17]

Die in seinen Lehren nicht zu übersehende kritische Aneignung und Abwehr stoischer Lehren gibt ihn als einen Denker zu erkennen, der ohne Verrat am Glauben der Väter zwischen Tradition und Gegenwart zu vermitteln suchte. Dabei blieb die Gleichsetzung der Tora als Inbegriff aller Weisheit und der Furcht Gottes als dem sicheren Mittel, sie zu erlangen, die eigentliche Mitte seines Denkens. Daher kann es paradox erscheinen, dass er sich in keinem der von ihm verhandelten religiösen oder ethischen Fälle auf ein Gesetz der Tora berief oder es auslegte,[18] obwohl der Dekalog offensichtlich zu seinen selbst-

---

10 Vgl. dazu auch Mirjam Lichtheim, Late Egyptian Wisdom, 186: „Die auffallend zahlreichen Parallelen zwischen den beiden Weisheitsbüchern erklärten sich vermutlich (so ihre mündliche Äußerung) als Folge einer ostmediterranen weisheitlichen Koine im frühhellenistischen Zeitalter."

11 Vg. dazu Marböck, Weisheit im Wandel, 164 – 170, John J. Collins, Jewish Wisdom, 39 – 39 und mit historischer Urteilskraft die Parallelen, die Kaiser, Weisheit für das Leben, 157 – 191 beigebracht hat.

12 Vgl. zu ihm Alexander A. Di Lella, Praise of Ancestors, 151 – 170.

13 Zur Gattung Armin Schmitt, Enkomien, 359 – 38 In den biblischen Texten lässt sich allenfalls an das sog. „Bogenlied" in II Sam 1,19 – 27, die Totenklage auf Saul und Jonathan erinnern.

14 Vgl. dazu Alexander A. Di Lella, Ben Sira's Praise, 151 – 170 und knapp Burkard M. Zapff (NEB.AT Lfg.39), 315.

15 Vgl. dazu auch Theophil Middendorp, Stellung, 167 – 168.

16 Vgl. dazu Armin Schmitt, Lobgedicht, 873 – 896; Otto Mulder, Approaches, 221 – 233 und Burkard M. Zapff, 334 – 335 und 384 – 385.

17 Vgl. dazu Klaus Bringmann, Geschichte der Juden, 95 – 160.

18 Vgl. dazu Gerhard von Rad, Weisheit, 315 – 316.

verständlichen Denkvoraussetzungen gehörte.[19] Er war kein eigentlicher Lehrer der Tora, sondern ein breit gebildeter und interessierter „Schreiber", dessen Idealbild er in 38,24 – 39,11 zeichnete:[20] Das ist ein Mann, der die Weisheit der Früheren, die Schriften der Propheten,[21] die Reden berühmter Männer und den verborgenen Sinn der Sprüche kennt und so als besonnener Ausleger der Schrift das Erbe der Propheten angetreten hat (39,4 – 8):[22]

1 Er forscht nach der Weisheit der Vorderen
und beschäftigt sich dauernd mit den Propheten.

2 Die Reden berühmter Männer bewahrt er
und ins Herz der Sprüche dringt er vor.

3 Er erforscht den verborgenen Sinn der Sprüche
und beschäftigt sich mit rätselhaften Worten.

4 Er darf inmitten von Großen dienen
und vor Fürsten erscheinen.
Er reist umher in Lande fremder Völker
zu prüfen, was den Menschen gut und böse dünkt.

5 Früh am Morgen erhebt er sich,
um den Herrn, seinen Schöpfer, zu suchen.[23]
Dann öffnet er seinen Mund zum Gebet
und bittet für seine Sünden.

6 Wenn es dem Herrn, dem Allmächtigen gefällt,
erfüllt ihn der Geist der Einsicht,
dass er überquillt von weisen Worten
und im Gebet den Herren lobt.

7 Er versteht sich auf rechten Rat und Einsicht
und ist in Gottes Geheimnissen bewandert.

8 Er quillt von einsichtsvoller Bildung über
und rühmt sich im Gesetz des Herrn.

---

19 Vgl. dazu Kaiser, Weisheit für das Leben, 145.
20 Vgl. dazu Johannes Marböck, Sir 38,24 – 39,11, 25 – 51 und John G. Gammie, The Sage in Sirach, 355 – 372, bes. 364 – 366.
21 Zu biblischen Wendungen bei Ben Sira vgl. Middendorp, Stellung, 35 – 9
22 Vgl. dazu auch Zapff, 265 und zur Stellungnahme Ben Siras in der Auseinandersetzung über den Vorrang der Weisheit oder des Gesetzes Bernd U. Schipper, Hermeneutik, 271 – 276.
23 Zusatz: „Und er betet zum Höchsten."

15.2 Die Adressaten Jesus Sirachs, seine Herkunft und Stellung

Die Breite der zeitgenössischen Bildung, die sich in Ben Siras Lehren spiegelt, erlaubt es, ihn selbst in den in diesem Lob gezeichneten Rahmen einzugliedern. Sucht man eine Antwort auf die Frage zu gewinnen, aus welchen Kreisen seine Schüler bestanden, so muss man sich an sein scharfsichtiges Urteil über das Verhalten der Reichen und Mächtigen gegenüber den Ärmeren und Armen in 13,1–8 und an den umsichtigen, seinen Schülern in 13,9–13 erteilten Rat erinnern, sich ihren möglichen, jedenfalls mächtigeren und vornehmeren Arbeitgebern vorsichtig zu nähern (13,9–13).[24] Offensichtlich gehörten seine Schüler so wenig zu Jerusalemer Oberschicht wie er selbst aus ihren Kreisen stammen zu stammen scheint.[25] Er dürfte vielmehr ein Aufsteiger gewesen sein, der sich dank seiner Begabung, seines breiten Wissens und der Sicherheit seines Auftretens und Urteils so großes Ansehen verschafft hatte, dass er in diplomatischem oder ökonomischem Dienst ins Ausland reisen konnte. Als eigentlichen Lehrer in einer Schule kann man sich diesen weltgewandten Mann kaum vorstellen. Es würde besser zu seinem Bilde passen, wenn er gleichsam als Symposiarch einen Kreis begabter Jünglinge um sich versammelt hätte, um ihnen den Weg zu ihrem gesegneten und erfolgreichen Leben zu weisen.

15.3 Gesetz und Weisheit bei Jesus Sirach

Wenden man sich der „Weisheit des Jesus Sirach" zu,[26] so ist es vorbei mit der Fixierung auf das eine Thema des menschlichen Glücks in einem von der Vergeblichkeit und dem Tode bedrohten und begrenzten Leben. Stattdessen wird der Leser mit fast allen Aspekten des Lebens des Einzelnen und der Gemeinschaft im Lichte der Güte und Barmherzigkeit wie der richtenden Strenge des gerechten und allwissenden Gottes konfrontiert. Ob es z. B. um das Verhältnis zwischen Eltern und Kindern geht (3,1–16; 7,23–28) oder um wahre und falsche Freunde (6,5–17), um den Umgang mit Frauen (9,1–9), um Unzucht und Ehebruch (23,16–28), die gute Frau als Glück und die böse als Unglück des Mannes (25,23–26,18), um Armut und Reichtum (13,1–14,2; 29.21–28), Gesundheit und Glück (30,14–31,11), den Umgang mit Hab und Gut (14,3–9), um Reden und Schweigen (20,1–26), Weisheit und Torheit

---

24 Vgl. dazu John J. Collins, Jewish Wisdom, 29–32.
25 Vgl. dazu John J. Collins, Jewish Wisdom, 36–39.
26 Zur Grundinformation vgl. Johannes Marböck (TRE XXXI) 2000, 307–317; ders, Das Buch Jesus Sirach (2011), 497–507 bzw. Kaiser, Weisheit für das Leben, 123–157 und zu seinen Schülern John J. Collins, Jewish Wisdom, 36–39 sowie Kaiser, Erziehung, 131–137.

(19,20 – 20,32), Ehre und Schande (10,19 – 11,9) oder um falsche und echte Scham (41,14 – 42,14) – der Sirazide ist nie um einen Rat verlegen.

Das theologiegeschichtlich Neue in seinem Buch ist die systematische Verbindung zwischen der Tora und der Weisheit. Stand beider Anspruch, Führer zum richtigen und gesegneten Leben zu sein, noch zu Beginn des Hellenistischen Zeitalters unausgeglichen nebeneinander, so rühmte Jesus Sirach die Tora als die nicht auszuschöpfende Quelle der Weisheit: Die aus den Höhen des Himmels gekommene Weisheit rühmt sich selbst, dass sie den Kosmos und die Völker beherrschte (Sir 24,1 – 6),[27] sich aber den Zion als Ruhestatt erwählt ihre Bleibe erwählt (V. 7 – 12), um dort prächtig zu gedeihen und denen, die auf sie hörten, verheißen, dass sie nicht zu Schanden würden (V. 22) (Sir 24,1 – 12):[28]

1 Die Weisheit lobt sich selbst
und rühmt sich mitten in ihrem Volk,

2 sie öffnet in Gottes Gemeinde den Mund
und rühmt sich vor seinen Scharen:

3 „Aus dem Munde des Höchsten bin ich gekommen
und bedeckte wie ein Nebel die Erde.

4 Ich wohnte in den höchsten Höhen
und mein Thron stand auf Wolkensäulen.

5 Ich umkreiste den Himmelskreis allein
und durchzog die Tiefe des Abgrunds:

6 Über die Wogen des Meeres und alle Welt,
alle Völkerschaften habe ich beherrscht,

7 Bei allen suchte ich eine Ruhestatt,
ein Erbteil, damit ich dort wohnte.

8 Da erteilte der Schöpfer des Alls mir Befehl,
mein Schöpfer wies mir den Platz für mein Zelt
und sprach: ‚In Jakob sollst du dein Zelt aufschlagen
und in Israel sollst du dein Erbteil finden!‘

9 Vor Uranfang hat er mich geschaffen,[29]
und in Ewigkeit vergehe ich nicht.

---

27 Vgl. Spr. 8,22 – 36.
28 Vgl. dazu Neher, 78 – 85.
29 Vgl. Spr. 8,22 – 31 und dazu Arndt Meinhold (ZBK.AR 16/1), 144 – 146; Gerlinde Baumann, Weisheitsgestalt, 253 – 258 und Martin Neher, Wesen, 44 – 52. Zu den verschiedenen Vorschlägen, das Wort ʾāmôn in V,30a zu übersetzen, vgl. zuletzt den Überblick bei Magne Saebø (ATD 16/1) 118 Anm.237, der sich mit GAHW18 ,71 s.v. für „Handwerker" entscheidet. Mit „Pflegekind" haben auch Meinhold, 134 und Neher, 47 übersetzt.

10 Ich diente vor ihm im heiligen Zelt
und wurde so auf den Zion gestellt.

11 In der geliebten Stadt fand ich meine Ruhestatt
und in Jerusalem meine Herrschaft.

12 So schlug ich Wurzeln in dem berühmten Volk,
fand ich im Los des Herrn mein Erbteil.

Am Ende der Selbstvorstellung ihrer in Pflanzen- und Gewürzmetaphern umschriebenen Einwurzelung in Israel[30] lässt sie die Sirazide in einem Wahrspruch ihre Bedeutung als Anleitung zu einem sündlosen Leben hervorheben (V. 22):

Wer auf mich hört, wird nicht zu Schanden,
und die ihr dienen, sündigen nicht.

Doch dann lüftet er in 24,23 – 34 den Schleier, um die Weisheit mit dem Gesetz des Bundes zu identifizieren und es als ihren Inbegriff zu erklären, den zu ergründen niemand an ein Ende gelangt und aus dem er auch seine Lehren ableitet.

Dieser den zweiten Teil eröffnenden Lehrrede entspricht der Prolog, der Gottes Weisheit zum ersten seiner Geschöpfe und dem Band zwischen Gott, der Welt und den Menschen erklärt, um am Ende die Sonderstellung Israels hervorzuheben, weil sie Gott am meisten lieben (Sir 1,1 – 10*):[31]

1 Alle Weisheit kommt vom Herrn
und bleibt bei ihm in Ewigkeit.

2 Der Sand der Meere, die Tropfen des Wassers
und die Tage der Ewigkeit, wer kann sie zählen?

3 Die Höhe des Himmels und die Breite der Erde
und das Urmeer – wer kann sie erforschen?

4 Vor allen Dingen wurde die Weisheit erschaffen
und verständige Einsicht von Ewigkeit her.[32]

6 Die Wurzel der Weisheit – wem wurde sie offenbart?
Und ihre Geheimnisse – wer hat sie erkannt?[33]

8 Einer ist weise und sehr zu fürchten,
er sitzt auf seinem Thron.

---

30 Vgl. dazu Josef Schreiner (NEB.AT Lfg. 38), 130 – 131.
31 Vgl. dazu Martin Neher, Wesen, 71 – 78 und zuletzt Johannes Marböck, Sirach 1 – 23, 47 – 54.
32 V. 6 „ ist Zusatz der jüngeren griechischen Übersetzung (G II).
33 V. 7: „Die Kenntnis der Weisheit – wem wurde sie kundgetan? Und ihre reiche Erfahrung – wer hat sie verstanden?" ist wiederum Zusatz von G II.

9 Der Herr selbst hat sie erschaffen[34]
und über alle seine Werke ausgegossen.

10 Sie ist bei allem Fleisch nach seiner Gabe,
aber am meisten gab er sie denen, die ihn lieben.[35]

Der Gedanke, dass alle Menschen an der Weisheit Gottes Anteil haben, die als solche die Quelle aller Weisheit ist, mit der die Welt und alles, was sie füllt, erschaffen wurde, entspricht der stoischen Lehre vom göttlichen Logos oder Zeus,[36] der mit dem Nomos, dem Weltgesetz identisch ist.[37] Er durchdringt als Feuer die gestaltlose Materie und gibt ihr ihre Form. Ebenso verleiht er allem, was lebt, seine organische Gestalt und seine je spezifische seelische Ausrüstung, doch allein den Menschen die Kraft des Denkens und des bewussten sittlichen Handelns.[38] Jesus Sirach hat diese Lehre in 1,1 – 10 dem biblischen Schöpfungsglauben angepasst, für den der Unterschied zwischen Gott und seiner gewaltigen Schöpfung unüberbrückbar und nicht diskutierbar ist: Den alles menschliche Erkenntnisvermögen überragenden Charakter der Weisheit Gottes (V. 6) unterstreicht er durch die Fragen nach dem Kleinsten und dem Größten seiner Schöpfung, den Sandkörnern und Regentropfen auf der einen und der Höhe des Himmels und der Breite der Erde nach der anderen Seite, Größen, die mindestens teilweise auch heute noch die Fähigkeit menschlichen Zählens und Messens überschreiten (V. 2 – 3)[39]. Diese Weisheit wurde vor aller Welt (V. 4),die Welt und alles was sie füllt aber von Gott durch sie erschaffen (vgl. 24,5 – 6).[40] Dabei hat Gott seinen Werken in abgestufter Weise an ihr Anteil gegeben (V. 9). Unter ihnen heben sich als ihre Empfänger in besonderer Weise die Menschen und unter ihnen noch einmal die gesetzestreuen Juden ab. Denn die Menschen, die ihn lieben, sind die, die seine Gebote halten (Dtn 10,12 – 13). Mithin ist Israel das Volk, das Gott liebt, indem es seine Gebote hält und damit die wahre Weisheit besitzt. So schließt sich der Kreis mit Sir 24 zusammen: Jerusalem ist deshalb der Ort, den Gott der Weisheit als Ruhestatt zugewiesen hat und Israel als ihr Erbteil, weil dort die Tora durch kundige Schriftgelehrte ausgelegt wird (Sir 24,1 – 12. 23 – 29*; Lk 2,46). Wenn

---

34 V. 9aβ „und sie gesehen und gezählt" ist erst in G II überliefert.

35 Zur Hauptlesart „lieben" und zur schwach bezeugten Nebenlesart „fürchten" vgl. Josef Ziegler, Septuaginta XII/2, 129 z. St.

36 Vgl. Diog.Laert.VII.147 (LS 54 A); Kleanthes, Zeus-Hymnus Z. 1 – 2 (SFV I Nr. 537/LS 54 I.).

37 Vgl. dazu Arius Didymus bei Eusebius Praep.eV. 15.15.3 (SVF II.Nr. 528/LS 67 L) bzw. Cic.rep.III.27.33 (SVF III Nr. 325/LS 67 S), zur stoischen Kosmologie Max Pohlenz, Stoa I, 64 – 75 und zum Verhältnis zwischen der stoischen Kosmologie und Sir 1,1 – 10 Ursel Wicke-Reuter, Providenz, 192 – 206.

38 Vgl. dazu Diog.Laert.VII.85 – 86 (SVF III Nr. 178/LS 57 A und dazu Kaiser, Oikeiosis-Lehre, 60 – 77, bes. 64 – 65 und dazu Sir 17,1 – 10.

39 Zu der möglicherweise in V. 2 und 6 liegenden Bestreitung von I Hen 93,11 – 14 vgl. Jeremy Corley, Wisdom versus Apocalyptic, 269 – 285, bes. 276 – 280.

40 Vgl. auch das Selbstlob der Weisheit in Spr. 8,22 – 31 und Sir 24,1 – 34, bes. V. 23 – 29* und dazu Martin Neher, Wesen, 44 – 51 und 78 – 88.

jemand weise werden will, muss er den Herrn fürchten und seine Gebote halten (Sir 1,26 – 27):[41]

26 Begehrst du Weisheit, halte die Gebote,
dann wird sie dir der Herr geben.

27 Denn die Furcht des Herrn ist Weisheit und Zucht,
und ihm gefallen Treue und Demut.[42]

Denn wer sich darum bemüht, die 613 Gebote und Verbote der Tora zu halten, der wird dadurch zur Selbstbeherrschung erzogen (Sir 21,11):

Wer das Gesetz hält, der beherrscht seinen Trieb,
und die Furcht des Herrn ist der Anfang der Bildung.

Dem, der sich in diese Schule begibt, winkt als Lohn ein langes Leben. So heißt es z.B. in (Sir 1,20):

Die Wurzel der Weisheit ist die Furcht des Herrn,
und ihre Zweige sind langes Leben.

Wie sehr sich Tat und Tatfolge dank göttlicher Fügung entsprechen, zeigen seine begründeten Räte in (Sir 7,1 – 3):

1 Tue nichts Böses, dann trifft dich nichts Böses.

2 Vermeide Unrecht, dann bleibt es dir fern.

3 Säe nicht in Furchen der Ungerechtigkeit,
sonst erntest du es siebenfach.

Dass diese Beurteilung der Tora für das Denken Ben Siras konkrete Folgen hatte, lässt sich am einfachsten am Beispiel des Dekalogs belegen, dessen Gebote ihm bei der Auszeichnung seiner Lehren gegenwärtig waren: So ist für ihn der Herr der einzige Gott, der allein zu verehren ist (Sir 42,21; vgl. das Erste Gebot Ex 20,2). Darüber hinaus ist der der heidnische Bilderdienst nichts anderes als Götzendienst (30,18 – 19, vgl. das Zweite Gebot Ex 20,3). Er warnt eindringlich vor einem leichtfertig geleisteten Eid (23,9 – 11; vgl. das Dritte Gebot Ex 20,7). Die Einhaltung der Feiertage und mithin des Sabbats entspricht in seinen Augen dem Respekt vor der Größe seines Schöpfungswerkes (43,6 – 10; vgl. das 4. Gebot Ex 20,8 – 11). Die Hochschätzung des Tempelkultes mit seinen Opfern ist ein Teil des Gehorsams, den man diesem Gott und also auch seinen Priestern schuldet (vgl. 45,14 – 16 und 50,5 – 21 mit 35,1 – 13). Seine Mahnung in 3,1 – 16, Vater und Mutter zu ehren, auch wenn sie alt und sonderlich geworden sind, präzisiert das 5. Gebot in Ex 20,12. Das Verbot zu

---

41 Vgl. auch Sir 14,20 – 15,10, bes. 14,20 und 15,1.
42 Zur Bedeutung der Furcht des Herrn bei Ben Sira vgl. umfassend Josef Haspecker, Gottesfurcht, und knapp z.B. Josef Schreiner (NEB.AT.Lfg.38), 18 – 19 oder Johannes Marböck, Jesus Sirach 1 – 23 und 56 – 59.

morden hat er auf die bewusste Beraubung Kleiner Leute angewandt (vgl. 34,24–27 mit dem 6. Gebot Ex 20,18 und Mt 5,21–24). Ehebruch und Hurerei hat er verabscheut (vgl. 23,16–28; 25,2 und das 7. Gebot Ex 20,14). Auf gestohlenem und rechtswidrig erworbenem Gut ruhte nach seiner Überzeugung kein Segen (vgl. 5,8; 20,25; 31,5; 41,19 und das 8. Gebot Ex 20,15). Das 9. Gebot, das sich ursprünglich auf falsche Aussagen vor Gericht bezog, hat Ben Sira auf das Lügen bezogen (vgl. 15,8; 20,24.26 mit Ex 20,16). Schließlich gab er den Rat, Lüsten und Begierden zu widerstehen, weil sie den Menschen zugrunde richten (vgl.18,30–19,3 mit dem 10. Gebot Ex 20,17). Mithin ist es nicht verwunderlich, dass er in der Tora als dem „Gesetz des Lebens"(17,11) die Quelle und den Inbegriff aller Weisheit fand, deren Gebote zu halten die Gottesfurcht anhält.[43]

Doch trotz der zentralen Bedeutung, welche die Tora in seinem Denken einnahm, hat er sie an keiner einzigen Stelle zitiert oder sich ausdrücklich auf eines ihrer Ge- und Verbote berufen, sondern seine Lehren in der Auseinandersetzung mit der Weisheitstradition und dabei nicht zuletzt mit Kohelet und vor allem einem freien Blick in die eigene Zeit entwickelt.

15.4 Zum traditionsgeschichtlichen Hintergrund der Identifikation der Weisheit mit der Tora

Ben Siras Beurteilung der Tora als dem Inbegriff aller Weisheit ist nicht vom Himmel gefallen, sondern besitzt eine Vorgeschichte die in der späten Perserzeit einsetzt und in der frühhellenistischen Epoche ihre Früchte trug. An erster Stelle sind die väterlichen und mütterlichen Lehrreden in Spr. 1–8 zu erwähnen, die mit dtn-dtr Begriffen ausgestaltet, wurden, wobei zumal Dtn 6,6–9 eine zentrale Rolle zentrale spielte.[44] An zweiter Stelle sind hier die Torapsalmen 19 und 119 zu nennen. In Ps 19 wird die durch die kosmische Ordnung ermöglichte Gerechtigkeit Jahwes zusammen mit der Furcht Jahwes und der Tora als ewigen Anleitungen zu einem gelingenden Leben gerühmt.[45] Der Dichter von Ps 119 suchte schon durch die von ihm gewählte Form einer achtfachen akrostichischen Dichtung mit 178 Versen die Tora als Inbegriff aller Weisheit zu kennzeichnen.[46]

---

43 Vgl. dazu Markus Witte, Gesetz des Lebens, 71–87.
44 Zu Spr. 2,1–22 als Leseanweisung zu den Lehrreden in 1,8–19; 3,1–12; 3,21–35; 4,1–9: 4,10–19;5,1–23 ; 6,20–35 und 7,1–21 vgl. Schipper, Hermeneutik, 155–177 dazu die Tabellen bei Meinhold (ZBK.AT 16/1), 46 und Gerlinde Baumann, Proverbien, 258 und zu den in Spr. 2 begegnenden dtn-dtr Anleihen Schipper, 81–100.
45 Vgl. dazu unten, 428–431.
46 Vgl. dazu Karin Finsterbusch, Multiperspektivität, 93–104, bes.104.

15.5 Die Auseinandersetzung Jesus Sirachs mit Kohelet oder das Problem des Bösen

Dass Ben Sira die biblischen Weisheitsbücher kannte, versteht sich von selbst. Dass er sich indirekt mehrfach mit seinem Vorgänger Kohelet kritisch auseinandersetzte, verdient besondere Beachtung.[47] Gemessen an dem eleganten Literaten und radikalen Denker Kohelet, der dem Verlust der traditionellen Geborgenheit standhielt, versuchte Ben Sira noch einmal eine Synthese von Tradition und Gegenwart herzustellen, in der allerdings bei genauem Zusehen auch die dunklen, rätselhaften Seiten Gottes und des menschlichen Schicksals nicht fehlen (Sir 40,1 – 10):

1 Ein mühselig Los und hartes Joch
ist Gottes Teil für die Menschenkinder:
Von seiner Geburt aus dem Mutterleib
bis zum Tag seiner Rückkehr zur Mutter alles Lebens.[48]

3 Von dem, der hoch auf dem Throne sitzt,
bis zu dem, den Staub und Asche bekleiden;

4 von dem, der Turban und Kopfbinde trägt,
bis zu dem, der in Felle gekleidet:

5 Zorn und Ärger und Neid und Furcht,
Angst vor dem Tode, Hader und Streit.

Auch wenn er auf seinem Lager ruht,
verstört nächtlicher Schlaf sein Herz.

6 Er schläft kaum einen Augenblick,
dann schrecken ihn Träume auf.
Verwirrt von seinem Traumgesicht
flieht er einsam vor seinem Verfolger.

7 Im richtigen Augenblick wacht er auf
und staunt, dass der Schrecken vorüber.

---

47 Vgl. dazu Middendorp, Stellung, 85 – 96 und vor allem Johannes Marböck, Kohelet und Sirach, 79 – 104, mit dem abschließenden Vergleich 100. Vgl. vor allem Sir 11,4 – 6 mit Koh 10,6; Sir14,11 – 16 mit Koh 9,7 – 10; Sir 31,3 – 4 mit Koh 5,14 – 15.17; Sir 33,15 mit Koh 7,13 – 14; Sir 37,23 – 26 mit Koh 12,9 und Sir 39,12 – 35 mit Koh 3,1 Ergänzend sei angemerkt, dass dem Prolog in Koh 1,1 – 12 und der Epilog in 11,9 – 12,7 formal Sir 1,1 – 10 und 42,15 – 43,33 entsprechen. Es handelt sich allerdings bei Sirach um einen Hymnus auf Gott als Quell aller Weisheit bzw. die Herrlichkeit seiner Schöpfungswerke.
48 Bei V. 2: „Ihre Sorgen und ihre Herzensfurcht,/eine sorgenvolles Denken an den Tod."handelt es sich um einen Nachtrag.

8 Bei allem Fleisch vom Menschen bis zum Vieh
und bei Sündern siebenfach mehr:

9 Seuche und Blutvergießen, Hitze und Dürre,
Verwüstung und Untergang, Hunger und Tod.

10 Wegen des Frevlers wurde das Übel erschaffen
und seinetwegen eilt das Böse herbei.

Mit dem letzten Vers versucht Ben Sira für die illusionslose Sicht der Lage des
Menschen einen dogmatischen Ausgleich, indem er alle Übel als Folgen der
Sünde erklärt. Aber eigentlich hätte er dann alle Menschen zu Sündern erklären müssen, weil sie alle unter Übeln und dem Tod leiden. Stattdessen hat er
in 33,7–15 das Rätsel des Bösen damit zu erklären versucht, dass alle Dinge
von Gott paarweise erschaffen worden sind (33,13–15):

13 Wie Ton in der Hand des Töpfers,
der nach ihm greift, wie es ihm gefällt,
so ist der Mensch in seines Schöpfers Hand:
er stellt ihn hin, wie er beschlossen.

14 Das Gegenteil des Bösen ist das Gute,
das Gegenteil des Lebens ist der Tod,
Das Gegenteil des Guten ist der Frevler,
und das Gegenteil des Lichtes ist das Dunkel.

15 Sieh alle Werke Gottes an;
paarweise sind sie, eins gegen das andre.

Will der Mensch erklären, warum es die Übel und das Böse in der Welt gibt und
alles Leben gefährdetes Leben ist, so stößt sein Denken an eine Grenze: Der
logisch notwendige Gegensatz zwischen allen Dingen, der den Prädikaten erst
ihre Bedeutung sichert, wird zu einem ontologischen erhoben, hinter den das
Denken nicht zurückgehen kann.[49]

15.6 Jesus Sirachs fünf Argumente für den Glauben
an Gottes Gerechtigkeit

Der sich in diesen Räten ausdrückende Glaube an Gottes Gerechtigkeit wird
von Ben Sira durch *fünf Argumente* gestützt. Das bedient sich des Gedankens
der durch die göttliche Providenz gesicherten Güte und d. h.: Zweckmäßigkeit
der Welt als Mittel zur Belohnung der Guten und der Bestrafung der Bösen (Sir

---

49 Vgl. dazu ausführlich Ursel Wicke-Reuter, Providenz, 224–273.

39,12 – 35).[50] Es wendet sich gegen die Leugner der Güte der Schöpfung angesichts der Existenz des Übels. Die Antwort lautet, dass die vermeintlichen Übel der Bestrafung der Frevler dienen. Die Welt ist von Gott so eingerichtet, dass er über alle Mittel verfügt, deren er bei seiner Ausübung seiner distributiven Gerechtigkeit bedarf (vgl. Sir 40, 8 – 10):

8 Bei allem Fleisch vom Menschen bis zum Vieh
und bei Sündern siebenfach mehr (gibt es):

9 Seuche und Blutvergießen, Hitze und Dürre,
Verwüstung und Untergang, Hunger und Tod.[51]

10 Wegen des Frevlers wurde das Übel erschaffen,
und um seinetwillen eilt das Böse herbei.[52]

Als 2.) dient der Gedanke der Allwissenheit oder Omniscienz Gottes, von der seine Providenz, seine Vorsehung ein Teil ist. Es wendet sich gegen die Ansicht der libertinistischen Skeptiker, dass Gott von ihrem Tun keinerlei Notiz nähme. Da nichts, was auf Erden geschieht, Gott verborgen bleibt, muss jeder damit rechnen, dass ihm Gott nach seinem Tun vergilt. Und so befindet sich zum Beispiel der Ehebrecher im Irrtum, der wähnt, dass sein Tun bliebe Gott unbekannt bliebe (Sir 23,18 – 20):[53]

18 Ein Mann, der sein Lager entehrt,
und bei sich spricht: „Wer sieht es?
Dunkel umgibt mich, Wände verbergen mich.
Mich sieht keiner, was soll ich mich hüten?
Meiner Sünden kann der Höchste nicht gedenken."

19 Nur vor den Augen von Menschen fürchtet er sich
und weiß nicht, dass die Augen des Herrn
zehntausend Mal heller als die Sonne sind
und alle Wege des Menschen sehen
und bis ins Verborgenste spähen.

20 Ehe alles geschaffen wurde, war es ihm bekannt,
und so weiß er auch um es nach seinem Ende.[54]

Das 3.) wendet sich gegen die Zweifel der Frommen an Gottes Gerechtigkeit, wenn sie Unglück trifft. Es lautet, dass Gott die, die es sich vorgenommen haben, ihm zu dienen und d. h.: nach seinem Willen zu leben, durch Leiden prüft. Inhaltlich bestand der wahre Gottesdienst des Gerechten für Sirach

---

50 Vgl. dazu GAT I, .289 – 291 und dazu ausführlich Ursel Wicke-Reuter, Göttliche Providenz, 55 – 102 und Johannes Marböck, Gerechtigkeit Gottes, 21 – 52, bes. 28 – 43.
51 Zum Text vgl. Skehan/Di Lella, (AncB 39); 466 z.St.
52 Zur Übersetzung des mûś vgl. Hans Peter Rüger, Text von Sir 40,10, 103 – 109, bes.106 – 107.
53 Vgl. auch Johannes Marböck, Sirach 1 – 23, 274 – 275 z.St.
54 Vgl. auch 39,20a und 40, 18 – 21 und dazu GAT II, 142 – 146.

darin, dem Guten und dem Demütigen, aber nicht dem Bösen und Überheblichen Gutes zu tun (12,1–7) und in der Schule der Tora zu lernen, umsichtig zu handeln (35,23–24).[55] Denn im Halten der Gebote besteht die
Weisheit (1,26),[56] und die Liebe zu Gott ganz im Sinne der Deuteronomisten in
der Erfüllung seiner Gebote (2,16).[57] Wenn die, die ihn fürchten, ihre Leiden
und Demütigungen in Geduld und Hoffnung tragen,[58] bewähren sie sich in
seiner Prüfung, so dass er sich ihrer erbarmen und ihr Schicksal zum Guten
wenden wird. Die Zweifel an dieser Lehre aber kann die (in den biblischen
Schriften) bewahrte Erinnerung an die früheren Geschlechter zerstreuen,[59]
weil sie bezeugen, dass der Herr niemanden, der ihn fürchtet, zu Schanden
werden ließ (Sir 2,1–11):[60]

1 Mein Sohn, willst du dem Herren dienen[61],
bereite deine Seele auf Versuchung vor.

2 Mache dein Herz bereit und bleibe fest,
errege dich nicht in der Zeit des Unglücks.

3 Halt fest an ihm und falle nicht ab,
dass du gedeihst in deiner Zukunft.[62]

4 Was auf dich zukommt, das nimm alles an,
und sei geduldig, wenn dich Unglück trifft.

5 Denn im Feuer wird Gold geprüft,
und im Ofen des Elends Menschen, die (ihm) gefallen.

6 Vertraue auf ihn, dann steht er dir bei,
mache deinen Weg gerade und hoffe auf ihn.

7 Die ihr den Herren fürchtet, wartet auf sein Erbarmen
und weicht nicht ab, damit ihr nicht fallt.

---

55 Vgl. Sir 19,2a-b und 36(33), 1–3.
56 Vgl. Sir 36 (33), 1–3 und zum Verhältnis von Weisheit und Gesetz bei Ben Sira z. B. Johannes
    Marböck, Gesetz und Weisheit, 52–72; Eckhard J. Schnabel, Law and Wisdom, 29–92, John J.
    Collins, Jewish Wisdom, 42–61 und Wicke-Reuter, Göttliche Providenz, 188–223, zu den
    Grenzen von Siras Verständnis der Tora als offenbarter Denkgrundlage für eine lebendige
    selbstständige Auseinandersetzung mit den Grundfragen seiner Zeit vgl. Oda Wischmeyer,
    Kultur, 270–273.
57 Vgl. Sir 1,10; 2,16; 7,30–31 mit Ex 20,6 par Dtn 5,10; 6,5; 10,12; 30,20 und dazu Kaiser, GAT I,
    315 und II, 54–63.
58 Vgl. auch Sir 4,17–18.
59 Vgl. Hi 8,8–10 und dazu oben, 279.
60 Vgl auch Kaiser, GAT I, 288–289 bzw. ausführlich Nuria Calduch-Benages, Crisol, 33–101 und
    knapper dies., Gioiello, 27–96.
61 Zum Text vgl. Calduch-Benages, Crisol, 37–39 und zur Wendung „dem Herrn dienen", 44.
62 Vgl. Spr 19,20. L interpretiert V. 3b eschatologisch: ut crescat in novissima tua vita.

8 Die ihr den Herren fürchtet, traut auf ihn,
und euer Lohn wird nicht verloren gehen.[63]

9 Die ihr den Herren fürchtet, hofft auf Gutes,
dauernde Freude und Erbarmen.

10 Blickt auf die früheren Geschlechter und erkennt:
Wer glaubte je dem Herrn und ward zu Schanden?
Oder wer blieb in seiner Furcht und ward verlassen?
Oder wer rief ihn an, und er hätte ihn übersehen?

12 Denn gnädig und barmherzig ist der Herr,
Sünden vergibt er und rettet in der Zeit der Not.

Das 4.) Argument für den Glauben an Gottes sich im Leben des Einzelnen zum Guten wie zum Bösen erweisenden Gerechtigkeit besteht in der Erinnerung daran, dass der Herr die Schicksale der Menschen ganz unerwartet ändern und aus dem Armen einen Reichen machen kann (11,20 – 28).[64] Daher ermahnt Ben Sira seine Schüler, sich nicht durch das scheinbare Glück der Gottlosen anfechten zu lassen,[65] sondern weiterhin in dem Vertrauen ihre Pflicht zu tun, dass der Herr auch ihr Los zu ändern vermag. Angesichts der sich darin ausdrückenden Verfügungsmacht Gottes über das menschliche Glück wäre es ebenso falsch, den eigenen Zustand für endgültig zu halten wie ein letztes Urteil über Glück oder Unglück eines anderen Menschen zu fällen, ehe nicht seine letzte Stunde gekommen ist: Sie erst gibt Auskunft darüber, wie es um die Gerechtigkeit und das Glück eines Menschen bestellt war; denn spätestens in ihr vergilt Gott ihm nach seinem Tun (Sir 11,14 – 28):

14 Gutes und Böses, Leben und Tod,
Reichtum und Armut, sie kommen vom Herrn.[66]

17 Die Gabe des Herrn bleibt bei den Frommen,
und sein Wohlgefallen gibt Gelingen für immer.

18 Einer ist reich, weil er sich enthaltsam müht,
und darin besteht sein Lohn.

19 Wenn er sagt: „Ich kam zu Ruhe,
und jetzt esse ich von meinen Gütern!"
so weiß er nicht, wie lange es dauert,
bis er anderen lässt und stirbt.

20 Mein Sohn, behalte deine Pflichten fest im Sinn
und werde bei deiner Arbeit alt.

---

63 Zum Text vgl. Calduch-Benages, Crisol, 102 – 103 und zur Sache 116 – 117 und Sir 33(36), 2
64 Vgl. Kaiser, GAT I, 288 – 290.
65 Vgl. I Sam 2,6 – 7; Ps 75,8.
66 Bei den V. 15 – 16 handelt es sich um Zusätze von G II.

21 Sei nicht verwundert ob der Sünder Leben,
vertraue auf den Herrn und warte auf sein Licht.
Denn in den Herren Augen ist es leicht,
den Armen plötzlich reich zu machen.

22 Der Segen des Herrn ist das Los des Gerechten,
und zur rechten Zeit erfüllt sich sein Hoffen.

23 Sage nicht: „Was habe ich nötig?
Was kann mir weiterhin nützen?"

24 Sage nicht: „Ich habe genug,
was kann mir weiterhin schaden?"

25 An glücklichen Tagen vergisst man das Unglück,
und an unglücklichen Tagen vergisst man das Glück.

26 Denn leicht ist es für den Herrn, am Todestag
dem Menschen ihr Tun zu vergelten.

27 Das heutige Unglück lässt einstige Lust vergessen,
und das Ende des Menschen gibt über ihn Auskunft.

28 Vor dem Tode preise keinen glücklich,
denn an seinem Ende wird der Mensch erkannt

Es ist die Wechselhaftigkeit, um nicht zu sagen Launenhaftigkeit des Schicksals, die Ben Sira davor mahnen lässt, dem Glück zu trauen und das Unglück für unabänderlich zu halten. Gott kann jederzeit den Einen erhöhen und den Anderen stürzen.[67] Man kann einen Menschen nicht glücklich preisen oder als unglücklich beklagen, ehe er nicht gestorben ist.[68] Die griechische Maxime hilft dem jüdischen Weisen, für die Offenheit des Lebens zu plädieren und damit die Stolzen zur Demut und die Elenden zur Hoffnung zu ermahnen: Erst wenn das Leben eines Menschen abgeschlossen ist, kann man die Summe ziehen. Damit bleibt Gott der Herr des Schicksals.

Das 5.) und letzte Argument besteht in einem indirekten Beitrag zum Problem der Theodizee in Gestalt des großen Hymnus auf die Harmonie der von Gott in seiner unergründlichen Weisheit erschaffenen Welt:[69] Der Mensch wird von ihrer Schönheit bezaubert und vermag die Ordnung der Gestirne und den konstanten Wandel der Jahreszeiten zu erkennen. Dabei ergreift ihn ein Staunen, wenn er die Berichte derer hört, die von der Grenzenlosigkeit des Meeres, von der wunderbaren Vielfalt seiner Lebewesen und den mythischen Ungeheuern Rahabs, des personifizierten Urmeeres,[70] erzählen. So besingt der

---

67 Vgl. I Sam 2,7: Ps 75,8 und Lk 1,52.
68 Vgl. Hdt I.32.7 Soph.Oid.T.1528 – 1530; Eur.Andr.101 – 103 und Men.sent.498.
69 Vgl. dazu Gian Luigi Prato, problema, 206 – 208, bes. 206; Pancratius C. Beentjes, Theodicy, 509 – 524 und Kaiser, Glück, 160 – 167.
70 Vgl. Ps 89,11 und dazu K. van der Toorn (DDD), 1292 – 1297.

Sirazide in 42,15 – 43,33 die Herrlichkeit einer Welt, die Gott in seiner Weisheit erschaffen hat, ohne dass der Mensch diese Welt und die sich in ihr offenbarende Weisheit angemessen zu begreifen und zu rühmen vermag, weil sie das Erkenntnisvermögen des Menschen übertrifft. Wo vom offenbaren Gott geredet wird, muss zugleich auf den verborgenen verwiesen werden (Sir 43,28 – 33):

28 Lasst uns denn jubeln, weil wir ihn nicht ergründen,
denn er ist größer als alle seine Werke.

29 Zu fürchten über alle Maßen ist der Herr,
und wunderbar sind seine Machterweise.

30 Die ihr den Herren preist, erhebt die Stimme
mit aller Kraft, denn es gibt noch mehr.
Erhöht ihn mit neuer Kraft
ermüdet nicht, ihr könnt ihn nicht ergründen!

31 Wer hat ihn gesehen und kann ihn beschreiben,
und wer kann ihn preisen als den, der er ist?

32 Die Fülle des Verborgenen ist mehr als das,
was ich von seinen Werken gesehen habe.

33 Das alles hat der Herr geschaffen
und seinen Frommen gibt er Weisheit.

15.7 Die Furcht Gottes als des Menschen Teil

Des Menschen Teil angesichts dieser unergründlichen Macht und Herrlichkeit Gottes ist die Gottesfurcht als eine Grundhaltung, in der er Gott „als Schöpfer verehrt, fürchtet und liebt" (Sir 7,29 – 31).[71] Es ist die in der Gottesfurcht verwurzelte Weisheit, die ihre Grenzen erkennt und sich daher an das hält, was ihm Gott offenbart hat. Daher bringt es nichts, Gedanken nachzuhängen, die das Erkenntnisvermögen des Menschen übersteigen. Der Glaube an Gottes Gerechtigkeit ist daher zugleich Ausdruck der Demut des Menschen,[72] der die ihm gesetzten Grenzen akzeptiert und sich auf die Zusagen seines Gottes verlässt (Sir 3,17 – 25*):[73]

71 Vgl. dazu Wischmeyer, Kultur, 278 – 281, Zitat 280.
72 Zum Motiv der Niedrigkeit bei Ben Sira vgl. Markus Witte, Leiden, 195 – 198.
73 Dass sich der Text nicht eindeutig auf hellenistisches Gedankengut oder apokalyptische Vorstellungen beziehen lässt, hat Johannes Marböck, Apokalyptische Traditionen, 140 – 144 gezeigt. Er verweist aber 147 – 149 auf die Anspielungen auf die Entrückung Henochs in Sir 44,16 und 49,14 und auf die Giganten in 16,17, hinter denen ein Interesse an der zeitgenössischen Henochüberlieferung (I Hen 1 – 36.72 – 83) stehen könnte. Ähnliches gelte für die Anspielung auf

17 Mein Sohn, verrichte dein Geschäft in Demut,
dann wirst du mehr geliebt als wer Geschenke gibt.

18 Je größer du bist, desto mehr erniedrige dich,
dann wirst du Gnade finden bei dem Herrn.

19 Viele sind hoch und berühmt,
aber den Demütigen offenbart er sein Geheimnis.

20 Denn groß ist die Macht des Herrn,,
aber durch die Niedrigen wird er verherrlicht.

21 Was dir zu schwierig ist, erforsche nicht,
und was dich überfordert, suche nicht zu ergründen.

22 Über das dir Anvertraute sinne nach,
denn was verborgen ist, geht dich nichts an.

23 Wegen des, was dir entzogen ist, sei nicht verbittert,
denn mehr als du verstehst, ist dir gezeigt.

24 Denn zahlreich sind die Gedanken der Menschen,
und schlechtes Denken führt irre.

25 Wo der Augapfel fehlt, gibt es kein Licht,
und wo das Wissen fehlt, gibt es keine Weisheit.

In 15.11–20 wendet sich Ben Sira in 15,11–20 gegen einen vulgären Schicksalsglauben, der den Menschen von aller Verantwortung frei spricht, weil er nach der göttlichen Vorsehung bzw. der Macht des Schicksals zu seinem jeweiligen Handeln gezwungen wird. Im Hintergrund könnte die absichtlich missdeutete oder aber missverstandene stoische Lehre von der Macht des Schicksals stehen, wie sie in dem Walzengleichnis Chrysipps ihren Ausdruck gefunden hatte: Würfe man eine Walze auf eine schiefe Ebene, so löste der Anstoß ihre Bewegung aus, sie rollte dann aber gemäß ihrer eigenen Form nach unten. Entsprechend gebe das Schicksal dem Menschen den äußeren Anlass zum Handeln, das der Handelnde aber gemäß seiner eigenen Natur vollbringe, so dass er trotz des Schicksals für sein Tun verantwortlich sei (Gellius 7.2–6–13 = SVF II Nr. 1000 bzw. LS 62 D).[74] In Ben Siras Augen ist es frivol, sich auf Gottes Allmacht zu berufen, um ihn für das eigene sündhafte Verhalten verantwortlich zu machen. Denn bei der Erschaffung des Menschen

den von Ezechiel geschauten Thronwagen in Sir 49,8. Marböck ruft dazu die vorqumranische Engelliturgie (4Q 400–407/4 Q Shir Shabb) in Erinnerung, in denen die Ezechieltradition ausführlich verarbeitet werden, 149–150. Mit der Erwähnung der Herrlichkeit Adams in Sir 49,16b habe Ben Sira ein Motiv aufgenommen, das in Weis 10,1; Vit.Ad.12–17; Apok.Mos.21,6 und Philo.op.142.145 ff. fest verankert war, Marböck, 150–152.

74 Vgl. Gellius 7.2–6–13 (SVF II Nr. 1000 bzw. LS 62 D). dazu auch Pohlenz, Stoa I, 104–106 und ausführlich Susanne Bobzin, Determinism, 250–271.

hat ihm Gott die Antriebskraft gegeben, seine Wahl zu treffen und danach zu handeln. In Abwandlung von Dtn 30,15–16 steht er in der Entscheidung zwischen Tod und Leben:[75] Ganz nach seiner Wahl wird es ihn Gott weiterhin ergehen lassen. Angesichts seiner Allgegenwart, bleibt ihm niemand verborgen. Wer sündigt, muss also die Folgen tragen. (Sir 15,11–20):[76]

11 Sage nicht: „Von Gott kommt meine Sünde!"
Denn, was er hasst, bewirkt er nicht.

12 Sage nicht: „Er führte mich in die Irre!"
Denn er bedarf keines Sünders.

13 Böses und Gräuel hasst der Herrn,
er lässt sie nicht treffen, die ihn fürchten.[77]

14 Als Gott am Anfang den Menschen schuf,
gab er ihn in die Hand seines Triebes.

15 Wenn es dir gefällt, hältst du das Gebot,
und Treue ist es, nach seinem Gefallen zu handeln.

16 Feuer und Wasser sind ausgeschüttet vor dir,
nach dem, was du wählst, strecke deine Hand aus.

17 Vor den Menschen liegen Leben und Tod,
was ihm gefällt, das wird ihm gegeben.

18 Überfließend ist die Weisheit des Herrn,
stark an Macht und Alles sehend.[78]

19 Die Augen Gottes sehen auf seine Werke,
und er nimmt jede Tat des Menschen wahr.

20 Er hat niemandem zu sündigen befohlen,
noch hat er die Sünder bestärkt.[79]

Entsprechend hat Ben Sira auch vor dem Glauben an Orakel, Vorzeichen und Träumen als nichtigen Künsten gewarnt.[80] Zwar könnten Träume von Gott zur Warnung geschickt werden, aber grundsätzlich sei der Mensch richtig beraten, wenn er sich an die Tora und die Sprüche der Weisen hielte (Sir 34,1–8):[81]

---

75 Zur Nachwirkung der dtn-dtn Entscheidungsethik bei Ben Sira vgl. Timo Veijola, Law and Wisdom, 144–164. bes. 162–164.
76 Mehr als dass es im Palästina des 3. und 2. Jh. v. Chr. eine durch hellenistische Einflüsse provozierte religiöse Skepsis gab, lässt sich über die hier bekämpfte Haltung mit Ursel Wicke-Reuter, Providenz, 106 nicht sagen.
77 Zum Text vgl. Wicke-Reuter, 112 Anm.23.
78 Zum Text vgl. HA bei Beentjes, Text, 44.
79 Zum Text vgl. Prato, problema, 222–223.
80 Vgl. Koh 4,2.6.
81 Vgl. dazu Nuría Calduch-Benages, Dreams, 241–252.

1 Leere und trügerische Hoffnungen sind eine Sache des Toren,
und Träume regen Unverständige auf.

2 Wie einer, der Schatten nachjagt und Wind verfolgt,
ist, wer sich an Träume hält.

3 Denn das Traumgesicht ist ein Spiegel,
statt des Gesehenen sein Abbild.[82]

4 Was kann Reines von Unreinem kommen
und wie aus einer Lüge Wahres?

5 Orakel, Träume und Vorzeichen sind leer,
und wie bei einer Gebärenden phantasiert das Herz.

6 Sind sie nicht vom Höchsten als Warnung geschickt,[83]
schenke ihnen keine Beachtung.

7 Denn viele führten Träume irre,
und die auf sie hofften, kamen zu Fall.

8 Ohne Betrug geht das Gesetz in Erfüllung,
und Weisheit in wahrem Mund ist vollkommen.

Die Warnung, mit mantischen Praktiken die Zukunft zu ergründen, ist deutlich (vgl. Dtn 13,2–6; 18,9–14 und Jer 23,25–28). Die Ausnahme des von Gott gesandten Traums bleibt jedoch unerklärt. Vermutlich ist sie ein Zugeständnis an die biblischen Erzählungen von Traumdeutungen, zu der allein Joseph[84] bzw. Daniel[85] mit Gottes Hilfe in der Lage waren.[86] Es ist beachtenswert, dass sich Ben Sira mit der Zurückweisung der Mantik von den Stoikern absetzte, die sie in ihren Schicksalsglauben einfügten.[87] Der Mantik setzte er als die beiden sicheren Führer zum richtigen Leben die Tora und die Wahrsprüche der Weisen entgegen: Wer die göttlichen Gebote übertritt, kann über die Folgen nicht im Unklaren sein (Dtn 28). Wer die Räte und Wahrsprüche der Weisen verachtet, setzt sich über die Lebenserfahrung von Generationen hinweg.[88]

Dass Ben Sira über dem Los des Einzelnen nicht die Zukunft seines Volkes vergessen hat, sei wenigstens angemerkt. In seiner leidenschaftlichen an den allmächtigen Gott, den Vater des Alls, gerichteten Anrufung in 34,1–22 bittet

---

82 Wörtlich: „statt des Gesichts ein Abbild des Gesichts."
83 Zur Schwierigkeit der Übersetzung vgl. Nuria Calduch-Benages, Dreams, 249.
84 Vgl. Gen 40–41.
85 Vgl. Dan 2.
86 Vgl. dazu Jean Marie Husser, Songe, 231–266.
87 Vgl. Cic.div.I.82–83 (SVF II Nr. 1192/LS 42 D und dazu Pohlenz, Stoa I, 106–108.
88 Dass die Lehren der Väter zum Dogma erhoben ebenfalls irren können, belegen die gegen die Gewissheit seiner Unschuld ins Feld geführten Lehren der Väter; vgl. Hiob 4,7–9; 8,8–10; 15,7–10 mit 42,7. Das griechische συνείδησις, Gewissen, begegnet nur in Sir 42,18 S, vgl. auch Weis 17,11.

er ihn, die Verheißungen seiner Propheten zu erfüllen und Israel aus der Gewalt der es unterdrückenden Fremden zu erlösen, die Zwölf Stämme in ihrem Erbland zu versammeln und sich über Jerusalem zu erbarmen (Sir 36,1 – 5.20 – 22):[89]

1 Rette uns, Gott des Alls;

2 und wirf deinen Schrecken auf alle Völker.

3 Schwinge deine Hand gegen das fremde Volk,
damit sie deine Stärke erkennen.

4 Wie du dich vor ihren Augen durch uns als heilig bezeugt hast,
so verherrliche dich vor uns an ihnen,

5 damit sie erkennen, wie wir es wissen,
dass es keinen Gott gibt außer dir.
(…)

20 Bezeuge dich denen, die du am Anfang erschaffen
und erfülle die Weissagung, die in deinem Namen gesagt ward.

21 Belohne die, die auf dich hoffen,
damit deine Propheten bestätigt werden.

22 Erhöre das Gebet deiner Knechte
nach deinem Wohlgefallen an deinem Volk,
damit alle Enden der Erde erkennen,
dass du der ewige Gott bist.

15.8 Was ist der Mensch?[90]

In der großen Lehrrede über Gottes Weisheit und Erbarmen 16,24 – 18,14 sind zwei Abschnitte enthalten, in denen Jesus Sirach grundlegend Auskunft über sein Verständnis des Menschen gibt, 17,1 – 10 und 18,1 – 14. In 17,1 – 10 stellt er ihn als ein sterbliches Ebenbild Gottes und ein zum Gotteslob bestimmtes Sprachwesen vor, wobei die Fortsetzung in 17,11 – 14 zeigt, dass bislang nur Israel die volle Bestimmung des Menschen verwirklicht, so dass es nach 17,15 – 24 besonderer Gegenstand seiner Leitung ist. Durch diese 17,1 – 24 innewohnende Spannung, erhält die Lehre eine Offenheit für eine Zukunft, in der alle Völker das bislang nur Israel gegebene und von Israel befolgte „Gesetz

---

89 Vgl. dazu Maurice Gilbert, Prayer, 119 – 135, bes.118 – 122 und zu Ben Sira als Verfasser auch Johannes Marböck, Gebet um die Rettung, 149 – 166 und weiterhin Werner Urbanz, Gebet im Sirachbuch, 91 – 93 und ders., Gebetsschule, 33 – 34.
90 Vgl. dazu Kaiser, Glück, 43 – 51 und Mensch, 290 – 304.

des Lebens" zur Maxime ihres Handelns machen. Schon die ersten vier Verse zeigen, dass der Sirazide dabei ebenso auf die biblische Tradition zurückgreift wie er sie weiterbildet (Sir 17,1 – 4):

1 Der Herr schuf den Menschen aus Erde
und lässt ihn wieder zu ihr zurückkehren.

2 Er gab ihnen einen befristete Lebenszeit[91]
und gab ihnen Macht über alles auf ihr.

3 Sich selbst gleich bekleidete er sie mit Stärke
und schuf sie nach seinem Ebenbild.

4 Er legte die Furcht vor ihnen[92] auf alles Fleisch,
damit sie über Tiere und Vögel herrschten.[93]

Aus den V. 1 – 2a geht hervor, dass nach seiner Überzeugung der Tod anders als in Gen 3,19 nicht der Sünde Sold ist, sondern der Mensch von Gott von vornherein als ein sterbliches Wesen geschaffen worden ist, dem er eine begrenzte Lebenszeit (nach 18,9 von maximal 100 Jahren)[94] zugemessen hat. Dagegen greift er in V. 2b frei auf Gen 1,26 (vgl. Ps 8,7 – 9), in V. 3b auf Gen 1,27 und V. 4 auf Gen 1,28 und 9,2 zurück. In ähnlicher Freiheit von der Tradition gehört nach den V. 6 – 7 die volle Denk- und Urteilsfähigkeit zur schöpfungsgemäßen Grundausstattung des Menschen.[95] Beide finden ihr Ziel in der Gottesfurcht und im Gotteslob: So dient die Sprach- und Urteilsfähigkeit des Menschen nicht allein der Fähigkeit, das eigene und das gemeinsame Leben zu meistern, sondern sie ist dazu bestimmt, ihn zur Furcht und zum Lob Gottes zu befähigen. Die Menschen sind dazu bestimmt, durch die Furcht Gottes zur Gotteserkenntnis zu gelangen und ihn zu loben: Im Lob Gottes erfüllt sich die Bestimmung des Menschen (Sir 17,6 – 10):

6 Er bildete[96] ihnen Zunge, Augen und Ohren
und gab ihnen ein verständiges Herz.

7 Er erfüllte sie mit verständiger Einsicht
und zeigte ihnen, was gut und was böse.

---

91 Zum Text vgl. Prato, problema, 273.
92 Zum Text vgl. Prato, problema, 274.
93 Bei V. 5 handelt es sich um eine Fortschreibung in G II: „Sie empfingen die fünf Fähigkeiten des Herrn/als sechste gab er ihnen teil an der Vernunft/und als siebte das Wort als Deuter seiner Taten."
94 Vgl. dagegen Gen 6,3: 120 und Ps 90,10: 70 – 80 Jahre.
95 Vgl. dagegen Gen 2,17 und 3,5, andererseits Sir 25,24 und dazu Collins, Jewish Wisdom, 58 – 60; Kaiser, Was ist der Mensch, 295 – 296.
96 Zum Text vgl. Prato, problema. 276 Anm.156.

8 Er legte die Furcht vor ihm in ihre Herzen[97],
ihnen die Größe seiner Werke zu zeigen,[98]

9 damit sie für immer[99] seine Großtaten verkünden

10 und seinen heiligen Namen preisen.

In den V. 6 – 7 geht Ben Sira über die herkömmliche biblische Anthropologie hinaus, indem er die Voraussetzungen benennt, die den Menschen zu einem zielgerichteten Handeln und zum Verkehr untereinander wie mit Gott befähigen: Er bedarf dazu der Zunge zum Sprechen, der Augen zum Sehen und der Ohren zum Hören sowie der Vernunft, um die Eindrücke zu sinnlichen Daten zu verarbeiten und zu einer sittlich begründeten Entscheidung zu kommen. Das Unterscheidungsvermögen zwischen Gut und Böse scheint für Ben Sira ebenso mit der Vernunft gegeben wie die Möglichkeit der Gotteserkenntnis (vgl. Weish 13,1 – 9), die er als Furcht Gottes qualifiziert (V. 8). Erkennen die Menschen Gott im Spiegel der Größe seiner Schöpfungswerke und seines Handelns an Israel und den Völkern, so werden sie zu Boten seines Ruhmes und Lobsängern seines heiligen Namens als dem Inbegriff seines Wesens. Oder anders ausgedrückt: Israel ist das Volk, das die schöpfungsgemäße Bestimmung des Menschen erkannt hat, weil Gott ihm die Einsicht gewährt, das Gesetz des Lebens gegeben und auf seiner Grundlage mit ihm den Bund geschlossen hat (Sir 17,11 – 13):

11 Er gewährte ihnen dazu Einsicht
und gab ihnen das Gesetz des Lebens als Erbteil.[100]

12 Einen ewigen Bund richtete er mit ihnen auf
und offenbarte ihnen seine Gebote.

13 Ihre Augen sahen seine gewaltige Herrlichkeit
und ihre Ohren hörten seine hehre Stimme.

Entsprechend hat Jahwe, als er den Völkern ihre göttlichen Regenten zuwies,[101] Israel als sein Teil erwählt, so dass seine Augen stets auf es gerichtet sind und ihm keine Bosheit verborgen bleibt (17,17 – 20). Das bedeutet, dass er sich an alle guten Werke erinnert, alle schlechten vergilt, aber auch alle, die umkehren, gnädig annimmt (17,22 – 26). Die Bereitschaft Gottes, den Sündern zu vergeben, beruht auf seiner Kenntnis der Hinfälligkeit des Menschen (17,27 – 32):

27 Wer kann den Höchsten in der Unterwelt preisen
statt derer, die leben und Lobopfer bringen?

---

97 Zur Diskussion des Textes vgl. Kaiser, Was ist der Mensch, 297 Anm. 28.
98 G II fügt an: „und bestimmte für alle Zeiten, seine Wunder zu rühmen."
99 Lies mit Prato, problema, 280 ein lĕcôlām.
100 Vgl. dazu Friedrich V. Reiterer, Neue Akzente, in: Markus Witte (Hg.) (BZAW 345/2), 851 – 872 sowie Witte, Gesetz des Lebens, 71 – 87.
101 Vgl. BHS zu Dtn 32, 8 d-d (G und S).

28 Bei dem Toten, der nicht mehr lebt, endet der Lobgesang;
nur wer lebt und gesund ist, preist den Herrn.

29 Wie groß ist das Erbarmen des Herrn
und seine Vergebung für die, die sich zu ihm wenden.

30 Denn nicht alles können die Menschen,
weil kein Menschenkind unsterblich ist,

31 Was ist heller als die Sonne? Doch sie dunkelt!
Und böse ist der Trieb von Fleisch und Blut.

32 Er mustert selbst die Macht der Himmelshöhe,
doch alle Menschen sind Staub und Asche.

Doch weil Gott weiß, wie hinfällig die Menschen sind, ist er ihnen gegenüber langmütig, um ihnen Zeit zur Umkehr zu geben und leitet sie so wie ein guter Hirt, der die verlorenen Schafe zurück zu seiner Herde führt (18,8 – 14).[102]

8 Was ist der Mensch und was ist er wert,
was ist sein Glück und was ist sein Unglück?

9 Die Tage des Menschen sind zahlreich,
wenn er hundert Jahre alt wird,

10 Wie ein Tropfen im Meer oder ein Sandkorn
sind die wenigen Jahre vor einem Tag der Ewigkeit.

11 Daher ist der Herr langmütig gegen die Menschen
und gießt er sein Erbarmen über sie aus.

12 Denn er sieht und weiß, dass ihr Ende schlimm ist,
daher vergilt er ihnen reichlich.

13 Ein Mensch erbarmt sich über seinen Nächsten,
das Erbarmen des Herrn aber gilt allem Fleisch.
Er überführt, er erzieht und belehrt
Und führt zurück wie ein Hirt seine Herde.

14 Er erbarmt sich derer, die Zucht annehmen
und wachsam seinen Satzungen folgen.

Der Tod ist für Jesus Sirach eine „uralte Satzung" Gottes, die man nicht hinterfragen kann, sondern der man sich beugen muss. Er mag zu dem einen als Freund und zu dem anderen als Feind kommen – ihm müssen sich alle ergeben (Sir 41,1 – 4):[103]

---

102 Bei den Tempora der Verben handelt es sich um gnomische Imperfekte, die durativ zu übersetzen sind.
103 Vgl. dazu Kaiser, Verständnis des Todes, 275 – 292, bes. 283.

1 O Tod, wie bitter ist der Gedanke an dich
für den Mann, der ruhig lebt mit seiner Habe,
dem Mann, der zufrieden ist und dem alles gelingt
und der noch die Kraft hat, es zu genießen.

2 O Tod, wie willkommen ist dein Befehl
einem armen und kraftlosen Menschen,
der sich strauchelnd an allem stößt,
der verstört und ohne Hoffnung ist.[104]

Doch ob der Tod nun zu dem einen als Freund und dem anderen als Feind
kommt, ergeben müssen sich ihm alle, weil es Gott so bestimmt hat. Und daher
sollte man sich, wenn die letzte Stunde gekommen ist, nicht gegen ihn auf-
lehnen, sondern als göttliche Ordnung annehmen (41,3 – 4):[105]

3 Du sollst nicht zittern vor dem Tod, der dir bestimmt;
gedenke, dass die vor dir und die nach dir dich begleiten;

4 denn das ist Gottes Los für alles Fleisch.
Was willst du dich des Höchsten Weisung widersetzen?
Seien es zehn, hundert oder tausend Jahre
in der Unterwelt handelt man nicht über das Leben!

Doch anders als Kohelet[106] tröstete sich Ben Sira mit dem Gedanken, dass der
Tote in seinem guten Namen und in seiner Nachkommenschaft fortlebt
(40,19a-b), während der Ruchlose vergessen wird (41,10 – 13):[107]

10 Alles, was aus der Erde kommt, kehrt zur Erde zurück,
so auch der Ruchlose – aus dem Leeren ins Leere.

11 Nichtig ist der Mensch an seinem Leibe,
doch der Ruf[108] der Treue vergeht nicht.

12 Gib Acht auf deinen Namen, denn er folgt dir nach,
mehr als auf tausend kostbare[109] Schätze.

13 Das Glück des Lebens ist befristet,[110]
aber ein guter Name bleibt für immer.

Ähnlich und doch zugleich anders als Kohelet verbindet der Sirazide die
Unentrinnbarkeit des Todes mit dem *Carpe diem*, indem er dazu auffordert,

---

104 Vgl. auch Sir 30,17.
105 Vgl. dazu auch Kaiser, Verständnis des Todes, 283, Reiterer, Deutung, 307 – 343, bes. 314 – 334
     und Frevel, Lobgesang, 27 – 33.
106 Vgl. dazu oben, 311 – 314.
107 Vgl. Spr 10,7; 22,1 und Sir 15,6.
108 Text: Name.
109 Lies mit Bm.
110 Text: (währt) gezählte Tage.

den Freund an den eigenen Gütern teilhaben zu lassen.[111] Dabei klingt in der abschließenden Begründung in V. 18 ein Motiv aus Homers Ilias VI.146–149 nach (Sir 14,11–19):[112]

11 Mein, Sohn, wenn du etwas hast, lass es dir dienen,
und wenn du etwas besitzt, erfreue dich daran.

12 Gedenke, dass der Tod nicht zaudert
und dir der Unterwelt Gesetz nicht kund getan.

13 Ehe du stirbst, tue dem Freunde Gutes,
gib ihm, was deine Hand vermag.

14 Versage dir nicht das Glück des Tages
und lass dir den begehrten Anteil nicht entgehen.

15 Musst du nicht einem Andren dein Vermögen lassen,
den Ertrag deiner Mühen der Verteilung durch das Los?

16 So gib und nimm und labe deine Seele,
denn in der Unterwelt gibt's keine Lust zu suchen.

17 Es altert alles Fleisch wie ein Gewand,
nach uralter Satzung muss es sterben.

18 Wie sprossendes Laub am grünenden Baum,
von dem eines welkt und anderes sprosst,
so sind die Geschlechter von Fleisch und Blut,
eines verscheidet, ein andres wächst nach.

19 All sein Gemächte vermodert gewiss,
und das Werk seiner Hände, es folgt ihm nach.

15.9 Einträge des neuen Glaubens an das Jüngste Gericht und ewige Leben

Ähnlich wie der zweite Epilogist den neuen Glauben an das Jüngste Gericht im Koheletbuch nachgetragen hat, fehlt es auch im Sirachbuch nicht an entsprechenden Einfügungen und Glossen. Sie begegnen zumal in jüngeren griechischen Handschriften (GII) und in der altlateinischen und syrischen Übersetzung.[113] Schon ein früher Schreiber hat in 48,11a-b hinter den Lob des in den Himmel entrückten und von dort vor dem großen Tag Jahwes zu-

---

111 Vgl. oben, 312.
112 Vgl. dazu Kaiser, Oikeiosis-Lehre, 75–76.
113 Vgl. dazu Marböck, Gerechtigkeit Gottes, 44–48.

rückkehrenden Propheten Elia in 48,1 – 10 eine Seligpreisung derer angefügt, die ihn sehen werden und in Liebe entschlafen sind. Um keinen Zweifel daran zu lassen, dass die frommen Leser ebenfalls zu diesen Glücklichen gehören werden, heißt es in V. 11c: „Auch wir werden gewiss leben!" Um auch ein Beispiel aus der altlateinischen Übersetzung zu bieten, sei der Zusatz in dem Selbstlob der Weisheit hinter 24,33 mitgeteilt (Sir 24,45 L), in dem die Weisheit erklärt, dass sie auch in die Unterwelt gehen wird, um dort alle, die auf Gott hoffen, zu erleuchten:

Penetrabo inferiores partes terrae
et inspiciam omnes dormientes
et illuminabo sperantes in Deo.

Ich werde in die unteren Teile der Erde eindringen
und alle Schlafenden mustern
und die auf Gott hoffen erleuchten.

16. Von des Menschen Verantwortung, Sünde und Tod und Gottes Macht zu vergeben

16.1 Das alttestamentliche und das paulinische Verständnis von Sünde und Tod

Aus dem im vorausgehenden Paragraphen Gesagten geht deutlich hervor, dass sich Israel für sein Tun und Lassen vor Gott verantwortlich wusste. Diese Auskunft ist weiterhin dahingehend zu ergänzen, dass es noch keine Lehre von der Erbsünde kannte. Sie wurden von Späteren aus der nachexilischen Erzählung vom Paradies und Sündenfall in Gen 2,4b – 3,24 als der Ursache der Sterblichkeit des Menschen und des beschwerlichen Lebens von Mann und Frau abgeleitet.[1] Der Apostel Paulus setzt sie in Röm 5,12 – 19 im Rahmen seiner typologischen Gegenüberstellung des Urmenschen Adam mit seinem Gegenbild Jesus Christus voraus, indem er erklärt, dass so, wie durch Adam die Sünde und der Tod zu allen Menschen gekommen seien, durch Jesus Christus die zum Leben führende Gabe der Gerechtigkeit zu ihnen gelangt sei.[2] Daher pflegt man in der christlichen Dogmatik vom *peccatum originale*, von der Ursünde zu sprechen, die es den Menschen als Menschen unmöglich macht, ein sündloses Leben zu führen.[3] Der Mensch will von Natur aus unbedingt sich selbst. Und darin besteht (die Existenz Gottes vorausgesetzt) seine Sünde.[4] Die deutsche Übersetzung mit „Erbsünde" hat die damit gemeinte Sache seit dem 18. und 19. Jahrhundert unter dem Einfluss biologischen Denkens missdeutet. In der Folge wurde die christliche Rede vom Menschen als Sünder zunehmend als ein entbehrliches Überbleibsel spätantiken und mittelalterlichen Denkens beurteilt.[5]

---

1 Zum Verständnis der biblischen Erzählung vom Paradies und Sündenfall in Gen 2 – 3 vgl. Eckart Otto, Paradieserzählung, 167 – 192; Martin Arneth, Adams Fall, 97 – 147 und Tryggve N.D. Mettinger, Eden Narrative, bes. 63 – 64 und 134 – 135.

2 Vgl. dazu Rudolf Bultmann, Theologie des NT (UTB 630), 251 – 254 und zum paulinischen Verständnis von Sünde und Gnade auch Jürgen Becker, Paulus (UTB 2014), 409 – 447.

3 Zur klassischen protestantischen Lehrentwicklung vgl. Heinrich Schmid, Dogmatik, hg. von Horst Georg Pöhlmann, 60 – 163 und weiterhin z. B. Paul Tillich, Systematische Theologie I/2, 46 – 68; Wolfhart Pannenberg, Systematische Theologie II, 266 – 314 und Wilfried Härle, Dogmatik, 456 – 492.

4 Vgl. dazu auch Georg Wilhelm Friedrich Hegel, Vorlesungen über die Philosophie der Religion III, 135 – 137.

5 Zur Moralisierung des Sündenverständnisses seit der frühen Neuzeit vgl. Paolo Prodi, Geschichte der Gerechtigkeit, 238 – 278 und bes. 324 – 346. Augenblicklich triumphiert in der Öffentlichkeit der Moralismus. Während Christen Sünden vergeben, kennen Moralisten kein Pardon.

16.2 Das Verständnis der Sünde und des Schicksals im Alten Mesopotamien und Ägypten

16.2.1 Sünde als Fehlverhalten in Religion, Recht und Gesellschaft

Das Sündenverständnis war wohl in allen Kulturen zunächst punktuell und bezog sich auf die drei Bereiche des menschlichen Lebens in Religion, Recht und Gesellschaft .Dabei galt jedes Fehlverhalten in einem der drei Bereiche zugleich als *religiöse Sünde.*

Dazu gehörten bei den Babyloniern und Assyrern Handlungen, die den Göttern ein Gräuel war. Dabei konnte es sich um den Genuss von Speisen und das Trinken aus unreinen Gefäßen, das Erheben ungewaschener Hände beim Schwören, um unterlassene oder den Göttern entzogene Opfer, Verletzungen ihnen geweihten Bodens, ehrfurchtloses Sitzen vor dem alles sehenden und daher alles richtenden Sonnengott, den Verkehr mit gebannten Personen oder die Beschäftigung mit schwarzer Magie handeln.[6]

Zu den *sozialen Sünden* gehörten böses Reden, statt einer geschuldeten Zusage eine Absage zu erteilen; Eltern, Geschwister, angeheiratete Verwandte oder Freunde zu entzweien; Gefangenen nicht zur Freilassung zu verhelfen; die Eltern zu verachten; den älteren Bruder zu hassen; die ältere Schwester herabzusetzen; das Haus seines Nächsten zu betreten; seiner Frau zu nahen; sein Blut zu vergießen; sein Kind zu rauben; einen aufrechten Mann aus seiner Familie zu vertreiben; eine zusammenlebende Sippe zu zerstreuen; sich gegen einen Vorgesetzten zu erheben; mit dem Munde richtig zu reden, aber im Herzen falsch zu sein; eine Waffe in einer Versammlung zu zücken; Unlauteres zu lehren; in einer Versammlung Unlauteres zu reden; in einen der Wasserversorgung dienenden Kanal zu pissen oder zu spucken und dergleichen mehr.[7]

Als *rechtliche Sünden* wurden betrachtet, einen Richter oder ein Gericht zu bestechen; mit kleinem Maß zu geben und mit großem zu nehmen; falsche Waage oder falsche Zahlungsmittel zu benutzen; einen legitimen Sohn zu enterben; die vom Recht gezogenen Grenzen zu überschreiten; Grenzen und ihre Markierungen zu verrücken; durch Diebstahl den Namen eines Gottes zu missachten; einen Pflug zu stehlen und dann einen Meineid zu leisten; Pflanzen aus (fremdem) Felde zu reißen; einen Kanal zu verstopfen (so dass er beim nächsten Hochwasser über die Ufer tritt) und statt dem Gegner zu willfahren, ihm feindlich zu begegnen. Oder grundsätzlicher gesagt: „Schuld und Besessenheit, Verfehlung, Sünde und Missetat, Empörung und Widerspenstigkeit" zu begehen.[8] Ähnlich wie im Fall des hebräischen Wortes ᶜāwôn bezeichneten die akkadischen Äquivalente ebenso die Sünde wie die Strafe:

---

6 Vgl. dazu Beschwörungstafeln Šurpu II, 5.ff. bei Bruno Meissner, Babylonien II, 137–138.
7 Šurpu II.6 ff., bei Meissner II, 138.
8 Šurpu II.33 ff. bei Meissner II, 138.

Darin äußerte sich die Ansicht, dass Sünde und Strafe zusammengehören und wer sündigt, auch bestraft wird. Dass das nicht immer der Fall war, blieb freilich auch den Babyloniern nicht verborgen. Das bezeugt z. B. die Dichtung vom Leidenden Gerechten, die in ihren ersten Worten als Ludlul bēl nēmeqi („Preisen will ich den Herrn der Weisheit") bezeichnet wird.[9]. Daher sollte jedermann darnach streben, vor Göttern und Menschen rein zu bleiben.[10] Hatte man aufgrund der Selbstbeobachtung, einer Erkrankung oder eines Unglücks Grund zu der Annahme, gesündigt zu haben, so unterzog man sich einem von einem speziellen Priester vollzogenen Sühneritus, der entweder an den Gott der Weisheit Ea oder Enki (den „Herrn des Unteren") oder an Marduk, seinen ältesten Sohn, den Herrn des Himmels und der Erde, gerichtet war, weil beide als Experten auf dem Gebiet der Magie galten.

In einem vermutlich aus dem zweiten Drittel des letzten Jahrtausends v. Chr. stammt, heißt es:[11]

1 Beschwörung: Ea, Schamasch, Marduk, was sind meine Sünden?

2 Widerwärtiges begegnete mir, Böses nahm mich gefangen.

3 Mein Vater zeugte mich, meine Mutter gebar mich,

4 sie machten Pläne, doch ich war wie eine Schlange ihr F[eind].

5 Ich kam aus der Finsternis und ich sah dich, Schamasch,

6 ein unguter Wind warf meine Palmwedel hin,

7 und ein heftiger Sturm hat mein Haupt gebeugt!

8 Wie einem Vogel sind meine Federn gestutzt,

9 er riss ab meine Flügel: Wegfliegen kann ich nicht mehr.

10 Lähmung packte meine Arme, 11 Aussatz befiel meine Knie:

12 Ich klage wie eine Taube bei Tag und bei Nacht!

13 Ich glühe innerlich, weine bitterlich, 14 Tränen halten sich in meinen Augen!

15 Schamasch, bei dir gibt es Ruhe,

16 löse und entferne die Sünde meiner Eltern!

---

9 Deutsche Übersetzung durch Wolfram von Soden (TUAT III/2), 1991, 110–143.
10 Zu den Ursachen der Verunreinigung durch Krankheit, Menstruation und Geburt und die durch Menstruationsblut verunreinigten Kleider, die Übertretung von Speisevorschriften oder die Berührung von Toten , die sämtlich auch in Israel analog bewertet wurden, vgl. Karel van der Torn, Sin and Sanction, 29–37.
11 Übersetzung Kurt Hecker (TUAT II/5), 1989; 776.

17 Entferne dich, Bann! Verjage ihn Ea, König des Apsu,[12]

18 [und du] Asalluchi, Herr der Beschwörungskunst.[13]

19 Entfernt sei 3600 Meilen und fort meine Sünde!

20 Der Fluss übernehme sie und trage sie in seinem Innern fort!

21 Ea, Schamasch, Marduk kommt mir zur Hilfe,

22 dass ich bei euch rein und vor euch (sünden)frei werde!

Man weiß nicht so recht, ob man Z. 16 im Zusammenhang mit Z. 4 Sinne von Ps 51,7 dahingehend deuten soll, dass der Beter bekennt, dass er in Sünden gezeugt ist, oder ob er den Fall im Auge hat, dass jemand Sünde über seine Eltern gebracht hat. Das Motiv, dass kein Mensch sündlos ist, begegnet in einem fragmentarisch überliefertem Bußbekenntnis, das aus derselben Zeit wie das gerade zitierte stammen könnte. Es hat den Zweck, die Götter gnädig zu stimmen, weil es sich im vorliegenden Fall um keine Ausnahme handelt:

132 Wen gibt es, der ohne Sünde gegen seinen Gott wäre,

133 und wer ist da, der immer das Gebot beachtet?

134 Die Menschheit, soviel es gibt, ist voller Sünde!

135 Ich, dein Diener, versündigte mich gegen alles.

136 Ich stand dir zu Diensten (und) verhielt mich unrecht,

137 sagte Lügenhaftes (und) sprach mich selbst von Sünden frei!

138 Was nicht in Ordnung ist, sagte ich immer wieder: Du kennst das alles!

139 Was dem Gott, meinem Schöpfer geweiht, verzehrte ich,

140 ich betrat das Tabu, beging wieder Böses!

141 Auf deinen ausgedehnten Besitz richtete ich meine Begierde,

142 auf dein kostbares Silber richtete ich mein Verlangen!

143 Ich erhob meine Hand, um Unzerstörbares zu zerstören!

144 Unrein betrat ich immer wieder den Tempel

145 (und) beging eines schwere Abscheulichkeit!

146 Was für dich kränkend ist, darin überschritt ich immer wieder Grenzen!

147 In der Wut meines Herzens pflegte ich deine Gottheit zu verfluchen,

148 Sünde beging ich immer wieder bewusst oder unbewusst,

---

12 Des unterirdischen Süßwassermeeres.
13 Er galt als Sohn Eas.

149 ich wandelte, wie ich wollte, (und) frevelte so!

150 Mein Gott, es ist genug! Dein Herz komme zur Ruhe!

151 Die Göttin, die erzürnt war, möge verzeihen!

152 Löse den Knoten deines Herzens, den du fest zugemacht hattest,

153 möge dein Herz, das ich beschwor, mit mir freundlich werden!

154 Mögen meine Sünden auch noch so viel sein: Löse meine Schuld!

155 Mögen meine Vergehen auch sieben sein: Dein Herz möge ruhig werden!

Bei aller Sympathie für das in den drei ersten Zeilen Gesagte, so steht doch der zur Illustration an die Generalbeichte in Z. 135 angehängte Sündenkatalog, in dem sich der Bekenner zu einem Tempelräuber erklärt, der weder vor dem Griff nach den Opferspeisen noch nach den Silberschätzen des Tempels zurückschreckte, in einem eigentümlichen Missverhältnis zu der ihn beschließenden Bitte, der geschädigte Gott und die geschädigte Göttin möchten ihm gnädig sein. Sollte es sich hier um einen Lehrtext handeln, der auch den größten Sünder zur Buße rufen sollte, so hätte der Weise doch mit einem zu groben Geschütz gearbeitet. Immerhin wird nun verständlich, warum das Bekenntnis mit einem Wort zur allgemeinen Sündhaftigkeit der Menschen einsetzt: Weil alle Menschen Sünder sind, wird es unter ihnen eben auch ruchlose Tempelräuber geben! – Auf die Frage, woher es kommt, dass alle Menschen sündigen, geben die erhaltenen sumerischen und akkadischen Texte keine Antwort.[14] Das ist an und für sich nicht erstaunlich, weil diese Frage auch im Alten Testament in Gen 3 erst spät gestellt und beantwortet worden ist.[15] Wohl aber kennen sie die Klage des Einzelnen darüber, dass er die Sünde nicht erkannt hat, derentwegen er leiden muss.[16]

Wenden wir uns dem Alten Ägypten zu, so brauchen wir das Unschuldsbekenntnis des Vorstehers der Kornspeicher Ha-em-het aus der Zeit Amenophes III. (1413 – 1377) in seinem Grab in Theben nicht anzuzweifeln, in dem er seinen Besuchern versichert, dass er den Räucheraltar jedes Gottes füllte; ihrer aller Namen kannte und ihnen und den Geistern der Toten Wasser, Brot und Bier spendete; er dem König und dem Gott Horus, dem Herrn des Palastes Ma'at opferte und also als Beamter treu und redlich lebte. Denn es gab ebenso ein hohes Beamtenethos wie einen allgemeinen hohen Stand der Sittlichkeit.[17] Natürlich überschreitet der Grabherr den Raum der Erfahrung und birgt er sich in der seit dem Mittleren Reich fest verwurzelten Vorstellung

---

14 Dagegen zeugen die Omina für den Glauben an die Vorherbestimmung und zugleich die Manipulierbarkeit des Schicksals oder šimtu, vgl. dazu Brigitte Groneberg, Schicksalstafeln, 23 – 39, bes. 30 – 36.

15 Vgl. dazu unten, 356 – 360.

16 Vgl. dazu Karel van der Torn, Sin and Sanction, 94 – 97.

17 Vgl. Miriam Lichtheim, Moral Values, 29 – 29.

vom unterirdischen Totengericht des Osiris, wenn er erklärt, dass er es als auf Erden gerechtfertigt verlassen konnte, weil der Gerichtsschreiber und Gott der Weisheit Thot ihn vor allen Göttern und Göttinnen frei gesprochen habe, weil kein Ankläger gegen ihn aufgestanden sei.[18] So bescheinigt sich hier der Grabherr seine religiöse und seine berufliche Rechtschaffenheit, wobei ethisches und magisches Denken in einer für das Alte Ägypten kennzeichnenden Weise miteinander verwoben sind.[19] In dem eben erwähnten Totengericht musste der Tote nach Kap. 125 des Totenbuches ein 160 Zeilen umfassendes Unschuldsbekenntnis ablegen, in dem er in den Z. 10–50 erklärt, dass er sich weder gegen Menschen noch Tiere noch gegen die Götter oder das Recht vergangen habe und er daher rein sei.[20]

16.2.2 Deterministische Erklärungen der Sünde im Alten Ägypten

In der Lehre des Amenemope, die aus der Zeit des 20. Dynastie (ca 1200–1085) stammt begegnet in XIX.11–XX 6 eine deterministische Erklärung der Sünde: Denn nach ihr gehört sie zu dem den Menschen von Gott bestimmten Schicksal (Amenemope XIX.11–XX.6):[21]

11 Lege dich nicht nieder, indem du das Morgen fürchtest:

12 „Wenn es tagt, wie ist (dann) der Morgen?"

13 Der Mensch weiß nicht, wie das Morgen ist.

14 Der Gott ist in seinem Erfolg,

15 der Mensch aber ist in seinem Versagen.

16 Eines sind die Worte, die Menschen sprechen,

17 ein anderes ist das, was der Gott tut.

18 Sage nicht: „(Ich) habe keine Sünde",

19 und strebe nicht nach Aufruhr.

20 Die Sünde/sie gehört Gott,

21 sie ist mit seinem Finger besiegelt.

22 Es gibt keinen Erfolg bei dem Gott,

23 und es gibt kein Versagen vor ihm.

18 Zum Totengericht vgl. Jan Assmann, Tod und Jenseits, 372–387.
19 Mirjam Lichtheim, Maat, 122–124.
20 Erik Hornung, Totenbuch, 233–245, bes. 231–235.
21 Übersetzung Irene Schirun-Grumach (TUAT III/2), 1991, 242–243; zu den in ihr und in ihrem Zeitalter vertretenen sittlichen Grundsätzen vgl. Miriam Lichtheim, Moral Values, 40–59.

1 Wer sich streckt, um den Erfolg zu suchen:

2 in einem kurzen Augenblick schädigt er ihn.

3 Mache dich gewichtig in deinem Herzen/festige dein Herz,

4 steure nicht mit deiner Zunge.

5 Die Zunge des Menschen/das ist das Steuerruder des Schiffes;

6 der Allherr ist sein Pilot.

Hier wird die Situation des Menschen zum reinen Paradox: Er soll anständig handeln und soll als Mensch, Beamter und Frommer seine Pflichten gegen Gott und die Menschen erfüllen, obwohl er am Ende nicht Herr seiner Beschlüsse ist. Das kommt dem paulinischen „Schaffet mit Furcht und Zittern, dass ihr selig werdet; denn Gott ist es, der in euch beides wirkt, das Wollen und das Vollbringen, nach seinem Wohlgefallen" (Phil 2,12 – 13) nahe. In beiden Fällen handelt es sich um die religiöse Urantinomie, vor welcher der Mensch steht, wenn er Gottes Allmacht zu Ende denkt. Wenige haben ihr Stand gehalten, darunter Kohelet, Augustinus und Luther, am Ende wohl auch Hegel.

Doch kehren wir zu den Ägyptern zurück: In der Demotischen Lehre des Papyrus Insinger, die aus der Ptolemäerzeit stammt, findet dieser Schicksalsglaube seine Zuspitzung; Denn in ihr heißt es ein um das andere Mal am Ende der einzelnen Lehrreden :"Das Schicksal und der Zufall, die eintreten – Gott ist es, der sie sendet."[22] Als Beispiel sei das Ende der 24. Lehre zitiert, die unter der Überschrift „Der Weg, die Größe Gottes zu erkennen und sie in seinem Herzen existieren zu lassen" steht (30.18).[23] Damit der Leser den in 32,1 – 24 folgenden n Bericht über die Werke Gottes richtig versteht, die von der Erschaffung der Erde, der Zeiten, der himmlischen Konstellationen, der einzelnen Lebewesen, von Krankheit und der Heilung, Leben und Tod , Armut und Reichtums und der jeder Art entsprechenden Nahrung reichen, hat der Weise ihn durch 31,1 – 24 eingel., um auf das paradoxe Handeln Gottes hinzuweisen. Aus diesem Abschnitt seien Anfang und Ende zitiert (Pap.Insinger 31 – 5 und 19 – 24):

1 Man kann das Herz Gottes nicht verstehen, bis das, was er angeordnet hat, eingetreten ist.

2 Wenn das Volk die Hand hebt, weiß Gott es (schon).

3 Er kennt den Gottlosen, der an Böses denkt.

4 Er kennt den Gottesfürchtigen und die Größe Gottes in dessen Herzen.

---

22 Vgl. dazu Miriam Lichtheim, Late Egyptian Wisdom, 138 – 152 und Heike Sternberg-el Hotabi, Isis und das Schicksal, 40 – 60, bes. 41 und zur der Göttin Isis als Herrin des Schicksals in den Isis-Aretalogien 46 – 48.
23 Übersetzung von Heinz J. Thissen (TUAT III/2), 314 – 317.

5 Bevor die Zunge befragt ist, kennt Gott ihre Antworten.

…

19 Wer sagt: „Das kann nicht sein!" soll seine Aufmerksamkeit auf das lenken, was verborgen ist.

20 Wie denn gehen Sonne und Mond am Himmel auf und unter?

21 Wasser, Feuer und Wind – wohin gehen sie, woher kommen sie?

22 Wem werden Amulette und Zaubersprüche zu Heilmitteln?

23 Sein verborgenes Wirken gibt Gott täglich auf Erden zu erkennen,

24 Er schuf das Licht und die Finsternis, in denen sich alle Geschöpfe aufhalten.

Die Lehre vom gegensätzlichen Handeln Gottes bringt der knappe Schluss der Lehre in 33,1 – 6 auf den Punkt (Pap. Insinger 33,1 – 6):

1 Wer (voran)läuft, ist nicht (unbedingt) der Anführer der Truppe.

2 Andererseits ist es nicht (unbedingt) der Mörder, der auf dem Wege fällt.

3 Das Schicksal und die Vergeltung ziehen umher und lassen geschehen, wie es Gott angeordnet hat.

4 Das Schicksal ist nicht vorausschauend, die Vergeltung geht und kommt nicht unrechtmäßig.

5 Groß ist der Plan Gottes, eines an das andere zu fügen.

6 Das Schicksal und der Zufall, die eintreten – Gott ist es, der sie sendet.

Das ist ein Lehrstück hellenistischen Schicksalsglaubens,[24] der uns in abgewandelter Form auch bei Kohelet begegnet.[25] Dagegen hat sich Ben Sira in Sir 15,11 – 17 als Vertreter der dtn-dtr Entscheidungsethik auf die Freiheit des Willens versteift,[26] ohne den Unterschied zwischen Willens- und Wahlfreiheit zu reflektieren, auf den Aristoteles in seiner Lehre vom Handeln in der Nikomachischen Ethik immer noch bedenkenswert hingewiesen hat.[27]

---

24 Vgl. dazu Miriam Lichtheim, Late Egyptian Wisdom, 151–152 und Martin P. Nilsson, Geschichte II, 200–210.

25 Vgl. dazu Herrmann Spieckermann, Wenn Gott schweigt, 104–124, bes. 110–112 zu Koh 3,18–22.

26 Vgl. dazu oben, 335.

27 Vgl. dazu Kaiser, Aristotelische Handlungstheorie, 52–62.

16.3 Das klassische Verständnis der Sünde im Alten Testament

Das genuin alttestamentliche Sündenverständnis war von solchen Einsichten weit entfernt und verstand die Sünde in der Regel punktuell. Redete es von Sünde und Schuld, so bezeichnete es einzelne Taten oder Ketten von Handlungen mit ihren oft tödlichen Folgen als Normabweichungen, ohne sie auf einen speziellen Habitus des Sünders zurückzuführen.[28] Es war wie das Schuldverständnis der Alten objektiv an der Tat und nicht an der Absicht des Täters orientiert. Sachlich umfasste es wie in der Sündenlehre der beiden großen Stromkulturen den Bereich der Vergehen gegen Gott, gegen die Menschen und gegen das Gesetz. Dabei belegen die Reinheitstora Lev 11–15, (vgl. auch Lev 17) und die zahlreichen Sexualtabus in Lev 20,11–21 die große Rolle, welche die Befleckungen im Denken der jüdischen Priester und Schriftgelehrten spielte.[29]

Zur Bezeichnung der Sünde stehen im Hebräischen die drei Wurzeln ꜤWH und PŠꜤ zur Verfügung. Dabei bedeuten die Verben *čātā'* fehlen, Hif. etwas verfehlen, *Ꜥāwâ* krümmen, Pi. etwas verdrehen, und *pāšaꜤ* ein Verbrechen begehen und dadurch die Rechte anderer verletzen. Entsprechend bezeichnen die von der Wurzel ḤT' besonders reichlich abgeleiteten Nomina *čattā'*. bzw. *čattāt, ḥattā'â, ḥattā'â)* bzw. *ḥēttā'* sämtlich die Verfehlung oder Sünde. Die beiden vorletzten Worte können ebenso die Sünde wie das Sündopfer bezeichnen, welches die Opfertora im Fall einer unbewussten Verfehlung vorschrieb.[30] Das Nomen *ḥātā'* wird teils als Adjektiv „sündig", teils als Substantiv „Sünder" benutzt. Als Adjektiv ist es z.B. in Num 32,14 gebraucht, wo Moses die Israeliten als eine Brut von sündigen Männern bezeichnet. In Ps 1,1 erscheinen dagegen die *ḥattā'îm*, die Sünder, neben den *rěšāꜤîm*, den Frevlern oder Gottlosen. Überwiegt bei der Wortgruppe der theologische Sprachgebrauch, so fehlt doch der alltägliche nicht. So erklärt z.B. Frau Weisheit in (Spr. 8,36):

Wer mich verfehlt (*ḥot'î*), schadet sich selbst;
alle, die mich hassen, lieben den Tod.

In Jdc 20,16 heißt es, dass siebenhundert Linkshänder in der Lage waren, einen Stein so gut zu schleudern, dass sie kein Haar verfehlten.. Doch in Gen 20,6 lässt der Erzähler Gott dem König Abimelek von Gerar, der sich die von Abraham als seine Schwester ausgegebene Sara in seinen Palast geholt hatte, im Traum davon unterrichten, dass er seine Unschuld kennt und ihn daher davor bewahrt hat, sich an ihm zu versündigen.

---

28 Vgl. aber Jer 13,23 und dazu unten, 366.
29 Vgl. dazu auch Karel van der Toorn, Sin and Sanction, 27–37. Zur Rolle der Befleckung in der frühen Griechischen Religion vgl. Robert Parker, Miasma, bes. 322–327 und als Beispiel das kommentierte Reinheitsgesetz von Kyrene 332–351.
30 Vgl. zu den Formen und Inhalten Rolf Knierim, Hauptbegriffe, 55–112.

Dasselbe lässt sich bei den Nomina beobachten: Einerseits können sie ein Vergehen gegen Menschen und andererseits eine Sünde gegen Gott bezeichnen. So lassen in der Josefgeschichte z. B. seine Brüder Josef nach dem Tod ihres Vaters Jakob aus Furcht vor seiner etwaigen Vergeltung für den Verkauf in die Sklaverei ausrichten (Gen 50,17): „Ach, vergib doch das Verbrechen (*pæšaʿ*) deiner Brüder und ihr Vergehen (*ḥaṭṭāṭām*), denn böse war, was dir angetan wurde…" Josef aber hatte den ihm von Potifars Weib angetragenen Beischlaf mit den Worten abgelehnt (Gen 39,9b): „Wie sollte ich dieses große Übel (*ḥaṭṭāʾâ gĕdolâ*) tun und mich wider Gott versündigen (*ḥāṭāʾtî*)." Denn der Ehebruch galt in Israel wie in seiner Umwelt als die „große Sünde" (vgl. Gen 20,9), die mit dem Tode bestraft wurde (Lev 20, 10).[31] In Israel konnte aber auch der Abfall von Jahwe zum Dienst am goldenen Kalb, die „Sünde Jerobeams" als eine derartige Sünde bezeichnet werden (Ex 32,230; II Kön 17,21).[32] In der Opfertora des Buches Leviticus ist *ḥaṭṭāʾt* die übliche Bezeichnung für das Sündopfer, das im Falle einer versehentlichen Sünde zur Sühne dargebracht werden sollte (Lev 4). Nur in Ps 40,7 wird es als *ḥaṭṭāʾâ*, neben dem Brandopfer, dem Schlacht- oder Mahlopfer und dem Speisopfer erwähnt.[33]

Das gewichtige, ebenso die Schuld wie die Strafe bezeichnende Wort *ʿāwôn* bezeichnet seiner Ableitung von dem Verb *ʿāwâ* gemäß eine Handlung als verkehrt: Sie ist eine „krumme Sache".[34] Oft lässt es sich kaum unterscheiden, ob das Nomen das schuldhafte Vergehen oder die Schuldfolge bzw. die Strafe bezeichnet. Wenn Jahwe in Ex 20,5 erklärt, dass er die Schuld der Väter an den Kindern bis ins dritte und vierte Glied heimsuche, so handelt es sich dabei um die Verschuldung der Väter durch ihren Ungehorsam gegen seine Gebote und zumal das Hauptgebot. Die Schuldfolgen sollen die Kinder, Enkel und Urenkel tragen. Wenn der Beter dagegen in Ps 31,11 beklagt, dass sein Leben im Kummer vergehe und seine Jahre unter Seufzen, weil seine Kraft an seiner Schuld (*ʿāwôn*) gestrauchelt sei, so kann man darüber streiten, ob er dabei an seine Schuld oder deren Folgen denkt. Was wir säuberlich zu trennen suchen, gehörte für den Hebräer zusammen.

Als die dritte Bezeichnung für die Sünde und das Sündigen erscheint das Nomen *pæšaʿ* und das entsprechende Verb *pāšaʿ*. Von ihnen besitzt das Verb die Bedeutung „einen Rechtsbruch begehen", während das Nomen einen Rechtsbruch oder ein Verbrechen bezeichnet.[35] Als solches kann es sich auf konkrete Delikte gegen Eigentum und Person eines Anderen beziehen wie z. B. in den Bestimmungen über die Verletzung fremden Eigentums im Bundesbuch in Ex 22,8 und in der Anklage wegen Verbrechen gegen die Mensch-

---

31 Zum perserzeitlichen Hintergrund von Gen 20 vgl. Anselm Hagedorn, Absend Presence, 39–63, bes. 44–49 und 57–58.
32 Vgl. dazu auch oben, 29.
33 Vgl. zu ihr Rolf Rendtorff, Studien, 133–149.
34 Vgl. dazu Knierim, Hauptbegriffe, 237–256 und Klaus Koch, (ThWAT V), 1160–1177.
35 Vgl. dazu den einschlägigen Artikel von Horst Seebass (ThWAT VI), 791–810.

lichkeit durch Jahwe in den Kopfzeilen der Strophen des Völkergedichts Am 1,3 – 2,16*.[36]

Doch nachdem diese Differenzierungen vorgenommen sind, gilt es abschließend festzustellen, dass letztlich alle hier genannten Begriffe synonym als Bezeichnungen für die Sünde gegen Gott gebraucht werden konnten.[37] Sie alle sagen an, dass die so bezeichneten Taten oder Täter von einer religiösen oder sozialen Norm abgewichen sind. Es ist der Treuebruch gegen Gott, der sich in einer direkt oder indirekt gegen ihn gerichteten Handlung vollzieht, wobei es sich im zweiten Fall um eine solche gegen das Recht des Nächsten handelt, der unter seinem Schutz steht.[38] Fundamentale Missachtung des Nächsten wie z. B. Völkermord, Versklavung freier Menschen oder Störung der Totenruhe galten als nicht zu vergebende Sünden und wurden von Jahwe entsprechend geahndet (Am 1,3 – 2,3).[39] Abgesehen davon kann man die Zehn Gebote als Leitfaden der biblischen Sündenlehre bewerten, soweit ältere Sätze des Todesrechts hinter ihnen stehen.[40]

16.4 Das objektive Verschuldungsprinzip und die persönliche Haftung

Anders als in der Neuzeit war das Schuldverständnis nicht subjektiv, sondern objektiv.[41] Denn es wurde (abgesehen von der Differenzierung zwischen absichtlichem Mord- und unbeabsichtigtem Totschlag)[42] nicht an der Absicht, sondern an dem Ergebnis des Handelns gemessen. Als bestes Beispiel dafür bietet sich die oben bereits erwähnte elohistische Variante der Erzählung von der Gefährdung der Ahnfrau in Gen 20 an:[43] Obwohl König Abimelek von

---

36 Vgl. dazu oben, 40 – 47.
37 Zu den unterschiedlichen Kontexten, in dem die drei Begriffe im Alten Testament gebraucht werden, vgl. Knierim, passim, wobei anzumerken ist, dass seine traditionsgeschichtlichen Ableitungen einer Kontrolle im Licht der redaktionsgeschichtlichen Untersuchungen der zurückliegenden Jahrzehnte bedürfen.
38 Vgl. dazu oben., 46 – 47.
39 Vgl. dazu oben, 42.
40 Vgl. die Nachweise bei Hermann Schulz, Todesrecht, 6-6- Dass man keine Überlegenheit der alttestamentlichen gegenüber der altmesopotamischen Ethik postulieren kann, belegt Klaas van der Torrn, Sin and Sanction, 10 – 39.
41 Goethe, dem die antike Dichtung noch lebendig war, ließ den alten Harfenspieler in „Wilhelm Meisters theatralischer Sendung" (Gedenkausgabe hg. von Ernst Beutler VIII, Zürich 1949, 745) singen: „Wer nie sein Brot mit Tränen aß/der nie die kummervollen Nächte/Auf seinem Bette weinend saß,//Ihr führt ins Leben uns hinein,/Ihr lasst den Armen schuldig werden,/Dann überlasst ihr ihn der Pein;/denn aller Schuld rächt sich auf Erden."
42 Vgl. Ex 21,12 – 13 mit Dtn 19,1 – 8.
43 Zur literarischen Vorgeschichte von Gen 20 vgl. auch Irmtraud Fischer, Erzeltern, 157 – 170.

Gerar im guten Glauben gehandelt hatte, als er die von Abraham als seine Schwester ausgegeben Sara in seinen Palast holte, erschien ihm Gott im Traum, um ihm zu eröffnen, dass er des Todes sei, weil er die Frau eines anderen genommen habe (vgl. Gen 20,3 mit Lev 20,10). Auch wenn der König sie dank göttlicher Lenkung nicht berührt hatte und Gott bekannt war, dass er unwissend gehandelt hatte, bedurfte es weiterhin der Fürbitte Abrahams, um die von Gott über das ganze Haus Abimeleks verhängte Sterilität wieder aufzuheben (V. 7 – 17). Der moderne Grundsatz, dass Unkenntnis der Gesetze nicht vor Strafe schützt, aber die Absicht des Täters bei der Festsetzung der Strafe zu berücksichtigen ist, galt hier in der erweiterten Form, dass die Unkenntnis den Täter nicht vor Strafe schützt, weil allein seine Tat zählt. Eben deshalb musste jeder, der unbewusst ein Gebot übertreten hatte, ein Schuldopfer darbringen (Lev 4,2 – 3).[44] Weiterhin diente das in Lev 16 beschriebene Ritual des Großen Versöhnungstages alljährlich der Reinigung des ganzen Volkes von seinen Sünden..

Andererseits galt der für den modernen Rechtsstaat selbstverständliche Grundsatz, dass es für die Taten eines Einzelnen keine Sippenhaft geben darf, sondern jeder nur für seine eigene Schuld verantwortlich ist, bereits den spätexilischen Deuteronomisten (Dtn 24,16).[45] Das sich darin abzeichnende Verständnis des Einzelnen, der sich jetzt primär als er selbst und erst sekundär als Glied in einer Kette der Generationen versteht, hat auch zu dem Postulat der individuellen Gerechtigkeit Gottes geführt. Es hat in dem Dialog zwischen Gott und Abraham über die Berechtigung der von Jahwe geplanten Vernichtung einer ganzen Stadt mit allen ihren Einwohnern in Gen 18,22b – 32 ebenso seinen Niederschlag wie in der Jahwe in Ez 18,4 – 20 in den Mund gelegten Erklärung gefunden, dass nur der sterben soll, der gesündigt hat, der Sohn aber nicht die Schuld (ʿāwôn) des Vaters tragen soll.[46] Beide Texte sind in nachexilischer Zeit entstanden und spiegeln das Vordringen der Vorstellung von Gott als dem Richter über die Völker wie über den Einzelnen.[47] In Gen 18 handelt Abraham die Bedingung für die Verschonung der sündigen Stadt Sodom im Gespräch mit Gott von fünfzig auf zehn Gerechte in ihr herunter. Doch die Tatsache, dass Jahwe selbst im Fall der Zehn die Verschonung garantiert, dann aber aufbricht, um das Strafgericht einzuleiten, soll den Leser davon überzeugen, dass Jahwes Gerichte gerecht sind und es in der Welt mit der Gerechtigkeit der Menschen nicht weit her ist. Der Gott, den Abraham in V.

---

44 Vgl. dazu Rendtorff, Studien, 199 – 234.
45 Vgl. auch Ez 18,1 – 13 und dazu Karl-Friedrich Pohlmann (ATD 22/1), 262 – 271.
46 Vgl. oben, 253 – 257.
47 Vgl. dazu auch oben: 250 – 253 und zur Sache ausführlich Herbert Niehr, Herrschen und Richten, FzB 54, 1986. Das Werk legt eine sorgfältige Dokumentation der Befunde in der Umwelt und im Alten Testament vor, bedarf aber bei seinen zeitlichen Zuordnungen der Überprüfung im Lichte der Forschung der letzten Jahrzehnte. Der Benutzer sollte daher Niehrs einschlägigen Artikel ThWAT VIII, 408 – 428 zu Rate ziehen und im Zweifel die literargeschichtliche Einordnung der Belege überprüfen.

25 als Richter der ganzen Erde angesprochen hat,[48] verdirbt tatsächlich die Gerechten nicht mit den Gottlosen. Grundsätzlich aber galt Jahwe als der Gott, der die Sünde der Väter an den Kindern bis ins dritte und vierte Glied heimsucht, während er denen, die ihn fürchten und seine Gebote halten, wohl tut bis ins tausendste Glied (Ex 34,6 – 7).[49]

Aber die Kategorien der Gerechtigkeit und des Frevels, des *ṣædæq* und der *riš°â*, spielen in der dtn-dtr Theologie nur eine untergeordnete Rolle, weil ihrem Bundeskonzept die Verpflichtung des Vasallen entspricht, der ihr entweder gehorcht oder nicht gehorcht. Die Antithese vom Gerechten, dem *ṣaddîq*, und dem Schuldigen oder Frevler, dem *rāšā°* hat eine doppelte Wurzel. Denn sie ist einerseits Bestandteil der Königsideologie, nach der es zu den Pflichten des Königs gehört, die Gerechten zu beschützen und die Frevler zu bestrafen.[50] Andererseits stammt sie aus dem Sippenethos und seiner Anwendung im Ortsgericht der Ältesten im Tor.[51] Von der einen Wurzel werden die Lieder vom Königtum Jahwes und aus der anderen die Sprüche und Lehren der Weisen,[52] die Psalmen der Frommen[53] und die entsprechenden redaktionellen Fortschreibungen der Prophetenbücher gespeist.[54] Dennoch verdient es eine besondere Hervorhebung, dass Israel in den Zeiten seiner tiefsten politischen Machtlosigkeit sich seines Gottes so sicher war, dass es nicht von der Hoffnung ließ, dass er es als sein erwähltes Volk an die Spitze der Völker stellen, Jerusalem zum Mittelpunkt der Erde machen und selbst als Richter über alle Völker seine verborgene Macht offenbaren würde.[55]

16.5 Die Erzählung vom Sündenfall als Auskunft über Wesen und Schicksal des Menschen

Wenden wir uns der Erzählung von Paradies und Sündenfall in Gen 2,4b – 3,24 zu,[56] so gilt es, zunächst einige Worte über ihr vermutliches Alter und ihre Entstehung zu sagen. Sie gehört in den Zusammenhang der nichtpriesterli-

---

48 Vgl. Ps 94,2; 96,13 und 99,4.

49 Zur Rede vom Zorn der Götter im Alten Mesopotamien und zu der im Alten Testament vom Zorn Jahwes als einem erst jungen Theologoumenon vgl. Jörg Jeremias, Zorn Gottes, passim.

50 Vgl. dazu oben, 179 – 180.

51 Vgl. dazu oben, 122 und dazu Herbert Niehr, Rechtsprechung, in Israel, 63 – 66 und zu den nachexilischen Verhältnissen 101 – 117.

52 Vgl. dazu Otto Kaiser, Einfache Sittlichkeit, 18 – 42.

53 Vgl. dazu Christoph Levin, Gebetbuch, 291 – 313 und Urmas Nõmmik, Gerechtigkeitsbearbeitungen, 443 – 535.

54 Vgl. dazu Klaus Koenen, Heil, der einen umfassenden Überblick zu den Gerechtigkeitsbearbeitungen der Prophetenbücher gibt; vgl. seine Datierungen auch mit denen von Odil-Hannes Steck, Abschluss und im Blick auf Jes 1 – 39 zumal mit denen von Uwe Becker, Jesaja.

55 Vgl. dazu oben, 151 – 172.

56 Vgl. zu ihr auch Kaiser, GAT II, 218 – 219.

chen, herkömmlich als jahwistisch bezeichneten Urgeschichte. Literarisch gesehen ist sie mit einer älteren Erzählung von der Erschaffung des Urmenschen, der Tiere und seiner Frau (die in Gen 2,5 – 15* + 19 – 24* + 3,20.23 vorliegt),[57] durch den Bericht vom Erlass der Gartenordnung in 2,16 – 18 verschränkt.[58] Dabei ergibt eine genauere Untersuchung, dass das traditionsgeschichtlich vermutlich ältere, religionsgeschichtliche Parallelen besitzende Motiv des Lebensbaumes[59] erst nachträglich in 2,9 und in 3,22 eingefügt worden ist.[60] Dagegen ist ein Baum mit Früchten, die dem sie Essenden Erkenntnis verleihen, sonst nicht belegt. Da der eigentliche Fall des Urmenschenpaares auf einer Gebotsübertretung beruht, auf welche die Strafe folgt, wird sie neuerdings mit Recht nachdtr eingeordnet.[61]

Wenn die alten Mythen vom Anfang erzählten, betrieben sie damit keine Altertumskunde, sondern gaben damit ihrer Grundüberzeugung Ausdruck, dass alles Gegenwärtige seine Wesensbestimmung in der Urzeit erhalten hat. Die Erzählung in Gen 2,4b – 3,24 erweist sich schon darin als eine sekundäre Komposition, weil sie der Begründung ganz unterschiedlicher Sachverhalte dient. Ihre Motive werden jedoch durch einen großen ätiologischen Spannungsbogen zusammengehalten, der in 2,7 einsetzt und in 3,19 endet: Der aus Erde genommene Mensch muss am Ende zur Erde zurückkehren. In dieser alten Grunderzählung vom Ursprung des Menschengeschlechts wird aber gleichzeitig das Verhältnis des Mannes zu den Tieren als allenfalls stummen Gehilfen und das zu seiner Frau als der ihm gemäßen Ergänzung erklärt: Erst als der Mann mit den Tieren nichts anzufangen wusste (2,18 – 20), hätte Gott ihm im Tiefschlaf eine Rippe entnommen und aus ihr die Frau geformt, die der Erwachenden im Brautjubel als seine Gefährtin anerkannte (Gen 2,21 – 24).

Aus dem Motiv des Essens von der Frucht des Lebensbaumes[62] hat der Weise, dem wir den Ausbau der alten Erzählung zur Sündenfallgeschichte verdanken, einen Baum der Erkenntnis gemacht, von dessen verbotener Frucht zu essen nach dem von Gott dem Mann erteilten Verbot den Tod zur Folge haben sollte (2,16 – 17).[63] Die Schlange aber fragt die Frau mit geheu-

---

57 Vgl. dazu die Rekonstruktion der Grunderzählung und der Redaktionen bei Christoph Levin, Jahwist, 82 – 96: Grunderzählung ohne Jahwenamen: 2,5aα.7aαβ.8*.19aα*β.20aα1*.21 – 22a*.; 3,20.21a; 4,1abα) und Markus Witte, Urgeschichte, 155 – 158: Grunderzählung: Gen 2,[4b].5 – 7a. 9a*.20a*.21 – 22; 3,20.23*), zu anderen Versuchen vgl. Witte, 55 Anm. 2.
58 Zum Umfang dieser Bearbeitung vgl. Witte, ebd. und zu ihrer Einheitlichkeit 158 – 166.
59 Vgl. dazu Silvia Schroer, Lebensbaum (NEB II), 1995, 602 – 603.
60 Vgl. dazu schon Karl Budde, Urgeschichte,47 und weiterhin z. B. Hartmut Gese, Lebensbaum, 79 – 85.
61 Vgl. in diesem Sinne Eckart Otto, Paradieserzählung, 167 – 192 Markus Witte, Urgeschichte, 298 – 302 und Martin Arneth, Adams Fall, 230 – 236, der die nichtpriesterschriftliche Urgeschichte als eine redaktionelle Einfügung in den Bericht der Priesterschrift beurteilt.
62 Vgl. dazu auch die von der Rekonstruktion der Grunderzählung durch Markus Witte abweichende von Christoph Levin, Jahwist, 86.
63 Das Gebot setzt voraus, was in der Erzählung erst die Folge seiner Übertretung ist: die

cheltem Erstaunen nach diesem Verbot, um sie anschließend darüber aufzu-
klären, dass der Genuss der verbotenen Frucht keineswegs den Tod sondern
eine gottgleiche Urteilsfähigkeit zur Folge hätte (3,1 – 5). Damit wird das
Verbot als Folge eines Götterneides erklärt, der den Menschen das eigene
Wissen vorenthalten will. Diesem *eritis sicut deus scientes bonum et malum*,
diesem „Ihr werdet sein wie Gott, wissend um Gut und Böse" (3,5) vermochte
die durch den sinnlichen und den intellektuellen Reiz der Frucht angezogene
Frau nicht zu widerstehen. Daher brach sie die Frucht ab, aß von ihr, um sie
dann ihrem Manne zu geben, der ebenfalls von ihr aß. Der erste Erfolg der
damit gewonnenen Urteilsfähigkeit war beider Erkenntnis, dass sie nackt sind,
so dass sie sich voreinander schämten und sich ihr Geschlecht verhüllende
Schurze aus Feigenblättern machten (V. 7).[64] Die zweite Folge aber war das
schlechte Gewissen, das sie veranlasste, sich hinter den Bäumen zu verstecken,
als sie Gott in der Abendkühle durch den Garten wandeln hörten (V. 8). So
erweisen sich die Nacktheit des Menschen und das bei ihm durch eine ob-
jektivierende Betrachtung durch einen anderen ausgelöste Empfinden der
Scham und Schuld eigentümlich miteinander verbunden. Der in seiner
Nacktheit und seiner Geschlechtlichkeit zum bloßen Objekt eines Anderen
gewordene Mensch schämt sich seiner selbst in einem dunklen Schuldgefühl,
das seine Individualität als solche in Frage stellt. Die Erkenntnis des Menschen
beginnt, indem er seiner selbst als einem Ich angesichts eines Anderen in-
newird. Sie gibt ihm die Fähigkeit, sich in seiner Besonderheit dem Blick des
Anderen zu entziehen, indem er sich verkleidet oder sich vor ihm versteckt.
Vor Gott (so lässt uns die Geschichte wissen) kann sich der Mensch allerdings
nicht verbergen (vgl. Ps 139,1 – 12).[65] Von Gott ins Verhör genommen, versucht
der Mensch freilich seine Schuld von sich auf andere abzuwälzen. So schiebt
der Mann die Schuld auf die Frau, die ihm Gott zur Seite gestellt hat, und klagt
damit Gott selbst an. Die Frau aber verweist auf die Schlange, die sie verführt
hat (Gen 3,9 – 13).

Die Geschichte endet mit einer Reihe von Schicksalsworten für die drei, die
sich schuldig gemacht haben, für die Schlange, die Frau und den Mann. Das
der Schlange in V. 14 – 15 zugedachte Wort sucht einerseits ihre eigentümliche
Gestalt zu erklären, die sie zwingt, „auf dem Bauche zu kriechen und Staub zu
essen ihr Leben lang." Andererseits sucht es die ewige Feindschaft zwischen
ihr und der Frau bzw. beider Nachkommen als Folge ihrer anfänglichen Schuld
zu deuten.[66] Das „Er wird dir nach dem Kopf zielen und du wirst ihm in die
Ferse stechen" ist von dem Erzähler nicht als verschlüsselter Hinweis auf einen

---

menschliche Urteilsfähigkeit und damit die Wahlfreiheit; vgl. dazu auch Ernst-Joachim
   Waschke, Untersuchungen, 79.
64 Ein Brauch, den neuzeitliche Prüderie zur Verdeckung der Scham auf Bildern und Statuen nicht
   immer mit überzeugendem Erfolg nachgeahmt hat.
65 Vgl. Kaiser; GAT II, 146 – 151.
66 Die messianische Deutung beruht auf einer christlichen Rélecture, die in diesem Vers eine
   Weissagung auf Jesu Tod am Kreuz als Opfer und zugleich Sieger über den Satan erkennt.

leidenden Erlöser gemeint und war für ihn daher kein Protevangelium, sondern sollte das alltägliche Verhältnis zwischen Schlangen und Menschen als Folge der Urschuld der ersten Schlange begründen. Das Frauenleben aber wird nun dazu bestimmt, trotz aller Beschwerden nicht vom Manne zu lassen, sondern mit Schmerzen Kind um Kind zu gebären (V. 16). Um der Schuld des Mannes willen aber wird der Acker verflucht, so dass er Disteln und Dornsträucher trägt und der Mann im Schweiße seines Angesichts sein Brot essen muss, bis er zu der Erde zurückkehrt, von der er genommen ist (vgl. 3,17 – 19 mit 2,7). So spiegelt sich in diesen Schicksalsworten eine bäuerliche Welt, in der die Menschen seit ihrer Vertreibung aus dem Paradies ihr Leben mühselig fristen müssen (V. 23). Sie ist für den Mann von harter Feldarbeit geprägt, die ihm durch Disteln und Dornkräuter erschwert wird, in denen sich eine Viper verbergen mag, deren Biss ihm den Tod bringt, falls er sie nicht rechtzeitig abschüttelt oder ihren Kopf zertritt. Indessen plagt die immer erneut schwangere Frau sich mit den Kindern ab, und beide erhebt nur ihr gemeinsamer Schlaf über den grauen Alltag.

Die Einfügung des Lebensbaumes in 2,9 und 3,22 dient der Hervorhebung, dass der Mensch durch seine Schuld auch die Möglichkeit des ewigen Lebens verloren hat, die ihm der Genuss der Frucht von diesem Baum hätte verleihen können. Dabei anerkennt Gott in 3,22 ausdrücklich, dass die Menschen das ihnen von der Schlange versprochene Urteilsvermögen erlangt hätten und ihm darin gleich geworden seien. In der Voraussage, dass die Menschen in Folge des Genusses der Frucht nicht sterben würden, aber hat sich die Schlange geirrt, weil das göttliche Verbot nicht die natürliche Folge des Essens von der Frucht des Baumes, sondern die von Gott deswegen verhängte Strafe im Auge hatte. Es ist die unentrinnbare Endlichkeit, die uns Menschen die Frage warum alles so geschieht, wie es geschieht, und warum Gott es so eingerichtet hat, stellen lässt. Aber auf diese Frage gibt es keine rationale Antwort. Daher wird sie nur durch die Annahme des eigenen Schicksals als Ausdruck des Gottvertrauens gestillt, weil sie uns befähigt, unsere Endlichkeit zu akzeptieren..

Blicken wir zurück, so erfahren wir weder, wie die Sünde noch wie der Tod in die Welt gekommen ist, denn da beide Urphänomene sind, lassen sie sich nicht erklären. Den Tod erfasst nur, wer ihn stirbt. Bis dahin ist er der große Unbekannte, der immer hinter dem Vorhang des Lebens steht.[67] Und der Ursprung der allen Menschen gemeinsamen Sünde lässt sich nicht erklären, sondern nur als Vollzug beschreiben. Das aber hat auch der Weise getan: Denn wir erfahren aus seiner Geschichte in Gen 2 – 3*, dass die Sünde ihre Kraft aus dem Misstrauen gegen Gott schöpft; seine Forderungen dienten nur der Begrenzung der Möglichkeiten des Menschen. Durch seinen hybriden Versuch, sich selbst zu Gott zu machen, fällt er aus der Gemeinschaft mit Gott als dem Urgrund seines Lebens heraus. In seinem Willen, sich unbedingt als er selbst

---

67 Zum doppelten Aspekt des Todes als Freund oder als Feind und der Forderung, den Tod als „uralte Satzung" Gottes anzunehmen, in Sir 41,1 – 4 vgl. oben, 341.

zu behaupten, schiebt der Mensch, wenn er schuldig geworden ist, die Verantwortung von sich auf Andere, auf die Umstände und zuletzt auf den Gott, den er in seiner Lebenspraxis verleugnet. Weil alles, was endlich ist, endet, wird der Tod für ihn zum Grund der Angst, aus der Welt zu fallen und nicht mehr er selbst zu sein. Von ihr könnte ihn nur die Gemeinschaft mit Gott befreien, auf die sich die biblische Erzählung vom Anfang zu bewegt. Israel erfährt sie nach seiner Ursprungsmythe in seiner Volkwerdung gemäß der den Vätern gegebenen Verheißung, seiner Befreiung aus dem ägyptischen Sklavenhaus und vor allem in seiner Verpflichtung am Sinai. Aus der Übergabe an seinen Gott als den einzigen, der es unbedingt angeht, soll es die Freiheit gewinnen, den Anderen ihr Recht zu lassen und den bedürftigen Brüdern der Eidgenossenschaft helfend zur Seite zu treten, und das in Gesundheit und in einem fruchtbaren Lande (Dtn 28,1 – 14).

Doch vergessen wir nicht: Vom ersten Menschen reden, heißt von dem Menschen überhaupt reden; denn alle Ursprungsmythen suchen Gegenwärtiges in einem urzeitlichen Geschehen zu begründen. Fragen wir unter diesem Gesichtspunkt, was der Mensch ist, so entspricht die Antwort dem, wie die *Confessio Augustana* in ihrem Artikel 2 *De peccato originale* (Von der Erbsünde) das Wesen des natürlichen Menschen bestimmt: Er ist ohne Gottesfurcht, ohne Vertrauen in Gott und begehrlich (*sine metu Dei, sine fiducia erga Deum et cum concupiscentia*). Oder um es mit dem am Anfang und am Ende der Fluterzählung stehenden göttlichen Urteil zusammenzufassen: „Alles Sinnen und Trachten seines Herzens ist nur böse den ganzen Tag." (Gen 6,5b) bzw. dem so eigentümlich in seinem Kontext stehenden: „Der Mensch ist böse von Jugend an" (Gen 8,21aβ).[68] Das aber zeigt sich auch darin, dass er, wenn ihn die Folgen seines Handelns einholen, nicht für es einsteht, sondern es auf den Anderen, auf Gott oder die Verhältnisse schiebt. In dieser Beziehung erscheint der johanneische Christus in der Stunde seiner Verhaftung im Garten jenseits des Kidrontals als der Antitypos: Statt sich hinter seinen Jüngern zu verstecken, stellt er sich vor sie und sagt zu den Häschern: „Suchet ihr mich, so lasst diese gehen" (Joh 18,8).[69]

16.6 Der Engelfall oder das Böse kommt aus der himmlischen Welt (I Henoch 6 – 11)[70]

Das Böse konnte jedoch nicht nur als Folge der Sünde der Ureltern sondern auch als solche des Engelfalls verstanden werden: So berichtet es das ver-

---

68 Vgl. dazu auch Ernst-Joachim Waschke, Untersuchungen,120 – 123.

69 Zur Rationalität der Mythe von Gen 2 – 3 vgl. Kurt Hübner, Glaube, 60 – 79.

70 Zur Erzählung von den Wächterengeln in I Hen 6 – 16 vgl. knapp Collins, Apocalyptic Imagination, 49 – 52 und zum Engelfall George W.E. Nickelsburg, Apocalyptic and Myth, 383 – 405.

mutlich aus dem 3. Jh. stammende Wächterbuch I Hen 1 – 36*: Nachdem die
Engel erfolgreiche beschlossen hatten, sich Weiber unter den Menschenkindern zu suchen, wurden sie durch sieben Engel verführt (Gen 6,1 – 4):[71] So
lehrte sie Asasel die Herstellung von Waffen, den Gebrauch von Schminke,
Schmuck und Färbemitteln, so dass sie auf Abwege gerieten, gottlos und
unzüchtig wurden. Semaja aber lehrte sie die Kunst der Beschwörungen und
des Schneidens von Wurzeln, Amaros des Lösens von Beschwörungen, Ba-
raqel die Astronomie, Kokabeel die Astrologie, Ezeqeel die Wolkenkunde,
Arakiel die Zeichen der Erde, Samsael die Zeichen der Sonne und Seriel die
Zeichen des Mondes (I Hen 8, vgl. auch 7,1).[72] Kurz und gut: Neben den Waffen
und den Mitteln der äußeren Verstellung galten zumal die mantischen Praktiken als die Mittel, welche die Menschen zur Gottlosigkeit verführten und
deshalb in Dtn 18,9 – 13 als Gräuel vor dem Herrn verboten waren. So nimmt es
denn auch nicht wunder, dass Asasel in einem dunklen Loch in der Wüste
Dudael und die anderen Verführer in unter den Hügeln der Erde gefangen
gesetzt werden, bis sie am Tage des großen Gerichts in den feurigen Abgrund
geworfen werden (I Hen 10,4 – 13).[73] Dagegen sollten die von den Engeln
verführten Menschen abgesehen von „dem Sohn Lamechs" (Noah) in der
Sintflut umkommen (I Hen 10,1 – 3).

16.7 Die Vertiefung des Sündenbewusstseins in der Spätzeit des Alten Testaments

Angesichts der Vorherrschaft der dtr Entscheidungsethik im nachexilischen
Judentum und der Rolle, welche die Tora spätestens seit dem Beginn des 4. Jh.
in ihm spielte, ist es nicht verwunderlich,[74] dass das Sündenverständnis
überwiegend punktuell war und sich an den einzelnen, prinzipiell als vermeidbar geltenden Gebotsübertretungen orientierte. Wir haben oben beob-
achtet, dass das Ausbleiben des angekündigten Heils einen unmittelbaren
göttlichen Eingriff in die Denkungsart Israels zu erfordern schien, um seinen
vollkommenen Gehorsam zu gewährleisten und damit die Bedingung für seine
Erlösung zu erfüllen.[75] Doch so, wie sich in dem Rechtsgrundsatz der ausschließlich persönlichen Haftung des Einzelnen für seine Missetaten ein

---

71 Zum Verhältnis zwischen Gen 6,1 – 4 und I Hen 6 – 19 vgl. J.T. Milik, Books of Enoch, 30 – 3 Nach
    ihm ist Gen 6,1 – 4 ein verkürzter Auszug aus dem Wächterbuch.
72 Vgl. auch I Hen 69,4 – 9, wo auch das Schreiben mit Tinte auf Papyros zu den Unheil stiftenden
    Künsten gerechnet werden, welche die Engel die Menschen lehrten; denn die Menschen sollten
    ihre Treue nicht schriftlich, sondern durch ihr gerechtes Leben bekunden.
73 Zum Problem der Herkunft Azazels und der Austreibung des Sündenbocks in Lev 16 im Licht
    der ugaritischen Texte vgl. Oswald Loretz, Leberschau, 50 – 58.
74 Vgl. dazu oben, 115 – 116.
75 Vgl. dazu oben, 110 – 115.

Wandel des Selbstverständnisses spiegelt, in dem der Einzelne sich gegenüber seiner Sippe als selbstständiges Subjekt wusste und von den anderen als solches anerkannt wurde, blieb diese Individualisierung auch nicht ohne Rückwirkung auf das Verständnis der Sünde.[76]

Das führte in der Spätzeit des Alten Testaments zu einer Selbsterforschung, die sich in der Niedrigkeitstheologie beobachten lässt, die sich in der entsprechenden Bearbeitung des Hiobdialoges, in Ps 51 und weiterhin zumal in den Gebeten des Unterweisers und des Lehrers der Gerechtigkeit in der essenischen Gemeinde niedergeschlagen hat.[77] Die entsprechende Einfügung in die erste Rede des Eliphas, des ältesten der drei Freunde Hiobs, lässt ihn bestreiten, dass ein Mensch wegen der ihm anhaftenden Erdhaftigkeit überhaupt vor Gott gerecht zu sein vermag (Hi 4,12–21):

12 Ein Wort stahl sich zu mir,
mein Ohr vernahm von ihm allein ein Flüstern.

13 In Grübeleien und Nachtgesichten,
als Tiefschlaf auf die Menschen fiel,

14 Traf mich ein Schrecken und ein Zittern,
ein Beben schreckte meine Glieder auf.

15 Ein Wehen huschte über meine Wangen,
mir sträubte sich das Haar am Leib:

16 Es stand – ich konnt' es nicht genau erkennen -
vor mir ein Schemen,
ich hört' ein leises Säuseln nur:

17 „Kann ein Mensch vor Gott gerecht sein
oder ein Mann vor seinem Schöpfer rein?"

18 Sieh, seinen Dienern traut er nicht,
bei seinen Boten schließt er Irrtum ein.

19 Um wie viel mehr bei Lehmbehausten,
deren Bau auf Staub gegründet,
die schneller man als Motten quetscht,

20 die zwischen Morgen und Abend zerschlagen,
die unbeachtet für immer vergehen.

21 Ist erst ihr Zeltpflock ausgerissen,
so sterben sie im Unverstand.[78]

---

76 Vgl. dazu oben, 355.
77 Vgl. dazu Markus Witte, Leiden, 194–205.
78 Vgl. dazu auch oben, 296–297.

16.8 Von den Mitteln der Sühne und Gottes Vergebung

Abschließend ist es an der Zeit, der Gnadenmittel des Alten Bundes zu gedenken. Da stand an erster Stelle der priesterliche Opferdienst mit einer ausgearbeiteten Kasuistik für die Opfer, welche die Schuld des Einzelnen (Lev 1–7) sühnen,[79] ihn von dem Verkehr mit Gott und Menschen ausschließenden Verunreinigungen bewahren oder von ihr reinigen (Lev 11–15)[80] oder die Sündenschuld des ganzen Volkes Sündenschuld sühnen sollten (Lev 16).[81] Allerdings waren die blutigen Opfer, in denen das Leben eines Tieres das Leben eines durch seine Sündenschuld dem Tode verfallenen Menschen auslösen konnte,[82] seit dem Zentralisationsgesetz in Dtn 12 auf den Jerusalemer Tempel beschränkt. Der Gott, der von seinem Volk heilige Reinheit als Bedingung seiner heilvollen Gegenwart forderte, musste auch dafür sorgen, dass ihm dafür die nötigen Mittel zu Verfügung standen.[83] Als Legitimationstext für die nachexilische Einführung des Sühne schaffenden Opferkults und die in dieser Beziehung neue Funktion des Hohenpriesters dürfte Sach 3,1–7 zu verstehen sein.[84] In den jeweiligen Opferfeiern schlossen sich Gott und sein Volk zusammen.[85] Sie gehörten als Begehungen in den Bereich des „heiligen Spiels".[86] Daher bedeutete die Zerstörung des Ersten Tempels 587 einen tiefen Einschnitt im Leben des Volkes, weil nun der Sühne schaffende Kult unterbrochen war. So kam es, dass das Gebet das Opfer bei denen ersetzte, weil der Erste Tempel noch in Trümmern lag oder der Zweite für die meisten Juden abgesehen von zu ihm unternommenen Wallfahrten unerreichbar war.

Vermutlich gab es schon in vorexilischer Zeit für die Kranken, die als solche kultunfähig waren, eine vermutlich von Leviten im Hause der Kranken vollzogene Bittzeremonie, deren Gang sich im Einzelnen nicht mehr rekonstruieren lässt. In ihrem Zentrum dürfte eine Bittklage gestanden haben, die den Kranken mit seinem Gott versöhnen und dadurch seine Heilung bewirken sollte.[87] Zu den eindrücklichsten einschlägigen Psalmen gehören die Vergänglichkeitsklage Ps 39 und die Klage eines jungen, dem Tode nahen Beters

---

79 Zu den Opferarten im Alten Testament vgl. umfassend Rolf Rendtorff, Studien zur Geschichte des Opfers. Nach Ulrike Dahm, Opferkult, 184–229, vgl. bes. 228–229 handelt sich bei Lev 1–7 um einen Teil des aus dem 4. Jh. v.Chr. stammenden religionspolitischen Programms der Zadokiden.

80 Zur Reinheitstora vgl. den Überblick bei Erhard S. Gerstenberger (ATD 6), 117–118 und 191–193 sowie zu den einzelnen Bestimmungen 118–190.

81 Zum Großen Versöhnungstag vgl. Bernd Janowski, Sühne, 347–350 und zu den Riten Gerstenberger (ATD 6), 194–214.

82 Vgl. dazu Bern Janowski, Sühne, 198–221, bes. 220–221.

83 Alfred Marx, Opferlogik, 129–149, bes. 145.

84 Vgl. dazu Thomas Pola, Priestertum, 223.

85 Ina Willi-Plein, Opfer und Ritus, 150–177, bes. 175.

86 Vgl. dazu Ulrich Mann, Ernst des Heiligen Spiels, 49–50.

87 Erhard S. Gerstenberger, Bittende Mensch, 134–160, bes. 155–156.

Ps 88, der in seiner durch die Ferne Gottes ausgelösten Verlorenheit mit seinem Gott ringt.[88] Von ihnen sei Ps 39 in seiner rekonstruierten Urfassung zitiert (Ps 39):[89]

2 Ich dachte: Ich will meine Worte bewachen,
dass ich nicht sündige mit der Zunge,
‚Ich will‘ einen Zaum an meinen Mund ‚legen‘,
während Frevler vor mir stehen,

3 Stumm war ich in tiefem Schweigen,
ich schwieg fern vom Glück,
und mein Schmerz blieb verschlossen,

4 heiß ward mein Herz in mir.
Als ich es bedachte, entbrannte ein Feuer,
da redete ich mit meiner Zunge:

5 Verleihe, Jahwe, mir Einsicht in mein Ende
und welche Lebenszeit mir zugemessen ist,
damit ich weiß, dass ich vergänglich bin.

6 Nur Spannen gabst du mir als Tage,
und meine Dauer ist wie nichts vor dir.
Nur ein Hauch ist jeder Mensch.

7 Nur als Traumbild wandelt jedermann,
nur ein Hauch der Besitz, den er häuft,
[da er nicht weiß, wer ihn bekommt.]

8 Doch jetzt, was darf ich erwarten, Jahwe,
meine Hoffnung, sie gilt dir.

9 Vor all meinen Sünden rette mich,
der Schmach des Toren gib mich nicht preis.

10 Ich bin verstummt, öffne nicht meinen Mund;
denn du hast es getan.

11 Entferne von mir deinen Schlag,
von dem Griff deiner Hand, ich verende.

12 Durch Züchtigungen für die Schuld
züchtigst du jedermann

---

88 Nach Klaus Seybold, Gebet des Kranken, 98–123 besitzen die Ps 38; 41; 88 und Ps III (syr)/11 QPsa 155 einen sicheren Bezug, die Ps 30; 39; 69; 102; 103 und Jes 38.9–20 einen wahrscheinlichen und die Ps 6; 13; 32; 51 und 91 einen unsicheren Bezug zu Krankheit und Heilung des Beters.
89 Vgl. die Rekonstruktion des vermutlichen Grundtextes durch Kaiser, Psalm 39, 71–83.

und zerquetschst seine Anmut wie eine Motte.
Nur ein Hauch ist jedermann.

13 Höre doch auf mein Flehen, Jahwe,
und merke doch auf mein Schreien,
schweige nicht zu meinen Tränen.
Denn ich bin (nur) ein Gast bei dir,
ein Beisasse wie all meine Väter.

14 Blicke weg von mir, dass ich heiter blicke,
ehe ich gehe und nicht mehr bin.

Man wird diese Psalmen als Formulardichtungen zu betrachten haben, die von levitischen Sängern für derartige Fälle bereitgestellt wurden. Die babylonische Gola, deren Nachkommen im Laufe der Jahrhunderte auch in Medien anzutreffen waren, und das sich um die Gestade des Mittelmeers und des Schwarzen Meeres ausbreitende Diasporajudentum konnten nur in Ausnahmefällen die dreimal im Jahr gebotene Pilgerfahrt nach Jerusalem antreten (Ex 23,14 – 17; Dtn 16,1 – 17 und Lev 23,4 – 44). Bei ihnen allen trat die Bittklage des nach Jerusalem ausgerichteten Beters an die die Stelle des Opfers, um dessen Erhörung „Salomo" in einer späten Einfügung in das Tempelweihgebet bittet (I Kön 8,46 – 51):[90]

46 Wenn sie sich an dir versündigt haben (denn es gibt keinen Menschen, der nicht sündigt) und du ihnen zürnst und sie vor ihren Feinden preisgibst, so dass ihre Fänger sie in ein feindliches Land führen, es sei ein fernes oder ein nahes, 47 und sie es sich zu Herzen nehmen in dem Lande, in dem sie gefangen sind, und sie umkehren und zu dir im Land ‚ihrer Gefangenschaft'[91], in dem sie sagen: „Wir haben uns verfehlt, wir haben gesündigt, wir haben gefrevelt!"48 und sie zu Dir mit ganzem Herzen und ganzer Seele umkehren in dem Lande ihrer Feinde, die sie gefangen geführt haben, und sie zu dir beten zu dem Lande gewandt, das du ihren Vätern gegeben hast, ‚und'[92] zu der Stadt, die du erwählt hast und dem Haus, das ich gebaut habe, 49 so mögest du im Himmel, der Stätte, an der du wohnst, ihr Gebet und ihr Flehen hören und ihre gerechte Sache führen 50 und deinem Volk ‚ihre Sünden'[93] vergeben, die sie gegen dich getan haben, und all ihre Auflehnungen, mit denen sie sich gegen dich aufgelehnt haben, und sie Erbarmen finden lassen bei ihren Häschern, so dass sie sich ihrer erbarmen; 51 denn sie sind dein Volk und sie sind dein Erbteil, das du aus Ägypten herausgeführt hast, mitten aus dem eisernen Ofen.

So konnten Bußpsalm und Danklied gegebenenfalls die kultische Sühne ersetzen. Als Beispiel für den Bußpsalm sei Ps 51 als ein spätes Beispiel gewählt:

90 Vgl. dazu Ernst Würthwein (ATD 11/1), 101, der diesen Abschnitt jedenfalls nach 500 v. Chr. datiert.
91 Siehe BHS.
92 Siehe BHS.
93 Siehe BHS.

In ihm ruft der Beter Gott um die gnädige Tilgung seiner Sünde an,[94] um ihm zu bekennen, dass ihm seine Sünde (*pæšaᶜ*) und Schuld (ᶜ*āwôn*) stets bewusst seien und er sich allein an ihm vergangen habe, so dass Gott gerechtfertigt sei, wenn er ihn richte (Ps 51,5 – 6):

5 Ja, ich weiß um meine Sünde[95],
und meine Schuld steht stets vor mir.

6 An dir allein habe ich gefehlt
und was böse in deinen Augen getan,
Damit du recht behältst in deiner Sache
und rein in deinem Richten bleibst.

Damit ist das Sündenbewusstsein ganz auf das Verhältnis zu Gott konzentriert, ohne dass der Beter auch nur einen einzigen Hinweis auf etwaige soziale Verfehlungen gibt.[96] Dann aber verweist er in V. 7 darauf, dass er in Sünde (ᶜ*āwôn*) geboren und in Sünde (*hēt'*) von seiner Mutter empfangen sei (Ps 51,7):

Siehe, in Schuld wurde ich gekreisst,
und in Sünde empfing mich meine Mutter.

Mithin versteht der Beter seine Sünde nicht mehr als eine Folge einzelner Taten, sondern seine Taten als Folge seiner Sündhaftigkeit. Das erinnert an Jer 13,23, wo es in einer prophetischen, an die Jerusalemer gerichteten Scheltrede heißt (Jer 13,23):

Kann ein Nubier seine Haut ändern
oder ein Leopard seine Flecken?
So (wenig) könnt ihr Gutes tun,
die ihr (nur) Böses gelernt habt.

Doch während es sich in dieser Rede darum handelt, dass das Sündigen zu einem Habitus, zu einer alles weitere Handeln bestimmenden Eigenschaft werden kann,[97] setzt der Beter in Ps 51 voraus, dass er sein sündiges Leben den sündigen Akten seiner Eltern verdankt, so dass er gleichsam von Natur ein Sünder ist. Er kann sich nicht anders verhalten, sondern muss sündigen, sofern ihm Gott keinen Anteil an seinem heiligen Geist gibt.[98] Oder anders ausgedrückt: Wenn ein Mensch nicht sündigt, so ist es Gnade. Doch seiner

---

94 Lies in V. 1b und 5a mit G den Singular, vgl. V. 5b.
95 Siehe BHS.
96 Vgl. dazu Klaus Seybold (HAT I/15), 212; zur literarischen Eigenart des ganzen Liedes Erich Zenger, in: Psalm 51 – 100, 2000, 44 – 49 und zum hermeneutischen Problem Seizo Sekine, Transcendency, 157 – 214.
97 Vgl. dazu Werner H. Schmidt, Das Buch Jeremia Kapitel 1 – 20 (ATD 20), 252 – 257, bes. 257 und zur Diskussion über die Einheit von Jer 13,20 – 27 William McKane; Jeremiah I (ICC), 306 – 314.
98 Vgl. dazu auch GAT II, 207 – 208.

Verantwortung weiß sich der Beter trotzdem nicht enthoben. Ist er auch davon überzeugt, dass seine eigene Schuld Glied in der seiner Eltern und mithin eines Geschlechts von Sündern ist, so bekennt er doch in V. 6, dass er sich allein an Gott versündigt hat. Die gegen ihn erhobenen Vorwürfe der Menschen greifen zu kurz. Ihnen gegenüber hat er sich nichts vorzuwerfen, aber vor Gott erkennt er sich als Sünder, der auf Gottes Barmherzigkeit (V. 3) und einen neuen Geist angewiesen ist (V. 12 – 14). Mithin weiß er sich vor Gott verantwortlich: Gottes an den Menschen gerichtete Forderung wird auch durch sein Sünder-Sein nicht aufgehoben; denn er besitzt grundsätzlich das Vermögen, zwischen Gut und Böse zu unterscheiden.[99] Da er sich aus eigenem Vermögen aus diesem Widerspruch nicht befreien kann, erbittet er von Gott, ihm ein reines Herz und einen beständigen Geist, ein lauteres Denken und einen beständigen Willen zu verleihen (Ps 51,12 – 14):[100]

12 Schaffe in mir, Gott, ein reines Herz,
und gib in meine Brust einen neuen, beständigen Geist.

13 Verwirf mich nicht von deinem Angesicht,
und entziehe mir nicht deinen heiligen Geist.

14 Erfreue mich wieder mit deiner Hilfe,
und ein williger Geist stehe mir bei.

Diese Bitte erinnert an die Verheißungen eines neuen Herzens und eines neues Geistes in Ez 11,19 und 36,26.[101]: Was dort dem Volk verheißen wurde, erbittet nun der Beter des 5 Psalms für sich selbst. Der Einfluss der Niedrigkeitstheologie erweist sich auch im vorausgehenden 50. Psalm. Der Beter bzw. Dichter dieses Liedes ist davon überzeugt, dass Gott das Gebet des Demütigen den Opfern der Stolzen vorzieht. Daher begründet er seine Bitte in V. 17, Gott möge seinen Mund zur Verkündigung seines Ruhmes öffnen, in den folgenden Versen mit dem Bekenntnis, dass Gott nicht Gefallen an Opfern, sondern an einem „zerbrochenen" und d.h. demütigen Geist habe (Ps 50,18 – 19):

18 Denn ein Mahlopfer gefällt dir nicht
– ich wollte es geben – ein Brandopfer, du willst es nicht.

19 Gottes Mahlopfer sind ein zerbrochener Geist,
ein zerbrochenes und zerschlagenes Herz,
wird Gott nicht verachten[102].

---

99 Vgl. dazu Sir 15,11 – 20, aber auch Röm 7,14 – 26.
100 Vgl. Röm 8,12 – 17 und dazu James D.G. Dunn, Romans 1 – 8–(WBC 38 A), 446 – 464, bes.457 – 464 und Eduard Lohse, Brief an die Römer (KeK), 237 – 243.
101 Vgl. dazu oben, 110 – 115.
102 Lies mit G statt der 2. die 3. Sing., vgl. BHS.

Die schriftgelehrte Dankliturgie Ps 107 zählt in ihren begründeten Aufrufen zum Lobpreis in den V. 2–32 acht oft mehrgliedrige Fälle auf.[103] Ob sie tatsächlich im Tempel vorgetragen worden ist und nicht vielmehr im Lehrhaus verlesen wurde, sei hier vorsichtig offen gelassen. Ihr Zweck war es zu demonstrieren, wie vielfältig Jahwe sich als Helfer in der Not erweist und wie viele ihm ihr Lob (und gegebenenfalls: ihr Lobopfer Lev 7,12; Ps 100,1) schulden.[104] Als Beispiel seien die V. 10–16 angeführt (Ps 107,10–16):

10 Die in Finsternis und Dunkel saßen,
gebunden in Elend und Eisen,

11 weil sie Worten Gottes trotzten
und den Rat des Höchsten verwarfen;

12 deren Herz durch Mühsal ‚gebeugt war'[105],
die strauchelten und da war kein Helfer;

13 und in der Not zu Jahwe schrieen,
und er sie aus ihrer Drangsal rettete

14 und sie aus Dunkel und Finsternis führte
und ihre Banden zerriss:

15 die sollen ihn ob seiner Güte (hæsæd) loben
und für seine Wunder an den Menschenkindern;

16 dass er eherne Türen zerbrochen
und eiserne Riegel zerschlagen hat.

Hier wird der Gott gerühmt, von dem es in einer Bittklage heißt (Ps 36,6):[106]

Jahwe, deine Güte reicht, so weit der Himmel ist,
und deine Treue, soweit die Wolken gehen.

In seiner Güte erweist es sich, dass er „der gnädige und barmherzige Gott ist, der geduldig ist und von großer Huld und Treue, der Huld bewahrt bis ins tausendste Geschlecht, der Schuld und Missetat und Sünde vergibt, aber nicht ganz ungestraft lässt, sondern die Schuld der Väter an den Kindern und

---

103 Zu den V. 33–43 als Teil eines Hymnus, der wie die V. 2–32 die Situation der Toda- oder Dankfeier voraussetzt, aber mit ihnen nicht verbunden ist, vgl. Klaus Seybold (HAT I/15), 430–431.

104 Vgl. Walter Beyerlin, Psalm 107, 102–112, der seinen Ursprung wegen des weisheitlichen Einschlags in der Jerusalemer Tempelschule sucht; Klaus Seybold (HAT I/15), 427, der ihn in einer Todafeier und damit wohl ebenfalls im Zweiten Tempel verortet und Erich Zenger, Psalmen 101–150, 146, der den Psalm wohl mit Recht als eine literarisch-fiktionale Dichtung aus der Zeit um 400 v. Chr. beurteilt.

105 Siehe BHS.

106 Vgl. Ps 57,11 und 108,5.

Kindeskindern heimsucht bis ins dritte und vierte Geschlecht" (Ex 34,6 – 7).[107]
Doch in dem Loblied Ps 103 bekennt der Beter in den V. 8 – 17 sich zu der
Gnade des Gottes, der die Menschen nicht nach ihren Missetaten behandelt,
sondern sich derer erbarmt die ihn fürchten, weil er weiß, dass die Menschen
nur Staub sind und der vergänglichen Feldblume gleichen (Ps 103,8 – 17):[108]

8 Barmherzig und gnädig ist Jahwe,
langmütig und von großer Güte.

9 ,Denn'[109] er hadert nicht immerdar
und verharrt nicht ewig im Zorn.

10 Er behandelt uns nicht nach unseren Sünden
und vergilt uns nicht nach unsrer Schuld.

11 Denn so hoch der Himmel über der Erde ist,
bleibt stark seine Güte bei denen, die ihn fürchten.

12 So weit der Morgen vom Abend entfernt ist,
entfernt er von uns unsere Sünden.

13 Wie sich ein Vater über seine Kinder erbarmt,
erbarmt sich Jahwe über die, die ihn fürchten.

14 Denn er kennt unser Gebilde,
denkt daran, dass wir (nur) Staub sind.

15 Der Mensch, seine Tage sind wie das Gras,
wie die Blume des Feldes, so blüht er.

16 Geht der Wind darüber, so ist sie nicht mehr,
und ihre Stätte kennt sie nicht mehr.

17 Aber die Gnade Jahwes währt immer und ewig "[110]
und seine Treue bei Kindeskindern

Zum Abschluss sei als Beleg für die essenische Niedrigkeitstheologie der
Schluss des Gebetes des „Unterweisers" zitiert,[111] der bekennt, dass der vom
Weibe geborene Mensch nur dank Gottes Gnadenwahl vollkommen zu sein
und der aus Staub geformte Mensch Gottes Herrlichkeit nicht zu begreifen
vermag (1 QS XI.15 – 22):[112]

15b „Gepriesen seist du, mein Gott, der du zur Erkenntnis auftust 16 das Herz deines
Knechtes. Leite durch Gerechtigkeit all seine Werke und richte den Sohn deiner

---

107 Vgl. dazu oben, 251.
108 Vgl. auch Sir. 17,27 – 32 und dazu oben, 339 – 340.
109 Siehe BHS.
110 Zur Auslassung siehe BHS.
111 Zur Funktion des „Unterweisers" (maśkil) vgl. Carl A. Newsom, Sage,373 – 382.
112 Übersetzung Eduard Lohse, Texte, 43.

Wahrheit auf, wie du Wohlgefallen hast an den Auserwählten der Menschheit, dass sie stehen 17 vor dir auf ewig. Denn ohne dich wird kein Wandel vollkommen, und ohne dein Wohlgefallen geschieht nichts. Du hast 18 alle Erkenntnis gelehrt, und alles, was geschehen ist, geschah durch dein Wohlgefallen. Kein anderer ist da außer dir, um auf deinen Ratschluss zu antworten und zu verstehen 19 deinen ganzen heiligen Plan und in die Tiefe deiner Geheimnisse zu blicken und all deine Wunder zu begreifen samt der Macht 20 deiner Stärke- Wer kann deine Herrlichkeit erfassen? Und was, wahrlich, ist es, das Menschenkind, unter deinen wunderbaren Werken? 21 Und der vom Weib Geborene, was soll er vor dir erwidern? Er, seine Form ist aus Staub, und Speise des Gewürms ist seine Wohnung. Und er ist nur ein Ausfluss[113], 22 geformter Lehm, und nach dem Staub steht sein Begehren. Was soll der Lehm erwidern und das von der Hand (Gottes) Geformte, und deinen Ratschluss, wie soll er ihn verstehen?"[114]

---

113 Ergänzt nach James H. Charlesworth, Scrolls I, Rule, 50–51.

114 Zu der im Hintergrund stehenden Vorstellung von den Kindern des Lichts und den Kindern der Finsternis und dem Verhältnis zwischen Prädestination und Verantwortung und ihrer vermutlich voressenischen Herkunft vgl. Hartmut Stegemann, Essener, 154–156. bzw. Armin Lange, Weisheit, 168–170.

17. Vom Jüngsten Gericht und ewigen Leben

17.1 Die Auferstehung der Toten und das Jüngste Gericht in der Hebräischen Bibel

Die am Schluss der beiden vorausgehenden Paragraphen vorgestellten Zusätze weisen darauf hin, dass der für Kohelet und Ben Sira maßgebliche, auf das Leben zwischen Geburt und Tod begrenzte Horizont ihres Denkens sich als unzureichend erwiesen hatte, das Problem der Gerechtigkeit Gottes überzeugend zu lösen: Daher wurde das Dunkel der Unterwelt in den Herrschaftsbereich des einen Gottes einbezogen, der damit zu Herrn des Himmels, der Erde und der Unterwelt geworden war, ohne sich durch ihre Berührung als dem Inbegriff aller Unreinheit zu beflecken. In der Hebräischen Bibel finden sich für dieses neue Denken, das vermutlich zwischen dem späten 4. und frühen 3. Jh. v. Chr. einsetzte und sich im Verlauf der zweiten Hälfte des 2. Jh. v. Chr. in den Kreisen der Frommen durchsetzte, nur wenige Zeugen in Gestalt von redaktionellen Zusätzen in Ps 22,30;[1] 49,16; 73,23 – 26; Jes 25,8a; 26,19; 66,24; Ez 37,7a.8b – 10a[2] und Dan 12,1 – 3. Von ihnen verkündet Jes 25,8a die Vernichtung des Todes als die große Erlösungstat Jahwes, der seine Königsherrschaft über alle Mächte der Welt angetreten (Jes 24,21 – 23) und die Völker zum Krönungsmahl nach Jerusalem eingeladen hat (Jes 25,6 – 8).[3] Bei Jes 26,19 handelt es sich um eine Verheißung der Auferweckung der Toten des wahren Israels durch Jahwe.[4] Jes 66,24 setzt bei seinen Lesern die Vorstellung als bekannt voraus, dass die ewige Strafe an den im Jüngsten Gericht Verdammten vor den Toren Jerusalems vollzogen wird. Nach I Hen 26,4 – 27,4 handelt es sich bei dem Strafort um das Tal Hinnom, in dem früher die Kinderopfer stattgefunden haben sollen (vgl. z.B. II Kön 23,10 und Jer 7,30 – 31). In Ez 37,7a.8b – 10a liegt ein vermutlich erst aus dem 2. Jh. v. Chr. stammender Nachtrag vor, der die zugrundeliegende metaphorische Weissagung von der Wiederbelebung des Totengebeins als Inbegriff der Befreiung der Gola in eine solche der Auferstehung der Toten verwandelt. Trotz seiner Knappheit darf die Wirkung dieses Textes nicht unterschätzt werden, weil er mit einer leibhaften Auferstehung der Toten rechnet.[5] Ob man Dan 12,2 – 3 im Licht dieses Textes

---

1 Vgl. dazu oben, 233 – 234.
2 Zur neueren Auslegung von Ez 37,14 vgl. Franz D. Hubmann, Forschung, 111 – 128.
3 Vgl. dazu oben, 170 – 171.
4 Vgl. zu ihr ausführlich Otto Kaiser (ATD 18).173 – 177 und prägnant Ulrich Berges, Buch Jesaja, 194. Zur Diskussion von „Tau der Lichter" vgl. auch Klaas Spronk, Beatific Afterlife, 299 Anm.3.
5 Harald M. Wahl, „Tod und Leben", 218 – 239 und Karl-Friedrich Pohlmann (ATD 22/2), 497.

lesen darf oder er nicht besser auf dem Hintergrund der Eschatologie des I. Henochbuches zu verstehen ist, wird sich zeigen. Seine Mythe vom Endgericht über die Lebenden und die Toten ermöglichte es den Frommen, trotz der Dunkelheiten der Geschichte des Volkes und im Leben des Einzelnen an dem Glauben an Gottes Gerechtigkeit festzuhalten; denn in ihm würde jeder nach seinem Taten gerichtet, so dass die einen zum ewigen Leben erweckt und die anderen zu ewiger Pein verdammt würden.

Fragt man nach den religionsgeschichtlichen Wurzeln, so wird man sich zumal bei den Ägyptern und Griechen umsehen müssen. Das Totengericht war ein fester Bestandteil der ägyptischen Religion und der griechischen Mysterien. So sollte nach ägyptischem Glauben ein nächtliches Gericht vor Osiris über die Toten stattfinden, in dem Anubis ihr Herz auf die Waage legt, während Thot das Ergebnis notiert und der „Fresser" bereit steht: Wer die Prüfung bestand, durfte als „gerechtfertigt an Stimme" in das „Schiff der Millionen" einsteigen und an der Reise des Sonnengottes über die himmlischen und durch den unterirdischen Nil teilnehmen, während der als Schuldig Befundenen von dem bereits auf seine Beute wartenden „Fresser" zerrissen wurde.[6] – Der griechische Glaube an das durch die Minos, Rhadamantys und Asakos in der Unterwelt vorgenommene Gericht über die Seelen der Toten mit der anschließenden Belohnung oder Bestrafung ist wohl nur noch den Lesern Platons bekannt.[7] Dieser Glaube hatte in der orphischen und eleusinischen Eschatologie seinen festen Platz: Nach ihr sollten die Gerechten und treu Schwörenden nach ihrem Freispruch bei den Göttern wohnen dürfen, während die Frevler im Schlamm versinken und mit einem löchrigen Sieb Wasser schöpfen und also die Qualen des Tantalos und Sysiphos wiederholen müssten.[8] – Die Parallelen zwischen I Hen 22 und der platonischen Eschatologie sprechen dafür, dass der griechische Einfluss auf die jüdischen Apokalyptiker nicht zu unterschätzen ist, wobei gleichzeitig zu betonen ist, dass sie die übernommenen Mythologeme ihrem eigenen Denken assimiliert haben.[9]

Darauf, dass der Apostel Paulus I Kor 15, 42 – 54 diese drastische Vorstellung nicht teilt, sondern mit einer Verwandlung des irdischen in einen „geistigen" oder himmlischen Leib rechnet, sei hingewiesen.

6 Vgl. dazu Adolf Erman, Religion, 207 – 241; Klaus Koch, Geschichte, 321 – 327 und Jan Assmann, Ma'at,126 – 149; Ders., Tod und Jenseits, 372 – 393.

7 Vgl. Plat.ap.40e 2 – 41a 8; Gorg.523a 1 – 525b 8; Phaid. 69c 2 – 9 sowie Pind.frg.133.Ol.II.56 und dazu z.B. Albrecht Dieterich, Nekyia, 108 – 125; vgl. auch Plat.leg.IX.870d4 – 871a1; X.903b1 – 905d3 und dazu Klaus Schöpsdau, Nomoi Buch VIII – XII, 326 und 432 – 444.

8 Vgl. dazu Erwin Rhode, Psyche I, 307 – 312, der den Einfluss der eleusinischen Mysterien auf den Glauben an ein Totengericht leugnet, und dagegen Fritz Graf, Eleusis, 79 – 92, zu den orphischen Vorstellungen auch Martin P. Nilsson, Geschichte I, 678 – 691;zu orphisch-pythagoreischen Hadesbüchern Dieterich, Nekyia, 84 – 108 und zu den griechischen Mysterienkulten und dem Verhältnis zwischen Orpheus und Pythagoras Walter Burkert, Griechische Religion2, 413 – 448; zu Tantalos vgl. Meret Strohtmann (NP XII/1), 11, zu Sisyphos René Nünlist (NP XI), 598 – 599.

9 Vgl. dazu Marie-Theres Wacker, Weltordnung, 211 – 219. Auf die Beziehungen zwischen der

17.2 Das Bekenntnis zur Unzerstörbarkeit der Gottesbeziehung in Psalm 73,23–26

Wenden wir uns von den für diesen Glauben in Anspruch genommenen Belegen Ps 49,16 und 73,23–26 zu, ist vorab festzustellen, dass die Stimmen darüber geteilt sind, ob in ihnen lediglich eine metaphorische Rede von der Rettung aus der Unterwelt im Sinne der Bewahrung vor dem Tode vorliegt[10] oder auf die Entrückung der Seelen der Gerechten aus der Unterwelt in die himmlische Lichtwelt angespielt wird (vgl. I Hen 22 mit I Hen 104,2).[11] Im Folgenden sei Ps 73 vorgestellt und seinen relevanten Versen vor allem die eben genannten Texte aus dem Wächterbuch I Hen 1–36 und dem Brief des Henoch in I Hen 92–105* an die Seite gestellt.

Der 73. Psalm setzt mit einem Bekenntnis zur Güte Gottes gegenüber den Frommen ein und berichtet dann davon, dass der Beter durch das Glück der Frevler derart angefochten war, dass er versucht war, es ihnen gleich zu tun (Ps 73,1–3):

1 Nur gut ist Gott für den Geraden,[12]
Jahwe für die, die reines Herzens sind.

2 Doch ich, beinahe strauchelten meine Füße,
fast wurden zu Fall gebracht meine Schritte.

3 Denn ich war eifersüchtig auf die Prahler,
als ich das Glück der Frommen sah.

Anschließend konkretisiert der Sänger die Aussage von V. 3 und erklärt, dass die Anfechtung für ihn darin bestand, dass die Frevler ein sorgenfreies Leben

---

astralen himmlischen Herrlichkeit zu den gleichzeitigen hellenistischen Vorstellungen hat Martin Hengel, Judentum und Hellenismus, 358–359 hingewiesen.

10 Vgl. dazu grundlegend Christoph Barth, Errettung vom Tode, 91–123 und seine 158–164 vorgelegte negative Beurteilung von Ps 49,16 und 73,24–26 als Zeugen für den Glauben an ein Leben nach dem Tode. Diese Ansicht teilen zu Ps 49 z. B. Hermann Gunkel, Psalmen, 213; Armin Schmitt, Entrückung 212; Peter C. Craigie (WBC 19) 360–361; Klaus Seybold (HAT I/15) 203, während z. B. Bernhard Duhm (KHK XIV2,), 203; Hans Schmidt (HAT I/15), 95; Artur Weiser (ATD 14), 262–263; Hans-Joachim Kraus, (BK.AT XV/1), 367–368; Gerhard von Rad, Theologie I, 418–420; Mitchell Dahood (AncB 16), 301; Pierre Casetti, Leben vor dem Tod, 209–231 und Frank-Lothar Hossfeld, Psalmen 1–50, 306–307 hier den Glauben an die Entrückung aus dem Tode zu Gott finden.

11 Zu Ps 73 ablehnend z. B. Hermann Gunkel (HK), 315–316; Marvin E. Tate (WBK 20), 239; zustimmend z. B. Duhm (KHK XIV2), 283; Weiser (ATD 15), 350; Kraus (BK.AT XV/1), 509–510 Gerhard von Rad, Theologie I, 418–420; Dahood (AncB 17), 194–195 und Erich Zenger, Psalmen 51–100, 350, vorsichtig zustimmend wohl auch Schmidt (HAT I/15), 140 und Seybold (HAT I/15), 284–285.

12 Das von den Textzeugen vertretene Israel ist entweder Folge einer verkannten Worttrennung oder bewusste Korrektur, um dem speziellen Fall Allgemeingültigkeit zu geben; siehe BHS.

führten, das im offensichtlichen Gegensatz zu ihrem gottlosen Verhalten und Reden stand. Dabei setzt er als selbstverständlich voraus, dass es genau umgekehrt zugehen müsste (Ps 73,4–12):

4 Denn sie haben keine Qualen,
ihr Leib ist unversehrt und fett.

5 Sie kennen nicht der Menschen Mühsal,
und werden nicht wie andere geplagt.

6 Daher ist Hochmut ihr Geschmeide,
bedeckt Gewalttat sie als Kleid.

7 Dem Überfluss entspringt ihr Frevel[13],
entströmen ihres Herzens Pläne.

8 Sie höhnen und reden vom Bösen,
sprechen leichthin[14] von Bedrückung.

9 An den Himmel setzen sie ihren Mund
und ihre Zunge ergeht sich auf der Erde.

10 Darum sitzen sie bei den Narren
und schlürfen gierig ihre Worte[15]

11 und sagen: „Wie kann Gott (das) wissen?"
und „Gibt es Erkenntnis bei dem Höchsten?"

12 Siehe, so sind die Frevler,
sorglos stets mehren sie (ihr) Vermögen.

In den folgenden Versen erklärt der Weise, dass die Krise seines Glaubens dadurch verursacht wurde, dass er selbst trotz seines untadligen Lebenswandels Tag um Tag zu leiden hatte. Ob seine Leiden in inneren Kämpfen, äußeren Benachteiligungen oder Krankheit bestanden, gibt er wohl deshalb nicht preis, damit sich andere in ganz unterschiedlichen Nöten mit seinem Gebet identifizieren können. Da abschließend von keiner körperlichen Heilung oder Rettung aus einer konkreten Not die Rede ist, liegt es nahe, seine sich jeden Morgen erneuernden Plagen mit Zweifeln an der Gerechtigkeit Gottes zu identifizieren. Weiterhin erklärt er, dass er (um die von ihm als Kinder Gottes bezeichneten Gesinnungsgenossen nicht in dieselbe Anfechtung zu führen) seine quälenden Gedanken in sich verschlossen habe (Ps 73,13–16):

13 Ja, umsonst hielt ich rein mein Herz,
wusch ich in Unschuld meine Hände.

---

13 Siehe BHS.
14 Wörtlich: mimmārôm, „von der Höhe"; zur Übersetzung vgl. C.A. und E.G. Briggs, Book of Psalms II (ICC), 144.
15 Zum Text vgl. Gunkel, Psalmen, 317–318.

14 Und ward doch geschlagen jeden Tag
und gezüchtigt jeden Morgen.

15 Wenn ich gedacht hätte, ich wollte es erzählen,
dann hätte ich das Geschlecht deiner Kinder verraten.

16 Suchte ich es zu verstehen,
wurde es zur Qual in meinen Augen.

Aber dann erlöste ihn die Beobachtung, dass Gott keineswegs abgetreten war, sondern er die Frevler auf ihrer schlüpfrigen Bahn plötzlich zu Fall brachte (Ps 73,17 – 20):

17 Bis ich auf Gottes Fallstricke[16] sah
und Einsicht gewann in ihr Ende.

18 Denn du stelltest sie auf glatten Boden,
ließest sie durch Täuschung fallen.

19 Wie wurden sie starr im Augenblick,
hörten sie auf, endeten sie vor Schrecken.

20 Wie man einen Traum nach dem Wecken[17],
wie man beim Erwachen sein Bild verachtet.[18]

So lehrte ihn die Erfahrung, dass seine Zweifel an Gottes Gerechtigkeit unbegründet waren und er sich ihnen vernunftlos wie ein Tier hingegeben hätte: Der Fall der Frevler bestätigte ihn in seinem Glauben und gab ihm neue Kraft, dem Gott treu zu bleiben, der seine Zuflucht bleibt (Ps 73,21 – 22.27 – 28):

21 Ja, als sich mein Herz verbitterte
und mich meine Nieren stachen,

22 War ich wie ein Vieh[19] und wusste nichts,
war ich ein Vieh vor dir.

27 Denn die fern von dir sind, gehen zugrunde,
du vernichtest jeden, der dir nicht treu ist.

---

16 V. 17a „miqdᵉšê-’ ēl" ergibt im Kontext keinen vernünftigen Sinn. Die Ausleger haben sich redlich bemüht, dem Beter durch einen Tempelbesuch zur erlösenden Einsicht zu verhelfen. Aber was konnte er dort hören, was er nicht selbst längst wusste? Also hilft nur eine mutige Konjektur. Ich schlage unter weitgehender Wahrung des Konsonantenbestandes vor cad ʹēdᶜāh mōqᵉšê ʹēl zu lesen.

17 Vgl. G.

18 Vgl. Ps 37,9 – 10.35 – 36 , dazu oben, 271 – 274 und weiterhin z. B. Ps 1,4.6; 34,22; Spr. 6,15; 29,1, Hiob 18,11; 20,5; 34,20 und als Kontrast Ps 37,25 – 26 und Spr. 3,21 – 25.

19 Siehe BHS.

28 Aber ich, deine Nähe ist für mich gut,
ich mache Jahwe zu meiner Zuflucht
[all deine Werke aufzuzählen].[20]

In seiner ursprünglichen Gestalt war Ps 73 mithin ein Lehrpsalm, der in Form
eines persönlichen Bekenntnisses die Frommen dazu anleiten sollte, sich
durch den Erfolg der Frevler nicht anfechten zu lassen, sondern dessen gewiss
zu bleiben, dass diese ein Ende mit Schrecken nehmen werden, weil sie sich in
Gottes Stricken verfangen. In den V. 23–26 meldet sich dagegen die Stimme
eines Späteren zu Wort, der alle Anfechtungen dieser Welt überwunden hatte:
Denn er war dessen gewiss, dass die Gottesnähe auch den Tod überdauert, weil
Gott seine Seele aus der Unterwelt in die himmlische Herrlichkeit entrücken
wird (Ps 73,23–26):

23 Doch ich bleibe beständig bei dir,
du hältst mich an meiner Rechten.

24 Du leitest mich nach deinem Rat
und entrückst mich zur Herrlichkeit.

25 Wen habe ich im Himmel außer Dir?
Neben dir freut mich nichts auf Erden.

26 Mag schwinden mein Fleisch und mein Herz,
mein Teil ist Jahwe für immer.

Das Schlüsselwort für die Deutung dieser Verse ist das Verb *lāqaḥ* in V. 24b;
denn es handelt sich bei ihm um den *terminus technicus* für die Entrückung
eines Menschen durch Gott in seine himmlische Welt.[21] So begegnet es in Gen
5,24b und II Reg 2,1–12, wo von der Entrückung des Urvaters Henoch bzw.
des Propheten Elia in den Himmel die Rede ist. In ähnlicher Weise bekennt der
Beter auch in Ps 49,16, dass Gott seine Seele aus der Macht der Unterwelt
befreien und ihn entrücken werde. Daher liegt es nahe, auch V. 24b in dem
Sinne zu verstehen, dass der Beter auf die Entrückung seiner Seele durch Gott
hofft.[22] Das in V. 24 absolut stehende *kābôd* besitzt grundsätzlich die beiden
Bedeutungen „Herrlichkeit" und „Ehre". Auf Gott bezogen meint es den seine
Gegenwart anzeigenden Lichtglanz.[23] Syntaktisch lässt es sich in V. 24b als
adverbialer Akkusativ wie als Lokativ verstehen.[24] Mithin kann man den
Halbvers mit „und du entrückst mich in Herrlichkeit/Ehren"bzw. „zur Herr-
lichkeit/zu Ehren" übersetzen. Wie das Beispiel von Hans-Joachim Kraus
zeigt, lässt auch die erste Übersetzung die Deutung zu, dass es sich um die

---

20 V. 28b ist Zusatz der lesenden Gemeinde.
21 Vgl. dazu auch Klaas Spronk, Beatific Afterlife, 322–324.
22 Vgl. dazu auch Spronk, 332 und A. A. Fischer, Tod und Jenseits, 158–165.
23 Vgl. dazu GAT II, 191–198.
24 Zu den Problemen, die der Vers dem Übersetzer und Ausleger bietet, vgl. auch Erich Zenger, in:
    Hossfeld/Zenger, Psalmen 51–100, 350–35.

Versetzung des Beters in den Lichtglanz der Welt Gottes handelt.[25] Dank seines ebenso grundsätzlichen wie für unterschiedliche Deutungen offenen Charakters haben sich diese Verse tief in das Gedächtnis der Frommen aller Zeiten eingegraben, gleichgültig, ob sie sich eine konkrete Versetzung in die himmlische Lichtwelt vorstellten oder auf das Eingehen in das übersinnliche Licht Gottes hofften, in dem alle Schranken des endlichen Daseins von ihnen genommen werden, weil Gott alles in allem sein wird (I Kor 15,28).

17.3 Die Erwartung des Jüngsten Gerichts und die Hoffnung der Gerechten auf das ewige Leben in I Henoch

Man sollte die Erwartung nicht im Unbestimmten lassen oder auf die Erfahrung der Gegenwart Gottes in diesem Leben reduzieren. Der Weise, der in Ps 73 die V. 24–26 eingefügt hat, dürfte mit dem Bekenntnis in V. 28a eine präzise Vorstellung von dem Leben nach dem Tode verbunden haben. Denn V. 26 lässt keinen Zweifel daran, dass die in V. 24b bekannte Gottesnähe nicht mit dem Tode endet. Zudem gibt V. 25 zu erkennen, dass gegenüber dem neuen, ihn im Tode erwartende Sein der Verlust seines leiblichen Lebens seine Bedeutung verliert. Das entspricht gewiss der Erfahrung aller, die das übersinnliche Licht Gottes geschaut haben, entbindet den Ausleger aber nicht von der Pflicht, sich nach einem angemessenen religionsgeschichtlichen Hintergrund für die in V. 24b formulierte Erwartung umzusehen. Beziehen man Ps 49,16 in die Untersuchung ein, so erfolgt die Erlösung in einem Zweischritt, nämlich erstens als Befreiung der Seele aus der Unterwelt und zweitens als Versetzung in die Lichtwelt Gottes.

Sucht man diese Züge verbindende Texte, so stößt man auf das Wächterbuch I Hen 1–36[26] und den Brief Henochs I Hen 91–105*. Von ihnen dürfte das Wächterbuch um Mitte des 3.[27] und der Brief Henoch vor den 60er Jahren des 2. Jh. v. Chr. entstanden sein.[28] Am Wächterbuch interessiert im vorliegenden Zusammenhang, dass die traditionelle Vorstellung von der Unterwelt als einer Stätte, in deren undurchdringlichem Dunkel die Geister der Toten in ewiger Bewusstlosigkeit versinken (Koh 9,5–6) in I Hen 22 zugunsten einer neuen, vermutlich durch orphisch-pythagoreische Vorstellungen vermittelte ersetzt worden ist, die auch im Hintergrund der Seelenmythen Platons ste-

---

25 Hans-Joachim Kraus, Theologie der Psalmen, 219. Anders z. B. Marvin E. Tate (WBC 20), 230 und 236.

26 Zur Darstellung Henochs als eines Schreibers vgl. John J. Collins, Sage, 343–354, bes.344–347.

27 J.T. Milik, Books of Henoch, 28 und weiterhin John J. Collins, Apocalyptic Imagination, 47–59 Florentino Garcia Martínez, Qumran and Apocalyptic, 60–72 und zum griechischen Henoch Albert-Marie Denies, Introduction, 15–30.

28 Milik, Books of Henoch, 44 und Collins, Apocalyptic Imagination, 66–67.

hen.[29] Die Unterwelt wird nun nicht mehr als der Ort bedacht, aus dem niemand wiederkehrt (Hi 7,9).[30] Auch herrscht in ihr nicht mehr personifizierte und als „König der Schrecken" bezeichnete Tod (Hi 18,14). Sie ist vielmehr zu dem von Gott bestimmten Versammlungsort der Seelen der Toten geworden, die hier auf den großen Gerichtstag warten (I Hen 22,3 – 4). Die Unterwelt wurde auch nicht mehr als eine einzige unterirdische Zisterne von gewaltiger Größe, sondern als in drei voneinander getrennte Höhlen aufgeteilt vorgestellt.[31] Von ihnen sollte die eine hell erleuchtet und mit einer Quelle versehen sein, während die beiden anderen dunkel wären. Die erste sei für die Seelen der Gerechten, die zweite für die Seelen der Sünder und die dritte für die Seelen der Sündergenossen bestimmt. An dem großen Gerichtstag würden die Seelen der Gerechten und die Seelen der zu ihren Lebzeiten noch nicht bestraften Sünder vor dem göttlichen Tribunal erscheinen, während die der Sündergenossen weder einem Läuterungsgericht noch weiteren Strafen unterzogen würden, sondern für immer in der Unterwelt blieben (I Hen 22):[32]

1 Und von dort ‚wurde ich' zu einem anderen Ort getragen, und man zeigte mir im Westen einen großen und hohen Berg aus hartem Fels 2 und <drei> ausgehöhlte Stellen (waren) darin, tief und sehr glatt; <zwei> von ihnen dunkel und eine licht, und eine Wasserquelle durch seine Mitte hin. Da sagte ich: Wie glatt sind diese Höhlungen und tief und dunkel anzusehen! 3 Da antwortete mir Rafael, einer der Wächter und Heiligen,[33] der bei mir war, und sagte zu mir: Diese ausgehöhlten Stellen (sind dazu da), dass in ihnen die Seelengeister der Toten versammelt werden. Eben dazu sind sie gemacht, hier die Seelen aller Menschenkinder zu versammeln. 4 Und siehe, dieses sind die Gruben zu ihrem Gefängnis. So sind sie gemacht – bis zum Tag, an dem sie gerichtet werden, und bis zur Zeit des Endtages des großen Gerichts, das über sie stattfinden wird 8 Dann fragte ich nach all den Höhlungen und sagte: Warum sind sie eine von der anderen abgetrennt? 9 Da antwortete er mir und sagte: Diese drei sind gemacht, um die Geister der Toten abzutrennen. Und diese ist abgetrennt für die Geister der Gerechten, in der die Wasserquelle hell (ist). 10 Und diese ist gemacht für die ‚Geister' der Sünder, wenn sie sterben und in der Erde begraben werden und ein Gericht über sie in ihrem Leben nicht stattgefunden hat. 11 Hier sind ihre Geister abgetrennt für diese große

---

29 Vgl. dazu den Kommentar von Matthew Black, Book of Enoch, 165 – 168 und zur religionsgeschichtlichen Ableitung der Vorstellung vom unterschiedlichen Zustand der Totenseelen Marie-Theres Wacker, Weltordnung, 211 – 219, die auf die Parallelen in den Seelenmythen in Platons Phaidon und Gorgias hinweist.

30 Vgl. dazu Ludwig Wächter, Tod, 181 – 193; Nicholas J. Tromp, Conceptions, 167 – 175, Kaiser, Tod und Leben, 25 – 48 und Alexander A. Fischer, Tod und Jenseits, 137 – 149.

31 Im Endtext ist in den V. 5 – 7 und 12 eine vierte Höhle für die Seelen der Klagenden und d. h. aller, die seit den Tagen Abels unschuldig ermordet worden sind, nachgetragen.

32 In die V. 5 – 7 und 12 sind nachträglich als 4. Gruppe die klagenden Geister der unschuldig Ermordeten eingefügt worden.

33 Zu den Erzengeln vgl. I Hen 20 und dazu den Kommentar von Matthew Black, Book of Enoch, 162 – 163 und zu Engelklassen Hans Bietenhard, Himmlische Welt, 104 – 108 und Michael Mach, Entwicklungsstadien, 262 – 264.

Folter bis zum großen Tag des Gerichts der Schläge und Folter für die in Ewigkeit Verfluchten, ‚zur' Vergeltung für ihre Geister. Dort wird ‚man' sie in Ewigkeit binden! 13 Und diese ist für die Geister der Menschen gemacht, welche nicht fromm, sondern Sünder sein werden, die gottlos und mit den Gesetzlosen mitschuldig sein werden. Diesen Geistern aber[34] geschieht kein Unheil am Tag des Gerichts, aber sie werden sich auch nicht von hier erheben 14 Darauf pries ich den Herrn der Herrlichkeit und sagte: Gepriesen sei der Richter der Gerechtigkeit [und gepriesen sei der Herr der Herrlichkeit und Gerechtigkeit], der herrscht über die Welt.

Nach I Hen 26,4 – 27,5[35] würden die in Ewigkeit verfluchten Sünder im Tal Hinnom versammelt, um dort in Ewigkeit gemartert und dadurch zur Demonstration der Gerechtigkeit des göttlichen Gerichts für die Frommen zu dienen (vgl. I Hen 27,3 mit Jes 66,24). Auch in dem Brief Henochs in I Hen 91 – 108* überwiegt das Interesse an dem unterschiedlichen Los der Seelen der Gerechten und der Gottlosen.[36] Nach der Ankündigung in I Hen 103,5 – 8 müssen die Seelen der im Glück gestorbenen Sünder nach dem Gericht in die Unterwelt zu ewigen Martern zurückkehren, was sich grundsätzlich mit der Lokalisierung in I Hen 26 – 27 verträglich erweist, weil Klüfte und Höhlen als Teile der Unterwelt verstanden werden konnten. Den Gerechten aber wird verheißen, dass sie dem großen Gerichtstag getrost entgegensehen könnten, weil ihre Namen im Himmel aufgeschrieben seien und sie in Lichtgestalt in die göttliche Welt versetzt würden. Im Bereich der immer sichtbaren Zirkumpolarsterne hatten schon die alten Ägypter ihr Elysium, das Earu-Feld oder Binsenfeld, das als das Land der Verklärten gesucht, zu dem ein Fährmann die Götter und die Toten übersetzte.[37] Nach dem Seelenmythos in Platons Gorgias müssen die Seelen der Toten vor den Totenrichter treten, der sie entweder auf Zeit oder für immer in die Unterwelt verbannt oder auf die Insel der Seligen übersetzen lässt (Plat.Gorg.523a 1 – 526d 2).[38] Kein Wunder, dass solche Vorstellungen von der Himmelsreise der Seele auch die Frommen des 2. Jh. v. Chr. erbauten, wie wohl auch heute noch mancher angesichts der kurzen Zeit, die uns Menschen gegeben ist, still zu den „unvergänglichen" Sternen aufblickt und in der Andacht Gottes Gegenwart erfährt (I Hen 104,1 – 2):[39]

1 Ich schwöre euch, dass die Engel im Himmel euer zum Guten gedenken werden vor der Herrlichkeit des Großen.[40] 2 Hofft, denn zuerst (hattet) ihr Schmach durch Un-

---

34 Sekundär eingefügt: „weil die hienieden Bedrückten weniger bestraft werden."

35 Zu I Hen 12 – 36 vgl. Veronika Bachmann, Welt im Ausnahmezustand, 75 – 76 und zu I Hen 26 – 27 den Kommentar von Mathew Black, Book of Enoch, 171 – 173.

36 Vgl. auch I Hen 103,1 – 4 und dazu George W.E. Nickelsburg, Resurrection, 112 – 130.

37 Vgl. dazu Adolf Erman, Religion, 212 – 217.

38 Vgl. dazu Werner Jaeger, Peideia II, 218 – 220.

39 Übersetzung von Siegbert Uhlig (JSHRZ V/6), 739. Zur Vorstellung vom himmlischen Paradies vgl. Hans Bietenhard, Himmlische Welt, 161 – 186 und zu den Geistern der Gerechten als Sternen Matthias Albani, Eine Gott, 229 – 230.

40 D.h.: vor der Herrlichkeit Gottes.

glück und Not; aber jetzt werdet ihr leuchten wie das Licht des Himmels, ihr werdet leuchten und werdet scheinen, und das Tor des Himmels wird für euch geöffnet sein.[41]

17.4 Die Botschaft von Daniel 12,1 – 3[42]

Auf dem Hintergrund dieser mythischen Szenerie lassen sich auch die Aussagen über die Auferstehung der Toten in Dan 12,1 – 3 mühelos deuten (Dan 12,1 – 3):

1 Und in jener Zeit wird auftreten Michael, der große Fürst, der für die Kinder deines Volkes eintritt, und es wird eine Notzeit sein, wie es keine gegeben hat, seit es Völker gibt bis auf jene Zeit. Und in jener Zeit wird dein Volk gerettet werden, jeder der im Buch aufgezeichnet gefunden wird. 2 Dann werden viele von denen, die im Staub der Erde schlafen, erwachen, die einen zum ewigen Leben, und die anderen zur Schmach und ewigen Schande. 3 Aber die Unterweiser werden leuchten wie der Glanz des Firmaments und die vielen zur Gerechtigkeit verholfen haben, wie die Sterne für immer und ewig.

V. 1a kündigt in knapper Form den zu erwartenden Endkampf an, der alles übertreffen soll, was sich in der Menschheitsgeschichte seit den Tagen der Flut an Katastrophen ereignet hat. Dann soll der Erzengel Michael als Vorkämpfer Israels mit seinen himmlischen Heerscharen in den letzten Krieg mit den Mächten der Finsternis eingreifen (vgl. Dan 7,22) und sie besiegen.[43] Als ihr Repräsentant gilt in Dan 7,24 – 25 und 11,36 – 45 der zum Erzfeind des Judentums gewordene König Antiochos IV. Epiphanes (175 – 164 v.Chr.).[44] Dan 12,1b verweist knapp auf das folgende Jüngste Gericht, in dem die Frommen Israels gerettet würden, weil ihre Namen im Himmelsbuch verzeichnet seien (vgl. Ps 69,29; Jes 4,3).[45] Setzt man die Dreiteilung der Totengeister im Sinne von I Hen 22* voraus, so erklärt es sich, warum nach V. 2 „viele", aber nicht alle Toten aus dem Staub erwachen sollten; denn die Sündergenossen blieben für immer in der Unterwelt. Zum ewigen Leben würden sich erheben nur die Frommen erheben, während Schmach und ewige Schande die Sünder erwar-

41 Zu den astrologischen Himmelsmythen bei dem Platonschüler Herakleides Pontikos und im frühhellenistischen Pseudoplatonischen Axiochos vgl. Martin P. Nilsson, Geschichte II, 240 – 242.

42 Zur Darstellung Daniels und seiner Gefährten als maśkilîm vgl. John J. Collins, Sage in the Apocalyptic and Pseudepigraphic Literature, 347 – 351.

43 Vgl. Dan 10,13.21; 1QM XII.8 – 9 und XVII.6 – 8; ferner die Rolle Michaels als Mittler zwischen den Menschen und Gott in gr.Bar 11 – 16; dazu Michael Mach, Entwicklungsstadien, 241 – 255.

44 Zum zeitgeschichtlichen Hintergrund in Gestalt der Religionsverfolgung durch Antiochos IV. Epiphanes vgl. ausführlich Elias Bickermann, Gott der Makkabäer bzw. Klaus Bringmann, Hellenistische Reform bzw. ders., Geschichte, 95 – 111.

45 Zu den Himmelsbüchern vgl. Hossfeld und Reuter (ThWAT V), 942 – 943.

ten würde.[46] Die *maśkilîm*, die Lehrer der Frommen,[47] sollten natürlich zu denen gehören, die zum ewigen Leben auferstünden und eine besondere Ehrenstellung erhielten: Sie sollten wie das himmlische Firmament und wie die Sterne leuchten, weil sie vielen zur Gerechtigkeit verholfen haben, indem sie ihnen beistanden, die Anfechtungen der Endzeit zu bestehen.[48] In den Aussagen über das Geschick der Sünder besteht in heutiger Sicht eine Diskrepanz zwischen der Vorstellung von der Zitation ihrer Seelen zum Gericht und ihrer körperlichen Bestrafung. Dass sie für die Alten nicht bestand, zeigt I Hen 103,7, wo den Sündern vorausgesagt wird, dass ihre Seelen nach ihrem Tode in der Unterwelt und im Gericht gepeinigt werden. Dabei fließen ihr Ergehen im Hades und im Gericht eigentümlich ineinander (I Hen 103,5 – 8):[49]

5 Wehe euch, ihr toten Sünder, wenn ihr sterbt in dem Reichtum eurer Sünde werden die, die euch gleich sind, sagen: „Selig sind die Sünder, alle ihre Tage haben sie gesehen!" 6 Und nun sind sie in Wohlstand und Reichtum gestorben, und Not und Tod haben sie in ihrem Leben nicht gesehen; in Herrlichkeit sind sie gestorben, und ein Gericht geschah in ihrem Leben nicht an ihnen. 7 Ihr sollt wissen, dass man ihre Geister wird zum Totenreich hinabfahren lassen, und es wird ihnen übel ergehen: Die Trübsal (wird) groß (sein). 8 In Finsternis, in Umstrickung und in lodernden Flammen wird euer Geist zu dem großen Gericht kommen; und das große Gericht wird stattfinden für alle ewigen Generationen. Wehe euch, denn ihr werdet keinen Frieden haben.[50]

17.5 Komposition und Botschaft der Psalmen Salomos

17.5.1 Zur Komposition und Entstehungszeit der Psalmen Salomos[51]

Dem aufgeklärten Leser dürfte in der Regel bei knappen Bekenntnissen und Prophezeiungen der Unzerstörbarkeit der Gottesbeziehung im Tode wohler als bei mythischen Jenseitsgeographien sein, die dem Bedürfnis entstammen, den Postulaten der praktischen Vernunft eine anschauliche Gestalt zu geben. Darin zeigt sich, dass unser Verhältnis zum Mythos, anders als das der Alten, ein gebrochenes ist, weil wir wissen, dass unsere Sprache und unsere Vor-

---

46 Vgl. dazu auch John J. Collins, Apocalypticism, 112.
47 Vgl. 1QS XI,12 und dazu Armin Lange, Weisheit, 144 – 148 und Carol A. Newsom, Sage in the Literature of Qumran, 373 – 382.
48 Zur Frage, ob die Aussage real oder metaphorisch zu verstehen ist, vgl. John E. Goldingday (WBC 30), 308, der sich unter Berufung auf Dan 8,10 für das realistische Verständnis ausspricht.
49 Übersetzung Uhlig (JSHRZ V/6), 737 – 738).
50 Vgl. dazu George W.E. Nickelsburg, Resurrection, 123 – 129.
51 Grundinformationen bei R.B. Wright (OTP I), 639 – 650; S. Holm-Nielsen (JSHRZ IV/1), 49 – 61; Kaiser, Apokryphen, 72 – 78 = Apocrypyha, 78 – 84 und jetzt vor allem K. Atkinson, Historical Background, 211 – 222 mit der umfangreichen Bibliographie, 223 – 245.

stellungen an die Erfahrungen der raum-zeitlichen Welt gebunden sind. Wir können diese Grenzen nicht überschreiten und daher von der jenseitigen Welt nur in Analogien oder Negationen reden. Dieser Einsicht kommen die knappen Bekenntnisse der Psalmen Salomos und die theologischen Reflexionen und Feststellungen der Weisheit Salomos eher entgegen als die henochitische Apokalyptik, deren Vorstellungen von beiden in selbstständiger Weise verarbeitet worden sind.

Da weder die Psalmen Salomos noch die Weisheit Salomos zum Pflichtstoff der Theologen noch zum Kanon der Gebildeten gehören, dürften vor ihrer Behandlung einige Angaben über ihre Entstehungszeit und ihren Aufbau angebracht sein. Die 17 Psalmen Salomos bilden eine planvolle Komposition. Den äußeren Rahmen bilden die Psalmen 1 und 18: Das erste Lied ist ein Bericht über eine an Gott gerichtete Klage Jerusalems, weil Kriegsgeschrei ihr Wohlleben und ihren Kinderreichtum durch geheime Sünden zu ihrem Fall geführt hat. Das 18. ist ein Lobpreis auf die Güte und Barmherzigkeit des Herrn, die er Israel dargebracht hat, indem er es wie einen erstgeborenen Sohn gezüchtigt und gereinigt hat. Nach einem Glückwunsch an die, die in den Tagen der Erlösung Israels leben, beschließt es das Buch mit einem Lobpreis auf den Gott, der die Welt herrlich geordnet hat und dem die Seinen täglich in Gottesfurcht dienen. Damit ist das Generalthema des Buches von dem Weg Jerusalems von seiner Demütigung zu den Tagen der Erlösung Israels angeschlagen.

Der innere, aus den PsSal 2 und 17 gebildete Rahmen konkretisiert beide Aspekte: So beschreibt das zweite sowohl das Eindringen der Römer unter der Führung des Imperators Pompejus in den Tempel und die Deportation des Hasmonäers Aristoboulos II. und seiner Familie nach Rom im Jahre 63 v. Chr. (PsSal 2,1–15)[52] als auch die Ermordung des auf der Flucht vor Caesar befindlichen Pompejus an der Reede Alexandriens 48 v. Chr. (V. 19–32)[53] als Akte der göttlichen Gerechtigkeit. Daher ruft der Beter die Gemeinde der Frommen dazu auf, die Gerechtigkeit des Herrn zu preisen, die sich in beidem erwiesen hat (PsSal 2,33–37):[54]

33 Preist Gott, ihr, die ihr den Herrn mit Einsicht fürchtet,
denn denen, die ihn fürchten, gilt sein Erbarmen im Gericht,

34 so dass er zwischen dem Gerechten und den Sündern unterscheidet,
indem er den Sündern in Ewigkeit nach ihren Taten vergilt.

5 Er wird sich des Gerechten erbarmen vor der Bedrückung der Sünder,
und dem Sünder vergelten, was er dem Gerechten angetan.

---

52 Vgl. dazu Klaus Bringmann, Geschichte, 161–167 bzw. Karl Christ, Pompejus, 83–93.
53 Vgl. dazu Christ, Pompejus, 163–167; vgl. dazu Appian.bell.civ.II.84–86; Plutarch,vit.Pomp.77–80.4.
54 Vgl. dazu die historischen Belege bei Kaiser, Geschichte und Eschatologie, 86–90.

36 Denn der Herr ist denen gütig, die ihn geduldig anrufen,
und er handelt nach seinem Erbarmen an seinen Heiligen,
damit sie ewig vor ihm in Kraft stehen.

37 Gelobt sei der Herr in Ewigkeit von seinen Knechten!

Das in PsSal 2 angeschlagene Motiv nimmt der in der Mitte stehende 8. Psalm in den V. 9 – 22 wieder auf, um dann in die Gerichtsdoxologie der V. 23 – 26 und in das Bekenntnis zu Jahwe als dem Gott Israels und die Bitte um die Zusammenführung Israels in den V. 27 – 34 zu münden. Das 17. Lied, von dem bereits oben ausführlich die Rede war,[55] ist mit 46 Versen das umfangreichste der ganzen Sammlung. Es beginnt mit dem Lobpreis auf den Herrn als den König Israels, dem die Hoffnung als dem Retter seines Volkes gilt. Obwohl er David die Ewigkeit seiner Dynastie versprochen hatte, hatten sich Sünder (Angehörige der Dynastie der Hasmonäer) das Königtum angemaßt und Davids Thron entehrt; denn (auf ihre Einladung) haben die als Gesetzlose bezeichneten Römer das Land besetzt und es (wie es hyperbolisch heißt) von seinen Einwohnern entblößt, indem sie sie nach Westen deportierten. Der Sache nach handelt es sich darum, dass Pompejus 63 v. Chr. den Tempel erobert, das Allerheiligste betreten und Aristobulos II. samt seiner Familie nach Rom deportiert hatte. Doch schlimmer als die Römer seien die eigenen Herren gewesen, vor denen die Frommen in die Wüste flohen oder in der ganzen Welt zerstreut wurden (PsSal 17,4 – 20).[56] Auf diese Klage folgt die Bitte, ihnen den verheißenen König aus Davids Geschlecht zu senden, damit er Jerusalem von den Fremden reinige, so dass kein Ausländer unter den Söhnen Gottes wohne, sondern die Fremden ihm fronten und die Heiden von den Enden der Welt kämen, um ihm zu huldigen. Er wird allen Kriegen ein Ende bereiten und nicht auf seine Waffen oder seinen Reichtum bauen, sondern auf den Herrn hoffen (V. 21 – 43). Mit einem Glückwunsch an die, welche diese Tage erleben, und der Bitte, der Herr möge sich mit seinem Erbarmen über Israel beeilen, schließt dieser messianische Psalm (V. 44 – 46).

Da es im vorliegenden Zusammenhang um das Thema des ewigen Lebens geht, soll es mit diesen Hinweisen auf den planvollen Aufbau der Psalmen Salomos sein Bewenden haben.[57] Es sei nur noch angemerkt, dass die Sammlung jedenfalls nach der Ermordung des Pompejus 48 v. Chr. entstanden ist (vgl. PsSal 2,25 – 29; 17,11 – 14). Das schließt nicht aus, dass einzelne Lieder, die vom Los des Gerechten und der Frevler und der Hoffnung der Gerechten auf Israels Erlösung handeln, bereits früher verfasst worden sind.[58]

---

55 Vgl. oben, 219 – 225.
56 Vgl. dazu auch oben, 220.
57 Vgl. dazu Kaiser, Geschichte und Eschatologie, 100 – 118.
58 Vgl. dazu umfassend Kenneth Atkinson, Historical Background, 89 – 127.

17.5.2 Das Endgeschick der Frommen und der Gottlosen
in den Psalmen Salomos

Das Motiv des unterschiedlichen Endgeschicks der Frommen und der Gottlosen wird in den PsSal 3; 13; 14 und 15 angeschlagen. Von ihnen werden
weiterhin der erste ganz und von den drei anderen nur die relevanten Verse
zitiert. Im dritten Psalm stellt der Dichter nach einer hymnischen Einleitung,
in der er sich selbst und die Gemeinde zum Gotteslob ermuntert hat, das
Wesen und zukünftige Ergehen der Gerechten dem der Sünder gegenüber.
Dabei zeichnet er in den V. 3 – 8 ein Bild von dem Gerechten als einem Mann,
der Gott in allen Lebenslagen preist, seine Züchtigungen und Niederlagen in
der Hoffnung auf seine künftige Rettung annimmt und dafür sorgt, dass in
seinem ganzen Hause keine Sünde begangen wird. Würde trotzdem wissent-
lich oder unwissentlich eines der Gebote Gottes übertreten, so sorge er unter
Fasten und Beten für Sühnung. Man geht kaum fehl, wenn man in diesen
Versen das Frömmigkeitsideal der Pharisäer wieder findet.[59] Den Sünder
zeichnet er dagegen in den V. 9 – 10 mit wenigen Strichen als einen unbeherrschten Mann, der das Misslingen seiner Pläne mit einem Fluch quittiert
und Sünde auf Sünde häuft. In den V. 11 – 12 zieht er die Summe, indem er dem
ewigen Untergang des Sünders die Auferstehung der Gottesfürchtigen zum
ewigen Leben gegenüberstellt (PsSal 3):

1 Warum schläfst du, (meine) Seele, und lobst du nicht den Herrn?
Ein neues Lied singt Gott[60], der Lob verdient!

2 Singe und sei wach, da er erwacht ist:
denn gut ist ein Lied für Gott aus gutem Herzen.

3 Die Gerechten gedenken stets des Herrn,
um die Gerechtigkeit der Gerichte des Herrn zu bekennen.

4 Der Gerechte achtet es nicht für gering, wird er vom Herrn gezüchtigt;
denn er hat stets Wohlgefallen am Herrn.

5 Strauchelt der Gerechte, so gibt er Gott Recht.
Er fällt und wartet, was Gott an ihm tun wird.
(Er schaut aus, woher ihm Hilfe kommt).[61]

6 Die Festigkeit der Gerechten (kommt) von Gott, ihrem Retter,
im Hause des Gerechten weilt nicht Sünde um Sünde.[62]

---

59 Vgl. dazu Joachim Schüpphaus, Psalmen Salomos, 127 – 137.
60 Vgl. Jes 42,10; Ps 33,3; 40,4; 9,1; 98, 1 und 149,1.
61 Glosse; vgl. Ps 121,1b.
62 Vgl. Hi 1,5; ferner Ps 35,13 – 14.

7 Der Gerecht untersucht stets sein Haus,
um durch seine Übertretung (geschehenes) Unrecht zu tilgen.

8 Er sühnt unwissentliche Sünden durch Fasten und Demütigung seiner Seele,
der Herr aber reinigt jeden Frommen und sein Haus.

9 Strauchelt der Sünder, verflucht er sein Leben,[63]
den Tag seiner Geburt und der Mutter Wehen.

10 Sünde auf Sünde häuft er[64] in seinem Leben;
fällt er, so ist sein Fall schlimm, und er steht nicht mehr auf.

11 Das Verderben des Sünders währt ewig,[65]
bei der Heimsuchung wird seiner nicht gedacht.[66]

12 Das ist das Teil des Sünders in Ewigkeit;
aber die den Herrn fürchten, erstehen zum ewigen Leben.[67]
Sie leben im Lichte des Herrn, das nimmer erlischt.[68]

Dieser zurückhaltenden, auf das Wesentliche beschränkten Aussage entspricht die in PsSal 13,9 – 12. Auch sie behandelt den Gegensatz zwischen dem Gerechten und dem Sünder: Während der Gerechte in Not und Gefahr vom Herrn bewahrt wird, weil er ihn wegen seiner unbewussten Sünden bereits gezüchtigt hat, verliert der Sünder im Unglück vollständig seine Fassung (PsSal 13,9 – 12):

9 Denn der Gerechte wird wie ein geliebter Sohn ermahnt,
und seine Züchtigung ist wie die eines Erstgeborenen.

10 Denn der Herr verschont seine Frommen
und tilgt ihre Übertretungen durch Züchtigung.

11 Denn das Leben der Gerechten (währt) in Ewigkeit,[69]
aber die Sünder werden ins Verderben geschafft,[70]
und ihr Gedächtnis wird nicht mehr gefunden.[71]

12 Doch über den Frommen (waltet) des Herrn Barmherzigkeit,[72]
und über die, die ihn fürchten, sein Erbarmen.

---

63 Vgl. Jer 20,14 und Hi 3,3 – 12.
64 Jes 30,1b.
65 Vgl. PsSal 2,34b; 14,9 und 15,12 – 13.
66 Vgl. PsSal 15,10.
67 Vgl. PsSal 13,11.
68 Vgl. I Hen 108,11 – 14; 104,3 und Dan 12,3, dazu oben, 380 – 381.
69 Vgl. 3,11; 10,8; 12,6 und Weis 5,16.
70 Vgl. 2.31; 3.11; 14,9; 15,10 und Ps 37,38.
71 Vgl. 3,11 und Ps 97; 34,17; 109,15, Weis 5,15, ferner Koh 9,9 und Weis 2.4.
72 V. 12 lässt sich wie 9,11 und 11,8 auch als Wunsch deuten.

In ähnlicher Weise behandelt der Dichter das unterschiedliche Los der Gerechten und der Sünder auch in (PsSal 15,7 – 13):

7 Hunger und Schwert und Tod sind weit von den Gerechten,[73]
denn sie werden wie Verfolgte im Krieg vor den Frommen fliehen!

8 Aber sie werden die Sünder verfolgen und ergreifen,
und die gesetzlos handeln, werden dem Gericht des Herrn nicht entkommen.

9 Wie von erfahrenen Kriegern[74] werden sie ergriffen,
denn das Zeichen des Verderbens (wird) auf ihrer Stirn (sein).[75]

10 Und das Erbe der Sünder (wird) Verderben und Finsternis (sein),
und ihre Freveltaten werden sie bis tief in die Unterwelt verfolgen.[76]

11 Ihr Erbe wird nicht bei ihren Kindern gefunden,
denn die Freveltaten werden die Häuser der Sünder veröden.

12 Die Sünder aber gehen am Gerichtstag des Herrn für immer zugrunde,
wenn Gott die Erde mit seinem Gericht heimsuchen wird.

13 Aber die den Herrn fürchten, werden bei ihm Erbarmen finden
und werden leben durch die Barmherzigkeit ihres Gottes,
doch die Sünder werden für alle Zeiten zugrunde gehen.

Der Dichter belässt es bei seiner Beschreibung des unterschiedlichen Loses der Gerechten und der Sünder bei knappen und einprägsamen Wendungen. Dass hinter ihnen die im Wächterbuch I Hen 1 – 36, im Brief Henochs I Hen 92 – 105 und in dem Nachtrag I Hen 108 überlieferten Vorstellungen über das unterschiedliche Los der Frommen und der Sünder im Endgericht stehen, zeigen die Anmerkungen. So sollen diese Lieder nicht nur die Frommen erbauen, sondern auch die Sünder dazu auffordern, ihr Leben zu ändern. Wenn der Dichter von PsSal 14 dagegen auf die Motive des Paradiesgartens und des Lebensbaums zurückgreift und die Frommen mit beiden identifiziert, gibt er damit seiner Gewissheit der sie erwartenden Erlösung Ausdruck (PsSal 14,3 – 5):

3 Die Frommen des Herrn werden durch das (Gesetz) ewig leben.
Der Lustgarten des Herrn,[77] die Bäume des Lebens,[78] (sind) seine Frommen.

---

73 Vgl. 7,4 und 13,2.
74 Vgl. Hhld 3,8 und 1 Makk 4,7.
75 V. 6 schreibt den Gerechten Zeichen Gottes zum Heil zu. Vgl. Ez 9,4 – 6, wo alle, die das Zeichen von dem himmlischen Schreiber nicht erhalten haben, von fünf anderen Männern mit ihren Mordwaffen erschlagen werden.
76 Vgl. 14,9.
77 Vgl. Gen 2,3.
78 Zur Formel vgl. z. B. Spr. 3,18 und 11,30, zur Metapher Ps 1,3 und weiterhin mit Holm-Nielsen, Psalmen Salomos, 91 Ps 92,13, IV Makk 18,16; I Hen 10,16; 93,2 – 5; Jes 61,3; 65,22 und Ez 31,8 – 9.

4 Ihre Pflanzung ist verwurzelt für die Ewigkeit,
sie werden nicht ausgerissen alle Tage des Himmels;[79]

5 denn Gottes Teil und Erbe ist Israel.

Die angeführten Beispiel belegen, dass die Sprache dieser Lieder einerseits
vom biblischen Wortschatz und biblischen Motiven abhängig ist, aber andererseits die Konzepte der nationalen Eschatologie mit ihrer Erwartung der
messianischen Heilszeit und die der allgemeinen Eschatologie mit dem Endgericht über die Gerechten und Ungerechten unverbunden nebeneinander
stehen. Das beruht darauf, dass die messianischen Weissagungen der Propheten von den Frommen nicht übergangen werden konnten, während ihnen
die neue Vorstellung vom Totengericht am Jüngsten Tage am Herzen lag. Auf
diese Weise konnten sich die Frommen im Gedenken an ihre bereits durch den
Tod entrissenen Gesinnungsgenossen trösten: Auch wenn sie den Anbruch
der irdischen Heilszeit nicht erlebten, würde ihnen der Himmel offen stehen.[80]

17.6 Die Theologie der Unsterblichkeit in der Weisheit Salomos[81]

17.6.1 Zur Entstehungszeit und zur Komposition des Buches

Die Weisheit Salomos ist vermutlich zwischen dem letzten Viertel des Jh.
v. Chr. und den ersten Jahren des Jh. n. Chr. in der Hochburg des Hellenismus
und des hellenistischen Judentums, in der Hauptstadt der römischen Provinz
Ägypten Alexandria entstanden und von einem philosophisch hoch gebildeten Juden verfasst worden. Das 19 Kapitel umfassende Buch gliedert sich in die
drei Hauptteile 1,1 – 6,21 (Von der Unsterblichkeit der Gerechtigkeit), 6,22 –
11,1 (Ein Enkomion oder eine Lobrede über das Wesen und Wirken der
Weisheit) und 11,2 – 19,22 (Sieben Synkrisen oder Vergleiche über Gottes
Strafhandeln an den Ägyptern und seine Milde gegenüber seinem Volk Israel).
    Der erste Teil 1,1 – 6,21 setzt mit einer Mahnrede an die Könige der Welt ein
und handelt weiterhin von dem Unterschied zwischen den Gerechten und den
Gottlosen, um den gottlosen Leugnern der Unsterblichkeit den ewigen Tod und
den Frommen das ewige Leben zu verheißen. Er endet mit der zweiten Mahnrede an die Könige der Erde, die ihnen einprägt, dass das Streben nach Weisheit
ihnen die Throne sichert und sie auf den Weg zur Unsterblichkeit leitet. Die
einleitende Mahnrede 1,1 – 15 ist zumal in den ersten sechs Versen von außer-

---

79   Zur Formel vgl. Ps 89, 30 und Bar 1,11.
80   Vgl. z. B. 8,27 – 28; 9,8 – 11; 12,6; 17,21-344-45 und 18,5,6. Die Frage, ob sich hinter dieser un-
     aufgelösten Spannung auch ein redaktionsgeschichtliches Problem verbirgt, bleibt weiterer
     Untersuchung bedürftig.
81   Grundinformation bei Helmut Engel (NStK.AT 16), 13 – 44; Kaiser, Weisheit Salomos, 51 – 89
     bzw. Silvia Schroer, Buch der Weisheit, 484 – 496.

ordentlicher theologischer Dichte. Obwohl sie formal an die Könige der Erde gerichtet ist, wendet sie sich ihrem Inhalt nach vor allem an Juden, die sie dazu anleiten will, sich durch das selbstsichere und tyrannische Gebaren der Gottlosen nicht in ihrer Gesetzestreue beirren zu lassen, sondern den sie erwartenden herrlichen Lohn der Unsterblichkeit als Ziel ihres Lebens im Auge zu behalten. Gleichzeitig geht es in dieser Rede um den Nachweis, dass die vollkommene Weisheit darin besteht, Gott zu lieben und seine Gebote zu halten und dadurch der Unvergänglichkeit teilhaftig zu werden (vgl. auch 6,12 – 19).[82]

Der zweite Teil in 6,22 – 9,18 ist eine Empfehlung der von Gott verliehenen Weisheit als dem Spiegel seines Wesens und seiner Güte wie als Vermittlerin alles Wissens. Er enthält in 8,19 – 20 und 9,15 zwei Einträge über das Geschick der Seele. Das Gebet um die Verleihung der Weisheit in 9,1 – 18 gibt durch seine Anspielungen auf König Salomo zu erkennen, dass er als der fiktive Verfasser des Buches betrachtet werden soll, der sich seinem königlichen Rang entsprechend in 1,1 und 6,1 an die Herrscher und Könige der Erde wendet.

Im abschließenden dritten Teil 11,5 – 19,22 wird in sieben Synkrisen oder Vergleichen Gottes Strafhandeln an Israels Feinden seinem Rettungshandeln an Israel gegenübergestellt und damit ebenso ein Beispiel für die von der Weisheit inspirierte Schriftauslegung wie für die Treue Gottes gegenüber seinem Volk gegeben.[83] Er ist durch zwei Exkurse erweitert. Der erste in 11,15 – 12,27 widerlegt den Gott Israels gegen den Vorwurf der Menschenfeindlichkeit, indem er nachweist, dass sein Strafhandeln an den Ägyptern wegen ihrer törichten Tierverehrung angemessen war und er bei seinen Gerichten durch seine Milde geleitet wurde. Der 2. in 13,1 – 15,13(19) wendet sich gegen die Torheit des Götzendienstes. Er wird in 13,1 – 9 durch einen Prolog eröffnet, der die Verehrung kosmischer Götter als Verkennung der Tatsache erklärt, dass die Schönheit der Welt das Werk ihres unsichtbaren Schöpfers ist. Er kann als einer der Grundtexte des kosmologischen Gottesbeweises gelten. In seinem Sinn argumentiert der Apostel Paulus in Röm 1,18 – 32, indem er erklärt, dass aus der Verkennung des in seinen Schöpfungswerken offenbaren Gottes alle Sünden folgen. Die Themen des Buches und ihre Behandlung erweisen den Verfasser des Buches ebenso als einen Kenner der biblischen wie der damals bekannten apokalyptischen Schriften. Darüber hinaus war der Weise mit der griechisch-hellenistischen philosophischen Tradition und ihrer zeitgenössischen Diskussion vertraut.

---

82 Vgl. dazu Chrysostome Larcher, Études, 280 – 284; James M. Reese, Hellenistic Influence, 62 – 71 und Martin Neher, Weg zur Unsterblichkeit, 121 – 136 und zuletzt Mareike V. Blischke, Eschatologie, 88 – 89.

83 Vgl. dazu Samuel Cheon, Exodus Story, 108 – 124 und zu 17,1 – 18,4 Luca Mazzinghi, Notte di Paura.

17.6.2 Die Weisheit als Mittlerin zwischen Gott, Welt und Mensch

Die Aussagen über die Herkunft und das Wirken der Weisheit sind spannungsreich: Denn einerseits ist sie nach 1,4–7 mit Gottes Heiligem Geist identisch, so dass Gott durch sie dem Weisen universelle Kenntnisse vermittelt (7,17–22a, vgl. V. 17 mit 22a). Andererseits erscheint sie dank ihrer eigenen universellen Fähigkeiten als die angemessene Mittlerin zwischen Gott und den Menschen (7.22b.–23), aber auch als die Lenkerin des Alls (8,1). Mit diesem Wechsel zwischen der Rede von ihr als einer selbstständig handelnden Größe und als einer Eigenschaft Gottes versuchte der Weise den biblischen Glauben an den einen Gott nicht durch die der Weisheit zugeschriebene Rolle zu gefährden.[84] Möglicher Weise sah er sich zu diesem Balanceakt durch den etwa 20 Jahre vor seinem Wirken durch den Philosophen Eudoros von Alexandrien eingel.en Mittelplatonismus veranlasst. Sein Anliegen war es, zwischen dem absolut transzendenten Gott und der Welt eine vermittelnde Größe einzufügen, die der ungeformten und gestaltlosen Materie ihre Gestalt verleiht. So hat Eudoros dem Monon oder „überdrobigen" und d. h. transzendenten Gott die Monade untergeordnet, die der gestaltlosen Dyade, dem Prinzip der Zweiheit, die in dem Einen enthaltenen Formen vermittelt.[85] Auch bei dem vermutlich eine halbe Generation jüngeren Schriftgelehrten und Religionsphilosophen Philo von Alexandrien bleibt das Verhältnis zwischen Gott und der Welt in einer der Weisheit Salomos ähnlichen Weise durch gegensätzliche Aussagen über die Mittlerrolle des Logos in der Schwebe.[86] Das Gedicht über das Wesen der Weisheit in Weish 7,22b–23 ist vor allem von der stoischen Lehre vom Logos als dem alles gestaltenden und alles durchdringenden Prinzip der kosmischen Ordnung beeinflusst.[87] Auch sprachlich steht das Werk auf der Höhe der hellenistischen Bildung seiner Zeit.[88]

Da der jüdische Denker die Weisheit in Anknüpfung an Spr. 1,20–32; 8–9 und Sir 4,12–22; 24,1–31 als Person einführt,[89] ist er schon in den ersten sechs Versen darauf bedacht, deutlich zu machen, dass sie keine selbstständige, mit

---

84 Vgl. dazu Martin Neher, Wesen und Wirken, 151–154.

85 Vgl. die Nachweise und Belege bei Martin Neher, Wesen und Wirken, 218–228. Dabei ist das griechische Wort ἀρχή das die beiden Bedeutungen „Anfang" und „Prinzip" bedeutet, von ihm irrtümlich im ersten Sinne übersetzt; denn Eudoros lehrte die Ewigkeit der Welt.

86 Vgl. dazu künftig Kaiser, Philos Kosmologie zwischen Platonismus und Biblizismus.

87 Grundsätzlich belegt auch dieses Buch den für die Philosophie der römischen Kaiserzeit typischen Eklektizismus.

88 Vgl. dazu Chrysostome Larcher, Études, 181–201; James M. Reese, Hellenistic Influence, 1–89 und Martina Kepper, Hellenistische Bildung, 196–204 und passim; zu der zwischen dem Verfasser der Weisheit Salomos und Philo von Alexandrien bestehenden Nähe und zu Nähe und Unterschieden zur Weisheit Ben Siras vgl. David Winston, Sage as Mystic, 383–397, bes. 386–389.

89 Vgl. dazu Roland E. Murphey, Personification of Wisdom, 222–233 bzw. ders., The Tree of Life, 151–180 und 227–229.

Gott konkurrierende Gestalt ist, sondern dass sie eine Gabe Gottes und ihr Wirken sein Wirken ist. Bringt man das in ihnen Gesagte auf eine einfache Formel, so besagen sie, dass wer aufrichtigen Herzens Gott sucht, ihn findet, und der Frevler töricht ist, weil er die Strafe Gottes auf sich lenkt (Weish 1,1 – 6):[90]

1 Liebt Gerechtigkeit, die ihr die Erde richtet,
denkt richtig nach über den Herrn
und sucht ihn mit redlichem Herzen.

2 Denn er lässt sich von denen finden, die ihn nicht versuchen,
und offenbart sich denen, die ihm nicht misstrauen.

3 Denn falsche Gedanken trennen von Gott,
auf die Probe gestellt, überführt seine Macht die Toren.

4 Denn die Weisheit kehrt in keine böse Seele ein
und wohnt in keinem durch Sünde missbrauchten Leib.

5 Denn der Heilige Geist der Zucht flieht Arglist
und hält sich fern von unvernünftigen Gedanken
und wird vertrieben, wenn Unrecht naht.

6 Denn die Weisheit ist ein menschenfreundlicher Geist
und lässt nicht unbestraft, wer mit seinen Lippen lästert;
denn Gott ist Zeuge seiner Nieren[91]
und seines Herzens wahrer Wächter.

Damit ist der Übergang zu der konkreten Mahnung erreicht, sich nicht einmal mit Worten oder in Gedanken an Gott zu vergehen. Denn er, dessen Geist die ganze Erde erfüllt, nimmt alles wahr, was auf Erden geschieht. Überdies ist er der Richter, der jeden Sünder bestraft. Die V. 8 – 9 spielen auf das Endgericht an, in dem die Bücher aufgeschlagen werden, in denen die Taten der Menschen verzeichnet sind.[92] Dabei fungiert das poetisch personifizierte Recht wie die griechische Dike[93] als Anklägerin (Weish 1,7 – 11):

7 Denn der Geist des Herrn erfüllt den Erdkreis,
und der das All umfasst, kennt jeden Laut.

8 Daher bleibt niemand, der Unrechtes redet, verborgen,
und geht das Recht, das ihn überführt, nicht an ihm vorbei.

---

90 Vgl. Neher, Wesen und Wirken, 71 – 78.
91 D. h. seiner heimlichen Gedanken.
92 Vgl. Dan 7,9 – 10 und weiterhin z. B. I Hen 89,61 – 64; 90,17.20; 97,6; 98,7 und 104,7; weitere Belege bei Wilhelm Bousset/Hugo Greßmann, Religion des Judentums, 258.
93 Vgl. Hes.erg.258 – 260 und Plat.leg.715c–716a, dazu Hugh Lloyd-Jones, Justice, 35 – 36 bzw. Glenn R. Morrow, Cretan City, 436 – 437.

9 Denn über die Pläne der Gottlosen wird es eine Untersuchung geben,
und die Kunde seiner Worte wird zum Herrn gelangen
zur Überführung seiner gesetzlosen Taten.

10 Denn das Ohr des Eiferers hört alles,
selbst geflüstertes Murren bleibt nicht verborgen.

11 So hütet euch denn vor nutzlosem Murren
und bewahrt vor Verleumdung die Zunge;
denn heimliches Reden bleibt nicht ohne Folgen,
ein verlogener Mund zerstört die Seele.

17.6.3 Die Torheit der Leugner der Unsterblichkeit

Der grundlegende Irrtum der Gottlosen besteht nach der Ansicht des Weisen darin, dass sie einerseits die Verantwortlichkeit ihres Tuns vor Gott leugnen und andererseits den Tod für ihr absolutes Ende halten. Erst dadurch beschwören sie ihn tatsächlich herbei. In Wahrheit ist der Tod von Gott weder erschaffen noch von ihm gewollt, sondern erst durch den Neid des Satans in die Welt gekommen. Gott hat all seine Geschöpfe zum Sein bestimmt. Wären sie gerecht, so wären sie unsterblich. Mithin ziehen sich die Menschen ihren Tod durch ihre Ungerechtigkeit zu (Weish 1,12 – 15):[94]

12 Strebt nicht nach dem Tod durch ein fehlbares Leben,
noch zieht das Verderben durch das Tun eurer Hände.

13 Denn Gott hat den Tod nicht gemacht
noch freut er sich über den Untergang der Lebenden.

14 Denn er hat alles zum Sein erschaffen,
und heilvoll sind alle Geschöpfe der Welt.[95]
Auch gibt es unter ihnen kein tödliches Gift,
noch eine Herrschaft der Unterwelt über die Erde.

15 Denn die Gerechtigkeit ist unsterblich;
aber die Ungerechtigkeit führt zum Tode.[96]

Doch diese Feststellung erscheint angesichts der allgemeinen Sterblichkeit der Menschen als ein Paradox und bedarf mithin einer zusätzlichen Erklärung. Ehe sie der Verfasser gibt, führt er das falsche Denken der Gottlosen vor, die sich durch ihre Worte und Taten verschulden und durch ihr ganz in Lüsten und tätlicher Verachtung der Frommen verbrachtes Leben den Tod anziehen,

---

94 Vgl. dazu auch Blischke, Eschatologie, 80 – 88.
95 Zur Übersetzung von σωτήριος vgl. David Winston (AncB 43), 108 – 109.
96 Füge 15c nach Lapc hinzu: iniustia autem mortis est acquisitio, vgl. Josef Ziegler, Sapientia Salomonis, 24; zur Diskussion des Verses vgl. Michael Kolarcik, Ambiguity, 37 – 39.

als hätten sie einen Bund mit ihm geschlossen.[97] Ihr skeptischer Hedonismus ist eine Folge ihres reduktionistischen Wahns, dass alle seelischen Regungen des Menschen nichts als Begleiterscheinungen biologischer Vorgänge sind: Für sie ist „mit dem Tode alles aus" (Weish 1,16 – 2,9):[98]

1,16 Aber die Frevler riefen ihn[99] mit Händen und Worten herbei,
sie verzehrten sich nach ihm wie nach einem Freunde
und schlossen einen Bund mit ihm,
so dass sie es wert sind, zu ihm zu gehören.[100]

2,1 Denn sie sagten einander im Irrtum befangen:
Kurz und traurig ist unser Leben,
und es gibt kein Mittel am Ende des Menschen;
auch ist niemand bekannt, der den Hades verließ.[101],

2 Denn zufällig sind wir entstanden,
und danach werden wir sein, als wären wir nie gewesen;
denn ein Rauch ist der Hauch in unseren Nasen,
und das Wort ein Funke beim Schlag unsrer Herzen.

3 Erlischt er, wird zu Asche der Leib,
und der Atem verweht wie bloße Luft.

4 Auch unser Name wird mit der Zeit vergessen sein,
und niemand erinnert sich an unsere Taten.
Unser Leben vergeht wie des Nebels Spur
und löst sich wie eine Wolke auf,
wenn sie von den Strahlen der Sonne verfolgt.
und durch ihre Hitze niedergedrückt wird.

5 Denn eines Schatten Durchzug ist unsere Zeit,
und unwiderruflich ist unser Ende.,
Ist es besiegelt, dann wendet es keiner.

6 Wohlan, so lasst genießen, was es nur an Gutem gibt,
und, während wir jung sind, eifrig die Schöpfung gebrauchen.

7 Mit kostbarem Wein und Myrrhe wollen wir uns füllen,
und keine Frühlingsblume soll uns entgehen!

8 Wir wollen den Kelch mit Rosen bekränzen, ehe sie welken;

---

97 So einleuchtend Winston (AncB 43), 113, vgl. Philo, her.45 und migr.16.
98 Vgl. dazu ausführlich Martina Kepper, Hellenistische Bildung, 98 – 132. Beispiele für den typischen Zusammenhang zwischen der Aufforderung, das Leben zu genießen (carpe diem) und der Erinnerung an den unentrinnbaren Tod bei Helmut Engel (NSK.AT 16), 68 – 70.
99 Nämlich den Tod.
100 Wörtlich: seines Teils = seiner Partei, vgl. mit Winston, 113 z. B. Plat.leg. 692b.
101 Vgl. V: et non est qui agnitus sit reversus ab inferis.

9 Keine Wiese bleibe von unserer Lustbarkeit verschont;
überall wollen wir Zeichen des Frohsinns hinterlassen,
denn das ist unser Teil und das unser Los.

Die Kehrseite dieser Gesinnung ist das Bekenntnis zur Macht als dem wahren
Gesetz des Lebens und dem sich daraus ergebenden Recht, die Schwachen zu
unterdrücken.[102] Zu ihnen rechnen für die jüdischen Nihilisten auch die
Frommen, die ihnen lästig sind, weil sie ihnen ihre Übertretungen der Tora
vorwerfen. Ihr Vertrauen darauf, dass sie als die Söhne Gottes[103] im Tode von
Gott als ihrem Vater nicht verlassen werden, bringt ihre Gegner auf den frevelhaften Gedanken, es an ihnen auszuprobieren[104] und sie zu einem
schmachvollen Tod zu verurteilen (2,10 – 20).[105] Aber damit zeigen sie nach der
Überzeugung des Verfassers nur, dass sie die geheime Führung der Frommen
durch den Gott, der den Menschen zur Unvergänglichkeit, zur ἀφθαρσία
(aphtharsía) erschaffen hat, entweder nicht kennen oder nicht wahrhaben
wollen, weil sie weder an einen Lohn noch eine Strafe nach dem Tode glauben.
Die Bestimmung des Menschen zur Unvergänglichkeit bzw. zur Unsterblichkeit, zur ἀθανασία (athanasía) ergibt sich aus seiner Erschaffung zum Ebenbild Gottes: Denn da Gott unsterblich und unvergänglich ist, waren auch die
Menschen zur Unvergänglichkeit bestimmt.[106] Wenn es in der geschichtlichen
Welt anders ist, macht der Weise dafür der Neid des Satans verantwortlich.[107]
Eine verwandte Mythe ist im Leben Adams und Evas (Vit.Ad.12,1 – 16,4)
überliefert: Als der Satan von dem Erzengel Michael aufgefordert wurde,
Adam als Ebenbild Gottes anzubeten, verweigerte er den Gehorsam. Zur Strafe
wurde er aus dem Himmel vertrieben. Und so verführte er Eva durch den
Mund der Schlange, so dass beide der Unsterblichkeit verlustig gingen und aus
dem Paradies vertrieben wurden.[108] Seither aber erleiden ihn die, die seiner
Partei angehören (Weish 2,21 – 24):

---

102 Vgl. Hans Hübner (ATD.Apok.4), 39: „Welt".
103 Zur Verbindung dieses Selbstverständnisses der Frommen mit ihrem Bewusstsein, zur Herr-
     schaft über die Welt berufen zu sein und damit das wahre Israel vertreten, vgl. Burton Lee
     Mack, Logos, 81 – 87.
104 Vgl. Weish 2,17 – 18 mit Mt 27,43.
105 Zu den Motiven vgl. Martina Kepper, Hellenistische Bildung, 133 – 144 und zu 2,1 – 20 insge-
     samt 145 – 146. Zum möglichen konkreten Hintergrund für die hier vorliegende Typisierung
     der Verfolgungen der Asidäer (Chasidîm) durch den Hohenpriester Alkimus vgl. I Makk 7,12 –
     18; zu der der Pharisäer durch Alexander Jannaios Jos.Ant.XIII.380 – 383 mit 401 – 404 und
     dazu Lothar Ruppert, Leidende Gerechte, 87 – 89; zum traditionsgeschichtlichen Hintergrund
     ders., Gerechte und Frevler, 1 – 54; zum generellen Problem Armin Schmitt, Alttestamentliche
     Traditionen, 185 – 203 und zur Sache auch die Rede des Kallikles Plat.Gorg. 482c3 – 484c3.
106 Vgl. dazu Kaiser, Ersten und letzten Dinge, 1 – 17, bes. 9 – 12 und jetzt auch Mareike V. Blaschke,
     Eschatologie, 110 – 114.
107 Vgl. dazu David Winston, Wisdom in the Wisdom of Solomon, 149 – 164, bes.159 – 161; Kaiser,
     11 – 12, Blaschke, 114 – 116.
108 Vgl. Otto Merk/Martin Meiser, Das Leben Adams und Evas, 795 – 798. Zu den traditionsge-
     schichtlichen Problemen und zumal dem des Verhältnisses der Vita Adae et Evae zur grie-

21 So dachten sie und gingen irre;
denn ihre Bosheit hatte sie verblendet.

22 Auch kannten sie Gottes Geheimnisse nicht,
noch hofften sie auf den Lohn der Gottesfurcht,
noch glaubten sie an einen Ehrenpreis für untadlige Seelen.

23 Denn Gott hat den Menschen zur Unvergänglichkeit erschaffen
und ihn zum Abbild seines unvergänglichen Wesens gemacht;

24 aber durch den Neid des Satans kam der Tod in die Welt,
ihn werden erleiden, die zu seinem Los gehören.

17.6.4 Der Gerechten Seelen sind in Gottes Hand

Wenn die Frevler die Gerechten verspotten und sich an ihrem Tode ergötzen, zeigt sich darin ihre völlige Verkennung ihrer beider unterschiedlicher Situation im Tod: Denn entgegen dem Augenschein, der den Tod der Frommen als ihr Ende erweist, befinden sich ihre Seelen in Gottes Obhut.[109] Sie haben in den über sie verhängten Leiden Gottes Prüfung bestanden und werden zur Zeit ihrer Heimsuchung am großen Gerichtstag Jahwes über alle Lebenden und Toten in Lichtgestalten verwandelt und durch die Gottlosen wie durch ein Stoppelfeld fahren,[110] um dann die Herrschaft anzutreten und die Völker in der Stellvertretung des Herrn als des ewigen Königs zu richten.[111] Entrückung in den Himmel und Weltherrschaft werden hier in eins geschaut. Umgekehrt aber müssen die Gottlosen dann alle den Gerechten angetane Schmach und ihren Abfall vom Herrn büßen (Weish 3,1 – 9):[112]

1 Doch der Gerechten Seelen sind in Gottes Hand
und keine Qual rührt sie an.

2 In den Augen der Toren schienen sie gestorben zu sein,
und ihr Weggang wurde als ein Übel beurteilt

3 und ihr Aufbruch von uns als Vernichtung,
aber sie sind im Frieden.

---

chischen Apokalypse des Mose und der im Hintergrund beider stehenden Adamschrift vgl. 740 – 769.
109 Michael Kolarcik, Ambiguity, zeigt, dass die Rede vom Tode in den genannten Kapiteln mehrdeutig ist: Sie bezeichnet einerseits den physischen Tod aller Menschen und andererseits den zweiten Tod der Gottlosen. Die Gerechten erleiden dagegen nur den physischen, aber nicht den zweiten Tod, vgl. bes. 180 – 184 und passim.
110 Vgl. dazu mit Hans Hübner (ATDApok. 4), 52 und Jes 1,31 G.
111 Vgl. I Kor 6,2.
112 Vgl. dazu Blischke, Eschatologie, 138 – 139.

4 Denn obgleich sie in der Sicht der Menschen bestraft wurden,
ist ihre Hoffnung voll der Unsterblichkeit.

5 Denn ein wenig gezüchtigt, werden sie reich beschenkt;
weil Gott sie versucht
und sie seiner wert gefunden hat.

6 Wie Gold im Schmelzofen hat er sie geprüft[113]
und wie ein Ganzopfer hat er sie angenommen.

7 Und zur Zeit ihrer Heimsuchung werden sie aufleuchten
und wie Funken durch Halme werden sie hindurchfahren.

8 Völker werden sie richten und über Nationen herrschen,
und der Herr wird ihr König in Ewigkeit sein.

9 Die auf ihn vertrauten, werden die Wahrheit erkennen,
und die treu in der Liebe waren, bei ihm bleiben;
denn Gnade und Erbarmen (walten) bei seinen Heiligen
und Behütung bei seinen Erwählten.

Die Gottlosen, die sich über die Gerechten erhaben dünkten, sich nicht um sie kümmerten und sie verfolgten, werden ihrer Strafe nicht entgehen. Sie werden samt ihren törichten Frauen und bösartigen Kindern als Mahnung dienen, Weisheit und Zucht nicht zu verachten: Denn auf einem solchen Verhalten ruht ein Fluch (Dtn 28,15–20). Daher wird sic ihr ganzes Sinnen und Trachten als sinnlos erweisen und ihr Geschlecht Gottes Heimsuchung verfallen (Weish 3,10–12):[114]

10 Die Gottlosen aber werden nach dem, was sie dachten, bestraft,
die sich des Gerechten nicht annahmen und vom Herrn abfielen.

11 Elend ist, wer Weisheit und Zucht verachtet,
und leer ist ihre Hoffnung, nutzlos sind ihre Mühen
und vergeblich ihre Werke;

12 töricht sind ihre Frauen
und böse ihre Kinder, fluchbeladen ihr Geschlecht.

Welche Umwertung der bisher gültigen Werte der Glaube an die den Frommen von Gott geschenkte Unsterblichkeit bewirkt, verdeutlicht der Denker an drei Beispielen, an dem der kinderlosen Frau, dem des Eunuchen und dem des jung Verstorbenen. Kinderlosigkeit galt, wie zum Beispiel Gen 30,1 und I Sam 1,1–17 zeigen, für eine Frau als Schmach.[115] Dem kinderlosen

---

113 Vgl. Spr. 17,3; 27,1; Mal 3,3.
114 Vgl. Bliscke, 133–134.
115 Vgl. Sir 11,14 HA („Kinderlosigkeit und Dunkel sind für die Sünder aufgespart.") und weiterhin Sir 16,3e-f.

Eunuchen aber fehlten die Kinder und Kindeskinder, in denen er fortlebte.[116] Nun aber heißt es (Weish 3,13 – 14):

13 Denn selig ist die Unfruchtbare, die unbefleckt,
die kein sündiges Beilager kennen lernte;
denn sie wird Frucht bei der Heimsuchung der Seelen haben,[117]

14 und der Beschnittene, der mit seinen Händen nichts Gesetzwidriges tat
und gegen den Herrn nach nichts Bösem begehrte,
denn ihm wird für seine Treue eine auserwählte Belohnung gegeben
und ein lieblicheres Los im Tempel des Herrn.[118]

Vorzeitiger Tod galt in Israel als Zeichen des Zornes Gottes und qualifizierte den Betroffenen als Sünder.[119] Jetzt aber heißt es wie in einer Abwandlung der wohl bekanntesten Sentenz des attischen Komödiendichters Menander (Men.Sent. 583):[120]

Ὃν οἱ θεοὶ φιλοῦσιν, ἀποθνῄσκει νέος.
Wen die Götter lieben, der stirbt jung.

in (Weish 4,7 – 14b):

7 Der Gerechte aber ist, auch wenn vorzeitig starb, in Ruhe;

8 denn ein ehrenvolles Alter muss kein langes sein
und wird nicht nach der Jahre Zahl bemessen.

9 Grauhaar ist für die Menschen Einsicht,
und Greisenalter ein reines Leben.

10 Gott wohlgefällig wurde er geliebt
und zwischen Sündern lebend entrückt;

11 Er ward entführt, damit Bosheit seine Einsicht nicht verkehrte
oder Trug seine Seele täuschte.

12 Denn der Reiz der Schlechtigkeit verdunkelt das Gute,
und das Schweifen der Begierde verwandelt arglosen Sinn.

13 Vollendet in kurzem erfüllte er lange Zeiten;

14 denn seine Seele gefiel dem Herrn wohl,
deshalb enteilte sie aus der Mitte der Bosheit.

---

116 Vgl. Sir 30,3 – 6.
117 Zum asketischen Zug vgl. Kaiser, Weisheit Salomos, 84 – 85 und zu den jüdischen Einsiedlern und Einsiedlerinnen der Therapeuten am Meroïtischen See vgl. Phil.vit.cont.21 – 23 und dazu Jain E. Taylor, Jewish Women, 74 – 104 bzw. knapp Peter Brown, Body, 38 – 39.
118 Vgl. Jes 56,3 – 5.
119 Vgl. oben, 331 – 332 zu Sir 11,24 – 28.
120 Vgl. dazu auch Armin Schmitt, Frühe Tod, 204 – 222.

Kurz und knapp heißt es in dem Heilswort, mit dem der Weise seine Botschaft von der seligen Zukunft der Frommen und dem schmachvollen Untergang der Gottlosen zusammenfasst (Weish 5,15 – 16b):

15 Die Gerechten aber leben in Ewigkeit,
und beim Herrn ist ihr Lohn,
und die Sorge für sie beim Höchsten.

16 Deshalb werden sie eine herrliche Krone empfangen
und ein schönes Diadem aus der Hand des Herrn.

Es sind Worte wie Weish 3,1 und 5,15, die mit ihrer Prägnanz neben Ps 73,23 – 26 stehen und der Gewissheit Ausdruck geben, dass im Tode keiner zu Schanden wird, der auf Gott vertraut, weil er ihn auch dann nicht verlässt. Über ihrer tröstlichen Knappheit darf man jedoch nicht übersehen, dass hinter Weis 3,1 die Vorstellung von dem besonderen Aufenthaltsort der Seelen der Frommen in der Unterwelt steht, wie sie in I Hen 22 bezeugt ist, und dass 3,7a mit I Hen 104,2 auf die Lichtgestalt anspielt, in welche die Seelen der Toten bei ihrer Auffahrt in die Welt Gottes verwandelt werden sollen.[121] Gleichzeitig erinnert 3,7b daran, dass es auch im Blick auf das Leben nach dem Tode keine billige Gnade gibt, sondern die frevelhaften Gottlosen das Gericht erwartet, als dessen göttliche Beauftragte die aus der Unterwelt entrückten und in eine Lichtgestalt verwandelten Frommen gelten. Erinnert man sich an die hier nachwirkenden griechischen Mythen vom unterschiedlichen Geschick der Seelen nach dem Tode, so zeigt sich ein wesentlicher Unterschied: Jene vertreten den Glauben an wiederholte Erdenleben, die der Strafe, Läuterung und Bewährung dienen, die biblischen und parabiblischen Texte rechnen dagegen nur mit einem einzigen irdischen Leben und dem anschließenden Gericht, in dem die endgültige Entscheidung über das Los der Totenseelen gefällt wird.[122]

17.6.5 Die Ablehnung des Glaubens an die Seelenwanderung als Folge der Naherwartung

Diese Konzentration auf das *eine* Leben als die Zeit, in der die ewige Entscheidung ihren Grund hat, ist die Folge der Naherwartung: Die Frommen des hellenistischen Zeitalters warteten wie die Urchristenheit mit brennender Sehnsucht und Ungeduld auf das Ende des gegenwärtigen, durch die Macht des Bösen bestimmten Weltlaufes. Daher drängten sie auf eine Entscheidung zwischen Gott und den Mächten der Finsternis. Ihre Naherwartung vertrug sich nicht mit dem Glauben an einen sich in der weiteren Menschheitsgeschichte vollziehenden Läuterungsprozess der Seelen.[123] Der neue Glaube an

---

121 Vgl. dazu oben, 377 – 381.
122 Vgl. auch Hebr 9,27.
123 In diese Lücke trat in der Lehre der Alten Kirche die Lehre vom Purgatorium oder Fegfeuer am

das Totengericht und die ewige Scheidung zwischen den Gerechten und den Gottlosen musste sich in den Rahmen der biblischen Eschatologie einfügen, die auf die Erlösung Israels in einer neuen Weltordnung ausgerichtet war, wie wir sie weiter oben nachgezeichnet haben. Daher waren die Apokalyptiker auch nicht am zurückliegenden Geschick der Seelen, sondern ausschließlich an ihrem künftigen interessiert. Die den unterschiedlichen Aufenthalt der Seelen der Gerechten, der Frevler und der Sündergenossen betonende Offenbarungsrede über den Zwischenzustand in I Hen 22 weist auf ihre unterschiedliche Beurteilung im Endgericht hin und betont in der nur die Gerechten berücksichtigenden einprägsamen und tröstlichen Kurzfassung von Weish 3,1 ihre Geborgenheit in Gottes Obhut.[124]

17.6.6 Das Bekenntnis der Frevler im Endgericht

Wenn die Frevler das Sündige ihres unsittlichen und bösen Verhaltens nicht anerkennen, bleibt das sittliche wie das religiöse Empfinden unbefriedigt. Daher hat der schriftgelehrte Weise ihnen ein im Gegensatz zu ihrem ersten Bekenntnis zu einem frevelhaften Hedonismus in 2,1 – 20 ein zweites in 5,4 – 13 an die Seite gestellt, in dem sie angesichts der Rettung des Gerechten in den Stürmen des Weltgerichts bekennen, dass sie sich in der Beurteilung des von ihnen als Tor betrachteten Gerechten getäuscht haben und es sich nun erweist, dass ihr ganzen Sinnen und Trachten vergeblich gewesen ist (Weish 5,9 – 13):[125]

9 Dies alles ist wie ein Schatten vergangen,
und wie ein Gerücht vorüber geeilt.

10 wie ein durch wogendes Wasser ziehendes Schiff,
von dessen Fahrt weder eine Spur zu erkennen ist
noch der Weg seines Kiels in den Wellen.
…

13 So sind auch wir (kaum) geboren, schon verschwunden
und ließen kein Zeichen der Tugend zurück,
in unsrer Bosheit haben wir uns ganz verbraucht.

Der Weise stimmt in V. 14 dieser verspäteten Einsicht der Frevler aus vollem Herzen zu: Ihr Leben wird an jenem Tage so spurlos vergangen sein, dass sich niemand mehr an sie erinnert. Ganz anders aber wird es den Gerechten ergehen, denn von ihnen gilt (Weish 5,15 – 16):

Ort der Reinigung ein; vgl. dazu John Hick, Death, 201 – 202 und den ausgewogenen Artikel von Ernst Koch (TRE XI), 69 – 78.
124 Vgl. Johannes Brahms, Deutsches Requiem, III.116 – 139.
125 Vgl. dazu Blischke, Eschatologie, 140 – 151.

15 Die Gerechten aber leben in Ewigkeit,
und empfangen beim Herrn ihren Lohn
und die Sorge für sie liegt bei dem Höchsten.

16 Daher werden sie eine herrliche Krone empfangen
und ein schönes Diadem aus der Hand des Herrn.
Ja, er wird sie mit seiner Rechten beschützen
und sie mit seinem Arm bedecken.

Daher haben sie im Aufstand der Elemente nichts zu befürchten, mit dem der Herr die Sünder heimsucht (5,17 – 23).[126]

17.6.7 Rückkehr der Seele zu Gott oder Reinkarnation?
Zwei Zusätze eines späteren Lesers in Weisheit 8,9 – 20 und 9,15

Wie oben bereits angemerkt, gab es in der Antike die andere Möglichkeit, den Ausgleich für die Verfehlungen in die Abfolge der Reinkarnationen zu verlegen und auf diese Weise dem Menschen die volle Verantwortung für sein Ergehen bis hin zur Erlösung aus dem Reigen der Wiedergeburten zuzuweisen. Möglicherweise hat ein Schüler des Weisen auf ihn hingewiesen, indem er zwischen den biographischen Bericht Salomos in Weish 8,2 – 18 und die Überleitung zu seinem Gebet um die göttliche Gabe der Weisheit in V. 21 die V. 19 – 20 einfügte. Der Sache nach ging es ihm um die Unterstreichung, dass Salomo die in 1,4 – 6 gestellten Bedingungen für die Verleihung der Weisheit erfüllt hatte. Er lässt ihn bekennen (Weish 8,19 – 20):[127]

19 Ich war nämlich ein gut veranlagtes Kind
und habe eine vollkommene Seele erhalten,

20 oder besser: weil ich gut war,
bin ich in einen unbefleckten Leib gekommen.

V. 19 betont, das Leib und Seele einander entsprechen: Seiner guten Veranlagung entsprach eine vollkommene Seele. Um den Leser von V. 19 vor dem Missverständnis zu bewahren, dass der Leib älter als die Seele ist, fügte er zur Erläuterung V. 20 an, so dass es deutlich wird, dass seine Seele dank ihrer Untadligkeit in einen unbefleckten Leib gekommen ist. Er deutet mithin die leibseelische Vollkommenheit Salomos als Folge der Inkarnation seiner vortrefflichen Seele in einem unbefleckten Leib. Dabei wird eindeutig die Präexistenz einer Seele vorausgesetzt. Sie erfüllt daher alle Bedingungen dafür, dass Gott ihr Gebet um Weisheit erhört und ihr nach ihrem Tod die Unsterblichkeit verleiht. Allerdings war der Glaube an die Präexistenz der Seele

---

126 Vgl. dazu Blaschke, Eschatologie, 154 – 155.
127 So mit Dieter Georgi (JSHRZ III/4), 433, Anm.18a und 19a.

nicht notwendig mit dem an ihre Reinkarnation verbunden.[128] sondern konnte allein auf dem an die himmlische Heimat aller Seelen beruhen.[129]

In dem Gebet Salomos um die göttliche Weisheit in 9,1–17 wird die Aussage von V. 14, dass die Gedanken der Sterblichen armselig sind; in V. 15 damit begründet, dass der sterbliche Leib die Seele mit Sorgen beschwert (Weish 9,15):

Denn ein sterblicher Leib belastet die Seele,
und das irdische Zelt drückt den Verstand nieder, der voller Sorge ist.

Da V. 16 bruchlos an V. 14 anschließt, dürfte es sich auch hier um eine jüngere Einfügung handeln, die ebenso doppeldeutig wie die vorausgehende ist. Die aus himmlischen Höhen kommende Seele befindet sich im Leib wie in einem Grabe oder Gefängnis. Diese Identifikation des σῶμα, des Leibes, mit dem σῆμα, dem Grab der Seele soll auf die Orphiker (Plat.Krat.400c) bzw. auf die Pythagoreer zurückgehen (Plat.Gorg.493a). Da sowohl die Vorstellung von der himmlischen Heimat aller Seelen und der Wiedergeburt bei dem in der ersten Hälfte des Jh. n.Chr. in Alexandrien wirkenden jüdischen Religionsphilosophen Philo begegnen,[130] wird man die Frage, welche der beiden im Hintergrund der Zusätze in Weish 8,19–20 und 8,15 steht, am besten offen lassen.[131]

17.7 Rückblick und Ausblick

Wir haben in den Paragraphen 14–17 einen langen Weg zurückgelegt und dabei eine Vielzahl an Deutungen des menschlichen Schicksals und Auseinandersetzungen mit der für das Alte Testament grundlegenden Überzeugung kennen gelernt, dass Tun und Ergehen dank göttlicher Fügung einander entsprechen. Angesichts des sich verschärfenden Gegensatzes zwischen den Frommen und den von ihnen als Frevler verachteten Menschen öffnete sich das Judentum seit der zweiten Hälfte des 3. Jh. zunehmend dem Glauben an

---

128 Vgl. Walter Burkert, Weisheit und Wissenschaft, 98–142 bes. 133–35; Ders., Griechische Religion2, 413–454 und zur orphischen und eleusinischen Jenseitsdichtung mit ihren Vorstellungen vom Totengericht und Lohn und Strafe in der Unterwelt auch Fritz Graf, Eleusis, 79–150; zum Seelenmythos im Phaidon auch Kaiser, Gott als Lenker, 81–104, bes. 95–101 und ders., Mythos als Grenzaussage, 235–260, bes. 248–257 und zum Totengericht im zarathustrischen Jenseitsglauben Franz König, Zarathustras Jenseitsvorstellungen, 80–104 und zum allgemeinen Konzept und speziell den östlichen Lehren von der Reinkarnation Hick, Death, 297–362 und zur Kritik 388–392.

129 Sie wurde z.B. von Origenes vertreten, vgl. Reinhold Seeberg, Dogmengeschichte I, 515–517 bzw. Karl Müller/Hans von Campenhausen, Kirchengeschichte I/1, 295–296; Augustin hat die Praeexistenz der Seele nach Alfred Schindler (TRE IV), 672.20–62 nur in seiner allerfrühesten Zeit vertreten, dann aber zwischen Kreatianismus und Traduzianismus geschwankt (Retr.I.3); vgl. auch 683.33–45.

130 Vgl. dazu unten, 402–406.

131 Hiermit relativiere ich mein Urteil in GAT III, 331–332 und Weisheit Salomos, 108–109.

das Jüngste Gericht als der Garantie für die vollkommene Gerechtigkeit Gottes. Der Gott, der von seinen Anfängen her Herr des Himmels und Herrscher über die Erde war, war damit zum Herrscher über die Unterwelt geworden (Weish 16,13):

Denn du hast die Macht über Leben und Tod,
du führst in die Tore der Unterwelt und wieder hinaus.[132]

Trotzdem behält der genuin alttestamentliche Grundsatz der Entsprechung zwischen Tat und Tatfolge, Tun und Ergehen in diesem Leben, wie ihn Ben Sira noch einmal eindrucksvoll vertreten hat, sein relatives Recht: Denn wenn in den menschlichen Beziehungen nichts als rücksichtsloser Egoismus und abgrundtiefe Bosheit herrschten und freundliche Hilfsbereitschaft und gütige Zuwendung nur auf Hass und Ablehnung stießen, wäre das Leben auf dieser Erde eine Hölle. Dass sie es für Unzählige zu allen Zeiten und für Abermillionen in den zurückliegenden Jahrhunderten geworden ist, sollte uns nicht veranlassen, an der unauffälligen Wirkung der selbstverständlichen Daseinsäußerungen des Vertrauens, der Hilfsbereitschaft, Barmherzigkeit und Aufrichtigkeit zu zweifeln. Sie begründen die spezifische Menschlichkeit des Menschen und setzen sich in seinem Leben durch,[133] solange er das Grundvertrauen nicht verloren hat, dass sein Dasein von Gott als seinem unsichtbaren Grund gehalten ist.[134] Daher sind die aus jenen abgeleiteten Gebote, welche diese die Menschlichkeit begründende Mitgift wie ein Zaun hüten, mit dem Glanz Gottes versehen. Die Zehn Gebote sind ein zureichendes Kriterium, zwischen dem, was wahrhaft gut und böse ist, zu unterscheiden. Ihre Zusammenfassung in den beiden höchsten, nicht voneinander abtrennbaren Geboten der Gottes- und der Nächstenliebe (Mk 12,29–31) bildet die Magna Charta des Juden- und des Christentums, wobei das Gebot der Feindesliebe den Prüfstein für die Echtheit des Gehorsams ist (Lev 19,34; Mt 5,44), der uns zu täglicher Umkehr und Busse auffordert.[135]

Doch ohne den Ausblick auf das ewige Leben, wären wir als Wesen, die um ihr Ende wissen, in einer tragischen Situation, die ihren Schmerz nur in einer sich Gott übergebenden Resignation überwinden kann, die Gott als der Grund unseres Daseins mit einem unaussprechlichen Frieden beantwortet. Aber die *resignatio in Deum*, die Ergebung in Gott, ist zugleich die Beglaubigung der Botschaft vom ewigen Leben, weil ihr Gott mit dem inneren Frieden antwortet, der höher als alle Vernunft ist (Phil 4,7). Führt den Menschen die Treue gegen Gottes Gebote in Leiden und Tod, so darf er darauf vertrauen, dass Gott ihm auch im Tode die Treue hält und ihn in sein ewiges Leben aufnimmt. Dieser Glaube enthält zugleich den Trost, dass die ungeheuren Verbrechen, die auf

---

132 Vgl. auch I Sam 2,6.
133 Vgl. dazu Knut Løgstrup, Norm und Spontaneität, 6–36.
134 Vgl. dazu unten, 438–439.
135 Vgl. dazu Günther Keil, Glaubenslehre, 129–135 und 198–199.

Erden geschehen, dass Taten, die unzählige Menschen um ihr Lebensglück und ihr Leben gebracht haben, nicht ungesühnt bleiben. Die Klagen der Opfer rufen nach der mythischen, in I Hen 22 und Apk 6,9 – 10 bezeugten Vorstellung nach Gottes Gericht über ihre Mörder. Nicht die von Menschen vorschnell gefällten Urteile, sondern Gott spricht das letzte Wort: Die Offenbarung seiner Gerechtigkeit ist das Ziel der Geschichte (Mt 6,10.33). So wird der auferstandene und in die Lichtwelt Gottes entrückte Christus der Vorläufer derer, die entschlafen sind (I Kor 15,20). Die kirchliche Lehre vom Fegefeuer suchte den Weg der Läuterung für die sündigen Seelen offen zu halten. Gottes letztem Spruch können und wollen wir nicht vorgreifen – auch seiner Gnade nicht.

17.8 Exkurs: Philos Lehre vom Tod und Endziel des Lebens[136]

Philos zentrales Thema bestand in der Unterscheidung zwischen dem tugendhaften und dem lasterhaften Menschen. Nach ihm darf der Tugendhafte erwarten, dass er im Alter auf ein wahrhaft glückliches Leben zurückblicken kann, in dem ihm ebenso das Wohlergehen des Leibes wie der Seele in Gestalt günstiger Lebensumstände, eines guten Rufes, Gesundheit und Kraft des Leibes und natürlich Freude an den Tugenden gegeben wurden (her.285 – 286; vgl. spec.leg.IV. 230 – 238). Im Blick auf den Tod aber müsse man zwischen den Tugend- und den Lasterhaften unterscheiden: Denn das Leben des Unbeherrschten ist in den Augen der Rechtschaffenen schon zu seinen Lebzeiten schlimmer als der Tod (op.146; vgl. spec.leg.IV. 91).[137] Entsprechend müsse man zwischen dem Tod, den alle Menschen erleiden und bei dem sich die Seele vom Leibe trenne, und dem Tod der Seele unterscheiden: Dieser trete bereits beim Abfall zu einem lasterhaften Leben ein; denn dann würde die Seele gleichsam in ihren Leidenschaften begraben (leg.all.I.105 – 106).[138] Oder anders ausgedrückt: Wer sich einem lasterhaften Leben ergibt, ist damit bereits gestorben (leg.all.I.107).[139] Entsprechend hätte Moses, wenn er die Wendung „den Tod sterben" gebrauchte (Gen 2,17), darunter das Absterben der Seele gemeint, wie es ein lasterhaftes Leben zur Folge habe (leg.all.I.107; vgl. det.48.70).[140]

---

136 Zur Grundinformation über Philos Schriften und Denken vgl. Peder Borgen, Philo of Alexandria, in: (CRI II/2), 233 – 282 bzw. die einschlägigen Artikel von Michael Mach (TRE XXVI), 523 – 531 und David T. Runia (NP IX), 850 – 856.

137 Vgl. dazu Emma Wasserman, Death, 141 – 142.

138 Vgl. auch z. B. leg.all.II.77.87; III.52; congr.87, quaest,Gen.I.75; II.57; III.52; quaest.Ex.I.8. Als abschreckendes Beispiel dient Philo das Leben des Brudermörders Kain, dessen Leben ohne Freude und verlangendes Erwarten verlaufen sei, sondern ganz von Schmerz und Furcht erfüllt gewesen sei (det.70; praem.70 – 73; quaest.Gen.I.76).

139 Wasserman, Death, 51 – 77, die auch den platonischen Hintergrund des Gedankens ausleuchtet.

140 Leg.all.I.108 beruft er sich dabei auf Heraklit DK 22 B 62, dessen Wahrspruch „Unsterbliche sterblich, Sterbliche unsterblich, – lebend einander ihren Tod, ihr Leben einander ster-

Im Gegensatz zu dem den Tod der Seele bewirkenden Laster, verleihe tugendhafte Selbstbeherrschung über ihre segensvollen Wirkungen für das Leben hinaus dem Menschen das vollendete Gut der Unsterblichkeit (agr.100; vgl. plant.37). Mag also der natürliche Mensch sterblich sein, so ist doch Tugend (bzw. eine der Tugend ergebene Seele) unsterblich (Abr.55). Die Verantwortung für sein Leben und sein Endgeschick trage der Mensch selbst, da er die Freiheit der Wahl zwischen dem Guten und dem Bösen und damit zwischen Tod und Leben besitze (vgl. Dtn 30,15 – 20 mit imm.50).

Das Jüngste Gericht hat Philo so wenig wie die Auferstehung der Toten erwähnt,[141] da er alle mythischen Vorstellungen als mit dem Wesen vernünftiger Rede von Gott für unvereinbar hielt und sie, soweit sie in der Bibel vorkamen, anthropologisch oder ethisch deutete. Seine Aussagen über den Aufenthalt der Sünder im Hades sind zweideutig: In praem.152 behandelt er den Spezialfall eines Apostaten, der sich als Israelit an seiner edlen Abkunft vergangen hatte: Ihn hätte Gott sogleich in das dunkelste Dunkel der Unterwelt (τάρταρος) geschleudert.[142] Dürfte man diese Aussagen wörtlich nehmen, so hätte Philo die Vorstellung von der Unterwelt als der Stätte, an der sich die Geister der Toten aufhalten, geteilt. Das bleibt aber insofern unsicher, als er congr.57 ausdrücklich erklärt hat, dass mit dem Ort der gottlosen Seelen nicht der mythische Hades, sondern das mit ihm identische Leben der Schurken gemeint sei. In somn.I.151 erklärt Philo umgekehrt, dass es Teil des Weisen sei, auf olympischen Höhen zu wohnen, wo sich aufzuhalten sie ein Leben lang gelernt hätten, um dann den Schlechten, die vom Anfang bis zum Ende ihres Lebens das Sterben (ihrer Seelen) zu ihrer Beschäftigung gemacht hatten, ihren Aufenthalt im dunkelsten Winkel der Unterwelt zuzuschreiben. Zwischen beiden stünde eine dritte Gruppe: Sie würde einmal durch ich besseres Teil nach oben und ein anderes Mal durch ihr schlechteres nach unten gezogen. Dieser Konflikt ende damit, dass Gott als Kampfrichter den Besseren den Kampfpreis zuerkennen und ihre Gegenspieler ausrotten würde.[143] Nachdem er in somn.I.134 – 137 die Annahme verteidigt hatte, dass der sich oberhalb des Mondes erstreckende Äther durch körperlose und unvergängliche Seelen bevölkert ist,[144] deren Zahl der der Sterne entspricht, kommt er in 138 – 142 auf ihre unterschiedlichen Neigungen zu sprechen, die für sie entsprechende Folgen haben: Von den Seelen, die nach einem irdischen und körperlichen Leben verlangen, steigen die einen nach unten und werden dort fest mit ir-

---

bend.“(Übersetzung P. Snell, Heraklit, Tusc.B.,22 – 23) er verkürzt und in die Plur. transponiert
    hat: „Wir leben den Tod jener, wird sind aber den Tod jener gestorben.“
141 Vgl. dazu H.A. Wolfson, Philo I, 395.423 und zu Philos Vergeltungslehre Cristina Termini,
    Philo's Thought, 265 – 295, bes. 106 – 109 und zum Messianismus 96 – 97.
142 Vgl. auch quaest.Ex.II.40 zu Ex 2412: Hier erklärt er, dass die, welche nur vorübergehend ihre
    Leidenschaften überwunden hätten, in die die Tiefe des Tartarus gezogen würden.
143 Vgl. auch her.45.
144 Zur antiken Lehre vom Äther vgl. M. Kurdzialek (HWP I), 599 – 561 und zur ätherischen Natur
    der Seelen , die nach Aristoteles dieselbe Qualität besitzen wie die Sterne; vgl. Cic.Tusc.I.10.22.

dischen Leibern verbunden. Die zwischen den Guten und den Schlechten stehenden Seelen stiegen ebenfalls empor, weil sie dazu bestimmt sind, nach den von der Natur bestimmten Umläufen und Zeiten wiederzukehren (som.I.138). So hat er eine kleine Tür zum platonischen Gedanken der göttlichen παιδεία (*paideía*) oder Erziehung der Seelen offen gelassen, die auch die Besserungsfähigen zur Erlösung führt.[145]

Genauer betrachtet verhält es sich mit den beiden Gruppen der Gerechten und der Schwankenden so: Die Schwankenden sehnten sich nach der ihnen vertrauten irdischen Lebensweise und kehrten immer wieder zu ihr zurück. Die Gerechten verachteten dagegen das irdische Leben als eine Torheit und bezeichneten daher den Leib als ein Gefängnis und einen Grabhügel.[146] Deshalb suchten sie ihm auf jede Weise zu entkommen.[147] Sie würden nach einem tugendhaften und frommen Leben auf leichten Fittichen zum Äther empor getragen, um dort in Ewigkeit zu verweilen. Die reinsten und besten Seelen aber hätten niemals nach einem irdischen Dasein verlangt, sondern sie regierten als Engel und Statthalter Gottes das All (somn.139–141).[148] Der irdische Tod der Tugendhaften war daher ihre Wiedergeburt, ihre παλιγγενεσία (*palinggenesía)*: Sie bezeichnet bei Philo mithin nicht die Stadien der Reinkarnation, sondern ihren Abschluss als endgültige Rückkehr in die himmlische Heimat der Seelen (Cher.II.114).[149]

Das hatte seine Folgen für seine Eschatologie: Überprüft man seine Schrift *Über Belohnung und Bestrafung/De Praemiis et Poenis* unter diesem Gesichtspunkt, so kommt man zu dem Ergebnis, dass das Gericht sich im Leben der Gottlosen selbst ereignet, die alle in Dtn 28,15–68 und Lev 26,14–38

---

145 Sucht man nach den Gewährsleuten Philos für die Reinkarnationslehre so kommen sowohl hellenistische Pythagoräer, Christoph Riedweg, Pythagoras, 157–161 (Philo erwähnt sie op.100; leg.all. I.15; prob.2 und aet.mund. 12), wie indische „Gymnosophisten" (vgl. somn.II.56; Abr.181 und prob. 74.92–97) in Frage. Zu indischen Reinkarnationsvorstellungen vgl. Heinrich Zimmer, Philosophie, 231–232 und 292–293 bzw. Michael von Brück, Ewiges Leben, 271–283.

146 Vgl. Plat.Gorg 493a2–3 und Crat. 400c1–2 und dazu Eric Robertson Dodds, Greeks, 135–156, bes. .147 = Griechen, 72–91, bes. 83 und ders., Plato Gorgias, 300.

147 Vgl. auch leg.all.I.103: „Für den Erwerb und den Gebrauch der Tugend ist allein das Denken erforderlich; der Leib aber unterstützt das nicht nur nicht, sondern verhindert es; entsprechend ist es die Aufgabe der Weisheit, sich dem Leib und seiner Begierden zu entfremden. Aber für die Freuden des Schlechten ist nicht allein der Zustand der Vernunft, sondern auch die Wahrnehmung und die Sprache und (mithin) der Leib notwendig; denn all dessen bedarf der Schlechte für die volle Erfüllung seiner speziellen Schlechtigkeit." Vgl. weiterhin z. B. leg.all. III.72 und 189–190.

148 Vgl. auch die Dreiteilung der Seelen in Erd-, Himmel- und Gottgeborene Gig 60–61, wo zur dritten Gruppe allerdings die Priester und Propheten gehören.

149 Vgl. auch post.124, wo das Wort die Läuterung der Seele und; aet.9.47.75.85.93.99.103 und 107, wo es sich auf die stoische Lehre vom Weltenbrand und in einer König Agrippa in den Mund gelegten Rede an den Kaiser Gaius (Caligula) auf die Begnadigung durch den Kaiser bezieht. Daher hat sich der Autor für seine falsche Auslegung des Begriffs und das Fehlzitat praem.152 in GAT III, 334–335 zu entschuldigen.

enthaltenen Flüche auf sich ziehen (praem 127 – 161) so dass sie entgegen ihrer Erwartungen ein unstetes und sorgenvolles Leben führen (149 – 151).[150] Von einem Gericht nach dem Tode ist in dieser Schrift an keiner Stelle die Rede. Der natürliche Tod selbst war dagegen in Philos Augen keine Strafe, sondern die naturgemäße Trennung der Seele vom Leibe, die ihn von dessen Banden befreit. Der Tod der Seele ist jedoch die Strafe dafür, dass sie ihre Tugend verloren und sich der Bosheit hingegeben hat. Er schließt sie nun im Grab ihrer Leidenschaften und Frevel ein. Nur dieser Tod wird Adam von Gott nach Philos Verständnis in Gen 2,17 angedroht (leg.all.I.105 – 108). In der Konsequenz vollzieht daher der reale Tod nur den vorausgehenden der Seele des Schlechten. Um die Seele vor diesem Abfall zum Bösen zu schützen, ist ihr von Geburt an ein innerer Mahner zur Seite gestellt, der zugleich ihr Ankläger und Richter ist. Er beschämt die Seele, indem er ihr ihre Vergehen vorhält, und er richtet sie, indem er sie ermahnt, ihre Wege zu ändern. Gelingt ihm das nicht, so begleitet er sie tags und nachts mit seinen Anklagen, bis der Faden ihres elenden Lebens reißt (dec.87).[151]

Die nationale Eschatologie kommt bei Philo nur ganz verhalten zum Zuge. Der endzeitliche Friede zwischen Menschen und Tieren wird zum Beispiel nicht die Folge der gerechten Herrschaft des Messias sein,[152] sondern davon, dass die Menschen das Tier in ihrer Brust besiegt haben: Dieser innere Friede sei die Voraussetzung für den äußeren Frieden, der Menschen und selbst die wildesten und gefährlichsten Tiere wie die Krokodile und Nilpferde umfasst (praem.85 – 90).[153] Auch das Motiv des endzeitlichen Völkerkampfes spielt nur eine abgeschwächte Rolle: Die nationale Eschatologie ist durch die volle Einbeziehung der Proselyten[154] in die Heilsgemeinschaft der Frommen zugleich eingeschränkt, weil nur die Frommen an ihr Teil haben, und teils ausgedehnt, weil die Proselyten in sie einbezogen sind, die abgefallenen Juden aber von ihr ausgeschlossen werden. Sollten die Feinde der Frommen nicht überhaupt vor einem Angriff zurückschrecken, weil sie wüssten, dass diese die Gerechtigkeit (das heißt: Gott) auf ihrer Seite haben (praem.93), und Fanatiker trotzdem so vermessen sein, einen Krieg gegen sie zu wagen, würden sie

---

150 Vgl. die Moses in den Mund gelegte Maxime Vit.Mos II.280: „Gefährlich ist die glaubenslose Handlung allein für die Glaubenslosen. Sie werden nicht durch das Wort, sondern durch Fakten erzogen. Sie werden erfahren, was sie belehrt nicht erkannten, dass mein Wort wahrhaftig ist." Vgl. weiterhin z. B. leg.all. I,51 (wo es im Blick auf die Übertretung von Dtn 16,21 heißt: „Wenn du nun eines von diesen (Geboten) überschreitest, o Seele, schädigst du dich selbst, aber nicht Gott." und det.119 – 120 mit seiner Gegenüberstellung des sorgenvollen Lebens des Schlechten und des gesegneten Nachfolgers der Tugend.

151 Vgl. auch imm.135 – 138 , zur Identität des Mahners mit dem Logos Burton Lee Mack, Logos und Sophia, 152 – 153 und zu Philos Verständnis des Logos Peder Borgen (CRI I/2), 273 – 274.

152 Vgl. Jes 11,1 – 9.

153 Vgl. dazu auch Peder Borgen (NT.S. 86), 262 – 263.

154 Die frommen Proselyten sollen nach Philos Überzeugung zu Exempeln des Segens werden, den Gott den Gesetzestreuen zuteil werden lässt. Ihnen ist als Preis für ihre Verdienste ein Platz im Himmel sicher (praem. 152).

angesichts der von dem gottgesandten Mann[155] geführten Frommen kopflos die Flucht ergreifen.[156] Das ist alles, was Philo über den Messias zu sagen hat: Unter Umständen wird er die Frommen gegen den Angriff der Frevler beschützen. Aber eigentlich ist er selbst dazu nicht erforderlich, weil Gott mit von ihm gesandten Hornissen dasselbe bewirken könnte (praem.94 – 97).[157] Auch abgesehen davon würden sich die Segensverheißungen aus Dtn 28,1 – 14 und Lev 26,3 – 13 an den Frommen (praem.98 – 126) und alle Flüche aus Dtn 28,15 – 68 und Lev 26,14 – 39 an den Gesetzesübertretern und Gesetzesverächtern (praem.126 – 161) erfüllen. Man muss schon genau lesen, um zu entdecken, dass die nationale Eschatologie noch ein zweites Mal in dieser Schrift zum Zuge kommt: In Erfüllung der in Lev 26,42 – 43 gegebenen göttlichen Verheißung werden die gottvergessenen Juden eines Tages ihre Sünden bekennen,[158] um dann zusammen mit den von ihren Herren freigegebenen (jüdischen) Sklaven vom Logos geleitet[159] zu dem einen vorbezeichneten Ort zu ziehen,[160] die zerstörten Städte aufzubauen und das verlassene Land in ständigem Wachstum zu bevölkern (praem.162 – 168).

Am Ende dient die Aufnahme der Prophetie von der Heimkehr der Diaspora[161] Philo allerdings als Beispiel dafür, was ein kleiner, der Seele verbliebener Rest an Tugend vermag, wenn er neu ausschlägt und dem Menschen dadurch Ehre und Schönes einträgt. Solcher Menschen bedürfen die Städte und Staaten (πόλεις) als guter Bürger und die Völker, um sich zu mehren.[162] Das Ziel der Geschichte ist in Philos Augen erreicht, wenn alle Menschen friedlich auf der einen Erde von der Tora geleitet zusammenleben,[163] so dass man (obwohl die beiden Texte in seiner Schrift nicht genannt werden) Jes 2,2 – 5 par Mich 4,1 – 5 als die Summe seiner Geschichtsphilosophie bezeichnen kann.

---

155 Vgl. Num 24,7, dazu auch Vit.Mos. I.288 – 291 und Peder Borgen (NT.S 86), 275 – 276.
156 Vgl. Dtn 28,7 und Lev 26,8.
157 Vgl. Ex 23,28.
158 Vgl. auch Philos Verständnis der Dike in migr.225, wo es von ihr heißt, dass sie als Führerin derer, die Unrecht tun, mitleidlos und unerbittlich das Schlechte hasst, und die zu Fall bringt, die sich der Tugend schämen, worauf die so beschämten Seelen zu ihrer jungfräulichen Reinheit zurückkehren. Zur Gerechtigkeit, die jeden unparteilich nach dem, was er verdient hat, behandelt, vgl. leg.all.I.87.
159 Zu praem.165 vgl. Ulrich Fischer, Eschatologie, 205 – 206.
160 D.h.: nach Jerusalem bzw. in das Land Israel.
161 Zum Umfang der Diaspora in der frühen Kaiserzeit und ihren Privilegien vgl. E. Mary Smallwood, Jews under Roman Rule, 120 – 144.
162 Vgl. dazu auch Fischer, Eschatologie, 210.
163 Vgl. auch vit.Mos.II.43 – 44, dazu Fischer, 213, Borgen (NT.S 86), 141 – 142 und zu Philos Begründung der Überlegenheit der jüdischen Tora über die Gesetze der Völker vit.Mos II.17 – 20. Ihrem Wesen nach ist sie positiv durch Liebe zur Menschheit, zur Gerechtigkeit und zum Guten und negativ durch Hass des Bösen ausgezeichnet, ebd. 9 – 10.

18. Der eine Gott und die Götter der Welt

18.1 Zu Anlass und Hintergrund des biblischen Monotheismus[1]

Wie oben bereits gezeigt wurde, war Jahwe für Israel seit jeher der einzige Gott, dem alsbald nicht nur die Herrschaft über Israel sondern auch über die Völker zugeschrieben wurde. Durch das Gegenüber zum Anspruch der Assyrer, dass diese Eigenschaft dem Gott ihres Reiches gebühre, hatte sich im 7. Jh. in Juda die Jahwe-allein-Bewegung gebildet, die ihm entschlossen den des eigenen Gottes gegenübersetzte und kämpferisch für seine ausschließliche Verehrung eintrat. Dass der Schritt vom praktischen und zum theoretischen exklusiven bzw. inklusiven Monotheismus ausgerechnet in der Zeit der politisch tiefsten Erniedrigung Israels im Kreise der Nachkommen der nach Babylonien Deportierten erfolgt ist, ist das Wunder eines unerschütterlichen Glaubens an die bevorstehende Befreiung und Rückkehr in das Land der Väter. Er bedurfte im Rahmen seiner polytheistischen Umwelt der Entmachtung der babylonischen Götter, deren Anhänger nicht anders als die Assyrer ihren höchsten Gott für den Herrn der Götter hielten. Der kosmische Rahmen, in dem dieser Anspruch vertreten wurde, , war die Welt der Gestirne, welche die Babylonier astronomisch geordnet und ihrem Reichsgott Marduk als Schöpfer und Herrn unterstellt hatten. Der namenlose Prophet, dessen Streitreden in Jes 40 – 48* die Grundschicht der Deuterojesajanischen Sammlung bilden, hat diese Ansprüche auf Jahwe übertragen und ihn als den einzigen Gott proklamiert, der die nach Babylonien deportierten Jerusalemer und Judäer samt ihren Nachkommen durch den Perserkönig Kyros II. befreien und nach Jerusalem und Juda zurückführen würde. In der Erzählung vom Gottesurteil Elias auf dem Berg Karmel in I Reg 18* fand der Glaube an Jahwe als den einzigen Gott eine kämpferisch Ausgestaltung, um die Verlockung des Abfalls zu den Göttern Kanaans, deren Walten sich im Jahreslauf erwies, abzuwehren.

Die Geschichte des Gottesglaubens belegt, dass der exklusive Monotheismus eher dem Denken der Philosophen[2] als dem der „normalen" Gläubigen entspricht. So ist es kein Wunder, dass er in dem Exegeten und Religionsphilosophen Philon von Alexandrien (ca 20 v. bis 50 n. Chr.) in der Antike seinen bedeutendsten jüdischen Vertreter finden sollte.[3] Schon die spätexili-

---

1 Vgl. dazu das Verzeichnis der monotheistischen Formulierungen im Alten Testament von Lothar Perlitt (KB.AT V/5), 362.
2 Vgl. dazu Wilhelm Weischedel, Gott der Philosophen I–II,. Dass ich ihm als meinem Tübinger Lehrer die Anleitung zur Klarheit des Denkens und die Einführung in die phänomenologisch Methode verdanke, sei hier dankbar angemerkt.
3 Vgl. dazu Roberto Radice, Philo's Theology, 124–145.

sche und nachexilischen Psalmendichtung bevorzugte einen inklusiven Monotheismus, der die Götter in verschiedenen Spielarten Jahwe als ihrem Herrn unterordnete, bis sie schließlich als Engel zu seinen Dienern wurden.

18.2 Das praktische Interesse des biblischen Monotheismus (Deuteronomium 4,35 – 40)

Für den Zusammenhalt Israels nach dem Verlust seiner Eigenstaatlichkeit und seiner Zerstreuung unter die Völker gab es zum exklusiven oder inklusiven Monojahwismus keine Alternative. Um noch einmal hervorzuheben, dass das ihn leitende Interesse kein theoretisches, sondern ein praktisches war, sei hier ein Abschnitt aus der spätdtr Text Dtn 4,1 – 40 zitiert, einer Rede, in der Moses das Volk ermahnt, die Gebote Jahwes als des einzigen Gottes zu halten, dessen Stimme es aus dem Feuer vernommen hätte und dem alle Gewalt im Himmel und auf Erden eigen sei, weil seine heilvolle Zukunft davon abhinge (Dtn 4,35 – 40):[4]

35 Du hast es gesehen, so dass du es weißt, dass Jahwe allein[5] Gott ist und kein weiterer außer ihm. 36 Vom Himmel ließ er dich seine Stimme hören, um dich zurechtzuweisen; auch ließ er dich sein großes Feuer sehen, und mitten aus dem Feuer heraus hast du seine Worte vernommen. 37 Trotz des Feuers[6] bist du am Leben geblieben, weil er deine Väter geliebt und ihre Nachkommen nach ihnen erwählt und dich in eigener Person mit seiner großen Kraft aus Ägypten herausgeführt hat, 38 um große und starke Völker vor dir her zu vertreiben und dich hineinzuführen und dir ihr Land zum Erbteil zu geben, wie es heute (der Fall) ist. 39 So erkenne nun und nimm es dir zu Herzen, dass Jahwe allein im Himmel droben und drunten auf Erden ist und keiner sonst, 40 und halte seine Satzungen und seine Gebote, die ich dir heute befehle, damit es dir und deinen Kindern nach dir wohl ergeht und du alle Zeit auf dem Boden bleibst, den dir Jahwe, dein Gott, geben will.

---

4 Vgl. Dtn 5,5; Ex 19,16 sowie Georg Braulik (SBAB 2), 286 – 289; zur literarischen Schichtung vonDtn 4,1 – 40 vgl. Dietrich Knapp, Deuteronomium 4, 40 – 42 und 113 und weiterhin z. B. Timo Veijola (ATD 8/1), 96 – 97 bzw. Lothar Perlitt (BK.AT V/4), 292 – 302.

5 Wörtlich: der Gott.

6 Siehe BHS.

18.3 Die Verherrlichung der babylonischen Götter Marduk und des Mondgottes Sin als König des Himmels und Schöpfer der Götter

Nach der Untersuchung von Matthias Albani ist das Disputationswort Jes 40,12 – 31* als Grundtext des deuterojesajanischen Monotheismus anzusehen. Sein Einsatz bei dem Hinweis auf die kosmische Macht Jahwes dürfte als Reaktion auf den Anspruch des babylonischen Reichsgottes Marduk im Schöpfungsepos Enuma Elisch (EE) bzw. den des Mondgottes Sin in einer Tempelweiheinschrift des letzten babylonischen Königs Nabonid zu verstehen sein.[7] Denn einerseits wurde Marduk in Tafel V des EE als Schöpfer und Herr der astralen Gottheiten[8] und andererseits der Mondgott Sin durch den letzten babylonischen König Nabonid in seinem Bericht über den Wiederaufbau des Tempels des Mondgottes in Haran entsprechend verherrlicht.[9] So heißt es am Anfang von (EE V. 1 – 4):

Er (Marduk) schuf den himmlischen Standort für die großen Götter
und errichtete Sternbilder, die Muster der Sterne.
Er bestimmte das Jahr, bezeichnete die Grenzen,
und stellte für zwölf Monate je drei Sterne hin.[10]

Nachdem die Himmelswelt umfassend geordnet war, huldigen ihm die Götter am Ende der Tafel als dem Gott, der dadurch die Königsherrschaft über sie erlangt hätte (EE V. 151 – 154):

Die Götter verneigten sich und sprachen [zu ihm],
sie sprachen zu Lugaldimmerankia,[11] ihrem Herrn:
„Früher Herrn, [warst du unser geliebter] Sohn,
nun bist du unser König ….“[12]

Das babylonische König Nabonid (555 – 538) aber huldigte dem von ihm in seiner späten Regierungszeit als höchsten Gott geehrten Mondgott Sin[13] in der Weihinschrift seines von ihm wieder aufgebauten Tempels in Haran als dem König und Vater der Götter (Nabonid-Inschrift aus Haran Kol.II.26 – 41):

---

7 Matthias Albani, Eine Gott, 49 – 74 und 116 – 122.
8 Vgl. W.G. Lambert, Enuma Elisch (TUAT III/4), 587 – 59
9 Vgl. Karl Hecker, Bericht des Nabonid über den Wiederaufbau des Echulchul in Harran (TUAT II/5),493 – 496, bes. 496 mit der Anrufung Sins als König der Götter von Himmel und Erde in II.26.
10 Übersetzung W.G. Lambert, 587.
11 „König der Götter des Himmels und der Unterwelt", W.G. Lambert (RlA VII), 132b–133a.
12 Übersetzung Lambert, EE, 59
13 Vgl. dazu die Artikel Mond und Mondgott von D. Collon und D. Hunger (RlA VIII), 454b–359b bzw. M. Krebernik, 360 – 369.

26 O Sin, König der Götter von Himmel und Erde, ohne dessen Mitwirkung 27 weder Stadt noch Land gegründet oder wiederhergestellt wird, 28 wenn du in den Tempel Echulul[14], deine üppige Wohnung, eintrittst, 29 möge Gutes für diese Stadt und diesen Tempel auf deinen Lippen liegen! 30 Die Götter, die Himmel und Erde bewohnen, 31 mögen immer wieder den Tempel ihres väterlichen Erzeugers segnen! 32 Mich, den Nabonid, den König von Babylon, der diesen Tempel vollendet hat, 34 möge 33 Sin, der König der Götter von Himmel und Erde, mit dem Erheben seiner gütigen Augen 34 froh anblicken! Monatlich beim Aufleuchten und Untergang 35 möge er die Vorzeichen für mich günstig gestalten! Meine Tage möge er verlängern, 36 meine Jahre vermehren (und) festigen meine Regierung! 37 Meine Feinde möge er besiegen, meine Gegner fällen, 38 vernichten meine Widersacher! Ningal[15], die Mutter der großen Götter, 39 möge vor Sin, ihrem Geliebten, Gutes für mich aussprechen! 40 Schamasch und sein strahlendes leibliches Kind Ischtar 41 mögen ihrem väterlichen Erzeuger Sin Gutes sagen! 42 Nusku, der erhabene Minister, möge mein Gebet anhören und 42 Fürsprache einlegen!"[16]

Das Besondere in diesem Gebet ist, dass der Mondgott nicht nur als der König sondern auch als der Vater der Götter verherrlicht wird: Sein Königtum über alle Götter, von denen jeder einem bestimmten Stern entsprach, sollte darauf beruhen, dass er sie gezeugt hätte: Sie wären mithin seine Geschöpfe! Dass man es als selbstverständlich betrachte, dass er seine Macht in Vorzeichen kund tat und Astronomie und Astrologie damals zusammengehörten, sei angemerkt.[17]

18.4 Der Anspruch Jahwes, der einzige Gott zu sein, in der Grundschicht der Deuterojesajanischen Sammlung

Über das zwischen der Deuterojesajanischen Sammlung und den Jahwe-Königspsalmen bestehende zeitliche und sachliche Verhältnis lässt sich streiten. Daher enthält die Behandlung von Ps 95 und 96 im Anschluss an die deuterojesajanischen Prophetenworte kein Urteil über die zwischen beiden bestehende literarische Beziehung.[18] Im Anschluss an Matthias Albani wird als Einsatzpunkt für den von Deuterojesaja vertretenen Monotheismus nicht Jes 44,6 – 8 oder 46,9 – 11[19] sondern das Disputationswort in 40,12 – 31* gewählt,

---

14 Vgl. E. Ebeling (RlA III), 304a.
15 Der sumerische Name bedeutet „große Herrin". Sie galt als Gemahlin des Mondgottes Nanna (akk. Sin) all und Mutter des Sonnengottes Utu (akk. Schamasch); vgl. zu ihrer mesopotamischen Gestalt A. Zoll (RlA IX), 352 – 356a.
16 Übersetzung Karl Hecker (TUAT II/4), 496 nach Stephan Langdon (VAB 4), 1922, 218 – 229.
17 Vgl. dazu Tamsyn Barton, Ancient Astrology,9 – 31, bes.30 – 3.
18 So ordnet auch Jörg Jeremias, Königtum Gottes,121 die Ps 96 und 98 umsichtig in den Unkreis der deuterojesajanischen Theologie ein.
19 Vgl. dazu oben, 151 – 157.

das vermutlich ursprünglich den Anfang der deuterojesajanischen Grund-schicht bildete, ehe ihr 40,1 – 11* nachträglich vorgeordnet wurde.[20] Das Disputationswort 40,12 – 31* lässt sich zwanglos in die drei Strophen V. 12 – 17. 18 – 24* und 25 – 31 gliedern. Dabei geht es in den V. 12 – 17 um die Nichtigkeit der Völker vor dem Gott, der Himmel und Erde geschaffen hat, in den V. 18 – 24* um die Unvergleichlichkeit des über der Erde thronenden Gottes und in den V. 26 – 31 um die Macht, des Schöpfers und Regenten der Sternenwelt, das Recht Israels wahrzunehmen, und um die Kraft der Hoffnung derer, die ihm vertrauen. Die konkreten Folgerungen daraus werden dann in den von 41,1 – 46,11* reichenden Streitreden gezogen, die Israel die Befreiung durch den von Jahwe erweckten Perserkönig Kyros (41,1 – 4; 44,24 – 28*; 45,1 – 5* und 46,9 – 11), den sicherem Heimzug durch die Wüste (41,17 – 20) und die dadurch bewirkte Anerkennung Jahwes durch die Völker (45,20 – 23) verheißen- Dabei durchzieht die Selbstvorstellung Jahwes als des einzigen Gottes in 41,4; 42,8; 43,11; 44,6 und 46,9 den Kontext der imaginären Streit-reden und Heilszusprüche in den c.41 – 46* und belegt damit die drei Grundaussagen in 40,12 – 31*, dass die Völker der Welt gegenüber Jahwe als dem Schöpfer von Himmel und Erde wie nichts geachtet sind (V. 12 – 17*),[21] dass er als der Gott, der die Sterne geschaffen hat und lenkt, in seiner Un-vergleichbarkeit den kurzlebigen Großen der Erde ein schnelles Ende bereiten kann (V. 21 – 26) und er auch das Schicksal seines Volkes nicht vergessen hat, so dass es in seiner Knechtschaft auf ihn hoffen darf (V. 27 – 31).[22] So erweisen sich die drei Strophen, mögen sie zunächst selbständig gewesen sein oder nicht, als eine sinnvolle Komposition, die Israel versichert, dass es auf die Hilfe seines Gottes hoffen darf und er ihr Erlöser sein wird (40,12 – 31*). Dabei entsprechen die erste und die dritte Strophe mit Karl Elliger einander, indem die erste Jahwes Können und die dritte Jahwes Willen zur Erlösung Israel nachweist (Jes 40,12 – 31*):[23]

I (12 – 17)

12 Wer maß mit seiner hohlen Hand des Meeres Wasser[24]
und bestimmte mit der Spanne das Meer
und fasste mit dem Dreimaß die Erde
und wog mit der Wage die Berge
und die Hügel mit Wagschalen?

---

20 Vgl. dazu Jürgen van Oorschot, Babel, 23 und weiterhin Hans-Jürgen Hermisson, Einheit, 155, der 40,1 – 11 als ihren Einsatzpunkt betrachtet und Reinhard G. Kratz, Kyros, 237, der ihn in 40.1 – 5 sucht, wobei beide 40.12 – 31* zur Grundschicht rechnen.
21 Vgl. dazu auch Hermisson, Diskussionsworte, 163 – 165.
22 Vgl. dazu auch Hermisson, Diskussionsworte, 165 – 167.
23 Karl Elliger (BK.AT XI/1), 95.
24 Siehe BHS.

13 Wer hat den Geist Jahwes bemessen
und wer[25] ist sein Ratsmann, der ihn unterwiese?

14 Mit wem beriet er sich, dass er ihm Einsicht gab
und über den Pfad des Rechts belehrte
und er[26]ihn über den Weg der Einsicht unterwies?

15 Siehe, die Völker sind wie ein Tropfen am Eimer,
und gelten vor ihm wie der Wagschalen Staub,
siehe, die Inseln wiegen[27] wie Körnchen.[28]

17 Alle Völker sind wie nichts gegen ihn,
wie nichts[29] und gar nichts gelten sie ihm.[30]

II (V. 21 – 26)

21 Erkennt ihr es nicht? Vernehmt ihr es nicht?
Saht ihr es nicht ein ‚seit der Gründung‘[31] der Erde?

22 Der über dem Kreis der Erde thront,
dass ihre Bewohner wie Heuschrecken sind,
der den Himmel wie einen Schleier ausspannt
und wie ein Zelt ausbreitet zum Wohnen,

23 Der die Fürsten dem Nichts hingibt,
die Richter der Erde als gar nichts behandelt:

24 Kaum sind sie gepflanzt, kaum ausgesät,
kaum schlug ihr Reis in der Erde Wurzeln,
da blies er darein, und sie welkten,
und die Windsbraut trug sie davon.

25 Wem könnt ihr mich vergleichen,
dass ich ihm gliche? sagte der Heilige:

26 Hebt eure Augen zur Höhe und seht:
Wer hat diese erschaffen?

25 Zum Text vgl. Elliger, 41 z. St.
26 Zum Text vgl. BHS.
27 Zum Text siehe BHS.
28 V. 16 ist ein sekundärer Einschub: „Und der Libanon reicht nicht zum Feueranzünden/und sein Wild reicht nicht zum Brandopfer."
29 Zum Text siehe BHS.
30 Die V. 18 – 20 dürften als Einschub zu beurteilen sein: „18 Mit wem wollt ihr Gott vergleichen/und welchen Vergleich mit ihm anstellen? 19 Ein Gussbild goss der Werkmeister/und der Feinschmied beschlug es mit Gold/und schmiedete silberne Kettchen. 20 Das Sissoo-Holz als Weihegabe (Berges, Jes 40 – 28. 123 – 124)/Holz, das nicht fault, wählt er aus/und sucht sich einen kundigen Meister/das Bild zu befestigen, dass es nicht wackelt."
31 Elliger, 62 z.St.

Der ihr Heer ihrer Zahl nach herausführt,
der sie alle bei Namen ruft.
Vor dem ‚Kraftvollen und Machtreichen‘[32]
wird niemand vermisst.

III (V. 27 – 31)

27 Warum sagst du, Jakob,
und sprichst du, Israel:
„Mein Weg ist verborgen vor Jahwe,
und mein Recht geht an meinem Gott vorbei.“

28 Hast du es nicht bemerkt oder nicht gehört?
Der ewige Gott ist Jahwe,
der Schöpfer der Ränder der Erde.
Er wird nicht müde und wird nicht matt.
Unerforschlich ist seine Einsicht.

29 Er gibt dem Müden Kraft
und dem Kraftlosen Stärke in Fülle.

30 Die Jünglinge werden müde und matt,
und die Jungmänner straucheln und fallen.

31 Aber die auf Jahwe harren, erneuern die Kraft
sie treiben wie Adler Schwingen.
Sie laufen und werden nicht müde,
sie wandern und werden nicht matt.

Abschließend sei die kleine Rede in 44,6 – 8 zitiert, obwohl es sich nicht aus-
schließen lässt, dass sie bereits zur dritten Bearbeitungsschicht gehört.[33] Ihrer
Art nach handelt es sich bei ihr um einen Zeugenaufruf Jahwes als des Königs
und Lösers und d. h. Rechtswahrer Israels. Sie bringt in ihrem Einsatz in V. 6
den exklusiven Anspruch Jahwes auf seine Gottheit gleich in ihrem ersten Vers
auf den Punkt (Jes 44,6 – 8):

6 So spricht Jahwe, der König Israels,
und sein Löser Jahwe Zebaoth.[34]
Ich bin der Erste und ich bin der Letzte,
und außer mir gibt es keinen Gott.

7 Doch wer mir gleicht, ‚der trete vor und‘[35] rede
und tue es kund und lege es mir dar!

32 Lies mērob; vgl. Ellliger, 63 z.St.
33 Vgl. Kratz, Kyros mit Hermisson, Einheit, 155 und van Oorschot, 32
34 Zu dem Gottesnamen Jahwe Zebaoth, „Jahwe der (himmlischen) Heerscharen vgl. Kaiser, GAT
   II, 117 – 118.
35 Siehe BHS.

Wer tat seit ehedem ‚die Zukunft kund',[36]
und was kommt, mögen sie ‚uns'[37] hören lassen!

8 Bebt nicht und seid unverzagt!
Ließ ich es nicht ehedem hören und tat (es) kund?
Doch ihr seid meine Zeugen, ob es einen Gott gibt außer mir
oder ein Felsen, ich wüsste keinen.

Hinter dem ganzen Beweisgang in Jes 41 – 48* steht die Israel in seiner Geschichte zugewachsene und nun erneut in den Kyros-Prophetien bewährte
Erfahrung, dass Jahwe es auf seinem Weg durch die Zeiten mit seinen Pro-
phetensprüchen begleitet hat. Der Gegenbeweis, dass die Götter keine Orakel
erteilen können, mit denen sie in das Handeln ihrer Verehrer eingreifen, wird in
den Gerichtsreden der Sache nach vorausgesetzt. Die als Gegenzeugen gelade-
nen Götter erscheinen nicht, womit die Streitsache zu Jahwes Gunsten und
damit zugleich zu Gunsten Israels entschieden ist (41,21 – 29); denn der Gott,
der hier das Wort ergreift wird schon in der Einführung in V. 1aβ als der „Löser"
(gô'el), der Sachwalter Israels vorgestellt.[38] So dient der ganze Weissagungsbe-
weis der Selbstversicherung des Glaubens an die Allmacht des Gottes Israels
und die Ohnmacht der Götter der Völker. In diesem Sinn ist er eine Erhebung zu
Gott ist, aus dessen Perspektive die irdischen Verhältnisse eine dem Augenschein widersprechende Rangordnung erhalten. Dabei setzen die Texte nicht
nur den Glauben an die Sonderstellung Jahwes als des Schöpfers der Welt
sondern auch die die Unauflöslichkeit des zwischen ihm und seinem Volk bestehenden Verhältnisses voraus, nach dem Israel das von ihm erwählte Volk war,
ist und bleibt (Jes 44,2).[39] Mithin ist die Funktion des Weissagungsbeweises in
den deuterojesajanischen Prophetenworten keine andere als die des Schöpfungsglaubens als solchem: Beide dienen der Stützung der Heilsprophetie,
indem der eine auf seine einzigartige Macht als Schöpfer und Lenker der Welt
(vgl. Jes 40,21 – 26; 44,24)[40] und der andere auf ihn als den der Welt überlegenen
Lenker des Schicksals der Völker (Jes 40,15; 41,2) verweist.

---

36 Lies mit dem Vorschlag in BHS.
37 Lies lānû.
38 Damit schiebt der Text die ausgebildete mesopotamischen Orakelpraxis einfach auf die Seite;
   vgl. zu ihr Ivan Starr, Rituals of the Diviner, zur Prophetie Sima Parpola, Assyrian Prophecies,
   XIII – LII; und Martti Nissinen, References to Prophecy, 163 – 172; zum griechischen Orakelwesen umfassend Veit Rosenberger, Griechische Orakel, und dazu paradigmatisch Kaiser,
   Xenophons Frömmigkeit, 105 – 133, bes. 108 – 130; und zum Niedergang des delphischen
   Orakels seit der hellenistischen Epoche Rosenberger, 182 – 183.
39 Vgl. Kaiser, GAT II, 45 – 48.
40 Vgl. dazu Rolf Rendtorff, Schöpfungsglauben, 209 – 242.

18.5 Das Bekenntnis zu Jahwe als dem einzigen Gott in der Erzählung vom Gottesurteil auf dem Karmel in I Königen 18

Der Umschlag vom Glauben an Jahwe als den einzigen Gott Israels zu dem einzigen Gott überhaupt gibt sich auch in der Erzählung von der Opferprobe Elias als dem Berg Karmel in I Kön 18,21 – 40* zu erkennen: In ihm geht es um den Erweis der ausschließlichen Gottheit Jahwes.[41] Mittels der V. 17 – 20 in die Dürreerzählung von 17,1 – 18,(17a).41 – 46 eingefügt, handelt es sich bei ihr in ihrer vorliegenden Gestalt um eine spätdtr theologische Erzählung. Sie wurde nachträglich durch einige Einfügungen erweitert, um die Vollmacht Elias und das Wunderbare des Geschehens zu unterstreichen.[42]

Sie berichtet, dass der Prophet Elia das auf dem Berg Karmel versammelte Volk in Gegenwart von 400 Propheten des Gottes Baal aufgefordert hätte, sich zwischen Jahwe und Baal zu entscheiden. Um die Gottheit Jahwes und die Nichtigkeit Baals zu erweisen, hätte er ein Gottesurteil veranstaltet: Der Gott, der auf seine Anrufung hin Feuer auf das Opfer herabfallen ließe, hätte sich damit als der wahre Gott erwiesen. Man merkt es dem beißenden Spott über die vom frühen Morgen bis zum hohen Mittag den Altar Baals im Hinkeschritt umkreisenden Propheten in V. 27 an, dass der geistige Kampf zwischen Jahwe und Baal in den Augen des Erzählers längst entschieden ist.[43] An der Überlegenheit Jahwes über die Götter Kanaans besteht für ihn kein Zweifel. Daher verherrlicht er ihn als den einzigen Gott und Elia als seinen wahren Propheten. Denn während die Propheten Baals ihren Gott von früh bis spät vergeblich anrufen, findet Elias Bitte sogleich Erhörung (I Kön 18,36b – 37):

36 Jahwe, Gott Abrahams, Isaaks und Israels, es werde heute bekannt, dass du in Israel Gott bist und ich dein Knecht, und dass ich all dieses nach deinen Worten getan habe. 37 Antworte mir, Jahwe, antworte mir, damit dieses Volk weiß, dass du, Jahwe, der Gott bist, und dass du ihr Herz zurückwendest.

---

41 Vgl. zum Folgenden auch Kaiser, Der eine Gott, 335 – 352.

42 Vgl. dazu die divergierenden literarkritischen Beurteilungen von Ernst Würthwein (ATD 11/2), 215 – 220; Ders., Opferprobe; 132 – 138, der die Erzählung 138 als dtr einordnet. In ähnlicher Weise hat Martin Beck, Elia und die Monolatrie, 94 – 95 die Erzählung beurteilt. Er beurteilt sie als ein Stück narrativer Theologie, die aus Elia einen Vorkämpfer für das monotheistische Gottesbekenntnis gemacht hat. Christian Frevel, Aschera (BBB 94/1), 28 – 123 findet in der Erzählung eine aus dem 8. Jh. stammende Grundlage, die nur das Gegenüber von Elia und dem Volk kannte. Einen Schritt noch weiter zurück geht Winfried Thiel (BK:AT IX/2.2), 103 – 113 der Grundbestand der Erzählung in I Kön 18,17 – 40* in die Zeit Jehus einordnet. Dass sie mehrfach redaktionell erweitert worden ist, ist opino communis.

43 In diesem Zusammenhang sei darauf hingewiesen, dass siebzig, vermutlich frühexilische in Juda gefundene Bullae oder Siegelabdrucke keinerlei Göttersymbole, sondern nur die Namen ihrer Besitzer tragen und im nachexilischen Juda keinerlei Götterfiguren mehr gefunden worden sind, vgl. dazu Othmar Keel/Christian Uehlinger, Göttinnen, 449 – 450.

Die doppelte Bitte ist schwerlich aus einem Guss.[44] Doch auch wenn man V. 36b als Ergänzung betrachtet, entsprechen die beiden Bitten den in der Erzählung unauflösbar miteinander verknüpften Zielen: Vordergründig geht es um die Entscheidung, ob Jahwe oder Baal der Gott Israels ist.[45] Gleich am Anfang der Erzählung wendet sich Elia in V. 21 mit den Worten an das ganze Volk: „Was hinkt ihr auf beiden Seiten? Ist Jahwe der Gott, so geht hinter ihm her, aber wenn es Baal ist, so geht hinter ihm her!"

In dem folgenden Bericht über das Gottesurteil, in dem es im Sinne von V. 37b um die Bekehrung Israels geht, steht zugleich mit der Gottheit Baals (der hier die fremden Götter überhaupt vertritt) die Gottheit Jahwes auf dem Spiel. Die Frage lautet daher von Anfang an nicht: „Ist Jahwe *euer* Gott?" sondern: „Ist Jahwe *der* Gott?" Dabei versteht es sich von selbst, dass kein anderer Gott als der, der sich als der wahre erwiesen hat, der Gott Israels sein kann. Entsprechend setzt Elia in V. 24 den Modus der Entscheidung in seiner an die Propheten Baals gerichteten Aufforderung zum Gottesentscheid fest: Der Gott, der mit Feuer auf seine Anrufung antwortet, soll der (wahre) Gott sein. Dem entspricht die Bitte Elias in V. 37, Jahwe möge ihn erhören, damit dieses Volk erkenne, dass er *der* Gott ist und sich in der Folge zu ihm bekehrt. Und so geschieht es: Als das Feuer vom Himmel fällt und das Brandopfer mitsamt dem Holz verzehrt, sinkt das Volk anbetend nieder, um einmütig zu bekennen (I Kön 18,39):

Jahwe, er ist der Gott, Jahwe, er ist der Gott!

Angesichts der vorausgehenden sarkastischen Verspottung der Propheten Baals und ihres Gottes in V. 27 mit der an sie gerichteten Aufforderung, lauter zu rufen, weil ihr Gott möglicherweise anderweitig beschäftigt sei oder schlafe, kann man dieses Bekenntnis nicht anders als monotheistisch verstehen. Der die Szene mit V. 40 abschließende Bericht von der Abschlachtung der vierhundert Propheten wirkt auf den modernen Leser abstoßend, soll aber zeigen, dass Elia sich ganz dem Prophetengesetz in Dtn 13,2–6 gemäß verhalten hat. Die ganze Erzählung ist ein Stück Wunscherfüllung, dass sich der geglaubte Gott, der sich im Bewahren bewährt und doch nur in Glauben, Liebe und Hoffnung gegenwärtig ist, wenigstens einmal in die nicht hinterfragbare Sichtbarkeit seines Handelns hat rufen lassen. Wenn sich das Dasein und Wirken des einen Gottes mittels eines Gottesurteils nachweisen ließe, wäre alle Gegnerschaft zwischen den Religionsgemeinschaften schnell aus der Welt zu schaffen. Aber die Erzwingung des Hervortretens Gottes aus der Verborgenheit stößt an die dem endlichen Menschen gesetzte Grenze, dem sich Gott nur offenbart, wenn er sich ihm vorbehaltlos anvertraut.

---

44 In G tritt das noch deutlicher hervor, weil dort, wie Immanuel Benzinger (KHC IX), 111 bemerkt, auch V. 36b mit einem „Erhöre mich, Herr, erhöre mich" eingel. wird. Die Vermutung von Martin Beck, Elia, 78, dass V. 36b dank seiner an V. 31–32 anschließenden Israelperspektive nachträglich eingefügt worden ist, dürfte zutreffend sein.

45 Vgl. auch Dtn 4,35.39; 7,9; (10,17); II Sam 7,28; I Kön 8,60; II Kön 19,15 par Jes 37,16 und zur monotheistischen Bedeutung der Formel ausführlich Georg Braulik (SBAB 2), 280–289.

18.6 Jahwe als Herr der Götter und Richter der Welt in exilisch-nachexilischen Psalmen

Es ist eigenartig, dass die ausschließliche Gottheit Jahwes in der Weisheit der späten Perser- und der Hellenistischen Zeit als selbstverständlich vorausgesetzt wurde, sich aber davor, daneben und danach der Himmel wieder bevölkert hat. Das konnte auf dreierlei, wenn nicht viererlei Weise geschehen:) konnten die Psalmensänger Jahwe als allen Göttern überlegenen und von ihnen gefürchteten höchsten Gott[46] und als König der Götter preisen, wie es in den Jahwe-Königs-Liedern der Ps 95–97[47] und verwandten Psalmen der Fall ist. Dabei konnte die Mythe vom Kampf gegen das Meer, die sein Königtum begründet, mehr und mehr in den Hintergrund rücken. Nur noch im ersten und letzten der drei genannten Psalmen findet sich eine blasse Anspielung auf sie. Im Meerlied von Ex 15 und in Ps 135 ist an ihre Stelle die Rettung Israels vor seinen Verfolgern beim Zug durch das Meer geworden. Wir belassen es dabei, das Gesagte am Beispiel von der Ps 96 zu belegen.[48] In ihm gilt das Lob der Gemeinde Jahwe als dem König, der seine Erhabenheit über die Götter bewiesen hat und dessen Erscheinen zum gerechten Gericht über die ganze Erde und alle Völker unmittelbar bevorsteht (Ps 96,1–13*):[49]

1 Singet Jahwe ein neues Lied,
singet Jahwe die ganze Erde.

2 Singet Jahwe, segnet seinen Namen,
tut kund von Tag zu Tag seine Hilfe.

3 Erzählt bei den Völkern seine Ehre,
bei allen Völkern seine Wunder.

4. Denn groß ist Jahwe und hoch gerühmt,
furchtbarer ist er als alle Götter.[50]

6 Hoheit und Pracht sind vor seinem Angesicht,
Macht und Pracht in seinem Heiligtum.

7 Bringt Jahwe, ihr Geschlechter der Erde,
bringet Jahwe Ehre und Macht.

---

46 Vgl. dazu Herbert Niehr, Höchste Gott, 88–94 bes. 91–92 und Kaiser, GAT II, 138–14
47 Vgl. aber John Day, Pre-exilic Psalms, 225–249, der 234–236 die Ps 95–99 vor Deuterojesaja ansetzt und im Fall von Ps 95 darauf verweist, dass er in V. 3 Jahwe als einen großen König über alle Götter bezeichnet, was dem dtjes. Monotheismus widerspreche.
48 Vgl. zu ihm oben, 157.
49 Vgl. dazu auch Jörg Jeremias, Königtum, 121–131, der den Psalm im Umkreis der dtjes. Theologie einordnet.
50 Zum Charakter von V. 5 „Denn alle Götter der Völker sind Nichtse,/aber Jahwe hat die Himmel gemacht." vgl. z. B. Frank-Lothar Hossfeld, Psalmen 51–100, 668.

8 Bringt das für Jahwe die Ehre seines Namens,
hebt auf die Gabe und tretet in seine Vorhöfe ein

9 Werft euch nieder vor Jahwe in heiligem Schmuck,
vor seinem Antlitz erbebe die ganze Erde
...

10 Sagt unter den Nationen: Jahwe ward König!
Ja, fest steht der Erdkreis, er wird nicht wanken.

11 Freuen sollen sich die Himmel und jauchzen die Erde,
donnern das Meer und was es füllt.

12 Frohlocken das Gefilde und alles, was auf ihm,
auch sollen jubeln alle Bäume des Waldes

13 Vor dem Angesicht Jahwes, denn er kommt,
er kommt zu richten die Erde.
Er wird den Erdkreis in Gerechtigkeit
und die Völker in seiner Treue richten.

In dem zur gleichen Gruppe gehörenden, aber eher dtr beeinflussten Ps 95[51]
liegt eine Dichtung vor, die sich literarisch schwer schichten lässt.[521] seiner
Eigenschaft als Schöpfer der Erde und des Meeres verdankt. Man merke wohl
auf: Jahwe hat das Meer nicht mehr besiegt, sondern erschaffen (vgl. Gen 1,9 –
10). Für die Beter besteht die Bedeutung Jahwes vor allem darin, dass dieser
wahrhaft höchste Gott der Hirte Israels ist (Ps 80,2), in dessen Führung es sich
als sein Volk und die Schafe seiner Weide geborgen wissen darf[54] (Ps 95,1 – 7a):

1 Kommt, lasst uns Jahwe zujubeln,
lasst uns jauchzen dem Fels unsres Heils.

2 Lasst uns seinem Antlitz nahen mit Dank,
mit Saitenspiel lasst uns ihm jauchzen.

3 Denn der große Gott ist Jahwe
und König[55] über alle Götter.

4[56]In seiner Hand sind die Tiefen der Erde
und ihm gehören die Hörner der Berge.

---

51 Vgl. dazu Jörg Jeremias, Königtum, 107 – 114.
52 Frank-Lothar Hossfeld, Ps 51 – 100, 661 – 662.
53 Vgl. auch Dtn 7.
54 Vgl. Ps 23.
55 Das nachgestellte „großer" fehlt in einigen Handschriften und ist aus kolometrischen Gründen
   zu streichen; vgl. BHS.
56 Das Relativum am Anfang von V. 4 und 5 ist ebenfalls aus kolometrischen Gründen zu streichen;
   vgl. BHS.

5 Sein ist das Meer, er war's, der es schuf
und das Festland, das seine Hände gebildet.

6 Kommt, lasst uns niedersinken und uns beugen
[57]vor Jahwe, unserem Schöpfer.

7 Denn er ist unser Gott
und wir sind „sein Volk
und die Schafe seiner Weide".[58]

Dagegen antwortet die erstaunte Frage des Beters in dem Meerlied Ex 15,2 – 18 in (Ex 15,11)

Wer ist wie du unter den Göttern, Jahwe,
und wer ist wie du „gewaltig unter den Heiligen"?[59]

auf den die wunderbare Rettung Israels am Schilfmeer. Für den in ihm das Wort nehmenden levitischen Sänger am Zweiten Tempel hat Jahwe seine einzigartige Macht erwiesen,[60] indem er die Wagen und Streiter des Pharao im Schilfmeer versenkte, als sie versuchten, Israel durch die Gasse im Meer zu folgen, die er mit seinem Atem geschaffen hatte. Auf die Kunde von der Vernichtung des ägyptischen Heeres erschraken die Völker dermaßen, dass sie das von ihm geleitete Volk in das Land einziehen ließen, wo er es auf dem Berg seines Eigen- und Heiligtums[61] einpflanzte. So hat Jahwe seine königliche Macht statt im Sieg über das Meer in seiner Herrschaft über das Meer und die Feinde seines Volkes erwiesen, so dass der Psalm in V. 18 mit dem Bekenntnis zu ihm als dem König für immer und ewig schließt (Ex 15,18):

Jahwe wird König sein immer und ewig.

Thematisch besitzt das Meerlied in dem Hymnus Ps 135,1 – 14 seine Entsprechung: Das Loblied fordert die in den Vorhöfen des Hauses des Herrn Versammelten auf, den Gott zu preisen, der sich Jakob erwählt und Israel zu seinem Eigentum gemacht hat (V. 1 – 4). Dann folgt in den V. 5 – 14 ein Bekenntnis zu seiner Sonderstellung unter den Göttern und seiner unbeschränkten Macht, die sich einerseits in seiner Herrschaft über Wolken und Regen und andererseits in seinen Taten an den Völkern zugunsten der Befreiung Israels aus Ägypten und zur Vorbereitung und Sicherung der Landverleihung erwiesen hat. Es wird durch die V. 5 – 6 eingel. und die V. 13 – 14 beschlossen (Ps 135,5 – 6):

57 Das „und niederknien" ist aus kolometrischen Gründen zu streichen; vgl. BHS.
58 Vgl. BHS.
59 Siehe BHS, vgl. aber auch Martin L. Brenner, The Song of the Sea, 113.
60 Vgl. dazu die Nachweise von Brenner, passim, dass der Dichter im Umkreis der Asaphitischen Tempelsänger des Zweiten Tempels zu suchen ist.
61 Auf Zion.

5 Denn ich weiß, dass Jahwe groß ist
und unser Herr mehr als alle Götter.

6 Alles, was Jahwe gefällt,
tut er im Himmel und auf Erden.

18.7 Das Bekenntnis zu Jahwe als dem König und einzigen Gott der ganzen Erde in Sacharja 14,9

In einem weiten geschichtlichen Zeitsprung sei Sach 14,9 bedacht, ein Bekenntnis zu Jahwe, in dem die Erwartung von Jes 45,20–25 und Dtn 32, nach
der die Geschichte Gottes mit den Menschen ihr Ziel in der universalen Anerkennung seiner Gottheit erreicht, noch einmal aufklingt.[62] Der frühhellenistische Schriftgelehrte bedient sich dabei des direkten Rückgriffs auf das
Schĕma in Dtn 6,4b.[63] Sach 14 stellt als Ganzes offensichtlich eine Fort-
schreibungskette dar,[64] die sich nicht bruchlos an die einleitenden V. 1–5
anschließt: Während sie von der Eroberung Jerusalems durch die Völker
berichten, schlägt der in diesem Zusammenhang relevante V. 9 die Brücke
über die V. 6–8 zurück zu den V. 3–5, die von der Befreiung Jerusalems durch
Jahwe und seinem himmlischen Heer handeln. Gleichzeitig gibt er den thematisch uneinheitlichen V. 11–21 das Leitthema vor. V. 9 berichtet mithin von
der entscheidenden Folge, welche die Befreiung Jerusalems haben würde: Sie
bereitet den Antritt Jahwes als König über die ganze Erde und damit seine
Anerkennung durch alle Völker vor (Sach 14,9):

Dann wird Jahwe zum König
über die ganze Erde.
An jenem Tag wird
Jahwe einzig sein
und sein Name einzig.

18.8 Jahwe im Kreise der Göttersöhne

Aber diese distanzierte Sicht auf die anderen Götter konnte einer persönli-
cheren weichen, indem die Götter zu seinen Söhnen und damit zu Mitgliedern
seines himmlischen Hofstaats und Thronrates wurden (Dtn 32,8;[65] Ps 82,6;

---

62 Vgl. Kaiser, Der eine Gott, 343–344.
63 Vgl. auch Oswald Loretz, Gottes Einzigkeit, 85.
64 Vgl. dazu Martin Beck, Tag Jahwes, 219–220 und Jakob Wöhrle, Abschluss des Zwölfprophe-
    tenbuches, 112–117.

29,1; 89,7 – 8; Hi 1,6: 2,1; 38,7).[66] Als farbigster Text sei der Hymnus Ps 89,6 – 19 vorgeführt, in dem die Überlegenheit Jahwes über die Götter mit einem mythischen Sieg über Rahab begründet wird (Ps 89,6 – 19):[67]

6 Die Himmel preisen „deine Wunder",[68] Jahwe,
ja, deine Treue in der Versammlung der Heiligen.

7 Denn wer gleicht Jahwe im Gewölk,
ist Jahwe ähnlich bei den Göttersöhnen,

8 ein Gott, gescheut im Kreise der Heiligen,
groß und gefürchtet über alle rings um ihn her?

9 Jahwe, Gott Zebaoth, wer ist wie du,
umringt von „deiner Gnade"[69] und deiner Treue?

10 Du herrschst über den Aufruhr des Meers,
erheben sich seine Wellen, so stillst du sie.

11 Du selbst hast Rahab zermalmt wie einen Durchbohrten,[70]
mit dem Arm deiner Macht deine Feinde zerstreut.

12 Dein ist der Himmel, ja dein ist die Erde,
der Erdkreis und seine Fülle – du hast sie gegründet.

13 Norden und Süden, du hast sie erschaffen,
Tabor[71] und Hermon[72] jubeln über deinen Namen.

14 Dein Arm ist voller Kraft,
stark deine Hand, erhebst du deine Rechte.

15 Recht und Gerechtigkeit sind deines Thrones Stütze.

16 Wohl dem Volk, das den Jubel kennt,
Jahwe, im Licht deines Angesichts wandeln sie.

17 In deinem Namen jubeln sie den ganzen Tag,
und in deiner Gerechtigkeit erheben sie sich.

65 Vgl. BHS:
66 Vgl. dazu Herbert Niehr, Höchste Gott, 84 – 88, zu den unterschiedlichen Bezeichnungen für den himmlischen Thronrat Jahwes samt den Belegstellen vgl. Heinz-Dieter Neef, Thronrat, 13 – 17, wobei Hi 1,3 und 2,1 nicht erwähnt werden, und zu Hi 38,7, wo die Göttersöhne mit den Morgensternen identifiziert werden, Matthias Albani, Eine Gott, 25.
67 Vg. dazu Niehr, 206 – 210 mit der Überschrift: „Eine Kehrseite des Monotheismus: Die Rache des Mythos".
68 Siehe BHS.
69 Siehe BHS.
70 Vgl. zu ihr Klaas Spronk (DDD), 1292 – 1295.
71 Zu dem in Untergaliläa gelegenen Berg vgl. Gerard Mussies (DDD), 1565 – 1567.
72 Zu dem den Libanon und Antilibanon im Westen begrenzenden Berg vgl. Wolfgang Röllig (DDD), 783 – 784.

18 Denn die Zierde ihrer Kraft bist du,
und in deinem Wohlgefallen erhebst du unser Horn.

19 Denn Jahwe gehört unser Schild,
dem Heiligen Israels unser König.

Jahwe wird hier als der Gott besungen, der von seinen Heiligen und d. h. den
seinen Hofstaat bildenden Göttern umgeben ist und unter ihnen dank seiner
Macht eine einzigartige Stellung einnimmt. Weil er mächtiger und schlag-
kräftiger als sie alle ist, scheuen sie davor zurück, sich seinem Willen zu
widersetzen. Denn Jahwe fürchten, heißt ihm zu gehorchen. Seine einzigartige
Stellung unter den Göttern beruht wie im Fall des ugaritischen Wettergottes
Baal darauf, dass er das aufbegehrende Meer unterworfen hat, indem er dessen
Verkörperung in Gestalt des Ungeheuers Rahab getötet und dessen Helfer
unterworfen hat (vgl. Hi 26,12 – 13 mit 9,13).[73] Es handelt sich bei ihm also um
eine parallele Gestalt zum Meeresgott Jam bzw. seinem Akkoluten (?) Lotan/
Leviatan.[74] Die in dem ugaritischen Baal-Epos bereits erfolgte Verlegung des
eigentlich jährlich wiederkehrendes Ereignisses in die Vorzeit hat hier insofern ihren Abschluss gefunden, als der Sieg Jahwes über Rahab nun als Voraussetzung für seine Erschaffung der Erde gilt: Jahwe hat also seine Macht in
der Urzeit im Sieg über das Meer und in der Erschaffung der Erde erwiesen. Er
nimmt in diesem Psalm mithin die Rolle Els als des Schöpfers und Baals als des
Siegers über das Meer ein. Mithin erscheint seine Macht weit über die des alten
kanaanäischen Wettergottes hinaus gesteigert: Aus dem relativ einzigartigen
ist er zum absolut einzigartigen Gott unter den Göttern geworden. Zu seinen
königlichen Rechten und Pflichten gehört in der Nachfolge Els die Herstellung
und Bewahrung von Recht und Gerechtigkeit: Nicht auf Willkür, sondern auf
Gerechtigkeit gründet sich seine Weltherrschaft.

Ebenso auffällig ist es, dass in der bundestheologischen Auslegung des
Schĕma (Dtn 6,4 f.) in Dtn 10,12 – 11,20[75] dier Ermahnung zur Beschneidung
der Herzen in 10,16 nicht mit Jahwes Einzigkeit, sondern seiner Einzigartigkeit unter den Göttern begründet wird (Dtn 10,17 – 18):[76]

17 Denn Jahwe, euer Gott, er ist der Gott der Götter und der Herr der Herren, der
große Gott, und der gefürchtete Held, der niemanden bevorzugt und keine Geschenke nimmt, 18 der Recht schafft Waisen und Witwen und die Fremden liebt, um
ihnen Speise und Kleidung zu geben.

Offensichtlich haben die späten Deuteronomisten deshalb auf das Motiv der
einzigartigen Macht Jahwes über die Götter zurückgegriffen, weil sie auf diese
Weise die Gefahr unterstreichen konnten, der sich Israel aussetzt, wenn es

---

73 Zu Rahab vgl. Karel von der Toorn (DDD), 1292–1295.
74 Zum Leviathan vgl. Christoph Uehlinger (DDD), 956–964.
75 Vgl. dazu Timo Veijola, Bundestheologische Redaktion; 242–276, bes. 263–265.
76 Zu Entgottung der kananäischen Götter durch die Deuteronomisten vgl. Judith M. Hadley,
    De-deification, 157–174.

seine Gebote übertritt: Der Gott, welcher allen Herren im Himmel und auf Erden überlegen ist, ohne Ansehen der Person richtet und den Fremdling liebt, würde es sein erwähltes Volk spüren lassen, wenn es seinen Willen missachtete. So dürfte sich in diesen auffallenden Befunden der aspektive Charakter des biblischen Denkens spiegeln, der es ihm erlaubt, jeweils den Gesichtspunkt in den Vordergrund zu rücken, welcher der Intention der Aussage am besten entspricht. Und so erklärt es sich, dass der späte Erzähler den babylonischen König Nebukadnezar angesichts der Deutung seines Traums von den vier Weltreichen durch Daniel zu ihm sagen lassen konnte (Dan 2,47):[77]

Es ist wahr, dass euer Gott der Gott der Götter ist und der Herr der Könige und der Geheimnisse offenbart, so dass du dieses Geheimnis zu offenbaren vermochtest.

18.9 Jahwe und die Völkerengel

In dem Augenblick, in dem Jahwe als der Gott Israels auch nur die Alleinherrschaft über die anderen Götter für sich beansprucht hatte, waren sie ihres Herrschaftsanspruchs beraubt. Ist er der Schöpfer des Himmels und der Erde, so können sie weiterhin allenfalls als Völkerengel in seinem Dienst stehen, ohne dabei aufgrund eigener Macht einen Herrschaftsbereich zu besitzen.[78] Als Zeugnis dafür lässt sich das vermutlich erst aus dem vorgerückten 4. Jh. v. Chr. stammende Moselied Dtn 32,8–9 (4QDtn und G) in Anspruch nehmen (Dtn 32.8–9):[79]

---

77 Vgl. auch Dan 3,32–33; aber auch 5,21–23 und 6,27–28, wo das Bekenntnis zum höchsten de facto in das des einzigen Gottes übergeht.

78 Zu den Völkerengeln vgl. Hans Bietenhard, Himmlische Welt, 108–113. Auf eine vergleichbare Entwicklung der griechischen Religion bei Pindar weist Wilhelm Nestle, Mythos, l63–164 hin: Indem Zeus bei dem Dichter zum Beherrscher des Alls wurde (vgl. I. 5,53 und weiterhin fr. 14 und 129 [Bowra]), erlitten die anderen Götter einen gewissen Persönlichkeitsverlust. Anderseits standen selbst die Götter unter dem Nomos (fr.152), dem König aller Sterblichen und Unsterblichen. Bei diesem Nomos ist nach Michael Theunissen, Pindar, 706–707 an die ungeschriebenen Gesetze zu denken. Vgl. weiterhin auch die „Entzauberung" des Chronos (und der Moira) durch die Anrufung des Zeus als der bewährenden und bewahrenden Instanz (O.2.15–17 und 35–37 mit 27 und 12–14 und dazu Theunisssen, 720–722. Auf die „eigentümliche Nähe" von N.10.75–90 zu Phil 2,5–10 macht Joachim Ringleben, Pindars Friedensfeier, 162–165 aufmerksam. – Nestle, Mythos 171 betont mit Recht, dass die Götter auch bei Aischylos gegenüber Zeus als dem Hüter der Gerechtigkeit auf Erden (vgl. Pers.826–827 mit Prom 547–551) an Selbstständigkeit verloren haben. Er verweist dabei auf Eum.17–19, einer Stelle, der man auch Eum.616–618 an die Seite stellen kann; denn hier wird der Spruch Apollons zum Vollstrecker der Befehle des Zeus. Dem Rechtswillen des Zeus dürfen sich weder Götter noch Menschen widersetzen. Auf die Selbstüberhebung des Menschen, die Hybris, folgt dank seiner Fügung das Lernen durch das Leid, Ag.176–183.

79 Zum Text der Verse vgl. Michael Mach, Entwicklungsstadien, 22–23 und zur späten Entstehung des des Liedes und den Gründen für seine Einfügung in den vorliegenden Kontext vgl. Eckart Otto (FAT 30), 191–196.

8 Als der Höchste die Völker verteilte,
als er die Menschenkinder schied,
bestimmte er die Grenzen der Völker
nach der Zahl der Kinder Gottes,[80]

9 da ward Jahwes Teil sein Volk Jakob,
und sein Erbteil Israel.

In diesen Versen erhalten wir nicht etwa Einblick in die Frühzeit Israels, in der Jahwe dem Höchsten Gott, dem El Eljon, unterstand,[81] sondern in die späte Perserzeit, in der Jahwe selbst die Stellung des Höchsten innehatte.[82] Der späte Dichter ist davon überzeugt, dass Jahwe bereits seit unvordenklichen Zeiten von seiner freien Verfügungsgewalt über die Götter als seinem Hofstaat Gebrauch gemacht und jedem von ihnen eines der Völker zugewiesen hat,[83] während er sich selbst Israel als sein Erbteil vorbehielt.[84] Doch der Blick des Dichters geht nicht nur in die Urzeit zurück, sondern wendet sich am Schluss des Liedes voraus bis zur Endzeit, in der sich Jahwe an seinen und seines Volkes Feinden rächen würde:[85] Dann würden die Himmel jauchzen und die Göttersöhne samt den von ihnen regierten Völker (G V. 43c) anbetend vor Jahwe niederfallen (Dtn 32,43):

Jubelt, ihr Himmel, mit ihm,
und werft euch nieder vor ihm, ihr Göttersöhne,[86]
[Jubelt, ihr Völker, mit seinem Volk,
und gebt ihm die Ehre, alle Engel Gottes.][87]
Denn er rächt das Blut seiner Kinder[88]
und entsühnt das Land seines Volkes.

---

80 Siehe BHS. Die Lesart von G wird auch von 4QDtn geteilt, vgl. Michael Mach, Entwicklungsstadien 22.
81 Otto Eißfeldt, El und Jahwe, 385–397.
82 Vgl. dazu Herbert Niehr, Höchste Gott, 66: Dtn 32,8 kann als Bestandteil einer nachexilischen Dichtung nicht als früher Beleg für die Bezeichnung Jahwes als Eljon herangezogen werden. Sachlich entspricht sie der gleichzeitigen Rede von Jahwe als dem Gott des Himmels. Das Epitheton dient zumal der Hervorhebung der Unvergleichlichkeit seiner Herrschaft über die ganze Erde (Ps 47,3; 83,19; 97,9), alle Götter (Ps 97,9) und über die Gewalten der Natur (Ps18,14–18); vgl. auch GAT II, 138–142, bes. 140.
83 Vgl. dazu auch GAT II, 156–157 und jetzt Mark S. Smith, Origins, 47–53.
84 Vgl. dazu Michael Mach, Entwicklungsstadien, 23, der auch an Ps 82,8 und Dtn 4,19 f. erinnert.
85 Vgl. dazu Georg Braulik, Das Deuteronomium und die Geburt des Monotheismus, 257–300, bes. 295–300.
86 Lies mit G und 4 QDtn, vgl. BHS.
87 So deutet G den vorausgehenden Vers sinn- und sachgemäß.
88 Lies mit G und 4 QDtn, vgl. BHS.

18.10 Die Allgegenwart Jahwes nach Psalm 139[89]

Ob man ihn nun als den einzigen Gott oder den Höchsten und Herrn aller Götter pries, der allen Völker einen eigenen Engel gab, aber sich Israel als sein Volk vorbehielt (Dtn 32,8 – 9), so hatte es in jedem Fall zur Folge, dass damit die übliche Dreiteilung der Herrschaftsbereiche der Welt in Himmel und Erde, Meer und Unterwelt, zurückgenommen und sie alle Jahwe unterstellt wurden. Der Gott des Meeres und der Gott der Unterwelt besaßen keinen Platz mehr neben ihm.[90] Selbst die Unterwelt lag nun seinem Zugriff offen. Damit war Jahwe zum allwissenden und alles beherrschenden Gott geworden. Und so bekennt ein später Sänger, dass man diesem Gott selbst in der Unterwelt nicht entgehen kann (Ps 139,1 – 12):

1b Jahwe, du hast mich erforscht und weißt es:

2 Du weißt es, ob ich sitze oder mich erhebe,
du kennst ‚meine Gedanken'[91] von ferne.

3 Ob ich gehe oder liege, du ermisst es
und bist mit allen meinen Wegen vertraut.

4 Denn es gibt kein Wort auf meiner Zunge,
siehe, Jahwe, du kennst sie alle.

5 Hinten und vorn umgibst du mich,[92]
hast du deine Hand über mich gebreitet.

6 Zu wunderbar ist dieses Wissen für mich,
zu hoch, als dass ich es vermöchte.

7 Wohin kann ich gehen vor deinem Geist
und wohin vor dir entfliehen?

8 Stiege ich auf[93] gen Himmel , bist du da,
bettete ich mich in der Unterwelt, wärst du auch da.

9 Erhöbe ich Flügel der Morgenröte[94]
und ließ ich mich nieder weit hinter dem Meer,

---

89 Vgl. dazu auch Kaiser, GAT II, 150 – 152.
90 Vgl. auch den Bericht Poseidons über die Aufteilung der Herrschaft über die Welt unter Zeus, ihm und dem Hades Hom.Il.XV. 187 – 193, wobei Poseidon erklärt, dass die Erde ihnen allen drei gemeinsam gehöre und der hohe Olymp.
91 Siehe BHS.
92 Siehe BHS.
93 Zum Verb nāsaq vgl. Dalman, Aram.-Neuhebr. Wörterbuch, 272b.
94 S: „wie ein Adler."

10 auch dort würde mich deine Hand ‚ergreifen‘[95]
und dort deine Rechte[96] mich greifen.

11 Und sagte ich: griffe doch Finsternis nach mir,[97]
und Nacht sei das Licht um mich her,

12 so wäre auch Finsternis nicht finster vor dir
und die Nacht würde leuchten wie der Tag.[98]

Der Dichter hat aus diesen Einsichten nicht die Aufgabe, den Bösen durch
Wohltaten von seinem falschen Weg abzubringen, abgeleitet, sondern in dem
Gegensatz zwischen den Frommen und den Frevlern befangen,[99] darum ge-
betet, Gott möge die Frevler töten, die zu hassen er als seine Pflicht empfindet
(Ps 139,19 – 20):[100]

19 Wenn du doch, Gott, den Frevler töten würdest,
dass die Männer der Blutschuld von mir wichen!

20 Denn ‚sie widersetzen sich dir‘[101] mit Tücke,
erheben sich nichtswürdig ‚wider dich‘.[102]

21 Soll ich deine Hasser, Jahwe, nicht hassen[103]
und deine Gegner nicht verabscheuen?

So ist einzige Gott Israels zu dem geworden, der tötet und lebendig macht, der
in die Unterwelt führt und wieder hinauf (Dtn 32, 39; I Sam 2,6; Weish 16,13).

---

95 Siehe BHS.
96 Hand.
97 Vgl. Köhler/Baumgartner/Stamm IV, 1342 s.v. šûp.
98 Zu V. 12b vgl. BHS.
99 Vgl. dazu Christoph Levin, Gebetbuch, 302. Dasselbe Klima herrscht auch in Ps 58; vgl. dazu
   Urmas Nõmmik, Gerechtigkeitsbearbeitungen, 509 – 511 und weiterhin die Vertiefung des
   Gegensatzes als dem zwischen den Söhnen des Lichts und den Söhnen der Finsternis in 1 QS
   III.13–IV. 26.
100 Vgl. dagegen die Humanität in der Lehre des Amenemope aus dem 12. Jh. v.Chr. V. 1 – 5:
   „Steure/lass uns den Bösen (über den Nil) übersetzen, 2 wir wollen nicht wie er tun. 3 Richte
   ihn auf/gib ihm deine Hand, 4 überlasse ihn den Armen Gottes. 5 Fülle seinen Leib mit Brot vor
   dir, 6 dass er satt werde und weine." Übers. von Irene Shirun Grumach (TUAT III/2), 229; vgl.
   auch Röm 12,17 – 2
101 Siehe BHS.
102 Siehe BHS.
103 Vgl. die von den Mitgliedern des Jachad Israel geforderte Liebe zu den Söhnen des Lichts und
   des Hasses auf die Söhne der Finsternis.

18.11 Von Engeln und Dämonen

Die Tendenz, die aus den Göttern Völkerengel machte, führte einerseits zu dem astrologisch begründeten Glauben an die Tierkreiszeichen als Vorkämpfer der Völker (vgl. Dan 8)[104] und andererseits ebenso zur Hochschätzung wie zu der Ablehnung der Astrologie.[105] Der Glaube, dass die sich selbst bewegenden Sterne Götter oder jedenfalls lebende Wesen waren, der sich bis zu den Babyloniern zurückverfolgen lässt und wirkungsmächtig von Platon Tim.40–41 und leg. VIII. 821b-c vertreten wurde,[106] lebte nicht nur in der griechisch-römischen Antike sondern auch im Judentum fort. In II Hen 29,3 und II Bar 59,11 erscheinen die Sterne als Engel, die von dem Erzengels Uriel angeführt werden.[107] Selbst für Philo waren sie beseelte Wesen.[108]

Unter dem Einfluss des Engelglaubens wurden die Söhne Gottes jedenfalls durch die Engel ersetzt, deren überschaubarer Zahl der Erzengel (I Hen 20) ein gewaltiges Engelheer gegenüberstand (I Hen 40). Hatte Gott auf Erden so zahlreiche Diener, musste er im Himmel unzählige besitzen. Sie dienten ihm vor seinem Thron, verherrlichten seinen Namen in Lobgesängen und vermittelten umfassend den Verkehr zwischen Gott und den Menschen.[109] Das Böse in der Welt wurde in der hellenistischen Epoche entweder auf den Engelfall (vgl. I Hen 12–16; Gen 6,1–4; Jub 10,1–10)[110] oder auf das Wirken des Satans zurückgeführt. Dabei wurde aus dem biblischen Satan als dem Spion Gottes, der die Menschen bei Gott verklagte (Hi 1,3; 2,1,),[111] ein gefallener Engel,[112] der als der Fürst der Finsternis über die dazu vorbestimmten Menschen oder Kinder der Finsternis für eine von Gott bestimmte Zeit zu herrschen bestimmt war (1Q III.13–IV. 14).[113] So suchten die Essener das mit dem

---

104 Vgl. dazu Hengel, 336–337 und zur Theorie Franz Boll u. a. Sternglaube, 51–58 bzw. knapp Per Beskow (TRE IV), 278–280 und zu den astrologischen Praktiken Tamsyn Barton, Astrology, 114–142.

105 Vgl. z. B. einerseits Philo.Abr.68–72 und andererseits op.45–46, dazu Otto Böcher (TRE IV), 1979, 299–308, bes. 304–305 – Oben, 379–381 wurde bereits darauf hingewiesen, dass Vorstellung, dass die Seelen der Gerechten in den Himmel zurückkehren und dort wie die Sterne glänzen (Dan 12,3; I Hen 104,2), der anderen entspricht, dass der Seele jedes Menschen ein eigener Stern entspricht; vgl. dazu auch Matthias Albani, Eine Gott, 229–230.

106 Belege bei Holger Essler, Glückselig, 247–248.

107 Vgl. z. B. I Hen 1,4–5; 20,1; 21,5–6 und 72,

108 Vgl. z. B. op. 52; det.153–154; her. 281–282 und dazu Carles A. Anderson, View of Physical World, 172–174.

109 Vgl. dazu die Übersicht über ihre Funktionen im AT bei Hans Bietenhard, Himmlische Welt, 101–104; Mach, 60–64 und zu ihrer Ausweitung im apokalyptischen Engelglauben 132–173 bzw. John J. Collins, Apocalypticism, 130–149 und weiterhin Kaiser, GAT II,152–160.

110 Vgl. dazu Collins, Apocalypticism, 30–32.

111 Zum Problem seiner Herkunft vgl. Peggy L. Day, Adversary, 25–43, bes. 40–43 und zu den Belegen und Problemen Cilliers Breitenbach/dies. (DDD), 1369–1380.

112 Vgl. Weish 2,24 mit vit.Ad.12–17; II Hen (J) 31,3–6; vgl. Aug.ver.rel.XIII.26 (71–72).

113 Vgl. dazu Peter von der Osten-Sacken, Belial, 116–169; Armin Lange, Weisheit, 121–170,

Monotheismus verbundene Problem, das Böse in der Welt so zu erklären, ohne Gott direkt zu einem Urheber zu machen, indem sie ihn einem untergeordneten Diener erlauben ließen, für eine vorbestimmte Zeit eine dazu vorbestimmte Zahl von Menschen mit sich in den Abgrund zu reißen.[114] Doch so wie den Erzengeln ein unüberschaubares Engelheer unterstand, trat auch dem Fürsten der Finsternis ein ebenso unüberschaubares Heer der Dämonen an die Seite.[115] Der Monotheismus wurde durch eine Welt der Geister ergänzt, die dem Bedürfnis der Menschen nach nahen Mittlern und ihren Ängsten vor unbekannten geistigen Gefährdungen genüge leisteten. Nachdem die Göttinnen verschwunden und der Name der von Osten bis Westen gerühmte ägyptischen Isis im Verblassen war,[116] trat Maria, die schließlich als θεοτόκος (theotókos), als Gebärerin Gottes verehrt wurde, an ihre Stelle, deren Fürbitte sich zahllose Christen im *Ave Maria* durch die Zeiten hinweg empfehlen.[117]

18.12 Die Bezeugung der Gerechtigkeit Gottes durch die Himmel und durch seine Weisung auf Erden in Psalm 19,1 – 15

Jenseits von allem Ringen um die Einzigartigkeit und Einzigkeit Gottes mit seinen Unterordnungen der Götter und dem an ihre Stelle tretenden Engeln und Dämonen treten wir in die reine Luft eines frühhellenistischen Lehrhauses ein, wenn wir uns abschließend Ps 19,1 – 15 zuwenden. Der Weise, dessen Stimme wir hier vernehmen, ist sich seines Gottes gewiss; denn seine Herrlichkeit bezeugen die Himmel und seinen gnädigen Wille die Tora. Man darf die beiden Teile in V. 2 – 7 und 8 – 15 nicht auseinander reißen, so wenig wie man Sir 1 gegen Sir 42 – 43 ausspielen darf. In diesem zweiteiligen Hymnus stellt sich uns ein aufgeklärtes und zugleich frommes Judentum vor, das sich von Gott durch die Gabe seiner Weisung begnadet weiß: Die Freude an der Tora ist dem hier das Wort nehmenden Weisen so selbstverständlich wie der Glaube an Gottes Schöpfungswerk. So entspricht der in ihrer ewigen Ordnung Gottes Macht, Herrlichkeit und Gerechtigkeit bezeugenden Himmelswelt auf Erden die Gabe der Tora als sicherer Weg zum gelingenden Leben. Auch der

---

bes. 168 – 170; Collins, Apocalypticism, 38 – 41 und Reinhard G. Kratz, Gottes Geheimnisse, 125 – 146, bes. 133 – 138; zum im Hintergrund stehenden zoroastrischen Einfluss Collins, 41 – 43 bzw. Philip G. Kreyenbroek, Wahl, 83 – 10, zu den „gnostischen Motiven" in den Qumranschriften und den vermutlich jüdischen Anfängen der Gnosis vgl. Jaan Lahe, Gnosis, 136 – 141, 315 – 340 und die Zusammenfassung 365 – 367.

114 Vgl. dazu Eugene H. Merrill, Qumran and Predestination, bes. 56 – 58 und Reinhard G. Kratz, Gottes Geheimnisse, 138 – 146.

115 Zum jüdischen Dämonenglauben vgl. Wilhelm Bousset/Hugo Gressmann (HNT 24), 335 – 342 und zum antiken Dämonenglauben umfassend Otto Böcher, Dämonenfurcht, 18 – 160.

116 Zur Isisverehrung in der römischen Kaiserzeit vgl. Martin P. Nilsson, Geschichte II, 624 – 640.

117 Vgl. dazu Franz Courth (TRE XXII), 1992, 143 – 15.

Grundtext für die natürliche Theologie in der Hebräischen Bibel Ps 19[118] führt nicht hinter den Schöpfungsglauben zurück, aber er erinnert am Ende der ersten Strophe an „die richterliche Kompetenz Gottes" (Ps 19,2 – 7):[119]

2 Die Himmel erzählen die Ehre Gottes.[120]
und seiner Hände Werk tut kund das Firmament.

3 Ein Tag übergibt dem anderen die Kunde,
und eine Nacht teilt es der anderen Nacht mit.

4 Ohne Rede und ohne Worte,
ohne dass man ihre Stimme hört.

5 Durch alle Welt ergeht ihr Schall,[121]
und bis an den Rand der Erde ihre Worte.
Dem Sonnenball[122] gab er ein Zelt ‚im Meer'.[123]

6 Er gleicht dem Bräutigam, der aus seiner Kammer geht,
er eilt wie ein Held, seine Bahn zu laufen.

7 Am Rand des Himmels ist sein Ausgang
und sein Umlauf bis zu seinem Ende,
und nichts bleibt verborgen vor ihm.

Das scheinbar so unvermittelt anschließende Lob auf die Tora Jahwes zieht im Sinne von Weish 13,9 die richtige Folgerung aus dem Gotteszeugnis der Himmel und dem geordneten Lauf der Sonne: Es gilt nicht die Himmel und die Sonne als seine Geschöpfe anzubeten,[124] sondern sich an seine Weisung, seine Tora zu halten.[125] Denn so wie der geordnete Lauf der Gestirne die Macht, Herrlichkeit und Gerechtigkeit Gottes lautlos und nur einem andächtigen Denken vernehmbar verkündet, weiß sich der Bekenner durch Gottes Weisung auf seinem Lebensweg geführt.[126] Man sollte über ihre zahlreichen Bestimmungen nicht seufzen, sondern sich über sie freuen: Die Freude an der Tora entspringt der Dankbarkeit dafür, dass sie den, der ihre Weisungen befolgt, den Weg zu einem gelingenden Leben zeigt und ihn davor bewahrt, zu einem Sünder zu werden und damit sein Glück zu verspielen. Sie ist freilich keine leichtsinnige Fröhlichkeit, weil sie die Furcht Jahwes voraussetzt, die ihm klare

---

118 Vgl. dazu James Barr, Biblical Faith, 88 – 89 und Alexandra Grund (WMANT 103), 329 – 333.
119 Alexandra Grund (WMANT 103), 201 – 213.
120 Wörtlich: Els.
121 Lies mit Weippert in Ges. HAHW18 1155 s.v. qaw ein qaram.
122 Da das deutsche Wort Sonne fem. ist, wählen wir zur masc. Wiedergabe mit Gunkel und Seybold z.St. das masc. Sonnenball.
123 Siehe BHK z.St.
124 Zu den V. 5 – 7 vgl. auch Matthias Albani, Eine Gott, 259 – 261.
125 Zum Verhältnis zwischen Weisheit und Tora vgl. Grund (WMANT 103), 347 – 248.
126 Vgl. dazu Grund (WMANT 103), 105, die 240 – 241 als auf Spr. 8,7 – 19 als Vorlage verweist; vgl. dazu auch Bern U. Schipper, Hermeneutik, 241 – 247.

Richtlinien für sein Leben gibt. Trotzdem wird, wer in der Frucht des Herrn lebt und bemüht ist, seinen Weisungen gemäß zu leben, nicht hochmütig. Er bleibt vielmehr demütig, weil er seine eigenen Fähigkeiten nicht überschätzt, das Gesetz uneingeschränkt zu befolgen: Fast möchte man sagen: er rechnet seiner Endlichkeit und der damit verbundenen Fehlbarkeit gemäß damit, dass er unwissentlich das eine oder andere Gebot übertreten hat und übertreten wird. Außerdem gibt es „heiße", temperamentvolle Menschen, die sich unbekümmert von ihren Einfällen und Wünschen leiten lasse und dadurch auf einen Besonnenen vorübergehend anziehend wirken und in ihre Kreise ziehen können.[127] Daher bedarf er Gottes Beistand, sich von ihnen weder innerlich noch äußerlich beherrschen zu lassen. Im Vertrauen auf Gottes Vergebung und Schutz, hofft er, vor schweren Sünden und ihren tödlichen Folgen bewahrt zu bleiben. Und so singt der Weise das Lob seines Gottes (Ps 19,8 – 15):

8 Die Weisung Jahwes ist vollkommen,
sie erquickt die Seele.
Das Zeugnis Jahwes ist zuverlässig,
es macht weise den Toren.

9 Die Anordnungen Jahwes sind redlich,
sie erfreuen das Herz.
Das Gebot Jahwes ist lauter,
es erleuchtet die Augen.

10 Die Furcht Jahwes ist rein,
sie besteht für immer.
Die Rechte Jahwes sind Wahrheit,
sie sind alle gerecht.

11 Sie sind kostbarer als Gold
und viel Feingold,
sind süßer als Honig
und der Seim der Waben.

12 Auch dein Knecht lässt sich warnen durch sie,
wer sie hält, bekommt reichen Lohn.

13 Vergehen, wer bemerkt sie?
Vor Verborgenen sprich mich frei.

14 Auch vor Hitzigen verbirg deinen Knecht,
dass sie nicht über mich herrschen.
Dann werde ich vollkommen sein
und rein von schwerer Sünde.

---

127 Vgl. die ägyptischen und die biblischen Belege bei Nili Shupak, Wisdom, 129 – 131 und 141 – 142.

15 Mögen dir die Worte meines Mundes gefallen,
und das Sinnen meines Herzens für immer,[128]
Jahwe, mein Fels und Erlöser!

---

128 Lies mit G.

19. Rückblick und Ausblick

19.1 Krise des Glaubens an Gott in der Neuzeit und ihr heimlicher Nihilismus

Beim letzten Kapitel angelangt, gilt es, sich Rechenschaft darüber zu geben, welchen Sinn es in einer Zeit der Gottesfinsternis und des ziellosen Machens hat, weiterhin von Gott zu reden und welche Bedeutung dabei dem alttestamentlichen Gotteszeugnis zukommt. Wir haben versucht zu zeigen, wie der eine Gott sein Volk Israel durch eine lange Geschichte begleitet hat und sich dabei allen Fragen, die es im Laufe der Jahrhunderte an ihn stellte, gewachsen erwies, so dass es sich zu ihm am Ende der alttestamentlichen Epoche als dem Herrn der ganzen Welt bekannte. Die Zeiten haben sich inzwischen geändert. Die Gedanken der Menschen der westlichen Welt gelten heute in der Regel beim Blick zum Himmel nicht Gott, sondern dem Wetter. Dass beides für die Alten nicht zu trennen war, weil nach ihrer Anschauung der eine Gott den Wolken, Luft und Winden ihren Lauf und ihre Bahn gab, dürfte nach dem bisher Ausgeführten deutlich geworden sein.

In vergleichbarer Weise hat sich unser Welt- und Selbstverständnis auf fast allen Gebieten verändert: Die Welt ist für uns zu einem unvorstellbar großen und in sich gekrümmten Raum geworden, dem ebenso unvorstellbar große und zugleich relative Zeiten entsprechen. Aus der überschaubaren Weltzeit der Bibel, die Zeitspanne von der binnen einer Woche erschaffenen Welt und der Tempelweihe durch Judas Maccabaeus im Jahr 165 v. Chr. auf 4000 Jahre berechnete,[1] ist eine solche geworden, die zwar ihren bestimmten Anfang behalten,[2] aber ihrerseits bereits eine unvorstellbar große Zeitstrecke durchlaufen hat.[3] Ihr gegenüber ist die Geschichte der Menschheit und unser aller Lebenszeit zu einem auf der Zeitskala kaum noch wahrnehmbaren Punkt zusammen geschrumpft.

Daher erscheint der Glaube vermessen, dass jeder Einzelne unmittelbar zu einem Gott ist, den er in allen Nöten anrufen, dem er für seine Rettung danken und den er angesichts der Schönheit der Welt als den Schöpfer aller Kreaturen

---

1 Vgl. dazu Otto Procksch, Genesis (KTA 1), 1924, 2–3. 492–493 und zu der bis heute gültigen jüdischen Zeitrechung, die auf den Traktat Olam Rabba zurückgeht, Jack Finegan, Handbook, § 206–212, 126–129 mit den Tabellen 49 und 50.

2 Vgl. dazu G.J. Withrow, Natural Philosophy, 370–375.

3 Das Lehrbuch der Physik von W. Westphal, 1970, 693 gibt dafür 12 x 109 bis 13 x 109 Jahre an. Dabei steht selbst die Frage zur Diskussion, ob die Welt tatsächlich einen ersten Anfang im sog. Urknall besessen hat, oder das Universum unendliche Zyklen durchläuft. Doch scheint bisher ein Nachweis für eine ältere Strahlung nicht nachgewiesen zu sein.

preisen kann. Vollends unglaubwürdig aber erscheint es, dass dieser Gott ein kleines Volk als sein Eigentum auserkoren hätte, um sich durch seine Führung durch die Zeiten vor allen Völkern der Welt als der wahre Gott zu offenbaren. Die Schreckenstaten, die sich in der allgemeinen Geschichte seit je ereignet und in den letzten 250 Jahren in Revolutionen, Bombenkriegen und im Holocaust ein unvorstellbares Ausmaß des Grauens erreicht haben, hat kein Gott verhindert. Auch der christlichen Botschaft steht man verständnislos gegenüber, dass Gott den Tod eines von Menschen hingerichteten Menschen durch seine Auferweckung aus dem Grabe angenommen und ihn in eine Quelle des Heils für alle Menschen verwandelt habe, weil man unter Sünden lediglich moralische Fehlhandlungen versteht und von Gnade nur noch als juristischer Begnadigung eines Verbrechers die Rede ist. Oder um es anders und prägnanter zu sagen: Wir leben in einer säkularisierten Welt, die von ihrer Herkunft her christlich und in ihrem pragmatischen Verhalten unchristlich ist.[4]

Dabei hat sich das Zeitverständnis von dem biblischen linearen, auf ein Ende der Geschichte ausgerichteten unbemerkt in ein kreisförmiges zurückverwandelt, nur dass dieser Kreislauf nicht mehr mythisch als Rückkehr zum Anfang der Welt verstanden wird, sondern er faktisch als eine in sich drehender Spirale der ständigen Überbietung des Erreichten auf der Stelle tritt, weil er von der Sache her kein praktisches Ziel kennen darf. Denn das Erreichen eines Endziels wäre mit dem Kollaps des ganzen Prozesses identisch. Wenn man als sein Ziel die Verbesserung der Lebensqualität aller Menschen und damit das größtmögliche Glück ansetzt, so ändert es nichts an der Ziellosigkeit des Prozesses als Ganzem. Denn sein Verlauf besteht notwendig in dem kein Ende kennenden Ziel der beständigen Übersteigung des erreichten Zustandes. Er gleicht darin einem Flugzeug, das entweder steigt oder abstürzt. Gott spielt in diesem Prozess keine Rolle.

Dieser Prozess schließt schrittweise die ganze Menschheit in sich ein und verheißt ihr ein Glück durch den Erwerb seiner Produkte, der ebenso ziellos ist wie dieser Prozess selbst, weil er den Kauf immer neuer Produkte zur Bedingung des Glücks macht. So reißt er alle Menschen mit sich, die seinen Verlockungen erliegen, ohne sie je an ein Ziel zu bringen. Unter der Vorgabe, die Freiheit durch den Erwerb seiner Produkte und vor allem des Geldes zu vermehren, verlangt er eine Durchdringung des ganzen öffentlichen Lebens mit einer Verwaltung, die das Funktionieren dieses Prozesses möglichst reibungslos gestaltet und fortlaufend die Freiheit, die sie zu schützen vorgibt, vernichten muss.[5] Gleichzeitig unterhöhlt er durch einen spekulativen Umgang mit Geldern, deren Größe das Vorstellungsvermögen aller Nichtmathematiker überfordert und für die es längst keine reale Deckung mehr gibt, die Sicherheit der Staatsfinanzen und Privatvermögen.

---

4 Vgl. dazu Karl Löwith, Weltgeschichte, 210–218.
5 Zur Theorie und Praxis des marktwirtschaftlichen Handelns und den faktischen sittlichen Defiziten vgl. ausführlich Alex Honneth, Recht der Freiheit, 317–470.

Für die Menschen, die sich diesem Prozess ausliefern, verschiebt sich das Denken vom Sein auf das Haben. Dass ein Mensch in einem überschaubaren Wirkungskreis sein Glück aus der Gewissheit bezieht, dass er sein Handwerk versteht, er in Liebe und Freundschaft geborgen ist und mit Gott und Menschen in Frieden lebt, so dass sein Glück auf der Art seines Seins beruht, wird durch das Streben, am „Fortschritt" teilzuhaben überdeckt. Kommt jedoch alles auf das Haben an, von den man nie genug haben kann, weil die das Glück versprechenden Produkte Saison um Saison wechseln und wechseln müssen, wenn der gigantische Prozess nicht in sich selbst zusammenbrechen soll, so tritt der ganze Prozess auf der Stelle. Philosophisch beurteilt, ist dieses Zeitalter der Gottesferne die Vollendung des Nihilismus. Was Nietzsche in seinem späten Denken als Willen zur Macht im Sinne ihrer ständigen Übersteigerung als letztes Ziel menschlichen Handelns entworfen hat, ist zum Grundzug des Zeitalters geworden.[6] Er scheint angesichts der globalisierten Wirtschaft und der Abhängigkeit der Massen und der Staatshaushalte von ihrem Blühen schicksalhaften Charakter angenommen zu haben.

Es ist die wachsende Unübersichtlichkeit des sich stets beschleunigenden Prozesses, die ein wachsendes Gefühl der Unsicherheit und Bedrohtheit auslöst, weil das Geschehen in seiner Vielschichtigkeit als ein Selbstläufer erscheint, der, man weiß nicht wann und wie, mit einer Katastrophe enden wird. Doch ausgerechnet in dieser Welt, in der es darauf ankäme, den Einzelnen Gottvertrauen und Mut zum Leben zu vermitteln, hat die Kirche ihre Mittelpunktstellung im Leben der europäischen Völker weithin verloren. Nietzsches Wort, dass die Kirchen zu „Grüften und Grabmälern Gottes" geworden sind,[7] scheint ihrer jetzigen Stellung in der Gesellschaft zu entsprechen, obwohl sie angesichts ihrer alle Parteien übertreffenden Mitgliederzahl immer noch ein politischer Faktor ist, mit dem zu rechnen ist. Aber der Trend scheint auch in dieser Beziehung rückläufig zu sein. Ihre Botschaft scheint auf den ersten Blick nichts mehr mit dem Alltag der Menschen zu tun zu haben. Dabei mag im

---

6 Auch wenn die Kritik an der Technik seit dem Beginn des 20. Jh. durchgehend war und nicht nur auf Namen wie Rainer Maria Rilke, vgl. Das Stunden- Buch III, „Denn, Herr, die großen Städte sind/verlorene und aufgelöste:::", Werke in drei Bänden I, 101 – 102; Oswald Spengler, Untergang, 1183 – 1196, und Friedrich Georg Jünger, Perfektion, 169 – 179: Die Nähe des technischen Prozesses zu Nietzsches Lehre vom Willen zur Macht als Vollendung des abendländischen Nihilismus in seinen Vorlesungen Nietzsche-Vorlesungen aus den Jahren 1936 – 1940 erkannt zu haben; bleibt das Verdienst Martin Heideggers: vgl. ders., Nietzsche. Der Wille zur Macht als Kunst (GA II/43 bzw. Nietzsche I, 1 – 224); Nietzsches metaphysische Grundstellung im abendländischen Denken. Die ewige Wiederkehr des Gleichen (GA II/44 bzw. Nietzsche I, 225 – 423); Nietzsches Lehre vom Willen zur Macht als Erkenntnis (GA II/47 bzw. Nietzsche I, 425 – 594) und Nietzsche: Der europäische Nihilismus (GA II/48 bzw. Nietzsche II, 23 – 229). In seinen gleichzeitig entstanden „Beiträgen zur Philosophie" hat er die praktischen Konsequenzen der sich daraus ergebenden Umwertung aller Werte in Staat, Wirtschaft und Gesellschaft einschließlich der Funktionalisierung der Wissenschaft aufgezeigt. Zur „Machenschaft" und ihrem Zug zum Riesenhaften als Ausdruck des Nihilismus vgl. 130 – 141, zu den Auswirkungen auf die Wissenschaft 141 – 166.

7 Friedrich Nietzsche, Fröhliche Wissenschaft III, Nr. 125 (KGA V/2), 160.6 – 7.

vorliegenden Zusammenhang die Frage offen bleiben, in welchem Umfang diese nachlassende Anziehung auf der Unfähigkeit beruht, die christliche Botschaft verständlich auszulegen. Die hermeneutische Aufgabe, die Botschaft der Bibel und die Lehren der Kirche so zu vertreten, dass daraus keine gesinnungslose Anpassung an den Zeitgeist wird, sondern beider überzeitliche Bedeutung für das Bestehen der Schwierigkeiten im Leben des Einzelnen wie der Gemeinschaft einsichtig wird, scheint viele Geistlichen zu überfordern. Der von der Kirchengemeinde veranstaltete Event kann die verständlich ausgerichtete Botschaft von der Erlösung durch Jesu Christi Sterben und Auferstehen nicht ersetzen, sondern allenfalls ergänzen. Löste sich die Kirche als Institution auf, so würde sich auch der christliche Glaube subjektivistisch zersetzen „und in Erlebnisumsätzen verbraucht."[8] Institutionen stabilisieren das Verhalten, weil sie überpersönliche Richtlinien vorgeben. Wenn sie in einem sich überstürzenden und zugleich hoch differenzierten öffentlichen Leben aufgelöst werden, so dass eine gemeinsame Richtung nicht mehr erkennbar ist, führt das zu einer allgemeinen Verunsicherung des Verhaltens, die das Leben des Einzelnen und der Gesellschaft gefährdet.[9]

19.2 Die exzentrische Position des Menschen im Jetzt und Hier

Statt dem so umrissenen Nihilismus des gegenwärtigen Zeitalters sogleich den biblischen Glauben an Gott gegenüber zu stellen, sei zunächst die Eigenschaft des Menschen vergegenwärtigt, die es ihm ermöglicht, in eine kritische Distanz zur Welt zu treten und dadurch eine Welt zu haben. Das hängt zweifellos mit seiner Sonderstellung in der Welt des Lebendigen zusammen: Er teilt mit den Pflanzen und Tieren eine reaktive Sensitivität, die sich im Drang zum Leben, zur Nahrungsaufnahme, zum Stoffwechsel und zur Vermehrung äußert. Er teilt weiterhin mit den Tieren die Wahrnehmung der Welt. In dieser Schicht ist der Organismus als solcher der exzentrische Mittelpunkt, weil er sich durch seine körperlichen Grenzen von seiner Umwelt unterscheidet, ihr durch Anpassung entspricht und sich durch Angepasstheit von ihr absetzt. Dabei ist die Organisationsform der Pflanzen offen, die der Tiere und Menschen geschlossen. Pflanzen können in alle möglichen Richtungen wachsen und sich verzweigen, Tiere und Menschen besitzen eine geschlossene Gestalt.[10] Alle drei aber sind jeweils an eine bestimmte Zeit und an einen bestimmten natürlichen Ort gebunden.[11] Das Tier bildet eine Einheit von Subjekt und Objekt, von Körper und Selbst. Diese Einheit ist unverrückbar und wird durch

8 Arnold Gehlen, Urmensch, 45.
9 Gehlen, 48.
10 Vgl. dazu Helmuth Plessner, Stufen des Organischen, 200–204.
11 Plessner, 180–184.

äußere Ereignisse nicht in Frage gestellt. Es ist vom Fremden durch die
Grenzen seines Leibes geschieden, aber es lebt in seiner Welt, ohne eine Welt
zu haben, weil es nicht in Distanz zu sich selbst zu treten vermag. Es lebt im
Jetzt und Hier, aber es weiß nicht um sein Jetzt und Hier, nimmt aber sehr wohl
äußere Widerstände wahr und reagiert spontan auf sie.[12] Es antwortet auf die
Wahrnehmung von Gestalten und überblickt bestimmte Elemente seines
Umfelds, besitzt aber keinen distanzierten Überblick über einen Sachverhalt.[13]
Was sein Gedächtnis betrifft, so wirkt die Vergangenheit unbewusst auf sein
Verhalten ein.[14] Dieses aber wird nicht vorsätzlich, sondern triebgelenkt ge-
steuert.[15] Oder um es zusammenfassend zu sagen: Für das Tier ist alles Gegebene auf sein Handeln bezogen. „Der Aktionsplan des Tieres ist das Netz, in
dem sich die Welt fängt."[16]

Das Tier steht der Welt frontal gegenüber, es lebt in einer Welt, der Mensch
hat eine Welt, weil er zwischen sich selbst und der Welt dank seiner exzentrischen Positionalität im Jetzt und Hier unterscheiden kann. Sie ermöglicht es
ihm, in Distanz zu seiner Innenwelt, seinem Leib und seiner Außenwelt zu
treten, so dass er sich an die Vergangenheit erinnern und die Zukunft planend
vorweg nehmen kann.[17] Daher ist er in der Lage, aufgrund der Erfahrung mit
seinem gelungenen oder misslungenen Handeln und dessen Folgen umsichtig
und zielgerichtet aus seinen Fehlern zu lernen. Darin liegt zugleich der Beweis
für seine Wahl- und Handlungsfreiheit im Rahmen seiner generellen und
individuellen Grenzen.[18]

Mittels der Reduktion der Außenwelt auf Zahlenverhältnisse erschließen
wir uns ihre Abläufe, so dass wir sie technisch nutzbar machen können. Auf
dieses Machen ist unsere Gegenwart ausgerichtet. In ihr geht es darum, den
Radius der Umwelt fortlaufend zu erweitern und auf diese Weise nicht nur die
makrokosmischen, sondern auch die mikrokosmischen und biologischen
Prozesse so zu erhellen, dass sie in den Dienst des Lebens und gegebenenfalls
auch des Todes gestellt werden können. Angesichts dieses planvollen Erkun-
dens und Machens in globaler Vernetzung stellt sich die Frage, ob die im
mythischen Denken verwurzelte, wenn auch nicht in ihr aufgehende biblische
Rede von Gott mit dem Ende des mythischen Zeitalters ihren Sinn verloren hat
oder ob sie sich auf so fundamentale Erfahrungen berufen kann, dass sie auch
weiterhin für die Klärung des Verhältnisses zu uns selbst und unserer Welt
unentbehrlich ist, insofern es sich herausstellt, dass Gott das Geheimnis der

---

12 Plessner, 238–240.
13 Plessner, 272.
14 Plessner, 281.
15 Plessner, 285.
16 Plessner, 246.
17 Plessner, 290–293.
18 Zum Problem der Gleichsetzung von Wahl- und Handlungsfreiheit mit der Willensfreiheit vgl.
    Kaiser, Aristotelische Handlungstheorie, 52–62.

Welt ist.[19] Daher bedarf die Frage, welches Recht die Rede von Gott besitzt, eine eindeutige Antwort. Vielleicht bestätigt sie die Einsicht des Kirchenvaters Augustinus, dass Gott uns auf sich hin geschaffen hat und unser Herz unruhig ist, bis es in ihm Ruhe findet (Aug.conf.I.1.).[20]

19.3 Vom zureichenden Grund der Rede von Gott[21]

Es wurde gerade festgestellt, dass die die Voraussetzung für die Möglichkeit der Distanzierung vom Augenblick auf seiner exzentrischen und zugleich bodenlosen Stellung im Jetzt und Hier beruht. Er vermag sich von ihm in seinen Gedanken zu distanzieren. Dadurch gewinnt er auf der einen Seite die Freiheit, sein künftiges Handeln aus dem Abstand zu seiner konkreten Situation zu bedenken und zu einem Entschluss zu kommen. Aber er bezahlt die Positionalität mit der Ortlosigkeit, mit einem „Stehen im Nirgendwo.“[22] Aus ihm steigt die Angst vor dem Tode als dem Ende seines Seinkönnens auf, die ihm die Klarheit der Einsicht in sein konkretes Dasein verschleiert. Nimmt er dieses Stehen über dem Nichts an, so weicht die Angst der Freiheit vor dem Tode oder dem Mut zum Sein.[23] Denn in der bedingungslosen Annahme der eigenen Endlichkeit verwandelt sich der abgründige Grund der Existenz in ihren tragenden Grund oder Gott. So besteht ein dialektisches Verhältnis zwischen der Selbstübergabe an das Nichts und der Selbsterschließung Gottes als dem tragenden und bergenden Grund der Existenz. Die gelassene Selbstübernahme der eigenen Endlichkeit entmachtet den Tod; denn das sich in der Angst ankündigende Nichts offenbart sich als Verheißung des vollkommenen und seligen Friedens, der das Ende alles Fragens ist. Das Gottvertrauen ist der Schlüssel zur Gotteserkenntnis. Es beruht auf der Einsicht, dass Gott als der tragende Grund unseres Daseins vertrauenswürdig ist. Im Rückblick des Gottvertrauens erweist sich das Nichts als der Schleier Gottes und die Angst vor dem Nichts als sein Ruf, uns bedingungslos auf dieses Nichts und damit auf ihn einzulassen:[24]

Aus der eigenen Haltlosigkeit, die dem Menschen zugleich den Halt in der Welt verbietet und ihm als Bedingtheit der Welt aufgeht, kommt ihm die Nichtigkeit des

---

19 Die Formel verdanke ich dem Titel des Buches von Eberhard Jüngel, Gott als Geheimnis der Welt", der die Sache 514–543 streng trinitarisch entfaltet.

20 Augustinus, Confessiones (BSGRT), 1981, 1.12–13: „fecisti nos ad te, et inquietum est cor nostrum donec requiescat in te.“

21 Vgl. dazu Kaiser, Rede von Gott, 258–281.

22 Plessner, Stufen, 346.

23 Paul Tillich, Systematische Theologie I, 227: „Diese Angst, die von unserer Zeitlichkeit verursacht wird, kann nur ertragen werden, weil sie ausgeglichen wird durch den Mut zum Sein, der die Zeitlichkeit bejaht.“ Damit stellt sich die Frage, worin dieser Mut gründet; vgl. dazu 244. Zur Freiheit als Freiheit von der Sünde und als Geschenk vgl. Rudolf Bultmann, Theologie, 332–335.

24 Vgl. dazu auch Søren Kierkegaard, Begriff der Angst, 161–169.

Wirklichen und die Idee des Weltgrundes. Exzentrische Positionsform und Gott als das absolute, notwendige, weltbegründende Sein stehen in Wesenskorrelation.[25]

Damit ist bereits gesagt, dass wir den sich so erweisenden geheimen grund-losen Grund unserer Welt in der Nachfolge der biblischen Zeugen und aller, die uns den Glauben gelehrt haben, Gott nennen. Wir können ihnen bei-pflichten und ihn in der an der eigenen Lebenserfahrung geschulten Sprache unseren Vater nennen, weil er uns trägt und begleitet und sich all denen erschließt, die ihn mit Ernst anrufen. Denn wer ernsthaft betet, übergibt sich bedingungslos Gott. Und so bleibt der Psalmendichter im Recht, der bekennt, dass der Herr denen nahe ist, die ihn anrufen, die ihn mit Ernst anrufen (Ps 145,18). Das Gottvertrauen antizipiert den allumfassenden Frieden, der in der endgültigen Heimkehr zu Gott alles erfüllt (Phil 4,12). Die Kirche hat an der Unvollkommenheit des Endlichen teil und weist doch zugleich über sich auf das Reich Gottes als den Inbegriff des Eingehens in den Frieden Gottes hinaus.

Ob man diesen Gott, der sich unserem Verstehen entzieht und trotzdem nach ihm zu fragen zwingt, als Person oder Überperson bezeichnet, ist demgegenüber gleichgültig: Wer ihn eine Person nennt, bezieht sich damit auf seinen unentrinnbaren Ruf und folgert daraus, dass ihm eine individuelle rationale Natur, eine *naturae rationalis individua substantia* zukommt, als welche Boethius auf klassische Weise das Wesen der Person bestimmt hat.[26] Wer die Anwendung des Personbegriffs auf Gott für ungeeignet hält, beruft sich dabei in der Nachfolge Meister Eckarts darauf, dass eine Person ein begrenztes, endliches Wesen ist, die Gottheit aber als der absolute Grund der Welt in sich keine Grenzen und Unterschiede enthält.[27] Der Sache nach ist die Rede von Gott als Person ebenso analog wie jede andere, selbst die von ihm als dem tragenden Grund, weil er als der transzendente oder jenseitige der ganz andere ist.[28] Wer sie übernimmt, antwortet damit auf Erfahrungen, in denen der eigene Glaube die Bewahrungen und Fügungen des eigenen Lebens als Zuwendungen Gottes erkennt.[29] Bezeugt die Bibel ihn als Vater, der seine Kinder liebt, straft und züchtigt, weil er sie zum Gehorsam gegen seinen

---

25 Plessner, Stufen, 345. Dass Plessner sich 346 für den Zweifel gegen die Annahme eines Grundes der Welt und für die vom Geist gewiesene Grade der Unendlichkeit und damit für die „selige Fremde" entscheidet, sei ausdrücklich angemerkt, ebenso, dass der wahrhaft Glaubende, der sich Gott als dem Grund der Welt anvertraut, für seine Zukunft offen bleibt, weil ihm Gott als der Zukünftige der Grund seiner eigenen Möglichkeiten ist.

26 Vgl. dazu Manfred Fuhrmann (HPhW VII), 279–280.

27 Vgl. dazu den knappen Bericht bei Brigitte Th. Kibel, ebd., 295–296. Zur Rolle des Personbe-griffs in der Neuzeit vgl. Georg Scherer, ebd., 300–319, und zu seiner Zurückweisung durch Spinoza, für den es außer Gott keine selbstständigen Substanzen gibt, 301–302.

28 Vgl. dazu Kaiser, GAT II, 312–316.

29 Vgl. dazu Tillich, Systematische Theologie I, 283: „‚Persönlicher Gott' bedeutet nicht, dass Gott eine Person ist. Es bedeutet, dass Gott der Grund alles Personseins ist und in sich die ontolo-gische Macht des Personhaften trägt. Er ist nicht Person, aber er ist auch nicht weniger als eine Person." Vgl. dazu ausführlicher Karl Rahner, Grundkurs, 79–83, zur Sache auch GAT II, 146–151 und zur biblischen Anrede Gottes als Vater 207.

Willen führen will, so legt sie damit die Erfahrung aus, dass unser Misslingen und Scheitern aneinander die Folge unseres fehlenden oder mangelnden Vertrauens auf ihn als den tragenden und unsere Hingabe fordernden Grund unserer Existenz ist.

19.4 Gott als das Geheimnis der Zeit und des Seins

Drei große Denker der Spätantike haben fast gleich lautend erklärt, dass sie so lange zu wissen meinten, was die Zeit ist, bis sie jemand danach fragte.[30] Warum ist die Frage nach dem Wesen der Zeit so schwer zu beantworten? Weil sie der unmessbare Augenblick ist, in dem sich Zukunft fließend in Vergangenheit verwandelt und das eigenartiger Weise für alle Menschen an allen Orten zugleich. Der nordafrikanische Kirchenlehrer und theologische Vater des Mittelalters Aurelius Augustinus[31] hat das ganze 11. Buch seiner *Confessiones*, seiner Bekenntnisse, dem Problem der Zeit gewidmet und dabei festgestellt, dass alle Messungen und Vergleiche der Zeiten eine Leistung der Erinnerung der *memoria* sind.[32] Außerdem hat er darauf hingewiesen, dass es vor der Erschaffung der Welt keine Zeit gegeben hat: Denn wo es kein wo und wann gibt, da gibt es auch keine Zeit.[33] Zeit und Welt wie Wahrnehmung der

---

30 August.Conf.XI.17: „quid est ergo tempus? Si nemo ex me quaeret, scio; si quaerenti expilcare uelim, nescio: fideliter tamen disco scire me, quod, si nihil praeteriret, non esset praeteritum tempus, et si nihil aduernerit, non esset futurum tempus. duo ergo illa tempora, praeteritum et futurum, quomodo sunt, quando et praeteritum iam non est futurum nondum est? praesens autem si semper esset praesens non in praeteritum transiret, non iam esset tempus, sed aeternitas. si ergo praesens, ut tempus sit, quia in praeteritum transit, ideo fit, quia in praeteritum transit, quomodo et hoc esse dicimus, cui causa ut sit, illa est, quia non erit, ut silicet non uere dicamus tempus esse, nisi quia tendit non esse? (Was also ist die Zeit? Wenn mich niemand danach fragt, weiß ich es; wenn ich es aber dem Fragenden erklären will, weiß ich es nicht. Trotzdem behaupte ich fest, zu wissen, dass es keine vergangene Zeit gäbe, wenn nichts vorüberginge, keine zukünftige Zeit, wenn nichts herankäme, und keine gegenwärtige Zeit, wenn es nichts gäbe, das da ist. Wie kommt also jenen zwei Zeiten, der vergangenen und der künftigen, Sein zu, da einerseits das Vergangene nicht mehr ist und andererseits das Zukünftige noch nicht ist? Wenn das Gegenwärtige aber immer gegenwärtig wäre und nicht ins Vergangene überginge, wäre es nicht mehr Zeit, sondern Ewigkeit. Wenn also das Gegenwärtige, um Zeit zu sein, deshalb ins Sein kommt, weil es in das Vergangensein übergeht, wie können wir auch ihm Sein zusprechen, wo der Grund seines Seins doch nur darin besteht, dass es sogleich nicht mehr sein wird? Können wir wirklich nur deshalb behaupten, dass die Zeit ist, weil sie zum Nichtsein strebt?" Text und Übers. Norbert Fischer (PhB 534), 22 – 25. Die Frage wurde in ähnlicher Weise durch Sextus Empiricus, Pyrrh.Hypoth. III.140 – 141(LCL I [273]),420 – 421 und durch Plotin, Enn.III/7.1.1 – 9, hg. von Beierwaltes, 92 – 93 gestellt.
31 Zu seinem Leben und Werk vgl. die Biographien von Peter Brown, Kurt Flasch und die unvollendete aber souveräne von Henry Chadwick.
32 Conf.XI.33 – 36.
33 Conf.XI.15. Zum Zeitverständnis Augustinus' vgl. die Kommentare von Kurt Flasch, Was ist Zeit?, Norbert Fischer und den Aufsatz von Kaiser, Rätsel der Zeit, 409 – 441.

Zeit und der Welt hängen offenbar zusammen. Dabei ist die Zeit das größere Rätsel als die Existenz der Welt. Denn das Wesen der Zeit ist der unmessbare und stetige, für alle Menschen gleichzeitig erfolgende Umschlag der Zukunft in die Vergangenheit. Die Welt aber ist als solche keineswegs ein Konstrukt der durch die Kategorien des Verstandes ausgelegten Sinneswahrnehmungen, weil ihnen etwas vorgegeben sein muss, was sie zu erkennen vermag. Da die Welt keine starre Größe sondern selbst der Zeitlichkeit unterworfen ist, handelt es sich bei der raumzeitliche Welt trotz der Mathematisierbarkeit ihrer Dimensionen um eine Vorgabe, welche die Bibel als Schöpfung bezeichnet. Das aber besagt, dass Gott der geheime Grund von Raum und Zeit ist. In diesem Sinne ist er jedem Menschen in jedem Augenblick als der verborgene und unerkannte präsent. Oder anders ausgedrückt: Gott ist das Geheimnis von Zeit und Welt.[34] Daher kann man das Wesen des Glaubens an Gott dahin gehend bestimmen, dass Gott den Menschen Teilhabe am Sein gibt, die als Kraft des Seinlassens und Seinkönnens erfahren wird. Dabei steht das Sein gegen das Machen, „es ist etwas, das man empfängt. Eine Gnade, die uns frei macht."[35] Aus der Teilhabe an dem von Gott geschenkten Sein erwächst die Gelassenheit, die alles irdische Tun und Lassen unter das Vorzeichen des ὡς μή (hōs mä), des „als ob nicht" stellt (I Kor 7,29–31).[36] Denn wer sein Leben in der Hand behalten will, der wird es verlieren; wer es aber immer neu aus Gottes Händen empfängt, der wird es gewinnen. Wer sich den Anderen untertan machen will, wird ihn verlieren, wer ihn aber immer neu frei gibt, der wird ihn gewinnen.

In der Konsequenz bleibt es überaus fraglich, ob diese Welt dem Menschen zur unbeschränkten Vernutzung überlassen ist oder sie ihm nicht vielmehr in Vertretung Gottes als ihrem Hüter und Hirten anvertraut ist. Entsprechend wäre auch an unsren Umgang mit den Tieren der Maßstab der Ehrfurcht vor dem Leben zu legen, zu der Albert Schweitzer bald nach dem Ende des Ersten Weltkrieges angesichts der in ihm unübersehbar hervorgetretenen Herrschaft der Technik über das Leben aufgerufen hat.[37] Begründend fügen wir hinzu:

---

34 Berücksichtig man das Phänomen des Hellsehens als retro- und als prospektive Akte (vgl. zu ihnen Wilhelm H.C. Tenheff, Hellsehen, 58–92), so bereitet das Verständnis des retrospektive insofern keine Schwierigkeit, weil es eine mentale Nachspiegelung bereits geschehener Ereignisse wäre. Anders verhält es sich mit dem prospektiven, weil es sich nicht aus der immanenten Zeitlichkeit erklären lässt, sondern die Annahme einer über sie hinausreichenden überphysisch-äonische Raum-Zeitbewegung und ihre Spiegelung in einer metaphysischen Welt-Maya voraussetzt; Hedwig Conrad Martius, Zeit, 289–306. Offenbar ist die Welt der Erscheinungen samt ihrer Zeit nicht die einzige Welt und die einzige Zeit. Es gibt Grenzerfahrungen, Erfahrungen, die sich am Rand unseres Weltverständnisses ereignen und über es hinausweisen, ohne dass wir das Jenseits begreifen können. Das Geheure ist vom Ungeheuren umgeben, unsere wahrgenommene Welt gründet in einer transzendenten, deren Verstehen uns zwar verschlossen bleibt, deren Existenz uns an der Grenze des Geheuren streift und auf ein letztes Ziel alles Hoffens verweist.

35 Rüdiger Safranski, Schopenhauer, 428.

36 Vgl. dazu Rudolf Bultmann, Theologie, 352–353.

37 Albert Schweitzer, Kultur und Ethik, 328–353.

Wenn der Damm im Blick auf die Tiere gebrochen ist, könnten die Fluten die Menschen mit wegspülen, indem man sie vor ihrer Geburt der erwünschten Begabung gemäß manipuliert und den Zeitpunkt ihres Todes nach Gründen der allgemeinen Nützlichkeit bestimmt. Gelassenheit des Daseins und Ehrfurcht vor dem Leben gehören zusammen. Gelassenheit aber ist die Haltung, die sich ergibt, wenn man sich in dem paradox als Nicht-Wollendes-Wollen

beschreibbaren Akt bedingungslos Gott als dem Grund von Welt und Existenz übergibt. Gelänge es uns, eine durch die Ehrfurcht vor dem Leben und Gelassenheit bestimmte Kultur zu begründen, so hätten wir die Antwort auf den sich selbst überschlagenden Prozess der *„citius, altius, fortius"*, des „immer schneller, immer höher und stärker" gefunden.[38]

19.5 Die alttestamentliche Heilsgeschichte als Mythos von der Erwählung und der Verantwortung Israels

Nähern wir uns mit dieser Antwort dem Alten Testament, so fällt die Selbstverständlichkeit auf, mit der es von Gott als dem Grund und Gegenüber der Welt und des Menschen spricht. Weltbewusstsein und Gottesbewusstsein gehören für den Verfasser des priesterlichen Schöpfungsberichts in Gen 1,1–2,4a so selbstverständlich zusammen, dass er ohne jede Begründung mit dem Satz einsetzt: „Im Anfang schuf Gott den Himmel und die Erde" (Gen 1,1a).[39] Die Rede von Gott scheint keiner Begründung zu bedürfen, wohl aber die These, dass Israel sein Volk ist. Der priesterliche Schöpfungsbericht in Gen 1,1–2,4a enthält keinen Gottesbeweis, sondern geht von der Voraussetzung aus, dass wer die Welt denkt, zugleich Gott mitdenkt. Denn wer das Endliche denkt, denkt zugleich unausgesprochen das Unendliche mit. Nur aus ihrem Gegensatz erhalten Zeitlichkeit und Ewigkeit ihre Bedeutung. So denkt, wer die endliche Welt denkt als ihren Gegensatz den unendlichen Gott mit. Zeit und Ewigkeit stehen mithin in einer positiven Dialektik.

Die These, dass Israel das von Gott erwählte Volk ist, bedarf als eine Aussage am Rand von Himmel und Erde, von Transzendenz und Immanenz einer geschichtlichen Begründung. Sie wird im Alten Testament ausführlich in einer Kette von Sagen und Geschichtserzählungen im Sinne einer rekonstruierten Vergangenheit berichtet.[40] Sie dienen als Ganzes dem Nachweis, dass Israel den Verlust seiner freien Staatlichkeit, seine Exilierung und Zerstreuung unter

---

38 Zur Gelassenheit vgl. Meister Eckehart, Deutsche Traktate 3–6, in: Ders., Deutsche Predigten, hg. von Josef Quindt, 55–62 und weiterhin Martin Heidegger, Erörterung, 27–71, bes. 57–71 und zur darin liegenden Abhängigkeit von Meister Eckehart vgl. Friedrich-Wilhelm von Herrmann, Wege, 371–386.
39 Vgl. dazu Kaiser, GAT II, 264–266.
40 Vgl. dazu Jan Christian Gertz, Erinnerung, 3–29.

die Völker durch seinen Ungehorsam gegen die Weisung seines Gottes selbst
verschuldet hat und trotzdem als Zeuge seiner Gottheit sein Volk geblieben ist.
Andererseits wird ihm für den Fall seiner Umkehr verheißen, dass Jahwe
seiner Knechtschaft für immer ein Ende bereiten, es aus aller Welt in seinem
den Vätern zu ewigem Besitz gegebenen Land Kanaan versammeln und auf
diese Weise vor allen Völkern seine Gottheit offenbaren wird. Da Menschen
offenbar zu diesem vollkommenen Gehorsam als endliche und daher un-
vollkommene Wesen nicht in der Lage sind, kann Gott sein Ziel nur erreichen,
indem er selbst seinem Volk ein neues Herz und einen neuen Geist verleiht.[41]
Das Evangelium wird so dem Gesetz vorgeordnet, wie der Gehorsam schon
nach Dtn 10 – 11 nicht als Leistung verstanden wird, um sich damit Gottes
Gnade zu verdienen, sondern als Antwort der Liebe auf Israels Erwählung.[42]
Mit dem Ausblick auf die Völkerwallfahrt zum Zion als Ausdruck der weltweiten Anerkennung Jahwes und seiner Weisung findet dieser Geschichtsmythos seinen immanenten Abschluss.[43] Er wurde seit der spätpersischen Zeit
um den Ausblick auf das Totengericht mit dem doppelten Ausgang ins ewige
Leben oder die ewige Verdammnis erweitert, weil die vollkommene Gerechtigkeit Gottes nur unter dieser Voraussetzung denkbar ist.[44]

Der physikoteleologische Gottesbeweis, der aus der Schönheit und Ordnung der Welt auf Gott auf Gott als ihren Schöpfer zurück schließt, wird erst in
der Weisheit Salomos, dem jüngsten Buch der Deuterokanonischen Schriften
und damit an der äußersten Grenze der alttestamentlichen Traditionsbildung
auf dem Hintergrund des hellenistischen Judentums in Alexandrien geführt
(Weish 13,1 – 9). Er dient in polemischer Absicht dem Nachweis der Torheit
des Polytheismus und seines Bilderdienstes. Der Sache nach geht es in ihm um
eine kosmologische Bestätigung des Ersten Gebots, dass die ausschließliche
Verehrung Jahwes von seinem Volke und nun auch von den Völkern der Welt
fordert. Es setzt damit den Glauben an den auf diese Weise verteidigten Gott
bereits voraus.[45] Denn nur der Glaube vernimmt die wortlose Rede, mit der die
Himmel Gottes Ehre verkünden (Ps 19,2 – 7),[46] und nur er entdeckt, dass Gott
all seine Werke in Weisheit geordnet hat; und nur er ist dessen gewiss, dass er

---

41 Vgl. dazu oben, 110 – 115.
42 Vgl. dazu Udo Rüterswörden, Liebe zu Gott, 229 – 238.
43 Vgl. dazu oben, 157 – 159.
44 Vgl. dazu oben, 115 – 116.
45 Vgl. dazu Martina Kepper, Hellenistische Bildung, 147 – 195 mit der Zusammenfassung 194 – 195
    und zur natürlichen Theologie in der jüdischen Tradition und im Neuen Testament James Barr,
    Biblical Faith, 58 – 80 und zum Problem des Gottesbeweises Paul Tillich, Systematische Theo-
    logie I, 240: „Die Beweise für die Existenz Gottes sind weder Beweise, noch führen sie zur
    Existenz Gottes. Sie sind Ausdruck der Frage nach Gott, die in der menschlichen Endlichkeit
    beschlossen ist. Diese Frage ist ihre Wahrheit, jede Antwort, die sie geben, unwahr. ...Die
    Beweise für die Existenz Gottes analysieren die menschliche Situation so, dass die Frage nach
    Gott möglich und notwendig wird ... Die Frage nach Gott ist möglich, weil in der Frage nach
    Gott ein Bewusstsein Gottes gegenwärtig ist. Das Bewusstsein geht der Frage voraus."
46 Vgl. dazu oben, 429 – 430.

es ist, der allem, was lebt, Speise zu seiner Zeit gibt, und dass er der Herr über Leben und Tod bleibt, der die Geschlechter auf Erden kommen und gehen heißt (Ps 104,24 – 30).[47]

Was berechtigt also den Menschen zu diesem Glauben? Die klassische Antwort lautet, dass die Bibel Zeugnis der geschichtlichen Offenbarung Gottes und also Gottes Wort sei. Die Wurzel dieser Anschauung liegt in den Erzählungen vom unmittelbaren Verkehr Gottes mit den Menschen im Garten Eden, von seinem Reden mit Kain und Noah und weiterhin mit den Patriarchen, mit Moses, Samuel und den Propheten. Sie vernahmen seine Stimme im Wachen oder in Träumen. Diese Vorstellung steigert sich in der Erzählung, die den Anspruch der Tora, der göttlichen Weisung auf den Gehorsam Israels damit begründet, dass der in den Wolken verborgene Gott vom Gipfel des Berges Sinai bzw. im Trockenland (Horeb) Israel den Dekalog[48] und Moses auf dem Berg die Lebens- und Kultordnung für sein Volk mitgeteilt hätte.[49] Das darin enthaltene Konzept der göttlichen Inspiration wurde vom Chronisten auf seine ganze Geschichtsschreibung ausgedehnt, indem er ihre historischen Abschnitte jeweils einem bestimmten Propheten zuwies.[50] Schließlich erwuchs daraus unter dem Einfluss der Legende über die wortgleiche Übersetzung der Septuaginta durch zweiundsiebzig Schriftgelehrte in zweiundsiebzig Tagen (Arist.301 – 307; Jos.ant.XII.101 – 109) die Vorstellung, dass die ganze Bibel des Alten und des Neuen Testaments Wort für Wort von Gott eingegeben worden sei.[51] Auf diese Weise sollte ihr materialer Anspruch formal gesichert werden. Als das Ergebnis von fast vierhundert Jahren kritischer Bibelforschung zeichnet sich ein ganz anderes Bild von der Entstehung der Hebräischen Bibel als der Folge eines komplizierten Sammlungs- und Redaktionsprozesses ab. In ihm haben Propheten und Priester, Tempelsänger sowie Hof- und Tempelschreiber den Büchern ihre heutige Gestalt gegeben und damit immer neu den Standort Israels in der Geschichte vor seinem Gott zu bestimmen versucht.

Stellen wir die Frage nach dem Wesen der Offenbarung und damit zugleich der entsprechenden Bedeutung der Heiligen Schrift, so handelt es sich um ein Erschließungsgeschehen, in dem einem oder mehreren Menschen bisher verborgene Seiten seiner Gottes- und Weltbezüge geöffnet werden, wobei die

47 Vgl. dazu auch James Barr, Biblical Faith, 80 – 89.
48 Vgl. Ex 20,1 und Dtn 5,4 und dazu oben, 125 – 126.
49 Vgl. Ex 20,18 – 22a mit 20,22b – 23,24 und 24,3 – 4 sowie weiterhin Ex 24,12; 31,18; 32,15 – 10 und 34,1 – 4.27 – 29 mit Ex 25,1 – 31,17, Lev 1 – 7 (17) Num 15; 28 – 29 mit der Opfer- und Reinheitstora in Lev 1 – 7 bzw. 11 – 15 und dem sog. Heiligkeitsgesetz in Lev 18 – 26. Dazu kommen die Gelübdeordnung in Lev 27 und Num 30 sowie die weiteren vornehmlich kultischen Bestimmungen und die Lagerordnung in Lev 27 und Num 1,1 – 10,1 + 30, nicht zu vergessen Dtn 4 – 32.
50 Vgl. dazu Thomas Willi , Chronik, 229 – 244, bes. 240 bzw. knapp Kaiser, Grundriss der Einleitung I, 144 – 151, bes. 145 – 146.
51 Vgl. dazu Meinhard Libeck (NBL I), 233 – 235 bzw. Karl Prenner (RGG4 VIII), 2005, 934 – 935 und zum Verhältnis zwischen der Kanonizität der neutestamentlichen Schriften und ihrer Inspiration Bruce M. Metzger, Canon, 254 – 257.

dahinter stehenden psychischen und sozialen Prozesse irrelevant sind.[52] Offenbarungen Gottes erfolgen nicht unvorbereitet. In diesem Sinne ist das Alte Testament für den Christen die Vorbereitung des Neuen, denn seine Auslegung des Verhältnisses zwischen Gott und Welt wie Gott und den Menschen setzt die Berichte von der Schöpfung der Welt und die Prophezeiungen von der Erlösung im Alten Testaments voraus.[53] Zu ihr führt auch ein Nebenweg von der tragischen Deutung des menschlichen Daseins durch die Griechen, die sein Scheitern als Folge der Hybris auslegt haben.[54] Offenbarung ereignet sich inhaltlich gesehen dann, wenn Ereignisse oder Auslegungen des Daseins die Stellung des Menschen vor Gott und seinen Blick auf den Anderen als den Nächsten grundlegend neu bestimmen oder seine bereits erfolgte Bestimmtheit zu größerer Klarheit und Gewissheit führen. Weil sich Worte der beiden Testamente dazu eignen, den Menschen *ubi et quando visum est Deo* (wo und wann es Gott sichbar ist)[55] in dieser Weise in seinem Selbstverständnis zu treffen vermag und Gott als der ganz Andere der Heilige ist, bezeichnen wir ihre Einheit als Heilige Schrift.[56]

Der große Geschichtsmythos des Alten und Neuen Testaments, der den Verlauf der Geschichte von der Schöpfung bis zur Weltvollendung deutet, legitimiert sich mittels der ebenfalls mythischen Vorstellung von der göttlichen Offenbarung als einer Kette fortlaufender göttlicher Informationen. Offenbar sind Gesamtdeutungen der Geschichte, sofern sie sich nicht in naturalistischen Konstruktionen erschöpfen und die technische Welt in einer großen Katastrophe als Folge eines hybriden Umgangs mit der Natur und des Menschen enden lassen, nur in mythischer Gestalt möglich. Die Mythe erklärt Grundzüge des Daseins und Machtansprüche von Königen und Völkern aus einem urzeitlichen, meist göttlichem Handeln. Die alttestamentliche Geschichtsmythologie besitzt ihr Zentrum in der die Bundesschlüsse mit den Vätern krönenden Sinaioffenbarung.[57] Durch die Beziehung aller Ereignisse in der Geschichte des Volkes und seiner Glieder, ja letztlich der ganzen Menschheit, auf die Tora erhält sie ihren typischen sittlichen Rigorismus und zugleich Rationalismus. Daher können wir den alttestamentlichen Entwurf der Heilsgeschichte als binnenmythisch und zugleich rationalistisch bezeichnen. Er ist binnenmythisch, weil er ein innerweltliches Geschehen direkt als göttliches deutet. Auf diese Weise war es möglich, die Sonderstellung Israels unter den Völkern und damit zugleich Israels Stellung unter dem Gesetz, unter der Tora vom Sinai geschichtlich zu begründen. Die vorliegende rekonstruierte Geschichte deutet unter diesem Vorzeichen die Vor- und Früh-

---

52	Vgl. dazu Wilfried Härle, Dogmatik, 81–84.

53	Vgl. dazu Paul Tillich, Systematische Theologie I, 164–172 und Kaiser, GAT I, 24–36.

54	Vgl. dazu Kaiser, Hybris, 25–40.

55	Confessio Augustana Art. V.

56	Zum Wahrheitsbewusstsein und seiner Vermittlung in den außerchristlichen Religionen und heiligen Schriften vgl. Hans-Martin Barth, Dogmatik, 163–165 und 181–197.

57	Vgl. dazu oben, 97–98.

geschichte Israels und die Geschichte der Königszeit in einer grandiosen
Weise, welche die historischen Konstellationen weitgehend ignoriert oder
umdeutet und gelegentlich selbst neue Fakten schafft. Doch die Durchführung
dieses Programms ist zugleich rationalistisch, indem sie den ganzen geschichtlichen Prozess von einer Zentralperspektive her deutet, die zugleich
religiös und sittlich ist. Sittlichkeit und Religion werden dabei nicht als zwei
getrennte Bereiche betrachtet, sondern die Sittlichkeit wird der Religion untergeordnet: Angemessenes sittlichen Handeln ist die Folge der Gottesfurcht
und der Dankbarkeit für die Zugehörigkeit zu den Erwählten. Der Gehorsam
gegen die Gebote wird nicht als Himmelsleiter gedeutet, sondern als Antwort
der Liebe auf die Erwählung, die Gott schließlich dazu veranlasst wird, in
einem neuen Bund die Herzen der Menschen instand zu setzen, den geforderten Gehorsam zu leisten. Gehorsam wird dadurch nicht zum Werk, sondern zur Folge der Gnade. Der Gott, der im Ersten Gebot seine ausschließliche
Verehrung verlangt und sie als der einzige wahre Gott verlangen kann, ist
derselbe, der von seinem Volk die Respektierung der Grundrechte des Menschen auf Leben, Freiheit, ungestörtes Zusammenleben in der Familie, ein
lauteres Gerichtsverfahren und die Unantastbarkeit ehrlich erworbenen Eigentums fordert. Das Gottesverhältnis gilt nur dann als ungetrübt, wenn die
Menschen sowohl dem Anspruch Jahwes, ihr einziger Gott zu sein, als auch
dem des Nächsten, ihn in seine Hut zu nehmen, genügen. Daher ist das
Doppelgebot der Liebe zu Gott und dem Nächsten die Summe dieses ganzen
Geschichtsmythos (Mk 12,28–34). Die Religion des Alten Testaments ist
ihrem Wesen nach praktisch und nicht spekulativ, sie befriedigt nicht die
metaphysische Neugier, sondern weist den Menschen in seine Stellung unter
Gott und neben dem Anderen als seinem Nächsten ein.[58] Sie sprengt das
mythische auf den Anfang bezogene Denken, in dem sie den Augenblick als
Moment der Entscheidung deutet, der über die Zukunft Israels bzw. des
Menschen entscheidet. Und sie setzt dieser Zukunft das mythische Ziel der
Weltvollendung als dem Inbegriff aller Gerechtigkeit und Seligkeit. Die
nachfolgende existentiale Interpretation des biblischen Geschichtsmythos
dient daher nicht seiner Zerstörung, sondern der Erschließung der je eigenen
Gegenwart als Situation der Entscheidung zwischen Gott und Welt oder zwi-

---

58 Diese Grenze einzuhalten, versuchen selbst noch die Schilderungen der Himmels- und Unter-
weltsreisen der apokalyptischen Schriften, die erst gefährlich werden, wenn sie meinen die
Geheimnisse der Geschichte zu kennen und Daten für ihr Ende berechnen; wenn sie vorwegnehmen, dass im Endkampf zwischen Gott und den Mächten der Finsternis und der von ihnen
beherrschten Herren der Welt der Erzengel Michael mit seinen himmlischen Scharen dem
kleinen Haufen Israels beispringt und so zum Siege führt. Derart unrealistische Erwartungen
haben den großen Jüdischen Aufstand der Jahre 65–70 ausgelöst und gegen die Mahnreden des
Flavius Josephus, der als ein zweiter Jeremia die Belagerten zur Übergabe aufforderte, in die
Katastrophe geführt; vgl. dazu Kaiser, Rede an die belagerten Jerusalemer, 167–191, wo statt
Jos.ant Jud.V stets VI zu lesen ist.

schen einem Leben aus dem Verfügbaren und dem Unverfügbaren. Dabei ist der Erwählte der, dem das Grundvertrauen geschenkt wird.

19.6 Der Augenblick als Ort der Entscheidung zwischen dem Leben aus Gott und dem aus der Welt oder vom Sinn der Geschichte

Streift man das mythische Gewand ab und hält man sich an das Doppelgebot der Liebe zu Gott und dem Nächsten, so gewinnt der Augenblick ganz im Sinne des Deuteronomisten den Charakter des Ortes der Entscheidung für Gott und damit das Leben oder gegen Gott und damit für den Tod (Dtn 30,11 – 20). Sinngebung und Sinnsetzung sind jedenfalls vom Menschen vollzogene Akte, die der kritischen Kontrolle unterliegen müssen, wenn sie nicht zu einer lebensfeindlichen Ideologie entarten sollen.

Fragt man nach dem gegenwärtigen Leitbild des politischen Handelns, so wird man es als eine im Rahmen der Gesellschaft erfolgende Selbstbefreiung des Menschen durch Wissen bezeichnen können.[59] Gerade deshalb ist die Erinnerung an die kritische Kontrolle alles Planens besonders am Platz, weil sich eine globale und territoriale Verwaltung nach ihren immanenten Gesetzen zu verselbständigen und dabei im Namen der Sicherung der Freiheit das angestrebte Ziel zu vernichten droht.[60] Das Verhältnis zu unsrer Welt verändert sich grundlegend, wenn wir erkennen, dass unsere gemeinsame raumzeitliche Welt in jedem Augenblick eine Gabe Gottes ist, für die ihm zu danken und ihn zu preisen wir schuldig sind. Aber wer ihm danken und ihn loben will, darf es nicht bei Worten belassen, sondern muss beides im Umgang mit der Welt und dem Anderen als dem Nächsten bewähren, wobei die Liebe die Gerechtigkeit besiegt.[61]

Mithin besteht die praktische Antwort auf die Frage nach dem Sinn der Geschichte darin, den Augenblick als den immer neuen Ort der Entscheidung angesichts der unsichtbaren Gegenwart Gottes und des Anblicks des Nächsten zu erkennen; angesichts Gottes, weil er uns Zeit und Dasein vorgibt, angesichts des Nächsten, weil er uns schweigend darum bittet, ihn in unsere Hut zu nehmen. Sucht man am Gesamtverlauf der bisherigen Geschichte einen Sinn abzulesen, scheitert man notwendig und kommt zu dem Urteil, dass vernunftlose Gewaltanwendungen, die im Interesse der Vergrößerung der Macht

---

59 Vgl. Karl R. Popper, Selbstbefreiung, 100 – 111.
60 Vgl. dazu Hans-Georg Gadamer, Planung der Zukunft, 155 – 173, bes.170 – 173 und Karl Popper, Elend, 70: „Wissenschaftliche Methode in der Politik bedeutet: wir ersetzen die große Kunst, uns selbst zu überreden, dass wir keine Fehler begangen haben, sie zu ignorieren, sie zu verbergen und sie anderen in die Schuhe zu schieben durch die noch größere Kunst, die Verantwortung für diese Fehler auf uns zu nehmen, möglichst aus ihnen zu lernen und das Gelernte so anzuwenden, dass wir sie in der Zukunft vermeiden."
61 Vgl. Emmanuel Levinas, Zeit, 55.

eines Einzelnen, einer Gruppe oder eines Volkes ausgelöst wurden, sie zu einem ziemlich unerquicklichen Schauspiel gemacht haben.[62] Blickt man dagegen auf die Lebensläufe von Einzelnen oder konkrete Situationen von Völkern, so dürften sie für die Betroffenen selbst sehr wohl einen Sinn besessen haben oder besitzen; denn andernfalls hätte es eigentlich zu Massen weisen Selbstmorden kommen müssen. Richten wir den Blick auf den Augenblick als den der Entscheidung, so machen wir eine individuelle und zugleich potentiell universale Aussage, weil der von Einzelnen erkannte und gelebte Sinn potentiell zu dem vieler, wenn nicht aller werden könnte. Dabei ist jedoch noch einmal darauf hinzuweisen, dass mit der geforderten Entscheidung keine dezisionistische Beliebigkeit gemeint ist, sondern ihre Rückbindung an das Doppelgebot der Liebe zu Gott und den Nächsten vorausgesetzt wird. Das zentrale biblische Erbe wird bewahrt, wenn wir den Augenblick als den Ort der Entscheidung dahingehend bestimmen, dass sie in der Verantwortung vor Gott und dem Nächsten aus der Kraft der von ihm geschenkten Gelassenheit zu treffen ist.[63] Damit zeichnet sich hinter der rekonstruierten Heilsgeschichte der Bibel eine verborgene ab, in der die Fackel des Glaubens von einer Hand zur anderen und einem Volk zum anderen weitergereicht wird.

19.7 Der Glaube an Gott als Garanten der Sittlichkeit

Dass Religion und Recht zusammen gehören, war bei den Völkern des Alten Orients und Ägyptens selbstverständlich. Der Sonnengott war der Wächter über das Recht auf Erden und der König dazu berufen, es durch zu setzen.[64] Das Besondere Israels bestand darin, dass es die überkommenen Normen des Sippenethos angesichts der innenpolitischen und außenpolitischen Veränderungen neu formulierte,[65] dabei zum Gottesrecht erklärte und es in seinen der Autorität Moses' unterstellten Rechtsbüchern schriftlich niederlegte.[66] Mag sich der Laie in den über 600 Ge- und Verboten der Tora verirren und der Schriftgelehrte nach dem Schlüssel suchen, wie sie jeweils auszulegen sind, so hat sich doch die aus dem überkommen Recht gezogene Summe in Gestalt des Dekalogs, der Zehn Gebote als ein Kanon erwiesen, mit dem ausgerüstet ebenso die Juden wie die Christen in einer veränderten Welt leben können.[67]

---

62 Vgl. Arnold J. Toynbee, Sinn, 83 – 99, bes. 84 – 87; zur Beurteilung und Kritik seines Verständnisses der Aufgabe der wissenschaftlichen Geschichtsschreibung vgl. R.G. Collingwood, Philosophie der Geschichte, 170 – 175.

63 Vgl. Rudolf Bultmann, Verständnis der Geschichte, 50 – 65, bes. 63 unter Berufung auf II Kor 5,17 und Joh 5,24 – 25.

64 Vgl. dazu oben, 119 – 120.

65 Vgl. dazu Werner H. Schmidt, Zehn Gebote, 3 – 11.

66 Vgl. dazu oben, 123 – 125.

67 Dass das gegenwärtige Judentum so wenig wie das Christentum und der Islam eine geschlossene

Durch den Nachklang des Dekalogs in Sure 17.22–38 des Korans gibt er auch
den Muslimen die Leitlinien ihres Handelns.[68] Dabei legen die drei
nachbiblischen Religionen den Nachdruck auf die Gesinnung des Handelnden, die über dem Buchstaben steht und im rechten Augenblick erkennt, was
zu tun ist. Insofern ist der Glaube das Tor zur Freiheit des verantwortungs-
bewussten Handelns. Gewiss macht das Halten der Gebote nicht selig, aber
wer mit Gott versöhnt ist, der hält die Gebote.[69]

Die Sittlichkeit als solche wurzelt nicht in den Geboten, sondern in den
spontanen Daseinsäußerungen, die dem Menschen als sozialem Wesen eigen
sind. Sie bestehen in der Bereitschaft dem Anderen zu vertrauen, ihm wahrhaftig zu begegnen, ihm zu helfen und ihm Barmherzigkeit widerfahren zu
lassen. Sie wollen vollzogen, wollen gelebt sein, Gebote und Gesetze aber
sollen angewendet werden. Sie stellen Normen bereit, an denen das Handeln
gemessen werden kann. Daher sind sie gegenüber den spontanen Daseinsäußerungen, die sittliche Werte setzen, sekundär.[70] Das bedeutet für die Gel-
tung des Dekalogs, dass er zwar das sittliche Handeln nicht begründen, aber
sehr wohl als Maßstab für das richtige religiöse und sittliche Verhalten dienen
kann. Die eigentliche Voraussetzung für die Offenheit gegenüber dem ver-
schwiegenen, an uns ergehenden Anruf des Anderen, ihm zum Nächsten zu
werden, ist die innere Gelassenheit, mit deren Gabe Gott das ihm entgegen-
gebrachte Vertrauen beantwortet. Da sie ihm die Sorge um sich selbst ab-
nimmt, ist er frei, die innere oder äußere Not des Anderen zu erkennen und
sich seiner anzunehmen (vgl. Lk 10,25–37). In dieser Haltung liegt es beschlossen, dass sich Juden und Christen in jedem Augenblick dazu aufgerufen
wissen, wie einst Abraham den Weg in eine unbekannte Zukunft zu wagen
(Gen 12,1), auf dem sie Gott gnädig führen, begleiten und auch in der Stunde
ihres Todes nicht verlassen, sondern ihr Gott bleiben wird.[71]

Größe darstellt, zeigt der knappe Überblick bei Johann Maier, Geschichte, 539–584. Bei den
Gebildeten dürften die Sabbatheiligung, das Sabbat- und das Passahmahl, der Verzicht auf den
Genuss von Schweinefleisch, das Befolgen der Zehn Gebote und das Verbot der Unzucht das
Leben bestimmen.

68 Text in Übersetzung bei Peter Antes, „Ethik" im Islam, 199 bzw. Hartmut Bobzin, Koran, 244–
245; zur islamischen Ethik vgl. Antes, 201–225.

69 Zum Problem der Bedeutung des Dekalogs für die Christen vgl. Knud E. Løgstrup, Norm, 83–
87, der jedoch verkennt, dass das siebte Gebot sich ursprünglich gegen Menschenraub richtet
und damit für die Freiheit im vorausgesetzten gesellschaftlichen Rahmen, in dem die Sklaverei
als legitim galt, als Freiheit der Freien und (transponiert man es in den gegenwärtigen Konsens)
für die Freiheit aller Mensch eintritt.

70 Vgl. dazu Knud E. Løgstrup, Norm, 6–36 und dazu Johann Christian Põder, Evidenz, 138–176.

71 Zur doppelten Wurzel des abendländischen ethischen Denkens im Griechen- und im Judentum
sowie zu ihrem zeitgenössischen Echo vgl. Seizõ Sekine, Comparative Study, 261–267 und zum
Beispiel der Überlebens der Tugend in der Alten Kirche in der Distanz zum römischen Impe-
rium für die Gegenwart Alasdair MacIntyre, After Virtue, 263: „What matters at this (present)
stage is the construction of local forms of community within which civility and the intellectual
and moral life can be sustained through the new dark ages, which are already upon us." So
könnten auf europäischem Boden christliche, jüdische und muslimische Gemeinden eine

19.8 Die biblischen Rede von Sünde, Schuld und Vergebung und die Botschaft von Jesu stellvertretendem Leiden und Sterben

Vermutlich bereitet gerade das für den biblischen Glauben zentrale Thema von Sünde und Vergebung dem säkularisierten Menschen eine besondere Schwierigkeit, weil er die Sünde lediglich als eine unmoralische Handlung versteht, die mit seinem guten oder bösen Willen zusammenhängt.[72] Damit verfehlt er den eigentlichen Sinn der biblischen Rede von Sünde und Gnade gründlich, weil sie allein als ein ethisches Problem betrachtet und ihren religiösen Sinn verkennt.

Vielleicht erschließt sich die wahre Bedeutung der biblischen Rede, wenn wir von dem griechischen Begriff der Hybris als der Selbstüberhebung des Menschen ausgehen.[73] Denn sie besteht in dem Wahn, dass es keine dem Menschen durch das ungeschriebene Gesetz und damit durch die göttliche Weltordnung vorgegebenen Grenzen gibt.[74] Dadurch verfällt er dem Spruch der Dike, der Verkörperung und Wächterin über das göttliche Recht, so dass sie ihn im Auftrag des Zeus zur Ordnung ruft und er durch Leid lernen muss (vgl. Aisch.Ag.174–180).[75] Bedenken wir, dass nach der Erzählung vom Sündenfall der Wunsch, Gott gleich zu werden und zur Erkenntnis des Bösen und Guten zu gelangen (Gen 3,5), seinem Wesen nach hybrid ist, so können wir die Sünde mit dem dänischen Religionsphilosophen Søren Kierkegaard als das verzweifelte Man-selbst-sein oder Nicht-man-selbst sein Wollen definieren, das in jedem Fall Ausdruck eines unglücklichen Selbstbewusstsein ist.[76] Damit verbunden ist die Frage nach der Schuld, die sich im Schlag des Gewissens anmeldet, der uns als Verworfene trifft und die unabweisbare Forderung enthält, für den Anderen da zu sein.[77] Vergebung wird dem zuteil, der

Lehrstätte und ein Modell für ein verantwortungsbewusstes, nach außen offenes Zusammenleben bilden. Dabei würden sie einander zu akzeptieren lernen und auf diese Weise wirksam eine neue gemeinsame Lebensweise vorstellen.

72 Vgl. dazu Paolo Prodi, Geschichte der Gerechtigkeit, 238–282 und zum Unterschied zwischen ethischer und moralischer Bewertung Knud E. Løgstrup, Norm, 80–83 und zu seiner Bewertung der Moral als Ersatzphänomen Johann Christian Pöder, Evidenz, 60–62.

73 Ulrich Mann in seinem gleichnamigen Buch das tragische Zeitalter der Griechen als ein „Vorspiel des Heils" bezeichnen, weil die tragische Situation in der Verkennung der dem Menschen gezogenen Grenzen und ihrer Übertretung in der Hybris besteht; vgl. bes. 184–204 und 251–263 und zur Sünde als Hybris auch Paul Tillich, Systematische Theologie II, 80–81.

74 Zu den ungeschriebenen Gesetzen vgl. auch Pindar Frg.152 Bowra (143 Tusc.): „Nomos, der Sterblichen all wie/Der Unsterblichen König, er lenkt/Als Recht fordernd, das Gewaltsame mit/ Allzwingender Hand …" Übers. Oskar Werner, Pindar (Tusc.B.), 465–467 und zur Sache Victor Ehrenberg, Sophokles, 25–62.

75 Vgl. dazu Kaiser, Dike, 1–23, bes. 13–18 und ders., Hybris, Ate und Theia Dike, 25–40, bes.27–30.

76 Søren Kierkegaard, Krankheit zum Tode, 45.

77 Vgl. dazu Martin Heidegger, Sein und Zeit, §§ 55–60, 267–302, der es als Aufruf zu einem

sein Handeln ehrlich bereut und bereit ist, Unrecht, das er anderen angetan hat, wieder gut zu machen. Dahin wollen ihn die biblischen Bußpsalmen und die kirchlichen Bußinstitutionen führen, die hier im Einzelnen darzulegen nicht der Ort ist.

Sünde und Tod hängen darin zusammen, dass die Angst vor dem Tod den Willen zum unbedingten Selbstsein provoziert und dadurch das sittliche Handeln der Selbstsucht unterordnet oder die sittliche Forderung überhaupt negiert. Offenbar bedarf es der Annahme der eigensten Endlichkeit, um die verlorene Freiheit zurück zu gewinnen, den Nächsten wie uns selbst zu lieben und also sein Wohl und Heil zum Ziel unseres Handelns zu machen. Die äußere Freiheit sichert das staatliche Recht, indem es mit Gesetzen dafür sorgt, dass die Freiheit des einen zugleich mit der Freiheit von jedermann bestehen kann.[78] Mit der Rede von der inneren Freiheit sind wir in den Kernbereich der biblischen Religion vorgestoßen, die der Sünde und Schuld die Möglichkeit der Vergebung und der Angst vor dem Tode die Gelassenheit des Glaubens entgegensetzt. Für die Alten verlangte die Sühnung der Schuld ein blutiges Opfer. Sünde und Schuld wurden durch den stellvertretenden Tod des Opfers gesühnt und Vergebung als Antwort auf das Bekenntnis der eigenen Sünde und Schuld zugesprochen. Das war der Sinn des priesterlichen Opferdienstes am Zweiten Tempel.[79]

Die Voraussetzungen für den Sühne schaffenden Kult liegen im magischen Denken Es geht davon aus, dass alles Leben durch die sog. Unio magica unmittelbar miteinander in Beziehung steht.[80] Daher kann ein der Schuld verfallenes Leben durch ein anderes vertreten und an seiner Stelle geopfert werden. Um die erforderliche Übertragung zu vollziehen, legte der Opfernde seine Hand auf die Stirn des Opfertieres (Lev 4,4). Unser wissenschaftliches Denken ist rein rational, unsere Träume sind mythisch und manche unserer Handlungen magisch. Denn diese drei Schichten des Bewusstseins überlagern einander. Dabei wiederholt jeder Mensch in seiner Entwicklung nicht nur biologisch, sondern auch geistig die Stammesgeschichte. Dem phylogenetischen entspricht ein psychogenetisches Grundgesetzt. Das bedeutet, dass wir in unserer tiefsten seelischen Schicht in der Lage sind, den Stellvertretungsgedanken zu akzeptieren. Das äußert sich in dem eigenartigen Zusammengehörigkeitsgefühl der Teilnehmer am Herrenmahl mit dem Herrn und den Christen aller Zeiten als der Vorwegnahme des großen Abendmahls, der in-

---

eigentlichen Dasein deutet, und Wilhelm Weischedel, Wesen und Ursprung, 211–219, der es als Anruf des Absoluten oder Seinsgrundes und damit Gottes auslegt.

78 Immanuel Kant, Gemeinspruch II (PhB 47/1), 87: „Recht ist die Einschränkung der Freiheit eines jeden auf die Bedingung ihrer Zusammenstimmung mit der Freiheit von jedermann, insofern diese nach einem allgemeinen Gesetz möglich ist."

79 Vgl. dazu oben, 363.

80 Vgl. dazu Carl Heinz Ratschow, Magie, 83–87.

nigen Gemeinschaft mit Gott und untereinander im Gottes Reich.[81] In diesem Gefühl liegt eine eigentümliche Gleichzeitigkeit mit dem Ursprung und der Vollendung. Halten wir uns an die paulinische Deutung des Todes Jesu, so handelt es sich bei der durch seinen Tod bewirkten Vergebung der Sündenschuld um kein „in seiner Objektivität abgeschlossenes Geschehen," sondern um ein wechselseitiges, weil es vom Christen angenommen und angeeignet werden muss.[82] Zunächst geht es darum, Jesu Wirken als solches als „die Selbstverwirklichung Gottes in der Welt"[83] oder die „Ereignung der Weltzuwendung Gottes" zu verstehen.[84] Wenn uns sein Vorbild beunruhigt, erkennen wir, dass wir mit unserem Glauben und Gottvertrauen weit hinter dem seinen zurückbleiben. Aber wir werden zugleich getröstet, weil es uns in seine Nachfolge als ein Leben aus der Kraft der Gegenwart Gottes zieht. Weil er mit seiner gelebten Botschaft von der Nähe Gottes und der Freiheit der Gotteskinder die Sicherheit der bestehenden, auf die Tora gegründete jüdische Religion in Frage stellte, wurde er vom Hohen Rat der Juden zum Tode am Kreuz verurteilt.[85] Auf seinen Schrei „Mein Gott, mein Gott, warum hast du mich verlassen" (Ps 22,2), antwortete Gott nach dem Zeugnis der Apostel mit dem leeren Grab und den Erscheinungen des Auferstandenen vor seinen Jüngerinnen und Jüngern (I Kor 15,1 – 8).[86]

Wenn es nun heißt, dass Jesus für unsere Sünden gestorben sei, so handelt es sich bei seinem Tode nicht um ein Opfer, das Gott dargebracht hat. Im Unterschied zu dem alttestamentlichen Sühnopfer steht die Übertragung des Subjekts auf das Opfer bei dem Tode Jesu am Kreuz nicht am Anfang, sondern am Ende:[87] Denn einerseits war es nicht Gott, sondern waren es die ihn richtenden Menschen, die ihn kreuzigen ließen. Dabei bleibt es für den Historiker offen, für den Glaubenden aber gewiss, dass er sich selbst für die Seinen in den Tod gegeben hat (Hb 9,11 – 15). Entscheidend aber ist, dass sich Gott in der Auferweckung Jesu mit dem Gekreuzigten identifiziert und seiner Hingabe stellvertretende Kraft für uns alle zuerkannt hat. Daher bekennen wir Christen, dass er Gottes Sohn gewesen und um unserer Sünde willen für uns gestorben und zu unserem Heil auferweckt ist. Es geht also nicht um ein Menschenopfer Gottes, sondern um die Anerkennung eines Ermordeten durch Gott als dem, durch dessen Tod unser aller Sünde vergeben ist. Daher hofft der Christ in guten wie in bösen Tagen als Nachfolger Jesu auf sein Eingehen in die ganz andere Welt Gottes. So enthält die Botschaft von Jesu

---

81 Vgl. zu ihm Martin Hengel/Anna Maria Schwemer, Jesus und das Judentum, 582 – 587 und teilweise abweichend Kaiser, Weihnachten, 93 – 101.

82 Wolfhart Pannenberg, Systematische Theologie II, 467 – 475, Zitat 474.

83 Wolfhart Pannenberg, Systematische Theologie II, 333 – 336.

84 Carl Heinz Ratschow, Jesus Christus, 252 – 258.

85 Eine tragische Situation besteht darin, dass in ihr zwei gleichberechtigte Ansprüche zusammenstoßen, wobei der Vertreter der Zukunft den Vertretern des Beharrens zum Opfer fällt.

86 Vgl. dazu Martin Hengel, Begräbnis Jesu, 386 – 450.

87 Vgl. zum Folgenden Eberhard Jüngel, Evangelium der Rechtfertigung, 138 – 140.

stellvertretendem Leiden und Sterben keine Theodizee, sondern sie macht sie
für die, die an ihn glauben, entbehrlich und lässt sie, wenn ihr eigenes Ende
naht, mit der Antwort der Chors auf Jesu letzten Schrei in der Matthäuspassion
von Johann Sebastian Bach mit den Worten Paul Gerhardts beten: „Wenn ich
einmal soll scheiden, so scheide nicht von mir …!"[88]

Rituelle Handlungen sind Begehungen, die das göttliche Handeln der Urzeit
und damit das Handeln der Götter im heiligen Spiel vergegenwärtigen.[89] Im
Abendmahl vergegenwärtigt die christliche Gemeinde die Hingabe seines
Lebens als des Sohnes Gottes, durch das die zerbrochene Gemeinschaft mit
Gott wiederhergestellt worden ist und immer wieder hergestellt wird. Sie
bedarf der Wiederherstellung, weil die Sünde die schuld- und schicksalhafte
Absonderung von Gott ist. Sie erweist sich in der wahnhaften Meinung, im
positiven wie im negativen Sinn Herr des eigenen Lebens und Schicksals zu
sein. Vergebung ist unter Menschen die Wiederherstellung ihrer schuldhaft
zerbrochenen Gemeinschaft. Zuspruch der Vergebung im Namen Gottes ist
der Akt der Aufhebung der Entfremdung von Gott. Diese Vergebung erweist
ihre Kraft, wenn das wahnhafte Kreisen um uns selbst als schuldhaft erkannt
wird, und sie vollzieht sich leibhaft im heiligen Nachspiel des Herrenmahls.

19.9 Vom Verhältnis des Christen zu anderen Religionen

Am Ende des langen Weges angelangt, den wir in diesem Buch abgeschritten
haben, dürften einige Sätze zu dem aktuellen Problem angemessen sein, wie
das Verhältnis des Christen zu den anderen Religionen zu bestimmen ist. Sein
Verhältnis zum Judentum ist aus historischen und pragmatischen Gründen
ein anderes als das zum Islam ist, weil Judentum und Christentum gemeinsam
die Bücher des Alten Bundes zu ihren heiligen Schriften zählen und das pa-
lästinische Urchristentum zunächst als eine innerjüdische Sekte bezeichnet
werden kann. Erst als die sich der jüdischen Synagogen als Stätten ihrer
Verkündigung bedienenden heidenchristlichen Missionare dank ihrer Erfolge
eine Gefahr für das Judentum bildeten und 65 n. Chr. auch die Trennung

---

88 Johann Sebastian Bach, Matthäus-Passion, Nr. 72, 283.

89 Was. E.O. James, Myth and Ritual, 305 über die Aufgabe von Mythos und Ritus im Alten Orient
    ausgeführt hat, lässt sich mutatis mutandis auch auf das Abendmahl beziehen: „The function of
    myth and ritual … is not to chronicle past events so much as to enable a community to deal
    effectivly with the practical issues which press upon it daily in the serious business of living,
    often in a precarious and unpredictable environment. …. The myth gives the ritual its intention,
    and the ritual liberates the life when nature requires renewal." Das Wesen der Begehung aber
    können wir mit Ulrich Mann, Ernst, 9–58 als Heiliges Spiel bezeichnen, das mit seinem An-
    spruch als Auslegung des Daseins ernst gemeint ist, 20–27: So ist die äußere Seite des inneren
    Heilsweges in der Nachfolge Jesu ein Schreiten, das von der Rechtfertigung über die Erleuchtung
    zur Unio mystica führt: „Jesu, geht voran, auf der Lebensbahn…"

zwischen ihm und dem palästinischen Urchristentum vollzogen war, wurde der Bruch unvermeidlich: Das Urchristentum erwies sich seither gegenüber dem Judentum als eine eigenständige, mit ihm konkurrierende Religion.

Das Kapitel des wechselseitigen Verhältnisses ist für beide Seiten ein trübes: Zunächst verloren die Christen nach ihrer um die Wende vom 1. zum 2. Jh. n. Chr. erfolgten Ausstoßung aus der Synagoge den Status der *religio licita*, der erlaubten Religion, der den Juden seit den Tagen Caesars vom Römischen Reich zugebilligt worden war.[90] Daher wurden sie fortan staatlichen Repressionen und Verfolgungen ausgesetzt. Doch diese Epoche endete mit der durch Kaiser Konstantin I. im Jahr 313 n. Chr. vollzogenen Erhebung des Christentums zur Reichsreligion. Seither war den jüdischen Gemeinden das Anwerben von Proselyten bei Todesstrafe verboten. In der Folge wurde der Lebensraum der Juden auf dem Boden des Römischen Reiches und seiner Nachfolgerstaaten zunehmend auf Ghetti eingeschränkt. Dabei bediente man sich ihrer einerseits bei der Ausübung der sog. „unehrlichen Berufe" wie denen des Arztes, Geldverleihers und Lumpenhändlers, während man sie andererseits periodisch ausplünderte und verbrannte. Ausgerechnet in der Zeit, in der die rechtliche und kulturelle Integration des mitteleuropäischen Judentums in die bürgerliche Gesellschaft erfolgreich beendet zu sein schien, gewann der Antisemitismus an Kraft, um in der durchorganisierten Vernichtung des Judentums im ganzen Bereich der von Hitler beherrschten Völker in den Jahren von 1941–1945 zu enden.[91] Der sog. Holocaust hat gezeigt, wie brüchig das Eis der Humanität auch nach zwei Jahrtausenden des Christentums und zwei Jahrhunderten der Aufklärung geblieben ist und wie leicht fanatische Bürokraten mit ihren fanatisierten Handlangern eine ihnen missliebige Volksgruppe auszurotten vermögen.

Es ist ein hoffnungsvolles Zeichen, dass sich Juden und Christen nach dem Ende des Zweiten Weltkrieges darauf besonnen haben, dass das Doppelgebot

---

90 Vgl. dazu E .Mary Smallwood, Jews, 120–128 und 134–138. Der rechtliche Status des Judentums als religio licita wurde im Edikt von Mailand durch Licinus anerkannt und blieb offiziell auch unter den folgenden Kaisern unangetastet, obgleich sich die faktische Lage der Juden verschlechterte, Smallwood, 543–545. Zum Niedergang des Judenchristentums und zur endgültigen Trennung von Judentum und Christentum während des Bar Kochba-Krieges vgl. M. Avi-Yonah, Jews, 137–145. Der Zeitpunkt, von dem ab der römische Staat den Christen den den Juden gewährten Status als religio licita, als „erlaubte Religion" aberkannte, lässt sich nicht genau festlegen. Mit Nero (54–68) setzten die Christenverfolgungen ein; vgl. Hermann Bengtson, Römische Geschichte, 287; Karl Christ, Geschichte der Römischen Kaiserzeit, 232–233. Eine systematische Christenverfolgung scheint es unter Domitian (81–96) angesichts der Allgemeinheit der Aussagen der Quellen wohl nicht gegeben zu haben; vgl. Bengtson, 321–322 und vor allem Christ, 283. Für Trajans (98–117) Verhalten ist der Briefwechsel mit Plinius dem Jüngeren aufschlussreich. Nach dem Entscheid des Kaisers sollten überführte Christen, sofern sie das Opfer für den Kaiser nicht vollzogen, hingerichtet werden. Sie sollten aber nicht aufgespürt und anonyme Anzeigen nicht berücksichtigt werden, vgl. Bengtson, 335–336 und den Überblick bei Karl Heussi, Kompendium, 43–45 und umfassender Christ, 589–599.

91 Vgl. dazu Hans-Ulrich Wehler, Nationalsozialismus, 129–159 und 209–235 mit den Zahlen der Ermordeten 231–232.

der Liebe zu Gott und zum Nächsten für sie beide das höchste Gebot ist (Mk 12,28–32). Dabei bildet das Judentum so wenig eine Einheit wie das Christentum. Da sich der religiöse Gegensatz nicht einfach auf den zwischen einer Gesetzes- und einer Geistreligion reduzieren lässt, sind beide näher beieinander, als es in der Regel wahrgenommen wird. Beide sind recht verstanden Religionen, die auf die erlösende Gnade Gottes setzen. Die Juden betrachten ihre Erwählung und die Gabe des Gesetzes als Unterpfand ihrer Hoffnung, die Christen aber ihre Berufung in die Nachfolge ihres von den Toten auferweckten Herrn. Das unterscheidet sie, sollte sie aber nicht hindern, einander in Achtung und Liebe zu begegnen. Schwieriger ist es, das Verhältnis zum Islam zu bestimmen, der religionsgeschichtlich betrachtet ein Abkömmling des Judentums und des Christentums auf dem Hintergrund arabischer Traditionen ist.[92] Es ist durch Jahrhunderte arabischer Eroberungs- und christlicher Kreuzzüge belastet, könnte aber (sofern beide die eigenen Grundlagen und die Weltsituation selbstkritisch wahrzunehmen bereit sind), in einer atheistischen Welt brüderlich dem Judentum und dem Christentum an die Seite treten. Die Jünger Moses, Jesu Christi und Muhammads sollten, statt sich zu bekämpfen, ihre Energie darauf lenken, durch ihren sittlichen Wandel und ihr Gottvertrauen haltlosen Menschen zum Beispiel zu dienen und zum Gottvertrauen zu ermutigen. In diesem Sinne ist an die Ringparabel Rat Nathans des Weisen in Lessings gleichnamigem Drama zu erinnern, die dazu auffordert, den Streit über den echten Ring und d.h. die richtige Religion durch das Streben zu ersetzen, einander durch Güte und Hilfsbereitschaft zu übertreffen und damit (so füge ich hinzu) das Doppelgebot der Liebe zu Gott und dem Nächsten zu erfüllen.[93]

Im Übrigen kann das, was im Allgemeinen und Grundsätzlichen zum Verhalten des Christen gegenüber anderen Religionen zu bedenken ist, kaum besser gesagt werden, als es Carl Heinz Ratschow getan hat: „Wenn es eine Grundüberzeugung des Glaubens ist, dass der Vatergott Jesu der Schöpfer und Erhalter der Welt als Natur wie als Geschichte ‚ist‘, dann ist es unvermeidbar zuzugeben, dass er in den Religionen wirkt wie in allen anderen Geschichtsgestalten, die Leben möglich machen, bewahren und vollenden."[94] Das bedeutet nicht, dass wir den eigenen Glauben relativieren,

---

92 Zum Einfluss jüdischer und christlicher Konvertiten auf den Kurān vgl. Karl Pohlmann. Entstehung, 184–194.

93 Vgl. Gotthold Ephraim Lessing., Nathan der Weise III.395–539 (Werke II), teilweise auch bei Emanuel Hirsch, Umformung, 65–67 und zu Lessings Beurteilung des Judentums in seiner „Erziehung des Menschengeschlechts" §§ 8–50 (Werke VIII), 490–501, und zu der des Christentums, § 55–72 (ebd, 502–505). Er war davon überzeugt, dass es möglich und an der Zeit sei, die Religionswahrheiten und Vernunftwahrheiten umzusetzen (§§ 80–100), wo er seine Erwartung mit der Möglichkeit wiederholter Erdenleben begründet. Die Hauptabschnitte des Nathan und der Erziehung auch bei Emanuel Hirsch, Umformung, 57–67 und zur Ringparabel Karl Barth, Geschichte, 228–236. bes. 236 und Ernst Benz, Ideen, 69–71.

94 Carl Heinz Ratschow, Religionen, 122.

sondern dass wir anerkennen, dass sich Gott anderen in einer anderen Perspektive ereignet hat, die ihr Selbst- und Weltverständnisses bestimmt. Religiöse Toleranz ist daher nicht Ausdruck der Anerkennung von moralischen Bestrebungen und Bewertungen und damit der Reduktion der Religionen auf die Anthropologie, sondern Ehrfurcht vor dem Geheimnis der Ereignungen Gottes in der Welt.[95] In dieser Hinsicht sollten sich die Gläubigen der drei nachbiblischen Religionen auf das ihnen gemeinsame Bekenntnis zu dem einen Gott besinnen und nicht überrascht sein, wenn sie unter denen, die den jeweils beiden anderen angehören, auf Menschen treffen, die durch ihre bloße Anwesenheit den Frieden bezeugen, der höher als alle Vernunft ist.[96] An dieser Stelle gebe ich gern Leo Baeck das letzte Wort, der im Blick auf das Verhältnis zwischen andersgläubigen Menschen erklärt hat:

„Menschen und Gemeinschaften, Völker und Religionen sollen einander verstehen. Sie sollen nicht gleich werden und sie können nicht gleich werden. Verstehen bedeutet zugleich, voreinander Respekt zu haben, und vor dem anderen kann nur der Respekt haben, der vor sich selber Respekt hat. … Menschen und Völker und Bekenntnisse werden geschieden bleiben, werden in ihrer Besonderheit weiter leben, aber sie werden wissen, dass sie zusammen gehören, Teil der einen Menschheit sind, zusammen leben sollen auf dieser Erde, einander sehend und einander verstehend, und, wenn es Not tut, einander helfend."[97]

Dass sich die Vorstellungen des Einzelnen und der Völker über Gott mit ihren konkreten Lebensumständen wandeln, haben wir mit diesem Buch zu

---

95 Ratschow, 127. Zur Frage nach der Wahrheit der Religion und der Religionsgeschichte vgl. Wolfhart Pannenberg, Systematische Theologie I, 167–188 mit dem Ergebnis 188: „Mit der christlichen Offenbarung wird der Erscheinungsgeschichte der göttlichen Wirklichkeit im Ringen der Religionen nicht etwas Fremdes hinzugefügt. Vielmehr ist der Offenbarungsbegriff im Gang der Religionsgeschichte selbst zur Bezeichnung für das Ergebnis des Selbsterweises Gottes im Prozess der geschichtlichen Erfahrung geworden. Dass aber die Geschichte die Sphäre des Selbsterweises der Gottheit Gottes ist, ist eine Entdeckung Israels gewesen, deren Erbe das Christentum angetreten hat."

96 Zur Aufgabe einer bildhaften christlichen Theologie der Religionen vgl. auch Ernst Benz, Ideen, 65–73. Einen umfassenden Versuch, den christlichen Glauben mit den anderen Weltreligionen zu vergleichen und ihren Auslegungen des Welt- und Gottesverhältnisses in die christliche Lehre einzubeziehen und dabei auch den Atheismus nicht aus dem Blick zu verlieren, hat Hans-Martin Barth in seinem Werk „Dogmatik. Evangelischer Glaube im Kontext der Weltreligionen" vorgelegt. Zum Problem der „natürlichen Offenbarung" und ihrem Verhältnis zur Selbstoffenbarung Gottes in Jesus Christus und den Voraussetzungen, um die Gegenwart Christi in nichtchristlichen Religionen zu erkennen, in römisch-katholischer Sicht vgl. Karl Rahner, Grundkurs, 173–177 und 303–312 und Christian W. Troll, Unterscheiden, bes. 228–230 und zur Stellungnahme des kath. Lehramtes zum Islam 231–253.

97 Leo Baeck, Judentum, Christentum und Islam: Rede gehalten vom Ehren-Großpräsidenten Leo Baeck anlässlich der Studientagung der Distrikt-Groß-Loge Kontinental-Europa XIX in Brüssel am 22. April 1956, 18–19, zitiert nach Walter Homolka, Jüdische Identität, 146.

zeigen versucht. Dass er selbst aber der bleibt, der er ist, und seine Jahre kein Ende nehmen (Ps 102,28), bekennt am Ende der Glaube, der weiß, dass Gott größer ist als unser Herz und er alle Dinge kennt (I Joh 3,20).

Literatur

Abkürzungen der Nachschlagewerke

ABL Archäologisches Bibel-Lexikon. Hg. von Avraham Negev. Deutsche Aufl. bearb. von Renate Rosenthal /Wolfgang Zwickel, Neuhausen-Stuttgart 1991.

Bonnet Reallexikon der Ägyptischen Religionsgeschichte von Hans Bonnet, Berlin/New York [2]1971.

BRL Biblisches Reallexikon. Hg. von Kurt Galling, Tübingen [2]1977.

KlP Der Kleine Pauly. Lexikon der Antike. Auf der Grundlage von Pauly's Realenzyklopädie der Classischen Altertumswissenschaft unter Mitwirkung zahlreicher Fachgelehrter hg. von Konrat Ziegler/Walther Sontheimer I–V, Stuttgart 1964–1975.

NP Der Neue Pauly. Enzykolopädie der Antike. Hg. von Manfred Landfester, in Verbindung mit Hubert Cancik hg. von Helmuth Schneider I–XV/3, Stuttgart/Weimar 1996–2003.

DDD Dictionary of Deities and Demons in the Bibel. Hg. von Van der Toorn/Becking/ Van der Horst, Leiden/New York/Köln 1995 (Die 2. Aufl. war mir leider nicht zugänglich).

Ges.HAW[17] Gesenius, Wilhelm,/Buhl, Frants, „Hebräisches und aramäisches Handwörterbuch über das Alte Testament, Leipzig [17]1915 (ND 1921).

Ges.HAW[18] Gesenius; Wilhelm/Meyer, Rudolf/Donner, Herbert, Hebräisches und aramäisches Handwörterbuch über das Alte Testament, Berlin/Heidelberg [18]1987 ff.

HWPh Historisches Wörterbuch der Philosophie. Hg. von Joachim Ritter/ Karlfried Gründer/Gottfried Gabriel I–XIII, Basel 1971–2007.

KBL[3] Hebräisches und Aramäisches Lexikon zum Alten Testament. Bearb. von Walter Baumgarten/Johann Jakob Stamm/Benedikt Hartmann, Mitarb. Philippe Reymond I–V, Leiden [3]1967–1995; Supplementband 1996.

NBB Neues Bibel-Lexikon. Hg. von Manfred Görg/Bernhard Lang I–III, Düsseldorf. Zürich 1991–2001.

RlA Reallexikon der Assyriologie und der Vorderasiatischen Archäologie I ff. Begr. von Erich Ebeling/Bruno Meissner, fortgeführt von Ernst Weidner/Wolfram von Soden/ Dietz Otto Edzard. Hg. von Michael P. Streck, Berlin/Leipzig bzw. New York 1928 ff.

RGG[4] Religion in Geschichte und Gegenwart. Hg. von Hans Dieter Betz/

	Don S. Browning/Bernd Janowski/ Eberhard Jüngel 1 – 8 + Register, Tübingen ⁴1998 – 2007.
TRE	Theologische Realenzyklopädie I – XXXVI. Hg. von Gerhard Krause/Gerhard Müller, ab XIII von Gerhard Müller; Gesamtregister I – II erstellt von Albrecht Döhnert/Karin Otto, Berlin/New York 1977 – 2006.
ThWAT	Theologisches Wörterbuch zum Alten Testament. Begr. von G. Johannes Botterweck/Helmer Ringgren. Hg. von Heinz-Josef Fabry/Helmer Ringgren I – VIII. X, Stuttgart u. a. 1973 – 2000.

Sekundärliteratur

Aboud, Jehad, Die Rolle des Königs und seiner Familie nach den Texten von Ugarit (FAR 27), Münster 1994.

Achenbach, Reinhard, Pentateuch, Hexateuch und Enneateuch (ZAR 11), 2005, 122 – 154.

–, Der Eintritt der Schutzbürger in den Bund (Dtn 29,10 – 12). Distinktion und Integration von Fremden im Deuternomium, in: Ders./Arneth, FS E. Otto, 217 – 255.

–/ *Arneth, Martin* (Hg.), „Gerechtigkeit und Recht zu üben" (Gen 18,19), Studien zur altorientaliachen und biblischen Rechtsgeschichte Israels und zur Religionssoziologie. FS E. Otto zum 65. Geburtstag, Wiesbaden 2009.

Ackroyd, Peter R., Exile and Restoration. A Study of Hebrew Thought of the Sixth Century B.C. (OTL 3), London 1978.

Adam, Klaus-Peter, Der königliche Held. Die Entsprechung von kämpferischem Gott und kämpfendem König in Psalm 18 (WMANT 91), Neukirchen-Vluyn 2001.

Adam, Klaus-Peter, Warfare and Treaty Formulas in the Background of Kings, in: Leuchter/Adam (Hg.), Soundings in Kings, 35 – 68.

Aeschyli Septem quae supersunt tragoediae. Rec. Gilbertus Murray (SCBO), Oxford 1938 (ND).

Ahn, Gregor/Dietrich, Manfried (Hg.), Engel und Dämonen (FARG 29), Münster 1997.

Aischylos, Tragödien. Griechisch-deutsch. Übers. von Oscar Werner. Hg. von Bernhard Zimmermann (Stusc), ⁵Zürich/Düsseldorf 1996.

Aitken, James/Dell, Katharine J./Mastin, Brian A. (Hg.), On Stone and Scroll. FS G. I. Davies (BZAW 420), Berlin/New York 2011.

Albani, Matthias, Astronomie und Schöpfungsglaube (WMANT 68), Neukirchen-Vluyn1994.

–, Der Einzige Gott und die Himmlischen Heerscharen (ABG 1), Leipzig 2000.

Albertz, Rainer, Die Theologisierung des Rechts (1997), in: Ders. (BZAW 326), 187 – 207.

–, Geschichte und Theologie. Studien zur Exegese des Alten Testaments und zur Religionsgeschichte Israels (BZAW 326). Hg. von Ingo Kottsieper/Jakob Wöhrle, Berlin/New York 2003.

–, Hintergrund und Bedeutung des Elterngebots im Dekalog (1978), in: Ders. (BZAW 326), 175–185.

–, The Sage and Pious Wisdom in the Book of Job: The Friend's Perspective, in: Gammie/Perdue (Hg.), Sage, 243–261.

– u. a. (Hg.), Werden und Wirken des Alten Testaments. FS C. Westermann, Göttingen 1980.

–, Wer waren die Deuteronomisten? (1997), in: Ders., (BZAW 326), 279–301.

Albrecht, Christian (Hg.), Kirche (Themen der Theologie 1), Tübingen 2011.

Albrektson, Bertil, History and the Gods. An Essay on the Idea of Historcial Events as Divine Manifestations in the Ancient Near East and in Israel (CB.OT 1), Lund 1967.

Alt, Albrecht, Die Rolle Samarias bei der Entstehung des Judentums (1934), in: Ders., Kl. Schriften zur Geschichte II, München 1953, 316–337.

–, Jesaja 8,23–9,6. Befreiungsnacht und Krönungstag (1950), in: Ders., Kl. Schriften zur Geschichte des Volkes Israel II, 206–225.

–, Zur Vorgeschichte des Buches Hiob (ZAW 55), Gießen 1937, 265–268.

Altmann, Peter, Festive Meals in Ancient Israel. Deuteronomy's Identity Politics in Their Ancient Near Eastern Context (BZAW 424), Berlin/New York 2011.

Angenendt, Arnold/Vorgrimler, Herbert (Hg.), Sie wandern von Kraft zu Kraft. FS R. Lettmann, Kevlaer 1993.

Amsler, Samuel/Laqoque, André/René Vuilleumier, Aggée, Zacharie, Malachie (CAT XI c), Neuchatel/Paris 1981.

Anderson, Charles A., Philo of Alexandria's View of the Physical World (WUNT II/ 309), Tübingen 2011.

Antes, Peter, „Ethik" im Islam, in: Ratschow (Hg.), Ethik der Religionen, 177–226.

Appian, Roman History III (The Civil Wars). With an English Translation by Horace White (LCL 4), Cambridge (Mass.)/London 1913 (ND).

Aristoteles, Nikomachische Ethik. Übers. von Franz Dirlmeier (Aristoteles Werke in deutscher Übersetzung 6), Berlin/Darmstadt 1956 (ND).

Aristotelis Ethica Nicomachea. Rec. I. Bywater (SCBO), Oxford 1894 (ND).

Arneth, Martin „Sonne der Gerechtigkeit". Studien zur Solarisierung der Jahwe-Religion im Lichte von Psalm 72 (ZAR.B 1), Wiesbaden 2000.

–, „Durch Adams Fall ist ganz verderbt … ." Studien zur Entstehung der alttestamentlichen Urgeschichte (FRLANT 217), Göttingen 2007.

Arnim, Joannes ab, Stoicorum Veterum Fragmenta I–IV, Editio stereoptyp editions primae (MCMV–MCMXXIV), Stuttgart 1964.

Assmann, Jan, Re und Amun (OBO 51), Freiburg (Schweiz)/Göttingen 1983.

–, Ma,at. Gerechtigkeit und Unsterblichkeit im Alten Ägypten, München 1990

–, Tod und Jenseits im Alten Ägypten, München 2001.

Atkinson, Kenneth, I Cried to the Lord. A Study of the Psalms of Solomon's Historical Background (JSJ.S.84), Leiden/Boston 2004.

Augustinus, Aurelius, Bekenntnisse. Aus dem Lat. übers. u. hg. von Kurt Flasch/ Burkard Mojsisch, mit einer Einl. von Kurt Flasch (Reclam Bibliothek), Stuttgart 2008.

–, Confessiones Libri XIII. Ed. Martinus Skutella editio corr. B. Juergens et W. Schwab (BSGRT),Stuttgart 1981.

–, Was ist Zeit? (Cobfessiones XI/Bdekenntnisse 11). Lateinisch-Deutsch. Eingel., übers. und mit Anm. versehen von Norbert Fischer (PhB 534), Hamburg 2000.

Aurelius, Erik, Der Fürbitter Israels. Eine Studie zum Mosebild im Alten Testament (CB.OT 27), Stockholm 1988.

–, Der Ursprung des Ersten Gebots (ZThL 100), Tübingen 2003, 1 – 21.

Avalos, Hector, Illness and Health Care in the Ancient Near East (HSM 54), Atlanta (Georgia) 1995.

Avemarie, Friedrich/Lichtenberger, Hermann (Hg.), Auferstehung. Resurrection. The Fourth Durham-Tübingen Research Symposium Resurrection, Transfiguration and Exaltation in Old Testament, Ancient Judaism and Early Christianity (Tübingen September 1999) (WUNT I/135), Tübingen 2004= 2001.

Avigad, Nahman, Bullae and Seals from a Post-Exilic Judean Archiv (Qedem 4) Jerusalem 1976.

Avi-.Yonah, Moshe, The Jews under Roman and Byzantine Rule. A Political History of Palesitine from the Bar Kokhba War to the Arab Conquest, Jerusalem 1984.

Axelsson, Lars Eric, The Lord Rose up from Seir. Studies in the History and Tradition of the Negev and Spouthern Judah (ConBib.OT 25), Stockholm 1987.

Bachmann, Veronika, Die Welt im Ausnahmezustand. Eine Untersuchung zu Aussagehalt und Theologie des Wächterbuches (I Hen 1 – 36) (BZAW 409), Berlin/New York 2009.

Baines, John, Ancient Egyptian Kingship: Official Forms, Rhetoric, Context, in: Day (Hg.) (JSOT.S 270), 16 – 53.

Backhaus, Franz Josef, „Denn Zeit und Zufall trifft sie alle". Zu Komposition und Gottesbild im Buch Qohelet (BBB 83), Frankfurt am Main 1993.

Bak, Dong Hyun, Klagender Gott – Klagende Menschen. Studie zur Klage im Jeremiabuch (BZAW 193), Berlin/New York 1990.

Baker, David L., The Fifth Commandement in Context, in: Aitken u. a. (Hg.) (BZAW 430), 253 – 268.

Baldermann, Ingo u. a. (Hg.), Der Messias (JBTH 8), Neukirchen-Vluyn 1993.

Balentine, Samuel E., The Hidden God. The Hiding of the Face of God in the Old Testament, Oxford 1983.

Balentine, Samuel E./Barton, John (Hg.), Language, Theology and the Bible. FS J. Barr, Oxford 1994.

Balthasar, Hans Urs von, Vom Sinn der Geschichte in der Bibel, in: Reinisch (Hg.), Sinn, 117 – 131.

Baltzer, Klaus, Das Bundesformular (WMANT 4), Neukirchen Kreis Moers 1960.

Barth, Christoph, Die Errettung der Seele vom Tode in den individuellen Klage- und Dankliedern des Alten Testaments, Zollikon 1947.

Barth, Hans-Martin, Dogmatik. Evangelischer Glaube im Kontext der Weltreligionen, Gütersloh ³2008.

Barth, Karl, Die protestantische Theologie im 19. Jahrhundert. Ihre Vorgeschichte und ihre Geschichte, Zollikon/Zürich 1947.

Barthelmus, Rüdiger, Ez 37,1 – 14, die Verbform w^{e}qatal und die Anfänge des Auferstehungshoffnung (ZAW 97), Berlin/New York 1985, 366 – 389.

Barthélemy, Dominique/Rickenbacher, Otto, Konkordanz zum Hebräischen Sirach. Mit Syrisch-Hebräischem Index, Göttingen 1973.

Barr, James, Biblical Faith and Naturale Theology. The Gifford Lectures for 1991 Delivered in the University of Edinburgh/Oxford 1993.

–, History and Ideology in the Old Testament. Biblical Studies at the end of a Millenium, Oxford/New York 2000.

–, Reflections on the Covenant with Noah, in: Mayes/Salters (Hg.), Covenant, 11 – 22.

Barr. James, The Concept of Biblical Theology. An Old Testament Persepctive, Minneapolis 1999.

Barrera, Julio Trebolle, The Essenes of Qumran. Between Submission to the Law and Apocalyptic Flight, in: Martínez/Ders., People of the Dead Sea Scrolls, 51 – 76.

Barrett, William, Death of the Soul. Philosophical Thought from Descartes to the Computer, Oxford 1987.

Barton, George Aaron, The Book of Ecclesiastes (ICC), Edinburgh 1908 (ND).

Barton, John, Forgiveness and Memory in the Old Testament, in: Witte (Hg.) (BZAW 345/II), Berlin/New York, 2004, 987 – 976.

Barton, Tamysn, AncientAstrology (Sciences of Antiquity), London/New York 1994 (ND).

Bauks, Michaela/Liess, Kathrin/Riede, Peter (Hg.), Was ist der Mensch, dass du seiner gedenkst? (Psalm 8,5). Aspekte einer theologischen Anthropologie. FS B. Janowski zum 65. Gbeurtstag, Neukirchen-Vulyn 2009.

Baumann, Gerlinde, Die Weisheitsgestalt in Proverbien 1 – 9. Traditionsgeschichte und theologische Studien (FAT 16), Tübingen 1996.

Beck, Martin, Elia und die Monolatrie, Ein Beitrag zur religionsgeschichtlichen Rückfrage nach dem vorschriftprophetischen Jahwe-Glauben (BZAW 281), Berlin/New York 1999.

Beck, Martin/Schorn, Ulrike (Hg.), Auf dem Weg zur Endgestalt von Genesis bis II Regum. FS H.-Ch. Schmitt (BZAW 370), Berlin/New York 2006.

Becker, Eva-Marie./Scholz, S. (Hg.), Kanon in Konstruktion und Dekonstruktion, Berlin/Boston 2012.

Becker, Joachim, Der Ich-Bericht des Nehemiabuches als chronistische Gestaltung (FzB 87), Würzburg 1998.

–, Esra/Nehemia (NEB.AT. Lfg.25), Würzburg 1990.

–, Gottesfurcht im Alten Testament (AnBib 25), Rom 1965.

–, Messiaserwartung im Alten Testament (SBS 83), Stuttgart 1977.

–, Zur Deutung von Psalm 110, in: Haag/Hossfeld (SBB 13), 17 – 32.

Becker, Jürgen, Jesus von Nazaret, Berlin/New York 1996.

–, Paulus. Der Apostel der Völker (UTB 2014), Tübingen 1998.

Becker, Uwe, Jesaja – von der Botschaft zum Buch (FRLANT 178), Göttingen 1997.

–, Richterzeit und Königtum. Redakitonsgeschichtliche Studien zum Richterbiuch (BZAW 192), Berlin/New York 1990.

Beer, Georg, „Das Buch Henoch" (APAT II), 217 – 310.

Bees, Robert, Die Oikeiosislehre der Stoa I: Rekonstruktion ihres Inhalts (Epistemata Ph. 258), Würzburg 2004.

Beentjes, Pancratius C., The Book of Ben Sira and Deuteronomistic Heritage: A Critical Approach, in: Ders., The Book of Ben Sira. A Text Edition of all Extant Hebrew Manuscripts and A Synopsis of all Parallel Hebrew Ben Sira Texts, Leiden, New York/Köln 1997.

–, Theodicy in Wisdom of Ben Sira, in: Laato/de Moor (Hg.), Theodicy, 509–524.

Hanne von Weissenberg u. a. (Hg.) (BZAW 419), 275–296.

–, Tränen, Trauer, Totenklage. Eine kleine Studie über Sira 38,16–23, in: Fischer u. a. (Hg.) (BZAW 331), 221–232.

Begrich, Joachim, Berit. Ein Beitrag zur Erfassung einer alttestamentlichen Denkform (1944), in: Ders. (ThB 21), 55–66.

–, Ges. Studien zum Alten Testament. Hg. von Walther Zimmerli (ThB 21), München 1964.

Bengtson, Hermann, Griechische Geschichte von den Anfängen bis in die Römische Kaiserzeit (HAW III/4), München [3]1965.

–, Grundriss der Römischen Geschichte. Mit Quellenkunde I: Republik und Kaiserzeit (HAW III/5.1), München [2]1970.

Bentzen, Age, Daniel, (HAT I/19), Tübingen 1950.

Benz, Ernst, Ideen zu einer Theologie der Religionsgeschichte (AAWLM.G 1960/3), Wiesbaden 1961.

Benzinger, Immanuel, Die Bücher der Könige (KHC IX), Freiburg/Leipzig/Tübingen 1899.

Beuken, Willem A. M., Haggai – Sacharja 1–8 (NSS 10), Assen 1967.

–, Jesaja I: 1–12;. II: 13–27; III: 28–34 (HThK.AT), Freiburg/Basel/Wien (Unter Mitwirkung und übers. aus dem Niederländischen von Ulrich Berges/Andrea Span bzw. von Andrea Span) 2003/2007/2011.

– (Hg.), The Book of Job (BEThL 114), Leuven 1994.

–, The Literary Emergence of Zion as a City in the first Opening of the Book of Isaiah (1,2–5), in: Witte (Hg.) (BZAW 345/1), 457–470.

Ben Zvi, Ehud, A Critical Study of the Book of Zephaniah (BZAW 198), Berlin/New York 1991.

Berger, Klaus, Das Buch der Jubiläen (JSHRZ II/4), Gütersloh 1983, 275–561.

Berges, Klaus, Das Buch Jesaja. Komposition und Endgestalt (HBS 16), Freiburg/Basel/Wien 1998.

–, Jesaja 40–48 (HThKAT), Freiburg/Basel/Wien 2008.

Berlejung, Angelika, Die Theologie der Bilder (OBO 162), Freiburg (Schweiz)/Göttingen 1998.

Betz, Otto, Die Proselytentaufe der Qumransekte und die Taufe im Neuen Testament, (1958/59), in: Ders., Jesus, der Herr der Kirche (WUNT 52), Tübingen 1990, 21–48.

Beuken, Willem A.M (Hg.), The Book of Job (BEThL 114), Leuven 1994.

Beyerlin, Walter, Werden und Wesen des 107. Psalms (BZAW 153), Berlin/New York 1979.

Beyse, Karl-Martin, Serubbabel und die Königserwartungen der Propheten Haggai und Sacharja (ATh I/48), Stuttgart 1972.

Biblia Hebraica Stuttgartensia. Editio funditus renovata, Coop. H.P. Rüger et J. Ziegler. Ed. K. Elliger et W. Rudolph. Ed. quarta emendata H.P. Rüger, Stuttgart 1990.

Bickermann, Elias, Der Gott der Makkabäer. Untersuchungen über den Sinn und Ursprung der makkabäischen Erhebung, Berlin 1937.

–, The God of the Maccabees. Studies in the Meaning and Origin of theMaccabean Revolt (StJLA 32). Übers. von Horst R- Moehring, Leiden 1979.

Bietenhard, Hans, Die himmlische Welt um Urchristentum und Spätjudentum (WUNT 2), Tübingen 1951.

Black, Mathew (Hg.), Apocalypsis Henochi Graece (Fragmenta Pseudepigraphorum quae supersunt Graeca III), Leiden 1970.

–, The Book of Enoch or I Enoch. A new English edition (SVTO 7), Leiden 1985.

Blenkinsopp. Joseph, Ezra-Nehemiah. A Commentary (OTL), Philadelphia, Pennsylvania 1988.

–, Wisdom and Law in the Old Testament. The Ordering of Life in Israel and Early Judaism. Oxford ²1995.

–, Isaiah 1 – 39 (AncB 19), New York/London 2000.

–, Isaiah 40 – 55 (AncB 19 A), New York/London 2002.

Blischke, Mareike V., Die Eschatologie in der Sapientia Salomonis (FAT II/26), Tübingen 2007.

Blum, Erhard, Studien zur Komposition des Pentateuch (BZAW 189), Berlin/New York 1990.

Bobzien, Susanne, Deterimnism and Freedom in Stoic Philosphy, Oxford 1998.

Bobzin, Hartmut, Mitarb. Katharina Bobzin, Der Koran. Aus dem Arabischen neu übertragen, München 2010.

–, Die Tempora im Hiobdialog. Diss. phil., Marburg 1974.

Böcher, Otto, Dämonenfurcht und Dämonenabwehr. Ein Beitrag zur Vorgeschichte der christlichen Taufe (BWANT 90), Stuttgart u. a. 1970.

Bohlen, Reinhold, Kohelet im Kontext hellenistischer Kultur; in: Schwienhorst-Schönberger (Hg.) (BZAW 254), 249 – 274.

Boll, Franz/Bezold, Carl/Gundel Wilhelm, Sternenglaube und Sternendeutung. Die Geschichte und das Wesen der Astrologie. Mit einem bibliogr. Anhang von Hans Georg Gundel, Darmstadt ⁶1974.

Bonnet Hans, Zum Verständnis des Synkretismus (ÄZ 75), Leipzig 1939, 40 – 52.

Borgen, Peder, Philo of Alexandria. An Exegete for His Time (NTS 86), Leiden u. a. 1992.

Borger, Rykle, „Der Codex Hammurapi" (TUAT I/1), Gütersloh 1982, 39 – 80.

–, „Historische Texte in akkadischer Sprache aus Babylonien und Assyrien" (TUAT I/4), Gütersloh 1984, 354 – 410.

Bousset, Wilhelm, Die Religion des Judentums im späthellenistischen Zeitalter. Hg. von Hugo Gressmann (HNT 21), Tübingen ³1926.

Bowra, G.M., Pindar, Oxford 1964 (ND).

Braulik, Georg (Hg.), Bundesdokument und Gesetz. Studien zum Deuteronomium (HBS 4), Freiburg i.Br. 1995.

–, Das Buch Deuteronomium, in: Frevel/Zenger (Hg.), Einleitung[8], 163–188.

–, Deuteronomium 1–16,17 (NEB.AT Lfg.15), Würzburg 1986.

–, Deuteronomium 4,13 und der Horebbund, in: Dohmen/Frevel (SBS 211), 27–36.

–, Die Abfolge der Gesetze in Dtn 12–26 und der Dekalog (1985) in: Ders. (SBAB 2), 231–256.

–, Die dekalogische Redaktion der deuteronomischen Gesetze in Abhängigkeit von Lev 19 am Beispiel von Deuteronomium 22,1.12; 24,10–22 und 23,13–16, in: Ders. (Hg.) (HBS 4), 1–26.

–, Gottes Ruhe – Das Land oder der Tempel? Zu Psalm 95,11, in: Haag/Hossfeld (Hg.) (SBB 13), 33–44.

–, Studien zu Theologie des Deuteronomiums (SBAB 2), Stuttgart 1988.

Braun, Rainer, Kohelet und die frühhellenistische Popularphilosophie (BZAW 130), Berlin/New York 1973.

Brekelmans, C.H.W., The Saints of the Most High and their Kingdom, (OTS 14), Leiden 1965, 305–329.

Brenner, Martin L., The Song of the Sea Ex 15,1–21 (BZAW 195), Berlin/New York 1991.

Bringmann, Klaus, Geschichte der Juden im Altertum. Vom babylonischen Exil bis zur arabischen Eroberung, Stuttgart 2005.

–, Hellenistische Reform und Religionsverfolgung in Judäa. Eine Untersuchung zur jüdisch-hellenistischen Geschichte (175–163 v.Chr.) (AAWG Ph. III/132), Göttingen 1983.

Brooke, George J., Kingship and Messianism in the Dead Sea Scrolls, in: Day (Hg.), King and Messiah, 434–455.

Brown, Peter, Augustine of Hippo. A Biography. A New Edition with an Epilog, Berkeley. Los Angeles 2000.

–, The Body and the Society. Men, Women and Sexual Renunciation in Early Christianity, Twentieth-Annual edition with a New Introduction, New York 2008.

Brunner, Hellmut, Altägyptische Erziehung, Wiesbaden 1957.

Brunner-Traut, Emma, Frühformen des Erkennens. Am Beispiel Altägyptens, Darmstadt [2]1992.

Budde, Karl, Das Buch Hiob (HK II/1), Göttingen [2]1913.

Bultmann, Rudolf, Das Verständnis der Geschichte im Griechentum und im Christentum, in: Reinisch (Hg.), Sinn, 50–65.

–, Die Bedeutung des Gedankens der Freiheit für die abendländische Kultur, in: Ders., Glauben und Verstehen II, Tübingen 1952,274–293.

–, Theologie des Neuen Testaments. Hg. von Otto Merk (UTB 630), Tübingen [8]1984.

Burkert, Walter, Antike Mysterien. Funktionen und Gestalt, München 1990.

–, Griechische Religion der archaischen und klassischen Epoche(RM 15), Stuttgart [2]2011.

–, Weisheit und Wissenschaft. Studien zu Pythagoras, Philolaos und Platon (Erlanger Beiträge zur Sprach- und Kunstwissenschaft 10), Nürnberg 1962.

Calduch-Benages, Núria, Dreams and Folly in Sir 34(31),1 – 8, in: Irmtraud Fischer u. a. (Hg.), FS J.

Marböck (BZAW 331), Berlin/New York 2003, 241 – 252.

–, En el Crisol de la Prueba. Estudio exegético de Sir 2,1 – 18, (Asociascíon Biblica Espanõla 32), Estalla/Navarra 1997.

Gilbert (BEThL 143), Leuven 1999.

–, Un gioiello di sapienza. Leggendo Siracide 2 (Cammini nello Spirito. Biblica 45), Milano/Torino 2001.

–/ *Ferrer, Joan/Liesen, Jan*, La Sabiduría des Escriba. Wisdom of a Scribe. Diplomatic Edition of the Syiac Version of the Book of Ben Sira according to Codex Ambrosianus, with Translations in Spanish and English (Bibliteca Midrásica), Estalla/Navarra 2003.

–/ *Liesen, Jan* (Hg.), How Israel's Later Authors Viewed Its Earlier History (DCLY 2006), Berlin/New York 2006.

–/ *Vermeylen. Jacques* (Hg.), Treasures of Wisdom. Studies in Ben Sira and the Book of Wisdom. FS M.

Casetti, Pierre, Gibt es ein Leben vor dem Tod? Eine Auslegung von Psalm 49 (OBO 44), Freiburg (Schweiz)/Göttingen 1982.

Cassirer, Ernst, Philosophie der Symbolischen Formen I: Das Mythische Denken, Darmstadt [2]1955.

Chadwick, Henry, Augustine of Hippo. A Life, Oxford 2009.

–, The Church in Ancient Society. From Galilee to Gregory the Great, Oxford 2001 (ND 2009).

Charlesworth, James H (Hg.), The Old Testament Pseudepigrapha I – II, London. Garden City/N.J. 1983 und 1985.

Charlesworth, James H. (Hg.), The Dead Sea Scrolls. Hebrew, Aramaic, and Greel Texts with English Translations, Tübingen/Louisville 1994 ff.

Chester, Andrew, Resurrection and Transformation, in: Avemarie/Lichtenberger (Hg.) (WUNT I/135), 47 – 77.

*Cheon, Samue*l, The Exodus Story in the Wisdom of Solomon. A Study in Biblical Interpretation (JStP.S 23), Sheffield 1997.

Chirichigno, Gregory C., Debt-Slavery in Israel and in the Ancient Near East (JSOT.S 141), Scheffield 1993.

Christ, Karl, Geschichte der Römischen Kaiserzeit von Augustus bis Constantin, München 1988.

–, Pompejus. Der Feldherr Roms. Eine Biographie, München 2004.

Cicero, M. Tulli Ciceronis De fato. Über Das Fatum. Lateinisch-deutsch. Hg. von Karl Bayer (TuscB), München 1963.

–, M. Tulli Ciceronis De re publica De legibus Cato Maior de senectute Laelius de amicitia, ec. J.G.F. Powell (SCBO), Oxford 2006.

–, M. Tullius, Der Staat. Lateinisch und deutsch. Hg. u. übers. von Karl Büchner (STusc), München [5]1993.

–, M. Tullius, Über die Gesetze. Stoische Paradoxa. Lateinisch und deutsch. Hg., übers.u. erläutert von Rainer Nickel (STusc), Düsseldorf/Zürich 2002.

–, M. Tullius, Von der Wahrsagung. De divinatione. Lateinisch-deutsch. Hg., übers. und erläutert von Christoph Schäublin (Stusc), München/Zürich 1991.

Clements, Ronald E., Isaiah 1 – 39 (NCBC), London/Grand Rapids (Mich.) 1980.

–, Old Testament Prophecy. From Oracles to Canon, Lousville, Kentucky 1996.

–, The Messianic Hope in the Old Testament (1989), in: Ders. Old Testament Prophecy, 49 – 61.

–, The Cosmic Mountain in Canaan and the Old Testament (HSM 4), Cambridge (Mass.) 1972.

Collingwood, R. G., Philosophie der Geschichte (The Idea of History, Oxford 1946). Übers. von Dr. Gertrud Herding, Stuttgart 1955.

Collins, John J., Jewish Wisdom in the Hellenistic Age, Edinburgh 1998.

–, The Apocalyptic Imagination. An Introduction to Jewish Apocalyptic Literature, Grand Rapids (Mich.)/Cambridge (U.K.) [2]1998.

–, The Apocalyptic Vision in the Book of Daniel (HSM 16), Montana/Missoula 1977.

–, The Sage in the Apocalyptic and Pseudepigraphic Literature, in: Gammie/Perdue, Sage, 343 – 354.

Conrad, Diethelm, „Hebräische Grab-, Bau- , Votiv- und Siegelinschriften" (TUAT II/4), Gütersloh 1988, 555 – 572.

Conrad-Martius, Hedwig, Die Zeit, München 1954.

Coppens, Joseph, La relève apocalyptique du messianisme royal IV: Le fils d'homme vétero- et intertestamen-taire (BEThL 61), Leuven 1983.

Corley, Jeremy, Ben Sira's Taeching of Friednship (BJSt 316), Providence 2002.

–, Wisdom versus Apocalyptik and Science in Sirach 1,1 – 10, in: Martínez (Hg.) (BEThL 158), 269 – 285.

–/ *Skemp, Vincent* (Hg.), Intertextual Studies in Ben Sira and Tobit. FS A. A. Di Lella (CBQ.MS 38), Washington D.C. 2004.

Cowley, A., Aramaic Papyri of the Fifth Century B.C., Oxford 1923 (ND).

Craigie, Peter, Psalms 1 – 50 (WBC 19), Waxo (Texas) 1983.

Crenshaw, James L., Old Testament Wisdom. An Introduction, London 1982.

–, The Concept of God in Old Testament Wisdom, in: Perdue/Scott/Wiseman, Search, 1 – 18.

Crüsemann, Frank, Die Tora. Theologie und Sozialgeschichte des alttestamentlichen Gesetzes, München 1992.

Dahlmann, Gustaf H., Aramäisch-Neuhebräisches Handwörterbuch zu Targum, Talmud und Midrasch. Mit Lexikon der Abbreviaturen von G. H. Händler und einem Verzeichnis der Mischna-Abschnitte, Darmstadt 1967= Göttingen 1938.

Dahm, Ulrike, Opferkult und Priestertum in Alt-Israel. Ein kulturwissenschaftlicher Beitrag (BZAW 327), Berlin/New York 2003.

–, Opfer und Ritus. Kommunikationstheoretische Untersuchungen, Marburg 2003.

Dahood, Mitchell, Psalms 1 – 50 (AncB 16), Psalms 51 – 100 (AncB 17), Psalms 101 – 150 (AncB 18), Garden City/New York 1965 – 1973.

Davies, Graham, Mitarb. M.N.A. Bockmuehl/D.R. de Lacy/A.J. Poulter, Ancient Hebrew Inscriptions.

Corpus and Concordance, Cambridge (U.K.) 1991.

–, Covenant, Oath, and the Composition of the Pentateuch, in: Mayes/Salters (Hg.), Covenant, 71–89.

–, Was there an Exodus?, in: Day (Hg.), Search, 23–40.

Davies, W.D./Finkelstein, Louis (Hg.), The Cambridge History of Judaism I: Introduction. The Persian Perdiod, Cambridge (U.K.) 1984.

Day, John, How many pre-exilic Psalms are there?, in: Ders., (JSOT.S. 406), 225–250.

–, (Hg.), King and Messiah in Israel and the Ancient Near East (JSOT.S 270), Sheffield 1998.

–, (Hg.), In Search of Pre-exilic Israel (JSOT.S.406), London/New York 2004.

–, Why does God 'estabilish' rather than 'cut' covenants in the Priestly Source?", in: Mayes/Salters (Hg.), Covenant, 91–109.

–/ *Gordon, Robert P./Williamson, H.G.M.* (Hg.), Wisdom in Ancient Israel. FS J.A. Emerton, Cambridge (U.K.) 1995.

Day, Peggy L., An Adversary in Heaven. śātān in the Hebrew Bible (HSM 43), Atlanta 1988.

Debus, Jörg. Die Sünde Jerobeams (FRLANT 93), Göttingen 1967.

Deissler, Alfons, Zwölf Propheten I–II (NEB.AT. Liefg.4 und 8), Würzburg ²1988=1988 bzw. 1986=1984.

Delitzsch, Franz, Hoheslied und Koheleth (BC IV/4), Leipzig 1875.

Dell, Katharine J., The Book of Job as Sceptical Literature (BZAW 197), Berlin/New York 1991.

Denis, Albert-Marie, Mitarb. Yvonne Janssens, Concordance Greque des Pseudepigraphes de Ancien Testament, Louvain-la-Neuve 1987.

–, Introduction aux Pseudépigraphes Grecs d'Ancien Testament (SVTP I), Leiden 1970.

Di Lella, Alexander A., Ben Sira's Praise of the Ancestors of Old (Sir 44–49): A History of Israel as Parenetic Apologetics, in: Calduch-Benages/Liesen (Hg.) (DCLY 2006), 151–170.

–, Free Will in the Wisdom of Ben Sira 15:11–20. An Exegetical and Theological Study, in: Irmtraud Fischer u. a. (Hg.) (BZAW 331), 253–264.

–, siehe auch: Skehan/Di Lella.

Diehl, Johannes/Witte, Markus (Hg.), Studien zur Hebräischen Bibel und ihrer Nachgeschichte (Kl. Untersuchungen zur Sprache des Ats und seiner Umwelt 12–13/2011).

Diesel, Antje A. u. a. (Hg.) „Jedes Ding hat seine Zeit". Studien zur israelitischen und altorientalischen Weisheit. FS D. Michel (BZAW 241), Berlin/New York 1996.

Dieterich, Albrecht, Nekyia. Beiträge zur Erklärung der neuentdekten Petrusapokalpyse, Darmstadt ³1969= Leipzig/Berlin ²1913.

Dietrich, Manfried/Loretz, Oswald, Horōn, der Herr über die Schlangen. Das Verhältnis von Mythos und Beschwörung in KTU 1.114 (RS 24.258) (2003), in: Dies. (AOAT 343), 119–140.

–, Mantik in Ugarit. Keilalphabetische Texte der Opferschau – Omensammlungen – Nekromantie. Mit Beiträgen von Hilmar W. Duerbck/Jan Waale Mayer/Waltraud C. Seiter (ALASP 3), Münster 1990.

–, Mythen und Epen in ugaritischer Sprache (KTU III/6), Gütersloh 1997, 1098 – 1316.

–, Studien zu den ugaritischen Texten I: Mythos und Ritual in KTU 1.12, 1.24; 1.96, 1,100 und 1.114 (AOAT 269/1), Münster 2000.

–/ *Sanmartín, Joaquín*, The Cuneiform Alphabetic Texts from Ugarit, Ras Ibn Hani and Other Places (KTU: second, enlarged edtion (ALASM 8), Münster 1995.

Dietrich, Walter, David. Der Herrscher mit der Harfe (Bibl. Gestalten), Leipzig 2006.

–, David, Saul und die Propheten. Das Verhältnis zwischen Religion und Politik in den prophetischen
Überlieferungen vom frühesten Königtum in Israel (BWANT 122), Stuttgart u. a. [2]1992.

–, Vom Schweigen Gottes im Alten Testament, in: Witte (Hg.) (BZAW 345/II), 997 – 1014.

–/ *Klopfenstein, Martin A.* (Hg.), Ein Gott allein? (OBO 139), Freiburg (Schweiz)/ Göttingen 1994.

–/ *Naumann, Thomas*, Die Samuelbücher (EdF 287), Darmstadt 1995.

Diodorus of Siciliy in Twelve Volumes. With an English Traslation by C.H. Oldfather a.o. (LCL), Cambridge (Mass.)/London 1923 – 1967.

Diogenes Laertius, Leben und Meinungen berühmter Philosophen Buch I – X. Aus dem Griechischen übers. von Otto Apel. Unter Mitarb. von Hans Günter Zekl neu hg. sowie mit Vorwort, Einl. und neuen Anm. zu Text u. Übers. von Klaus Reich (PhB 53/54), Hamburg [2]1967.

–, Lives of Eminent Philosophers. With an English Translation by R.D. Hicks I – II (LCL 184/185), Cambridge (Mass.)/London 1925 (ND).

Dochhorn, Jan, „Warum der Dämon Eva verführte", in: Lichtenberger/Oegema (Hg.), Jüdische Schriften in ihrem antik-jüdischen und urchristlichen Kontext (JSHRZ.St 1) Gütersloh 2002, 347 – 364.

Dohmen, Christoph, Das Bilderverbot. Seine Entstehung und seine Entwicklung im Alten Testament (BBB 62), Frankfurt am Main [2]1987.

–, Was stand auf den Tafeln vom Sinai und was auf denen vom Horeb? Zur Geschichte eines Offenbarungsrequisits, in: Hossfeld (Hg.), Vom Sinai zum Horeb, 9 – 50.

–/ *Frevel, Christian* (Hg.), Für immer verbündet. Studien zur Bundestheologie der Bibel (SBS 211), Stuttgart 2007.

Doll, Peter, Menschenschöpfung und Weltschöpfung in der alttestamentlichen Weisheit (SBS 117), Stuttgart 1985.

Donner, Herbert, Aufsätze aus dem Alten Testament aus vier Jahrzehnten (BZAW 224), Berlin/New York 1994.

–, Der verlässliche Prophet. Betrachtungen zu 1 Makk 14,41 ff. und zu Ps 110 (1991), in: Ders. (BZAW 224), 213 – 223.

–/ *Röllig, Wolfgang*, Kanaanäische und Aramäischen Inschriften. Mit einem Beitrag von Otto Rössler I: Texte; II: Kommentar, Wiesbaden [2]1966 und 1964.

– u. a. (Hg.), Beiträge zur alttestamentlichen Theologie. FS W. Zimmerli, Göttingen 1977.

Dozeman, Thomas B., The Composition of Ex 32 within the Context of the Enneat-euch, in: Beck/Schorn (Hg.) (BZAW 370), 175–189.

Duhm, Bernhard, Die Psalmen (KHK), Tübingen ²1922.

–, Hiob (KHC XVI), Leipzig/Tübingen 1897.

–, Jeremia (KHC XI), Tübingen/Leipzig 1901.

Dunn, James D.G., Romans 1–8 (WBC 38 A), Dallas 1988.

Durhaime, Jean, War Scroll (DSS II), Tübingen/Louisville 1995, 80–203.

Ebert, Theodor, Phaidon. Übersetzung und Kommentar (Platon Werke I/4), Göttingen 2004.

Eckstein, Hans-Joachim/Landmesser, Christof/Lichtenberger, Hermann (Hg.), Eschatologie Eschatology. The Sixth Durham Tübingen Research Symposium: Eschatology in Old Testament, Ancient Judaism and Early Christianity (Tübingen, September 2009), Tübingen 2011.

Edzard, Dietz Otto, Geschichte Mesopotamiens. Von den Sumerern bis zu Alexander dem Großen, München 2004.

Egger-Wenzel, Renate, (Hg.), Ben Sira's God. Proceedings of the International Ben Sira Conference Durham-Usahw College 2001 (BZAW 321), Berlin/New York 2002.

–/ *Corley, Jeremy* (Hg.), Prayer from Tobit to Qumran (DCLY 2004), Berlin/New York 2004.

–/ *Krammer, Ingrid* (Hg.), Der Einzelne und seines Gemeinschaft bei Ben Sira (BZAW 270), Berlin/New York 1998.

Ehrenberg, Victor, Sophokles und Perikles, München 1956.

Eißfeldt, Otto, „Das Alte Testament im Licht der safatenischen Inschriften" (1954), in: Ders., Kl. Schriften III, 289–319.

–, El und Jahwe (1956) in: Ders., Kl. Schriften III, 385–397.

–, Kleine Schriften I–VI (Hg.) Rudolf Sellheim,/Fritz Maass, Tübingen 1963–1979.

–, Lade und Stierbild (1940/41), in: Ders., Kl. Schriften II, 282–305.

Ellermeier, Friedrich, Das Verbum hûš in Koh 2,25 (ZAW 75), Berlin 1963, 197–217.

Elliger, Karl, Deuterojesaja I: Jes 40,1–45,7 (BK XI/1), Neukirchen-Vluyn 1978.

–, Die Kleinen Propheten II (ATD 25), Göttingen 1949 ND.

–, Ein Zeugnis aus der jüdischen Gemeinde im Alexanderjahr (ZAW 62), Berlin 1949/ 50, 63–115.

Emerton, J. A., New Light on Israelite Religion: The Implications of the Inscriptions from Kuntillet ʿAjrud (ZAW 94), Berlin/New York 1982, 2–20.

Engel, Helmut, Das Buch der Weisheit (NSK.AT 16), Stuttgart 1998.

–, Sophia Salomonis. Die Weisheit Salomos, in: Kraus/Karrer, Septuaginta Deutsch, 1057–1089.

Essler, Holger, Glückselig und unsterblich. Epikureische Theologie bei Cicero und Philodem (Schwabe Epicurea II), Basel 2011.

Ewald, Heinrich, Die Propheten des Alten Bundes I, Stuttgart 1840.

Erman, Adolf, Die Religion der Ägypter. Ihr Werden und Vergehen in vier Jahrtausenden, Berlin/Leipzig 1934.

Evangelisches Gesangbuch, Ausgabe für die Evangelische Kirche von Kurhessen-Waldeck, Kassel 1994.

Fabry, Heinz-Josef, Jesus Sirach und das Priestertum, in: Irmtraud Fischer u. a. (Hg.) (BZAW 331), 265–282.

Fahlgren, K.H., *ṣĕdāqâ* nahestehende und entgegengesetzte Begriffe, Diss., Uppsala 1932.

Falkenstein, Alexander von/Soden; Wolfram von, Sumerische und Akkadische Hymnen und Gebete, (BAW) Zürich/Stuttgart 1953.

Finegan, Jack, Handbook of Biblical Chronology. Principles of Time Reckoning in the Ancient World and Problems of Chronolgy in the Bible, Peabody, MA [2]1998.

Finsterbusch, Karin, Multiperspektivität als Programm. Das betende Ich und die Tora in Psalm 119, in: Bauks/Liess/Riede (Hg.), FS B. Janowski (2008), 93–104.

Fischer, Alexander A., Der Edom-Spruch in Jesaja 21. Seine literargeschichtlicher und sein zeitgeschichtlicher Kontext, in: Witte (Hg.) (BZAW 345/I), Berlin/New York 2004, 471–490.

–, Skepsis oder Furcht Gottes? Studien zur Komposition und Theologie des Buches Kohelet (BZAW 247), Berlin/New York 1997.

–, Tod und Jenseits im Alten Orient und im Alten Testament, Neukirchen-Vluyn 2005.

Fischer, Irmtraud, Die Erzeltern Israels, (BZAW 2229, Berlin/New York 1994.

–/ *Rapp, Ursula/Schiller, Johannes* (Hg.), Auf den Spuren der schriftgelehrten Weisen. FS
J. Marböck (BZAW 331), Berlin/New York 2003.

Fischer, Norbert/Herrmann, Friedrich Wilhelm von (Hg.), Die Gottesfrage im Denken Martin Heideggers, Hamburg 2011.

Fischer, Norbert, vgl. auch Augustinus, Aurelius, Was ist Zeit.

Fischer, Stefan, Die Aufforderung zur Lebensfreude im Buch Kohelet und seine Rezeption der ägyptischen Harfnerlieder (Wiener Alttestamentliche Studien 2), Frankfurt am Main u.a 1999.

Fischer, Ulrich, Eschatologie und Jenseitserwartung im hellenistischen Diasporajudentum (BZNW 44), Berlin/New York 1978.

Flasch, Kurt, Augustin. Eine Einführung in sein Denken (RecUB 9962), Stuttgart [3]2003.

–, Was ist Zeit? Augustinus von Hippo. Das XI. Buch der Confessiones. Text. Übersetzung. Kommentar (Seminar Klostermann), Frankfurt am Main [2]2004=1993.

Fleischer, Günther, Von Menschenverkäufern, Baschankühen und Rechtsverdrehern. Die Sozialkritik des Amos in historisch-kritischer, sozialgeschichtlicher und archäologischer Perspektive (BBB 74), Frankfurt am Main 1989.

Fohrer, Georg, Die symbolischen Handlungen der Propheten (AThANT 54), Zürich/Stuttgart [2]1968.

–, „Die Weisheit des Elihu" (Hi 32–37), in: Ders. (BZAW 159), 94–113.

–, Einleitung in das Alte Testament. Begr. von Ernst Sellin, Heidelberg [10]1968.

–, Ezechiel (HAT I/14). Mit einem Beitrag von Kurt Galling, Tübingen 1955.

–, Geschichte der israelitischen Religion (GLB), Berlin 1969.

–, Hiob (KAT XVI), Gütersloh [2]1988 = Berlin 1989.

–, Studien zum Buche Hiob (1956 – 1979) (BZAW 159), Berlin/New York [2]1983.

Forschner, Maximilian, Über das Glück des Menschen. Aristoteles, Epikur, Stoa, Thomas von Aquin, Kant, Darmstadt 1994 = 1993.

Fox, Michael V., A Time to Tear and a Time to Build up: A Reading of Ecclesiastes, Grand Rapids (Mich.)/Cambridge (U.K.) 1999.

–, Qohelet and His Contradictons (JSOT:S 71), Sheffield 1989.

–, „The Inner Structure of Qohelet's Thougth" in: Schoors, (Hg.), (BEThL 136), 225 – 238.

–, Wisdom in Qohelet, in: Perdue/Scott/Wiseman (Hg.), Search, 115 – 132.

Frankfort, Henry, Ancient Egyptian Religion. An Interpretation, New York 1948 (ND).

–, Kingship and the Gods. A Study of Ancient Near Eastern Religions as the Integration of Society and Nature, Chicago 1948 (ND).

Frendo, Anthony J., Back to Basics. A Holistic Approach to the Problem of the Emergence of Ancient Israel, in: John Day, (Hg.), Search, 41 – 64.

Frevel, Christian, Aschera und der Ausschließlichkeitsanspruch YHWHs. Beiträge zu literarischen, religionsgeschichtlichen und ikonographischen Aspekten der Ascheradiskussion (BBB 94/1 – 2), Weinheim 1995.

–, „Beim Toten, der nicht mehr ist, verstummt der Lobgesang" (Sir 17,28). Einige Aspekte des Todesverständnisses bei Jesus Sirach, in: Göllner (Hg.), (Theologie im Kontakt 16), 9 – 33.

–, Grundriss der Geschichte Israels, in: Frevel/Zenger, Einleitung[8], 703 – 870.

–/ *Zenger, Erich* (Hg.), Einleitung in das Alte Testament, Stuttgart [8]2012.

Frey, Jörg/Schröter, Jens (Hg.), Deutungen des Todes Jesu im Neuen Testament (UTB 2953), Tübingen [2]1912.

Fritz, Volkmar, Das Buch Josua (HAT I/7), Tübingen 1994.

–, Die Fremdvölkersprüche des Amos (VT 37), Leiden u. a. 1987, 26 – 38.

Frye, Richard N., The History of Ancient Iran (HAW III/7), München 1984.

Füglister, Notker, Die Verwendung und das Verständnis der Psalmen und des Psalters um die Zeitenwende, in: Schreiner (Hg.) (FzB 60), 319 – 384.

Fuß, Hans Ferdinand, Ezechiel II (NEB Lfg.22) Würzburg 1988.

Gäbel, Georg, Die Kulttheologie im Hebräerbrief. Eine exegetisch- religionsgeschichtliche Studie (WUNT II/272), Tübingen 2004.

Gadamer, Hans Georg, Über die Planung der Zukunft (1966), in: Ders., (Ges Werke 2.II), 174 – 183.

–, Wahrheit und Methode. Ergänzungen. Register (Ges.Werke 2, Hermeneutik II), Tübingen 1993.

Galling, Kurt, Das Rätsel der Zeit im Urteil Kohelets (Koh 3,1 – 15), (ZThK 58), Tübingen 1961, 1 – 15.

–, Der Prediger, in: Die Fünf Megillot (HAT I/18), Tübingen [2]1969, 73 – 125.

–, Die Bücher der Chronik, Esra, Nehemia (ATD 12), Göttingen 1954.

–, Serubbabel und der Hohepriester beim Wiederaufbau des Tempels (1961), in: Ders., Studien, 127 – 148.

–, Studien zur Geschichte Israels im Persischen Zeitalter, Tübingen 1964.

Gammy, John G., The Sage in Sirach, in: Ders./Perdue, Sage, 355 – 372.

–/ *Perdue, Leo G.* (Hg.), The the Sage in Israel and the Ancient Near East, Winona Lake 1990.

Gaylord, H.E., 3 (Greek Apocalyse of) Baruch (OTP I), 653–679.

Gehlen, Arnold, Urmensch und Spätkultur. Philosophische Ergebnisse und Aussagen (Seminar Klostermann) = (GA 5), Frankfurt am Main ⁶2004.

Gehrke, Hans-Joachim, Geschichte des Hellenismus (OGG 1 A), München 1990.

Georgi, Dieter, Weisheit Salomos (JSHRZ III/4), Gütersloh 1980.

Gesenius, Wilhelm, Hebräisches und Aramäisches Handwörterbuch. Hg. in Verbindung mit H. Zimmern,

W. Max Müller und O. Weber. Bearb. von Frantz Buhl, Leipzig ¹⁷1921= 1915.

–, Mitarb. Udo Rüterswörden, Hebräisches und Aramäische Handwörterbuch über das Alte Testament. Bearb. und hg. von Rudolf Meyer/Herbert Donner, Berlin/ Heidelberg/New York ¹⁸1987 ff.

–/ *Kautzsch, Emil/Bergsträsser, Gotthelf,* Hebräische Grammatik, Hildesheim/Zürich/New York 1991= Darmstadt 1985.

Gerstenberger, Erhard S., Boten, Engel, Hypostasen: Die Kommunikation Gottes mit den Menschen, in: Witte (Hg.) (BZAW 345/1), 139–154.

–, Das 3. Buch Mose. Leviticus (ATD 6), Göttingen 1993.

–, Der bittende Mensch. Bittritual und Klagelied des Einzelnen im Alten Testament (WUNT 51), Neukirchen-Vluyn 1980.

–, Psalms Part I with an Introcution to Cultiv Poetry (FOTL XIV); Part II: Psalms and Lamentations (FOTL 14 u.15), Grand Rapids (Mich.) 1987.

–, Theologien im Alten Testament. Pluralität und Synkretismus alttestamentlichen Gottesglaubens, Stuttgart 2001.

Gertz, Jan Christian, Kompositorische Funktion und literarhistorischer Ort von Dtn 1–3, in: Witte u. a. (Hg.). (BZAW 365), 103–123.

–, „Konstruierte Erinnerung. Alttestamentliche Historiographie im Spiegel von Archäologie und historischer Kritik am Fallbeispiel des salomonischen Königtums" (BThZ 21), Berlin 2004, 3–29.

–/ *Berlejung, Angelika/Schmid, Konrad/Witte, Markus,* Grundinformation Altes Testament (UTB 2745), Göttingen ³2009.

– u.a. (Hg.), Abschied vom Jahwisten. Die Komposition des Hexateuch in der jüngsten Diskussion (BZAW 315), Berlin/New York 2002.

Gese, Hartmut, Lehre und Wirklichkeit in der alten Weisheit. Studien zu den Sprüchen Salomos und zu dem Buche Hiob, Tübingen 1958:

–, „Der bewachte Lebensbaum und die Heroen: zwei mythologische Ergänzungen zur Urgeschichte der Quelle „J" (1973), in: Ders. (BevTh 64), 99–112.

–, Die Religionen Altsyriens, in: Ders./Höfner, Marria/Rudolph, Kurt (WM 10/2), Stuttgart u,a. 1970, 1–233.

–, „Die strömende Geißel des Hadad und Jesaja 28,15 und 18", in: Kutsch (Hg.), FS K. Galling, 127–134.

–, „Ps 22 und das Neue Testament. Der älteste Bericht vom Tode Jesu und die Entstehung des „Herrenmahls"(1968), in: Ders., (BevTh 64),180–201.

–, Vom Sinai zum Zion. Alttestamentliche Beiträge zur biblischen Theologie (BevTh 64), München 1974.

Gilbert, Maurice, La critique des dieux dans le Livre de la Sagesse (Sg 13 – 15) (AnBib 53), Rom 1973.

–, Prayer in the Book of Ben Sira, in: *Egger-Wenzel, Renate/Corley, Jeremy,* (Hg.), (DCLY 2004), 117 – 136.

Gleis, Matthias, Die Bahmah (BZAW 251), Berlin/New York 1997.

Göllner, Reinhard (Hg.), Mitten im Leben umfangen vom Tod. (Theologie im Kontakt 16), Berlin 2010.

Goldingay, John, About Third Isaiah, in: Aitken u. a. (Hg.) (BZAW 430), 375 – 389.

Goldschmidt, Lazarus, Der babylonische Talmud. Neu übertragen I – XII, Berlin ²1967.

Gordon, Robert P. (Hg.), The God of Israel (UCOP 64), Cambridge (U.K.) 2007.

Gowan, Donald E., Eschatology in the Old Testament, Edinburgh 2000.

Grabbe, Lester L./Nissinen, Martti, (Hg.), Constructs of Prophecy in the Former and Latter Prophets and other Texts (SBL.ANEM 4), Atlanta (Georgia) 2011.

Grabe, Peter J., Der neue Bund in der frühchristlichen Literatur (FzB 96), Würzburg 2001.

Graf, Fritz, Eleusis und die orphische Dichtung Athens in vorhellenistischer Zeit (RGVV 33), Berlin/New York 1974.

Granerød, Gard, Abraham and Melichizedek. Scribal Activity of Second Tempel Times in Geneses 14 and Psalm 110 (BZAW 406), Berlin/New York 2010.

Graupner, Axel. Zum Verhältnis der beiden Dekalogfassungen Ex 20 und Dtn 5. Ein Gespräch mit Frank-Lothar Hossfeld (ZAW 99), Berlin/New York 1987, 308 – 329.

Grätzel Stefan, Gewissen und philosophische Schuldtheorie (BThZ 27/2), Berlin 20011, 302 – 320.

Gray, George Buchanan, Isaiah I – XXVII (ICC), Edinburgh 1912 (ND 1956).

Gray, John, I & II Kings (OTL), London ²1970.

Gray; John, The Biblical Doctrine of the Reign of God, Edinburgh 1979.

Greßmann, Hugo, Der Messias (FRLANT 43), Göttingen 1929.

Gressmann, Hugo, siehe auch: Bousset, Wilhelm. Hg. von Ders. (1926).

Groneberg, Brigitte, „Anzû stiehlt die Schicksalstafeln. Vorherbestimmung im Alten Orient"; in: Kratz/Spieckermann (Hg.), Vorsehung, 23 – 39.

–/ *Spieckermann, Hermann* (Hg.) Die Welt der Götterbilder (BZAW 376), Berlin/New York 2007.

Groß, Walter (Hg.) ‚Jeremia und die „deuteronomistische Bewegung" (BBB 98), Weinheim 1995.

–, Zukunft für Israel. Alttestamentliche Bundeskonzepte und die aktuelle Debatte um den Neuen Bund (SBS 176), Stuttgart 1998.

Grund, Alexandra, Die Entstehung des Sabbats. Seine Bedeutung für Israels Zeitkonzept und Erinnerungskultur (FAT 75), Tübingen 2011.

–, „Die Himmel erzählen die Herrlichkeit Gottes". Palm 19 im Kontext der nachexilischen Toraweisheit (WMANT 103), Neukirchen-Vluyn 2004.

Gummie, John G./Perdue, Leo G., The Sage in Israel and the Ancient Near East, Winona Lake 1990.

Gundlach, Rolf, Der Pharao und sein Staat. Die Grundlegung der ägyptischen Königsideologie im 4.und 3. Jahrtausend, Darmstadt 1998.

Gunkel, Hermann, Die Psalmen. Übers. und erklärt (HK), Göttingen ⁴1929 = ⁵1968.

Gunneweg, Antonius H.J., Biblische Theologie des Alten Testaments. Eine Religionsgeschichte Israels in biblisch-theologische Sicht, Stuttgart 1993.

–, Esra (KAT XIX/1), Gütersloh 1985.

–, Nehemia (KAT XIX/2), 1987.

Guthe, Hermann, Der Prophet Amos (HSAT II), Tübingen ⁴1923, 30 – 47.

Ha, John, Genesis 15. A Theological Compendium of Pentateuchal History (BZAW 181), Berlin/New York 1986.

Haag, Herbert; Der Gottesknecht bei Deuterojesaja (EdF 233), Darmstadt: 1985.

Haag, Ernst/Hossfeld, Frank-Lothar (Hg.), Freude an der Weisung des Herrn. Beiträge zur Theologie der Psalmen. FS H. Groß (SBB 13), Stuttgart 1986.

Hadley, Judith M., The de-deification of deities in Deuteronomy, in: Gordon, (Hg.), God, 157 – 174.

Härle, Wilfried, Dogmatik (de Gruyter Lehrbuch), Berlin/New York 1995

Hagedorn, Anselm, Between Moses and Plato. Individual and Society in Deuteronomy and Ancient Greek
Law (FRLANT 204), Göttingen 2004.

–, „The Absent Presence: Cultural Responses to Persian Presecne in the Eastern Mediterranean", in: Lipschitz u. a. (Hg.), Judah and the Judeans, 39 – 66.

–, When did Zepaniah became of Supporter of Josiah's Reform? (JThS 62), Oxford 2010), 453 – 475.

Hahn, Ferdinand, Christologische Hoheitstitel. Ihre Geschichte im frühen Judentum (FRLANT 83), Göttingen ⁵1995.

Hallaschka, Martin, Haggai und Sacharja 1 – 8. Eine redaktionsgeschichtliche Untersuchung (BZAW 411), Berlin/New York 2011.

Hanhart, Robert, „Die Heiligen des Höchsten", in: FS W. Baumgartner (VT.S 16), Leiden 1967, 90 – 101.

–, „Zur Vorgeschichte von Israels status confessionen im hellenistischen Zeitalter", in: Schäfer, Peter (Hg.), I: Judentum, FS M. Hengel zum 75. Geburtstag, Tübingen 1996, 181 – 196.

Hardie,W.F.R., Aristotle's Ethical Theory, Oxford ²1980.

Hardmeier, Christof, Prophetie im Streit vor dem Untergang Judas. Erzählkommunikative Studien zur Entstehungssituation zu den Jesaja- und Jeremiaerzählungen in II Reg 18 – 20 und Jer 37 – 40 (BZAW 187), Berlin/New York 1991.

Hartenstein, Friedhelm, „Das Angesichts Gottes in Exodus 32 – 34", in: Köckert/Blum (Hg.), Gottes Volk am Sinai. Untersuchungen zu Ex 32 – 34 und Dtn 9 – 10, Gütersloh 2001, 157 – 183.

–, Das Archiv des verborgenen Gottes. Studien zur Unheilsprophetie Jesajas und zur Zionstheologie der Psalmen in assyrischer Zeit (BThSt 74), Neukirchen-Vluyn 2011.

–, Die Unzugänglichkeit Gottes im Heiligtum. Jesaja 6 und der Wohnort JHWHs in der Jerusalemer Kulttradition (WMANT 75), Neukirchen-Vluyn 1997.

–, JHWHs Wesen im Wandel (ThLZ 137), Leipzig 2012, 3 – 20.

– (Hg.), JHWH und die Götter der Völker. Symposium zum 80. Geburstag Klaus Koch, Neukirchen-Vluyn 2009.

–, „Tempelgründung als ‚fremdes Werk'. Beobachtungen zum ‚Ecksteinwort" Jesaja'28,16 – 17", in: Witte (Hg.) (BZAW 345/2), 491 – 516.

–, „Wettergott- Schöpfergott- Einziger. KosMologie und Monotheismus in Israel", in: Ders. (Hg.) (JHWH), 77 – 97.

Hasegawa, Shuichi, Aram and Israel during the Jehuite Dynasti (BZAW 434), Berlin/ Boston 2012.

Haspecker, Josef, Gottesfurcht bei Jesus Sirach. Ihre religiöse Sturktur und ihre literarische und doktrinäre Bedeutung (AnBib 30), Rom 1967.

Hatch, Edwin/Redpath, Henry A., Concordance to the Septuagint and the other Greek Versions of the Old Testament I – III; Graz 1954= Oxford 1897.

Hausmann, Jutta, Israels Rest. Studien zum Selbstverständnis der nachexilischen Gemeinde (BWANT 124), Stuttgart u. a. 1987.

–, Studien zum Menschenbild der älteren Weisheit (FAT 7), Tübingen: 1995.

Haussig, Hans Wilhelm, Götter und Mythen im Alten Orient (Wörterbuch der Mythologie I), Stuttgart 1965.

Hecker, Karl, „Akkadische Hymnen und Gebete" (TUAT II/5), Gütersloh 1989, 718 – 938.

–, „Das akkadische Gilgamesch-Epos" (TUAT III/4), Gütersloh 1994, 646 – 744.

Heidegger, Martin, Beiträge zur Philosophie (Vom Ereignis) (GA III/65), Frankfurt am Main [2]1994= [3]2003..

–, Die Technik und die Kehre, Stuttgart [10]2002=1964.

–, Gelassenheit, Stuttgart 1959 = [13]2004.

–, Nietzsches Lehre vom Willen zur Macht als Erkenntnis. Freiburger Vorlesung Sommersemester 1939. Hg. von Eberhard Hanser (GA II/47), Frankfurt am Main 1989.

–, Nietzsche und der europäische Nihilismus. Freiburger Vorlesung II. Trimester 1940. Hg. von Petra Jaeger (GA II/48), Frankfurt am Main 1986.

–, Nietzsche I – II. Mit den handschriftlichen Randbemerkungen und Querverweisen aus Heidggers Handexeplar. Mit einem Nachwort von Brigitte Schillenbach, Stuttgart [7]2008.

–, Sein und Zeit (1927), Tübingen [15]1979.

Heinz, Matthias, The Syriac Apocalypse of Daniel. Introduction, Text and Commentary (StTAC 11), Tübingen 2001.

Hekl, Raik, Augenzeugenschaft und Verfasserschaft des Mose als zwei hermeneutische Konzepte der Rezeption und Präsentation literarischer Traditionen beim Abschluss des Pentateuchs (ZAW 122), Berlin/New York 2010, 353 – 373.

Hellholm, David (Hg.), Apocalypticism in the Mediterranean World and the Near East, Tübingen [2]1989.

Hengel, Martin, Das Begräbnis Jesu bei Paulus und die leibliche Auferstehung aus dem Grabe (2001), in: Ders., (WUNT 201), 386 – 450.

–, „Der Sohn Gottes" (1977), in: Ders., (WUNT 201), 74 – 145.

–, Judentum und Hellenismus. Studien zu ihrer Begegnung unter besonderer Berücksichtigung Palästinas bis zur Mitte des 2. Jh. v. Chr. (WUNT 109), Tübingen 1968/ ³1988.

–, Studien zur Christologie. Kleine Schriften IV. Hg. von Claus-Jürgen Thornton (WUNT 201), Tübingen 2006.

–/ *Schwemer, Anna Maria,* Jesus und das Judentum, Tübingen 2007.

Hermann, Wolfram, Theologie des Alten Testaments. Geschichte und Bedeutung des israelitisch-jüdischen Glaubens, Stuttgart u. a. 2004.

Herrmann, Friedrich-Wilhelm von, Die drei Wegabschnitte der Gottesfrage im Denken Martin Heideggers, in: Fischer, Norbert/Ders. (Hg.) Gottesfrage, 11 – 29.

–, Wege ins Ereignis. Zu Heideggers „Beiträgen zur Philosophie", Frankfurt am Main 1994.

Herrmann, Siegfried, Die prophetischen Heilserwartungen im Alten Testament. Ursprung und Gestalt (BWANT 85), Stuttgart u. a. 1965.

–, Israels Aufenthalt in Ägypten (SBS 40), Stuttgart 1970.

Hermission, Hans-Jürgen, Deuterojesaja II: Jesaja 45,8 – 49,13 (BK XI/2), Neukirchen-Vluyn 2003.

–, Deuterojesaja II: Jesaja 49,14 – 52,12 (BK.AT XI/12 – 14), Neukirchen-Vlyn 2007 – 2010.

–, „Die ‚Königspruch' Sammlung in Jer 21,11 – 23,8 (1990), in: Ders. (FAT 23), 277 – 299.

–, Diskussionsworte bei Deuterojesaja. Zur theologischen Argumentation des Propheten (1971), in: Ders. (FAT 23), 158 – 173.

–, Einheit und Komplexität Deuterojesajas. Probleme der Redaktionsgeschichte von Jes 40 – 55 (1989), in: Ders. (FAT 23),132 – 157.

–, ‚Ich weiß, dass mein Erlöser lebt' (Hiob 19,23 – 27), in: Witte (Hg.) (BZAW 345/2), 667 – 688.

–, Jeremias Wort über Jojachin, in: Rainer Albertz u. a. (Hg.), Werden und Wirken des Alten Testaments. FS C. Westermann, Göttingen 1980, 252 – 270.

–, „Kriterien ‚wahrer' und ‚falscher' Prophetie in Jeremia 23,16 – 22 und Jeremia 28,8 – 9" (1995), in: Ders. (FAT 23), 59 – 76.

–, Studien zur Prophetie und Weisheit Jörg Barthel u. a. (Hg.) (FAT 23) Tübingen 1998.

Hertzberg, Hans Wilhelm, Der Prediger/*Bardtke, Hans,* Das Buch Esther (KAT XVII/ 4 – 5), Gütersloh 1963.

Heussi, Karl, Kompendium der Kirchengeschichte, Tübingen ¹⁶1981 = ¹³1971.

Hick. John, Death and Eternal Life, London 1976.

Hirsch, Emanuel, Die Umformung des christlichen Denkens in der Neuzeit. Ein Lesebuch, Tübingen 1938.

–, Geschichte der neuern evangelischen Theologie im Zusammenhang mit den allgemeinen Bewegungen des europäischen Denkens I – V, Gütersloh ³1964= 1949.

Hirsch, Walter, Platons Weg zum Mythos, Berlin/New York 1971.

Hirsch-Luipold, Rainer, Plutarchs Denken in Bildern, Studien zur literarischen, philosophischen Funktion des Bildhaften (StTAC 14), Tübingen 2002.

Historisches Wörterbuch der Philosophie. Hg. von Joachim Ritter/Karlfried Gründer/ Gottfried Gabriel. Register hg..von Margareta Kranz/Gottfried Gabriel/Helmut Kühn I – XIII, Basel 1971 – 2007.

Höffe, Otfried (Hg.), Grundlegung zur Metaphysik der Sitten. Ein kooperativer Kommentar, Frankfurt am Main ³2000.

Höffken, Peter, Das Buch Jesaja Kapitel 1 – 39 (NSK.AT 18/1), Stuttgart 1993.

Hölscher; Gustav, Das Buch Hiob (HAT I/17), Tübingen 1952.

–, Komposition und Ursprung des Deuteronomiums (ZAW 40), Gießen 1922, 161 – 255.

Hohlenberg, Johannes, Søren Kierkegaard. Eine Biographie. Aus dem Dänischen von Maria Bachmann-Isler. Hg. von Theordor Wilheln Bätscher. Mit einem Nachwort von Annemarie Pieper (Schwabe Reflexe), Basel 2011.

Holm-Nielsen, Svend, Die Psalmen Salomos (JSHRZ IV/2), Gütersloh 1977; 49 – 112.

Holtzmann, Oscar, Berakot (Mischna hg. von G. Beer/O. Holtzmann 1. Seder, Zeraiim, 1. Traktat, Berakot), Gießen 1912.

Homeri Opera, rec. David B. Munro et Thomas W. Allen I: Iliadis libros I – XII continens; II: Iliadis libros XIII – XXIV continens (SCBO), ³1920 (ND).

Homer, Ilias. Übers. von Roland Hampe (Reihe Reclam), Stuttgart 1979 (ND 2001).

Homolka, Walter, Jüdische Identität in der modernen Welt. Leo Baeck und der Deutsche Protestantismus. Mit einer Einl. von Albert H. Friedländer. Aus dem Englischen übers. von Sieglinde Denzel und Susanne Neumann, Gütersloh 1994.

Honneth, Axel, Das Recht der Freiheit, Grundriss einer demokratischen Sittenlehre, Frankfurt am Main 2011.

Hooke, Samuel Henry, (Hg.), Myth, Ritual and Kingship. Essays on the Theory and Practice of Kingship in the Ancient Near East and in Israel, Oxford 1958.

Hornung, Erik, Das Totenbuch der Ägypter. Eingel., übers. und erläutert (BAW), Zürich. München 1979.

–, Monotheismus im pharaonischen Ägypten, in: Keel (Hg.), Monotheismus, 83 – 97.

Hossfeld, Frank-Lothar, Der Dekalog. Seine späten Fassungen, die originale Komposition und seine Vorstufen (OBO 45), Freiburg (Schweiz)/Göttingen 1982.

–, „Die Tempelvision Ez 8 – 11 im Licht unterschiedlicher methodischer Zugänge", in: Lust (Hg.), (BEThL 74), 1986, 136 – 165.

– (Hg.), Vom Sinai zum Horeb. Stationen alttestamentlicher Glaubensgeschichte. FS E. Zenger, Würzburg 1989.

–, „Zum synoptischen Vergleich der Dekalogfassungen", in: Ders. (Hg.), Vom Sinai zum Horeb. F.S. Zenger, Würzburg 1989, 73 – 118.

–/ *Zenger, Erich*, Die Psalmen I (NEB.AT. Lfg:29), Würzburg 1993.

–/ *Zenger, Erich*, Psalmen 51 – 100 (HThK.AT), Freiburg/Basel/Wien 2001;

–/ *Zenger, Erich*, Psalmen 101 – 150 (HThK.AT), Freiburg/Basel/Wien 2008.

Houston, Walter, Was there a Social Crisis in the Eights Century?, in: John Day (Hg.), (JSOT.S.406), 130 – 149.

Hübner, Hans, Die Sapientia Salomonis und die antike Philosophie, in: Ders. (Hg.) (BThSt 22), 55–81.

–, Die Weisheit Salomons (ATDApk 4), Göttingen 1999.

– (Hg.), Die Weisheit Salomons im Horizont biblischer Theologie (BThSt 22), Neukirchen-Vluyn 1993.

Hübner, Ulrich, Die Ammoniter. Untersuchungen zur Geschichte, Kultur und Religion eines transjordanischen Volkes im 1. Jahrtausend v. Chr. (ADPV 16), Wiesbaden 1992.

Hübner, Kurt, Glaube und Denken. Dimensionen der Wirklichkeit, Tübingen 2001.

Hubmann, Franz, D. Ezechiel 37,1–14 in der neueren Forschung, in: Irmtraud Fischer u. a. (Hg.) (BZAW 331), 111–128.

Hunziker-Rodewald, Regine, Hirt und Herde (BWANT 155), Stuttgart u. a. 2001.

Husser, Jean Marie, Le Songe et la Parole. Étude sur le rêve et sa fonction dans l' ancien Israël (BZAW 210), Berlin/New York 1994.

Hutter, Manfred, Altorientalische Vorstellungen von der Unterwelt. Literar- und religionsgeschichtliche Überlegungen zu „Nergal und Ereschkigal" (OBO 63), Freiburg (Schweiz)/Göttingen 1985.

Irsigler, Hubert, Psalm 73. Monolog eines Weisen. Text, Programm, Struktur (ATSAT 20), St. Ottilien 1984.

Jacobsen, Thorkhild, The Treasures of Darkness. A History of Mesopotamian Religion, New Haven/London 1976.

Jaeger, Werner, Paideia. Die Formung des griechischen Menschen I – III, Berlin [3]1959.

James, E.O., Myth and Ritual in the Ancient Near East. An Archaeological and Documentary Study, London 1958.

Janowski, Bernd, „Das biblische Weltbild, Eine methodologische Skizze", in: Ders./Ego (Hg.) (FAT 32), 3–26.

–, „Das Zeichen des Bundes. Gen 9,8–17 als Schlussstein der priesterlichen Fluterzählung", in: *Dohmen/Frevel* (SBS 211), 113–132.

–, „Der Himmel auf Erden. Zur kosmologischen Bedeutung des Tempels in Israels Umwelt", in: Ders,/Ego.(FAT 32), 229–260.

–, „Der Wolf und das Lamm. Zum eschatologischen Tierfrieden in Jes 11,6–9", in: Hans-Joachim Eckstein u. a. (Hg.), Eschatologie, 3–15.

–, „Die lebendige Statue Gottes. Zur Anthropologie der priesterlichen Urgeschichte" (2004), in: Ders., Die Welt als Schöpfung, 140–171.

–, „Die Toten loben JHWH nicht. Psalm 88 und das alttestamentliche Todesverständnis", in: Avemarie/Lichtenberger (WUNT I/135), 3–45.

–, Die Welt als Schöpfung. Beiträge zur Theologie des Alten Testaments 4, Neukirchen-Vluyn 2008.

–, Konfliktgespräche mit Gott. Eine Anthroplogie der Psalmen, Neukirchen-Vluyn 2003.

–, Rettungsgewißheit und Epiphanie. Das Motiv der Hilfe Gottes am Morgen im Alten Orient und in Israel I: Alter Orient, (WMANT 59), Neukirchen-Vluyn 1989.

–, Sühne als Heilsgeschehen. Traditions- und relgionsgeschichtliche Studien zur priesterlichen Sühnetheologie (WMANT 55), Neukirche-Vluyn [2]2000.

–/ *Ego, Beate* (Hg.), Zusarb. Krüger/Annette, Das biblische Weltbild und seine altorientalischen Kontexte (FAT 32), Tübingen 2001.

–/ *Stuhlmacher, Peter* (Hg.), Der leidende Gottesknecht (FAT 14), Tübingen 1996.

–/ *Welker, Martin* (Hg.), Opfer. Theologische und kulturelle Kontexte (stw 1454), Frankfurt am Main 2000.

Jaspers, Karl, Die Chiffern der Transzendenz. Mit zwei Nachworten hg. von Anton Hügli/Hans Saner, Basel 2011.

Japhet, Sara, „Sheshbazzar and Zerubbabel. Against the Background of the Historical and Religious Tendencies of Ezra-Nehemiah I"(ZAW 94), Berlin/New York 1982, 66–98; II (ZAW 95), 1983, 218–237.

Jeden, Christoph, Willensfreiheit bei Aristoteles) (NStPh 15), Göttingen 2000.

Jeffers, Ann, Magic and Dinvination in Ancient Palestine and Syria (StHCANE 8), Leiden/New York/Köln 1996.

Jellicoe, Sidney, The Septuagint an Modern Studies, Oxford 1968.

Jenson, Philip, 'Kingdom of Priests'. What is Priestly in Exodus 19: 6 ?, in: James K. Aitken A. u. a. (Hg.) (BZAW 420), 239–252.

Jepsen, Alfred, „Israel und Damaskus" (AfO 14) Graz 1940/41, 153–172.

Jeremias, Christian, Die Nachtgesichte des Sacharja. Untersuchungen zu ihrer Stellung im Zusammenhang der Visionsberichte im Alten Testament und zu ihrem Bildmaterial (FRLANT 117), Göttingen 1977.

Jeremias, Gerd; Der Lehrer der Gerechtigkeit (StUNT 2), Göttingen 1963.

Jeremias, Joachim, Abendmahlsworte Jesu, Göttingen ³1960.

Jeremias, Jörg, Der Prophet Amos (ATD 24/2), Göttingen 1995.

–, Der Prophet Hosea (ATD 24/1), Göttingen 1983.

–, Der Zorn Gottes im Alten Testament, Das biblische Israel zwischen Verwerfung und Erwählung (BThSt 104), Neukirchen-Vluyn 2009.

–, Die Königsherrschaft Gottes in den Psalmen (FRLANT 141), Göttingen 1987.

–, Die Propheten Joel, Obadja, Jona, Micha (ATD 24/3), Göttingen 2007.

– (Hg.), Gerechtigkeit und Leben im hellenistischen Zeitalter (BZAW 296), Berlin/New York 2001.

–, Hosea und Amos. Studien zu den Anfängen des Dodekapropheton (FAT 13), Tübingen 1996.

–, Kultprophetie und Gerichtsverkündigung in der späten Königszeit (WMANT 35), Neukirchen-Vluyn 1970.

–, Theophanie. Die Geschichte einer Gattung (WMANT 10), Neukirchen-Vluyn ²1977.

–, „Völkersprüche und Visionsberichte im Amosbuch" (1989), in: Ders. (FAT 13), 157–171.

–, „Zur Entstehung der Völkersprüche des Amos", in: Ders. (FAT 13), 172–181.

Johnson, Aubrey R., Sacral Kingship in Ancient Israel, Cardiff ²1967.

–, The Vitality of the Individual in the Thought of Ancient Israel, Cardiff 1949=1964.

Johnson, M.D., The Life of Adam and Eve (OTP II), 249–257.

Johnstone, Williams, „The Decalogue and the Redaction of the Sinai Pericope in Exodus" (ZAW 100), Berlin/ New York 1988, 361–385.

Josephus with an English Translation by H.St. J. Thackeray (LCL), Cambridge (Mass.)/ London 1926 – 1965 (ND).

Josephus, Flavius, De Bello Judaico. Der Jüdische Krieg. Griechisch und Deutsch. Hg. und mit Einl. und Anm. versehen von Otto Michel/Otto Bauernfeind I – II/1 – 2 nebst Ergänzungen und Register III, Darmstadt ³1969 = 1959 – 1969.

Jüngel, Eberhard, Das Evangelium von der Rechtfertigung des Gottlosen als Zentrum des christlichen Glaubens, Tübingen ²1998.

–, Gott als Geheimnis der Welt, Zur Begründung der Theologie des Gekreuzigten im Streit zwischen Theismus undAtheismus, Tübingen ⁴1982.

Jünger, Friedrich Georg, Die Perfektion der Technik (1944) (Klostermann Rote Reihe), Frankfurt am Main ²2010.

Kaiser, Otto, Ate und Theia Dike in Herodots Bericht über den Griechenlandfeldzug des Xerxes (Historien VII – IX) (2006), in: Ders. (BZAW 413), 25 – 40.

–, Beiträge zur Kohelet-Forschung (1995), in: Ders. (BZAW 261), 149 – 200.

–, Bund und Gesetz bei Jesus Sirach (2003), in: Ders. (BZAW 392), 78 – 99.

–, Das Buch des Propheten Jesaja Kapitel 1 – 12 (ATD 17), Göttingen ³1981.

–, Das Buch Hiob. Übers. und eingel., Stuttgart 2006.

–, Das Rätsel der Zeit in Augustins Confessionen, in: Ders. (BZAW 413), 409 – 441.

–, Das Verhältnis der Erzählung vom König David zum so genannten Deuterono-mistischen Geschichtswerk, in: A. de Pury/Th. Römer (Hg.) (OBO 176), 2000, 94 – 122.

–, Das Verständnis des Todes bei Ben Sira (2001), in: Ders. (BZAW 320), 275 – 292.

–, Den Erstgeborenen meiner Söhne sollst du mir geben. Erwägungen zum Kin-deropfer im Alten Testament (1976), in: Ders., Gegenwartsbedeutung, 142 – 166.

–, Der eine Gott und die Götter der Welt (2000), in: Ders. (BZAW 320), 135 – 152.

–, Der Gott des Alten Testaments. Theologie des ATs I. Grundlegung (UTB 1747); zit. GAT II: Jahwe der Gott Israels, Schöpfer der Welt und des Menschen (UTB 2024); III: Jahwes Gerechtigkeit (UTB 2392, Göttingen 1993; 1998 und 2003(zit. GA-T I – III).

–, Der historische und der biblische König Saul (ZAW 122) und (ZAW 123), Berlin/ New York 2010, 520 – 545 und 2011, 1 – 14.

–, Der Mensch unter dem Schicksal. Studien zur Geschichte, Theologie und–, Der Prophet Jesaja Kapitel 13 – 39 (ATD 18), Göttingen 1973.

–, Der Mythos als Grenzaussage (2001), in: Ders. (BZAW 413), 235 – 289.

–, Der Tod des Sokrates (1996), in: Ders. (BZAW 261), 233 – 257.

–, Des Menschen Glück und Gottes Gerechtigkeit. Studien zur biblischen Überlie-ferung im Kontext hellenistischer Philosophie (Tria Corda 1), Tübingen 2007.

–, Die Bedeutung der griechischen Welt für die alttestamentliche Theologie (2000), in: Ders.BZAW 320), 1 – 38.

–, Die Botschaft des Buches Kohelet (1995), in: Ders. (BZAW 261), 126 – 148.

–, Die Ersten und die Letzten Dinge (1994), in: Ders. (BZAW 261), 1 – 17.

–, Die Rede von Gott am Ende des 20. Jahrhunderts (1996), in: Ders. (BZAW 261), 258 – 281.

–, Die stoische Oiekeiosis-Lehre und die Anthroplogie des Jesus Sirach, in: Ders. (BZAW 392), 60 – 77.

–, Die Weisheit Salomos. Übers. und eingel., Stuttgart 2010.

–, Dike und Sedaqa. Zur Frage nach der sittlichen Weltordnung (1967), in: Ders., (BZAW 161), 1 – 23.

–, Einfache Sittlichkeit und theonome Ethik in der alttestamentlichen Weisheit (1997), in: Ders. (BZAW 261), 18 – 42..

–, Einleitung in das Alte Testament, Gütersloh ⁴1984.

–, Erwägungen zu Psalm 101 (ZAW 74), Berlin 1962, 195 – 205.

–, Geschichte und Eschatologie in den Psalmen Salomos (2004), in: Ders. (BZAW 413), 80 – 129.

–, Gott, Mensch und Geschichte. Studien zum Verständnis des Menschen und seiner Geschichte in der klassischen, biblischen und nachbiblischen Literatur (BZAW 413), Berlin/New York 2010.

–, Gottes und des Menschen Weisheit. Ges. Aufsätze (BZAW 261), Berlin/New York 1998.

–, Grundriss der Einleitung in die kanononischen und deuterokanonischen Bücher des Alten Testaments I – III, Gütersloh 1992 – 1994.

–, Ideologie und Glaube. Eine Gefährdung christlichen Glaubens am alttestament-lichen Beispiel aufgezeigt, Stuttgart 1984.

–, Klagelieder, in: Müller, Hans-Peter/Kaiser, Otto/Loader, James A. (ATD 16/2), Göttingen ²1992, 91 – 198.

–, Kodifizierung und Legitimierung des Rechts in der Antike und im Alten Orient. Vorstellung der Beiträge eines gleichnamigen Symposions (ZAR 12), Wiesbaden 2006, 344 – 353.

–, Kohelet. Das Buch des Predigers Salomo. Übers. und eingel., Stuttgart 2007.

–, Komposition und Redaktion in den Psalmen Salomos (2004), in: Ders. (BZAW 413)), 130 – 145;

–, ‚Niemals siegten unsere Väter durch Waffen'. Die Deutung derGeschichte Israels in Flavius Josephus Rede an die belagerten Jerusalemer Bell.Jud. VI.356 – 426 (2006), in: (BZAW 413), 167 – 191.

–, Nietzsches Lehre vom Übermenschen, der ewigen Wiederkehr und dem Willen zur Macht (Trames 15/65/60), Tallinn 2011, 3 – 32.

–, Politische und persönliche Freiheit im jüdisch-hellenistischen Schrifttum des 1. Jh. v. Chr. (2002), in: Ders. (BZAW 413), 63 – 70.

–, Psalm 39 (1995), in: Ders. (BZAW 261), 71 – 83.

–, Tod Auferstehung und Unsterblichkeit im Alten Testament und ihm frühen Ju-dentum – in religionsgeschichtlichem Zusammenhang bedacht, in: Ders/Lohse (1977), 7 – 80.143 – 157.

– (Hg.), Texte aus der Umwelt des Alten Testaments I/1 – III/6 und Ergänzungsband, Güterloh 1982 – 2001.

–, Vom dunklen Grund der Freiheit (1978), in: Ders. (BZAW 161), 244 – 255.

–, Vom verborgenen und offenbaren Gott. Studien zur spätbiblischen Weisheit und Hermeneutik (BZAW 392), Berlin/New York 2008.

–, Von den Grenzen des Menschen. Theologische Aspekte in Herodots Historien (2005), in: Ders. (BZAW 413), 1 – 24.

–, Von der Gegenwartsbedeutung des Alten Testaments. Hg. von Volkmar Fritz u. a., Göttingen: 1984.

–, Von Ortsfremden, Ausländer und Proselyten. Vom Umgang mit den Fremden im Alten Testament (2009), in: (BZAW 413), 41 – 62.

–, ‚Was ist der Mensch und was ist sein Wert?‘ Beobachtungen zur Anthropologie des Jesus Sirach nach Sir 16,24 – 18,14 (2008), in: Ders. (BZAW 413), 290 – 304.

–, Weihnachten im Osterlicht, Eine biblische Einführung in den christlichen Glauben, Stuttgart 2009.

–, Weisheit für das Leben. Das Buch Jesus Sirach übers. und eingel., Stuttgart 2005.

–, Xenophons Frömmigkeit. Ideal und idealisierte Wirklichkeit (2000), in: Ders. (BZAW 320), 105 – 134.

–, Zur Aristotelischen Handlungstheorie, in: Ders. (Tria Corda 1), 52 – 62.

–, Zwischen Athen und Jerusalem. Studien zur griechische und biblischen Theologie, ihrer Eigenart und ihrem Verhältnis (BZAW 320), Berlin/New York 2003.

–/ Lohse, Eduard, Tod und Leben (Bib.Konf.1001), Stuttgart u. a. 1977.

Kant, Immanuel, Kleinere Schriften zur Geschichtsphilosophie, Ethik und Politik.Hg. von Karl Vorländer (PhB 47/1), Hamburg 1964 = Leipzig 1913.

–, Kritik der Praktischen Vernunft. Hg. von Karl Vorländer (PhB 38), Leipzig 1929 = Hamburg ⁹1963.

–, Über das Misslingen aller philosophischen Versuche der Theodicee (1791), in: Akademie Ausgabe Werke VIII, Berlin/Leipzig 1923 (ND), 253 – 271.

–, Über den Gemeinspruch: Das mag in der Theorie richtig sein, taugt aber nichts für die Praxis (1793), in: (PhB 47/1), 67 – 114.

Kapelrud, Arvid S., Baal in the Ras Shamra Texts, Kopenhagen 1952.

–, The Violent Goddess. Anat in the Ras Shamra Texts, Oslo 1969.

Kaplony-Heckel, Ursula, „Ägyptische historische Texte“. Mit einem Beitrag von Ernst Kausen (TUAT II/6), Gütersloh 1991, 525 – 619.

Karrer, Christiane, Ringen um die Verfassung Judas. Eine Studie zu den theologisch-politischen Vorstellungen im Esra-Nehemiabuch (BZAW 308), Berlin/New York 2001.

Karrer, Martin, Der Gesalbte. Die Grundlagen des Christustitels (FRLANT 151), Göttingen 1991.

Kataja L./Whiting, R., Grants, Decrees and Gifts of the Neoassyrian Period (SAA 12), Helsinki 1995.

Kautzsch ,Emil (Hg.), Die Apokrpyhen und Pseudepigraphen des Alten Testaments I – II, Tübingen 1990 (ND Darmstadt 1962).

Keel, Othmar, Die Geschichte Jerusalems und die Entstehung des Montheismus I – II (Orte und Landschaften der Bibel IV/1 – 2), Göttingen 2007.

– (Hg.), Monotheismus im Alten Testament und seiner Umwelt. Mit Beiträgen von Benedikt Hartmann, Erik Hornung, Hans-Peter Müller, Giovanni Pettinato und Fritz Stolz, (BiBe 14), Fribourg (Einsiedeln; Klosterneuburg; Stuttgart) 1980.

–/ *Uehlinger, Christian*, Göttinnen, Götter und Gottessymbole (QD 134), Freiburg/
Basel/Wien [4]1998.

Kellermann, Ulrich, Nehemia. Quellen, Überlieferung und Geschichte (BZAW 102),
Berlin 1967.

Kenny, Anthony, A New History of Western Philosophy. In Four Parts, Oxford 2010.

Keown, Gerald H./Scalise, Pamela J./Smothers, Thomas G., Jeremiah 26 – 52 (WBC 27),
Waco (Texas) 1995.

Kepper, Martina, Hellenistische Bildung im Buch der Weisheit (BZAW 280), Berlin/
New York 1999.

Kessler, Rainer, „Die Welt ist aus den Fugen. Natur und Gesellschaft im Hiobbuch",
in: Markus Witte (Hg.) (BZAW 345/II), 639 – 654.

–, „‚Ich weiß, dass mein Erlöser lebt.' Sozialgeschichtlicher Hintergrund und theologische Bedeutung der Löser-Vorstellung in Hiob 19,25" (ZThK 89), Tübingen
1992, 139 – 158.

–, Micha (HThKAT), Freiburg/Basel/Wien 2000.

–, Staat und Gesellschaft im vorexilischen Juda. Vom 8. Jahrhundert bis zum Exil
(VT.S 47), Leiden 1992.

Kienitz, Friedrich Karl, Die politische Geschichte Äyptens vom 7. bis zum 4. Jahrhundert vor der Zeitwende, Berlin 1953.

Kierkegaard, Søren, Die Krankheit zum Tode, Der Hohepriester- der Zöllner- die
Sünderin (GW hg. von Emanuel Hirsch Abt.24 – 25), Düsseldorf 1954.

Kiesow, Kurt, Exodustexte im Jesjabuch. Literarkritische und motivgeschichtliche
Analysen (OBO 24) Freiburg (Schweiz)/Göttingen 1979.

–/ *Meurer, Thomas* (Hg.), Textarbeit. Studien zu Texten und ihrer Rezeption aus dem
Alten Testament und der Umwelt Israels. FS P. Weimar (AOAT 294), Münster 2003.

Kilian, Rudolf, Jesaja 1 – 39 (EdF 200), Darmstadt 1983.

–, Jesaja 1 – 12 (NEB.AT. Lfg.17), Würzburg 1986.

Kilian, Rolf, Jesaja Kap.13 – 39 (NEB.AT. Lfg.32), Würzburg 1994.

Kinet, Dirk, Ugarit – Geschichte und Kultur einer Stadt in der Umwelt des Alten
Testaments (SBS 104), Stuttgart 1981.

Kittel, Rudolf, Die Psalmen Salomos (APAT II), Tübingen 1900 (ND), 127 – 148.

Klein, Anja, Schriftauslegung im Ezechielbuch. Redaktionsgeschichtliche Untersuchungen zu Es 34 – 39 (BZAW 391), Berlin/New York 2008.

Klein, Christian, Kohelet und die Weisheit Israels. Eine formgeschichtliche Studie
(BWANT 132), Stuttgart u. a. 1994.

Knapp, Dietrich. .Deuteronomium 4. Literarische Analyse und theologische Interpretation (GThA 35), Göttingen 1987.

Knauf, Ernst Axel, Midian. Untersuchungen zur Geschichte Palästinas und Nord-
arabiens am Ende des 2. Jahrtausends v. Chr. (ADPV), Wiesbaden 1988.

Knauf, Ernst Axel, Das Buch Josua (ZBK.AT 6), Zürich 2008.

Knierim, Rolf, Die Hauptbegriffe für Sünde im Alten Testament, Gütersloh 1965.

Koch, Christoph, Vertrag, Treueid, Bund. Studien zur Rezeption des altorientalischen
Vertragsrechts im Deuteronomium und zur Ausbildung der Bundestheologie
(BZAW 383), Berlin/New York 2008.

Koch, Dietrich-Alex, Die Schrift als Zeuge des Evangeliums. Untersuchungen zur Verwendung und zum Verständnis der Schrift bei Paulus (BHTh 69), Tübingen 1986.

Koch, Klaus, ‚Adam, was hast du getan?' Erkenntnis und Fall in der zwischentestamentlichen Literatur (1982), in: Ders., Vor der Wende der Zeiten. Beiträge zur apokalyptischen Literatur, Ges. Aufsätze III. Hg. von Uwe Gleßmer und Martin Krause, Neukirchen-Vluyn 1996, 181 – 218.

–, Aschera als Himmelsköniging in Jerusalem„(1988), in: Ders. (FRLANT 216), 42 – 71.

–, Mitarb. Till Niewisch/Jürgen Tubach, Das Buch Daniel (EdF 144), 1980.

–, Dareios, der Meder, in: Meyers, Carol L./O'Connor, M. (Hg.), The Word oft he Lord Shall Go Forth, FS D. N. Freedman (ASOR, SVS 1), Winona Lake (IN) 1983, 287 – 289.

–, Das Reich der Heiligen und des Menschensohns, in: Ders., Ges. Aufsätze II, 140 – 172.

–, Der König als Sohn Gottes in Ägypten und Israel, in: Otto/Zenger (Hg.) (SBS 192), 2002, 1 – 32.

–, Die Reiche der Welt und der Menschensohn. Studien zum Danielbuch, Ges. Aufsätze II. Hg. von Martin Rösel, Neukirchen-Vluyn 1995.

–, Geschichte der ägyptischen Religion. Von den Pyramiden bis zu den Mysterien der Isis ,Stuttgart u. a. 1993.

–, Monotheismus und Angelologie„ in: Dietrich, Walter/Klopfenstein, Martin A. (Hg.) (OBO 139), 565 – 582.

–, Studien zur alttestamentlichen und altorientalischen Relgionsgeschichte zu seinem 60. Geburtstag. Hg. von Eckart Otto (FRLANT 216), Göttingen 1988.

–, Ugaritic Polytheism and Hebrw Monotheism in Isaiah 40 – 55, in: Gordon (Hg.), God, 205 – 228.

–, Vom prophetischen zum apokalyptischen Visionsbericht, in: Hellholm (Hg.), Apocalypticism, 413 – 446.

Köckert, Matthias, „Die Entstehung des Bilderverbots", in: Groneberg/Spieckermann (Hg.) (BZW 376), 272 – 290.

–, Die Zehn Gebote (C.H. Beck Wissen), München 2007.

Köckert Matthias, „Ein Palast in der Zeit.Wandlungen im Verständnis des Sabbatgebotes", in: Ders. (FAT 43), 109 – 154.

–, „Gesetz und Nächstenliebe. Die Zukunft der Willensoffenbarung Gottes am Sinai in Lev 19" (1991), in: Ders (FAT 43), 155 – 166.

–, Leben in Gottes Gegenwart. Studien zum Verständnis des Gesetzes im Alten Testament (FAT 43), Tübingen 2007.

–, Vätergott und Väterverheißungen. Eine Auseinandersetzung mit Albrecht alt und seinen Erben (FRALNT 142), Göttingen 1988.

–, „Wie kam das Gesetz an den Sinai?" (2002), in: Ders. (FAT 43), 167 – 182.

Köhler, Ludwig/Baumgartner, Walter, Hebräisches und Aramäisches Lexkon zum Alten Testament. Bearb. von Walter Baumgartner/Johann Jakob Stamm/Bendikt Hartmann, I – V +Supplmentband, Leiden ³1967 – 1996.

Koerting, Corinna, Zion in den Psalmen (FAT 48), Tübingen 2006.

Koenen, Klaus, Ethik und Eschatologie im Tritojesajabuch. Eine literarkritische und redaktionsgeschichtliche Studie (WMANT 62), Neukirchen-Vluyn 1990.

Koenen, Klaus, Heil den Gerechten – Unheil den Sündern. Ein Beitrag zur Theologie der Prophetenbücher (BZAW 229), Berlin/New York 1994.

König, Franz, Zarathustra Jenseitsvorstellunen und das Alte Testament, Wien/Freiburg/Basel 1964.

Köszeghy, Miklós, „Hybris und Prophetie: Erwägungen zum Hintergrund von Jes XIV 12 – 15" (VT 44), Leiden 1994, 549 – 553.

Kolarcik, Michael, The Ambiguity of Death in the Book of Wisdom 1 – 6. A Study of Literary Structure and Interpretation AnBib 127), Roma 1991.

Kottsieper, Ingo, „KTU 1.100 – Versuch einer Deutung" (UF 16), Münster 1984, 97 – 110.

–, „'Thema verfehlt'. Zur Kritik Gottes an den drei Freunden in Hiob 42,7 – 9", in: Witte (Hg.) (BZAW 345/II), 775 – 786.

–, „Zusätze zu Daniel" (ATD.Apok 5), Göttingen 1998, 209 – 328.

–/ *van Oorschot, Jürgen/Römhheld, Diethard/Wahl, Harald Martin* (Hg.), „Wer ist wie du, Herr, unter den Göttern?". Studien zur Religionsgeschichte und Theologie des Alten Testaments. FS O. Kaiser, Göttingen 1994.

Konkel, Michael, „Bund und Neuschöpfung. Anmerkungen zur Komposition von Ez 36 – 37", in: Dohmen/Frevel (Hg.) (SBS 211), 123 – 132.

Kramer, Samuel Noah The Sumerians. The History, Culture and Character, Chicago/London 1963 (ND).

Kratz, Reinhard G., Das Judentum im Zeitalter des Zweiten Tempels (FAT 42), Tübingen 2004 (ND 2006).

–, „Der Brief Jeremias" (ATD.Apok. 5), Göttingen 1998, 71 – 108.

–, Der Dekalog im Exodusbuch (VT 44), Leiden 1994, 205 – 238.

–, Die Komposition der erzählenden Bücher des Alten Testaments. Grundwissen der Bibelkritik (UTB 2157), Göttingen 2000.

–, „Gottes Geheimnisse. Vorherbestimmung und Heimsuchung in den Texten vom Toten Meer", in: Ders./Spieckermann (Hg.), Vorsehung, 125 – 146.

–, Kyros im Deuterojesaja-Buch. Redaktionsgeschichtliche Untersuchungen zu Entstehung und Theologie von Jes 40 – 55 (FAT 1), Tübingen 1991.

–, „Serubbabel und Joschua"; in: Ders. (FAT 42), 79 – 83.

–, „Statthalter, Hohepriester und Schreiber" , in: Ders. (FAT 42), 93 – 119.

–, Translatio imperii. Untersuchungen zu den aramäischen Danielerzählungen und ihrem theologischem Umfeld (WMANT 63), Neukirchen-Vluyn 1991.

–/ *Krüger, Thomas* (Hg.) Rezeption und Auslegung im Alten Testament und seinem Umfeld. FS O. H. Steck (OBO 153), Freiburg (Schweiz)/Göttingen 1997.

–/ *Spieckermann, Hermann* (Hg.), Vorsehung, Schicksal und göttliche Macht. Antike Stimmen zu einem aktuellen Thema, Tübingen 2008.

Kraus, Hans-Joachim, Theologie der Psalmen (BK.AT XV/3), Neukirchen-Vluyn 1979.

Kraus, Wolfgang/Karrer, Martin (Hg.) Septuaginta Deutsch. Das griechische Alte Testament in deutscher Übersetzung, Stuttgart 2009.

Kropp, Manfred/Wagner, Andreas (Hg.), ‚Schnittpunkt Ugarit' (Nordostafrikanisch/ Westasiatische Studien 2), Frankfurt am Main u. a. 1999:

Krebernik, Manfred/von Oorschot, Jürgen (Hg.), Polytheismus und Monotheismis in den Religionen des Vorderen Orients (AOAT 298), Münster 2002.

Kroeber, Rudi, Der Prediger. Hebräisch und Deutsch (SQAW 13), Berlin 1963.

Krüger, Thomas, Das menschliche Herz und die Weisung Gottes, in: Kratz/Ders. (Hg.) (OBO 153), 65 – 92.

–, Die Rezeption der Tora im Buch Kohelet, in: L. Schwienhorst-Schönberger (Hg.) (BZAW 254), 303 – 326.

–, Geschichtskonzepte im Ezechielbuch (BZAW 180), Berlin/New York 1989.

–, Kohelet (Prediger) (BK.AT XIX), Neukirchen-Vluyn 2000.

–, Kritische Weisheit. Studien zur weisheitlichen Traditionskritik im Alten Testament, Zürich 1997.

Kutsch, Ernst (Hg.), Archäologie und Altes Testament. FS K. Galling, Tübingen 1970.

–, Salbung als Rechtsakt im Alten Testament und im Alten Orient (BZAW 87), Berlin 1963.

–, Verheißung und Gesetz. Untersuchungen zum sogenannten „Bund" im Alten Testament (BZAW 131), Berlin/New York 1973.

Laato, Antti/Moor, Johannes C. de, Theodicy in the World of the Bible, Leiden/Boston 2003.

Lambert, W.G., Enuma-Elisch (TUAT III/4), 1994, 565 – 602.

Lang, Bernhard (Hg.), Der einzige Gott, Die Geburt des biblischen Monotheismus. Mit Beiträgen von Bernhard Lang, Morton Smith und Hermann Vorländer, München 1981.

–, Die Jahwe-allein-Bewegung, in: Ders. (Hg.), Gott, 47 – 83.

Langdon, Stefan, Neubabylonische Königsinschriften (VAB 4), Leipzig 1912.

Lange, Armin, Weisheit und Prädestination. Weisheitliche Urordnung und Prädestination in den Textfunden von Qumran (StTDJ 18), Leiden/New York/Köln 1995.

Lange, Dierk, Das kanaanäisch-israelitische Neujahrsfest bei den Hausa, in: Kropp/ Wagner, Schnittpunkt Ugarit, 109 – 162.

Larcher, Chrysostome, Études sur le Livre de la Sagesse (EtB), Paris 1969.

Lau, Wolfgang, Schriftgelehrte Prophetie in Jes 56 – 66 (BZAW 225), Berlin/New York 1994.

Lauha, Aare, Kohelet (BK.AT XIX), Neukirchen-Vluyn 1978.

Leskow, Theodor, „Das Geburtsmotiv in den messianischen Weissagungen bei Jesaja und Micha" (ZAW 79), Berlin 1967, 172 – 207.

Lessing ,Gotthold Ephraim, „Die Erziehung des Menschengeshchelchts" (Werke VIII), 489 – 510.

–, „Nathan der Weise" (Werke II), 205 – 347.

–, Werke in acht Bänden. Hg. von Herbert G. Göpfert (Hanser-Ausgabe), Darmstadt 1995 = München 1971.

Leuchter, Mark/Adan, Klaus-Peter (Hg.), Soundings in Kings. Perspectives and Methods in Contemporary Scholarship, Minneapolis 2010.

Leuenberger, Martin, Gott in Bewegung. Religions- und theologiegschichtliche Beiträge zu Gottesvorstellungen im alten Israel (FAT 76), Tübingen 2011.

–, „Jhwhs Herkunft aus dem Süden. Archäologische Befunde – biblische Überlieferungen – Korrelationen" (ZAW 122/1), Berlin/New York 2010, 1 – 19.

Levin, Christoph, Das Alte Testament (C.H. Beck Wissen), München ⁴2010.

–, „Das Gebetbuch der Gerechten" (1993), in: Ders., (BZAW 316), 291 – 313.

–, „Das Gottesvolk im Alten Testament", in: Albrecht, Christian (Hg.) (Themen der Theologie 1), 7 – 34.

–, „Der Dekalog am Sinai" (1985), in: Ders. (BZAW 316), 60 – 80.

–, Der Jahwist (FRLANT 157), Göttingen 1993.

–, Der Sturz der Königin Atalja. Ein Kapitel zur Geschichte Judas im 9. Jahrhundert v. Chr. (SBS 105), Stuttgart 1982.

–, Die Verheißung des neuen Bundes in ihrem theologiegeschichtlichen Zusammenhang ausgelegt (FRLANT 137), Göttingen 1985.

–, Fortschreibungen. Ges. Studien zum Alten Testament (BZAW 316), Berlin/New York 2003.

–, „Gerechtigkeit Gottes in der Genesis" (2001), in: Ders. (BZAW 316), 40 – 48.

–, Zepaniah. How this book beecame prophecy, in: Grabbe/Nissinen, Constructs, 117 – 139.

Lévinas, Emmanuel, Wenn Gott ins Denken einfällt. Diskurse über die Betroffenheit von Transzendenz. Übers. von Thomas Wiener. Mit einem Vorw. von Bernhard Casper, Freiburg i.Br. 1985.

Lichtheim, Mirjam, Late Egyptian Wisdom in the International Contxt. A Study of Demotic Instructions (OBO 52), Freiburg (Schweiz)/Göttingen 1983.

Lichtheim, Miriam, Maat in Egyptian Autobiographies and Related Studies (OBO 120), Freiburg (Schweiz)/Göttingen 1992.

–, Moral Values in Ancient Egypt (OBO 155), Freiburg (Schweiz)/Göttingen 1997.

Liddle, Henry George/Scott, Robert, A Greek-English Dictionary. A New Edition rev. and augm. by Sir Henry Stuart Jones. With assistance of Roderick McKenzie I – II, Oxford ⁹1940 (ND).

Lipschitz, Oded/Knoppers. Gary N./Oeming, Manfred (Hg.), Judah and the Judeans in the Achaemenid Period. Negotiating Identy in an International Context, Winona Lake (Indiana) 2011.

Livingstone, Alasdair, (Hg.), Court Poetry and Literary Miscellanea (SAA III), Helsinki 1989.

Liwak, Rüdiger, Prophet und Geschichte. Eine literar-historische Untersuchung zum Jeremiabuch (BWANT 121), Stuttgart u.a, 1987.

Lloyd-Jones, Hugh, The Justice of Zeus (SCL 41), Berkeley. Los Angeles/London 1971.

Loader, James A., Polar Structures in the Book of Qohelet (BZAW 152), Berlin/New York 1979.

Løgstrup, Knud E., Norm und Spontaneität. Ethik und Politik zwischen Technik und Dilettantokratie, übers. von Rosemarie Løgstrup, Tübingen 1989.

Löwith, Karl, Weltgeschichte und Heilsgeschehen. Die theologischen Voraussetzungen der Geschichtsphilosophie (1952), Stuttgart/Weimar 2004.

Lohfink, Norbert (Hg.), Das Deuteronomium. Entstehung, Gestalt und Botschaft/ Deuteronomy: Origin. Form and Message (BETL 68), Leuven 1985.

–, Das Hauptgebot (AnBib 20), Rom 1963.

–, Der Begriff „Bund" in der biblischen Theologie, in: Ders./Zenger (SBS 154), 19–36.

–, Gesetz, Gerechtigkeit und Erbarmen im Alten Testament und im Alten Orient (Euntes docete 52), Rom, 1999, 251–265.

Lohfink. Norbert, Ist Kohelets הבל-Aussage erkenntnistheoretisch gemeint?, in: Schoors (Hg.) (BEThL 16), 1–60.

–, Jeder Weisheitslehre Quintessenz. Zu Koh 12,13, in: Irmtraud Fischer u.a (Hg.) (BZAW 331), 195–205.

–, Koh 5,17–19 – Offenbarung durch Freude (1990), in: Ders. (SBAB 26);151–166.

–, Studien zum Deuteronomium und zur deuteronomistischen Literatur I (SBAB 8), Stuttgart 1990.

–, Zu הבל im Buch Kohelet, in: Ders. Studien zu Kohelet (SBAB 26), Stuttgart 199, .215–258.

–, „Zur Dekalogfassung in Dtn 5"; in: Ders. (SBAB 8), 193–209.

–/ *Zenger, Erich,* Der Gott Israels und die Völker (SBS 154), Stuttgart 1994.

Lohse, Bernhard ,Luthers Theologie, Göttingen 1995.

–, Der Brief an die Römer (KeK IV), Göttingen [14]2003.

Lohse, Eduard, Die Texte aus Qumran. Hebräisch-Deutsch, Darmstadt [4]1986.

–, siehe auch Kaiser/Ders. (1977).

Long, A. A./Sedley, D.N., Die hellenistischen Philosophen. Texte und Kommentare, Übers. von Karlheinz Hülser, Stuttgart/Weimar 2000.

–, The Hellenistic Philosophers I. Translation and Commentary, II Greek and Latin Texts with Notes and Bibliography, Cambridge (U.K) 1987.

Loretz, Oswald, Des Gottes Einzigkeit. Ein altorientalisches Argumentationsmodell zum „Schma Iisrael",Darmstadt 1997.

–, Die Königspsalmen. Die altorientalische Königstradition in jüdischer Sicht I.: Ps 20, 21, 72, 101 und 144. Mit einem Beitrag von Ingo Kottspieper zum Papyrus Amherst (UBL 6), Münster 1988.

–, Die Psalmen Teil II. Beitrag der Ugarit-Texte zum Verständnis von Kolometrie und Textologie der Psalmen Ps 90–150 (AOAT 207/2), Kevelaer/Neukirchen-Vluyn 1979.

–, Die Rückkehr des Wettergottes und der königlichen Ahnen beim Neujahrsfest in Ugarit und Jerusalem. ‚Thronbesteigung' im Blick altorientalistischer Argumentationsforschung, in: Manfed Kropp/Andreas Wagner (Hg.), „Schnittpunkt" Ugarit, 1999, 163–244.

–, „Eine kolometrische Analyse von Psalm 2", in: Schreiner (Hg.), (FzB 60).9–26.

–, Habiru-Hebräer. Eine sozio-linguistische Studie über die Herkunft des Gentiliziums ʿibrî vom Appellativum habiru (BZAW 160), Berlin/New York 1984.

–, Leberschau, Sündenbock, Asasel in Ugarit in Israel (UBL 3), Altenberge 1985.

–, Ugarit-Texte und Thronbesteigungspsalmen. Die Metamorphose des Regenspenders Baal-Jahwe (UBL 7), Münster 1988.

–, Ugarit und die Bibel. Kanaanäische Götter und Religion im Alten Testament, Darmstadt 1990.

Lübbe, Hermann, Religion nach der Aufklärung, Graz/Wien/Köln 1986.

Luther, Martin, „De servo arbitirio". Hg. von O. Clemen (BoA III), Berlin 1966, 94 – 293.

–, Vom unfreien Willen. Übers. Bruno Jordahn (Martin Luther: Ausgewählte Werke E 1), München 1958.

Lust, Johan, (Hg.), Ezekiel and His Book. Textual and Literary Criticism and their Interrelation (BEThL 74), Leuven 1986.

–/ *Eynikel, E./Hauspie, E.* Collab/Chamberlain, G., A Greek-English Lexicon of the Septuagint I – II, Stuttgart 1992 u. 1996.

Lutz, Hanns-Martin, Jahwe, Jerusalem und die Völker. Zur Vorgeschichte von Sach 12,1 – 8 und 14,1 – 5 (WMANT 27), Neukirchen-Vluyn 1968.

Lux, Rüdiger, Die doppelte Konditionierung des Heils. Theologische Anmerkungen zum chronologischen und literarischen Ort des Sacharjaprologs (Sach 1,1 – 6), in: Witte (Hg.) (BZAW 345/1), 569 – 587.

–, Prophetie und Zweiter Tempel (FAT 65), Tübingen 2009.

Maas, Fritz (Hg.), Das ferne und das nahe Wort. F.S. Leonhard Rost (BZAW 105), Berlin 1967.

Mach, Michael, Entwicklungsstadien des jüdischen Engelglaubens in vorrabinischer Zeit (TStAJ 34),Tübingen 1992.

MacIntyre, Alasdair, After Virtue. A study in moral theory, London [2]1985.

Mack, Burton Lee, Logos und Sophia. Untersuchungen zur Weisheitstheologie im hellenistischen Judentum (StUNT 109), Göttingen 1975.

Maier, Johann, Geschichte der jüdischen Religion. Von der Zeit Alexanders des Großen bis zur Aufklärung mit einem Ausblick auf das 19./20. Jahrhundert (de Gruyter Lehrbuch), Berlin/New York 1972.

Maier, Christl M., Jeremia als Lehrer der Tora. Soziales Gebot des Deuteronomiums in Fortschreibungen des Jeremiabuches (FRLANT 196), Göttinen 2002.

Mandelkern, Solomon, Concordantiae Hebraicae atque Chaldaicae. Ed. alt. aucta et emenadata cura F. Margolin I – II, Graz 1955 = Berlin 1937.

Mann, Ulrich, Der Ernst des Heiligen Spiels (Eranos Jahrbuch 51), Frankurt am Main 1983, 9 – 58.

–, Vorspiel des Heils. Die Uroffenbarung in Hellas, Stuttgart 1962.

Marböck, Johannes, „Apokalyptische Traditionen im Sirachbuch?" (2004), in: Ders. (ÖBSt 29), 137 – 154.

–, „Das Buch Jesus Sirach", in: Frevel/Zenger (Hg.), Einleitung[8], 497 – 507.

–, „Das Gebet um die Rettung des Zion Sir 36,1 – 22 (G 33,1 – 13a; 36,16b–22) im Zusammenhang der Geschichtsschau Ben Siras" (1977), in: Ders. (HBS 6), 149 – 166.

–, „Ein ewiger Bund für alle? Notizen zur Sir 17,11 – 14", in: Dohmen/Frevel (Hg.) (SBS 211), 133 – 140.

–, „Gerechtigkeit Gottes und Leben nach dem Sirachbuch. Ein Antwortversuch im Kontext"(2001), in: Ders. (ÖBST 29), 173–197.

–, „Gesetz und Weisheit. Zum Verständnis des Gesetzes bei Jesus Ben Sira" (1976), in: Ders., (HBS 6), 52–72.

–, Gottes Weisheit unter –uns. Zur Theologie des Buches Sirach. Hg. von Irmtraud Fischer (HBS 6), Freiburg/Basel/Wien 1995.

–, Jesus Sirach 1–23 (HThKAT), Freiburg/Basel/Wien 2010.

–, „Kohelet und Sirach – eine vielfältige Beziehung" (1997), in: Ders. (ÖBSt 29), 121–136.

–, „Sir 38,24–39,11: Der schriftgelehrte Weise. Ein Beitrag zu Gestalt und Werk Ben Siras" (1979/1990), in: (HBS 6), 25–51.

–, Weisheit und Frömmigkeit. Studien zur alttestamentlichen Literatur der Spätzeit ÖBSt 29), Frankfurt am Main u. a. 2006.

Marti, Karl, Das Buch Jesaja (KHC X), Tübingen u. a. 1900.

–, Das Dodekapropheton (KHC XIII), Tübingen 1904.

Martínez, Florentino García, Qumran and Apocalyptic. Studies in the Aramaic Texts from Qumran (StTDJ 9), Leiden u.a 1992.

–, Messianische Erwartungen in den Qumranschriften, in: Baldermann u. a. (Hg.), Messias, 171–208.

–, The Dead Sea Scrolls Translateted. The Qumran texts in English. Übers. von Watson, Leiden 1994.

– (Hg.), Wisdom and Apocalypticism in the Dead Sea Scrolls and in the Biblical Tradition (BEThL 158), Leuven 2003.

–/ *Barrera, Julio Trebolle*, The People of the Dead Sea Scrolls. Übers. von W.G.E. Watson, Leiden 1995.

Marx, Alfred, „Opferlogik im alten Israel", in: Janowski/Welker, Opfer, 129–149.

Maser, Peter, Die Kirchen in der DDR, Berlin 2000.

Mason, Rex, The Books of Haggai, Zechariah and Malachi (CBC), Cambridge (UK) 1977.

Massmann, Ludwig, Der Ruf in die Entscheidung. Studien zur Komposition, zur Entstehung und Vorgeschichte, zum Wirklichkeitsverständnis und zur kanonischen Stellung von Lev 20 (BZAW 324), Berlin/New York 2003.

Mastin, B.A., Who Built und Who Used the Buildings at Kuntillet ʿAjrud?, in: Aitken/Dell/Mastin (Hg.), Stone, 69–85.

–, Yahweh's Ashera, Inclusive Monotheism and Dating, in: Day (Hg.) (JSOT.S.406), 326–351.

Mathews, Claire R., Defending Zion. Edom's Desolation and Jacob's Restoration (Isaiah 34–35) in Context (BZAW 236), Berlin/New York 1995.

Mathys, Hans-Peter, Liebe deinen Nächsten wie dich selbst. Untersuchungen zum alttestamentlichen Gebot der Nächstenliebe (Lev 19,18) (OBO 71), Freiburg (Schweiz)/Göttingen 1986.

Maul, Stefan M., Im Fadenkreuz von Raum und Zeit. Zum Verhältnis von Weltbild und Herrschaftskonzeption im Alten Orient (HdJB 42), Heidelberg 1998, 27–41.

Mayer, Günter, Index Philonicum, Berlin/New York.

Mayes, A.D.H./Salters, R.B. (Hg.), Covenant as Context. Essays in Honour of E.W. Nickolson, Oxford 2003.

Mazzinghi, Luca, Notte di Paura e di Luce, Esegesis di Sap 17,1 – 18,4 (AnBib 134), Rom 1995.

McCarthy, Dennis J., Treaty and Covenant (AnBib 21 A), .Rome ²1978.

Mcglynn, Moyna, Divine Judgment and Divine Benevolence in the Book of Wisdom (WUNT II/139), Tübingen 2001.

McKane, William, Jeremiah I: Ch.I – XXV); II: Ch.26–LII (ICC), Edinburgh 1986 und 1996.

–, „The Theology of the Book of Job and Chapter 28 in Particular", in: Markus Witte (Hg.). (BZAW 345/II), 711 – 742.

–, Worship of the Queen of Heaven (Jer 44), in: Ingo Kottsieper u. a. (Hg.) (1984), 318 – 324.

McKay, W.M., Helel and the Dawn-goddess (VT 20), Leiden1970, 451 – 464.

McKenzie, Steven L. u. a. (Hg.), Rethinking the Foundations. Historiography in the Ancient World and in the Bible. FS J. Van Seters (BZAW 294), Berlin/New York 2000.

McKenzie, John K., Second Isaiah (AncB 20), Garden City/New York 1968.

Meade, David G., Pseudonymity and Canon. An Investigation into the Relationship of Authorship and Authority in Jewish and Earliest Christian Tradition (WUNT 39), Tübingen 1986.

Meinhold, Arndt, Die Sprüche I: Sprüche Kapitel 1 – 15; II: Sprüche Kapitel 16 – 31 (ZBK.AT 16/1 – 2), Zürich 1991.

Meissner, Bruno, Bayblonien und Assyrien II. (Kulturgeschichtliche Bibliothek I. Ethnologische Bibliothek 4), Heidelberg 1925.

Meister Eckehart, Deutsche Predigten und Traktate. Hg. und übers. von Josef Quindt, Hamburg 1963 = (detebeKlassiker 20642), Zürich 1979.

Meister, Norbert, Aristeasbrief (JSHRZ II/1), Gütersloh 1973, 35 – 87.

Menge, Hermann (Menge- Güthling), Enzyklopädisches Wörterbuch der griechischen und deutschen Sprache I: Griechisch-Deutsch, Unter Berücksichtigung der Etymologie, Berlin-Schöneberg ¹⁵1959.

Merendino, Rosario P., Der Erste und der Letzte. Eine Untersuchung zu Jes 40 – 48 (VT.S 31), Leiden 1981.

Merk, Otto/Meiser, Martin, Das Leben Adams und Evas (JSHRZ II/5) Gütersloh 1998, 739 – 871.

Merrill, Eugene H., Qumran and Predestination. A Theological Study of the Thanksgiving Hymns (StTDJ 8), Leiden 1975.

Mettinger, Tryggve N.D., King and Messiah. The Civil and Sacral Legitimation of the Israelite Kings (CB.OT 8), Lund 1976.

–, No Graven Image? Israelite Aniconism in Its Ancient Near Eastern Context, (CB.OT 42), Stockholm 1995.

–, The Dethronement of Sabaoth. Studies in the Shem and Kabod Theologies (CB.OT 18), Lund 1982.

–, The Eden Narrative. A Literary and Religio-historical Study of Genesis 2 – 3, Winona Lake (Indiana) 2007.

Metzger, Bruce M., The Canon of the New Testament. Its Origin, Developmentt, and Significance, Oxford 1987.

Meyers, Carol L/Meyers Eric M., Haggai, Zechariah 1 – 8 (AncB 25 B), Garden City/New York 1987.

Michel, Andreas, „Deuteronomium 26,16 – 19, ein ‚ewiger Bund‘?" in: Dohmen/Frevel (SBS 211), 141 – 149.

Michel, Diethelm, Qohelet (EdF 258), Darmstadt 1988.

Michel, Diethelm, Untersuchungen zur Eigenart des Buches Qohelet (BZAW 183), Berlin/New York 1989.

Middendorp, Theophil, Die Stellung Jesus Ben Siras zwischen Judentum und Hellenismus, Leiden 1973.

Milik, J.T., The Books of Henoch.Aramaic Fragments of Qumran Cave 4. With the Collaboration of Matthew Black, Oxford 1976.

Miller, Patrick D., Sin and Judgment in the Prophets. A Stylistic and Theological Analysis (SBL.MS 279), Chico (CA) 1982.

Mommer, Peter, Samuel, Überlieferung und Geschichte (WMANT 65), Neukirchen-Vluyn: 1991.

–/ *Thiel, Winfried* (Hg.) Altes Testament. Forschung und Wirkung. FS H. Graf Reventlow, Frankfurt am Main u. a. 1994.

– u. a. (Hg.), Gottes Recht als Lebensraum. FS H. J. Boecker, Neukirchen-Vluyn 1993.

Montgomery, James A./Gehman, Henry Snyder, The Book of Kings (ICC), Edinburgh 1951.

Moon Kang, Sa, Divine War in the Old Testament and in the Ancient Near East (BZAW 177), Berlin/New York 1984.

Moor, Johannes C. de, The Seasonal Pattern in the Ugaritic Myth of Baᶜlu. According to the Version of Ililmilku (AOAT 16), Kevelaer/Neukirchen-Vluyn 1971.

Moor, Johannes C. de, New Year with Canaanites and Israelites I: Description; II: The Canaanite Sources, (Kamper Cahiers 21 – 22), Kampen1972.

Mori, Masao (Hg.), Near Eastern Studies. FS H.I.H Prince Takahito Mikasa (Bulletin of the Middle Eastern Culture Center in Japan 5), Wiesbaden 1991.

Morrow, Glenn R., Plato's Cretan City. A Historical Interpretration of the Laws. With an new foreword by Charles H. Kahn, Princeton (New Jersey) 1993.

Mowinckel, Sigmund, Psalmenstudien II: Das Thronbesteigungsfest Jahwäs und der Ursprung der Eschatologie (SNVAO II. 1921.6), Kristiania 1922.

Mowinckel, Sigmund, He That Cometh. Übers. von Anderson, Oxford 1956.

–, Studien zu dem Buches Ezra-Nehemia I: Die nachchronsitische Redaktion des Buches. Die Listen; II: Die Nehemiadenkschrift (SNVAO II.N.S. 3 und 4), Oslo 1964.

–, The Psalms in Israel's Worship. Übers. von Ap-Thomas I, Oxford 1962.

Müller, Achim, Proverbien 1 – 9. Der Weisheit neue Kleider, (BZAW 291), Berlin/New York 2000.

Müller, Gerfrid G.W., Akkadische Unterweltsmythen. 1. Ischtars Höllenfahrt. 2. Nergal und Erschkigal (TUAT III/4), Gütersloh 1994, 760–801.

Müller, Hans-Peter, „Das Ganze und seine Teile. Anschlusserörterungen zum Wirklichkeitsverständnis Kohelets"(ZThK 97), Tübingen 2000, 147–163.

–, Das Hiobproblem (EdF 84), Darmstadt: 1978.

–, „Der unheimliche Gast. Zum Denken Kohelets" (ZThK 84), Tübingen 1982, 440–461.

Müller, Karl/Campenhausen, Hans Frh.von, Kirchengeschichte I/1, Tübingen ³1941.

Müller, Reinhard, Jahwe als Wettergott. Studien zur althebräischen Kultlyrik anhand ausgewählter Psalmen (BZAW 387), Berlin/New York 2008.

Murphey, Roland E., „The Personification of Wisdom", in: John Day, Wisdom in Ancient Israel, 222–233.

–, „The Sage in Ecclesiasts and Qohelet the Sage", in: Gammie/Perdue (Hg.), Sage, 263–271.

–, The Tree of Life. An Exploration of Biblical Wisdom Literature, Grand Rapids (Mich.)/Cambridge (U.K.) ²1996.

Negev, Abraham (Hg.); Archäologisches Bibel-Lexikon (Jerusalem 1986). Deutsche Ausgabe bearb. von Renate Rosenfeld/Wolfgang Zwickel, Neuhausen-Stuttgart 1991.

Neher, Martin, „Der Weg zur Unsterblichkeit in der Sapientia Salomonis", in: Ahn/Dietrich (Hg.) (FARG 29), 121–136.

–, Wesen und Wirken der Weisheit in der Sapientia Salomonis (BZAW 333), Berlin/New York 2004.

Nelson, Richard D., Raising up a Faithful Priest. Community and Priesthood in Biblcial Theology, Lousville (Kentucky) 1993.

Nesselrath, Heinz-Günther, Wenn Zeus an seine Grenzen kommt. Die Götter und das Schicksal bei Homer, in: Kratz/Spieckermann (Hg.), Vorsehung, 61–82.

Nestle, Wilhelm, Vom Mythos zum Logos. Die Selbstentfaltung des griechischen Denkens von Homer bis auf die Sophistik und Sokrates, 2.=1. Aufl, Stuttgart 1975=1941.

Newsom, Carol A., The Sage in the Literature of Qumran: The Functions of the Maśkil, in: Gammie/Perdue (Hg.) Sage, 373–382.

Nickelsburg, George W.E, Apocalyptic and Myth in 1 Enoch 6–11 (JBL 96), Atlanta (Georgia) 1978, 283–405.

–, Resurrection, Immortality, and Eternal Life in Intertestamental Judaism, (HThSt 26), Cambridge (Mass.)/London 1972.

Nicholson, Ernest W., Pentateuch in the Twenthiieth Century. The Legacy of Julius Wellhausen, Oxford 1998.

–, Preaching to the Exiles. A Study of the Prose Tradition in the Book of Jermiah, Oxford 1970.

–, TheGod and His People. Covenant and Theology in the Old Testament, Oxford 1986.

Niederwimmer, Kurt, Die Didache (KAV I), Göttingen ²1993.

Niehr, Herbert, Der höchste Gott. Alttestamentlicher JHWH-Glaube im Kontext syrisch-kanaanäicher Religion des 1. Jahrtausends v. Chr. (BZAW 190), Berlin/ New York 1990.

–, Herrschen und Richten. Die Wurzel *špt* im Alten Orient und im Alten Testament (FzB 54), Würzburg 1986.

–, Rechtsprechung in Israel. Untersuchungen zur Geschichte der Gerichtsorganisation im Alten Testament (SBS 130), Stuttgart 1987.

–, Religionen in Israels Umwelt (NEB.E 5), Würzburg 1998.

Nielsen, Eduard, Das Deuteronomium (HAT I/6), Tübingen 1995.

Niemann, Hermann Michael, Herrschaft, Königtum und Staat. Skizzen zur soziokulturellen Entwicklung im monarchischen Juda (FAT 6), Tübingen1993.

Nietzsche, Friedrich, Die fröhliche Wissenschaft (1882) (KGA V/2), Berlin/New York 1973, 21 – 335,*Nilsson, Martin P.* Geschichte der griechischen Religion I: Die Religion Griechenlands bis auf die römische Weltherrschaft, II: Die hellenistische und römische Zeit (HAW V. 2/1 – 2), München ²1965 und 1966.

Nissen, Andreas, Gott und der Nächste im antiken Judentum (WUNT 15), Tübingen 1974.

Nissinen, Martti, References to Prophecy in Neo-Assyrian Sources (SAA.St.7), Helsinki 1998.

Nogalski, James, Literary Precursors to the Book of the Twelve (BZAW 21), Berlin/ New York 1993.

Nõmmik, Urmas, Die Freundesreden des ursprünglichen Hiobdialogs. Eine form- und traditionsgeschichtliche Untersuchung (BZAW 410), Berlin/New York 2010.

–, Die Gerechtigkeitsbearbeitungen in den Psalmen (UF 31), Münster 1999, .443 – 535.

Nötscher, Friedrich, Biblische Altertumskunde (HSA.E III), Bonn 1940.

Nordheim, Miriam von, Geboren von der Morgenröte? Psalm 110 in Tradition und Rezeption (WMANT 118), Neukirchen-Vluyn 2008.

Nowack, W., Kleine Propheten (HK III/4), Göttingen 1903.

Noth, Martin, Das zweite Buch Mose. Exodus (ATD 5), Göttingen 1959 (ND).

–, „Die Heiligen des Höchsten" (1955), in: Ders., Ges. Studien zum Alten Testament, (ThB 6), München 1957, 274 – 290.

–, Die israelitischen Personennamen im Rahmen der gemeinsemitischen Namengebung (BWANT III/10), Stuttgart 1928 (ND Hildesheim 1966).

–, Die Überlieferungsgeschichte des Pentateuch, Stuttgart 1948 = Darmstadt 1960.

–, Könige I. Teilband (BK.AT IX/1), Neukirchen 1968.

Nurmi, Raimo, An Attempt to Understand the Twentieth Century (Trames 15/3), Tallinn 2011, 317 – 325.

Ogden, Graham, Qoheleth (Readings. A New Biblical Commentary), Sheffield 1987.

Oegema, Gerbern S. (Hg.), Apokalypsen (JSHRZ VI/5), Gütersloh 2001.

– (Hg.), Unterweisung in erzählender Form (JSHRZ VI/1/2), Gütersloh 2005.

Oisumi, Yuichi, Kompositionsgeschichte des Bundesbuches (OBO 105), Freiburg (Schweiz)/Göttingen 1991.

Oppenheim, A. Leo, Ancient Mesopotamia. Portrait of a Dead Culture, Chicago. London 1964 (ND).

Oorschot, Jürgen van, „Der Gerechte und die Frevler im Buch der Sprüche" (BZ NF 42), Paderborn 1998, 225 – 238.

–, Gott als Grenze. Eine literar- und redaktionsgeschichtliche Studie zu den Gottesreden des Hiobbuches (BZAW 170), Berlin/New York 1987.

–, „„Höre Israel …!' (Dtn 6,4 f.) Der eine und einzige Gott Israels im Widerstreit", in: Krebernik/van Oorschot (AOAT 298), 113 – 135.

–, Von Babel zum Zion. Eine literarkritische und redaktionsgeschichtliche Untersuchung (BZAW 206), Berlin/New York 1993.

Osten-Sacken, Peter von der, Gott und Belial. Traditionsgeschichtliche Untersuchungen zum Dualismus in den Texten von Qumran (StUNT 6), Göttingen 1969.

Oswald, Wolfgang, Israel am Gottesberg. Eine Untersuchung zur Literargeschichte der vorderen Sinaiperikope Ex 19 – 24 und deren historischer Hintergrund (OBO 159), Freiburg (Schweiz)/Göttingen 1998.

–, Nathan der Prophet: Eine Untersuchung zu 2. Samuel 7 und 12 und 1. Könige 1 (AThANT 94), Zürich 2008.

Otto, Eckart, Das Deuteronomium im Pentateuch und Hexateuch. Studien zur Literaturgeschichte von Pentateuch und Hexateuch im Lichte des Deuteronomiumsrahmens (FAT 30), Tübingen 2000.

–, Das Deuteronomium. Politische Theologie und Rechtsreform und Israel und Assur (BZAW 284), Berlin/New York 1999.

–, Das Gesetz des Mose, Darmstadt 2007.

–, Das Heiligkeitsgesetz Leviticus 17 – 26 in der Pentateuchredaktion, in: Mommer, Peter/Thiel Winfried (Hg.), FS H. Graf Reventlow, 65 – 80.

–, Der Dekalog im deuteronomistischen Deuteronomium", in: Christian Frevel u. a. (Hg.), Zehn Worte (QD 212), Freiburg/Basel/Wien 2005, 95 – 108.

–, Der Dekalog im deuteronomistischen Deuteronomium (2008), in: Ders., (ZAR.B 9), 2009, 272 – 2

–, Die Paradieserzählung Genesis 2 – 3: Eine nachpriesterschriftliche Lehrerzählung in ihrem religiösen Kontext, in: Diesel, Antje A. u. a. (Hg.) (BZAW 241), 167 – 192.

–, „Die Stellung der Wehe-Worte in der Verkündigung des Propheten Habakuk" (ZAW 89), Berlin/New York 1977, 73 – 107.

–, Die Tora. Studien zum Pentateuch. Ges. Aufsätze (ZAR.B 9), Wiesbaden 2009.

–, Die Ursprünge der Bundestheologie im Alten Testament und im Alten Orient (ZAR 4), Wiesbaden 1998, 1 – 84.

–, Forschungsgeschichte der Entwürfe einer Ethik des Alten Testaments (VF 36), München 1991, 3 – 37.

–, Geschichte des Talion im Alten Orient und Israel (1991), in: Ders., Kontinuum und Proprium. Studien zur Sozial- und Rechtsgeschichte des Alten Orients und des Alten Testaments (Orientalia Biblica et Christiana 8), Wiesbaden 1996; 224 – 245.

–, Innerbiblische Exegese im Heiligkeitsgesetz Leviticus 17 – 26 (1999), in: Ders., (ZAR.B 9), 2009, 46 – 106.

–, Mose. Geschichte und Legende (C.H. Beck Wissen), München 2006.

–, Politische Theologie in den Königspsalmen zwischen Ägypten und Assyrien: Redaktionsgeschichtliche Beobachtungen in den Psalmen 2 und 18 in ihren altorientalischen Kontexten, in: Ders.,/Zenger (Hg.), (SBS 192), 35 – 65.

–, Rechtsgeschichte der Redaktionen im Kodex Ešnunna und im „Bundesbuch" (OBO 85), Freiburg (Schweiz)/Göttingen 1989.

–, Sohnespflichten im antiken Syrien und Palästina, in: Ders., Kontinuum, 265 – 282.

–, Theologische Ethik des Alten Testaments (ThW 3/2), Stuttgart 1994.

–, Wandel der Rechtsbegründungen in der Gesellschaftsgeschichte des antiken Israel. Eine Rechtsgeschichte des „Bundesbuches" Ex XX 22–XXIII 13, (SB 3), Leiden u. a. 1988.

–, Welcher Bund ist ewig? Die Bundestheologie priesterlicher Schriftgelehrter im Pentateuch und in der Tradentenprophetie im Jeremiabuch (2007), in: Ders. (ZAR.B 9), 2009, 561 – 567.

–, Zivile Funktion des Stadttores in Palästina und Mesopotamien; in: Görg, Manfred (Hg.), Meilenstein. FS H. Donner (ÄAT 30), Wiesbaden 1995, 188 – 197.

–/ Zenger, Erich (Hg.) „Mein Sohn bist du" (Ps 2,7), Studien zu den Königspsalmen (SBS 192), Stuttgart 2002.

Pakkala, Juha, Der literar- und religionsgeschichtliche Ort von Dtn 13, in: Markus Witte u. a. (Hg.) (BZAW 365), 127 – 137.

–, Ezra the Scribe. The Development of Ezra 710 and Nehemia 8 (BZAW 347); Berlin/New York 2004.

–, Intolerant Monolatry in the Deuteronomistic History (SESJ 76), Helsinki/Göttingen 1999.

–, The Date of the Oldest Editon of Duetronomy (ZAW 121), Berlin/New York 2009, 388 – 401.

Pannenberg, Wolfhart, Systematische Theologie I – III, Göttingen 1989 – 1993.

Parker, Richard A./Dubberstein, Waldo H., Babylonian Chronology 626 B.C.–A.D. 75 (Brown University Studies 19), Providence, Rhode Island 1956.

Parker, Robert, Miasma. Pollution and Purification in Early Greek Religion, Oxford ²1996 (ND 2003).

Parpola, Simo, Assyrian Prophecies (SAA IX), Helsinki 1997.

–/ Watanabe, Kazuoko, Neo-Assyrian Treaties and Loyality Oaths (SAA II), Helsinki 1988.

Perdue, Leo G., „Wisdom in the Book of Job", in: Ders./Scott/Wiseman (Hg.), Search, 73 – 98.

–/ Scott, Bernard Brandon/Wiseman, William Johnston (Hg.), In Search of Wisdom. Essays in Memory of John C. Gammie, Louisville, Kentucky 1993.

Perlitt, Lothar, Allein mit dem Wort. Theologische Studien. Zum 65. Geburtstag. Hg. von Hermann Spiekermann, Göttingen 1995.

–, Bundestheologie im Alten Testament (WMANT 36), Neukirchen-Vluyn 1969.

–, Der Staatsgedanke im Deuteronomium (1994) in: Ders., Allein mit dem Wort, 236 – 248.

–, Deuteronomium (BK.AT V/Lfg.1 – 5), Neukirchen-Vluyn 1990 – 2008.

–, Deuteronomium-Studien (FAT 8), Tübingen1994.

–, Die Propheten Nahum, Habbakuk, Zephanja (ATD 25/1), Göttingen 2004.

–, ‚Ein einzig Volk von Brüdern.‘ Zur dtn Herkunft der biblischen Bezeichnung ‚Brüder‘ (1981), in: Ders. (FAT 8), 50–73.

–, Sinai und Horeb (1977), in: Ders. (FAT 8), 32–49.

Petry, Sven, Das Gottesbild des Bilderverbots, in: Groneberg/Spieckermann (Hg.) (BZAW 376), 257–271.

Pfeiffer, Henrik, Jahwes Kommen von Süden. Jdc 4; Hab 3; Dtn 33 und Ps 68 in ihrem literar- und religionsgeschichtlichen Umfeld (FRLANT 211), Göttingen 2005.

Phillips, Anthony, Ancient Israel's Criminal Law. A New Approach to the Decalogue, Oxford 1970.

Philo in Ten Volumes (and Two Supplementary Volumes) With an English Translation by F.H. Colson and others (LCL) Cambridge (Mass.)/London 1913–1929 (ND).

Philo von Alexandrien. Die Werke in deutscher Übersetzung. Hg. von Leoppold cyohn/Isaak Heinemann/Maximilian Adler/Willy Theyler I–VII, Berlin ²1962.

Philonenko, Marc, L'apocalyptique qoumrânienne, in: Hellholm, ed. Apocalypticism, 211–218.

Pindar, Siegesgesänge und Fragmente. Griechisch und deutsch.Übers. u. eingel. Oskar Werner (TuscB), München 1967.

Pindari Carmina cum Fragmentis. Rec. C.M. Bowra (SCBO), ed.alt. Oxford 1947 (ND).

Pfeiffer, Gerhard, Die Fremdvölkersprüche des Amos – spätere *vaticinia ex event?* (VT 38), Leiden 1998, 230–233.

Platon Werke in acht Bänden. Griechisch und Deutsch. Hg.von Gunther Eigler, Darmstadt 1973(ND).

–, Werke. Übersetzung und Kommentar. Hg. von Ernst Heitsch/Carl Werner Müller, Göttingen 1994 ff.

Platonis opera. Rec. Joannes Burnet I–V (SCBO), Oxford 1900–1907 (ND).

–. Rec. E.A. Duke/W.F. Hicken/W.S.M. Nicoll/D.B. Robinson et J.C.G. Strachan (SCOB 1), Oxford 1995.

Plessner, Helmuth, Die Stufen des Organischen und der Mensch (SG 2200), Berlin/ New York ³1975.

Ploeg ,J. van der, Le rouleau de la guerre. Traduit et annoté avec une introduction, (StTDJ 2), Leiden 1959.

Plöger, Otto, Das Buch Daniel (KAT XVIII), Gütersloh 1965.

–, Theokratie und Eschatologie (WMANT 2), Neukirchen (Kr. Moers) 1959.

Plotin, Über Ewigkeit und Zeit. Übers., eingel. und komment. von Werner Beierwaltes (Klostermann Texte Philosophie), Frankfurt am Main ⁴1995.

Plutarch's Lives V: Agesilaus and Pompey. Pelopidas and Marcellus. With an English Translation by Bernadotte Perrin (LCL 87), Cambridge (Mass.)/London 1917 (ND).

Põder, Jan Christian, Evidenz des Ethischen. Die Fundamentalethik Knud E. Løgstrups (Religion in Philosophy and Theology 62), Tübingen 2011.

Pohlenz, Max, Die Stoa. Geschichte einer geistigen Bewegung I–II, Göttingen ⁶1990.

Pohlmann, Karl-Friedrich, „Beobachtungen und Erwägungen zur Rede vom „Zorn Jahwes" im Alten Testament, in: Markus Witte (Hg.) (BZAW 345/II), Berlin/New York 2004, 1015–1035.

–, Der Prophet Hesekiel/Ezechiel I: Kapitel 1–19 (ATD20/1), Göttingen 1996.

–, Der Prophet Hesekiel/Ezechiel Kapitel 20–48). Mit einem Beitrag von Thilo Alexander Rudnig (ATD 22/2), Göttingen 2001.

–, Die Entstehung des Korans. Neue Erkenntnisse aus der Sicht der historisch-kritischen Bibelwissenschaft, Darmstadt 2012.

–, Ezechiel. Der Stand der theologischen Diskussion, Darmstadt 2008.

–, Studien zum Jeremiabuch. Ein Beitrag zur Frage nach der Entstehung des Jeremiabuches (FRLANT 118), Göttingen 1978.

Pola, Thomas, Das Priestertum bei Sacharja. Historische und traditionsgeschichtliche Untersuchungen zur frühnachexilischen Heilserwartung (FAT 35), Tübingen 2003.

–, Die ursprüngliche Priesterschrift. Beobachtungen zur Literarkritik und Traditionsgeschichte von P^g (WMANT 70), Neukirchen-Vluyn 1995.

Polybius, The Histories. With an English Tramslation by W. R. Paton I–VI (LCL), Cambridge (Mass.)/London 1922–1927 (ND).

Pope, Marvin H., El in the Ugaritc Texts (VT.S 2), Leiden 1955.

Popper, Karl, Selbstbefreiung durch Wissen, in; Reinisch (Hg.), Sinn, 100–116.

Porton, Bezalel, „The Jews in Egypt" (CJH I), Cambridge (U.K.) 1984, 372–402.

Prato, Gian Luigi, Il problema della teodicea in Ben Sira, AnBib 65, Rome 1975.

Preuß, Horst Dietrich, Theologie des Alten Testaments I: JHWHs erwählendes und verpflichtendes Handeln, II: Israels Weg in die Zukunft, Stuttgart u.a 1991 und 1992.

Proksch, Otto, Die Genesis (KAT 1), Leipzig/Erlangen $^{2-3}$1924.

–, Theologie des Alten Testaments, Gütersloh 1950.

Prodi, Paolo, Eine Geschichte der Gerechtigkeit. Vom Recht Gottes zum modernen Rechtstaat, München 2005.

Pury, Albert de/Römer, Thomas (Hg.), Die sogenannte Thronfolgegeschichte Davids. Neue Einsichten und Anfragen (OBO 176), Freiburg (Schweiz)/Göttingen 2000.

Rad, Gerhard von, Das formgeschichtliche Problem des Hexateuch (1938), in: Ders., Ges. Studien zum Alten Testament (ThB 8), München 1958, 29–86.

–, Das judäische Königsritual (1947), in: Ders. (ThB 8), 205–213.

–, Die Gerichtsdoxologie (1971), in: Ders. (ThB 48), 254–254.

–, Ges. Studien zum Alten Testament (ThB 8), München 1958.

–, Ges. Studien zum Alten Testament II. Hg. von Rudolf Smend (ThB 48), München 1973.

–, Weisheit in Israel, Neukirchen-Vluyn 1970 = (GTB 1437), Gütersloh 1992;

Rahner, Karl, Grundkurs des Glaubens. Einführung in den Begriff des Christentums, Freiburg/Basel/Wien 1976 (ND).

Ratschow, Carl Heinz, Der angefochtene Glaube. Anfangs- und Grundprobleme der Dogmatik, Gütersloh ^{2}1960.

–, Die Religionen (HST 16), Gütersloh 1979.

– (Hg.), Ethik der Religionen. Ein Handbuch, Stuttgart u. a. 1980.

–, Jesus Christus (HST 5), Gütersloh ²1994.

–, „Von der Frömmigkeit. Eine Studie über das Verhältnis zwischen Religion und Sittlichkeit", in: Ders. (Hg.), Ethik der Religionen, 11 – 78.

Reallexikon der Assyrologie und Vorderasiatischen Archäologie. Begr. von Erich Ebeling/Bruno Meissner, fortgeführt von Ernst Weidner/Wolfram von Soden/ Dietz Otto Edzard. Hg. von Michael F.Streck, Berlin/Leipzig bzw New York 1928 ff.

Reese, James M., Hellenistic Influence on the Book of Wisdom and Its Consequences (AnBib 41), Rome 1970.

Rehm, Martin, Der Königliche Messias im Licht der Immanuel-Weissagung des Buches Jesaja (ESt.NF 1),Kevelaer 1968.

Reinisch, Leonhard (Hg.), Der Sinn der Geschichte. Sieben Essays, München 1961.

Reinmuth, Titus, Der Bericht Nehemias. Zur literarischen Eigenart,traditiionsge-schichtlichen Prägung und innerbiblischen Rezeption des Ich-Berichts Nehemias (OBO 183), Freiburg (Schweiz)/Göttingen 2002.

Reiterer, Friedrich V., „Alle Weisheit stammt vom Herrn…". Ges. Studien zu Ben Sira. Hg. von Renate Egger-Wenzel (BZAW 375), Berlin/New York 2007.

–, Deutung und Wertung des Todes, in: Ders. (BZAW 375), 307 – 343.

–, Gerechtigkeit als Heil. צדק bei Deuterojesaja. Aussage und Vergleich mit der alt-testamentlichen Tradition, Graz 1976.

–, Freundschaft bei Ben Sira. Beiträge des Symposions zu Ben Sira Salzburg 1995 (BZAW 244), Berlin/New York 1996.

–, „Gott und Opfer", in: *Egger-Wenzel, Renate* (Hg.), Ben Sira's God (BZAW 321), Berlin/New York 2002, 136 – 179.

–, „Neue Akzente in der Gesetzesvorstellung *tôrat hajim* bei Ben Sirae", in: Witte (Hg.) (BZAW 345/2), 851 – 872.

Rendtorff, Rolf, Die theologische Stellung des Schöpfungsglaubens bei Deuterojesaja (1954), in: Ders. (ThB 57), 209 – 219.

–, Gesammelte Studien zum Alten Testament (ThB 57), München 1975.

–, Studien zur Geschichte des Opfers im alten Israel (WMANT 24), Neukirchen-Vluyn 1967.

Reventlow, Henning Graf, Das Gebet im Alten Testament, Stuttgart u. a. 1986.

–, Die Propheten Haggai, Sacharja und Maleachi (ATD 25/2), Göttingen 1993.

Renz, Johannes, Die althebräische Inschriften I: Text und Kommentar; II/1: Zu-sammenfassende Erörterungen, Paläographie und Glossar, Darmstadt 1995.

–/ *Röllig, Wolfgang,* Handbuch der althebräischen Epigraphik.

Rickenbacher, Otto, Weisheitsperikopen bei Ben Sira (OBO 1), Freiburg (Schweiz)/ Göttingen 1973.

Riedweg, Christoph, Pythagoras. Leben. Lehre. Nachwirkung, München 2002.

Rilke, Rainer Maria, Werke in drei Bänden, Einleitung Beda Allemann, Frankfurt am Main 1966.

Ro, Johannes Un-Sok, Die sogenannte „Armenfrömmigkeit" im nachexilischen Israel (BZAW 322), Berlin/New York 2002.

Robinson, Thedore H./Horst, Friedrich, Die Zwölf Kleinen Propheten (HAT I/14), Tübingen 1954.

Römer, Thomas, Zwischen Urkunden, Fragmenten und Ergänzungen: Zum Stand der Pentateuchforschung (ZAW 125/1), Berlin/Boston 2013, 2 – 24.

Römer, Willem H.Ph, Hymnen, Klagelieder und Gebete in sumerischer Sprache, in: Ders./*Karl Hecker*, Lieder und Gebete I (TUAT II/5), Gütersloh 1989, 609 – 712.

Römheld, Diethard, Wege der Weisheit. Die Lehren Amenemopes und Proverbien 22,17 – 24,22 (BZAW 184), Berlin/New York 1989.

Rohde, Erwin, Psyche. Seelencult und Unterblichkeitsglaube der Griechen I – II, Darmstadt [3]1980 = Freiburg i.B./Leipzig/Tübingen [2]1898 (ND).

Rose, Martin, Rien de nouveau. Novelles approches du livre Qohéleth. Acev une bibliographie (1988 – 1998) élaborée par Béatrice Perregaux Allison (OBO 168), Freiburg (Schweiz)/Göttingen 1999.

Rösel, Christoph, Die messianische Redaktion des Psalters. Studien zu Entstehung und Theologie der Sammlung Psalm 2 – 89* (CThM 9), Stuttgart 1999.

Rössler, Otto, Aramäische Staatsverträge (TUAT I/2), Gütersloh 1983, 178 – 189.

Rosenberger, Veit, Griechische Orakel. Eine Kulturgeschichte, Darmstadt 2001.

Rothkamm, Jan, Talio esto. Recherches sur les origines de la formule ‚oeil pour oeil, dent pour dent‘ dans les droits du Proche-Orient ancien, et sur son devenir dans le monde gréco-romain (BZAW 426), Berlin/New York 2011.

Rottzoll, Dirk Uwe, Studien zur Redaktion und Komposition des Amosbuches (BZAW 243), Berlin/New York 1996.

Rowley, H.H., The Chronological Order of Ezra and Nehemiah (1948), in: Ders., Servant, 135 – 168.

–, The Servant of the Lord and other Esdsays on the Old Testament, sec. rev. ed. Oxford 1965.

–, The Servant of the Lord in the Light of Three Decades of Criticism, in: Ders.;Servant, 3 – 60.

–, The Suffering Servant and the Davidic Messiah (1950), in: Ders., Servant, 61 – 93.

Roy Yoder, Christine, Wisdom as a Woman of Substance. A Socioeconomic Reading of Proverbs 1 – 9 and 31:10 – 31 (BZAW 304), Berlin/New York 2001.

Rudnig, Thilo Alexander, Heilig und Profan. Redaktionskritische Studien zu Ez 40 – 48 (BZAW 287), Berlin/New York 2000.

Rudnig-Zelt, Susanne, Die Genese des Hoseabuches. Ein Forschungsbericht, in: Kiesow/Meurer (AOAT 294), 351 – 386.

Rudolph, Wilhelm, Die Kleinen Propheten IV: Haggai, Sacharja, Maleachi (KAT XIII/4), Gütersloh 1976.

–, Jeremia (HAT I/12), Tübingen [3]1968.

Rüger, Hans Peter, Text und Texform im Hebräischen Sirach. Untersuchungen zur Textgeschichte und Textkritik der hebräischen Sirachfragmente aus der Kairoer Geniza (BZAW 112), Berlin 1970.

–, Zum Text von Sir 40,10 und Ex 10,21 (ZAW 82), Berlin 1970, 103 – 109.

Rüterswörden, Udo, Deuteronomium (BKAT V/3 Lfg 1), Neukirchen-Vluyn 2011.

–, Die Liebe zu Gott im Deuteronomium, in: Markus Witte u. a. (Hg.) (BZAW 365), 229–238.

–, Dominium Terrae. Studien zur Genese einer alttestamentlichen Vorstellung (BZAW 215), Berlin/New York 1993.

Ruppert, Lothar, Der leidende Gerechte (FzB 5), Würzburg 1972.

–, Gerechte und Frevler (Gottlose) in Sap 1,1–6,21. Zum Neuverständnis alttestamentlicher Traditionen in der Sapientia Salomonis, in: Hans Hübner (Hg.) (BThSt 22), 1–54.

Ruprecht, Eberhard, „Die ursprüngliche Komposition der Hiskia-Jesaja-Erzählungen und ihre Umstrukturierung durch den Verfasser des deuteronomistischen Geschichtswerkes" (ZThK 87), Tübingen 1990, 33–66.

Russel, D.S., The Method and Message of Jewish Apocalyptic, London 1971.

Ruszkowski, Leszek, Volk und Gemeinde im Wandel. Untersuchungen zu Jes 56–66 (FRLANT 191), Göttingen 2000.

Saebø, Magne, Sprüche (ATD 16/1), Göttingen 2012.

Sasson, Jack Murad, „Isaiah LXIV 3–4a" (VT 26), Leiden 1976, 199–207.

Sauer, Georg, „Ben Sira in Jerusalem und sein Enkel in Alexandria", in: Irmtraud Fischer u. a. (Hg.) (BZAW 331), 339–348.

–, Jesus Sirach/Ben Sira (ATD.Apok.1), Göttingen 2000.

–, Serubbabel in der Sicht Haggais und Sacharjas, in: Maas, (BZAW 105), 199–207.

Saur, Markus, Die Königspsalmen. Studien zu ihrer Entstehung und Theologie (BWANT 340), Berlin/New York 2004.

Schäfer, Peter (Hg.), Geschichte – Tradition – Reflexion. FS M. Hengel zum 75. Geburtstag I: Judentum, Tübingen 1996.

Schart, Aaron, Die Entstehung des Zwölfprophetenbuches (BZAW 260), Berlin/New York 1998.

Scherer, Andreas, Das weise Wort und seine Wirkung. Eine Untersuchung zur Komposition und Redaktion von Proverbia 10,1–22,16 (WMANT 83), Neukirchen-Vluyn 1999.

Schipper, Bernd U., Hermeneutik der Tora. Studien zur Traditionsgeschichte von Prov 2 und zur Komposition von Prov 1–9 (BZAW 432), Berlin/New York 2012.

Schmid, Heinrich, Die Dogmatik der evangelisch- lutherischen Kirche. Dargestellt und aus den Quellen belegt. Hg. von Horst Georg Pöhlmann, Gütersloh [11]1990.

Schmid, Konrad, Buchgestalten des Jeremiabuches. Untersuchungen zur Redaktions- und Rezeptionsgeschichte von Jer 30–33 im Kontext des Buches (WMANT 72), Neukirchen-Vluyn 1996.

–, Jesaja I: 1–23 (ZBK,AT 19/1), Zürich 2011.

–, Literaturgeschichte des Alten Testaments. Eine Einführung, Darmstadt 2008.

Schmidt, Brian B., Israel's Beficent Dead. Ancestor Cult and Necromancy in Ancient Isarelite Religion and Tradition (FAT 11), Tübingen 1994.

Schmidt Hans, Die Psalmen (HAT I/15), Tübingen 1934.

Schmidt, Ludwig, Menschlicher Erfolg und Jahwes Initiative. Studien zu Tradition, Interpretation und Historie inÜberlieferungen von Gideon, Saul und David (WMANT 38), Neukirchen-Vluyn 1970.

Schmidt, Ludwig, „De Deo". Studien zur Literarkritik und Theologie des Buches Jona, des Gesprächs zwischen Abraham und Jahwe in Gen 18,22 ff. und von Hi 1 (BZAW 143), Berlin/New York 1976.

–, Israel und das Gesetz. Ex 19,3b–8 und 24,3–8 als literarischer und theologischer Rahmen für das Bundesbuch (ZAW 113), Berlin/New York 2001, 169–185.

–, Studien zur Priesterschrift (BZAW 214), Berlin/New York 1993.

Schmidt, Werner H., Alttestamentlicher Glaube. Neukirchen-Vluyn [11]2011.

–, Das Buch Jeremia. Kapitel 1–20 (ATD 20), Göttingen 2008.

–, Die deuteronomostische Redaktion des Amosbuches (ZAW 77), Berlin 1965, 168–193.

–, Mitarb. Holger Delkurt/Axel Graupner, Die Zehn Gebote im Rahmen der alttestamentlichen Ethik (EdF 281), Darmstadt 1993.

–, Königtum Gottes in Ugarit und Israel (BZAW 80), Berlin [2]1966.

–, Überlieferungsgeschichtliche Erwägungen zur Komposition des Dekalogs (VT.S. 22), Leiden 1972, 201–220.

–, „Wo hat die Aussage Jahwe, ‚der Heilige' ihren Ursprung?"(ZAW 74), Berlin 1962, 62–66.

Schmitt, Armin, „Alttestamentliche Traditionen in der Sicht einer neuen Zeit. Dargestellt am Buch der Weisheit"(1988), in: Ders. (BZAW 292), 185–203.

– (Hg.), Christian Wagner, Der Gegenwart verpflichtet (BZAW 292), Berlin/New York 2000.

–, „Der frühe Tod des Gerechten nach Weisheit 4,7–19 und die griechisch-römische Konsolationsliteratur" (1982), in: Ders. (BZAW 292), 204–222.

–, „Enkomien in der griechischen Literatur", in: Irmtaud Fischer u.a (Hg.) (BZAW 331), 359–381.

–, Entrückung – Aufnahme – Himmelfahrt. Untersuchungen zu einem Vorstellungsbereich im Alten Testament (FzB 10), Würzburg 1976.

Schmitt, Hans –Christoph, Arbeitsbuch zum Alten Testament (UTB 2146), Göttingen [3]2011.

–, „Das sogenannte jahwistische Privilegrecht in Ex 34,10–28 als Komposition der spätdeuteronomostischen Endredaktion des Pentateuch", in: Jan Chr. Gertz u.a. (Hg.) (BZAW 319), 157–171.

–, „Das spätdeuteronomistische Geschichtswerk Genesis 1–II Regum XXV und seine theologische Intention" (1995), in: Ders. (BZAW 310), 277–294.

–, „Redaktion des Pentateuchs im Geiste der Prophetie. Beobachtungen zur „Glaubens"-Thematik in der Endredaktion des Pentateuchs" (1982), in: Ders. (BZAW 310), 220–237.

–, Theologie in Prophetie und Pentateuch. Ges. Aufs. Hg. von Ulrike Schorn u.a., (BZAW 310), Berlin/New York:2001.

Schnabel, Eckhard J., Law and Wisdom from Ben Sira to Paul (WUNT II/16), Tübingen 1985.

Schnackenburg, Rudolf/Schreiner, Josef (Hg.), Wort, Lied und Gottesspruch. FS J. Ziegler (FzB 2), Würzburg 1972.

Schöttler, Heinz Günther, Gott inmitten seines Volkes. Die Neuordnung des Gottes-volkes nach Sacharja 1–6 (TThSt 43), Trier 1987.

Scholl, Reinhard, Die Elenden in Gottes Thronrat. Stilistisch-kompositorische Un-tersuchungen zu Jesaja 24–27 (BZAW 274), Berlin/New York 2000.

Scholltissek, Klaus/Steins, Georg, Psalmen Salomos, in: Kraus/Karrer, Septuaginta Deutsch, 915–931.

Schoors, Antoon, I am God Your Saviour. A Form-Critical Study of the Main Genres in Is. XL–LV (VT.S. 24), Leiden 1973.

Schoors, Antoon (Hg.), Qohelet in the Context of Wisdom (BEThL 136), Leuven 1998.

–, „Theodicy in Qohelet", in: Laato, Antti/Moor, Johannes C. De (Hg.), Theodicy, 375–409.

Schopenhauer, Artur, Paralipomena II (Sämtliche Werke hg. von Wolfgang Frh. von Löhneysen Bd. 5), Darmstadt 1976.

Schreiner, Josef (Hg.), Beiträge zur Psalmenforschung. Psalm 2 und 22 (FzB 80), Würzburg 1988.

–, Jeremia I–II (NEB.AT. Lfg.3 u.9), Würzburg 1985=1981 bzw. 1984.

–, Jesus Sirach 1–23 (NEB.AT. Lfg.38), Würzburg 2002.

–, Kein anderer Gott! Bemerkungen zu Ex 34,11–26, in: Kottsieper u. a. (Hg.), (1984) 199–213.

–, Sion-Jerusalem. Jahwes Königssitz (StANT 7), München 1963.

–, Theologie des Alten Testaments (NEB.AT.E 1), Würzburg 1995.

Schreiner, Stefan, Psalm 110 und die Investitur des Hohenpiesters (VT 27), Leiden 1977, 216–222.

Schroer, Silvia, Die Weisheit Salomos, in: Frevel/Zenger (Hg.) Einleitung[8], 484–496.

Schüpphaus, Joachim, Die Psalmen Salomos. Ein Zeugnis Jerusalemer Theologie und Frömmigkeit in der Mitte des vorchristlichen Jahrhunderts (ALGHJ 7), Leiden 1977.

Schürer, Emil/Vermes, Geza u. a., The History of the Jewish People in the Age of Jesus Christ (175 BC – AD135) I–III/2, Edinburgh 1973–1984 (ND).

Schulz, Hermann, Das Todesrecht im Alten Testament. Studien zur Rechtsform der Mot-Jumat-Sätze (BZAW 114), Berlin 1969.

Schuhmacher, Leonhard, Sklaverei in der Antike. Alltag und Schicksal der Unfreien, München. 2001.

Schunck, Klaus-Dieter, „Der fünfte Thronname des Messias (Jes 9,5–6)" (VT 23), Leiden 1973, 108–110.

–, Nehemia (BK.AT. XXIII/2), Neukirchen-Vluyn 2009.

Schweitzer, Albert, Kultur und Ethik. Sonderausgabe mit Einschluss von „Verfall und Wiederaufbau der Kultur", (1923), München 1960.

Schwesig, Paul-Gerhard, Die Rolle der Tag-JHWHs-Dichtungen im Dodekapropheton (BZAW 366), Berlin/New York 2006.

Schwienhorst-Schönberger, Ludger (Hg.), Das Buch Kohelet. Studien zur Struktur, Geschichte, Rezeption und Theologie (BZAW 254), Berlin/New York 1997.

–, Das Bundesbuch (Ex 20,22–23,33) (BZAW 188), Berlin/New York 1990.

–, Kohelet (HThK.AT), Freiburg/Basel/Wien 2004.

–, „Nicht im Menschen gründet das Glück" (Koh 2,24). Kohelet im Spannungsfeld jüdischer Weisheit und hellenistischer Philosophie (HBS 2), Freiburg/Basel/Wien 1994.

–, Vertritt Kohelet die Lehre vom absoluten Tod?, in: Irmtraud Fischer, u. a. (Hg.) (BZAW 331), 207 – 219.

Schulz, Hermann, Das Todesrecht im Alten Testament (BZAW 114), Berlin 1969.

Shupak, Nili, Where can Wsidom be found? The Sage's Language in the Bible and in Ancient Egyptian Literature (OBO 130), Freiburg (Schweiz)/Göttingen 1993.

Seebass, Horst, Mose in einem Ausnahmegespräch mit Gott. Exodus 33,12 – 23, in: Witte (Hg.) (BZAW 345/1), 301 – 332.

Seeberg, Reinhold, Lehrbuch der Dogmengeschichte I: Die Anfänge des Dogmas im nachapostlischen und altkatholischen Zeitalter, Graz/Darmstadt ⁴1953 = Leipzig ³1922.

Seibert, Ilse, Hirt, Herde, König. Zur Herausbildung des Königtums in Mesopotamien (SSA 53), Berlin 1969.

Sekine, Seizo, Transcendency and Symbols in the Old Testament. A Genealogy of the Hermeneutical Experiences. Übers. von the Japanese by Judy Wakabayash (BZAW 275), Berlin/New York 1999.

Sekine, Seizo, A Comparative Study of the Origins of Ethical Thought. Hellenism and Hebraism. Übers. von Judy Wakabayashi, Lanham u. a. 2005.

Seow, Choon-Leong, Ecclesiastes (AncB 18C), Garden City/New York 1997.

–, Job's gō'ēl, again, in: Markus Witte (Hg.) (BZAW 345/II), 689 – 710.

Septuaginta id est Vetus Testamentum Graece iuxta LXX interpretes ed. Alfred Rahls I – II, ed. quinta, Stuttgart 1935 (ND).

Sextus Empiricus in Four Volumes with an English Translation by R.G. Bury I. Outlines of Pyrrhonism (LCL 273), Cambridge (Mass.)/London 1932 (ND).

Seybold, Klaus, Die Königserwartung bei Haggai und Sacharja" (1972), in: Ursula Struppe (Hg.), Studien, 243 – 252.

Seybold, Klaus, Das Gebet des Kranken im Alten Testament. Untersuchungen zur Bestimmung und Zuordnung der Krankheits- und Heilungspsalmen (BWANT 99), Stuttgart u. a. 1973.

Seybold, Klaus, Die Kleinen Propheten II (ZBK.AT 24/2), Zürich 1991.

–, Psalmen (HAT I/15), Tübingen 1996.

Shirun-Grumach, Irene, „Die Lehre des Amenemope" (TUAT III/2), Gütersloh 1991, 222 – 250.

Shutt, R.J. H., „The Letter of Aristeas" (OTP II), Garden City/New York 1985.

Skehan, Patrick/Di Lella Alexander A., The Wisdom of Ben Sira (AncB 39), Garden City/NewYork 1987.

Smend, Rudolf; „Die Bundesformel" (1963) in: Ders., Mitte des Alten Testaments. Ges. Studien 1 (BevTh 99), München 1986, 11 – 39.

Smith, Mark. S., The Ugaritic Baal Cycle I: Introduction with Text, Translation & Commentary of KTU I.1–I.2 (VT.S 55), Leiden u.a 1994.

Smith, Mark S., The Origins of Biblical Monotheism. Israel's Polytheistic Background and the Ugaritic Texts, Oxford 2001.

Smith, Morton, Palestinian Parties and Politics that Shaped thr Old Testament, New York/London 1971.

Smallwood, E. Mary, The Jews under Roman Rule, From Pompey to Diocletian. A Study in political releations, Boston/Leiden ²2001.

Soden, Wolfram von, Der altbabylonische Atramchasis-Mythos (TUAT III/4), Gütersloh 1994, 612 – 645.

–, Weisheitstexte in akkadischen Sprache (TUAT III/3), Gütersloh 1990,110 – 190.

Soggin, J. Alberto, „Abraham hadert mit Gott. Beobachtungen zu Genesis 18,16 – 32", in: Ingo Kottsieper u. a. (Hg), Studien, 214 – 218.

Spengler, Oswald, Der Untergang des Abendlandes I – II (1918). Ungekürzte Sonderausgabe in einem Band nach der Ausgabe Müchen 1923, mit einem Nachwort von Detlef Felten, München 1998.

Spieckermann, Hermann, „Die Satanisierung Gottes. Zur inneren Konkordanz von Novelle, Dialog und Gottesreden im Hiobbuch", in: Ingo Kottsieper u. a. (Hg.) (1984), 431 – 453.

–, Juda unter Assur in der Sargonidenzeit (FRLANT 129), Göttingen 1982.

–, „Wenn Gott schweigt. Jüdische Gedanken zu Schicksal und Vorsehung in hellenistischer Zeit", in: Krartz/Ders. (Hg.), Vorsehung, 104 – 124.

Spronk, Klaas, Beatific Afterlife in Ancient Israel and in the Ancient Near East (AOAT 219), Kevelaer/Neukirchen-Vluyn 1986.

Stähli, Hans-Peter, Solare Elemente im Jahweglauben des Alten Testaments (OBO 66), Freiburg (Schweiz)/Göttingen 1985.

Starr, Ivan, The Rituals of the Deviner (Bibliotheca Mesopotamica 12), Malibu 1983.

Stavrakopoulou, Francesca, King Manasseh and Child Scarifice. Biblical Distortions of Historical Realities(BZAW 338), Berlin/New York 2004.

Stegemann, Hartmut, Die Essener, Qumran, Johannes der Täufer und Jesus (Herder Spektrum 4128),Freiburg i. Br. u. a. ⁵1996.

Steck, Odil Hannes, Das apokryphe Baruchbuch. Studien zu Rezeption und Konzentration „kanonischer" Überlieferung (FRLANT 160), Göttingen 1993.

–, Der Abschluss der Prophetie im Alten Testament (BThSt 17), Neukirchen-Vluyn 1991.

–, Die Prophetenbücher und ihr theologisches Zeugnis, Tübingen 1996.

–, Studien zu Tritojesaja (BZAW 203) Berlin/New York 1991.

Steingrimsson, Sigurdur Örn, Tor der Gerechtigkeit (ATSAT 22), St. Ottilien 1984.

Steins, Georg, Die Bücher Esra und Nehemia, in: Frevel/Zenger (Hg.), Einleitung, Stuttagrt ⁸2012, 332 – 349.

Stemberger, Günter, Einleitung in Talmud und Midrasch. Begr. von Hermann L. Strack, München ⁶1982.

Sternberg-el Hotabi, Heike, „Ich besiege das Schicksal". Isis und das Schicksal in der ägyptischen Religion, in: Kratz/Spieckermann (Hg.), Vorsehung, 40 – 60.

Stetter, Christian, Das letzte Gericht. Studien zur Endgerichtserwartung von den Schriftpropheten bis Jesus (WUNT II/299), Tübingen 2011.

Steudel, Annette (Hg.), Die Texte aus Qumran II. Hebräisch/Aramäisch und Deutsch, Darmstadt 2001.

Steymans, Hans- Ulrich, Deuteronomium 28 und die *adê* zur Thronfolge As-
arhaddaons. Segen und Fluch im Alten Orient und in Israel (OBO 145), Freiburg
(Schweiz)/Göttingen 1995.

–, Die literarische und historische Bedeutung der Thronfolgevereidigung Asarhaddons, in: Markus Witte u. a. (Hg.) (BZAW 365), 331 – 350.

–, Die Vorlage für Deuteronomium 28,20 – 44, in: Braulik, Georg (Hg.) (HBS 4), 1995,
119 – 142.

Stier, Fridolin, Das Buch Hiob. Hebräisch und Deutsch. Übertragen, ausgelegt und
mit Text- und Sacherklärungen versehen, München 1954.

Stoll, Marten/Vleeming, Sven P. (Hg.), The Care of the Elderley in the Ancient Near
East (StHCNE 14), Leiden. Boston. Köln 1998.

Stolz, Fritz, Montheismus in Israel, in: Keel (Hg.) (BiBe 14), 143 – 184.

–, Strukturen und Figuren im Kult von Jerusalem (BZAW 118) Berlin 1970.

Stone, Michael E., Jewish Writings of the Second Temple Period (CRI II/2), Assen/
Philadelphia 1984.

Streib, Heinz/Dinter, Astrid/Söderblom, Kerstin (Hg.), Lived Religion. Conceptual,
Empirical and Pracitical Theological Approaches Essays in Honor of Hans-Günter
Heimbrock, Leiden/Boston 2008.

Stripp, Hermann-Josef, Die Verfasserschaft der Trostschrift Jer 30 – 31* (ZAW 123),
Berlin/New York 2011, 184 – 206.

Struppe, Ursula (Hg.), Studien zum Messiasbild im Alten Testament (SBA.AT 6),
Stuttgart 1989.

Sweeney, Marvin S., Isaiah 1 – 39 with an Introduction to Prophetic Literature (FOTL
XVI),Grand Rapids (Mich.)/Cambridge (U.K.) 1996.

Syring, Wolf-Dieter, Hiob und sein Anwalt. Die Prosatexte der Hiobbuches und ihre
Rolle in seiner Redaktions- und Rezeptionsgeschichte (BZAW 336), Berlin/New
York 2004.

Tate, Marvin E., Psalms 51 – 100 (WBC 20), Waco (Texas) 1990.

Taylor, Jain E., Jewish Women Philosophers of First Century Alexandria: Philo's
„Therapeutes" Reconsidered, Oxford 2006.

Tenhoff, Wilhelm H.C., Hellsehen und Telepathie. Außersinnliche Wahrnehmungen
in wissenschaftlicher Schau (Bücherei „Bildung und Wissen"), Gütersloh 1962.

Tcherikover, Victor, Hellenistic Civilization and the Jews. Übers. von S. Appelbaum,
New York 1979.

Theißen, Gerd, Die Religion der ersten Christen. Eine Theorie des Urchristentums,
Gütersloh ²2001.

Theunissen, Michael, Pindar. Menschenlos und Wende der Zeit, München 2000.

Thiel, Winfried, Die deuteronomistische Redaktion des Buches Jeremia 1 – 25
(WMANT 41), Neukirchen-Vluyn 1973.

–, Die deuteronomistische Redaktion des Buches Jeremia 26 – 45 (WMANT 52),
Neukirchen-Vluyn 1981.

–, Könige (BK.AT IX/2 Lfg.1 – 4), Neukirchen-Vluyn 2000 – 2009.

Thissen, Heinz J., „Die Lehre des P. Insinger" (TUAT III/2), Gütersloh 1991, 280 – 319.

Thür, Gerhard, Rechtsstreit im archaischen Griechenland: Parallelen im Alten Orient?" in: Witte/Fügen (Hg.) (ZAR.B 5), 29–44.

Tigai, Jeffrey H., You shall have no other Gods. Israelite Religion in the Light of Hebrew Inscrptions (HSSt 31), Atlanta (Georgia) 1986.

Tillich, Paul, Systematische Theologie I–II, Berlin/New York 1987.

Torn, Karel van der, Sin and Sanction in Israel and Mesopotamia. A comparative study (SSN 229), Assen/Maastricht 1985.

Troll, Christian W., Unterscheiden um zu klären. Orientierung im christlich-islamischen Dialog, Freiburg/Basel/Wien 2008.

Tromp, Nicholas J., Primitive Conceptions of Death and the Nether World in the Old Testament (BibOr 21), Rome 1969.

Uehlinger, Christoph, „Gab es eine joschijanische Reform? Plädoyer für ein begründetes Minimum", in: Groß, Walter (Hg.), (BBB 98), 57–89.

–, „Qohelet im Horizont mesopotamischer, levantinischer und ägyptischer Weisheitsliteratur der persischen und hellenistischen Zeit"; in: Schwienhorst-Schönberger (Hg.) (BZAW 254), 155–248.

Uehlinger, siehe auch Keel/Ders., Göttingen.

Uhlig, Siegbert, Das Äthiopische Henochbuch (JSHRZ V/6), Gütersloh 1984.

Urbanz, Werner, Die Gebetsschule des Jesus Sirach. Bemerkungen zu Inhalten, Subjekten und Methoden des Gebets im Sirachbuch (Protokolle zur Bibel 18/1), Klosterneuburg 2009, 31–48.

Urbanz, Werner, Gebet im Sirachbuch. Zur Terminologe von Klage und Lob in der griechischen Tradition (HBS 60), Freiburg/Basel/Wien 2009.

Van Seters, John, The Altar Law of Ex 20,24–26 in Critical Debate, in: Beck, Martin/ Schorn, Ulrike (Hg.) (BZAW 370), 157–174.

Vattioni, Francesco, Ecclesiastico. Testo ebraico con apparato critico e versioni greca, latina e siriaca, Napoli 1968.

Vaux, Roland de, Les Institutions de l'Ancien Testament I–II, Paris 1958 und 1960.

Veenhof, Klaas R., Geschichte des Alten Orients bis zur Zeit Alexanders des Großen, Göttingen 2001.

Veijola, Timo, Bundestheologie in Dtn 10,12–11;30 (2000), in: Ders. (FRLANT 284), 31–47.

–, Bundestheologische Redaktion im Deuteronomium (1996), in: Ders. (BWANT 149), 153–157.

–, Das Bekenntnis Israels. Beobachtungen zu Geschichte und Aussage von Dtn 6,4–9 (1992), in: Ders., (BWANT 149), 76–93.

–, Das 5. Buch Mose. Deuteronomium Kapitel 1,1–16,7 (ATD 8/1), Göttingen 2004.

–, ‚Du sollst daran denken, dass du Sklave gewesen bist im Lande Ägypten'. Zur literarischen Stellung und theologischen Bedeutung einer Kernaussage des Deuteronomiums", in: Witte (Hg.), (BZAW 345/1), 375–390.

–, Leben nach der Weisung. Exegetische und historische Studien zum Alten Testament. Hg. von Dietrich, Walter/Marttila, Marko (FRLANT 284), Göttingen 2007.

–, Moses Erben. Studien zum Dekalog, zum Deuteronomismus und zum Schriftgelehrtentum,(BWANT 149), Stuttgart 2000.

–, Law and Wisdom. The Deuteronomistic Heritage in Ben Sira's Theology of Law (2000), in: Ders. (FRLANT 284), 144–164.

–, Wahrheit und Intoleranz in Deuteronomium 13 (1995), in: Ders. (BWANT 149), 109–130.

Vermeylen, Jacques, Du Prophète Isaïe à l' Apocalyptique I–II, (EtB), Paris 1977 und 1978.

–, L'affaire du veau d'or (Ex 32–34). Une clé pour la question deutéronomiste? (ZAW 97), Berlin/New York 1985, 1–22.

–, 'Pour justificier mon créateur': Les discours d'Élihou (Job 32–37) et leur historie littéraire, in: Witte (Hg.) (BZAW 345/2), Berlin/New York 2004, 743–774.

Vetus Testamentum Syriace iuxta simplicem Syrorium versionem. Ed. Institutum Peshittoniamum Leidense Pars IV fasc. vi. Cantica sive Odeae- Oratio Manasse- Psalmi Apocryphi- Psalmi Salomonis- Tobit I (III) Ezrae, Leiden 1972.

Vieweger, Dieter, Die literarischen Beziehungen zwischen den Büchern Jeremia und Ezechiel (BEATAJ 26), Frankfurt am Main u. a. 1993.

–, Zur Herkunft der Völkersprüche im Amosbuch unter besonderer Berücksichtigung des Aramäerspruches (Am 1,3–5), in: Mommer/Thiel (Hg.), FS Graf Reventlow, 1994,103–122.

Vogt, Ernst, Untersuchungen zum Buch Ezechiel (AnBib 95), Rom 1981.

Wächter, Ludwig, Der Tod im Alten Testament, Berlin 1967.

Wacker, Marie-Theres, Weltordnung und Gericht. Studien zu I Henoch 22 (FzB 45), Würzburg 1982.

Wagner, Siegfried, Geist und Leben nach Ezechiel37,1–14* (1979), in: Ders., (BZAW 240), 151–168.

Wagner, Siegfried, Ausgewählte Aufsätze zum Alten Testament. Hg. von Dietmar Mathias (BZAW 240), Berlin/New York 1996.

–, Leiderfahrung und Leidbewältigung im biblischen Ijobbuch (1994), in: Ders., (BZAW 240), 247–277.

–, „Schöpfung" im Buche Hiob (1980), in: Ders., (BZAW 240), 185–189.

Wagner, Volker, Rechtssätze in gebundener Sprache und Rechtsreihen im israelitischen Recht (BZAW 127), Berlin 1972.

Wahl, Harald Martin, Der gerechte Schöpfer. Eine redaktions- und theologiegeschichtliche Untersuchung der Elihurede. Hiob 32–37 (BZAW 207), Berlin/New York 1993.

–, ,Tod und Leben'. Zur Wiederherstellung Israels nach Ez 37,1–4 (VT 49) Leiden 1999, 218–239.

Wahl, Harald, Das ,Evangelium' Elihus (Hiob 32–37), in: Beuken (Hg.) (BEThL 114), 356–361.

Wanke, Gunther, Die Zionstheologie der Korchiten. In ihrem tradiitonsgeschichtlichen Zusammenhang (BZAW 97), Berlin 1966.

–, Jeremia I: 1,1–25,4; II: 25,15–52,34 (ZBK.AT 20/1–2), Zürich 1995 und 2003.

–, Untersuchungen zur sogenannten Baruchschrift (BZAW 122), Berlin 1971.

Waschke, Ernst-Joachim, Der Gesalbte. Studien zur alttestamentlichen Theologie (BZAW 306), Berlin/New York 2001.

–, Jesaja 33 und seine redaktionelle Funktion im Protojesajabuch, in: Markus Witte (Hg.) (BZAW 345/I), 517–532.

–, Untersuchungen zum Menschenbild der Urgeschichte (ThA 43), Berlin 1984.

Wasserman, Emma, The Death of the Soul in Romans 7 (WUNT II/256), Tübingen 2008.

Weimar, Peter, „Genesis 17 und die priesterliche Abrahamgeschichte" (1988), in: Ders. (FAT 56), 185–216.

–, Studien zur Priesterschrift (FAT 56), Tübingen 2008.

Weinfeld, Moshe, Deuteronomy and the Deuteronomistic School, Oxford 1972.

Weinstock, Heinrich, Die Tragödie des Humanismus. Wahrheit und Trug im abendländischen Menschenbild, Heidelberg [4]1989 = Wiesbaden [5]1989.

Weippert, Helga, Palästina (HArch Vorderasien II/1), Palästina, München 1988.

Weippert, Manfred, Gott und Stier: Bemerkungen zu einer Terrakotte aus jāfā (1961), in: Ders. (FAT 18), 45–70.

–, ,Heiliger Krieg' in Israel und Assyrien (1972), in: Ders. (FAT 18), 1997, 71–97.

–, Historisches Textbuch zum Alten Testament. Mit Beiträgen von Joachim Friedrich Quack/Bernd Ulrich Schipper/Stefan Jaob Wimmer (GAT 10), Göttingen 2010.

–, Jahwe und die anderen Götter (FAT 18), Tübingen 1997.

Weischedel, Wilhelm , Der Gott der Philosophen. Grundlegung einer philosophischen Theologie im Zeitalter des Nihilisnus. I: Wesen, Aufstieg und Verfall der philosophischen Theologie; II: Abgrenzung und Grundlegung, Darmstadt 1971 und 1972.

–, Wesen und Ursprung des Gewissens (1952), in: Ders., Wirklichkeit, 211–219. 51.

–, Wirklichkeit und Wirklichkeiten. Aufsätze und Vorträge, Berlin 1960.

Weissenberg, Hanne von u. a. (Hg.), Changes in Scripture. Rewriting and Interpreting Authoritative Traditions in the Second Temple Period (BZAW 419), Berlin/New York 2011.

Wellhausen, Julius, Die Kleinen Propheten (Skizzen und Vorarbeiten Heft 5, [3]1892), Berlin [4]1963.

–, Israelitische und Jüdische Geschichte, Berlin [9]1958.

Werlitz, Jürgen, Komposition und Redaktion. Zur Rückfrage hinter die Endgestalt von Jesaja 40–55 (BBB 122), Berlin 1999.

–, Studien zur literarkritischen Methode. Gericht und Heil in Jesaja 7,1–17 und 29,1–8 (BZAW 204), Berlin/New York 1992.

Werner, Wolfgang, Das Buch Jeremia. Kapitel 1–25/Kapitel 25–52 (NSK.AT 19/1–2), Stuttgart 1997 und 2003.

–, Eschatologische Texte in Jesaja 1–39 (FzB 46), Würzburg 1982.

–, Studien zur alttestamentlichen Vorstellung vom Plan Jahwes (BZAW 173), Berlin/ New York 1988.

West, Martin L., Early Greek Philosphy and the Orient, Oxford 2000= 1971.

–, The East Face of Helicon. West Asiatic Elements in Greek Poetry and Myth, Oxford 1997.

Westermann, Claus, Das Buch Jesaja. Kapitel 40–66 (ATD 19), Göttingen [4]1981.

–, Der Aufbau des Buches Hiob (BHTh 23), Tübingen 1956.

–, Die Herrlichkeit Gottes in der Priesterschrift (1971), in: Ders. (ThB AT 55), 115–137.

–, Forschung am Alten Testament. Ges. Studien II (ThB AT 55), München 1974.

Westphal, Wilhelm H., Mitarb. Walter Westphal, Physik. Ein Lehrbuch, Berlin/Heidelberg/New York ²⁵⁻²⁶1970.

Whitrow, Gerald J., The Natural-Philosophy of Time, Oxford ²1980.

Whybray, Roger N. 'A Time to be Born and a Time to Die'. Some Oberservations on Ecclesiastes 3:2–8; in: Mori (Hg.), (Bulletin of the Middle Eastern Culture Center in Japan 5), 469–482.

Wibbing, Siegfried, Die Tugend- und Lasterkataloge im Neuen Testament (BZNW 25), Berlin 1959.

Wicke-Reuter, Ursel, Göttliche Providenz und menschliche Verantwortung bei Ben Sira und in der Frühen Stoa (BZAW 298), Berlin/New York 2000.;

Widengren, Geo, Early Hebrew Myths and Their Interpretation, in: Hooke (Hg.), Myth, 149–203.

Wiefel, Wolfgang, Das Evangelium nach Lukas, Berlin 1988.

Wildberger, Hans, Jesaja: 38–39. Das Buch, der Prophet und seine Botschaft (BK.AT X/3), Neukirchen-Vluyn 1982.

Willi, Thomas, Chronik I: 1. Chronik 1,1–10,14 (BKAT XXII/1), Neukirchen-Vluyn 2009.

–, Die Chronik als Auslegung. Untersuchungen zur literarischen Gestaltung der historischen Überlieferung Israels (FRLANT 106), Göttingen 1972.

–, Juda-Jehud-Israel. Studien zum Selbstverständnis des Judentums in persischer Zeit (FAT 12), Tübingen 1995.

Willi-Plein, Ina, „Opfer und Ritus im kultischen Lebenszusammenhang", in: Janwoski/Welker (Hg.), Opfer, 150–177.

Williamson, H.G.M., 1 and 2 Chronicles (NCBC), Grand Rapids (Mich.)/London 1982.

–, Early Post-Exilic Judean History, in: Ders. (FAT 38), 3–92.

–, Ezra. Nehemiah (WBC 16), Waco 1987.

–, In Search of Pre-exilic Isaiah, in: John Day (Hg.) (JSOT.S.406), 181–206.

–, Studies in Persian Period History and Historiography (FAT 38), Tübingen 2004.

–, The Belief System of the Book of Nehemiah" (1999), in: Ders. (FAT 38), 271–281.

–, The Governors of Judah under the Persians (1988), in: Ders. (FAT 38), 46–63.

–, The Messianic Texts in Isaiah 1–39, in: John Day (Hg.) (JSOT.S 270), 238–270.

–, Variations on a Theme. King, Messiah and Servant in the Book of Isaiah, Cambridge (U.K) 1998.

Winston, David, The Sage as Mystic in the Wisdom of Solomon, in: Gammie/Perdue (Hg.), Sage, 393–398.

–, The Wisdom of Solomon (AncB 43), Garden City/New York 1979.

–, Wisdom in the Wisdom of Solomon", in: Perdue/Scott/Wiseman (Hg.), Search,149–164.

Wintermute, O.S., Jubilees (OTP II), 35–142.

Wischmeyer, Oda, Die Kultur des Buches Jesus Sirach (BZNW 77), Berlin/New York 1995.

Witte, Markus, Das Gesetz des Lebens (Sirach 17,11), in: Streib/Dinter/Söderblom (Hg.) (2008), 71 – 87.

–, Der ‚Kanon' heiliger Schriften des antiken Judentums im Spiegel des Buches Ben Sira/Jesus Sirach, in: Eva-Marie Becker/S. Scholz (Hg.), Kanon, 229 – 255.

–, Die biblische Urgeschichte. Redaktions- und theologiegeschichtliche Beobachtungen zu Genesis 1,1 – 11,26 (BZAW 265), Berlin/New York 1998.

– (Hg.), Gott und Mensch im Dialog. FS O. Kaiser (BZAW 345/1 – 2), Berlin/New York 2004.

–, Hiobs ‚Zeichen' (Hiob 31,35 – 37), in: Ders. (Hg.) (BZAW 345/II), 723 – 742.

–, Schriften (Ketubim), in Gertz, Jan Christian (Hg.), Grundinformation [3], 414 – 534.

–, Vom El Schaddaj zum Pantokrator, in: Diehl, Johannes/Ders. (Hg.), Studien, 211 – 256.

–, Vom Leiden zur Lehre. Der dritte Redegang (Hiob 21 – 27) und die Redaktionsgeschichte des Hiobbuches (BZAW 230), Berlin/New York 1994.

–, Vom Wesen der alttestamentlichen Ethik, in: Ders. (Hg.), Religionskultur – zur Beziehung von Religion und Kultur in der Gesellschaft, Würzburg 2001, 139 – 162.

–/ *Fügen, Marie-Theres* (Hg.), Indentifizierung und Legitimierung des Rechts in der Antike und im Alten Orient (ZAR.B 5), Wiesbaden 2005

–, u. a. (Hg.), Die deuteronomistischen Geschichtswerke. Redaktions- und religionsgeschichtliche Perspektiven zur „Deuteronomismus" Diskussion in Tora und Vorderen Propheten (BZAW 365), Berlin/New York 2006.

Wöhrle, Jakob, Der Abschluss des Zwölfprophetenbuches. Buchübergreifende Redaktionsprozesse in den spätenSammlungen (BZAW 389), Berlin/New York 2008.

–, Die frühen Sammlungen des Zwölfprophetenbuches. Entstehung und Komposition (BZAW 360), Berlin/New York 2006.

Wolf, Hans Walter, Amos' geistige Heimat (WMANT 18), Neukirchen-Vluyn 1964.

–, Dodekapropheton II: Joel. Amos (BK:AT XIV/2), Neukirchen-Vluyn 1969.

Wolfson, Harry Austryn, Philo. Foundations of Religious Philosophy in Judaism, Christianity, and Islam I – II, Cambridge (Mass.) 1948.

Wright, Jacob L., Rebuilding Identity. The Nehemiah-Memoir and its Earliest Readers, (BZAW 348), Berlin/New York 2004.

Wright, R.B., Psalms of Solomon (OTP I); Garden City/New York 1985, 639 – 670.

Würthwein, Ernst, Amos-Studien (1949/1950), in: Ders., Wort und Existenz, 68 – 10.

–, Chaos und Schöpfung im mythischen Denken und in der Urgeschichte (1964), in: Ders., Wort und Existenz, 28 – 38.

–, „Das Gottesurteil auf dem Karmel" (1962), in: Ders. (BZAW 227), 188 – 131.

–, Die Bücher der Könige. 1. Kön.17 – 2. Kön.25 (ATD 11/2), Göttingen 1984.

–, Die Bücher der Könige 1. Könige 1 – 16 (ATD 11/1), Göttingen [2]1985.

–, „Die josianische Reform und das Deuteronomium" (1976). in: Ders., (BZAW 227), 188 – 216.

–, Studien zum Deuteronomistischen Geschichtswerk (BZAW 227), Berlin/New York 1994.

–, „Tradition und theologische Reflexion in I Reg 17–18", in: Ders. (BZAW 227), 102–117.

–, Wort und Existenz. Studien zum Alten Testament, Göttingen 1970.

–, „Zur Opferprobe Elias I Reg 18,21–39" (1989), in: Ders. (BZAW 227), 132–139.

Zimmermann, Johannes, Messianische Texte aus Qumran. Königliche, priesterliche und prophetische Messiasvorstellungen in den Schriftfunden von Qumran (WUNT II/104), Tübingen 1998.

Zapff, Burkard M., Jesaja 56–66 (NEB.AT. Lfg.37), Würzburg 2006.

–, Jesus Sirach 24–51 (NEB.AT. Lfg. 39), Würzburg 2010.

–, Redaktionsgeschichtliche Studien zum Michabuch im Kontext des Dodekaprophetons (BZAW 256), Berlin/New York 1997.

Zastrow, Klaus, Die drei großen Bußgebete in Esra 9, Nehemia 9 und Daniel 9, Diss. Heidelberg 1998.

Zenger, Erich, Die Nacht wird leuchten wie der Tag. Psalmauslegungen, Akzente, Freiburg i.Br. 1997.

–, Die Sinaitheophanie. Untersuchungen zum jahwistischen und elohistischen Geschichtswerk (FzB 3), Würzburg 1973.

–, Gottes Bogen in den Wolken. Untersuchungen zu Komposition und Theologie der priesterlichen Urgeschichte (SBS 112), Stuttgart 1992.

–, Psalm 87,6 und die Tafeln vom Sinai, in: Schnackenburg/Schreiner (Hg.) (FzB 2), 97–103.

–, ,Wozu tosen die Völker…?' Beobachtungen zur Entstehung und Theologie des 2. Psalms", in: Haag/Hossfeld (Hg.) (SBB 13), 495–512.

–, siehe auch *Frevel, Christian/Ders.* (Hg.), Einleitung[8].

–, siehe auch: *Hossfeld/Ders.,* Psalmen 51–100 bzw. Psalmen 101–150.

–, siehe auch: *Hossfeld, Frank Lorthar/Ders.* (Hg.).

–, siehe auch: *Hossfeld, Frank-Lothar/Ders.,* Psalmen I.

–, siehe auch: *Lohfink, Norbert/Ders* (Hg.).

–, siehe auch: *Otto, Eckart/Ders.* (Hg.).

Ziegler, Josef, Die Gotteshilfe „am Morgen, in: Alttestamentliche Studien. FS F. Nötscher (BBB 1), Bonn 1950, 281–288.

–, Sapientia Jesu Filii Sirach (Septuaginta XII/2), Göttingen [2]1980.

–, Sapientia Salomonis (Septuaginta XII/1), Göttingen [2]1980.

Zimmer, Tilmann, Zwischen Tod und Lebensglück. Eine Untersuchung zur Anthropologie Kohelets (BZAW 286), Berlin/New York 1999.

Zimmerli, Wlalther, Ezechiel 25–48 (BK XIII/,2), Neukirchen-Vluyn 1969.

Zwickel, Wolfgang, „Die Tempelquelle Ezechiel 47" (EvTh 55), Gütersloh 1995, 140–154.

Register ausgewählter Bibelstellen

Nachwort

Das vorliegende Buch ist die Frucht einer sich über ein Jahr erstreckenden Beschneidung meines Bewegungsraumes auf das Kranken- und Arbeitszimmer sowie kurze Wege. Ich begann es mit der Absicht, eine Neuauflage des 3. Bandes meiner Alttestamentlichen Theologie zu erarbeiten. Als ich damit fertig war, stellte ich fest, dass es eine neue Monographie über Identität und Wandel des einen Gottes Israels geworden war. Daraufhin unterzog ich das Manuskript einer gründlichen Neubearbeitung, die diesen Leitgedanken durchgehend herausstellte.

Bei der Fülle der behandelten Themen und Texte musste ich mich im Blick auf ihre literaturgeschichtliche Einordnung jeweils auf knappe Hinweise beschränken. Ich habe dabei dankbar von ausgezeichneten redaktions- und theologiegeschichtlichen Untersuchungen Gebrauch gemacht, die in den zurückliegenden zehn Jahren erschienen sind: Vollständigkeit wollte und konnte ich nicht anzustreben. Sie wäre selbst in einem Lehrbuch der Einleitung kaum noch möglich zu erreichen und hätte den vorliegenden Rahmen gesprengt. Das Literaturverzeichnis gibt über die eingesehene Literatur die nötige Auskunft. Bei der Ausarbeitung des Manuskripts ging es mir auch im vorliegenden Werk darum, konkrete Texte der Hebräischen Bibel und des Jüdischen Schrifttums aus Hellenistisch-Römischer Zeit in den Mittelpunkt meiner Darlegungen zu stellen und dadurch das Interesse an ihnen und die Liebe zu ihnen zu erwecken oder zu stärken. Der in der Darstellung eingeschlagene Mittelweg zwischen einer geschichtlichen und einer religionsphänomenologischen Perspektive, hat gelegentlich Wiederholungen zur Folge, auf die jeweils in den Anmerkungen hingewiesen wird. Die Abkürzungen der biblischen Bücher folgen der ZAW, die der Jüdisch-Hellenistischen Schriften und Reihen dem Verzeichnis der TRE, die der antiken antiken Autoren dem im Neuen Pauly, die der Sekundärliteratur den Verzeichnissen im ThWAT und in der TRE.

Zu danken habe ich den Ärzten, Schwestern und Pflegern der Chirurgischen Abteilung unter der Leitung von Herrn Chefarzt Dr. Volker Neumann, dem Chefarzt der Inneren Abeilung des Marburger Diakoniekrankenhauses Herrn Dr. Walter Gleichmann sowie Herrn Dr. Gerd Stecher, St. Peter-Ording, aber auch meinem humorvollen Hauspfleger Peter Eckart. Sie alle haben ihr Bestes getan, mir äußerlich und innerlich über mannigfache Komplikationen hinwegzuhelfen. Ebenso danke ich meinen Freunden und einstigen Schülern, die mich besucht und oft genug auch das Taxi ersetzt haben. Gern gedenke ich an dieser Stelle auch der Damen und Herren vom Marburger City Taxi für alle Hilfen, die sie mir über ihre Pflichten hinaus erwiesen haben.

Doch ehe ich das geschuldete *Deo gratia* anstimme, möchte ich mich ganz herzlich bei Herrn Dr. Arndt Ruprecht bedanken, der mich dazu ermutigt hat, die Jahrzehnte während Zusammenarbeit mit dem Verlag Vandenhoeck & Ruprecht mit meiner vermutlich letzten alttestamentlichen Monographie abzurunden. Daher bin ich dem Leiter der Theologischen Abteilung des Verlages, Herrn Jörg Persch dankbar, dass er das Buch in seine Obhut genommen hat. Dass mich Herr Altsuperintendent Carl-Dieter Hinnenberg, früher Duisburg, jetzt Xanten, durch das Mitlesen der Korrekturen in alter Freundschaft unterstützt hat, möchte ich nicht stillschweigend übergehen. Im 89. Lebensjahr stehend weiß ich, dass alles irdische Leben eine Grenze hat. Daher danke ich vor allem dem Gott, der mir noch einmal Zeit und Kraft gegeben hat, das vorliegende Werk zu vollenden und in ihm die Summa meiner exegetischen Lebensarbeit zu ziehen.

Marburg, im Sommer 2013   Der Verfasser